D1726067

Veröffentlichungen der Historischen Kommission für Hessen 48, 7

Veröffentlichungen der Historischen Kommission für Hessen 48, 7

Politische und Parlamentarische Geschichte des Landes Hessen
(vormals Vorgeschichte und Geschichte des Parlamentarismus in Hessen)

14

MdL Hessen 1808-1996
Biographischer Index

Aus Anlaß des Gedenkens an die erste Wahl und den ersten Zusammentritt des Hessischen Landtags im Dezember 1946 in dessen Auftrag auf Grundlage der im Forschungsvorhaben *Vorgeschichte und Geschichte des Parlamentarismus in Hessen* bzw. *Politische und parlamentarische Geschichte des Landes Hessen* erforschten und publizierten oder zur Publikation vorbereiteten Lebensläufe erarbeitet von

Jochen Lengemann
Mitarbeit: Andrea Mitteldorf und Roland Schmidt

1996
N.G. Elwert • Marburg

MdL Hessen

1808-1996

Biographischer Index

von

Jochen Lengemann

Mitarbeit:
Andrea Mitteldorf und Roland Schmidt

1996
N.G. Elwert • Marburg

Herausgegeben im Auftrag des Hessischen Landtags

Redaktionsschluß: 31. Oktober 1996

Die Deutsche Bibliothek – CIP-Einheitsaufnahme

Lengemann, Jochen:
MdL Hessen: 1808 – 1996; biographischer Index / von Jochen
Lengemann. Mitarb.: Andrea Mitteldorf und Roland Schmidt. –
Marburg: Elwert, 1996
   (Veröffentlichungen der Historischen Kommission für Hessen; 48, 7)
   (Politische und parlamentarische Geschichte des Landes Hessen; 14)
   ISBN 3-7708-1071-6
NE: Historische Kommission für Hessen; Veröffentlichungen …,

Gesamtherstellung: Grafische Werkstatt von 1980 GmbH, Yorckstraße 48, 34123 Kassel
Auf chlorfrei gebleichtem, säurefreiem Papier gedruckt.
Printed in Germany

ISBN 3-7708-1071-6

Inhaltsverzeichnis

Geleitwort des Präsidenten des Hessischen Landtags

1995 und auch in diesem Jahr haben wir in zahlreichen Veranstaltungen die Entstehung des Landes Hessen nach dem Ende des Zweiten Weltkrieges gewürdigt. Wir haben uns dabei die wichtigsten Ereignisse des demokratischen Neubeginns vor fünzig Jahren in Erinnerung gerufen. Ein besonders markantes Datum der Staatswerdung Hessens stellt die Wahl des obersten Verfassungsorgans unseres Landes, des ersten Hessischen Landtags, und die damit verbundene Annahme der Hessischen Verfassung am 1. Dezember 1946 dar.

Die fünfzigste Wiederkehr dieses für die Entwicklung der parlamentarischen Demokratie so bedeutsamen Tages lädt dazu ein, einen Blick auf die Geschichte des Parlamentarismus in Hessen zu werfen. Diese Geschichte begann ja nicht erst in den Jahren 1945 und 1946, sondern sehr viel früher. Und obwohl die Nationalsozialisten Demokratie, Parlamentarismus, Rechtsstaat und Gewaltenteilung zerschlagen hatten, mußten wir nach dem Ende der Hitlerdiktatur nicht völlig neu beginnen, sondern konnten an politische Traditionen anknüpfen. Dies belegen nicht zuletzt die Abgeordneten der ersten Hessischen Landtags, denn viele von ihnen waren schon vor der nationalsozialistischen Machtergreifung Mitglieder parlamentarischer Vertretungen gewesen.

Das vom Hessischen Landtag und den Historischen Kommissionen in Hessen getragene Forschungsvorhaben *Vorgeschichte und Geschichte des Parlamentarismus in Hessen –* jetzt *Politische und parlamentarische Geschichte des Landes Hessen –* hat sich seit annähernd zwanzig Jahren zur Aufgabe gemacht, Erkenntnisse über die Entwicklung der verschiedenen früh- und vorparlamentarischen Vertretungen innerhalb der geographischen Grenzen des heutigen Landes Hessen zu gewinnen, einzuordnen und einer breiten Öffentlichkeit zugänglich zu machen. Dabei bezieht sich das Interesse nicht nur auf allgemeine soziale und politische Strukturen. Es zielt darüber hinaus auch auf die Erschließung und Erweiterung des Wissensstands über die Personen, die als Mitglieder der Parlamente Politik gestaltet haben.

Geschichte ist nicht die Folge eines Automatismus oder einfach ein anderes Wort für Vergangenheit. Geschichte ist der zur Realität gewordene Gestaltungswille von Menschen in ihrer jeweiligen Zeit aus gegenwärtiger Sicht. Zuverlässig beurteilen läßt sich Geschichte nur, wenn man sich die historische Sicht zu eigen macht.

Jochen Lengemann hat schon in seinen bisher erschienenen Bänden *Das Hessen-Parlament 1946-1986* und *Parlamente in Hessen 1808-1813* ein besonderes Augenmerk auf die Menschen gelegt, die Mitglieder in hessischen parlamentarischen Vertretungen waren. Damit hat er seinen Lesern fundierte Kenntnisse über Persönlichkeiten vermittelt, die im vergangenen wie in diesem Jahrhundert als Abgeordnete Politik betrieben haben. Jeder von ihnen hat einen Anteil an der Entwicklung unseres Landes und an der Schaffung von Grundlagen, auf denen wir heute noch aufbauen können.

In dem vorliegenden Werk schlägt Jochen Lengemann in zweierlei Hinsicht eine wichtige Brücke: Zum einen werden in diesem Band alle Abgeordneten der Landesparlamente in Hessen über den langen Zeitraum von 1808 bis 1996 zusammengefaßt und in einem biographischen Index vereint; etwa 4800 Namen lassen sich auf diese Weise historisch einordnen. Zum anderen werden hier zahlreiche Forschungsvorhaben erschlossen, weil jedem Namen die entsprechenden Literaturhinweise zugefügt wurden. So ist dieser Band ein unersetzliches Nachschlagewerk für Wissenschaft und Politik, aber auch für alle Bürgerinnen und Bürger, die Geschichte nachspüren und in diesem Band greifbare Spuren jener Menschen finden, die dem Parlamentarismus in Hessen eine konkrete Gestalt gegeben haben.

Das Verdienst meines Vorgängers im Amt geht über die sehr aufwendige und zeitraubende Erstellung eines solchen Werkes hinaus, denn es ist mehr als ein wissenschaftlich zu nutzender Indexband. Durch die Präsentation hessischer Parlamentarier aus zwei Jahrhunderten wird die Geschichte des Parlamentarismus sehr viel besser zugänglich, als sie es durch die bloße Darstellung struktureller Entwicklungen wäre. Durch den Hinweis auf die politisch Handelnden wird das historische Datenmaterial lebendig. Dafür und für seinen unermüdlichen Einsatz im Rahmen des Forschungsvorhabens des Hessischen Landtags sei Jochen Lengemann gedankt. Diesem Buch wünsche ich interessierte Nutzer, dem gesamten Forschungsvorhaben weiter Erfolg und die politische Unterstützung, die nötig ist, um weiter wichtige Forschungsergebnisse zuztage fördern zu können.

Wiesbaden, Ende Oktober 1996

Klaus Peter Möller
Präsident des Hessischen Landtags

Vorwort

Als der Hessische Landtag in Zusammenarbeit mit den Historischen Kommissionen in Hessen Ende der siebziger Jahre das damals so bezeichnete Forschungsvorhaben *Vorgeschichte und Geschichte des Parlamentarismus in Hessen* ins Leben rief, war das erste biographische Handbuch für das Parlament eines der Vorgängerstaaten des heutigen Landes Hessen bereits in Arbeit. Das bescheiden mit „biographsiche Nachweise" untertitelte Bändchen mit den Kurzbiographien der Abgeordneten der 2. Kammer des Landtags des Großherzogtums Hessen und des Landtags des Volksstaats Hessen von *Hans Georg Ruppel* und *Birgit Groß* wurde 1980 vorgelegt. Es eröffnete eine Reihe, die Forschern wie historisch interessierten Laien Grunddaten zu den Parlamentariern zur Verfügung stellt und damit ein z.B. von *Hellmut Seier* im Zuge seiner so grundlegenden Arbeiten zur hessischen Verfassungs- und politischen Geschichte des 19. Jahrhunderts immer wieder geäußertes Desiderat schrittweise erfüllt.

Inzwischen sind für Gliedstaaten- und preußischen Provinz-Parlamente, die ihren Sitz im Gebiet des jetzigen Landes Hessen hatten bzw. haben, biographische Handbücher publiziert worden oder in Arbeit. Das in der Einführung zu diesem Buch im einzelnen vorgestellte Gesamtvorhaben droht, – jedenfalls in der Perspektive einer oft unhistorisch empfindenden Generation – unübersichtlich zu werden. Für das vorliegende Werk wurden deshalb die inzwischen umfangreich, wenn auch unterschiedlich tief erforschten Viten *aller* fast 4800 Abgeordneten der Landtage, die in Hessen seit 1808 gewirkt haben, kompiliert und komprimiert zusammengefaßt. Alle Mitglieder dieser Landtage – MdL – sind in dem Index versammelt. Mit Hilfe des Index kann man sie alle und den weiteren Zugang zu den für sie erfaßten Lebensdaten finden.

Die Erarbeitung des Index war nur möglich, weil die Vorarbeiten der einzelnen Forscher so weit und so gut gediehen sind, daß die von ihnen ermittelten Daten zu den Abgeordneten von der Kanzlei des Hessischen Landtags zentral erfaßt und dem Berabeiter zur Komprimierung für den Index überlassen werden konnten. Ich danke *allen in den einzelnen Projekten tätigen*, in der Einführung namentlich genannten *Forschern*, die mit ihren Arbeiten die Grundlage für das Erstellen des Index geschaffen haben.

Bei den Arbeiten für den Index selbst haben *Andrea Mitteldorf* und *Roland Schmidt* von der Kanzlei des Landtags mit der Erfassung der Lebensdaten in einer Datenbank und mit dem Herbeischaffen zusätzlicher – zunächst noch fehlender, aber notwendigerweise zu ergänzender – Daten so viel geleistet, daß ich sie als Mitarbeiter, nicht nur als Helfer beim Zustandekommen des Index ansehe.

Gezielt haben auf Anfrage dem Bearbeiter *zusätzliche* Informationen beschafft: *Dr. Ernst Böhme*, Niedersächsisches Staatsarchiv Bückeburg; *Dr. Volker Eichler*, Hessisches Hauptstaatsarchiv Wiesbaden; *Marc Grede*, Landeswohlfahrtsverband Hessen, Kassel; *Carsten Kaiser*, Stadtarchiv Bad Homburg; *Prof. Dr. Wolfgang Klötzer*, Langen und Frankfurt am Main; *Dr. Gerhard Menk*, Hessisches Staatsarchiv Marburg; *Dieter Pelda*, Hessisches Staatsarchiv Marburg; *Armin Sieburg*, Hessisches Staatsarchiv Marburg. Ihnen gilt herzlicher Dank.

Die reichen Parlamentaria-Bestände in der *Staatsbiliothek zu Berlin Preußischer Kultur-besitz* und in der Dienstbibliothek des *Geheimen Staatsarchivs Preußischer Kulturbesitz* in Berlin, dort zu wesentlichen Teilen aufgestellt im Forschungssaal, waren von großem Nutzen bei der Ermittlung von Mitgliedschaften der Landtagsabgeordneten in den natio-nalen und gesamtpreußischen Parlamenten; eine Fundgrube war das dankenswerterweise von der *Bayerischen Staatsbibliothek* in München in Kopie zur Verfügung gestellte amt-liche, ursprünglich nur für den Dienstgebrauch bestimmte, nach München verschlagene „Verzeichnis der Mitglieder des Reichstags – Stand: 4.4.1945", dem so manche Informa-tion über das Schicksal nationalsozialistischer Führungskader bis zum Ende der NS-Zeit zu entnommen werden kann.

Die Abbildungen wurden für die Veröffentlichung in den modernen digitalen Erfassungs- und Bearbeitungsgeräten der Firma *Heini Weber GmbH & Co. KG* in Kassel nach den Vor-lagen, die von den Inhabern der Rechte zur Verfügung gestellt wurden, vorbereitet. Ohne *Arno Sieberts* Hilfe beim Korrekturlesen wäre die Zahl der Druckfehler erheblich größer. Und ohne die erprobt gute und zügige Arbeit der Druckerei als Generalunternehmer für die Herstellung des Buches wäre der Redaktionsschluß 31. Oktober 1996 – alle bis dahin beim Hessischen Landtag vorliegenden Daten konnten eingearbeitet werden! – nicht zu halten gewesen. Ihnen wie allen, deren Erwähnung vergessen wurde, danke ich für ihre Beiträge, die dies Buch so, wie es ist, mitgeformt haben.

Es bleibt nur zu hoffen, daß kluge Entscheidungen es weiter möglich machen, Grundla-genforschung auch in scheinbar altmodischen Bereichen zu betreiben und ihre Ergebnis-se als Material für weiterführende, analysierende und wertende Arbeiten zu publizieren.

Kassel, Anfang November 1996   *Jochen Lengemann*

Einleitung

1. Zu Geschichte und Aufgabe von *MdL Hessen 1808-1996 – Biographischer Index*

Seit ihrer Gründung vor fast zwanzig Jahren hat die beim Hessischen Landtag gebildete Kommission *Vorgeschichte und Geschichte des Parlamentarismus in Hessen*, heute: *Politische und Parlamentarische Geschichte des Landes Hessen*, die Erarbeitung von biographischen Handbüchern für die Parlamente Hessens, seiner Vorgängerstaaten und der ehemaligen preußischen Provinz Hessen-Nassau seit der Ablösung der altständischen Strukturen und dem Beginn der Verfassungszeit in ihr Programm aufgenommen. Beispielgebend hierfür waren – noch außerhalb der Verantwortung der Kommission – die biographischen Nachweise für die 2. Kammer des Großherzogtums Hessen und den Landtag des Volksstaats Hessen *Hessische Abgeordnete 1820-1933* von *Hans-Georg Ruppel* und *Birgit Groß*, die schon 1980 vorgelegt worden waren.

Erstes Ergebnis der Arbeiten im Rahmen der Forschungsvorhaben der Kommission wurde 1985 *Reinhard Königs* Werk *Die Abgeordneten des Waldeckischen Landtags von 1848 bis 1929*. Seitdem forschen weitere zehn Bearbeiter für die entsprechenden Werke zu den anderen Landesteilen, und auch Ergänzungen für die ersten Publikationen liegen vor. Für Teilbereiche sind die neuen Forschungsergebnisse auch schon publiziert worden, und die Veröffentlichung der weiteren Handbücher kann vor der Jahrtausendwende erwartet werden. Schlußendlich könnten bei Vollendung aller begonenen und meist kurz vor dem Abschluß stehenden Vorhaben in diesem Bereich neun Einzelwerke (in acht oder neun Bänden) für ganz Hessen, seine Vorgängerstaaten und die Provinz Hessen-Nassau vorliegen.

Der heutige Hessische Landtag hat das Jubiläum seines fünfzigjährigen Bestehens zum Anlaß genommen, für das schon unübersichtlich zu werden drohende Gesamtprojekt eine Art Findbuch, einen biographischen Index, erarbeiten zu lassen, der eine erste Zusammenstellung aller hessischen Abgeordneten auf der Gliedstaatenebene oder der Ebene teil-autonomer Regierungsbezirke und Provinzen historischer hessischer Landschaften umfaßt.

Mit dem Index soll den Benutzern – Politikern, Journalisten, Historikern – ein *erster Blick* auf jeden hessischen Parlamentarier, seit man von solchen sprechen kann, möglich werden: deshalb der schlanke Kanon der Nachweise. Mit dem Index soll – zweitens – *eine erste Hilfe* zum Finden weiterer Fakten in den Lebensläufen der hessischen Parlamentarier, die *Möglichkeit* zum vertieften Forschen, gegeben werden: deshalb die Angaben zu den Mitgliedschaften in anderen Parlamenten, über die z.T. Handbücher mit biographischen Angaben vorliegen, deshalb die Mitteilungen zu herausragenden Ämtern, die vielleicht ein Nachschlagen in einem *Who's who?* oder im *Deutschen Biographischen Index* nahelegen und deshalb – endlich und klein gedruckt am Ende jedes einzelnen Nachweises herausgehoben – die Namen der Autoren, in deren erschienenen oder für die Publikation vorbereiteten oder in Vorbereitung befindlichen Werken die Benutzer die Langfassung der

Kurzbiographie des gesuchten Parlamentariers und in vielen Fällen Hinweise zu Möglichkeiten für weiteres eigenes Nachforschen finden können.

Dies soll also ein vielseitig verwendbares, ein praktisches Buch sein, das für sich *nicht* den Anspruch der Publikation neuer, wichtiger wissenschaftlicher Forschung – auch nicht für die einleitende kurze Skizzierung der Parlamente, deren Mitglieder erfaßt wurden – erhebt. Es geht vielmehr von den einzelnen Forschern zutage geförderten Fakten aus und vereinheitlicht und ergänzt sie eher marginal, um seinen Zweck bestmöglich zu erfüllen.

2.   Die Parlamente

2.1.   Königreich Westphalen[1]

Die Verfassungszeit im Gebiet des heutigen Landes Hessen beginnt – wie anderenorts – mit der Ablösung der altständischen oder absolutistischen Ordnung und ihrer Ersetzung durch eine staatliche Ordnung, die durch geschriebene Verfassungen und durch die mit diesen Verfassungen rechtlich bewirkten Konstituierung, Verfaßtheit der Staaten, und aller ihrer Bürger gekennzeichnet ist. Dieser Schnitt wird im Gebiet des heutigen Landes Hessen zuerst markiert durch Erlaß und Inkrafttreten der *Constitution des Königreichs Westphalen* vom 15. November 1807.

Diese nach Beratungen mit Deputierten der altständischen Vertretungen der durch den Tilsiter Frieden vom 7. und 9. Juli 1807 zum Königreich Westphalen unter *Jérôme Bonaparte* vereinigten Gebiete von Kaiser *Napoléon* am 5. November 1807 unterzeichnete, auf den 15. November 1807 datierte und am 7. Dezember 1807 mit Königlichem Dekret im Gesetz-Bulletin des Königreichs Westphalen veröffentliche Constitution[2] ist das erste Dokument, das den Anspruch erheben kann, eine moderne Staatsverfassung für einen Staat in Deutschland zu sein. Daß sie als solche nicht allgemein wahrgenommen wird, hängt weniger mit ihrem Inhalt, eher mit der Art und Weise und mit der Zeit ihres Zustandekommen, mit ihrer ephemeren Dauer, mit der Überlagerung des durch sie begründeten Verfassungsstaats durch das System napoleonischer Machtausübung und mit der auf die Befreiungkriege folgenden und bis heute weithin wirksamen, durchaus parteiischen deutschen Geschichtsschreibung zusammen.

Tatsächlich wurden mit der verfassungsmäßig begründeten Gleichheit vor dem Gesetz und mit der Einführung des Code Napoléon Grundlagen für die Entwicklung einer mo-

---

[1] Die einführenden Bemerkungen zum Königreich Westphalen beruhen im wesentlichen auf: LENGEMANN, JOCHEN: Parlamente in Hessen 1808-1813. Biographisches Handbuch der Reichsstände des Königreichs Westphalen und der Ständeversammlung des Großherzogtums Frankfurt. (Vorgeschichte und Geschichte des Parlamentarismus in Hessen 7). Frankfurt 1991, S. 14-34.

[2] GBull. KW 1808, 1. Teil, Nr. 1, S. 1 und ungerade Seiten in französischer Sprache und S. 2 und gerade Seiten in deutscher Sprache.

dernen, bürgerlichen Gesellschaft gelegt, die das Königreich Westphalen überdauern sollten. Mit der Schaffung alle Untertanen bzw. Bürger gleichermaßen betreffender, allgemein verbindlicher Gesetze, der Einführung einer für das gesamte Herrschaftsgebiet einheitlichen Staatsverwaltung und der Begründung der Unabhängigkeit einer einheitlichen Justiz unter Ausschaltung traditioneller Gerichtsbarkeiten – vor allem der Patrimonialgerichtsbarkeit – wurde zum ersten Male in der deutschen Geschichte die fortschrittliche Errungenschaft des staatlichen Gewaltmonopols statuiert; ja: mit der Verfassung wurde erstmals in Deutschland überhaupt ein moderner Staat rechtlich fundiert.

Diese rechtliche Begründung des modernen Staats ging einher mit einer historisch-politische unerhörten, nur durch die Revolutionen in Amerika und Frankreich erklärbaren Aufgabe des Anspruchs des Monarchen, der *einzige* Repräsentant der Nation zu sein. Mit der Verrechtlichung der Stellung des Monarchen in der Verfassung wurde dieser quasi verstaatlicht und in einen Dualismus mit den neuen Repräsentanten, den ebenfalls erstmals rechtlich fixierten und beschriebenen Reichsständen, gerückt. Die waren zwar „weder die Einzigen, noch die Ersten; erster Repräsentant ... [war] der Fürst [d.i. der König; d.Verf.]". Aber auch der war eben schon in der Auffassung der damaligen Zeit *nicht* der *einzige* Repräsentant der Nation, sonder „nur" der *erste*. Das war rechtlich ein revolutionärer Schritt, wenn auch im Königreich Westphalen – wie in den anderen napoléonischen Musterstaaten – das faktische Übergewicht des Königs und seiner Regierung erhalten blieb.

Die Reichsstände des Königreichs bestanden aus 100 Abgeordneten, die in den Departements gewählt wurden und aus drei Klassen hervorgingen: aus den Grundeigentümern, den Kaufleuten und Fabrikanten und den Gelehrten, Künstlern und sonst um den Staat besonders verdienten Bürgern. Es konnten nur mindestens 30 Jahre alte männliche Bürger gewählt werden, und das geschah indirekt durch die Departements-Wahlkollegien, die zwischen 80 und 300 Mitglieder umfaßten, vom König aus Vorschlagslisten der Präfekten ausgewählt wurden, aber in ihren Wahlentscheidungen frei und nicht an Vorschläge der Regierung gebunden waren.

Heutigem deutschen, mehr mathematisch quanitativem Gerechtigkeitsdenken entsprach die Kreationsmethode und die faktische Zusammensetzung der Reichsstände kaum; und auch die Antwort auf die Frage, ob die Repräsentanten Autorität bei den Repräsentierten hatten, kann kaum schlüssig beantwortet werden. Nicht zuletzt spricht aber die Tatsache, daß ein großer Teil der Abgeordneten nach dem Ende des Königreichs zum Teil herausragende Karrieren in der Beamtenhierarchie, in der Justiz, als Minister und in den neuen Parlamenten machten, für die Akzeptanz der Vertreter in den Reichsständen als natürliches politisches Führungspersonal.

Nach der Verfassung hatten die Stände einmal im Jahr zusammenzutreten. Sie hatten aber kein Selbstversammlungsrecht, sondern mußten vom Monarchen berufen werden. Der König ernannte auch den Präsidenten, jeweils für eine Session. Im übrigen konnten die Reichsstände ihre innere Organisation selbst regeln, also vor allem ihre Sekretäre und die Kommissionen wählen. Für ihr Tätigwerden in der Sache waren sie noch allein auf die Initiative der Regierung verwiesen; die zu behandelnden Gegenstände und die Tagesordnung setzten sie nicht selbst fest. Gleichwohl hatten sie politisch vielfältige Initiativ- und Mitgestaltungsmöglichkeiten. Diskutieren konnten die Abgeordneten nur die Antwort auf die Thronrede des Königs und in den Kommissionen. Im Plenum waren die Reichsstände ein stummes Parlament, das sich nur die Kommissionsberichte und die Stellungnahmen der Exekutive anhörte und dann geheim abstimmte. Tatsächlich berieten die Abgeordneten aber in sog. „Privat-Reunionen" im Hause des Präsidenten die verschiedensten verfassungsrechtlichen und politischen Fragen. Nicht nur damit begründete der zum Präsidenten beider Sessionen der Reichsstände berufene *Gebhard Graf von der Schulenburg-Wolfsburg* die Tradition einer eher subtilen – im Gegensatz zur mehr direkten z.B. durch die Speaker des amerikanischen Repräsentantenhauses – politischen Führung der Parlamente in Deutschland durch ihre Präsidenten[3].

Wesentlichste formelle Kompetenz der Stände war die Mitwirkung bei der Gesetzgebung. Formelle Gesetze konnten ohne ihre Zustimmung nicht erlassen werden oder in Kraft treten. Das galt auch für Haushaltsgesetze. Zwei Gesetzentwürfe der Exekutive wurde von der Ständeversammlung am 7. August 1808 und am 26. Februar 1810 abgelehnt, nur einer davon später in veränderter Fassung beschlossen. Insgesamt wurden im Königreich 19 Gesetze von den Reichsständen beschlossen und danach vom König in Kraft gesetzt.

Die deutsche Wissenschaft tat [tut ?] sich schwer, die Reichsstände als Parlament zu akzeptieren, „da doch in den Plenarsitzungen keine Debatten stattfanden"[4]. Doch auch sie hat schließlich sogar schon im ersten Viertel des 19. Jahrhunderts gesehen, daß die Westphälische Verfassung (und die des Großherzogtums Frankfurt) kein „Gaukelspiel ... [waren]; diese dem französichen Vorbild nachgebildeten Constitutionen wären, gerade auch für deutsche Verhältnisse, eine brauchbare Lösung gewesen"[5]. Und auch in der modernen Wissenschaft gibt es Stimmen, die meinen, die Westphälische Constitution habe für Deutschland in einer Zeit, in der es sonst noch keine geschriebenen Verfassungen gab, ein Novum dargestellt, dessen Wirkung nicht unterschätzt werden dürfe[6], mit ihr seien Grundlagen für die Entwicklung einer modernen bürgerlichen Gesellschaft gelegt worden[7].

Repräsentation der „Nation" [d.i. des Staatsvolkes], Gesetzgebungskompetenz, Öffentlichkeit und zwar nicht formalisiertes Debattieren, aber eine Tendenz zum Deliberativen rechtfertigen es, die Reichsstände des Königreichs Westphalen als ein Parlament – damit als das erste in Deutschland – zu bezeichnen.

2.2.   Großherzogtum Frankfurt[8]

Das Großherzogtum Frankfurt wurde von Napoléon am 10. Februar 1810 aus dem Fürstprimatischen Staat (ehemalige Reichsstadt Frankfurt, Fürstentümer Regensburg und Aschaffenburg und Grafschaft Wetzlar) bei Übertragung Regensburgs an Bayern, unter

---

[3] Vgl. im übrigen zur Bedeutung des *Grafen von der Schulenburg* für die deutsche Auffassung eines Präsidenten - durchaus im Gegensatz sowohl zu England wie zu den USA - LENGEMANN (wie Anm. 1), S. 33 f.

[4] Für alle folgenden Zitate: OBENAUS, HERBERT: Die Reichsstände des Königreichs Westphalen. In: Francia, Bd. 9, S. 299-329 und Tafel V-VIII, hier S. 327 f.

[5] So *Ludwig Harscher von Allmendingen*, einer der Väter der Nassauischen Verfassung von 1814, zitiert bei OBENAUS (Anm. 4) S. 327 f.

[6] So VIERHAUS, RUDOLF: Göttingen im Zeitalter Napoleons. In Göttinger Jahrbuch, Bd. 27, S. 17 ff., hier S. 21.

[7] So GRIMM, DIETER: Deutsche Verfassungsgeschichte 1776-1866. Frankfurt 1988, S. 60.

[8] Die einführenden Bemerkungen zum Großherzogtum Frankfurt beruhen im wesentlichen auf LENGEMANN (Anm. 1), S. 16-31.

Abrundung durch rechtsrheinische Teile des ehemaligen Fürstentums Löwenstein-Wertheim und Zuordnung der bis dahin von Frankreich direkt verwalteten Fürstentümer Fulda und Hanau gebildet. Der bisherige Fürstprimas *Carl Theodor von Dalberg* wurde als Großherzog Carl an die Spitze des neuen Staates gestellt.

Am 16. August 1810 erließ der Großherzog eine als *Organisations-Patent der Verfassung des Großherzogtums Frankfurt*[9] bezeichnete, sich eng an das westphälische Vorbild anlehnende Verfassung[10]. Sie bedarf in diesem Zusammenhang keiner detaillierten Vorstellung; es kann vielmehr auf das für das Königreich Westphalen Ausgeführte Bezug genommen werden. Allein die Tatsache, daß für das um vieles kleinere Großherzogtum die Zahl der Abgeordneten auf lediglich 20 festgesetzt wurde, muß ergänzend angefügt werden und das Urteil, daß trotz des Mitwirkens so bedeutsamer Männer wie *Carl Friedrich Buderus von Carlshausen, Friedrich Maximilian Freiherr von Günderode, Dr. Sebastian Nau* und *Dr. Johann Martin Starck* eine Nachwirkung der Tätigkeit der Ständeversammlung des Großherzogtums, die allerdings auch nur zu einer kurzen Session im Herbst 1810 zusammengerufen wurde, kaum feststellbar ist.

2.3.   Fürstentümer Waldeck und Pyrmont, Freistaat Waldeck-Pyrmont und Freistaat Waldeck[11]

Seit 1625 waren das Fürstentum Waldeck und die Grafschaft Pyrmont in Personalunion verbunden. Das bedeutete, daß Waldeck und Pyrmont zwei sich den Strukturen moderner Staatlichkeit nähernde Territorien waren, an deren Spitze die gleiche Person als Monarch stand, die ansonsten aber Herrschaftsgebilde mit je eigener staatsrechtlicher, administrativer und auch relativ selbständiger politischer Entwicklung blieben. Dabei konservierte sich auch einer der Hauptunterschiede der beiden Gebiete, nämlich daß Waldeck seit Jahrhunderten eine altständische Mitwirkung an der Gestaltung des Gemeinwesens kannte, während das seit 1807 als Fürstentum bezeichnete Pyrmont bis 1848/49 keine eigene landständische Vertretung besaß.

---

[9] GfRegBl. 1810, 1. Bd., S. 10.

[10] Vgl. zum Grad der Anlehnung u.a. BILZ, WOLFRAM: Die Großherzogtümer Würzburg und Frankfurt. Ein Vergleich. Diss. Würzburg 1968, S. 214. Auch der Befehl des Großherzogs vom 22. und 22.10.1810, „daß die von den Ständen angenommenen Gesetze, so wie in Westphalen, als von den Ständen erlassen und .. für vollstreckbar, ausgefertigt und verkündet werden sollen" bzw. daß „die in dem Königreiche Westphalen eingeführte Form [der Verkündung der Gesetze; d.Verf.] auch für das Großherzogtum Frankfurt beibehalten werden soll", belegt die enge Anlehnung an das Kasseler Vorbild, während es eher belustigend wirkt, daß die für die Eröffnung der Ständeversammlung vorgesehene Begleitung durch Böllerschüsse „wie im Königreich Westphalen" vom Großherzoge mit der Marginalie „Wir haben kein Kanonen" abgelehnt wurde. Vgl. zum ganzen HStA Wiesbaden Abt. 371 Nr. 76 Bl. 13, 18 v, 19.

[11] Die einführenden Bemerkungen zu den Fürstentümern Waldeck und Pyrmont, zum Freistaat Waldeck-Pyrmont und zum Freistaat Waldeck beruhen im wesentlichen auf: SEIBEL, THOMAS: Die Landstände des Fürstentums Waldeck 1814/16-1848. Unveröffentlichtes Manuskript, basierend auf Forschungen für die Gießener Dissertation des Autors, die ebenfalls noch unveröffentlicht ist; KÖNIG, REINHARD: Die Abgeordneten des Waldeckischen Landtags von 1848 bis 1929. (Vorgeschichte und Geschichte des Parlamentarismus in Hessen 3; Schriften des hessischen Staatsarchivs Marburg 3). Marburg 1985, S. 5-8 und 25 f.; LENGEMANN, JOCHEN: Die Präsidenten des Waldeckischen Landtags 1848-1929. In: Geschichtsblätter für Waldeck, 82. Band (1994), S. 265-334, hier S. 265-275; LENGEMANN, JOCHEN: Der Spezial-Landtag des Fürstentums Pyrmont. In: Geschichtsblätter für Waldeck, 83. Bd. (1995), S. 103-154, hier S. 103-111.

Unter dem Fürsten *Georg Heinrich* kam es schon gut vier Monate nach seinem Regierungsantritt am 9. September 1813 abrupt zu einer kurz andauernden markanten Änderung der Verfassungsverhältnisse beider Fürstentümer. Das vom neuen Fürsten oktroyierte *Organisationsedikt* vom 28. Janaur 1814[12] bedeutete nicht nur einen Schritt zu unerhörter Modernisierung von Regierung und Verwaltung, sondern vollzog als das neue Grund-Gesetz für alle fürstlichen Territorien auch die staatsrechtliche Vereinigung von Waldeck und Pyrmont in einem Staat. Zu den im Organisationsedikt „bestätigten" Ständen des Fürstentums Waldeck sollten, „um auch in dieser Hinsicht Gleichheit herbeyzuführen, ... vier Mitglieder [aus dem Fürstentum Pyrmont; d.Verf.] beygeordnet werden, ..."[13]. Die geradzu revolutionären Modernisierungsschritte des Organisationsedikts – mehr als ein Jahr vor der Verabschiedung der Wiener Bundesakte unternommen und deshalb zunächst nur vorläufig in Kraft gesetzt, sogleich aber auch das bis dahin eigenständige landständische Kassenwesen berührend – riefen vor allem unter den alten Waldeckischen Ständen unter Führung *Carl Friedrich Freiherr von Dalwigks* einen solchen Proteststurm hervor, daß zunächst in einer Konvention vom 3. Juli 1814[14] erneut die staatsrechtliche Trennung von Waldeck und Pyrmont festgeschrieben werden mußte, 1814 und 1815 Landtage (Deputationstage) nach altem Recht stattfanden und schließlich als ein Kompromiß die *Landständische Verfassungsurkunde für das Fürstentum Waldeck* vom 19. April 1816[15] zustandekam, die es bei der staatsrechtlichen Trennung von Waldeck und Pyrmont beließ, für Waldeck die Stände nur bescheiden modernisierte und für Pyrmont nichts neu regelte, also auch keine ständische Vertretung schuf.

In dieser auch Landesvertrag genannten Urkunde wurden die Stände als „Repräsentanten Unserer Unterthanen" bezeichnet; sie bestanden weiter aus den bisherigen Landständen, nämlich den Besitzern der landtagsfähigen Rittergüter und Vertretern der Städte, und – neu – einem auf Lebenszeit zu wählenden Deputierten der Stadt Arolsen und zehn auf Lebenszeit zu wählenden Vertretern der Bauern. Die Landstände tagten zwischen 1816 und 1848 nur dreimal als Plenarversammlung und faßten ansonsten ihre Beschlüsse im vom Landsyndikus, dem ständigen Leiter der Landschaftlichen Verwaltung, betriebenen schriftlichen Verfahren. Diese Regelungen wurden weitestgehend als Erfüllung der in Artikel XIII der Wiener Bundesakte statuierten Forderung, daß in jedem Bundesstaat ein landständische Verfassung stattzufinden habe, angesehen.

Im Verlauf der revolutionären Ereignisse des Jahre 1848 wurden die Landstände auf den 3. April 1848 einberufen, um ein Wahlgesetz für einen Landtag zu beschließen, der eine neue Landesverfassung erarbeiten solle. Da – auch zur Befriedigung der Pyrmonter Wünsche auf Repräsentation, die in der Zwischenzeit immer wieder virulent geworden waren – beabsichtigt wurde, das Fürstentum Pyrmont nun endlich in einer gemeinsamen Verfassung mit Waldeck zu verbinden, wurden zwei Pyrmonter Vertreter zu den Beratungen des neuen Landtags hinzugezogen. Ergebnis seiner Arbeiten war das moderne, wesentliche von *Wolrad Schumacher* konzipierte *Staatsgrundgesetz für die Fürstentümer Waldeck und Pyrmont* vom 23. Mai 1849[16], das entgegen seinem Namen den einheitlichen Staat Für-

---

[12] WaRegBl. 1814, S. 21.
[13] Zitiert aus § 1 Abs. 2 Organisationsedikt.
[14] Vgl. wegen des amtlich unveröffentlichten Textes: WEIGEL, DIETER: Fürst, Stände und Verfassung im frühen 19. Jahrhundert. Studien zur Entstehung der Verfassungsurkunden von 1814 und 1816 des Fürstentums Waldeck. In: Geschichtsblätter für Waldeck, 59. Bd. (1967), passim, hier S. 154.
[15] WaRegBl. 1819, S. 33.
[16] WaRegBl. 1849, S. 27.

stentümer Waldeck und und Pyrmont schuf und für ihn die Bildung eines gemeinschaftlichen Landtags aus 15 Abgeordneten vorsah, die in geheimer Wahl in Wahlkreisen zu wählen waren; gleichzeitig ließ aber das neue Grundgesetz getrennte Staatshaushalte für Waldeck und für Pyrmont bestehen.

Um ein *Verfassungsgesetz, betr. den Staatshaushalt des Fürstentums Pyrmont*, zu beraten, wurden noch 1848 Schritte zur Bildung eines Spezial-Landtags für das Fürstentum Pyrmont unternommen. Der Spezial-Landtag setzte sich für die Beratung des Verfassungsgesetzes, das beschlossen und unter dem 21. Juli 1849 publiziert[17] wurde, aus fünf Abgeordneten zusammen. Nach Inkrafttreten des Gesetzes bestand er aus – wie vorher – den im Fürstentum Pyrmont gesondert gewählten fünf Abgeordneten und – zusätzlich – den drei Pyrmonter Abgeordneten des gemeinschaftlichen Landtags. Er war für die Pyrmonter Haushaltsfragen zuständig und bestand bis zur Vereinigung der Staatshaushalte 1863/64.

Trotz den in der Reaktionszeit und besonders auf Drängen des jungen Fürsten *Georg Victor* 1852 vor seinem Regierungsantritt verabschiedeten neuen, weniger liberalen Verfassungsbestimmungen blieb der Landtag auch unter der *Verfassungsurkunde für die Fürstentümer Waldeck und Pyrmont* vom 17. August 1852[18], die an der staatsrechtlichen Vereinigung beider Territorien nichts änderte, das Repräsentationsorgan der Bürger, ohne dessen Zustimmung formelle Gesetze einschließlich der Haushaltsgesetze nicht beschlossen werden konnten und dem auch die Haushaltskontrolle oblag. Daran änderte sich auch nichts durch den die Verwaltung Waldecks auf Preußen übertragenden sog. Akzessionsvertrag von 1867. Nur die 1849 erstrittene geheime Wahl wurde im mit der Verfasungurkunde erlassenen neuen Wahlgesetz aufgehoben, ein Zustand, der ebenso wie die indirekte Wahl der Abgeordneten bis 1919 bestehen blieb.

Der 1917 zuletzt nach den Bestimmungen von 1852 gewählte Landtag wurde am 2. April 1919 förmlich aufgelöst und durch eine nach den Grundsätzen der Verhältniswahl gewählte Verfassunggebende Waldeck-Pyrmonter Landesvertretung, bestehend aus 21 Mitgliedern, ersetzt, die allerdings angesichts der Diskussion über das Aufgehen Waldecks in Preußen keine Vollverfassung mehr verabschiedete, sondern nur notwendige Anpassungen der verfassungsrechtlichen Situations Waldecks an die nun republikanische Zeit vornahm. An die Stelle der im März 1933 nach der Trennung Pyrmonts von Waldeck aufgelösten Verfassunggebenden Waldeck-Pyrmonter Landesvertretung trat die Waldeckische Landesvertretung aus 17 in Verhältniswahl gewählten Abgeordneten, die – 1925 noch einmal neu gewählt – das Landesparlament des kleinen Landes bis zum Anschluß des Freistaats an Preußen am 1. April 1929 war.

---

[17] WaRegBl. 1849, S. 97.
[18] WaRegBl. 1852, S. 141.

2.4.   Herzogtum Nassau[19]

Das 1806 als einheitlicher Staat geschaffene Herzogtum Nassau kann sich rühmen, nach den Befreiungkriegen mit seiner durch *Landesherrliches Edikt, betr. die Errichtung von Landständen im Herzogtum Nassau,* vom 1. und 2. September 1814 geschaffenen *Landständischen Verfassung*[20] zwar nicht die erste, wohl aber die erste *moderne* Verfassung eines künftigen Glieds des Deutschen Bundes erlassen zu haben. Ihre Verwirklichung durch Wahl und Einberufung der Stände, die erst 1818 erfolgten, ließ – wie bei der Landständischen Verfassung von Schwarzburg-Rudolstadt vom 8. Januar 1816[21], die erst 1821 umgesetzt wurde[22] – mehrere Jahre auf sich warten, so daß sogar das erst unter dem 5. Mai 1816 mit einer Verfassung[23] ausgestattete Sachsen-Weimar-Eisenach mit dem Zusammentritt seines Landtags schon am 2. Februar 1817 zum scheinbaren Vorreiter moderner staatlicher Verfaßtheit in Deutschland werden konnte, was die weimarische Propaganda – wenn man sie so nennen darf – weidlich zum Ruhme des ohnehin schon im Lichte der Klassik strahlenden thüringischen Großherzogtums nutzte. Das wurde Weimar um so leichter gemacht, als das bis 1819 als besonders reformfreudig geltende Herzogtum Nassau nach dem Attentat auf seinen Regierungspräsidenten *Carl von Ibell* unter maßgeblicher Beeinflussung durch Minister *Ernst Freiherr Marschall von Bieberstein* zu den ersten deutschen Staaten gehörte, der die Karlsbader Beschlüsse verkündete und vollzog und damit eine antiliberale Politik einläutete.

In Tat und Wahrheit hatte das Herzogtum an Rhein und Lahn – in einem geistigen Spannungsfeld von, vor allem, *Ludwig Harscher von Almendingen, Carl von Ibell, Ernst Freiherr Marschall von Bieberstein, Karl Freiherr vom Stein* und den nassauischen Fürsten – mit einem ab 1806 begonnenen, die Rheinbundzeit überdauernden, kontinuierlichen Modernisierungsschub, dessen Schritte der Vorspruch des Edikts vom 1./2. September 1814 zitiert, die Verfassung von 1814 als eine Art Schlußstein mit durchaus neuartigem, originellem Inhalt gesetzt – originellem Inhalt, sind doch z.B. die bürgerliche Freiheit, das Eigentum und die Gewerbefreiheit unter den Schutz der Landstände gestellt, womit in der deutschen Verfassungsgeschichte im Wortsinne Unerhörtes geleistet wurde, was auch durch den – mehr als nur – Schönheitsfehler, daß die Verfassung nicht als Vertrag zwi-

---

[19] Die einführenden Bemerkungen zum Herzogtum Nassau beruhen im wesentlichen auf: STRUCK, WOLF-HEINO: Die Gründung des Herzogtums Nassau. In: Herzogtum Nassau 1806-1866. Politik. Wirtschaft. Kultur. Eine Ausstellung des Landes Hessen und der Landeshauptstadt Wiesbaden. Wiesbaden 1981 (im folgenden zitiert als Katalog 1981), S. 1-17; SCHÜLER, WINFRIED: Die Nassauische Verfassung vom 1./2. September 1814. Entstehung, leitende Ideen, historische Bedeutung. In: 175 Jahre Nassauische Verfassung. Ausstellungskatalog. (Hessische Schriften zum Föderalismus und Landesparlamentarismus 2). Wiesbaden 1989, S. 9-26; EICHLER, VOLKER (Bearb.): Nassauische Parlamentsdebatten. Bd. 1: Restauration und Vormärz 1818-1847. (Veröffentlichungen der Historischen Kommission für Nassau XXXV, 1; Vorgeschichte und Geschichte des Parlamentarismus in Hessen 1). Wiesbaden 1985, hier S. 19-51; SCHÜLER, WILFRIED: Die Revolution von 1848/49. In: Katalog 1981, S. 19-35; KROPAT, WOLF-ARNO: Das Ende des Herzogtums (1850-1866). In: Katalog 1981, S. 37-52.

[20] VBl. 1814, S. 67.

[21] *Rudolstädter Wochenblatt* 15.1.1816, Beilage zum 3. Stück. - Die Verfassung muß immer gemeinsam mit der Fürstlichen Bekanntmachung (Landtagsabschied) vom 21.4.1821 - gedruckt in *Rudolstädter Wochenblatt* 30.4.1821, Beilage zum 18. Stück - gesehen werden.

[22] Vgl. dazu LENGEMANN, JOCHEN: Landtag und Gebietsvertretung von Schwarzburg-Rudolstadt 1821-1923. Biographisches Handbuch. (Parlamente in Thüringen 1809-1952 1; Veröffentlichungen der Historischen Kommission für Thüringen, Große Reihe, 1, 1). Jena und Stuttgart 1994, S. 26-28.

[23] GS SWE 2. Teil, I. Abt., 1829, S. 241.

schen Fürsten und Volk, sondern als Oktroy der Monarchen zustandekam, nur wenig geschmälert wurde.

Die mit dem Verfassungsedikt geschaffenen Landstände bestanden aus zwei Kammern, der Herrenbank und der Deputiertenkammer. Sicher waren auch sie noch keine *Volks*vertretung im heutigen Sinne, doch aber eben nicht mehr nur eine Versammlung von sich selbst, Korporationen oder Rechte, also altständisch, Repräsentierenden, sondern von die Gesamtheit der Untertanen in ihrer damals so gesehenen Gliederung vertretenden Abgeordneten. Die Herrenbank, das Oberhaus, bestand aus den volljährigen Prinzen des Hauses Nassau, sowie aus teils erblichen, teils auf Lebenszeit ernannten Angehörigen der standesherrlichen, gräflichen und freiherrlichen Familien sowie – nach einem ergänzenden Edikt vom 4. November 1815 – aus sechs gewählten Vertretern der höchstbesteuerten sonstigen adeligen Grundeigentümer. Die Deputiertenkammer setzte sich aus vier Vertretern der Kirchen und der höheren Lehranstalten, drei Deputierten der höchstbesteuerten Gewerbetreibenden und sechzehn Vertretern der höchstbesteuerten Grundeigentümer zusammen und wurde auf sieben Jahre indirekt gewählt. Zu den Kompetenzen der gleichberechtigten beiden Kammern gehörten das Recht der Steuerbewilligung und – dies insbesondere auf Betreiben des Freiherrn vom Stein in das Verfassungsedikt aufgenommen – das Recht der Mitwirkung an der Gesetzgebung, soweit die Gesetze „das Eigentum, die persönliche Freiheit und die Verfassung betreffen"[24].

War anfangs die Herrenbank das Haus, in dem sich Opposition – gegen den modernen Staat, der die alte Ordnung überwunden hatte, gerichtet – artikulierte, so übernahm diese Rolle seit dem Domänenkonflikt ab der Mitte der zwanziger Jahre die Deputiertenkammer. Sie tat das so konsequent, daß zeitweise die Mehrheit der Abgeordneten die Sitzungen der Kammer boykottierte und die Regierung nur mittels höchst umstrittener verfassungsrechtlicher Kniffe und einem gelegentlichen Pairsschub, der Ernennung zusätzlicher Abgeordneter in die Herrenbank, die Lage zu ihren Gunsten entscheiden konnte.

Die Revolution von 1848 brachte das allgemeine und gleiche, aber noch indirekte Wahlrecht zur nun einzigen Kammer, der Ständeversammlung, und eine Vielzahl legislatorischer Akte von verfassungsrechtlicher Bedeutung, die 1849 in einer Art Interimsverfassung, der sog. *Staatsrechtlichen Zusammenstellung*[25], kompiliert publiziert wurden.

Schon zwei Jahre später setzte der Herzog unter ausdrücklicher Berufung auf das Edikt von 1814 die Staatsrechtliche Zusammenstellung von 1949 und das Wahlgesetz von 1848 außer Kraft. Gleichzeitig führte er mit einem neuen *Edikt* vom 25. November 1851[26] erneut das Zweikammersystem ein. Zusätzlich erhielten auf der nun I. Kammer genannten Herrenbank der evangelische und der katholische Bischof Sitz und Stimme; dazu kamen drei Abgeordnete der höchstbesteuerten Gewerbetreibenden, und die sechs Vertreter der höchstbesteuerten Grundbesitzer mußten nicht mehr aus dem Adel kommen. Für die II. Kammer wurde ein Wahlrecht nach dem Vorbild des preußischen Dreiklassenwahlrechts normiert.

Schon im zweiten Drittel der sechziger Jahre war der Konflikt zwischen einer neuen, liberalen Mehrheit in der II. Kammer, deren Kern die 1863 in Limburg konstituierte Nas-

---

[24] Zitiert aus § 2 Ziff. 1 des Verfassungsedikts.
[25] VBl. 1849, S. 613.
[26] VBl. 1851, S. 333.

sauische Fortschrittspartei (NFP) bildete, und der Regierung da. Er eskalierte bis hin zu mehreren Landtagsauflösungen und drei Landtagswahlen innerhalb eineinhalb Jahren, die allerdings nicht verhindern konnten, daß die Mehrheit der Fortschrittspartei am 26. Juni 1866 mit 24 gegen 14 Stimmen der Regierung die Mittel zur Kriegsführung auf Seiten Österreichs verweigerte. Gut drei Wochen später, am 18. Juli, marschierten preußische Truppen im Herzogtum ein, und im nächsten Jahr schon beteiligten sich die Nassauer, inzwischen von Berlin annektiert, an Wahlen zum (preußischen) Abgeordnetenhaus und zum Konstituierenden Reichstag des Norddeutschen Bundes. Nassauische Staatlichkeit und nassauischer Parlamentarismus waren zu Ende[27].

2.5.   Freie Stadt Frankfurt[28]

Zwei Wochen nach der Völkerschlacht bei Leipzig am 18. Oktober 1813 zogen Truppen der siegreichen Verbündeten in Frankfurt ein. Schon am 14. Dezember 1813 versicherten sie, daß die Stadt, bis dahin Hauptstadt des napoléonischen Musterstaats Großherzogtum Frankfurt, zum alten Recht zurückkehren und wieder selbständig werden solle. Das geschah mit der Wiener Bundesakte, deren Artikel LXVI die alte Reichsstadt zur Freien Stadt im Deutschen Bund machte. Am 9. Juli 1815 übergab das bis dahin die Stadt interimistisch verwaltende Generalgouvernement sie einem provisorischen Senat. In einer Abstimmung sämtlicher Bürger am 17. und 18. Juli 1816 wurden die alte Stadtverfassung ergänzenden Gesetze angenommen, die als *Constitutions-Ergänzungs-Acte* am 18. Juli 1816 publiziert[29] und am 18. Oktober 1816 von Senat und Bürgerschaft wechselseitig beschworen wurden. Bei aller Anknüpfung an die alten reichsstädtischen Tradtionen begründete die Constitutions-Ergänzungs-Acte doch ein repräsentatives Regierungssystem für die Freie Stadt mit „aus ihrer [der christlichen Bürgerschaft; d.Verf.] Mitte und Autorität ausgehenden Behörden ... , nämlich ... [dem] Senat als obrigkeitliche[m] Kollegium, ... [der] Gesetzgebenden Versammlung oder ... [dem] Gesetzgebenden Körper und ... [der] Ständigen Bürgerrepräsentation oder ... [dem] Bürgerausschuß"[30].

Der Senat aus 42 Mitgliedern teilte sich auch nach der neuen Ordnung in drei Bänke, die 14 Älteren Senatoren oder Schöffen, die 14 Jüngeren Senatoren (meist einfach Senatoren genannt) und die 14 Ratsverwandten (dritter Bank). Neben der exekutiven Gewalt oblag ihm die Führung der Stadt- und der Justizverwaltung. In die erste Bank gelangten die Mitglieder durch Aufrücken aus der zweiten, und zwar nach dem Dienstalter; die Mitglieder der beiden anderen Bänke wurden in einem komplizierten Verfahren durch Wahl in einem zwölfköpfigen Wahlmännergremium aus Vertretern des Senats und der Gesetzgebenden Versammlung und nach Kugelung unter den drei für jede freie Position gewählten Kandi-

---

[27] Formell wurde die Annexion vollzogen mit dem (preußischen) *Gesetz* vom 20. September 1866, *betr. die Vereinigung des Königreichs Hannover, des Kurfürstentums Hessen, des Herzogtums Nassau und der freien Stadt Frankfurt mit der Preußischen Monarchie*; GS Preußen 1866, S. 555.

[28] Die einführenden Bemerkungen zur Freien Stadt Frankfurt beruhen im wesentlichen auf: KLÖTZER, WOLFGANG: Die Freie Stadt Frankfurt am Main. In: KLEIN, THOMAS: Grundriß zur deutschen Verwaltungsgeschichte 1815-1945. Reihe A: Preußen, Band 11: Hessen-Nassau (einschließ. Vorgängerstaaten). Marburg 1979, S. 234-251.

[29] GS Frankfurt I, S. 11.

[30] KLÖTZER (wie Anm. 28), S. 237.

daten bestimmt. Aus der ersten Bank waren alljährlich der Ältere, aus der zweiten der Jüngere Bürgermeister, die Direktoren der Ratsversammlungen (Senatssitzungen) und zugleich Leiter der bewaffneten Macht der Freien Stadt zu wählen und zu kugeln.

Die Gesetzgebende Versammlung bestand aus 20 Mitgliedern des Senats, 20 Mitgliedern der Ständigen Bürgerrepräsentation, 45 aus der Mitte der übrigen Bürgerschaft gewählten Personen und neun Deputierten der Landgemeinden, die aber nur dann Sitz und Stimme hatten, wenn das Interesse der Dorfschaften betreffende Verhandlungsgegenstände beraten wurden. Senat und Ständige Bürgerrepräsentation wählten zu jeder jährlich stattfindenden Gesetzgebenden Versammlung ihre Mitglieder selbst. Die aus der übrigen Bürgerschaft zu wählenden Mitglieder wurden von einem 75 Personen umfassenden Wahlmännerkollegium gewählt, das selbst durch die Wahl sämtlicher christlichen Bürger in drei Klassen zustandekam.

Die Gesetzgebende Versammlung war alljährlich vom Älteren Bürgermeister auf den ersten Montag im November für eine in der Regel sechswöchige Session einzuberufen. Sie hatte aus den ihr angehörenden Mitgliedern des Senats ihren Präsidenten und aus den übrigen Mitgliedern zwei Vizepräsidenten zu wählen. Ihre Hauptkompetenz lag in der Gesetzgebung und der Sanktion aller Staatsverträge, aber auch in der Entscheidung in Fällen der Nichteinigung zwischen Senat und Ständiger Bürgerrepräsentation.

Die Ständige Bürgerrepräsentation stand nach der Constitutions-Ergänzungs-Acte dem Senat zur Mitwirkung und Kontrolle bei der Verwaltung zur Seite. Sie bestand aus 61 Mitgliedern, unter denen stets sechs Rechtsgelehrte sein mußten. Sofern sie nicht in den Senat gelangten, blieben einmal gewählte und gekugelte Mitglieder der Ständigen Bürgerrepräsentation lebenslänglich in ihrem Auftrag; frühestens nach fünf Jahren Mitgliedschaft konnten sie ihre Entlassung erbitten. Die Ständige Bürgerrepräsentation wählte jeweils auf drei Jahre ihren Senior und bestimmte einen rechtsgelehrten Konsulenten. Ihre Hauptkompetenzen lagen im kontinuierlichen Wachen über das Einhalten der Verfassungs-Grundsätze und über das Finanzgebaren des Senats.

Neun Mitglieder der Ständigen Bürgerrepräsentation waren Mitglieder des Stadtrechnungsrevisionskollegiums, einer Art gleichzeitig parlamentarischen Rechnungsprüfungsgremiums und Rechnungshofs.

Nach der Revolution von 1848 wurde zunächst im August 1848 auf Senatsantrag ein Gesetz, betr. die Wahl eines Verfassungsausschusses, verabschiedet und publiziert[31]. Der darauf gewählte dreißigköpfige Verfassungsausschuß beschloß schon am 2. September 1848 die Wahl einer Verfassunggebenden Versammlung (Konstituante) von 120 Mitgliedern. In einer Volksabstimmung wurde noch im gleichen Monat der sog. Hemmschuhparagraph, der Hinderungsgründe für eine Verfassungsänderung enthielt, beseitigt. Am 21. Oktober 1848 wurden das Wahlgesetz für die Konstituante und Übergangsbestimmungen verkündet[32], nach denen Senat, Ständige Bürgerrepräsentation und Stadtrechnungsrevisionskolleg weiterzuwirken hatten, während die Rechte der Gesetzgebenden Versammlung auf die Verfassungsgebende Versammlung nach deren Konstituierung übergingen[33]. Die am 25.

[31] GS Frankfurt VIII, S. 265.
[32] GS Frankfurt VIII, S. 271.
[33] Das geschah am 6.11.1849.

Oktober 1848 gewählte Konstituante beschloß am 3. Dezember 1849 mit 68 gegen 29 Stimmen eine Verfassung, die in einer Volksabstimmung zu sanktionieren war. Diese Volksabstimmung ließ der Senat mit Beschluß vom 31. Dezember 1849 nicht zu; vielmehr fanden am 10. und 11. Januar 1850 wieder Wahlen zur Gesetzgebenden Versammlung unter Übergehung der Konstituante statt, die der Minderheit in der Verfassunggebenden die Mehrheit in der Gesetzgebenden Versammlung brachten.

Während im Herbst 1850 der erneute Versuch einer Verfassungsrevision am Widerstand im Senat scheiterte, brachte nach einem *Organischen Gesetz* vom 8./12. November 1853, *die Erweiterung der staatsbürgerlichen Rechte der Landbewohner und der Israeliten betr.*[34], das *Organische Gesetz* vom 16./20. November 1856[35] ein fundamentale Neuordnung der Verfassungsorgane. Justiz und Verwaltung wurden getrennt. Der Senat bestand fortan unter Wegfall der drei Bänke aus 21 auf Lebenszeit gewählten Mitgliedern, darunter vier Syndiken und mindestens vier Handwerkern. Die Gesetzgebende Versammlung setzte sich von nun ab aus 57 von der Stadtbürgerschaft, 20 von der Ständigen Bürgerrepräsentation und elf von den Landgemeinden gewählten Abgeordneten zusammen.

Diesen nun zwar nicht im heutigen Sinne demokratisch, wohl aber breiter durch die Gesamtbürgerschaft legitimierten Organen war nur eine Dauer von weniger als zehn Jahren beschieden. Am 16. Juli 1866 besetzten preußische Truppen Frankfurt, und schon am 17. Juli 1866 übernahm das Militärkommando unter Auflösung von Senat und Bürgervertretungen die Regierungsgewalt. Schon am 22. Juli 1866 wurde der Senat von der Militärverwaltung reaktiviert und in Eid und Pflicht genommen; Bürgermeister Fellner verübte darauf zwei Tage später Selbstmord. Am 8. Oktober 1866 wurde die vorher von den preußischen Kammern als Gesetz beschlossene Annexion[36] der Freien Stadt vollzogen. Die nach einemals Oktroy empfundenen Gemeindeverfassungsgesetz 1867 gewählte Stadtverordnetenversammlung war zwar das Repräsentationsorgan eines wichtigen Gemeinwesens, nicht aber mehr das Parlament eines deutschen Gliedstaats.

2.6.   Großherzogtum, Republik und Volksstaat Hessen[37]

Als der Landgraf *Ludwig X.* von Hessen (-Darmstadt) 1806 in den Rheinbund eintrat und zum Großherzog *Ludwig I.* erhoben wurde, war eine seiner ersten Maßnahmen als zum Souverän gewordenen Fürst der Erlaß des *Patents* vom 1. Oktober 1806, in dem er mit Hinweis auf „die in den letzten Jahren in Deutschland eingetretenen Staatsveränderungen" die seit Jahrhunderten bestehenden, auch in Zeiten des Absolutismus nie voll ent-

---

[34] GS Frankfurt IX, S. 221.
[35] GS Frankfurt XII, S. 221.
[36] *Gesetz* vom 20. September 1866, *betr. die Vereinigung des Köngreichs Hannover, des Kurfürstentums Hessen, des Herzogtums Nassau und der freien Stadt Frankfurt mit der Preußischen Monarchie*; GS Preußen 1866, S. 555.
[37] Die einführenden Bemerkungen zum Großherzogtum, zur Republik und zum Volksstaat Hessen beruhen im wesentlichen auf: RUPPEL, HANS GEORG, und BIRGIT GROSS (Bearb.): Hessische Abgeordnete 1820-1933. Biographische Nachweise für die Landstände des Großherzogtums Hessen (2. Kammer) und den Landtag des Volksstaats Hessen. (Darmstädter Archivschriften 5). Darmstadt 1980, S. 8-30; FRANZ, ECKHART G.: Vorbemerkung. In: GÖTZ, HANNELORE, und KLAUS-DIETER RACK: Hessische Abgeordnete 1820-1933, Ergänzungsband: Biographische Nachweise für die Erste Kammer der Landstände des Großherzogtums Hessen; Ergänzungen und Berichtigungen für die Zweite Kammer und den Landtag des Volksstaats Hessen. (Darmstädter Archivschriften 10). Darmstadt 1995, S. 7-10.

machteten althessischen Landstände ebenso wie die nicht minder traditionsreichen west-
fälischen in den neu gewonnenen Teilen seines Großherzogtums „aus unumschränkter
Machtvollkommenheit" schlicht für aufgehoben erklärte. Konnten die folgenden Jahre der
napoléonischen Hegemonie, die im wesentlichen Kriegsjahre waren, noch die fehlende
Neuordnung auf diesem Gebiet rechtfertigen, so war nach der Wiener Bundesakte vom
Juni 1815 und ihrem Artikel XIII mit der Forderung, daß in allen Gliedstaaten des Deutschen Bundes eine landständische Verfassung stattzufinden habe, bei einer agilen Bevölkerung wie der südhessischen nur schwer ein Damm gegen die Forderung nach Vereinbarung einer Verfassung zu errichten, zumal gleichgerichtet derartige Forderungen im März
1816 aus dem Kreise der Standesherren, im Dezember 1818 aus Oberhessen und im Früh-
jahr 1819 aus Starkenburg aus gewählten oder selbsternannten „wilden" Deputiertenver-
sammlungen kamen, und eine geradzu revolutionär organisierte, auch Unruhen nicht
scheuende Volksbewegung sie zu ihrem Hauptdesiderat machte.

Dieser Druck und der Einfluß des im Sommer 1819 zum Staatsminister berufenen Gießener Juristen *Karl Ludwig von Grolman* führten zum *Edikt über die Landständische Verfassung des Großherzogtums* vom 18. März 1820[38]. Diese oktroyierte Verfassung begründete ein Zweikammersystem, das über sie selbst hinaus bis zum Ende des Großherzogtums im Kern Bestand haben sollte.

Die 1. Kammer bestand aus 1. den Prinzen des großherzoglichen Hauses; 2. den Häuptern
der standesherrlichen Familien im Großherzogtum, die zum Eintritt 25 Jahre alt sein mußten; 3. dem Senior der Familie der Freiherren von Riedesel als Inhabern der Würde des
Erbmarschalls von Hessen; 4. dem katholischen Landesbischof; 5. dem zum Prälaten ernannten evangelischen Geistlichen; 6. dem Kanzler der Universität Gießen; 7. bis zu zehn
„ausgezeichneten Staatsbürgern", die vom Großherzog zu Mitgliedern der Kammer berufen werden konnten.

Nach dem März-Edikt bestand die 2. Kammer aus 1. sechs Abgeordneten des im Großherzogtum „mit Grundeigentum angesessenen Adels"; 2. aus zehn Abgeordneten der bevor-
rechtigten acht größeren Städte, von denen Darmstadt und Mainz je zwei, Alsfeld, Bingen, Friedbergg, Gießen, Offenbach und Worms je einen zu wählen hatten; 3. aus 34
Vertretern der Wahlkreise, die die übrigen Städte und Gemeinden des Landes umfaßten.
Die Vertreter des Adels wurden in Briefwahl, die übrigen Abgeordneten in einem dreistu-
figen indirekten Wahlverfahren gewählt.

Die Liberalen und die Mehrheit der Standesherren boykottierten anfangs wegen des Ver-
fassungsoktroys die neuen Stände. Erst nach dem Verzicht des Großherzogs auf ein Drittel der Domäneneinkünfte wurde der Weg für die Vereinbarung einer weitestgehend ak-
zeptierten Verfassung frei. Sie kam nach Beratung in den Kammern als *Verfassungs-
Urkunde des Großherzogtums Hessen* vom 17. Dezember 1820[39] zustande.

An der Zusammensetzung der grundsätzlich auf sechs Jahre zu wählenden landständischen Kammern, wie sie im März 1820 oktroyiert worden war, änderte die Verfassungs-
urkunde nichts. Insgesamt war sie, insbesondere auch in den Kompetenzzuweisungen,
dem Vorbild der bayerischen Verfassung von 1818 verpflichtet. Neben dem Budgetrecht

---

[38] HRegBl. 1820, S. 101.
[39] HRegBl. 1820, S. 535.

sicherte sie die Mitwirkung der Landstände bei der Gesetzgebung und gab ihnen ein weit-
gehendendes Petitionsrecht; bei den Haushaltsberatungen sicherte sie der Zweiten Kammer
das Recht der Erstberatung und beschränkte die Erste Kammer auf das Recht der globa-
len Annahme oder Ablehnung des Budgets. Wenn auch wegen des Wahlrechts und der
fortdauernden Ausschaltung des Repräsentationsorgans von der Kreationsfunktion für die
politisch verantwortliche Exekutive – das Ministerium – nicht von einer demokratischen
Verfassung gesprochen werden kann, war sie eine den vorherrschenden liberalen Vorstellungen am Ende des zweiten Jahrzehnts des 19. Jahrhunderts voll entsprechende Konsti-
tution, die als frühes Kind des deutschen Konstitutionalismus in ihren Grundzügen sich
als so robust erwies, daß sie fast einhundert Jahre das Grundgesetz des Großherzogtums
bis zu dessen Ende blieb.

Frucht der Revolution von 1848 für den hessen-darmstädtischen Parlamentarismus war
das de facto die Verfassung von 1820 ändernde *Gesetz* vom 3. September 1849, *die Zusammensetzung der landständischen Kammern und die Wahlen der Abgeordneten betr.*[40]
Es beseitigte die besondere Vertretung des landsässigen Adels und die Bevorzugung der
größeren Städte in der 2. Kammer und ersetzte für die 1. Kammer das Pair-Kammer-Sy-
stem durch die Wahl sämtlicher nun 25 Mitglieder in Wahlbezirken. In beiden Kammern
kam es daraufhin zu demokratischen Mehrheiten, und zweimal wurde kurz aufeinander-
folgend der Landtag aufgelöst. Schließlich konnte die dem Reformministerium des Jahres 1848 folgende konservative Regierung *Reinhard Freiherr zu Dalwigks* sich der demokratischen Grundwelle nur im Wege des offenen Gesetzesbruchs erwehren, indem sie die
Berufung einer außerordentlichen Ständeversammlung mit der *Verordnung* vom 7. Oktober 1850, *die Berufung einer außerordentlichen Ständeversammlung betr.*[41] mit der Begründung anordnete, „in der Landesvertretung solchen Männern Wirksamkeit zu ver-
schaffen, welchen das Wohl des Volkes wahrhaft am Herzen liegt und welche sich in
dessen Beförderung mit unserer Regierung zu vereinigen gesonnen sind".

Die 1. Kammer bestand auf Grund dieser Verordnung neben dem katholischen Bischof,
dem evangelischen Prälaten, dem Kanzler der Universität Gießen und bis zu acht ernannten Mitgliedern aus zehn Abgeordneten, die die 50 höchstbesteuerten Grundbesitzer des
Land wählten, und neun Vertreter, je drei der Provinzen Oberhessen, Rheinhessen und
Starkenburg, die mindestens 150 Gulden Steuern bezahlten und in indirekter, zweistufi-
ger Wahl nach dem Muster des preußischen Dreiklassenwahlrechts gewählt wurden. Das
Dreiklassenwahlrecht galt auch für alle 50 Mitglieder der 2. Kammer.

Das von den so gewählten Kammern beschlossenen *Gesetz* vom 6. September 1856, *die
Zusammensetzung der beiden Kammern der Stände und die Wahl der Abgeordneten betr.*[42]
vollzog für die Zusammensetzung der Kammern die Rückkehr zum Zustand der Verfassung von 1820, blieb jedoch beim zweistufigen indirekten Wahlverfahren und brachte bei
Aufgabe des Dreiklassenwahlrechts Mindesteinkommensanforderungen für Wahlmänner
wie für Abgeordnete. Ein Gesetz vom 8. November 1872[43] siedelte die Vertretung des
Adels wieder allein in der 1. Kammer an, wie sie bis 1856 gegolten hatte, allerdings nicht
mehr mit sechs, sondern nur noch mit zwei Vertretern. Neu wurde 1875 auch die hälftige
Erneuerung der 2. Kammer, die fortan alle drei Jahre stattfand, erstmals praktiziert.

---

[40] HRegBl. 1849, S. 435.
[41] HRegBl. 1850, S. 371.
[42] HRegBl. 1856, S. 261.
[43] HRegBl. 1872, S. 385.

Eine letzte Neuordnung erfuhren die Landstände im Großherzogtum 1911[44], als eine von Zentrum und Sozialdemokraten in vielen Vorstößen immer wieder geforderte Reform durchgesetzt wurde: die direkte und geheime Wahl der 2. Kammer. Gleichzeitig wurde die Zahl der Abgeordneten der größeren Städte auf 15 und die der Landwahlbezirke auf 43 erhöht und das Wahlrecht nicht mehr allein an eine Einkommensteuerzahlung, sondern an die Zahlung jedweder Art direkter Staats- oder Gemeindesteuern geknüpft und damit der Kreis der Wahlberechtigten erheblich erweitert. Die 1. Kammer sollte dadurch repräsentativer werden, daß neben den Vertreter der Universität Gießen einer der Technischen Hochschule Darmstadt trat und diese beiden Abgeordneten auf Vorschlag der Senate ihrer Hochschulen für die Dauer jedes Landtags vom Großherzog zu berufen waren. Außerdem waren für jede Wahlperiode nach analogem Verfahren auf Vorschlag der gesetzlich eingerichteten Berufskörperschaften je ein Vertreter für Handel und Industrie, Handwerk und Landwirtschaft zu berufen.

Die letzten Wahlen für die Landstände fanden Ende 1911 statt. Wegen des Weltkrieges wurden ab 1914 die Mandate der damals gewählten Abgeordneten durch Gesetz jeweils um ein Jahr verlängert. Letztmals trat der Landtag des Großherzogtums am 8. November 1918 zusammen; mit einem im Einvernehmen mit dem Arbeiter- und Soldatenrat gefaßten Beschluß der neugebildeten Staatsregierung vom 16. Dezember 1918 wurde er aufgelöst.

Am 21. Januar 1919 wurde eine aus 70 Mitgliedern bestehende verfassunggebende Volkskammer der Republik Hessen nach dem Verhältniswahlrecht durch alle mindestens zwanzig Jahre alten Männer und nun auch Frauen gewählt. Nach der von ihr verabschiedeten *Hessischen Verfassung* vom 19. Dezember 1919[45] konstituierte sie sich am 16. März 1920 als Landtag des Volksstaats Hessen.

Dieser Landtag war nun das (Einkammer-) Parlament eines demokratisch und republikanisch verfaßten Staates, das nicht mehr nur Budgetrecht, Kontrollrechte und das Recht der *Mit*wirkung an der Gesetzgebung hatte, sondern Repräsentant des ganzen Volkes, Gesetzgeber des Landes und Kreations- und Kontrollorgan der Exekutive zugleich war und damit heutigen Vorstellungen eines Parlaments voll entprach.

Zunächst wurde der Landtag auf drei Jahre, ab einer Verfassungsänderung im Jahre 1930[46] auf eine Wahlperiode von vier Jahren gewählt; nach einem weiteren Gesetz wurde die Wahlperiode des 1927 gewählten Landtags auf vier Jahre verlängert[47]. Schon der nächste, 1931 gewählte Landtag wurde 1932 nach einer erfolgreichen Wahlanfechtung aufgelöst, und der 1932 gewählte fand sein Ende mit seiner Auflösung durch das sog. *Vorläufige Gesetz zur Gleichschaltung der Länder mit dem Reich* vom 31. März 1933[48] und der Neubildung des Landtags – wie es im Gleichschaltungsgesetz hieß – „nach den Stimmenzahlen, die bei der Wahl zum Deutschen Reichstag am 5. März 1933 innerhalb ... [des] Landes auf die Wahlvorschläge entfallen sind".

---

[44] *Gesetz vom 3. Juni 1911, die Landstände betr.*; HRegBl. 1911, S. 87.
[45] HRegBl. 1919, S. 439.
[46] *3. Gesetz über die Änderung der Hessischen Verfassung* vom 28. März 1930; HRegBl. 1930, S. 49.
[47] Das geschah mit dem *Gesetz über die Verlängerung der Wahldauer des IV. Landtags* vom 13.5.1930; HRegBl. 1930, S. 65.
[48] RGBl. I 1933, S. 153.

War echte parlamentarische Demokratie schon in den letzten Wochen des VI. Landtags im März 1933 faktisch zu einem Ende gekommen, so markierte die einzige Sitzung des nach dem Gleichschaltungsgesetz gebildeten VII. Landtags am 16. Mai 1933 den Schlußpunkt auch der zunächst von den neuen Machthabern noch gespielten, auf rein Formales reduzierten (Schein-) Demokratie.

Epilog: Nach dem Gleichschaltungsgesetz war mit der Auflösung des Deutschen Reichstags am 14. Oktober 1933 „ohne weiteres" die Auflösung der Landtage der Länder verbunden. Wie in den anderen Ländern war damit auch der Landtag des rechtlich weiterbestehenden Volksstaats Hessen aufgelöst. „Der Reichsstatthalter [*Jakob Sprenger*; d.Verf.] hatte schon vorher verlauten lassen, daß er *auf Anordnung des Reichskanzlers [...] von der Anordnung der Neuwahl des Hessischen Landtags einstweilen absehe*"[49]. Artikel 1 des *Gesetzes über den Neuaufbau des Reiches* vom 30. Januar 1934[50] schließlich bestimmte lakonisch: „Die Volksvertretungen der Länder werden aufgehoben."

2.7.   Kurfürstentum Hessen (-Kassel)[51]

Im 1813/14 nach der Völkerschlacht bei Leipzig wieder errichteten Kurfürstentum Hessen waren die altständischen Vertretungen nach dem Übergang von der Landgrafschaft zum Kurstaat im Jahre 1803 einerseits nicht vereinigt, aber auch nicht durch einen Akt des Landesherrn – wie in Hessen-Darmstadt – förmlich aufgehoben worden. Im Gegenteil: Schon in dem die Wiederherstellung des Kurfürstentums durch die gegen Napoléon verbündeten Mächte anerkennenden, in Frankfurt am 2. Dezember 1813 geschlossenen sog. Akzessionvertrag wurde dem nach Kassel zurückgekehrten Kurfürsten *Wilhelm I.* als „handfeste verfassungspolitische Auflage die Restauration der Ständeverfassung aufgetragen"[52] bzw. – wie es *Hellmut Seier* etwas freundlicher ausdrückt – übernahm „nicht

---

[49] Zitiert nach FRANZ, ECKHART G. und MANFRED KÖHLER (Bearb. und Hrsg.): Parlament im Kampf um die Demokratie. Der Landtag des Volksstaats Hessen 1919-1933. (Arbeiten der Hessischen Historischen Kommission NF 6; Vorgeschichte und Geschichte des Parlamentarismus in Hessen 6). Darmstadt 1991, S. 67.

[50] RGBl. I 1934, S. 75.

[51] Die einleitenden Bemerkungen zum Kurfürstentum Hessen beruhen im wesentlichen auf: SEIER, HELLMUT: Zu Hintergrund und Verlauf der Verfassungsberatungen in Kurhessen 1814-1820. Eine Einleitung. In: SEIER, HELLMUT, (Hrsg. und Bearb.) und WINFRIED SPEITKAMP (Bearb.): Akten zur Entstehung und Bedeutung des kurhessischen Verfassungsentwurfs von 1815/16. (Veröffentlichungen der Historischen Kommission für Hessen 48, 1; Vorgeschichte und Geschichte des Parlamentarismus in Hessen 2). Marburg 1985; SPEITKAMP, WINFRIED: Restauration als Transformation. Untersuchungen zur kurhessischen Verfassungsgeschichte 1813-1830. (Quellen und Forschungen zur hessischen Geschichte 67). Marburg und Darmstadt 1986; SEIER, HELLMUT: Auftakt und erste Krisen des kurhessischen Frühparlamentarismus 1830-1837. In: SEIER, HELLMUT, (Hrsg. und Bearb.), und EWALD GROTHE (Bearb.): Akten und Briefe aus den Anfängen der kurhessischen Verfassungszeit 1830-1837. (Veröffentlichungen der Historischen Kommission für Hessen 48, 4; Vorgeschichte und Geschichte des Parlamentarismus in Hessen 8). Marburg 1992; GROTHE, EWALD: Verfassungsgebung und Verfassungskonflikt. Das Kurfürstentum Hessen in der ersten Ära Hassenpflug 1830-1837. (Schriften zur Verfassungsgeschichte 48). Berlin 1996; SEIER, HELLMUT, Verfassungskämpfe und Parlamentarismus in Kurhessen zwischen Revolution und Annexion 1848-1866. In: SEIER, HELLMUT, (Hrsg. und Bearb.) und ULRICH VON NATHUSIUS (Bearb.): Akten und Dokumente zur kurhessischen Verfassungsgeschichte 1848-1866. (Veröffentlichungen der Historischen Kommission für Hessen 48,2; Vorgeschichte und Geschichte des Parlamentarismus in Hessen 4). Marburg 1987.

[52] SPEITKAMP (wie Anm. 51), S. 58.

[53] SEIER in SEIER-SPEITKAMP (wie Anm. 51), S. XXIX f.

ganz freiwillig, aber mit vorsteuernder Kraft" der Kurfürst die verfassungspolitische „Selbstbindung"[53] zur Wiederherstellung der Stände[54], die mit der Mitunterzeichnung der sog. Kleinstaatennote vom 14. Dezember 1814 bekräftigt wurde, in der 29 Fürsten und Städte gemeinsam für bundesrechtlich verankerte landständische Verfassungen votierten[55].

Waren schon in der hessen-kasselischen Ständeentwicklung des 18. Jahrhunderts Parlamentarisierungstendenzen zu beobachten gewesen[56], so wurde der Übergang von einer – im 18. Jahrhundert – von altständischen Elementen durchaus noch dominierten Verfassung zu einer modernen landständischen Verfassung in Kurhessen durch die Episoden der Landtage von 1815/16 in Kassel für die alte Landgrafschaft Hessen-Kassel – da durchaus wirkungsmächtig – und 1815/17 in Rinteln für die Grafschaft Schaumburg hessischen Anteils – da von weniger grundsätzlicher Bedeutung – ein gleitender, und ein schnelles Urteil, bei diesen Versammlungen handele es sich um *rein* altständische, wäre sicher zumindest voreilig.

Dagegen sprachen schon die im Einberufungsdekret vom 27. Dezember 1814 vorgenommenen de facto-Verfassungsänderungen, vor allem die Ausdehnung des Repräsentationsrechts im Landtag auf die Bauern, was so auch für die Grafschaft Schaumburg hessischen Anteils verordnet wurde. Diese Anpassungen an die – so wörtlich das Einberufungsdekret – „veränderten Zeitverhältnisse" und die „Grundsätze einer vernünftigen Staats-Administration" ähnelten der im Frühliberalismus nicht unbekannten Berufung auf den Zeitgeist und die Vernunft mehr als dem eingegangenen Versprechen, die alte Verfassung *vollständig* wiederherzustellen. Andererseits hatten die kurhessischen Landtage der Jahre 1815 bis 1817 in Wahl, Organisation und Geschäftsgang eindeutig altständische Züge, und jeder Ansatz zu den Kurstaat im ganzen erfassender Repräsentation fehlte; geringschätzig könnte man die beiden Landtage als solche kurhessischer Provinzen abtun – wäre da nicht im Kasseler Landtag die von so tiefen Kontroversen geprägte, aber in der Sache so profunde Verfassungsdiskussion, die ihn fast in die Rolle eines Konstituierenden Landtags erhob[57], und wäre da im Schaumburgischen Partikular-Landtag nicht wenigstens die Frage nach dem Stand der Verfassungsberatungen in Kassel gewesen[58].

In ihrer Scharniersituation gehören beide Landtage – der althessische in Kassel, der am 10. Mai 1816 ohne Abschied oder Rezeß und damit gar nicht „altständisch" aufgelöst wurde, und der Schaumburgische in Rinteln, der am 12. Mai 1817 einen förmlichen Abschied erhielt – wie der unstreitig seit Losch[59] in die Kontinuitätskette des kurhessischen Parlamentarismus gestellte Konstituierende Landtag von 1830 zu den Vertretungen, die man vielleicht nicht als frühparlamentarische, wohl aber als embryonalparlamentarische bezeichnen kann.

---

[54] Tatsächlich lautete die Vertragsbestimmung (zitiert nach SPEITKAMP [wie Anm. 51], S. 58): „S.A.S. Electorale s'engage à rétablir les états de son pays dans ses institutions et privilèges dont ils jouissoient en 1805, sans que pour cela aucun individu puisse se soustraire aux charges communes."

[55] Vgl. dazu auch die bei SEIER-SPEITKAMP (wie Anm. 51), S. XXX, zitierte Literatur.

[56] SPEITKAMP (wie Anm. 51), S. 13, 128 und die dazu dort zitierte Literatur.

[57] Vgl. SEIER-SPEITKAMP passim.

[58] SPEITKAMP (wie Anm. 51), S. 335.

[59] LOSCH, PHILIPP: Die Abgeordneten der Kurhessischen Ständeversammlungen von 1830 bis 1866. Marburg 1909 (Neudruck Hessischer Landtag [Wiesbaden] 1981).

Die revolutionären Ereignisse des Jahres 1830 erreichten in Kassel ihre Höhepunkte mit dem sog. Bäckersturm am 6. September und der Überreichung einer Massenpetition mit 1400 Unterschriften durch eine Delegation unter Führung des Kasseler Bürgermeisters Schomburg an Kurfürst *Wilhelm II.* am 15. September 1830 mit dem dabei gegebenen landesherrlichen Versprechen, die Landstände einzuberufen zu wollen. Mit *Verordnung* vom 19. September 1830[60] wurden sie tatsächlich nach Kassel einberufen. Verbunden mit dieser Verordnung wurde ein Beschluß des Kurfürsten bekanntgegeben, „eine angemessene landständische Verfassung in Kürze huldreichst bewilligen zu wollen"[61], eine Aussage, die über das Versprechen vom 15. September weit hinausging.

Nach der Verordnung wurden für die 1. Kurie des weiterhin formal altständisch organiserten Landtags der Erbmarschall von Hessen, einer der ritterschaftlichen Obervorsteher der Stifter Kaufungen und Wetter, ein Deputierter der Universität Marburg, je ein Vertreter der fünf Stromsbezirke der althessischen Ritterschaft, der Fuldaer Ritterschaft, des ehemals reichsunmittelbaren Adels der Provinzen Fulda und Hanau und ein Abgeordneter der kurhessischen Standesherrschaften und der Schaumburgischen Ritterschaft eingeladen. In die 2. Kurie wurden die Bürgermeister der Städte Kassel, Marburg, Homberg und vier weitere Stadtratsmitglieder sowie Bürgermeister bzw. Stadtratsmitglieder aus Fulda, Hanau, Hersfeld und den hanauischen Landstädten und aus Rinteln zur Teilnahme am Landtag aufgefordert. Schließlich wurden – als 3. Kurie – wieder wie 1815 Bauern eingeladen, und zwar fünf aus Althessen, je einer für jeden Stromsbezirk, und je einer aus der Grafschaft Schaumburg und den Provinzen Fulda und Hanau.

Am 16. Oktober 1830 versammelten sich die Deputierten im Weißen Saal des Bellevue-Schlosses in Kassel. In zweieinhalb Monaten brachten sie in einem Verfahren, das das altständische Kurien- mit dem plenar-parlamentarischen eigenartig verwob, zeitweise – bei den mehr inoffiziellen und bei Ausschußberatungen – die landesherrlichen Kommissare ausschloß, zeitweise sie bewußt noch in seinem relativ frühen Entstehungsstadium einbezog, einen Verfassungsentwurf zustande, der am 31. Dezember 1830 dem Kurfürsten vorgelegt werden konnte. Am 3. Januar 1831 wurde der Entwurf mit dessen Änderungsbegehren wiederum dem Landtag zur Abschlußberatung vorgelegt, und am 5. Januar 1831 unterzeichnete der Kurfürst die inzwischen auch reaktionell bereinigte *[Kurhessiche] Verfassungs-Urkunde*[62] und setzte sie damit offiziell in Kraft.

Damit hatte das Kurfürstentum in den Worten keines anderen als *Karl Marx* „das liberalste Grundgesetz ... , das je in Europa verkündet wurde"[63]. Daß die Verfassung für die Zeit modern war, ist unstrittig; daß sie zu massiven Konflikten führte, die beileibe nicht etwa nur, wohl aber *auch* ihren Grund in der Verfassung hatten, belegen die politischen und verfassungsrechtlichen Kontroversen nach ihrem Inkrafttreten wie die Beschäftigung der Wissenschaft mit den „kurhessischen Verhältnissen" zur Zeit ihrer Geltung wie danach, und das bis heute[64].

---

[60] SG Kurhessen 1830, S. 127.
[61] Zitiert nach GROTHE (wie Anm. 51), S. 65.
[62] SG Kurhessen 1831, S. 1.
[63] Der diese Passagen enthaltende Artikel erschien zuerst in der *New York Daily Tribune* vom 2.12.1859; hier zitiert nach GROTHE (wie Anm. 51), S. 113.
[64] GROTHE (wie Anm. 51) z.B. wurde schließlich erst seit den späten achtziger Jahren dieses Jahrhunderts erarbeitet und erst dies Jahr (1996 !) publiziert.

Die Verfassung vom 5. Januar und das Wahlgesetz vom 16. Februar 1831 bildeten die Grundlage für die völlig neue einheitliche landständische Verfassung des ganzen Kurfürstentums. Die Wahlperiode des nach der Verfassung zu bildenden Einkammer-Parlaments, der Ständeversammlung, wurde auf drei Jahre festgesetzt. Die Neuwahl, auch nach einer landesherrlichen Auflösung der Versammlung, hatte ohne weitere Aufforderung seitens der Regierung sofort zu geschehen, und die Ständeversammlung war spätestens sechs Monate nach der Neuwahl einzuberufen. Eine Vertagung durfte nicht länger als drei Monate dauern.

Die Ständeversammlung bestand aus 1. einem Prinzen aus jeder apanagierten Linie des Kurfürstlichen Hauses; 2. den Häuptern der standesherrlichen Familien in Kurhessen; 3. dem Senior oder sonst mit dem Erbmarschallamt beliehenen Mitglied der Familie der Freiherren von Riedesel; 4. einem der ritterschaftlichen Vorsteher der Stifter Kaufungen und Wetter; 5. einem Abgeordneten der Landesuniversität Marburg; 6. je einem Abgeordneten der fünf Stromsbezirke der althessischen Ritterschaft; 7. einem Abgeordneten der schaumburgischen Ritterschaft; 8. einem Abgeordneten des ehemals reichsunmittelbaren fuldischen Adels; 9. einem Abgeordneten des ehemals reichsunmittelbaren oder sonst begüterten hanauischen Adels; 10. 16 Abgeordneten der Städte (davon je zwei aus Kassel und Hanau); 11. 16 Abgeordneten der Landbezirke. Die Prinzen und die standesherrlichen Familienhäupter konnten sich vertreten lassen; für die übrigen Abgeordneten waren Stellvertreter zu wählen, die im Verhinderungs- oder Todesfall in die Ständeversammlung eintraten. Das Wahlsystem für die Abgeordneten der Städte und Landbezirke war indirekt und in der ersten Stufe öffentlich, die Wahl der Abgeordneten durch die Wahlmänner dann geheim.

Die Revolution von 1848 richtete sich nicht gegen die Verfassung von 1831, sondern gegen den sie überdeckenden Machapparat und die kurfürstliche Politik. Es war deshalb keine neue Verfassung, wohl aber ein Wahlgesetz erforderlich, das die Vorstellungen der liberalen Revolutionäre besser umzusetzen geeignet war. Das wurde durch das die Verfassung in ihren Bestimmungen über die Zusammensetzung der Ständeversammlung erheblich ändernde *Gesetz* vom 5. April 1849, *betr. Zusammensetzung der Ständeversammlung und die Wahl der Landtags-Abgeordneten*,[65] das die Landtagsmitgliedschaft sämtlicher privilegierten Stände beseitigte und an ihre Stelle neben den je 16 Abgeordneten der Städte und der Landbezirke 16 Abgeordneten der Höchstbesteuerten Einsitz in der Ständeversammlung gewährte. Das Wahlrecht wurde ein direktes, das aber mündlich auszuüben war.

Der erste nach dem neuen Wahlgesetz gewählte, von Juli 1849 bis zu seiner Auflösung am 12. Juni 1850 amtierende Landtag besaß eine Mehrheit, die den Liberalen Ludwig Schwarzenberg zum Präsidenten wählte; der zweite, 1850 gewählte hatte eine deutlich nach links verschobene Mehrheit und wählte den Demokraten Carl Theodor Bayrhoffer an seine Spitze. Als der Kurfürst im Februar 1850 – vergleichsweise spät – das Märzministerium entließ und Ludwig Hassenpflug ein zweites Mal an die Spitze des Ministeriums berief, kam es zum berühmt-berüchtigten Verfassungskonflikt mit Mißtrauensvoten und – Berlin 1862 vorweggenommen – Steuerverweigerung, Einmischung auswärtiger Mächte und schließlich Bundesexekution mit Aufhebung der Verfassung von 1831 durch

---

[65] SG Kurhessen 1849, S. 37.

Beschluß des Deutschen Bundes vom 27. März 1852[66] und Kurfürstlichem Oktroy einer neuen Verfassung, der *Verfassungs-Urkunde für das Kurfürstentum Hessen* vom 13. April 1852[67] und eines neuen *Gesetzes* vom 13. April 1852, *die Wahl der Landstände betr.*[68]. Mit ihnen wurde das Einkammersystem von 1831 durch ein Zweikammersystem abgelöst. Die 1. Kammer setzte sich danach aus den in den Gruppen eins bis neun der Zusammensetzung der Ständeversammlung nach der Verfassung von 1831 aufgeführten privilegierten Ständen zusammen; außerdem gehörten die volljährigen Prinzen des Kurfürstlichen Hauses, der Bischof von Fulda und die evangelischen Superintendenten von Kassel, Marburg und Hanau der Kammer an, und dem Kurfürsten wurde das Recht eingeräumt, aus dem Kreise der Fideikommißbesitzer weitere Mitglieder zu ernennen. Die 2. Kammer bestand aus 48 Abgeordneten, und zwar je 16 städtischen und ländlichen Vertretern, wobei auch Kassel und Hanau auf einen Abgeordneten zurückgestutzt wurden, und die restlichen 16 Deputierten waren von den größeren Grundbesitzern zu wählen. Das Wahlverfahren war indirekt und mündlich, und der Kreis der Urwähler war – vor allem auf dem Lande – gegenüber den Regelungen von 1849 und 1831 erheblich eingeschränkt.

Die so gewählten Kammern blieben – jedenfalls ab 1855 – nicht die willfährigen Erfüllungsgehilfen der Reaktion, die man seitens der Regierung erwartet hatte. Gerade unter Führung so erfahrener und über lange Zeiträume wirkender Adeliger wie *Carl Sigismund Freiherr Waitz von Eschen*, *Otto von Trott zu Solz* und *Ferdinand von Schutzbar, gen. Milchling*, beteiligte sich die 1. Kammer 1857 an Verfassungserklärungen an den Bundestag in Frankfurt. Deren Ergebnis war das mit drohendem Unterton vorgetragene Verlangen des Bundes, Verfassung und Wahlgesetz im Sinne der Wünsche der Kammern zu revidieren, ein Verlangen dem Kurfürst *Friedrich Wilhelm* mit der Unterschrift unter die *Verfassungs-Urkunde für das Kurfürstentum Hessen* vom 30. Mai 1860[69] und das *Gesetz* vom 30. Mai 1860, *die Wahl der Landstände betr.*[70], nachkam.

Nach diesen Regelungen erhielten Kassel und Hanau wieder je zwei Abgeordnete unter den 16 städtischen, die Zahl der Urwähler in den Landbezirken wurde wieder vermehrt, und die Wahl der Abgeordneten durch die Wahlmänner wurde wieder eine geheime.

Eine nicht ohne Einbeziehung deutschlandpolitischer Veränderungen – Thronwechsel in Preußen 1857/1861 – zu verstehende Änderung in der Haltung der 2. Kammer, die nun die 1831er Verfassung weiter als nie rechtsgültig beseitigt ansah, wurde zum Ausgangspunkt von mehreren sog. Inkompetenzerklärungen, die faktisch alle Mitglieder der Kammer mit Ausnahme weniger Dorfbürgermeister trugen. Mit Bundesbeschluß vom 24. Mai 1862 wurde zur Beruhigung der Lage in Kurhessen vom Kurfürsten die Rückkehr zur Verfassung von 1831 und zum Wahlgesetz von 1849, „jeweils gereinigt von Bundesrechtswidrigem"[71], gefordert. Mit *Landesherrlicher Verkündigung* vom 21. Juni 1862[72] wurde

---

[66] In Kurhessen wurde der Beschluß mit der *Verordnung* vom 13. April 1852, *wodurch der über die Kurhessischen Verfassungsangelegenheiten gefaßte Bundesbeschluß verkündigt wird*, - SG 1852, S. 3 - formell bekanntgemacht; in seiner Ziffer 2 wurde bestimmt, daß die *Verfassungs-Urkunde* vom 5. Januar 1831 „außer Wirksamkeit zu setzen" war.
[67] SG Kurhessen 1852, S. 4.
[68] SG Kurhessen 1852, S. 21 .
[69] SG Kurhessen 1860, S. 25.
[70] SG Kurhessen 1860, S. 44.
[71] Seier in Seier-von Nathusius (wie Anm. 51), S. LXVI.
[72] SG Kurhessen 1862, S. 13.

diesem Verlangen Rechnung getragen, wobei der Verfassungseid der Offiziere, die sog. Staatsdienerverantwortlichkeit bei Verfassungsverletzungen und die Beschränkung der landesherrlichen Kommandogewalt von der Wiederherstellung der alten Verhältnisse ausgenommen wurden. Damit galten in ihren wesentlichen Bestimmungen die *Verfassungs-Urkunde* vom 5. Januar 1831 und das *Wahlgesetz* vom 5. April 1849, beide nun in der Fassung der *Landesherrlichen Verkündigung* vom 21. Juni 1862, auch wieder als Grundlage für den kurhessischen Parlamentarismus. Ergänzend wurde – ebenfalls auf Verlangen des Bundes – nur noch mit dem (verfassungsergänzenden) *Gesetz* vom 6. Mai 1863, *enthaltend weitere Bestimmungen über die Zusammensetzung der Ständeversammlung u.s.w.*[73], eine Vertretung der apanagierten Linien des Kurfürstlichen Hauses und der Standesherren durch je einen Vertreter und der Ritterschaft durch sechs Vertreter für ganz Kurhessen in der Ständeversammlung wiederhergestellt.

So bestand die Kurhessische Ständeversammlung bis zu ihrer letzten Sitzung am 15. Juni 1866, also einen Tag nach dem Mobilmachungsbeschluß des Bundestages in Frankfurt gegen Preußen und einen Tag vor dem Einmarsch preußischer Truppen in Kassel. Die Sitzung mit ihrer Debatte um eine Resolution, die eine Abkehr von der kurfürstlichen Politik der Annahme der Frankfurter Beschlüsse und eine Rückkehr zur Neutralität forderte, demonstrierte noch einmal alle Qualitäten der in den oft dramatischen Verfassungsauseinandersetzungen entwickelten kurhessischen parlamentarischen Debattenkultur, führte in ihrem Ergebnis aber zu nichts weiterem als einer Desavouierung des Kurfürsten und konnte den Lauf der Dinge – Gefangennahme des Kurfürsten, Besetzung, Suspendierung der Kurfürstlichen Regierung[74] und schließlich Annexion des Kurstaates durch Preußen[75] – nicht aufhalten. Diese Sitzung markiert formal das Ende des kurhessischen Parlamentarismus, ist tatsächlich aber schon eher Epilog.

2.8. Landgraftum Hessen (-Homburg)[76]

Nur der kleinere Teil des durch Artikel XLVIII der Wiener Bundesakte von 1815 wiederhergestellten Landgraftums Hessen (-Homburg), die Landesportion (Amt) Homburg vor der Höhe mit zwei Städten und sieben Dörfern, lag im Gebiet des heutigen Landes Hes-

---

[73] SG Kurhessen 1863, S. 67.

[74] *Verkündigung* [des Militär-Gouverneuers von Kurhessen von Werder und des Administerators des Kfm. Hessen von Moeller] der Suspendierung der Regierung Seiner Königlichen Hoheit des Kurfürsten und der einstweiligen Übernahme derselben durch Seine Majestät den König [von Preußen] vom 28. Juni 1866; SG Kurhessen 1866, S. 23.

[75] Die Annexion erfolgte formal mit dem [preußischen] *Gesetz* vom 20. September 1866, *betr. Vereinigung des Königreichs Hannover, des Kurfürstentums Hessen, des Herzogtums Nassau und der freien Stadt Frankfurt mit der Preußischen Monarchie*; GS Preußen 1866, S. 555, bekanntgemacht auch in SG Kurhessen 1866, S. 61. Ihr folgte die Inbesitznahme mit *Patent wegen Besitznahme des vormaligen Kurfürstentums Hessen* vom 3. Oktober 1866; GS Kurhessen 1866, S. 63.

[76] Die einleitenden Bemerkungen zum Landgraftum Hessen (-Homburg) beruhen im wesentlichen auf: KLEIN, THOMAS: Das Landgraftum Hessen-Homburg (1815-1866). In: KLEIN, THOMAS (Bearb.): Grundriß der deutschen Verwaltungsgeschichte 1815-1945. Reihe A: Preußen, Bd. 11: Hessen-Nassau (einschl. Vorgängerstaaten). Marburg 1979, S. 221-233, hier S. 222-227; EICHLER, VOLKER: Landtag der Landgrafschaft Hessen-Homburg (1849). Unveröffentlichtes Manuskript. Wiesbaden 1996. - Für wichtige Hilfen bin ich Carsten Kaiser, dem Leiter des Stadtarchivs Bad Homburg, der insbesondere Kopien des *Homburger Beobachter* zur Verfügung stellte, und Volker Eichler, Hessisches Hauptstaatsarchiv Wiesbaden, dankbar.

sen, der größere, die Landesportion (Oberamt) Meisenheim an der Glan mit einer Stadt und 24 Dörfern, lag linksrheinisch in einem Gebiet, das heute Teil des Landes Rheinland-Pfalz ist. Eine altständische Verfassung besaß das Landgraftum nicht. Erst im Zuge der Revolution von 1848 gewährte Landgraf *Gustaf* mit *Allerhöchstem Patent* vom 6. März 1848[77] die Einführung einer landständischen Verfassung. Zur Beratung der Verfassung, eines endgültigen Wahlgesetzes, der Geschäftsordnung des künftigen Landtags und weiterer Gesetze wurde Ende August/Anfang September 1848 in direkter und geheimer Wahl eine zunächst so bezeichnete Kammer der Abgeordneten[78] gewählt, die später Konstituierender Landtag[79] und auch Landesversammlung[80] genannt wurde.

Der Konstituierende Landtag bestand de jure aus 15 Abgeordneten, und zwar drei aus der Stadt Homburg; drei aus den drei Wahlkreisen, auf die die übrigen Orte des Amts Homburg aufgeteilt wurden; zwei in der Stadt Meisenheim zu wählenden und sieben Deputierten aus den sieben Wahlkreisen, auf die die 24 Dörfer des Oberamts Meisenheim aufgeteilt waren. Tatsächlich wurden zunächst nur 13 Abgeordnete gewählt, da, wie sich der Landgräfliche Kommissar, Geheimrat *Dr. Christian Bansa*, in der Rede zur Eröffnung des Landtags am 11. April 1849 ausdrückte, „ ... Unzufriedenheit ... , welche in der Stadt Meisenheim die von der Staats-Regierung aufrichtig bedauerte Veranlassung gegeben hat, die Wahl zu diesem Landtage nicht vorzunehmen"[81], zwei Sitze unbesetzt bleiben ließ.

Der Landtag tagte bei Teilnahme der 13 gewählten Abgeordneten vom 11. April bis 12. Mai und vom 26. November bis 15. Dezember 1849 in Homburg. Er beriet und beschloß die Verfassung, die Landgraf Friedrich als *Erlaß* vom 3. Januar 1850, *die Verfassung des Landgraftums betr.*, ausfertigte und publizieren ließ[82], sowie Wahlgesetz und Geschäftsordnung.

Ende September 1850 fand die Wahl zum ersten ordentlichen Landtag des Landgraftums statt. Die 16 gewählten Abgeordneten wurden für den 1. Mai 1851 nach Homburg einberufen; wenige Tage vor der Sitzung ließ die Regierung den Zusammentritt des Landtags aussetzen, und mit *Erlaß* vom 20. April 1852, *die Verfassung des Landgraftums betr.*[83], wurde die Verfassung vom 3. Januar 1850 schließlich förmlich aufgehoben.

Mit dem *Gesetz* vom 20. April 1852, *die Verfassung des Landgraftums und beziehungsweise die Bezirksräte betr.*[84], oktroyierte der Landgraf seinem Land eine neue Verfassung. In ihr wurden den seit 1849 bestehenden, zunächst in allgemeinen Wahlen bestimmten, ab 1852 dann aber nicht mehr allgemein gewählten, sondern teilweise vom Landgrafen ernannten und nur noch teilweise von den Gemeindevorständen aus dem Kreis der Gemeindebürger gewählten Bezirksräten Mitwirkungsrechte bei der Gesetzgebung für ihre Amtsbezirke gegeben. Darüberhinaus wurde ein Landesausschuß gebildet, der unter dem Vorsitz eines Regierungsmitglieds das Recht zur Beratung des Staatshaushalts hatte.

---

[77] Amtlich offenbar nicht veröffentlicht; Text in *Didaskalia*, Frankfurt am Main, 9.3.1848.
[78] So EICHLER (wie Anm. 76).
[79] So *Homburger Beobachter* Nr. 16, 18.4.1849, S. 63 und S. 64.
[80] So der Landgräfliche Kommissar, Geheimrat *Dr. jur. Christian Bansa*, in der Eröffnungsrede am 11.4.1849 und EICHLER (wie Anm. 76).
[81] Zitiert nach *Homburger Beobachter* Nr. 16, 18.4.1849, S. 63.
[82] LHRegBl. 1850, S. 3.
[83] LHRegBl. 1852, S. 25.
[84] LHRegBl. 1852, S. 27.

Sicher können trotz des Mitwirkungsrechts der Bezirksräte bei der ihre Amtsbezirke betreffenden Gesetzgebung und trotz des Rechts der Haushaltsberatung für den Landesausschuß diese Gremien nicht als Parlamente im heutigen Sinne bezeichnet werden. Wenigstens war der Landesausschuß jedoch ein Verfassungsorgan des ganzen Landgraftums, das bei der Aufstellung des Staatsbudgets mit zu beraten hatte. Die unmoderne Art und Weise der Legitimierung der Mitglieder der Bezirksräte (und damit indirekt der Legitimierung auch des Landesausschusses)[85] wie die Tatsache, daß bei den Beratungen des Landesausschusses ein Regierungsmitglied den Vorsitz führte[86], sprechen nicht von vornherein gegen deren Eigenschaft als Parlament, wenn die Gremien, was wohl bisher wissenschaftlich noch nicht erörtert worden ist, denn nur de jure eine Art *staatliches* Repräsentationsorgan waren und – vielleicht auch nur rudimentär – die Funktionen eines Parlaments hatten. Hier bleibt ein Desiderat an die landesparlamentsgeschichtliche Forschung.

Mit dem Tod des kinderlosen Landgrafen *Ferdinand* am 24. März 1866 fiel das Landgraftum durch Erbvertrag an das Großherzogtum Hessen. Eine volle Integration in den darmstädtischen Staat fand aber nicht statt, bevor das „ganze bisherige Landgraftum Hessen" im Friedensvertrag am 3. September 1866 zwischen dem Königreich Preußen und dem Großherzogtum Hessen an Preußen abgetreten wurde; die formelle Vereinigung mit der preußischen Monarchie erfolgte durch (preußisches) Gesetz vom 24. Dezember 1866[87], woran sich die förmliche Inbesitznahme mit Patent vom 12. Januar 1867[88] anschloß, der wiederum die (preußische) Verordnung vom 22. Februar 1867[89] folgte, durch die das Amt Homburg dem Obertaunuskreis und dem Regierungsbezirk Wiesbaden zugeschlagen wurde[90].

2.9. Kommunalständische Verbände und Bezirksverbände der Regierungsbezirke Kassel und Wiesbaden und Provinzialverband der Provinz Hessen-Nassau[91]

Mit der (preußischen) *Verordnung* vom 22. Februar 1867, *betr. die Organisation der Verwaltungsbehörden in dem vormaligen Kurfürstentum Hessen, in dem vormaligen Herzog-*

---

[85] Die Legitimierung der 1. Kammern z.B. in Nassau, Hessen-Darmstadt und Hessen-Kassel war keinesfalls moderner und breiter als die des Landesausschusses.

[86] Das war z.B. auch beim Landtag des Fürstentums Schwarzburg-Rudolstadt zwischen 1821 und 1848 der Fall, ohne daß deshalb von irgendeiner Seite dessen Eigenschaft als moderne landständische Vertretung angezweifelt worden ist; vgl. LENGEMANN (wie Anm. 22), S. 28, 29 f., 50, 53, 55, 56, 59.

[87] GS Preußen 1866, S. 876. Das Gesetz wurde auch in Hessen-Homburg offiziell bekanntgemacht, und zwar in [LH]RegBl. vom 5.1.1867.

[88] Ebenfalls bekanntgemacht im [LH]RegBl., und zwar in der Ausgabe vom 22.1.1867.

[89] GS Preußen 1867, S. 273.

[90] Das Oberamt Meisenheim wurde mit Kabinettsordre vom 2. Februar 1867 der preußischen Regierung in Koblenz in der Rheinprovinz zugeteilt, an die es am 1.6.1867 endgültig überging; [LH]RegBl. vom 18.5.1867; zitiert nach KLEIN (wie Anm. 76), S. 429.

[91] Die einführenden Bemerkungen zu den Kommunalständischen bzw. Bezirksverbänden und zum Provinzialverband der Provinz Hessen-Nassau beruhen auf: KLEIN THOMAS: Provinz Hessen-Nassau 1866-1944/45. In:

tum Nassau, in der vormals freien Stadt Frankfurt und in den bisher Bayerischen und Großherzoglich Hessischen Gebietsteilen[92], wurden die Regierungsbezirke Kassel und Wiesbaden geschaffen, abgegrenzt und – meist entlang den überkommenen Verwaltungsgrenzen – in Kreise und kreisfreie Städte gegliedert. Ein *Allerhöchster Erlaß, betr. die Bildung der Provinz Hessen-Nassau,* vom 7. Februar 1868[93] vereinigte beide Regierungsbezirke zu einem Oberpräsidialbezirk mit dem Namen Provinz Hessen-Nassau. Mit *Verordnung vom 20. September 1867, betr. die kommunalständische Verfassung im Gebiete des Regierungsbezirks Kassel*[94], und mit *Verordnung 26. September 1867, betr. die Einrichtung einer kommunalständischen Verfassung im Regierungsbezirk Wiesbaden, mit Ausschuß des Stadtkreises Frankfurt a.M.*[95], wurden in beiden Regierungsbezirken kommunalständische Verbände mit den Rechten einer Korporation gebildet; lediglich die Stadt Frankfurt wurde von der Zuordnung zu einm Kommunalständischen Verband ausgenommen. Die Wirkungskreise der kommunalständischen Verbände waren insbesondere das Armen- und Fürsorgewesen, der Straßen- und Wegebau, die Förderung der Landwirtschaft, die Denkmalpflege und die Versorgung der Kommunalbeamten; später kam die Verwaltung der Brandversicherungsanstalten, der Landesbibliotheken und anderer Einrichtungen dazu. Materielle Grundlage für das Tätigwerden der Verbände war in Kassel zunächst die Überweisung des vormals kurhessischen Staatsschatzes an den Verband[96] und wurde in Wiesbaden die Zuordnung der Nassauischen Landesbank und Sparkasse.

Die Vertretung der Verbände waren die Kommunalstände, die sich auf den Kommunal-Landtagen versammelten. Ihnen standen die Rechte und Pflichten zu, die die Provinzial-Landtage der älteren preußischen Provinzen hatten. Sie traten in Wiesbaden am 18. Oktober und in Kassel am 25. Oktober 1868 zu ihren ersten Sitzungen zusammen. Der Kasseler Kommunal-Landtag bestand aus 64 Mitgliedern und setzte sich dabei in bewußter Anknüpfung an die so hart erkämpfte ständische Vertretung im alten Kurfürstentum wie dessen Ständeversammlung ab 1863 zusammen, wobei lediglich ein Vertreter des Domänenfiskus zusätzlich Sitz und Stimme erhielt. In Wiesbaden umfaßte der Kommunal-Landtag nur 28 Mitglieder; er bestand 1. aus dem Besitzer der Grafschaft Schaumburg-Holzappel, dem Fürsten zu Wied, dem Grafen zu Leiningen-Westerburg und dem Grafen zu Solms-Rödelheim als Standesherren, 2. aus zwei gewählten Vertretern der Grundbesitzer und 3. aus je zwei Abgeordneten der im Gebiet des Kommunalverbandes gelegenen Kreise.

KLEIN, THOMAS (Bearb.): Grundriß der deutschen Verwaltungsgeschichte 1815-1945. Reihe A: Preußen, Bd. 11: Hessen-Nassau (einschl. Vorgängerstaaten). Marburg 1979, S. 285-289 und 315; BECKER, EDUARD: Achtzig Jahre Kommunale Selbstverwaltung im Regierungsbezirk Kassel 1867-1947. Kassel 1949; EICHLER, VOLKER: Kommunallandtag des Regierungsbezirks Wiesbaden (1868-1933). Unveröffentlichtes Manuskript. Wiesbaden 1996.

[92] GS Preußen 1867, S. 273.

[93] GS Preußen 1868, S. 1056.

[94] GS Preußen 1867, S. 1537. - Die dürfte die erste amtliche Bezeichnungs der Residenzstadt als *Kassel* sein; schon der Abdruck der gleichen Verordnung im *Amtsblatt für den Bezirk der Königlichen Regierung zu Cassel* 1867, S. 829, kehrte zu der bis in die zwanziger Jahre dieses Jahrhunderts üblichen Schreibweise *Cassel* zurück.

[95] GS Preußen 1867, S. 1659.

[96] Die Überweisung erfolgte in einem Zuge mit der Gründung des Kommunalständischen Verbandes mit *Landesherrlichem Erlaß* vom 16. September 1867, *betr. die Überweisung des kurhessischen Staatsschatzes an den kommunalständischen Verband*; GS Preußen 1867, S. 1528.

Von der Wirksamkeit der für alle Provinzen konzipierten Provinzialordnung, die in den meisten Teilen der preußischen Monarchie im Jahre 1875 in Kraft trat, blieb die Provinz Hessen-Nassau zunächst ausgenommen. Erst mit Inkraftsetzung der *Provinzialordnung für die Provinz Hessen-Nassau* durch Gesetz vom 8. Juni 1885[97] wurde im Oberpräsidialbezirk die kommunale Selbstverwaltung auf der Stufe der Provinz neu eingeführt und und auf der Ebene der Regierungsbezirke reorganisiert. An die Stelle der Kommunalständischen Verbände traten die Bezirksverbände der beiden Regierungsbezirke und auf der Ebene der Provinz wurde ein kommunaler Verband, der Provinzialverband, begründet; und die Stadt Frankfurt wurde sowohl in den Verband ihres Regierungsbezirks Wiesbaden wie in den Provinzialverband mit eingegliedert. Erste größere dem Provinzialverband zugeordnete Aufgabe wurde die Verwaltung der Landwirtschaftlichen Berufsgenossenschaft in der Provinz, wozu bald die Landesversicherungsanstalt kam, während den Bezirksverbänden im wesentlichen die alten Aufgaben der Kommunalständischen Verbände übertragen blieben. Zusätzliche Aufgaben bekam die Vertretung des Provinzialverbandes, der Provinzial-Landtag, im preußischen Gesetzgebungsverfahren, wo er in einem frühen Stadium vor den Kammern des Landtags – formal gutachtlich – in das Entstehen der Gesetzentwürfe, die die Provinz betrafen einbezogen werden mußte, was sich bei der Beratung z.B. des Entwurfs für die Städteordnung der Provinz in den neunziger Jahren geradezu als ein Zerreißprobe für ihn erweisen sollte[98].

Wesentliche Änderungen ergaben sich aus der Provinzialordnung für die Zusammensetzung der Kommunal-Landtage. Maßgebend dafür wurde die Bevölkerungszahl, und alle Mitglieder waren von den kommunalen Vertretungskörperschaften auf sechs Jahre zu wählen. Der erste nach den neuen Bestimmungen gewählte, 1886 zusammengetretene Kommunal-Landtag in Kassel zählte 55, der in Wiesbaden, nun unter Einschluß einer Frankfurter Vertretung, 50 Mitglieder.

Die Mitglieder beider Kommunal-Landtage bildeten gemeinsam den Provinzial-Landtag, der in der Regel in Kassel, zweimal[99] auch in Wiesbaden tagte. Sowohl die Kommunal-Landtage wie der Provinzial-Landtag waren binnenautonom; sie wählten ihre Vorstände selbst.

1919[100] und 1920[101] wurden die Kommunal-Landtage erstmals zwar noch indirekt, aber von nach dem Verhältniswahlrecht bestellten Vertretungskörperschaften der Kreise und kreisfreien Städte gewählt. Das preußische *Gesetz vom 3. Dezember 1920, betr. die Wahl-*

---

[97] GS Preußen 1885, S. 242, 247.

[98] Damals sollte das Kommunalverfassungsrecht der Städte in der Provinz vereinheitlicht werden, und es ging neben vielem Unstreitigen um das Wahlrecht zu den kommunalen Vertretungskörperschaften, wo die vornehmlich aus dem Regierungsbezirk Wiesbaden kommenden Anhänger des Dreiklassenwahlrechts den meist aus dem alten Kurhessen kommenden Anhängern des gleichen Wahlrechts, wie es die *Kurhessische Gemeindeordnung* von 1835 für die dortigen Städte geschaffen hatte, schroff gegenüberstanden und die Frage nur in einer knapp ausgehenden Kampfabstimmung zugunsten des Dreiklassenwahlrechts entschieden werden konnte.

[99] 1910 und 1927.

[100] Nach dem *Gesetz vom 16. Juli 1919, betr. die Neuwahl der Provinziallandtage*, war der Kommunal-Landtag Wiesbaden zunächt von der Neuwahl ausgenommen, und es wurde demgemäß 1919 nur der Kommunal-Landtag des Bezirksverbands des Regierungsbezirks Kassel neu gewählt.

[101] Mit der *Anordnung des Staatsministeriums vom 4. Mai 1920, betr. Inkraftsetzung des Gesetzes, betreffend die Neuwahl der Provinziallandtage, vom 16. Juli 1919 für die Provinzialverände der Rheinprovinz und der Pvoinz-Hessen* wurde nun auch der Kommunal-Landtag des Bezirksverbands des Regierungsbezirks Wiesbaden neu gewählt.

en zu den Provinziallandtagen und zu den Kreistagen[102], ordnete dann die allgemeine, gleiche, geheime und – in diesem Zusammenhang vor allem – unmittelbare Wahl zu den Provinzial-Landtagen an, und die Kommunal-Landtage in Kassel und Wiesbaden als konstitutive Elemente des Provinzial-Landtags für die Provinz Hessen-Nassau wurden fortan auf diese Weise legitimiert[103]. Zu einer neuen Aufgabe des Provinzial-Landtags wurde nach der *Preußischen Verfassung* vom 30. November 1820[104] die Wahl der hessen-nassauischen Mitglieder des Preußischen Staatsrats, der mit wesentlichen Beratungsrechten ausgestatteten, neben dem Landtag gebildeten zweiten Kammer im Freistaat Preußen.

Die Einverleibung des Freistaats Waldeck am 1. April 1929[105] führte zur einzigen so erheblichen Veränderung des Gebietsstandes des Bezirksverbandes Kassel – und damit des Provinzial-Verbandes Hessen-Nassau – nach 1886, daß im Juni 1929 eine Ergänzungswahl zum Kommunallandtag Kassel stattfinden mußte.[106]

Der Kommunal-Landtag in Wiesbaden versammelte sich am 4. April, der in Kassel am folgenden Tage und der Provinzial-Landtag Hessen-Nassau am 11. April 1933 zum letzten Male. Mit dem *Gesetz über die Übertragung von Zuständigkeiten der Provinzial-(Kommunal-) landtage, der Verbandsversammlung des Ruhrkohlenbezirks und der Kreistage auf die Provinzial- (Landes-) ausschüsse, den Verbandsausschuß und die Kreisausschüsse* vom 17. Juli 1933[107] wurden ihre Aufgaben dem Landes- bzw. Provinzialausschuß übertragen, und mit dem *Gesetz über die Erweiterung der Befugnisse der Oberpräsidenten* vom 15. Dezember 1933[108] wurden diese sowohl wie die Provinzial- und Kommunal-Landtage unter Übertragung ihrer Aufgaben auf den Oberpräsidenten auch förmlich beseitigt[109].

Waren die Kommunal- und Provinzial-Landtage in ihren Funktionen auch beschränkt, so hatte damit nach 70 Kommunal-Landtagen in Wiesbaden, 65 in Kassel und 22 Provinzial-Landtagen die Bevölkerung eines wesentlichen Teils des Gebiets, das heute Teil des Landes Hessen ist, ihre legitimierte Vertretung zur eigenständigen Regelung wichtiger Fragen und zur Artikulierung gemeinsamer Interessen im Rahmen der Gliederungen im preußischen Gesamtstaat verloren.

---

[102] GS Preußen 1921, S. 1.
[103] Wahlen zu den Kommunal-Landtagen fanden am 20.2.1921, 29.11.1925, 17.11.1929 und 12.3.1933 statt.
[104] GS Preußen 1920, S. 543; hier ist Art. 33 einschlägig.
[105] Sie gründete auf dem *Staatsvertrag zwischen Preußen und Waldeck über die Vereinigung Waldecks mit Preußen* von 23. März 1928, WaRegBl. 1928, S. 89.
[106] Vgl. dazu *Waldeckische Landeszeitung* Nr. 134, 10.6.1929.
[107] GS Preußen 1933, S. S. 257.
[108] GS Preußen 1933, S. 477.
[109] Artikel II Ziffer 3) dieses Gesetzes bestimmte: „Die Provinziallandtage ... werden aufgelöst. Eine Neubildung findet nicht statt." Und Artikel III Abs. 1 regelte die von den anderen Provinzen abweichende Situation in Hessen-Nassau: „Die Vorschriften des Artikel II finden auf die Bezirksverbände der Regierungsbezirke Kassel und Wiesbaden entsprechende Anwendung."

2.10. Groß-Hessen und Land Hessen[110]

Wie schon 1808/10 der Beginn repräsentativer Körperschaften im Zeichen von Niederlage und machtvoller militärischer Präsenz einer fremden Macht stand, so auch der Neubeginn 1945/46. Diesmal stand er allerdings im Westen Deutschlands, damit auch im heutigen Hessen, im Zeichen eines Protektors, dessen Macht selbst demokratisch legitimiert und dessen Ziel es war, in Deutschland ebenfalls eine demokratische Regierungsform auf Dauer zu begründen. Schon von der noch von der amerikanischen Besatzungsmacht im durch Proklamation Nr. 2 am 19. September 1945 gegründeten Groß-Hessen eingesetzten Regierung Geiler wurde auf Grund des von ihr erlassenen *Staatsgrundgesetzes des Staates Groß-Hessen* vom 22. November 1945[111] am 19. Februar 1945 der Beratende Landesausschuß als „Vorläufer einer zukünftigen Volksvertretung (Landtag)" berufen. Die Mitglieder dieses paritätisch mit je zwölf Vertretern von CDU, KPD, LDP und SPD besetzten Gremiums, das unter dem Vorsitz des Ministerpräsidenten bzw. des von ihm mit dem Vorsitz beauftragten stellvertretenden Ministerpräsidenten tagte, fühlten sich bald als *Abgeordnete*. Wenn ihnen auch viele von deren Rechten wie Gesetzgebung und Regierungsbildung abgingen, verstanden sie sich doch als Repräsentanten der Bürger und des Landes, deren Lage zu beraten sie berufen worden waren.

Gleiches galt für die 90 Mitglieder der auf Grund des *Wahlgesetzes für die verfassungberatende Groß-Hessische Landesversammlung* vom 16. Mai 1946[112] am 30. Juni 1946 nach den Grundsätzen freier, gleicher, unmittelbarer und geheimer Wahl gewählten Verfassungberatenden Landesversammlung Groß-Hessen[113]. Die sollten nach der Direktive der Besatzungsmacht nicht als vorläufiger Landtag tätig, sondern lediglich zur Vorberatung der in einer Volksabstimmung zu beschließenden Verfassung gewählt werden; sie fühlten und handelten aber wieder als Repräsentanten des ganzen Volkes und Landes in all seinen Nöten in der unmittelbaren Nachkriegszeit. Ihr zentrales Werk bleibt gleichwohl die von den Bürgerinnen und Bürgern in einer Volksabstimmung angenommene, in ihren Staatsaufbaubestimmungen und damit in der Beschreibung von Stellung und Aufgaben des Landtags unveränderte *Hessische Verfassung* vom 1. Dezember 1946.[114]

Nach der Verfassung ist der Hessische Landtag das durch allgemeine, freie, gleiche und geheime Wahlen bestellte zentrale Verfassungsorgan, durch das das Volk, wenn es das nicht selbst durch Volksbegehren oder Volksentscheid tut, mittelbar im Staatsleben handelt. Niemand außer den durch allgemeine, gleiche, geheime und unmittelbare Wahlen le-

---

[110] Die einführenden Bemerkungen zu Groß-Hessen und dem Land Hessen beruhen im wesentlichen auf: LEN-GEMANN, JOCHEN: Zur Stellung von Landständen und Landtagen in der Geschichte Hessens und des Hessischen Landtags im Verfassungsgefüge heute. Eine Skizze. In: LENGEMANN, JOCHEN: Parlamente in Hessen 1808-1813. Biographisches Handbuch der Reichsstände des Königreichs Westphalen und der Ständeversammlung des Großherzogtums Hessen. (Ausgabe in *Die Hessen-Bibliothek im Insel Verlag*). Frankfurt 1991, S. I-XI.

[111] GVBl. 1945, S. 23.

[112] GVBl. 1946, S. 139.

[113] Es entbehrt nicht einer gewissen Ironie, daß entgegen der offziellen Bezeichnung *Verfassungberatende Landesversammlung Groß-Hessen* das Siegel der Landesversammlung sie als *verfassungsberatende* bezeichnet, wie das im Archiv des Hessischen Landtags aufbewahrte Original mit der Unterschrift des Präsidenten der Landesversammlung ausweist.

[114] GVBl. 1946, S. 229.

gitimierten Abgeordneten ist Teil dieses Verfassungsorgans. Spätestens mit Ablauf von vier Jahren ist diese Legitimation durch seine Totalerneuerung in Wahlen neu einzuholen.

Die zentrale Stellung des Landtags wird auch dadurch markiert, daß nach der Verfassung die demokratische Regierungsform im Lande die parlamentarische, nicht eine etwa dem amerikanischen Vorbild entlehnte präsidentielle ist. Es gibt also in Hessen eine nicht durch Volkswahl der Regierungsmitglieder oder des Regierungschefs, sondern durch den Landtag legitimierte Regierung, die auch de jure nur von diesem jederzeit abberufbar ist. Dabei wählte der Verfassungsgeber im Detail nicht die von der Vorbereitenden Verfassungskommission[115] vorgeschlagene sog. Westminster-Variante des parlamentarischen Systems mit der Regierung als Teil des Parlaments, dem klaren Gegenüber von Mehrheit und Minderheit und dem Recht des Regierungschefs, das Parlament aufzulösen, sondern man entschied sich für die aus dem deutschen Konstitutionalismus stammende Konzeption, in der die Regierung theoretisch dem Parlament *als ganzem* gegenübersteht, als aliud angesehen wird und deshalb auch kein Recht zu seiner Auflösung zwecks Herbeiführung von Neuwahlen hat. Angesichts der immer wieder verbal betonten Berufung auf das englische Vorbild wurde damit das klassische deutsche Mißverständnis des Westminster-Modells in der hessischen wie in den meisten anderen deutschen Verfassungen perpetuiert. Mit dem Auseianderklaffen der gewählten rechtlichen Konstruktion und der politischen Wirklichkeit, die längst das Gegenüber von Mehrheit und Minderheit als dominierend gegenüber dem von Parlament in seiner Gesamtheit einerseits und Regierung andererseits erweist, wurde weiterzeugend Fehlanalysen und Fehlinterpretationen in und für die politische Bildung der Bürger Tür und Tor geöffnet und mit ein Grund für Fehleinschätzungen des Parlaments, seiner Rolle im Verfassungsgefüge und der in ihm handelnden Menschen und politischen Kräfte gelegt.

Walter Bagehot, der Klassiker des englischen Parlamentarismus, hat für die repräsentative Versammlung im parlamentarischen System vier Aufgaben beschrieben, die sich in der Sprache von heute etwa so definieren lassen: Gesetzgebung; Wahl, Auswahl, Auslese von politischem Führungspersonal; Kontrolle der Regierenden; Offenlegung und Verdeutlichung der Sachgegenstände der politischen Auseinandersetzung und des Mit- und/oder Gegeneinanders der politischen Kräfte, die sich um die Legitimierung durch die Bürger bewerben.

Den Ländern, also auch Hessen, steht in der Verfassungsordnung des Grundgesetzes für die Bundesrepublik Deutschland das Recht der Gesetzgebung in allen Feldern zu, die nicht dem Bund ausdrücklich übertragen worden sind oder die er nicht – in der sog. konkurrierenden Gesetzgebung – selbst wahrnimmt. Die Kompetenz zum Erlaß der Gesetze steht nach der Hessischen Verfassung dem Landtag zu. Unter dem Blickwinkel der Sachentscheidungsfreiheit bleiben nach der Entwicklung der bundesstaatlichen Verfassungswirklichkeit in den vergangenen Jahrzehnten solche Bereiche vor allem bei der Organisation des Landes und seiner Verwaltung, der Haushalts-, Kommunal-, Polizei, Schulund der sog. Folgengesetzgebung, also der Regelung von – oft mehr formalen oder nur Behördenzuständigkeiten betreffenden – Fragen, die der Bundesgesetzgeber bewußt zur

---

[115] Vgl. im einzelnen heute zum Entstehen der *Hessischen Verfassung* vom 1. Dezember 1946: BERDING, HELMUT, (Hrsg. und Bearb.) und KATRIN LANGE (Bearb.): Die Entstehung der Hessischen Verfassung von 1946. Eine Dokumentation. (Veröffentlichungen der Historischen Kommission für Nassau 58; Vorgeschichte und Geschichte des Parlamentarismus in Hessen 10). Wiesbaden 1996.

Regelung durch die Länder offen gelassen hat oder nach den grundgesetzlichen Bestimmungen nicht regeln durfte.

Die von Walter Bagehot definierte Kreationsfunktion des Parlaments im parlamentarischen System betrifft heute nicht mehr nur die formale Wahl der politischen Führungsspitze des Landes, sondern die Auswahl von für politische Führungsaufgaben in Frage kommenden Personen, und das auch in Teilen des Parlaments, den Fraktionen. Der Hessische Landtag hat nach Verfassung und Gesetzen und in der politischen Praxis den Ministerpräsidenten zu wählen und seine Regierung, auch nach jeder Umbildung, zu bestätigen, und die Präsidenten des Staatsgerichtshofs und des Rechnungshofs und den Datenschutzbeauftragten zu wählen. Im Landtag haben regierungstragende wie oppositionelle Fraktionen die – politische – Aufgabe der Herausstellung von Personen, die als Ersatz oder Ergänzung der politischen Spitzen, vor allem in der Regierung, in Frage kommen können und die sich dem Härtetest des Kampfes für bzw. gegen die Meinung der Mehrheit und um die Gunst der Bürgerinnen und Bürger in sichtbarer Weise zu unterziehen haben.

Das politische Bewußtsein der Bürgerschaft, vor allem aber die politische Bildung – und ihnen folgend weitgehend die Medien – ordnen die Aufgabe der Kontrolle der Regierung dem ganzen Parlament zu. Historisch war das so eine Aufgabe im vorparteienstaatlichen Parlamentarismus. Tatsächlich vollzieht sich heute die Kontrolle auf Seiten von Parlamentsmehrheit und Opposition in unterschiedlichen Formen. Die Mehrheit kontrolliert hinter verschlossenen Türen, stellt dort die Regierung und präsentiert dort ihre Alternativen; nach draußen zeigt sie eher die Sonnenseiten des Tuns der Regierenden auf. Die Opposition dagegen macht so viel wie möglich öffentlich; ihr Ziel bei der Ausübung von Kontrolle ist, muß sein, das Versagen der Regierenden aufzuzeigen und sich als die bessere Alternative darzustellen.

Walter Bagehot bezeichnete die Aufgabe der Offenlegung und Verdeutlichung der politischen Sachgegenstände und des Mit- und/oder Gegeneinanders der politischen Kräfte als die Erziehungsaufgabe des Parlaments, eines (Honoratioren-) Parlaments letztlich innerlich, nicht nur rechtlich von Fraktionszwang freier Abgeordneter. Hier galt es durch Überzeugungsarbeit Mehrheiten im Plenum des Parlaments zu suchen und zu finden. Heute vollzieht sich Mehrheitsfindung in viel differenzierterer Art und Weise, und nur noch in der Phase ihrer Notifizierung an die Bürgerschaft ereignet sie sich im Plenarsaal des Parlaments. Im heutigen Parteiensystem sind zunächst unterschiedliche Meinungen innerhalb der Parteien und ihrer Fraktionen abzuklären, was im parlamentarischen Raum in den fachbezogenen Arbeitskreisen geschieht; dann findet die Fraktionsberatung statt, deren Ergebnis – auf der Mehrheitsseite – in die Abklärung unter den Koalitionspartnern geht. Die dort gefundene Koalitionsmeinung schließlich wird in überwiegend gemeinschaftlicher, nur gelegentlich zur Profilierung der Koalitionspartner zugelassener unterschiedlicher Akzentuierung im Plenum – „laut" – vorgetragen, den Bürgerinnen und Bürgern mitgeteilt. Gleiches tut, nach einem analogen Prozeß, auf diesem Forum die Opposition. So werden die Sachgegenstände der politischen Auseiandersetzung und die Einstellung der poltischen Kräfte zu ihnen im Parlament für die Bürgerschaft deutlich und auch an Personen festgemacht und angesichts des Konkurrenzcharakters der modernen parteienstaatlichparlamentarischen Demokratie das Wollen der unterschiedlichen poltischen Kräfte sichtbar.

Wenn auch die Funktionsverluste des Landtags durch die Entwicklung der bundesstaatlichen Ordnung in der Bundesrepublik Deutschland und verstärkt durch den europäischen Einigungsprozeß und das Abwandern von Kompetenzen nach Brüssel im Bereich der Gesetzgebung unübersehbar sind, wird in allem doch die zentrale verfassungsrechtliche und politische Stellung des Landtags im politischen System des Landes deutlich. Der Landtag ist das Herzstück dieses Systems, in dem sich mit dem Zusammentreffen von politischer Auseinandersetzung, Machtverteilung und Ausfüllung und Ausübung rechtlicher Kompetenzen die parlamentarische Demokratie, wie sie die Hessische Verfassung vom 1. Dezember 1946 begründet hat, verwirklicht.

3. Benutzungshinweise

1. Grundlage für die Aufnahme biographischer Daten von Abgeordneten in den Biographischen Index ist deren Erfassung in einem der Einzel-Forschungsvorhaben der Kommission *Politische und Parlamentarische Geschichte des Landes Hessen* (vormals *Vorgeschichte und Geschichte des Parlamentarismus in Hessen*). Zu diesen Vorhaben zählen die Erforschung der Mitgliedschaft im Hessischen Landtag und in den Parlamenten der Vorgängerstaaten des heutigen Landes Hessen mit dem Ziel der Erarbeitung von Kurzbiographien der Abgeordneten,

Ergänzt hat der Bearbeiter des Index die Aufnahmen nur in der Richtung, daß *alle*, also auch die „außerhessischen" Mitglieder von Landtagen hessischer Vorgängerstaaten, in diesem Index erfaßt werden; das war nur für das Landgraftum Hessen-Homburg in ergänzender Nachforschung notwendig, aber auch erforderlich, wenn nicht – wegen der Vergleichbarkeit – z.B. die Magdeburger und Heiligenstädter Abgeordneten der Reichsstände des Königreichs Westphalen, die Mainzer und Wormser Vertreter in den Landtagen des Großherzogtums und des Volksstaates Hessen, die Schmalkaldischen Abgeordneten der Kurhessischen Ständeversammlung und Kasseler Kommunal-Landtage, die Montabaurer und St. Goarer Abgeordneten der Wiesbadener Landtage oder die Pyrmonter Vertreter in den nach Waldeckischen Verfassungsgesetzen gebildeten Parlamenten hätten ausgesondert werden sollen. Das ist nicht hessischer Imperialismus, sondern die ausnahmslose Erfassung der Mitglieder aller Parlamente, die in und/oder für Hessen, seine Vorgängerstaaten und in der Provinz Hessen-Nassau gebildet wurden.

Das von der Kommission gesetzte Ziel war nur im Wege der Bearbeitung in Einzelvorhaben erreichbar; diese sind:

1.1. Die Mitglieder der Reichsstände des Königreichs Westphalen 1808-1813. Bearbeiter: *Jochen Lengemann*. Die zusammenhängenden Forschungen sind abgeschlossen, und die Ergebnisse wurden veröffentlicht:

LENGEMANN, JOCHEN: Parlamente in Hessen 1808-1913. Biographisches Handbuch der Reichstände des Königreichs Westphalen und der Ständeversammlung des Großherzogtums Frankfurt. (Vorgeschichte und Geschichte des Parlamentarismus in Hessen 7; Sonderausgabe mit einer besonderen Einleitung in *Die Hessen-Bibliothek im Insel Verlag*). Frankfurt 1991; als Quellenangabe bei den Aufnahmen im Index zitiert mit **Lengemann I.**

1.2. Die Mitglieder der Ständeversammlung des Großherzogtums Frankfurt 1810-1813. Bearbeiter: *Jochen Lengemann*. Die zusammenhängenden Forschungen sind abgeschlossen und die Ergebnisse wurden veröffentlicht (vgl. dazu Ziffer 1.1.).

1.3. Die Mitglieder der frühparlamentarischen und parlamentarischen Gremien der Fürstentümer Waldeck und Pyrmont 1814-1929. Bearbeiter: *Thomas Seibel* (für die Landstände 1814-1848), *Reinhard König* (für die Abgeordneten 1848-1929), *Jochen Lengemann* (für die Überarbeitung und Ergänzung der von Reinhard König erhobenen Daten und Einzelergänzungen zu den von Thomas Seibel erarbeiteten Kurzbiographien). Bisher wurden veröffentlicht:

KÖNIG, REINHARD: Die Abgeordneten des Waldeckischen Landtags von 1848 bis 1929. (Vorgeschichte und Geschichte des Parlamentarismus in Hessen 3; Schriften des Hessischen Staatsarchivs Marburg 3). Marburg 1985; als Quellenangabe bei den Aufnahmen im Index zitiert mit **König**;

LENGEMANN, JOCHEN: Die Präsidenten des Waldeckischen Landtags 1848-1929. In: Geschichtsblätter für Waldeck, 82. Bd. (1994), S. 265-334; als Qullenangabe bei den Aufnahmen im Index zitiert mit **Lengemann III**;

LENGEMANN, JOCHEN: Der Spezial-Landtag des Fürstentums Pyrmont. In: Geschichtsblätter für Waldeck, 83. Bd.(1995), S. 103-154; als Quellenangabe bei den Aufnahmen im Index zitiert mit **Lengemann IV**.

Zur Publikation vorbereitet wird:

KÖNIG, REINHARD, JOCHEN LENGEMANN und THOMAS SEIBEL: Die Mitglieder der Waldeckischen Landtage 1814-1929. Biographisches Handbuch; als Quellenangabe bei den Aufnahmen im Index zitiert mit **König/Lengemann/Seibel**.

1.4. Die Mitglieder des Nassauischen Landtags 1818-1866. Bearbeiterin: *Cornelia Rösner-Hausmann*. Die Publikation wird vorbereitet; die bisher vorliegenden Forschungsergebnisse werden bei den Aufnahmen im Index als Quellenangabe zitiert mit **Rösner-Hausmann**.

1.5. Die Mitglieder der Bürgervertretungen der Freien Stadt Frankfurt 1816/17-1866. Bearbeiter: *Reinhard Frost*. Die Publikation wird vorbereitet; die bisher vorliegenden Forschungsergebnisse werden bei den Aufnahmen im Index als Quellenangabe zitiert mit **Frost**.

1.6. Die Mitglieder der Landstände des Großherzogtums Hessen (1. und 2. Kammer), der Volkskammer der Republik Hessen und des Landtags des Volksstaats Hessen. Bearbeiter/innen: *Hans Georg Ruppel* und *Birgit Groß* (2. Kammer, Volkskammer und Landtag des Volksstaats), *Hannelore Götz* und *Klaus-Dieter Rack* (1. Kammer und Ergänzung zu den Arbeiten von Hans Georg Ruppel und Birgit Groß). Die zusammenhängenden Forschungen sind abgeschlossen, und die Ergebnisse wurden veröffentlicht:

RUPPEL, HANS GEORG, und BIRGIT GROSS: Hessische Abgeordnete 1820-1933. Biographische Nachweise für die Landstände des Großherzogtums Hessen (2. Kammer) und den Landtag des Volksstaats Hessen. (Darmstädter Archivschriften 5). Darmstadt 1980; als Quellenangabe bei den Aufnahmen im Index zitiert mit **Ruppel/Groß**;

GÖTZ, HANNELORE, und KLAUS-DIETER RACK: Hessische Abgeordnete 1820-1933. Ergänzungsband: Biographische Nachweise für die Erste Kammer der Landstände des Großherzogtums Hessen; Ergänzungen und Berichtigungen für die Zweite Kammer und den Landtag des Volksstaats Hessen. (Darmstädter Archivschriften 10). Darmstadt 1995; als Quellenangabe bei den Aufnahmen im Index zitiert mit **Götz/Rack**.

1.7. Die Mitglieder der Kurhessischen Ständeversammlung einschließlich der verfassungberatenden Landtage von 1815/17 und 1830 und der 1. und 2. Kammer 1852-1862. Bearbeiter: *Armin Sieburg* (für die Jahre 1830-1866) und *Jochen Lengemann* (für die Jahre 1815-1817). Es liegt eine – z.T. ergänzungsbedürftige – frühere Publikation außerhalb des Forschungsprojekts vor, die aber insgesamt grundlegende Daten enthält:

> LOSCH, PHILIPP: Die Abgeordneten der Kurhessischen Ständeversammlungen von 1830 bis 1866. Marburg 1909 (als Neudruck: Wiesbaden 1981); als Quellenangabe bei den Aufnahmen im Index zitiert mit **Losch**.

Die Arbeiten von Armin Sieburg und Jochen Lengemann werden zur Publikation in einem Band vorbereitet; ihre bisher vorliegenden Forschungsergebnisse werden als Quellenangabe bei den Aufnahmen in den Index zitiert mit **Sieburg** bzw. **Sieburg (J.L.)**.

1.8. Die Mitglieder der Landesversammlung des Landgraftums Hessen (-Homburg) 1849. Bearbeiterin: *Cornelia Rösner-Hausmann*. Die Publikation erfolgt gemeinsam mit der für den Nassauischen Landtag (vgl Ziffer 1.4.); die bisherigen Forschungsergebnisse werden als Quellenangabe bei den Aufnahmen im Index zitiert mit **Rösner-Hausmann**.

Da die Bearbeiterin bei ihren Forschungen davon ausgehen mußte, daß nur Personen erfaßt und erforscht werden sollten, die innerhalb eines Gebiets, das zum heutigen Landes Hessen gehört, gewählt wurden, hat der Bearbeiter des Index die übrigen Mitglieder zunächst ohne Erforschung der Biographien für den Index wenigstens erfaßt; als Quellenangabe bei den Aufnahmen wird er dabei zitiert mit **J.L.**

1.9. Die Mitglieder der Kommunal-Landtage Kassel und Wiesbaden 1867-1933 und des Provinzial-Landtags Hessen-Nassau 1886-1933. Bearbeiter/in: *Dieter Pelda* (für den Kommunal-Landtag Kassel und damit die Mitglieder des Provinzial-Landtags aus dem Reg.-Bez. Kassel) und *Barbara Burkardt* und *Manfred Pult* (für den Kommunal-Landtag Wiesbaden und damit die Mitglieder des Provinzial-Landtags aus dem Reg.-Bez. Wiesbaden). Es werden gesonderte Publikationen für den Kommunal-Landtag Kassel und den Kommunal-Landtag Wiesbaden vorbereitet; die bisher vorliegenden Forschungsergebnisse werden als Quellenangbe bei den Aufnahmen im Index zitiert mit **Pelda** bzw. **Burkardt/Pult**.

1.10. Die Mitglieder des Beratenden Landesausschusses 1946, der Verfassungberatenden Landesversammlung 1956 und des Hessischen Landtags 1946-1996. Bearbeiter: *Jochen Lengemann* (für die Jahre 1946-1986) und Kanzlei des Landtags (1986-1996). Die Daten für die Jahre 1946-1986 wurden veröffentlicht:

> LENGEMANN, JOCHEN: Das Hessen-Parlament 1946-1986. Biographisches Handbuch des Beratenden Landesausschusses, der Verfassungberatenden Landesversammlung und des Hessischen Landtags (1.-11. Wahlperiode). Frankfurt 1986 (Eine textidentische Ausgabe erschien am gleichen Ort im gleichen Jahr in *Die Hessen-Bibliothek im Insel Verlag*); als Quellenangabe bei den Aufnahmen in den Index zitiert mit **Lengemann II**.

Von der Kanzlei des Landtags zur Verfügung gestellte Daten werden als Quellenangabe bei den Aufnahmen in den Index zitiert mit **Kanzlei des Landtags**.

2. Es gab für den Bearbeiter des Index **Grenzen der Vereinheitlichung bei der Aufnahme von Personen**. Das hat seinen Grund darin, daß es für die Einzelprojekte im Forschungsvorhaben keine koordinierende Begleitung und kaum Vorgaben gab, außer daß der für Hessen-Darmstadt bis 1980 erarbeitete Band von *Ruppel/Groß* als Beispiel allen Bearbeitern zur Verfügung stand.

Der Index verzeichnet deshalb zunächst einmal alle Personen, die die einzelnen Forscher in ihre Werke aufgenommen haben und dann die (wenigen), die der Bearbeiter des Index unter den im Eingang von Ziffer 1 bzw. bei Ziffer 1.8. dargelegten Überlegungen ergänzend aufgenommen hat.

Das heißt, daß für den Nassauischen Landtag auch die Personen zu finden sind, die zwar gewählt wurden, aber das Mandat nicht angenommen haben, was bei allen anderen Gremien nicht der Fall ist, weil deren Bearbeiter diese Nicht-Abgeordneten nicht aufgenommen haben. Um einerseits nichts von dem für Nassau Erarbeiteten unter den Tisch fallen zu lassen, andererseits aber die Abweichung deutlich zu machen, wurden die Nachweise für diese Personen in diesem Index *kursiv* gedruckt.

Für die 1. Kammer des Großherzogtums Hessen haben die Bearbeiter zu recht alle de jure-Mitglieder aufgenommen, also auch solche, die nie förmlich in die Kammer eingetreten sind. Das ist für die Kurhessische Ständeversammlung und die Herrenbank bzw. die ersten Kammern in Nassau und Kurhessen (und wohl auch für die Kommunal-Landtage Kassel und Wiesbaden bis 1886) von den Bearbeitern nicht so gehalten worden. Für diesen Index konnte die wünschenswerte Vereinheitlichung in diesem Bereich nicht herbeigeführt werden, so daß für diese zuletzt genannten Kammern eine Reihe von de jure-Mitgliedern fehlen und für die Einzel-Publikationen noch erfaßt werden müssen.

Für die Erarbeitung dieses Index wurden die Daten so verwendet, wie sie die Forscher der Kanzlei des Hessischen Landtags zur Verfügung gestellt haben und wie sie dort erfaßt und dem Bearbeiter übermittelt wurden. Das heißt, daß z.B. nicht durchgängig die Wohnorte und/oder Lebensmittelpunkte aller Abgeordneten in den Index aufgenommen werden konnten, weil sie in den zur Verfügung stehenden Datensätzen nicht enthalten waren und nicht kurzfristig für alle aus leicht zu beschaffender Literatur ermittelt werden konnten, was gleichwohl für viele getan wurde. Daraus erklären sich einzelne, meist nicht die bedeutenderen Abgeordneten betreffende Informationsdefizite.

3. Der schlanke **Kanon der aufgenommenen Daten** umfaßt für jede im Index erfaßte Person:

3.1. Name

Die Reihung erfolgt alphabetisch zunächst nach den Nachnamen; moderne parlamentarische (Orts-) Beinamen werden – schon wegen ihrer unterschiedlichen Verwendung in verschiedenen Wahlperioden – ebenso nicht berücksichtigt wie dem Wechsel unterliegende Zusätze wie „sen." oder „jun.". Nummernangaben bei Nachnamen („Stein XII") bleiben für die Reihung unberücksichtigt, werden aber zur leichteren Identifizierung der Personen einheitlich in Klammern (...) aufgeführt, soweit sie erfaßt worden sind.

Bei gleichen Nachnamen erfolgt die Reihung nach den Vornamen in der Aufzählung, wie sie in der Kanzlei des Hessischen Landtags erfaßt sind, also *nicht* nach den Rufnamen, zumal diese vielfach nicht bekannt oder nicht mitgeteilt oder nicht erfaßt sind; vgl. dazu auch Ziffer 3.2.

Bei völlig übereinstimmenden Namen und Vornamen erfolgt die Reihung nach dem Alter; früher Geborene sind vor später Geborenen aufgenommen.

Namen, die zur Vermutung der Verzeichnung an anderer Stelle Anlaß geben, sind mit einem Verweis möglichst auch dort verzeichnet worden.

Unterschiedliche Schreibungen von Vornamen – z.B. *Carl* und *Karl* – müssen an beiden Stellen gesucht werden.

Bei den Namen wurde vom Bearbeiter des Index in Ergänzung zu den Arbeiten der einzelnen Projektbearbeiter ein besonderes Augenmerk auf *Namensänderungen*, und seien es auch nur solche durch Nobilitierungen oder Standeserhöhungen, gerichtet. Das ist geschehen, um für die gleichen Personen unter allen ihren Namen und/oder Titeln in anderen Kompilationen oder Einzelwerken Informationen nachschlagen zu können und nicht wegen Namens- und/oder Titeländerungen Informationen über sie zu übersehen, ja gelegentlich geradezu übersehen zu müssen.

3.2. Vorname

Es werden alle von der Kanzlei des Hessischen Landtags erfaßten Vornamen aufgeführt, insbesondere weil bei einer Vielzahl der erfaßten Abgeordneten kein Rufname für den Bearbeiter des Index deutlich wurde. War der Rufname eindeutig zu ermitteln, so ist er *kursiv* gedruckt.

Abgekürzt angegebene Vornamen sind tatsächlich nur abgekürzt erfaßt und dem Bearbeiter des Index nicht anders bekannt.

3.3. Geburtstag

Sofern der durch „geb." gekennzeichnete Geburtstag nicht, wohl aber ein Tauftag zu ermitteln war, ist dieser mit der Kennzeichnung „get." vermerkt.

3.4. Geburtsort

3.5. Sterbetag

3.6. Sterbeort

Für den Hessischen Landtag wurden bisher in der Kanzlei des Landtags die Sterbeorte noch nicht erfaßt; sie sind deshalb nur verzeichnet, wenn sie zweifelsfrei bekannt sind.

3.7. Beruf bzw. „Stand" und Wohnort

Hier wurde möglichst der Beruf oder „Stand" während der Mitgliedschaft des Abgeordneten in dem parlamentarischen Gremium, das die Aufnahme in den Index begründete, verzeichnet. In der Regel sind Berufswechsel nur während der Zeit der Mitgliedschaft in dem in diesem Index aufgenommenen Parlament verzeichnet; wichtige Ämter und Positionen nach dem Ausscheiden aus diesem werden mit „später" bezeichnet.

Bei den Mitgliedern der Bürgervertretungen der Freien Stadt Frankfurt wurde auf die Angabe des Wohnorts Frankfurt verzichtet. *Ghzgl.*, *Hzgl.*, *Kfl.* und *Lgfl.* bedeuten hier immer auf den jeweiligen Vorgängerstaat bezogene Bezeichnungen (z.B. bedeutet Präsident des Ghzgl. Kriegsministeriums die Präsidentschaft im Kriegsministerium des Großherzogtums Hessen [-Darmstadt] und Kfl. Minister des Innern Innenminister im Kurfürstentum Hessen [-Kassel]).

Unterscheidende Bezeichnungen bei Ortsangaben (wie z.B. Marburg *an der Lahn*) sind nur aufgenommen, wenn es die Orte mehrfach im heutigen Hessen gibt und die Aufnahme für das Verständnis des Nachweises in diesem Index notwendig ist.

3.8. Wichtige nicht-parlamentarische Ämter während und nach der Parlamentarierzeit

Hier wurden in der Regel nur Ämter und Tätigkeiten aufgenommen, die in einem – wenn auch möglicherweise nur lockeren – Zusammenhang mit der parlamentarischen Tätigkeit standen/stehen. Bei den Mitgliedern der Bürgervertretungen der Freien Stadt Frankfurt werden die (ehrenamtlichen) Mitgliedschaften im Senat und die dort ausgeübten Ämter, soweit sie von der Kanzlei des Hessischen Landtags dem Bearbeiter übermittelt wurden, verzeichnet.

3.9. Mitgliedschaften und herausragende Ämter in anderen Parlamenten

Der Bearbeiter des Index hat die Mitgliedschaften der im Index erfaßten (hessischen) Abgeordneten in anderen Parlamenten, in Sonderheit denen der Gesamtstaaten, also in den nationalen und im preußischen, vollständig zu erfassen gesucht. Dies soll den Benutzern dieses Index einen leichteren Zugriff auf Handbücher und/oder Forschungsergebnisse ermöglichen, die für diese Gremien z.T. früher, zahlreicher und/oder umfassender vorliegen, als das für die hessischen Abgeordneten der Fall ist.

3.10. Mitgliedschaft und herausragende Ämter in den hessischen Parlamenten

In diesem Feld sind die einzelnen Parlamente bei einigen Vorgängerterritorien des heutigen Landes Hessen in einer Kurzbezeichnung enthalten; die Bezeichnung des jeweiligen Vorgängerterritoriums bedeutet hier die Mitgliedschaft in dessen Parlament, und zwar im einzelnen wie folgt:

Kurzbezeichnung	Parlament
Kgr. Westphalen:	Reichsstände des Königreichs Westphalen
Ghzm. Frankfurt:	Ständesammlung des Großherzogtums Frankfurt
Volksstaat Hessen:	Volkskammer der Republik Hessen und Landtag des Volksstaates Hessen
Hessen-Homburg:	Kammer der Abgeordneten (Konstituierender Landtag bzw. Landesversammlung)
Kassel:	Kommunal-Landtag des Kommunalständischen bzw. des Bezirksverbandes des Regierungsbezirks Kassel
Wiesbaden:	Kommunal-Landtag des Kommunalständischen bzw. des Bezirksverbandes des Regierungsbezirks Wiesbaden
Hessen-Nassau:	Provinzial-Landtag des Provinzialverbandes der Provinz Hessen-Nassau

Bei den übrigen Vorgängerterritorien des heutigen Landes Hessen und beim Land Hessen selbst ist neben deren Bezeichnung das Parlament bzw. die Kammer benannt, denen die verzeichneten Abgeordneten angehörten. *Kurhessen* wird als Kurzbezeichnung für das Kurfürstentums Hessen, *Land Hessen* auch als solche für den Staat Groß-Hessen (1945-1946) verwendet.

Die Ämter der Vorsitzenden/Präsidenten und ihrer Vertreter sind erfaßt, soweit sie – auch in Ergänzung der Arbeiten der einzelnen Projektbearbeiter – ermittelt werden konnten. Fraktionsvorsitzende sind nur beim Landtag des Volksstaats Hessen und beim Hessischen Landtag verzeichnet, Alterspräsidenten nur beim Hessischen Landtag aufgenommen worden, weil sie nur hier (fast) lückenlos ohne weitere Forschungsarbeit bekannt sind.

Angaben für den Beginn von Mitgliedschaften, die in eckigen Klammer [...] stehen, markieren einen Eintritt in das entsprechende Gremium zu einer Zeit, die vor dem Beginn der Verfassungszeit dieses Vorgängerstaats des heutigen Landes Hessen liegt.

Zu Ziffern 3.9 und 3.10

Der Bearbeiter hat sich in Ergänzung der Nachforschungen der einzelnen Projektbearbeiter besonders um weitere Angaben zur *politischen* Einordnung der hessischen Parlamentarier bemüht. Das ist zwar „nur" für die Zeit vor 1918 teilweise schwierig, war aber doch notwendig für einen Index, der mit Parlamentariern Politiker umfaßt, die ja nie politisch neutral sind.

Die Verzeichnung erfolgte bei den Mitgliedschaften in den jeweiligen Parlamenten. Liegt eine eindeutig benennbare politische Aktivität im Sinne einer Partei außerhalb der Zeit einer Zugehörigkeit zu einem erfaßten Parlament vor, so wird diese in eckigen Klammern [...] und unter Angabe der Jahre mitgeteilt; die Jahresangaben sind *kursiv* gesetzt bei nicht nachweisbarem Anfang oder Ende der politischen Betätigung im Sinne der verzeichneten Partei.

Liegt eine allgemeine politische Tendenz vor, ohne daß die Betätigung in einer organisierten Partei nachweisbar ist, so wird diese Tendenz mit kleinen Anfangsbuchstaben ausgedrückt; es steht also z.B. „dem." für einen Abgeordneten demokratischer Gesinnung ohne zu ermitteln gewesene Zugehörigkeit zu einer entsprechenden Partei und „DemP" für die Zugehörigkeit zur Demokratischen Partei in Frankfurt.

Zugehörigkeiten zur gleichen Partei, die nur den Namen wechselte, werden durch „bzw." ausgedrückt; es steht also „(BHE bzw. GDP/BHE)" für die Zugehörigkeit zur gleichen Partei, die den Namen änderte.

Nur kurzzeitig benutzte unterschiedliche Parteinamen der gleichen Partei wurden nicht aufgenommen; z.B. bedeutet die Angabe (Z) im Zeitraum 1919/20 oder (Z 1911-1925) auch, daß der/die betreffende Abgeordnete 1919/20 in der damals sich als Christliche Volkspartei bezeichnenden Zentrumspartei tätig war.

Allgemeines

... bedeutet, daß die entsprechenden Daten bisher nicht ermittelt werden konnten oder ermittelt wurden; bei einer Zahlen- oder Zeitfolge markieren drei Punkte (...), daß die Zahlenfolge unterbrochen wurde oder in der Zeitfolge Unterbrechungen eingetreten sind.

Kursive Zeitangaben weisen auf Feststellung der mitgeteilten Tatsache zur angegebenen Zeit hin, schließen aber einen möglichen früheren Beginn oder eine längere Dauer des Mitgeteilten nicht aus.

Namen von Zeitungen und Zeitschriften sind *kursiv* gesetzt.

Das Kürzel „J.L." in den Quellenangaben bei den Aufnahmen in den Index verweist außer im Zusammenhang mit der Angabe „Sieburg (J.L.)" – s.o. S. 42 Ziffer 1.7. – und beim Landgraftum Hessen (-Homburg) – s.o. S. 42f. Ziff. 1.8. – darauf, daß der Bearbeiter des Index von sich aus Ergänzungen und – nur ganz gelegentlich – Korrekturen an den in der Kanzlei des Hessischen Landtags erfaßten und ihm als Arbeitsgrundlage zur Verfügung gestellten Daten angebracht hat.

Grundlage für alle vom Bearbeiter des Index angebrachten **Ergänzungen und** vorgenommenen **Berichtigungen** sind:

BALLING, MADS OLE: Von Reval bis Bukarest. Statistisch-Biographisches Handbuch der Parlamentarier der deutschen Minderheiten in Ostmittel- und Südosteuropa 1919-1945. 2 Bde. Kopenhagen 1991.

VON BAUMBACH, KARL: Stammtafeln der Althessischen Ritterschaft. Rudolstadt 1932.

BEST, HEINRICH, und WILHELM WEEGE: Biographisches Handbuch der Abgeordneten der Frankfurter Nationalversammlung 1848/49. (Handbücher zur Geschichte des Parlamentarismus und der politischen Parteien 8). Düsseldorf 1996.

Die Bundesversammlungen 1949-1989. Eine Dokumentation aus Anlaß der Wahl des Bundespräsidenten am 23. Mai 1994. Bonn 1994.

Ergänzend dazu: Liste der Mitglieder der Bundesversammlung [1994], die an der Wahl teilgenommen haben, und Liste der entschuldigten Abgeordneten. In: 10. Bundesversammlung der Bundesrepublik Deutschland, Berlin, Montag, den 23. Mai 1994. Stenographischer Bericht. Bonn 1994.

VON BUTTLAR, RUDOLF: Stammbuch der Althessischen Ritterschaft. Wolfhagen 1888.

CERNY, JOCHEN (Hrsg.): Wer war wer – DDR. Ein biographisches Lexikon. 2. Auflage. Berlin 1992.

CROON, GUSTAV (Bearb.): Der Rheinische Provinziallandtag bis zum Jahre 1874. Im Auftrag des Rheinischen Provinzialausschusses bearbeitet. Düsseldorf 1918 (Nachdruck: Köln 1974).

Deutsches Geschlechterbuch (Genealogisches Handbuch Bürgerlicher Familien). Bde. 1-11: Berlin 1889-1904; Bde. 12-119: Görlitz 1906-1943; Bde. 120-123: Glücksburg 1955-1958, ab Bd. 124: Limburg ab 1960.

FREIHERR VON DÖRNBERG, SIEGFRIED: Stammtafeln der Althessischen Ritterschaft. Bad Hersfeld 1958.

VON FRANK, KARL FRIEDRICH: Standeserhöhungen und Gnadenakte für das Deutsche Reich und die Österreichischen Erblande bis 1806 sowie kaiserlich österreichische bis 1823 mit einigen Nachträgen zum „Alt-Österreichischen Adels-Lexikon" 1823-1918. Bde. 1-5. Senftenegg 1967-1974.

FRANZ, ECKHART G., und MANFRED KÖHLER (Bearb. und Hrsg.): Parlament im Kampf um die Demokratie. Der Landtag des Volksstaats Hessen 1919-1933. (Arbeiten der Hessischen Historischen Kommission NF 6; Vorgeschichte und Geschichte des Parlamentarismus in Hessen 6). Darmstadt 1991.

FRIEDL, HANS, WOLFGANG GÜNTHER, HILKE GÜNTHER ARDT und HEINRICH SCHMIDT (Hrsg.): Biographisches Handbuch zur Geschichte des Landes Oldenburg. Oldenburg 1992.

BARON VON GALÉRA, KARL SIEGMAR: Die Riedesel zu Eisenbach. Geschichte des Geschlechts der Riedesel Freiherren zu Eisenbach, Erbmarschälle von Hessen. Bd. 5: Vom Reich zum Rheinbund 1713-1806. Weltgeschichte des 18. Jahrhunderts in einer kleinen Residenz. (Bibliothek familiengeschichtlicher Arbeiten 29). Neustadt an der Aisch 1961; Bd. 6: Wege zu neuen Lebensformen. Geschichte des Geschlechts der Riedesel zu Eisenbach im 19. Jahrhundert (Bibliothek familiengeschichtlicher Arbeiten 32). Neustadt an der Aisch 1965.

Genealogisches Handbuch des Adels. Bde. 1-18: Glücksburg 1951-1958; Bde. 19-110: Limburg 1959-1996.

Genealogisches Taschenbuch der Ritter- und Adelsgeschlechter (seit 1882: der adeligen Häuser) [sog. Brünner Taschenbuch]. Bde. 2, 5, 8-10, 13-17 und 19. Brünn 1877 ... 1894.

Gothaischer Hofkalender bzw. Gothaisches Genealogisches Taschenbuch. Gotha 1764-1942. (Benutzt wurden sämtliche Reihen ab 1830 bzw. ab deren Beginn).

GRITZNER, MAXIMILIAN: Standes-Erhebungen und Gnaden-Acte Deutscher Landesfürsten während der letzten drei Jahrhunderte. Bde. 1 und 2. Görlitz 1880 und 1881.

GROTHE, EWALD: Verfassungsgebung und Verfassungskonflikt. Das Kurfürstentum Hessen in der ersten Ära Hassenpflug 1830-1837. (Schriften zur Verfassungsgeschichte 48). Berlin 1996.

Handbuch des Preußischen Adels. Bde. 1 und 2. Berlin 1892 und 1893.

Handbuch für das Preußische Herrenhaus. Herausgegeben von E[rnst] David, Direktor bei dem Herrenhause. Abgeschlossen am 20. November 1911. Berlin 1911.

Handbuch für den Preußischen Staatsrat. 1. Auflage: Berlin 1922; 2. Auflage: Berlin 1926; 3. Auflage: Berlin 1930.

HAUNFELDER, BERND, und KLAUS ERICH POLLMANN (Bearb.): Reichstag des Norddeutschen Bundes 1867-1870. Historische Photographien und biographisches Handbuch. (Photodokumente zur Geschichte des Parlamentarismus und der politischen Parteien 2). Düsseldorf 1989.

HÖFFNER, HARALD: Kurhessens Ministerialvorstände der Verfassungszeit 1831-1866. Diss. phil. Gießen 1981.

Jahrbuch des Deutschen Adels. Bde. 1-3. Berlin 1896-1899.

KLEIN, THOMAS: Die Hessen als Reichstagswähler. Tabellenwerk zur politischen Landesgeschichte 1867-1933. (Veröffentlichungen der Historischen Kommission für Hessen 51). 1. Band: Provinz Hessen-Nassau und Waldeck-Pyrmont 1867-1918. Marburg 1989; 3. Band: Großherzogtum/Volksstaat Hessen 1867-1933.

KLEIN, THOMAS (Bearb.): Grundriß zur deutschen Verwaltungsgeschichte 1815-1945. Reihe A: Preußen. Band 11: Hessen-Nassau (einschl. Vorgänger-Staaten). Mit einem Beitrag von WOLFGANG KLÖTZER. Marburg 1979.

KLEIN, THOMAS: Leitende Beamte der allgemeinen Verwaltung in der preußischen Provinz Hessen-Nassau und in Waldeck 1867-1945. (Quellen und Forschungen zur hessischen Geschichte 70). Darmstadt und Marburg 1988.

KNESCHKE, ERNST HEINRICH (Hrsg.): Neues allgemeines deutsches Adels-Lexicon. Bde. 1-9. Leipzig 1859-1870.

KNETSCH, CARL: Das Haus Brabant. Darmstadt 1917.

KOCH, RAINER, (Hrsg.); PATRICIA STAHL (Bearb.); Mitwirkung: ROLAND HOEDE, LEONIE KRÄMER, DIETER SKALA: Die Frankfurter Nationalversammlung 1848/49. Ein Handlexikon der Abgeordneten der verfassungsgebenden Reichs-Versammlung. Kelkheim 1989.

KÖRNER, HANS: Frankfurter Patrizier. München 1971.

KÜHNE, THOMAS: Handbuch der Wahlen zum Preußischen Abgeordnetenhaus 1867-1918. Wahlergebnisse, Wahlbündnisse und Wahlkandidaten. (Handbücher zur Geschichte des Parlamentarismus und der politischen Parteien 6). Düsseldorf 1994.

LENGEMANN, JOCHEN: Abgeordnete in einem vergessenen Parlament. Die kurhessischen und waldeckischen Mitglieder des Erfurter Unionsparlaments 1850. In: Zeitschrift des Vereins für hessische Geschichte und Landeskunde, Bd. 99 (1994), S. 127-150.

LENGEMANN, JOCHEN: Der Spezial-Landtag des Fürstentums Pyrmont. In: Geschichtsblätter für Waldeck, 83. Bd. (1995), S. 103-154.

LENGEMANN, JOCHEN: Die Präsidenten des Waldeckischen Landtags. In: Geschichtsblätter für Waldeck, 82. Bd. (1994), S. 265-334.

LENGEMANN, JOCHEN: Die Vorsteher des Bürgerausschusses und der Stadtverordnetenversammlung in Kassel 1835-1995. In: Zeitschrift des Vereins für hessische Geschichte und Landeskunde, Bd. 100 (1995), S. 135-172.

MALY, KARL: Geschichte der Frankfurter Stadtverordnetenversammlung. Band I: Die Macht der Honoratioren 1867-1900. Band II: Das Regiment der Parteien 1900-1933. (Veröffentlichungen der Frankfurter Historischen Kommission XVIII/1 und 2). Frankfurt 1992 und 1995.

MANN, BERNHARD, (Bearb.); Mitarbeit: MARTIN DOERRY, CORNELIA RAUH und THOMAS KÜHNE: Biographisches Handbuch für das Preußische Abgeordnetenhaus 1867-1918. (Handbücher zur Geschichte des Parlamentarismus und zur Geschichte der politischen Parteien 3). Düsseldorf 1988.

VON NATHUSIUS, ULRICH: Kurfürst, Regierung und Landtag im Dauerkonflikt, Studien zur Verfassungsgeschichte Kurhessens in der Reaktionszeit (1850-1859). (Hessische Forschungen zur geschichtlichen Landes- und Volkskunde 28). Kassel 1997.

NICOLAI, HELMUT: Staat, Behörden und Beamte in Waldeck 1814-1868. In: Geschichtsblätter für Waldeck, 48. Band (1956), S. 1-133.

Reichstags-Handbuch (1936 unter dem Titel: Der Deutsche Reichstag, 1938 unter dem Titel: Der Großdeutsche Reichstag). VIII. Wahlperiode 1933: Berlin 1933 mit Nachtrag; IX. Wahlperiode: Berlin 1933 mit Nachtrag; III. Wahlperiode nach dem 30. Januar 1933: Berlin 1936; IV. Wahlperiode (nach dem 30. Januar 1933): Berlin 1938.

    Ergänzend dazu: Verzeichnis der Mitglieder des Reichstags. Abgeschlossen am 1. Juni 1943 [mit handschriftlichen (amtlichen !; d. Verf.) Nachträgen bis 4. April 1945].

RENKHOFF, OTTO: Nassauische Biographie. Kurzbiographien aus 13 Jahrhunderten. (Veröffentlichungen der Historischen Kommission für Nassau 39). 2. Auflage. Wiesbaden 1992.

SBZ-Biographie. Ein biographisches Nachschlagewerk über die Sowjetische Besatzungszone Deutschlands. Zusammengestellt vom Untersuchungsausschuß freiheitlicher Juristen. 3. Auflage. Bonn und Berlin 1964.

SCHINDLER, PETER: Datenhandbuch zur Geschichte des Deutschen Bundestages. [Band 1:] 1949 bis 1982. 3. Auflage. Baden-Baden 1984; [Band 2:] 1980 bis 1984. Baden-Baden 1986; [Band 3:] 1980 bis 1987. Baden-Baden 1988; [Band 4:] 1983 bis 1991. Mit Anhang: Volkskammer der Deutschen Demokratischen Republik. Baden-Baden 1994.

SCHRÖDER, WILHELM HEINZ: Sozialdemokratische Parlamentarier in den deutschen Reichs- und Landtagen 1867-1933. Biographien, Chronik, Wahldokumentation. Ein Handbuch. (Handbücher zur Geschichte des Parlamentarismus und der politischen Parteien 7). Düsseldorf 1995.

SCHUMACHER, MARTIN (Hrsg.): M.d.L. Das Ende der Parlamente 1933 und die Abgeordneten der Landtage und Bürgerschaften der Weimarer Republik in der Zeit des Nationalsozialismus. Politische Verfolgung, Emigration und Ausbürgerung 1933-1945. Ein biographischer Index. (Veröffentlichung der Kommission für Geschichte des Parlamentarismus und der politischen Parteien in Bonn). Düsseldorf 1995.

SCHUMACHER, MARTIN (Hrsg.): M.d.R. Die Reichstagsabgeordneten der Weimarer Republik in der Zeit des Nationalsozialismus. Politische Verfolgung, Emigration und Ausbürgerung 1933-1945. Eine biographische Dokumentation. Mit einem Forschungsbericht zur Verfolgung deutscher und ausländischer Parlamentarier im nationalsozialistischen Herrschaftsbereich. (Veröffentlichung der Kommission für Geschichte des Parlamentarismus und der politischen Parteien in Bonn). 3. Auflage. Düsseldorf 1994.

SCHWARZ, MAX: MdR. Biographisches Handbuch der Reichstage. Hannover 1965.

SEIER, HELLMUT, (Hrsg. und Bearb.) und EWALD GROTHE (Bearb.): Akten und Briefe aus den Anfängen der kurhessischen Verfassungszeit 1830-1837. (Veröffentlichungen der Historischen Kommission für Hessen 48, 4; Vorgeschichte und Geschichte des Parlamentarismus in Hessen 8). Marburg 1992.

SEIER, HELLMUT, (Hrsg. und Bearb.) und ULRICH VON NATHUSIUS (Bearb.): Akten und Dokumente zur kurhessischen Parlaments- und Verfassungsgeschichte 1848-1866. (Veröffentlichungen der Historischen Kommission für Hessen 48, 2; Vorgeschichte und Geschichte des Parlamentarismus in Hessen 4). Marburg 1987.

SEIER, HELLMUT, (Hrsg. und Bearb.) und WINFRIED SPEITKAMP (Bearb.): Akten zur Entstehung und Bedeutung des kurhessischen Verfassungsentwurfs von 1815/16. (Veröffentlichungen der Historischen Kommission für Hessen 48, 1; Vorgeschichte und Geschichte des Parlamentarismus in Hessen 2). Marburg 1985.

Verhandlungen der verfassunggebenden Preußischen Nationalversammlung (ab 1921: des Preußischen Landtags). Drucksachen 1919-1933.

Verhandlungen des Preußichen Herrenhauses. Drucksachen von Session 1911 bis Session 1916/1918.

Verhandlungen des Preußischen Staatsrats. Stenographische Berichte und Drucksachen 1921-1933.

Biographischer Index

Abicht, Karl Ernst, geb. 15.1.1877 Oels in Schlesien, gest. 2.2.1962 Zürich; Landrat des Kreises Westerburg. – Wiesbaden und Hessen-Nassau 1912-1918.
Burkardt/Pult; J.L.

Abt, August Ferdinand, geb. 26.10.1849 Frankfurt, gest. 8.11.1933 ... ; Architekt. – Wiesbaden und Hessen-Nassau 1905-1918.
Burkardt/Pult

Abt, Jacob, geb. 11.12.1869 Oberursel, gest. 13.9.1941 Frankfurt; Buchdruckereibesitzer. – Wiesbaden und Hessen-Nassau 1921-1925 (DDP).
Burkardt/Pult

Abt, **Johann Adam**, geb. 2.8.1796 Frankfurt, gest. 14.12.1839 Frankfurt; Gärtnermeister. – Freie Stadt Frankfurt: Gesetzgebende Versammlung 1837-1839.
Frost

Abt, Karl *Ferdinand*, geb. 9.6.1903 Ober-Ramstadt, gest. ... 1945 [gefallen] Frauenfeld in Kurland; Kaufmann, dann Angestellter im Verlag der *Hessischen Landeszeitung* in Darmstadt. – Volksstaat Hessen 1932-1933 (NSDAP).
Ruppel/Groß

von Achenbach[1]**, Heinrich (*Heino*) Adolf**, geb. 14.8.1862 Bonn, gest. 11.11.1933 Berlin; Landrat des Kreises Höchst. – Wiesbaden und Hessen-Nassau 1903-1911.
Burkardt/Pult; J.L.

Achenbach, Heinrich, geb. 2.6.1881 Niederdieten, Krs. Biedenkopf, gest. 3.7.1966 ... ; gelernter Maurer, Verbandssekretär. – Land Hessen: Verfassungberatende Landesversammlung Groß-Hessen 1946 und Hessischer Landtag 1946-1950 (CDU).
Lengemann II

Ackermann, Georg, geb. 4.5.1897 Darmstadt, gest. 4.4.1964 ... ; gelernter Zigarrenmacher, Kaufmann, 1951-1963 Landrat des Kreises Erbach im Odenwald. – Land Hessen: Hessischer Landtag 1949-1964 (SPD).
Lengemann II

Ackermann, **Johann Georg**, geb. 5.11.1805 Frankfurt, gest. 29.6.1869 Frankfurt; Uhrmacher. – Freie Stadt Frankfurt: Verfassunggebende Versammlung 1848-1849.
Frost; J.L.

Adam, Karl Richard, geb. 3.6.1899 Langenhain, gest. 7.8.1981 Eschwege; Feinmechaniker in Eschwege. – Kassel und Hessen-Nassau 1933 (NSDAP).
Pelda

Adamy, Joseph, geb. 15.1.1778 Oberwesel, gest. 24.2.1849 Hadamar; Grubenbesitzer. – Nassau: Deputiertenkammer 1828-1832.
Rösner-Hausmann

Adelmann, **Heinrich Carl Remigius**, geb. 12.3.1811 Frankfurt, gest. 19.2.1887 Frankfurt; Buchdruckereibesitzer. – Freie Stadt Frankfurt: Verfassunggebende Versammlung 1848-1849, Gesetzgebende Versammlung 1862-1866.
Frost; J.L.

Dr.-Ing. e.h. Adelung, Bernhard, geb. 30.11.1876 Bremen, gest. 24.2.1943 Darmstadt; gelernter Buchdrucker, 1902-1918 Redakteur der *Mainzer Volkszeitung*, 1918-1928 Beigeordneter (2. Bürgermeister) der Stadt Mainz, 1928-1933 Staatspräsident (und Minister für Kultus- und Bildungswesen) des Volksstaats Hessen. – Ghzm. Hessen: 2. Kammer 1903 und 1911-1918 und Volksstaat Hessen 1919-1933 (SPD); Präsident der Volkskammer der Republik Hessen bzw. des Landtags des Volksstaats Hessen 1919-1928.
Ruppel/Groß; J.L.

---

[1] Erhebung in den Kgl. preußischen Adelsstand am 5.5.1888.

Dr.-Ing. e.h. Bernhard Adelung (SPD)
Präsident der Volksammer der Republik Hessen
bzw. des Landtags des Volksstaates Hessen
1919-1928

Dr. Alexander Alberti (FoVP)
Vorsitzender (Präsident) des Kommunal-Landtags
Wiesbaden 1918 und des XIII. Provinzial-Landtags
Hessen-Nassau 1918

von Adlerflycht, Justinian, geb. 30.1.1761 Frankfurt, gest. 20.1.1831 Frankfurt; Jurist, Diplomat; 1816-1819 Senator, 1819-1831 Schöff. – Freie Stadt Frankfurt: Gesetzgebende Versammlung 1821, 1822, 1825 und 1827-1829.   Frost; J.L.

Alban, Franciscus (*Franz*), geb. 19.2.1781 Züschen, gest. 9.5.1856 Züschen; Schuhmachermeister und Bürgermeister in Züschen. – Waldeck: Landstand 1821-1823.   König/Lengemann/Seibel

Albert, Friedrich, geb. ... , gest. ... ; Notar in Meisenheim. – Hessen-Homburg 1849; Präsident der Landesversammlung des Landgraftums Hessen-Homburg 1849.   J.L.

Dr. jur. Alberti, Alexander, geb. 22.4.1855 Wörsdorf, gest. 14.4.1929 Wiesbaden; Rechtsanwalt und Notar,

1918-1919 stellvertretender Polizeipräsident in Wiesbaden. – Wiesbaden und Hessen-Nassau 1893-1925 (frsg. [Frsg VP, zeitweise FrsgVg] 1893-1910, FoVP 1910-1918, DDP 1918-1925); Vorsitzender (Präsident) des Kommunal-Landtags Wiesbaden 1918, Präsident des XIII. Provinzial-Landtags Hessen-Nassau 1918.
Burkardt/Pult; J.L.

von Alessina – s. Schweitzer

Alexander, Gustav Emil Theodor, geb. 26.5.1835 Bockenheim, gest. 14.2.1920 Frankfurt; Rentmeister. – Wiesbaden und Hessen-Nassau 1910.   Burkardt/Pult

Alken, geb. Mamroth, Else, geb. 14.5.1877 Breslau, gest. 24.12.1943 KZ Theresienstadt; Stadträtin. – Wiesbaden und Hessen-Nassau 1921-1929 (Z).
Burkardt/Pult

Allendörfer, Johann Adam, geb. 17.8.1778 Wehrheim, gest. 24.4.1848 Wehrheim; Oberschultheiß. – Nassau: Deputiertenkammer 1832. Rösner-Hausmann

Alles, Georg, geb. ... , gest. ... . – Freie Stadt Frankfurt: Verfassunggebende Versammlung 1848-1849. Frost; J.L.

Allmann, Ferdinand, geb. 1.8.1828 Bingen, gest. 11.5.1912 Bingen; Champagner-Fabrikant und Bürgermeister in Bingen. – Ghzm. Hessen: 2. Kammer 1872-1879 (Z) Ruppel/Groß

Alt, Franz, get. 20.2.1772 Frankfurt, gest. 20.8.1852 Frankfurt; Schreinermeister. – Freie Stadt Frankfurt: Gesetzgebende Versammlung 1842-1843. Frost

Alt, Johannes, geb. ... , gest. ... ; Gärtnermeister. – Freie Stadt Frankfurt: Gesetzgebende Versammlung 1865-1866. Frost

von Altenbockum, Carl Ferdinand Ernst Eberhard Hans, geb. 19.5.1842 Kassel, gest. 25.10.1910 Kassel; Landrat des Kreises Rotenburg an der Fulda, später Konsistorialpräsident in Kassel. – Kassel und Hessen-Nassau 1887-1891. Pelda

Altenstadt, Christian Adam, geb. 3.1.1874 Burghaun, gest. 15.5.1946 Fulda; Landwirt und Bürgermeister in Burghaun. – Kassel und Hessen-Nassau 1919 (45. KLT) -1920 (DNVP). Pelda

Althaus, Georg Wilhelm, geb. 4.3.1799 Rosenthal, gest. 13.5.1876 Rosenthal; Gastwirt in Rosenthal. – Kurhessen: Ständeversammlung 1839-1844.
Losch; Sieburg

Althoff, Johann Nicolaus Wilhelm, geb. ... , gest. 11.5.1830 Züschen; Konduktor auf dem adligen Gut und Bürgermeister in Züschen. – Waldeck: Landstand 1816-1818, 1819-1821 und 1823-1825.
König/Lengemann/Seibel

Altwein, Erich F. W., geb. 22.3.1906 Höchst, gest. 2.1.1990 ... ; Prokurist und Personalleiter bei der Degussa in Frankfurt; Mitglied des Wirtschaftsrates des Vereinigten Wirtschaftsgebietes 1948-1949 (SPD). – Land Hessen: Verfassungberatende Landesversammlung Groß-Hessen 1946 (SPD). Lengemann II

Graf von Alvensleben[2], Johann *August* Ernst, geb. 6.8.1758 Erxleben, gest. 27.9.1827 Erxleben; Herr auf Erxleben II, 1820-1823 Hzgl. braunschweigischer Staatsminister; Mitglied der Provinzial-Stände (Provinzial-Landtag) der Mark Brandenburg und des Markgraftums Lausitz 1825-1827, Landtagsmarschall 1825-1827. – Kgr. Westphalen 1808-1813. Lengemann I

von Alvensleben, Johann Friedrich (VII.), geb. 16.12.1747 Zichtau, gest. 1.3.1829 Brieg; Herr auf Schenkenhorst und Zichtau, bis 1808 Landrat des Salzwedelschen Kreises. – Kgr. Westphalen 1808-1813. Lengemann I

Al-Wazir, Tarek, geb. 3.1.1971 Offenbach; Student der Politikwissenschaften an der Universität in Frankfurt. – Land Hessen: Hessischer Landtag seit 1995 (B 90/GRÜ). Kanzlei des Landtags

von Amelunxen, *Aloysius* Sebastian, geb. 17.4.1787 Mainz, gest. 5.3.1860 Helmersen; Mitherr auf Hofgeismar und Kelze, Oberstleutnant der Garde du Corps. – Kurhessen: Ständeversammlung 1834-1835 und 1840-1841 (gouv. 1834-1835).
Losch; Sieburg; J.L.

Amend, Rudolf, geb. 24.12.1891 Runkel, gest. 30.6.1968 ... ; Jurist, Bürgermeister

---

[2] Erhebung in den Kgl. preußischen Grafenstand am 6.7.1798; Kgl. westphälische Bestätigung des Grafenstandes am 10.7.1813.

in Runkel. – Land Hessen: Verfassungberatende Landesversammlung Groß-Hes-
sen 1946 (CDU).   Lengemann II

Ammann, Johann Gottlieb, geb.
17.10.1774 Pirmasens, gest. 28.3.1837
Weilburg; Kirchenrat in Weilburg, später
evangelischer Landesbischof. – Nassau:
Deputiertenkammer 1832-1836.
                    Rösner-Hausmann; J.L.

André, Johann *Anton*, geb. 6.10.1775 Offenbach, gest. 6.4.1842 Offenbach; Mu-
sikverleger, Hofkapellmeister in Offenbach. – Ghzm. Hessen: 2. Kammer
1826-1830 (lib.).   Ruppel/Groß

Andreae, Johann Carl, geb. 31.10.1789
Frankfurt, gest. 5.11.1843 Frankfurt;
Bankier. – Freie Stadt Frankfurt: Gesetz-
gebende Versammlung 1828-1834.   Frost

Andreae-Claus, Philipp *Bernhard*, geb.
6.8.1781 Frankfurt, gest. 11.4.1871
Frankfurt; Farbwarengroßhändler. – Freie
Stadt Frankfurt: Gesetzgebende Versammlung 1818, 1824-1826, 1838-1842,
1845 und 1848, Ständige Bürgerrepräsentation 1819-1821.   Frost

Andreae-Goll, Johann Carl August, geb.
8.7.1816 Frankfurt, gest. 14.1.1889
Frankfurt; Bankier, Teilhaber des Bankhauses Johann Goll & Söhne. – Freie
Stadt Frankfurt: Verfassunggebende Versammlung 1848-1849.   Frost; J.L.

Andreae-Graubner, Gustav Adolph, geb.
20.3.1812 Frankfurt, gest. 17.3.1892
Frankfurt; Handelsmann. – Freie Stadt
Frankfurt: Verfassunggebende Versammlung 1848-1849, Ständige Bürgerrepräsentation 1862-1866, Gesetzgebende Versammlung 1864-1866.   Frost; J.L.

Andreae-Hebenstreit, Ferdinand, geb.
8.9.1787 Frankfurt, gest. 6.6.1857 Frankfurt; Spezerei- und Farbwarenhändler. –
Freie Stadt Frankfurt: Ständige Bürgerre-

präsentation 1821-1857 (Stadtrechnungsrevisionskolleg 1823-1857).   Frost

Andreae-Willemer, Johannes (*Jean*),
geb. 4.9.1780 Frankfurt, gest. 13.4.1850
Frankfurt; Spezerei- und Farbwarenhändler. – Freie Stadt Frankfurt: Ständige Bürgerrepräsentation [1807] -1817, Gesetzgebende Versammlung 1817 und
1830-1834.   Frost

Andreae-Winckler, Philipp Bernhard,
geb. 22.10.1817 Frankfurt, gest. 1.3.1880
Frankfurt; Handelsmann, Teilhaber der
Farbwarenhandlung J. Andreae. – Freie
Stadt Frankfurt: Ständige Bürgerrepräsentation 1853-1860, Gesetzgebende Versammlung 1858-1859.   Frost

Andreas, Johann, geb. ... , gest. ... . –
Freie Stadt Frankfurt: Gesetzgebende
Versammlung 1826.   Frost

d'Angelo, *Karl* Heinrich, geb. 9.9.1890
Osthofen, gest. 21.3.1945 Gernsheim;
Buchdruckereibesitzer, später Kommandant des KZ Dachau. – Volksstaat Hessen
1931-1933 (NSDAP).   Ruppel/Groß

Angermeier, Heinrich, geb. 5.4.1884
Groß-Zimmern, gest. 22.2.1945 KZ
Dachau; Landwirt in Groß-Zimmern. –
Volksstaat Hessen 1924-1931 (KPD
1924-1929, KPO 1929-1931).
                    Ruppel/Groß; Götz/Rack

Anthes, Johann Ludwig, geb. 6.8.1790
Frankfurt, gest. 7.12.1849 ... ; Schneider-
meister; 1834-1849 Ratsverwandter. –
Freie Stadt Frankfurt: Gesetzgebende
Versammlung 1829-1834 und 1842-
1848.   Frost

Anthes, Wilhelm (IV.), geb. 28.1.1877
Sprendlingen, gest. 29.10.1934 Sprend-
lingen; Schlossermeister in Sprendlingen.
– Volksstaat Hessen 1921-1933 (SPD).
                    Ruppel/Groß

Dr. jur. Dr. h.c. Georg Antoni (Z)
Vorsitzender (Präsident) des Kommunal-Landtags
Kassel 1920

Dr. jur. Dr. h.c. Antoni, *Georg* **Heinrich Dietrich**, geb. 21.2.1862 Hannover-Linden, gest. 5.7.1945 Essen; Oberbürgermeister der Stadt Fulda; Stellvertretendes Mitglied des Preußischen Staatsrats 1921-1923, Mitglied des Preußischen Staatsrats 1923-1930 (Z). – Kassel und Hessen-Nassau 1899-1929 (Z); Vorsitzender (Präsident) des 47. und 48. Kommunal-Landtags Kassel 1920. Pelda; J.L.

Antoni, Joseph, geb. 23.6.1814 Frankfurt, gest. 30.1.1886 Frankfurt; Jurist. – Freie Stadt Frankfurt: Gesetzgebende Versammlung 1864-1866. Frost

Apel, Johann August Louis *Wilhelm*, geb. 14.2.1873 Frankenhausen in Thüringen, gest. 16.11.1960 Höchst; Landrat des Kreises Höchst bzw. des Main-Taunus-Kreises. – Wiesbaden und Hessen-Nassau 1930-1933 (SPD). Burkardt/Pult; J.L.

Apel, Wilhelm, geb. 25.5.1905 Ellrich am Harz, gest. 4.8.1969 ... ; hauptamtlicher Parteisekretär der SPD, 1947 Mitglied im Direktorium des Länderrats in Stuttgart, 1948 Hessischer Bevollmächtigter bei der Verwaltung des Vereinigten Wirtschaftsgebietes in Frankfurt, 1949-1963 Bevollmächtigter des Landes Hessen beim Bund, Staatsrat; Mitglied des Parlamentarischen Rats des Länderrats des amerikanischen Besatzungsgebiets 1947-1949 (SPD). – Land Hessen: Verfassungberatende Landesversammlung Groß-Hessen 1946 und Hessischer Landtag 1946-1950 (SPD). Lengemann II; Kanzlei des Landtags

Appel, Karl Friedrich, geb. 12.1.1868 Hanau, gest. 10.6.1935 Hanau; Lyzeallehrer und Direktor der Musikakademie, Musikschriftsteller und Komponist in Hanau. – Kassel und Hessen-Nassau 1921-1925 (DDP). Pelda

Appelmann, Karl, geb. 24.1.1915 Offenbach; gelernter Werkzeugdreher, Maschinenbau-Ingenieur, 1946-1947 Fachvermittler beim Arbeitsamt in Offenbach, 1947-1956 leitender Ingenieur der Wasserwerke, 1956-1980 Bürgermeister in Offenbach. – Land Hessen: Hessischer Landtag 1946-1962 (SPD). Lengemann II

Arend, Joseph, geb. 22.6.1885 Kassel, gest. 6.3.1938 Kassel; Leiter der Arbeitsamts-Nebenstelle in Bad Wildungen. – Waldeck: Landesvertretung 1925-1929 (SPD). König; König/Lengemann/Seibel

Dr. jur. Dr. phil. h.c. Dr. jur. h.c. Freiherr von Arens[3], Franz Joseph, geb. 7.6.1779 Arnsberg, gest. 1.4.1855 Darmstadt; Universitätskanzler, Hofgerichtsdirektor, 1825 Präsident des Hofgerichts in Gießen, 1833 2. Präsident, 1841 1. Präsi-

---

[3] Erhebung in den Ghzgl. hessischen Adels- und Freiherrenstand am 25.8.1827.

dent des Oberappellations- und Kassationsgerichts in Darmstadt. – Ghzm. Hessen: 1. Kammer 1820-1833 und 1838-1849. Götz/Rack

Armack, *August* Heinrich, geb. 30.5.1786 Hachenburg, gest. 26.5.1865 Montabaur; Papierfabrikant. – Nassau: Deputiertenkammer 1839-1845.
Rösner-Hausmann

Armbrüster, Balthasar, get. 23.8.1773 Frankfurt, gest. 14.10.1850 Frankfurt; Fischer. – Freie Stadt Frankfurt: Gesetzgebende Versammlung 1817-1818 und 1820. Frost

Arnd, Jodocus Balthasar, geb. 20.5.1791 Fulda, gest. 28.1.1848 Fulda; Professor am Gymnasium in Fulda. – Kurhessen: Ständeversammlung 1833-1835 und 1842 (gem. lib. 1833-1835).
Losch; Sieburg; J.L.

Arnd, Johann Karl Anton, geb. 3.9.1867 Fulda, gest. 3.9.1934 Fulda; Kaufmann in Fulda. – Kassel und Hessen-Nassau 1917-1920 (Z). Pelda

Arndgen, Josef, geb. 24.2.1894 Rheydt, gest. 20.9.1966 ... ; gelernter Stukkateur, 1947-1949 Hessischer Minister für Arbeit und Wohlfahrt; MdB 1949-1965 (CDU); Mitglied der 1., 2., 3. und 4. Bundesversammlung. – Land Hessen: Hessischer Landtag 1946-1949 (CDU). Lengemann II

Arndt, *Paul* Friedrich, geb. 28.6.1884 Zachasberg, Krs. Kolmar in Posen, gest. 17.10.1964 Kassel; Fabrikarbeiter in Helsen. – Waldeck: Landesvertretung 1923-1925 (USPD). König; König/Lengemann/Seibel

Arndt, Rudi, geb. 1.3.1927 Wiesbaden; Jurist, 1964-1970 Hessischer Minister für Wirtschaft und Verkehr, 1970-1972 Hessischer Minister der Finanzen und stellvertretender Ministerpräsident, 1972-1977 Oberbürgermeister der Stadt

Frankfurt, seit 1977 Rechtsanwalt; MdEP 1979-1989, Vorsitzender der Sozialistischen Fraktion 1984-1989; Stellvertretendes Mitglied des Bundesrates 1964-1970, Mitglied 1970-1972; Mitglied der 3., 4., 6., 7. und 8. Bundesversammlung. – Land Hessen: Hessischer Landtag 1956-1972 (SPD); Vorsitzender der SPD-Fraktion 1961-1964. Lengemann II

Dr. med. vet. Arnold, Ernst, geb. 31.3.1903 Giebringhausen (Reg.-Bez. Kassel), gest. 6.12.1966 ... ; Regierungsveterinärrat in Korbach; Mitglied der Verbandsversammlung des LWV Hessen 1953-1957. – Land Hessen: Hessischer Landtag 1956-1958 (FDP). Lengemann II

Arnold, Christoph, geb. 27.9.1839 Wald-Michelbach, gest. 18.9.1893 Darmstadt; Richter am Amtsgericht Darmstadt II, 1888 am Landgericht der Provinz Starkenburg, 1890 Erster Staatsanwalt in Darmstadt. – Ghzm. Hessen: 2. Kammer 1881-1893 (NL). Ruppel/Groß

Arnold, Dominicus, get. 15.3.1757 Frankfurt, gest. 28.10.1827 Frankfurt. – Freie Stadt Frankfurt: Ständige Bürgerrepräsentation [1815] -1827. Frost

Arnold, Georg Wilhelm, geb. 20.3.1796 Eschwege, gest. ... ; Bürgermeister der Stadt Eschwege. – Kurhessen: Ständeversammlung 1839. Losch; Sieburg

Arnold, Johann *Conrad*, geb. 2.8.1774 Rennertehausen, gest. 11.8.1840 Battenfeld; Kaufmann, Gastwirt und Bürgermeister in Battenfeld. – Ghzm. Hessen: 2. Kammer 1832-1834 (lib.). Ruppel/Groß

Arnold, Johannes, geb. 14.3.1858 Berghofen, gest. 2.2.1927 Biedenkopf; Bürgermeister. – Wiesbaden und Hessen-Nassau 1905-1918. Burkardt/Pult

Arnold, *Ludwig* Nikolaus, geb. 3.6.1798 Eschwege, gest. 4.12.1886 Kassel; Jurist,

Oberbürgermeister der Stadt Kassel. – Kurhessen: Ständeversammlung 1842-1848; Vizepräsident der Ständeversammlung 1842-1844. Losch; Sieburg

Arnold, Paul, geb. 22.2.1804 Offenbach, gest. 6.3.1887 Darmstadt; Hof- und Militärbaumeister in Darmstadt. – Ghzm. Hessen: 2. Kammer 1844-1847. Ruppel/Groß

Arnoul, Wilhelm, geb. 16.9.1893 Neu-Isenburg, gest. 27.3.1964 Offenbach; Kaufmann, 1924-1933 Bürgermeister der Stadt Neu-Isenburg, 1946-1950 Landrat des Landkreises Offenbach, 1950-1961 Regierungspräsident in Darmstadt; Mitglied des Parlamentarischen Rats des Länderrats des amerikanischen Besatzungsgebiets 1947-1949 (SPD). – Volksstaat Hessen 1933 (SPD); Land Hessen: Verfassungberatende Landesversammlung Groß-Hessen 1946 und Hessischer Landtag 1946-1950 und 1954-1964 (SPD). Ruppel/Groß; Lengemann II

von Arnstedt, Friedrich Adrian, geb. 25.6.1770 Halberstadt, gest. 19.1.1833 Nordhausen; Herr auf Groß-Werther, bis 1807 und 1816-1833 Landrat des Kreises Grafschaft Hohnstein in Nordhausen; Mitglied der Provinzial-Stände (Provinzial-Landtag) der Provinz Sachsen 1825-1831. – Kgr. Westphalen 1808-1813.
Lengemann I

Arntz, Wilhelm, geb. 11.12.1861 Solingen, gest. 15.8.1942 München; Rentier. – Wiesbaden und Hessen-Nassau 1905-1918. Burkardt/Pult

Arras, Johann Peter, geb. 5.11.1870 Ober-Ostern, gest. 30.6.1939 Ober-Ostern; Landwirt und Bürgermeister in Ober-Ostern. – Volksstaat Hessen 1930-31 (Landbund). Ruppel/Groß; Götz/Rack

Arzbächer, Johann Christian, geb. 12.9.1803 Braubach, gest. 21.5.1873 Braubach; Gastwirt und Metzgermeister.

– Nassau: II. Kammer 1865-1866 (NFP).
Rösner-Hausmann

Asch, Bruno, geb. 23.7.1890 Wollstein, Provinz Posen, gest. 10.5.1940 Amsterdam; Bürgermeister, Stadtkämmerer. – Wiesbaden und Hessen-Nassau 1921-1931 (USPD 1921-1922, SPD 1922-1931). Burkardt/Pult

von Aschoff, *Friedrich* Georg Hermann Hans, geb. 3.8.1864 Rastatt, gest. 20.8.1955 Wernigerode; Landrat des Kreises Melsungen. – Kassel und Hessen-Nassau 1904-1913. Pelda; J.L.

Ast, Christoph, geb. ... , gest. ... ; Gutsbesitzer und Bürgermeister in Hombergshausen. – Kurhessen: Ständeversammlung 1845-1848 und 2. Kammer 1852-1860 (lib.-konst.). Losch; Sieburg; J.L.

Auffahrt, *Florus* Conrad, geb. 6.1.1815 Schwarzenfels, gest. 23.7.1877 Podgai, Provinz Posen; Landrat des Kreises Hersfeld. – Kassel 1868-1871 (K). Pelda; J.L.

Auffahrt, Johannes, geb. 16.1.1793 Unterrahn, gest. 12.11.1857 Schmalkalden; Bürgermeister in Schmalkalden. – Kurhessen: Konstituierender Landtag 1830 und Ständeversammlung 1831 (gouv.).
Losch; Sieburg; J.L.

Auffahrt, Wilhelm, geb. ... Weichersbach, gest. 30.5.1871 Weichersbach; Bürgermeister in Weichersbach. – Kurhessen: Ständeversammlung 1836-1842 (gouv.).
Losch; Sieburg; J.L.

Auler, Lorenz Ludwig (*Louis*) Josef, geb. 11.2.1853 Biebrich, gest. 23.1.1922 Bensheim; Zigarrenfabrikant in Bensheim. – Ghzm. Hessen: 2. Kammer 1905-1918 (NL). Ruppel/Groß

Aull, Franz Philipp, geb. 27.1.1779 Mainz, gest. 24.11.1850 Mainz; Hofgerichtsadvokat, 1821-1831 Präsident des

Kreisgerichts in Mainz, 1834 Mitglied und Rat am Oberappellations- und Kassationsgericht in Darmstadt, 1838 Mitglied und Rat am Obergericht in Mainz, später dessen Präsident. – Ghzm. Hessen: 2. Kammer 1820-1821, 1832-1833 und 1841-1848; Vizepräsident (2. Präsident) der 2. Kammer 1844-1847. Ruppel/Groß; J.L.

Aumann, Johann Chr., geb. ... , gest. ... ; Handelsmann. – Freie Stadt Frankfurt: Gesetzgebende Versammlung 1819-1824 und 1828. Frost

Aumüller, Jakob, geb. 25.9.1824 Oberursel, gest. 10.11.1890 Oberursel; Bürgermeister. – Wiesbaden 1881-1890 und Hessen-Nassau 1887-1890. Burkardt/Pult

Auth, Ferdinand, geb. 26.8.1914 Niederkalbach, gest. 27.12.1995 ... ; gelernter Maurer, Hochbauingenieur, technischer Angestellter bei der Hessischen Staatsbauverwaltung und Bürgermeister in Niederkalbach. – Land Hessen: Hessischer Landtag 1962-1974 (SPD).
Lengemann II; Kanzlei des Landtags

d'Avis, Johann Jacob, geb. 18.3.1799 Oberwesel, gest. 2.1.1857 Mainz; Kaufmann (Kommissions- und Speditionsgeschäft von H. Ackermann Sohn) in Mainz. – Ghzm. Hessen: 1. Kammer 1851-1854. Götz/Rack

Axt, Friedrich, geb. 1.12.1870 Elsheim, Krs. Bingen, gest. 9.10.1947 Darmstadt; Pfarrer, Oberstudienrat in Darmstadt. – Volksstaat Hessen 1927-1931 (VRP).
Ruppel/Groß

Dr. jur. Babel, Gisela, geb. 23.5.1938 Berlin; Juristin, Hausfrau in Marburg; MdB seit 1990 (F.D.P.). – Land Hessen: Hessischer Landtag 1987-1990 (F.D.P.).
Kanzlei des Landtags

Bach, Friedrich, geb. 16.2.1796 Jesberg, gest. 26.7.1853 in der Fulda bei Kassel,

Obergerichtsprokurator in Kassel. – Kurhessen: Ständeversammlung 1831-1832 (gem. lib.). Losch; Sieburg; J.L.

Bach, Jakob, geb. 13.12.1868 Sprendlingen, gest. 3.1.1941 Darmstadt; Hauptlehrer, später Rektor in Mainz. – Ghzm. Hessen: 2. Kammer 1910-1918. Ruppel/Groß

Bach, Johannes Bernhard, geb. 3.2.1792 Rhoden, gest. 12.4.1865 Rhoden; Bäckermeister und Bürgermeister in Rhoden. – Waldeck: Landstand 1835-1848.
König/Lengemann/Seibel

Bach, *Johannes* Bernhard August, geb. 18.3.1849 Rhoden, gest. 29.11.1909 Rhoden; Bäckermeister und Bürgermeister in Rhoden. – Waldeck: Landtag 1894-1909.
König; König/Lengemann/Seibel

Bach, Samuel Christian, geb. 31.10.1773 Rhoden, gest. 6.1.1838 Rhoden; Stadtrezeptor und Bürgermeister in Rhoden. – Waldeck: Landstand 1829-1830.
König/Lengemann/Seibel

Bach, Wilhelm Theodor Christian Philipp Ludwig, geb. 23.9.1879 Dotzheim, gest. 9.2.1945 KZ Dachau; Weißbinder. – Wiesbaden und Hessen-Nassau 1926-1932 (KPD). Burkardt/Pult

Bachmann, Eugen, geb. 20.2.1913 Pforzheim, gest. 29.4.1975 ... ; Landwirt und Bürgermeister in Wald-Michelbach. – Land Hessen: Hessischer Landtag 1958-1962 (CDU). Lengemann II

Bachmann, Georg August Daniel, geb. 9.8.1760 Zweibrücken, gest. 12.9.1818 Frankfurt; Jurist, 1801 Syndikus der Stadt Frankfurt, 1816- 1818 Schöff, 1817-1818 Appellationsgerichtsrat. – Freie Stadt Frankfurt: Gesetzgebende Versammlung 1818. Frost

Bachmann, J. Gottlieb, geb. ... , gest. ... ; Kürschnermeister. – Freie Stadt Frankfurt: Gesetzgebenden Versammlung 1817-1820.   Frost

Bachmann, Karl, geb. 15.10.1911 Kassel; Verwaltungsdirektor des Gesamtverbandes der Evangelischen Kirchengemeinden in Kassel, später hauptamtlicher Stadtrat in Frankfurt; Mitglied der 4. Bundesversammlung. – Land Hessen: Hessischer Landtag 1958-1966 (CDU).
                                                  Lengemann II

Bachmann, Wilhelm, geb. 5.10.1924 Kassel, gest. 1.9.1987 ... ; Prüfer im VW-Werk in Baunatal. – Land Hessen: Hessischer Landtag 1970-1974 (SPD).
                        Lengemann II; Kanzlei des Landtags

Backé, *Peter* **Jakob**, geb. 8.5.1816 Mainz, gest. 23.10.1886 Darmstadt; Ober-Rechnungsrat in Darmstadt. – Ghzm. Hessen: 2. Kammer 1866-1872 (klerikalkons., [Z]).   Ruppel/Groß; J.L.

Backes, Georg *Karl*, geb. 23.1.1837 Hattenrod, gest. 12.2.1909 Darmstadt; Volksschullehrer in Darmstadt. – Ghzm. Hessen: 2. Kammer 1898-1902 (NL).
                                                  Ruppel/Groß

Dr. phil. Backhaus(en), *Hermann* **Christian Dietrich**, geb. 7.1.1817 Selbach bei Netze , gest. 21.2.1901 Görlitz; Landwirt in Selbach, später Professor für Landwirtschaft in Kiel; MdN 1848-1849 (WH, Märzverein). – Waldeck: Landtag 1849-1851; Präsident des Waldeckischen Landtags 1849-1851.   König; Lengemann III;
                                   König/Lengemann/Seibel

Backhaus, *Friedrich* **Conrad**, geb. 23.2.1797 Selbach bei Netze , gest. 10.10.1869 Affoldern; Ökonom in Affoldern . – Waldeck: Landtag 1848-1849 und 1852-1855.   König; Lengemann III;
                                   König/Lengemann/Seibel

Badeck, Georg, geb. 28.10.1938 Frankfurt-Höchst; gelernter Betriebsschlosser,

Dr. Hermann Backhaus(en)
Präsident des Waldeckischen Landtags
1849-1851

bis 1990 freigestelltes Betriebsratsmitglied bei der Hoechst AG. Mitglied der 7., der 9. und der 10. Bundesversammlung. – Land Hessen: Hessischer Landtag seit 1970 (CDU).
                        Lengemann II; Kanzlei des Landtags

Bähr, Johann Wilhelm, geb. ... Friedewald, gest. 25.1.1854 Karlshafen; Oberstleutnant und Lehrer im Kadettenkorps. – Kurhessen: Ständeversammlung 1833-1844 (gouv. 1833-1838, kons. 1838-1844).   Losch; Sieburg; J.L.

Bähr, Wilhelm, geb. 19.5.1863 Rohrbach bei Büdingen, gest. 4.10.1938 Gießen; Gutspächter in Herrnhaag, später in Rohrbach. – Ghzm. Hessen: 2. Kammer 1894-1918 ([DRefP *1893*], antisem., Bauernbund).   Ruppel/Groß; J.L.

Bätza, Georg Hermann, geb. 23.9.1799 Hersfeld, gest. 30.8.1878 ... . Fabrikant in

Hersfeld. – Kurhessen: Ständeversammlung 1842. *Losch; Sieburg*

Baist, Johann Philipp, geb. 25.3.1803 Schlüchtern, gest. 19.6.1862 Schlüchtern; Gastwirt in Schlüchtern. – Kurhessen: 2. Kammer 1860. *Losch; Sieburg*

Baldus, Johann Georg, geb. 18.1.1789 Langenhahn, gest. 1.2.1855 Bellingen; Geometer, Landwirt und Schultheiß in Langenhahn. – Nassau: Deputiertenkammer 1823-1848 (lib.); Präsident der Deputiertenkammer 1834-1836. *Rösner-Hausmann; J.L.*

Baldus, Wilhelm, geb. 15.1.1837 Bellingen, gest. 13.1.1892 Langenhahn; Bezirksgeometer. – Wiesbaden 1881-1888 und Hessen-Nassau 1887-1888. *Burkardt/Pult*

Ballmann, Adolf, geb. 3.3.1883 Elsenfeld, Krs. Obernburg, gest. 6.4.1945 KZ Dachau; Schreiner. – Wiesbaden und Hessen-Nassau 1930-1933 (KPD). *Burkardt/Pult*

Dr. med. et phil. Balser, Georg Friedrich Wilhelm, geb. 1.4.1780 Darmstadt, gest. 5.1.1846 Gießen; Professor in Gießen. – Ghzm. Hessen: 2. Kammer 1820-1824 (lib.). *Ruppel/Groß*

Balser, geb. Schmierer, Karoline (Lina), geb. 9.7.1873 Hofheim, gest. 24.3.1928 Darmstadt; Hausfrau in Darmstadt. – Volksstaat Hessen 1919-1921 und 1927-1928 (DDP). *Ruppel/Groß; Götz/Rack*

Balzer, Wilhelm Jakob, geb. 20.3.1819 Bergnassau, gest. 3.6.1893 Bad Ems; Baumeister. – Wiesbaden 1868-1871. *Burkardt/Pult*

Dr. Bamberger, Franz Michael, geb. 26.9.1855 Mainz, gest. 27.8.1926 Langen-Schwalbach; Bankier (Bankhaus Bamberger & Co.) in Mainz. – Ghzm. Hessen: 1. Kammer 1911-1918. *Götz/Rack*

Bamberger, Rudolph, geb. 4.2.1821 Mainz, gest. 7.6.1900 Baden-Baden; Bankier. – Ghzm. Hessen: 2. Kammer 1866-1872 (F). *Ruppel/Groß*

Bang, Andreas, geb. 29.5.1903 Oberlahnstein, gest. 17.10.1946 Castelsarrasin, Frankreich; Landwirt. – Wiesbaden und Hessen-Nassau 1933 (NSDAP). *Burkardt/Pult*

Bangert, Adolph Wilhelm, geb. 8.1.1804 Sachsenberg, gest. 17.1.1855 ... ; Bürgermeister in Sachsenberg. – Waldeck: Landstand 1840-1848. *König/Lengemann/Seibel*

Bangert, Christian Karl Friedrich (Fritz), geb. 21.12.1856 in der Ohlenbeck bei Welleringhausen, gest. 10.6.1943 Korbach; Kaufmann (Baugeschäft, Sägewerk, Holzhandlung und Ringofenziegelei) in Korbach. – Waldeck: Landtag 1910-1914. *König; König/Lengemann/Seibel*

Dr. jur. Bansa, Christian, geb. 8.8.1791 Friedberg, gest. 11.2.1862 Bad Homburg; Hofgerichtsadvokat in Gießen, 1848 Lgrfl. hessen-homburgischer dirigierender Staatsminister. – Ghzm. Hessen: 2. Kammer 1832-1833 (lib.). *Ruppel/Groß*

Bansa, Conrad Adolph, geb. 2.10.1788 Frankfurt, gest. 26.9.1843 Frankfurt; Bankier; 1821-1826 Ratsverwandter, 1821-1827 Mitglied des Engeren Rats, 1826-1837 Senator, 1837-1843 Schöff. – Freie Stadt Frankfurt: Gesetzgebende Versammlung 1822-1843. *Frost*

Bansa, Remigius (Remy), geb. 7.12.1780 Frankfurt, gest. 17.6.1864 Frankfurt; Handelsmann. – Freie Stadt Frankfurt: Ständige Bürgerrepräsentation [1814] - 1860, Gesetzgebende Versammlung 1818 und 1823-1827. *Frost*

von Bar, Herbord Sigismund Ludwig, geb. 1.11.1763 Barenaue, gest. 20.12.1844

Osnabrück; Herr u.a. auf Barenaue, Erb-
landdrost des Fsm. Osnabrück, bis 1807
Rat bei der Justizkanzlei in Osnabrück,
1808 Präsident des Tribunals 1. Instanz in
Osnabrück, 1808-1813 Staatsrat in der In-
nen- und Justizsektion des Staatsrats in
Kassel, später Landrat in Osnabrück; Mitglied der Provisorischen Allgemeinen
Ständeversammlung des Kgr. Hannover
1814-1819, Präsident der Ständeversammlung 1815-1819. – Kgr. Westphalen 1808.
Lengemann I

von Bardeleben, *Albrecht* **Christian
Ludwig Friedrich,** geb. 21.11.1777 Sip-
perhausen, gest. 2.4.1856 Kassel; Generalmajor und Kommandant von Rinteln,
1848 Kfl. Kriegsminister. – Kurhessen:
Ständeversammlung 1833 (gem. lib.).
Losch; Sieburg; J.L.

von Bardeleben, *Emil* **August Ludwig
Carl,** geb. 28.1.1817 Kattenbruch, gest.
12.1.1890 Rinteln; Rittergutsbesitzer. –
Kurhessen: Ständeversammlung 1848.
Losch; Sieburg; J.L.

Bardorff, August, geb. ... , gest. ... ; Advokat. – Freie Stadt Frankfurt: Gesetzgebende Versammlung 1851-1852, 1856-
1858, 1863 und 1865-1866. Frost

Bardorff, Johann Heinrich, geb. ... , gest.
... ; Schullehrer. – Freie Stadt Frankfurt:
Gesetzgebende Versammlung 1839-1841,
1844, 1846 und 1848. Frost

Bareiter, Franz, geb. 30.1.1903 Stein-
heim, gest. 11.6.1985 ... ; Kaufmann;
Mitglied der Verbandsversammlung des
LWV Hessen 1953-1961. – Land Hessen:
Hessischer Landtag 1957-1958 (FDP).
Lengemann II

Dr. jur. Bartelt, Christian, geb. 5.6.1931
Wulfflatzke in Pommern; Beamter im
Hessischen Wirtschaftministerium in
Wiesbaden, später Geschäftsführer der
Messe Frankfurt GmbH; Mitglied der 8.

Bundesversammlung. – Land Hessen:
Hessischer Landtag 1970-1984 (CDU).
Lengemann II

Dr. jur. Barth, Robert, geb. 25.1.1900
Goddelau, gest. 15.5.1942 [gefallen] ...
[an der Ostfront]; Amtsgerichtsrat in Offenbach, 1933 Vorstand des Polizeiamts
Worms, dann mit der Leitung des Polizei-
amtes Mainz beauftragt und noch 1933
kommissarisch Oberbürgermeister zunächst der Stadt Darmstadt, dann der
Stadt Mainz, 1934 dort definitiv Oberbürgermeister. – Volksstaat Hessen 1932-
1933 (NSDAP). Ruppel/Groß

Barthel, Gottlieb, geb. ... , gest. ... . –
Freie Stadt Frankfurt: Gesetzgebende
Versammlung 1859. Frost

Barthels, Adam, geb. 16.9.1897 Besse,
Krs. Fritzlar-Homberg, gest. 6.8.1979 ... ;
Landwirt in Besse. – Land Hessen: Bera-
tender Landesausschuß 1946 (KPD).
Lengemann II

Dr. med. de Bary, August Theodor, geb.
25.10.1802 Frankfurt, gest. 27.3.1873
Frankfurt; Arzt. – Freie Stadt Frankfurt:
Gesetzgebende Versammlung 1846 und
1848, Verfassunggebende Versammlung
1848-1849. Frost; J.L.

de Bary, Jacob Carl, geb. 13.9.1795
Frankfurt, gest. 1.8.1878 Frankfurt; Handelsmann, Teilhaber der Firma Johann
Mertens. – Freie Stadt Frankfurt: Gesetzgebende Versammlung 1838-1859; Vizepräsident der Gesetzgebenden Versammlung 1855-1859. Frost

de Bary, Philipp Jacob, geb. 24.3.1801
Frankfurt, gest. 19.3.1858 Frankfurt; Handelsmann, Teilhaber der Firma Johann
Mertens. – Freie Stadt Frankfurt: Gesetzgebende Versammlung 1854-1857. Frost

de Bary-Gontard, Johann Heinrich, geb.
24.7.1803 Frankfurt, gest. 23.7.1872

Frankfurt; Handelsmann und Bankier, Teilhaber der Firma Heinrich Gontard & Co. – Freie Stadt Frankfurt: Ständige Bürgerrepräsentation 1845-1861, Gesetzgebende Versammlung 1852-1854 und 1856-1857.   Frost

de Bary-Jordis, Samuel, geb. 22.11.1776 Frankfurt, gest. 23.1.1853 Frankfurt; Handelsmann und Bankier, Inhaber des Speditionsgeschäft Preye & Jordis. – Freie Stadt Frankfurt: Ständige Bürgerrepräsentation [1814] -1852 (Stadtrechnungsrevisionskolleg 1831-1852), Gesetzgebende Versammlung 1817-1848.
                                                                 Frost

Baseler, Wilhelm Philipp, geb. 5.7.1831 Oberneisen, gest. 9.9.1914 Michelbach im Taunus; Gutsbesitzer und zeitweise Bürgermeister in Michelbach; MdA 1886 (DFrsgP). – Wiesbaden 1868-1873 und 1877 (F).   Burkardt/Pult

Bast, Simon Moritz, get. 12.2.1770 Frankfurt, gest. ... ; Weißbinder. – Freie Stadt Frankfurt: Gesetzgebende Versammlung 1817.   Frost

Battenberg, Johannes, geb. ... , gest. ... . – Freie Stadt Frankfurt: Gesetzgebende Versammlung 1824-1828 und 1831-1833.   Frost

Battenhausen, Ronald, geb. 29.1.1945 Birstein, Krs. Gelnhausen; Diplom-Volkswirt, Fachreferent beim Vorstand der IG Bau-Steine-Erden, wohnhaft in Hanau. – Land Hessen: Hessischer Landtag 1991-1995 (SPD).   Kanzlei des Landtags

Battermann, Heinrich Gustav Konrad, geb. 9.3.1816 Altenhagen, gest. 7.1.1882 ... ; Bürgermeister in Altenhagen. – Kurhessen: 2. Kammer 1855.   Losch; Sieburg

Baudevin, Paul, geb. 9.1.1838 Köln, gest. 27.10.1880 Königstein; Rentner. – Wiesbaden 1875-1880.   Burkardt/Pult

Bauer, August Martin Gottlieb, geb. ... , gest. ... ; Steindeckermeister. – Freie Stadt Frankfurt: Gesetzgebende Versammlung 1860-1864.   Frost

Bauer, geb. Frank, Elsa Ulrike, geb. 5.2.1878 San Francisco, CA, USA, gest. 15.11.1941 New York; ... . – Wiesbaden und Hessen-Nassau 1927-1929 (SPD).
                                                          Burkardt/Pult

Bauer, Georg, geb. 15.3.1804 Grebenstein, gest. ... ; Justizbeamter in Hofgeismar. – Kurhessen: Ständeversammlung 1839.   Losch: Sieburg

Bauer, Hermann, geb. 27.6.1897 Marburg, gest. 16.7.1986 ... ; Buchdrucker, Druckereibesitzer in Marburg. – Land Hessen: Beratender Landesausschuß 1946 (LDP).   Lengemann II

Bauer, Johann Caspar, geb. 22.3.1815 Frankfurt, gest. ... ; Handelsmann. – Freie Stadt Frankfurt: Gesetzgebende Versammlung 1846 und 1850-1866, Verfassunggebende Versammlung 1848-1849, Ständige Bürgerrepräsentation 1861-1866 (Stadtrechnungsrevisonskolleg 1861-1866) [Fortschrittspartei *1874*].   Frost; J.L.

Bauer, Johann Gottlieb, geb. 26.11.1822 Frankfurt, gest. 9.4.1882 Frankfurt; Malermeister. – Freie Stadt Frankfurt: Gesetzgebende Versammlung 1858-1860.   Frost

Bauer, Johann Philipp, get. 9.1.1758 Frankfurt, gest. 3.6.1822 Frankfurt. – Freie Stadt Frankfurt: Ständige Bürgerrepräsentation [1815] -1822.   Frost

Bauer, Joseph (auch: Philipp), geb. 15.1.1875 Mainz, gest. 17.4.1931 Mainz; Kaufmann, Geschäftsführer des Konsumvereins in Mainz. – Volksstaat Hessen 1919-1921 (SPD).   Ruppel/Groß

Bauer, Leopold, geb. 18.12.1912 Skalat, Ukraine, gest. 18.9.1972 ... ; 1945-1949

hauptamtliche Tätigkeit für die KPD in Hessen, später Chefredakteur beim Deutschlandsender in Ost-Berlin, 1952 als 'US-Spion' zum Tode verurteilt, zu 25 Jahren Lager begnadigt, 1955 nach Westdeutschland abgeschoben, ab 1959 journalistische und beratende Tätigkeit, u.a. Chefredakteur von *Die Neue Gesellschaft*. – Land Hessen: Beratender Landesausschuß 1946 (KPD), Vorsitzender der KPD-Fraktion; Verfassungberatende Landesversammlung Groß-Hessen 1946 (KPD), Vizepräsident und Vorsitzender der KPD-Fraktion; Hessischer Landtag 1946-1949 (KPD), Vorsitzender der KPD-Fraktion 1946-1949.   Lengemann II

Bauer, Ludwig Heinrich *Carl* Philipp, geb. 27.8.1798 Korbach, gest. 15.11.1868 Arolsen; Jurist, 1824 Stadtsekretär, dann Bürgermeister in Nieder-Wildungen, später Regierungs- und Konsistorialrat, 1852 Mitglied des Fstl. Regierungskollegiums und Direktor des engeren, 1863-1866 Direktor des weiteren und des engeren Konsistoriums in Arolsen. – Waldeck: Landstand 1824-1829.   König/Lengemann/Seibel

Bauer, Wilhelm, geb. 4.12.1890 Wiesbaden, gest. 8.2.1965 ... ; Spengler- und Installateurmeister in Wiesbaden; Mitglied der 2. Bundesversammlung. – Land Hessen: Hessischer Landtag 1948-1950 und 1951-1958 (CDU).   Lengemann II

Baum, Ludwig, geb. 7.2.1800 Fürfeld, gest. ... ; Landwirt und Bürgermeister in Fürfeld. – Ghzm. Hessen: 2. Kammer 1856-1862.   Ruppel/Groß

Baumann, Heinrich, geb. 16.2.1930 Roßdorf; Diplom-Volkswirt, bis 1967 Pressereferent des Hessischen Ministers des Innern, 1968 Bezirksplaner beim Regierungspräsidenten Darmstadt, 1973-1977 Landrat des Kreises Darmstadt, 1981 Vorstandsmitglied der Hegemag in Darmstadt; Mitglied der Verbandsversammlung des LWV Hessen 1965-1969;

Mitglied der 5. Bundesversammlung. – Land Hessen: Hessischer Landtag 1968-1973 (SPD).   Lengemann II

Baumann, Jacob Christian Carl, geb. 27.6.1800 Melsungen, gest. 29.5.1880 Melsungen; Bürgermeister in Melsungen. – Kurhessen: 2. Kammer 1852-1854 (gouv.); Vizepräsident der 2. Kammer 1853-1854.   Losch; Sieburg

Baumbach, *Gustav* Alexander, geb. 5.6.1838 Altenburg in Thüringen, gest. 9.1.1920 Oesdorf; Kaufmann in Oesdorf. – Waldeck: Landtag 1892-1919 (NL); Vizepräsident des Waldeckischen Landtags 1908-1909, Präsident des Waldeckischen Landtags 1909-1913.   König; Lengemann III; König/Lengemann/Seibel

von Baumbach (-Amönau), *Philipp* Adelhard Ernst Karl Hermann, geb. 14.12.1860 Kassel, gest. 19.9.1911 Breslau; Landrat des Kreises Gelnhausen, später Regierungspräsident in Osnabrück und dann in Breslau. – Kassel und Hessen-Nassau 1899-1903.   Pelda; J.L.

von Baumbach (-Gemünden), *Arnold* August Carl Moritz, geb. 14.3.1779 Gemünden an der Wohra, gest. 15.8.1849 Gemünden; Hauptmann. – Kurhessen: Ständeversammlung 1833 (gouv.).   Losch; Sieburg; J.L.

von Baumbach (-Kirchheim), *Ernst* Carl Moritz, geb. 16.7.1804 Fulda, gest. 13.10.1874 Kassel; Ober-Appellations-Gerichtsrat in Kassel. – Kurhessen: Ständeversammlung 1848.   Losch; Sieburg

von Baumbach (-Kirchheim), *Ludwig* Carl Wilhelm, geb. 22.4.1799 Reichensachsen, gest. 20.1.1883 Milwaukee, WI, USA; Hauptmann, 1849 Auswanderung in die USA, Farmer, später Bankier und deutscher Konsul in Milwaukee; MdN 1848-1849 (AH). – Kurhessen: Ständeversammlung 1833-1835 und 1842-1848 (lib. 1833, gem.-lib. 1833-1835, lib.-konst. 1842-1848); Präsident der Ständeversammlung 1848. Losch; Sieburg; J.L.

von Baumbach (-Kirchheim), *Moritz* **Ernst,** geb. 23.2.1789 Maastricht, gest. 15.6.1871 Kassel; Obergerichtspräsident, 1848-1850 Kfl. Justizminister. – Kurhessen: Ständeversammlung 1831-1832 und 1839-1844 (gem. lib. 1831-1832); Präsident der Ständeversammlung 1832 und 1839-1844. Losch; Sieburg; J.L.

von Baumbach (-Lenderscheid), *Ludwig* **Wilhelm Albrecht,** geb. 11.3.1779 Lenderscheid, gest. 29.3.1861 Homberg/Efze; Oberstleutnant. – Kurhessen: 1. Kammer 1852-1855 (reakt.-kons.). Losch; Sieburg; J.L.

von Baumbach (-Lenderscheid), *Wilhelm* **Friedrich Ernst,** geb. 9.1.1799 Lenderscheid, gest. 18.2.1879 Sontra; Gutsbesitzer in Sontra. – Kurhessen: Ständeversammlung 1839-1846. Losch; Sieburg

von Baumbach (-Lenderscheid), **Wilhelm Ludwig (II.),** geb. 12.4.1741 ... , gest. 19.9.1808 Kassel; bis 1806 Kfl. Minister, 1806 Amtsenthebung als Minister und Vereidigung als französischer Zivildiener durch General Lagrange, geheime Fortsetzung der Tätigkeit für den Kurfürsten in Kassel. – Kgr. Westphalen 1808. Lengemann I

von Baumbach (-Nassenerfurth), *Carl* **Ludwig Friedrich August,** geb. 19.3.1772 Blankenburg am Harz, gest. 10.11.1844 Rippershausen; bis 1831 Mitglied des Geheimrat-Kollegiums bzw. des Landesministeriums im Hzm. Sachsen-Meiningen. – Kurhessen: Ständeversammlung 1831-1832 (gouv.). Losch; Sieburg; J.L.

von Baumbach (-Nentershausen), Friedrich *Ernst* **(I.),** geb. 28.6.1759 Nentershausen, gest. 11.4.1837 Nentershausen;

Offizier, Rentier, Hauskomtur des Deutschen Ordens in Marburg. – Hessen-Kassel 1815-1816. Sieburg (J.L.)

von Baumbach (-Nentershausen), *Ludwig* **Friedrich Wilhelm Ernst Georg,** geb. 29.9.1823 Kassel, gest. 25.2.1904 Freiburg im Breisgau; Landforstmeister a.D., Verwalter des Baumbachschen Familienfideikommissguts in Nentershausen. – Kassel und Hessen-Nassau 1892-1897. Pelda

von Baumbach (-Nentershausen), *Ludwig* **(IV.) Wilhelm,** geb. 3.1.1755 Nentershausen, gest. 22.11.1811 Nentershausen; Herr auf Nentershausen. – Kgr. Westphalen 1808-1811. Lengemann I

von Baumbach (-Nentershausen), *Wilhelm* **Ernst Friedrich Julius Carl Christian,** geb. 16.1.1790 Nentershausen, gest. 26.3.1857 Nentershausen; Oberfinanzrat. – Kurhessen: Konstituierender Landtag 1830 und Ständeversammlung 1831-1838 und 1848-1849 (gouv. 1831-1838). Losch; Sieburg; J.L.

von Baumbach (-Ropperhausen), *Alexander* **Edmund Heinrich Ferdinand Gottlieb,** geb. 11.1.1814 Kassel, gest. 30.6.1894 Kassel; 1850-1853 Vorstand des Kfl. Ministeriums der Auswärtigen Angelegenheiten und des Hauses, 1853-1855 Minister. – Kassel 1872-1885. Pelda; J.L.

von Baumbach (-Ropperhausen), *Ludwig* **Georg Carl Wilhelm,** geb. 8.10.1783 Romrod, gest. 30.11.1856 Kassel; Regierungsdirektor in Hanau, später Staatsrat in Kassel. – Kurhessen: Konstituierender Landtag 1830 und Ständeversammlung 1833 und 1833-1835 (gem. lib.); Präsident der Ständeversammlung 1833. Losch; Sieburg; J.L.

Baumgarten, Oskar, geb. 24.9.1908 Ritzelshof, Kreis Fulda, gest. 25.10.1990 ... ;

Landwirt in Ritzelshof. – Land Hessen: Hessischer Landtag 1962-1970 (CDU).

Lengemann II; Kanzlei des Landtags

Baur von Eysseneck – s. von Fichard

Baur, Ludwig, geb. 28.1.1828 Lindenfels, gest. 10.2.1893 Darmstadt; Leiter der Steuerkontrolle und Kalkulatur, 1879 vortragender Rat im Finanzministerium, 1886 Ministerialrat im Finanzministerium in Darmstadt. – Ghzm. Hessen: 2. Kammer 1878-1887 ([K *1877*], NL).

Ruppel/Groß; J.L.

Bausch, Conrad Heinrich, geb. 21.4.1814 Nieder-Wöllstadt, gest. 17.10.1894 Nieder-Wöllstadt; Gänsmüller in Nieder-Wöllstadt. – Ghzm. Hessen: 2. Kammer 1862-1866 (F). Ruppel/Groß

Bausch, Johann, geb. 7.10.1788 Oberzeuzheim, gest. 31.1.1856 Oberzeuzheim; Landwirt und Schultheiß. – Nassau: Deputiertenkammer 1839-1845.

Rösner-Hausmann

Dr. Carl Theodor Bayrhoffer (dem.)
Präsident der Kurhessischen
Ständeversammlung 1850

Bausch, *Peter* **Jacob** *Carl* geb. 11.9.1812 Herborn, gest. 11.6.1879 Herborn; Bäcker und Bierbrauer in Herborn. – Nassau: II. Kammer 1864-1866 (NFP).

Rösner-Hausmann; J.L.

Bax, Georg Johann, geb. 27.2.1796 Zwesten, gest. 8.3.1862 Zwesten; Bürgermeister in Zwesten. – Kurhessen: Ständeversammlung 1848-1850. Losch; Sieburg

Bayer, Friedrich, geb. ... , gest. ... ; Landwirt, Ölmüller. – Wiesbaden 1873.

Burkardt/Pult

Bayer, Heinz, geb. 19.8.1926 Rehau in Oberfranken; Geschäftsführer und Erster Bevollmächtigter der Ortsverwaltung Frankfurt der Gewerkschaft der Eisenbahner Deutschlands. – Land Hessen: Hessischer Landtag 1972-1978 (SPD).

Lengemann II

Bayha, Richard, geb. 15.3.1929 Altenhaßlau, gest. 3.11.1993 ... ; selbständiger Landwirt in Altenhaßlau und in landwirtschaftlichen und wirtschaftlichen Unternehmungen des Rhein-Main-Gebiets tätig; MdB 1976-1993 (CDU); Mitglied der 7., 8. und 9. Bundesversammlung. – Land Hessen: Hessischer Landtag 1970-1976 (CDU). Lengemann II; Kanzlei des Landtags

Dr. phil. Bayrhoffer, Carl Theodor, geb. 14.10.1812 Marburg, gest. 3.2.1888 Town Jordan, WI, USA; Professor der Philosophie in Marburg, Flucht nach Zürich, Auswanderung nach Amerika. – Kurhessen: Ständeversammlung 1848-1850 (dem.); Präsident der Ständeversammlung 1850. Losch; Sieburg

Becherer, Moritz Ernst, geb. 17.12.1889 Pressel, Krs. Torgau, gest. ... ; Schulrat in

Hofgeismar. – Kassel und Hessen-Nassau
1930 (SPD).   Pelda

Bechtel, Heinrich, geb. 2.9.1882 Bonn,
gest. 10.9.1962 Diez; Fililalleiter, Redakteur; Mitglied der Beratenden Landesversammlung Rheinland-Pfalz 1946-
1947; MdL Rheinland-Pfalz 1947-1955
(SPD). – Wiesbaden und Hessen-Nassau
1920-1932 (SPD).   Burkardt/Pult

von Bechtold[4], *Carl* **Philipp Ludwig**, geb.
26.1.1791 Darmstadt, gest. 2.5.1866
Darmstadt; 1848 Oberkommandierender
der Bundestruppen in Frankfurt, 1853
Kommandant der Residenz, Generalleutnant. – Ghzm. Hessen: 1. Kammer 1851-
1856.   Götz/Rack

Dr. jur. h.c. von Bechtold[5], *Friedrich* **Georg**, geb. 25.3.1800 Darmstadt, gest.
14.8.1872 Darmstadt; Ministerialrat,
1871-1872 Präsident des Ghzgl. Ministeriums des Inneren. – Ghzm. Hessen: 1.
Kammer 1859-1872.   Götz/Rack

Freiherren von Bechtolsheim – s. Freiherren Schütz zu Holzhausen

Beck, *Carl* **Theodor Ludwig**, geb.
24.4.1822 Kohlgrund, gest. 25.7.1884
Mengeringhausen; Kollaborator am Gymnasium in Korbach, später Pfarrer in Nie-
der-Ense und Rhoden. – Waldeck: Landtag 1849-1850.
                  König; König/Lengemann/Seibel

Beck, Dominique, geb. 31.5.1772 Solo-
gne/Moselle, gest. 17.6.1862 Gau-
Bickelheim; Gutsbesitzer Gau-Bickel-
heim. – Ghzm. Hessen: 2. Kammer
1835-1841.   Ruppel/Groß

Beck, Heinrich, geb. 8.4.1911 Essen-Bor-
beck, gest. 12.9.1986 ... ; Leiter des
Wohlfahrts- und Jugendamtes in Hünfeld,
1946-1973 Landrat in Hünfeld, später Erster Beigeordneter des Kreises Fulda;
Mitglied der Verbandsversammlung des
LWV Hessen 1957-1967 und 1973-1981,
Vizepräsident der Verbandsversammlung
1973-1977; Mitglied der 5. Bundesversammlung. – Land Hessen: Verfassungberatende Landesversammlung Groß-
Hessen 1946 und Hessischer Landtag
1966-1970 (CDU).
                                  Lengemann II

Dr.-Ing. Becker, Arthur Hugo Hermann,
geb. 3.12.1884 Davos-Platz, GR,
Schweiz, gest. 26.5.1967 Langen; Chemiker. – Wiesbaden und Hessen-Nassau
1921-1925 (DDP).   Burkardt/Pult

Becker, August, geb. 17.8.1812 Hochwei-
sel, gest. 26.3.1871 Cincinnati, OH,
USA; Redakteur des *Jüngsten Tag* in
Gießen, 1853 Emigration über die
Schweiz nach Amerika, Journalist in Bal-
timore, MD, später in Cincinnati, OH,
und 1861-1865 Feldprediger im Sezessi-
onskrieg. – Ghzm. Hessen: 2. Kammer
1849-1853 (dem.).   Ruppel/Groß

Becker, *August* **Johann**, geb. 19.7.1803
Mainz, gest. 21.9.1881 Mainz; Richter
am Kreisgericht Mainz. – Ghzm. Hessen:
2. Kammer 1862-1875 (F).
                                  Ruppel/Groß

Dr. phil. Becker, Franz, geb. 17.8.1888
Pieritz in Mecklenburg, gest. 7.6.1955
Bad Nauheim; Oberstudienrat am städti-
schen Lyzeum und Oberlyzeum, 1928
Studiendirektor und Schulleiter in Kas-
sel; Stellvertretendes Mitglied des
Preußischen Staatsrats 1926-1930. – Kas-
sel und Hessen-Nassau 1921-1932
(DVP); Präsident des 60. und 61. Kom-
munal-Landtags 1930, Vizepräsident des
XVII. Provinzial-Landtags Hessen-Nas-
sau 1927.   Pelda; J.L.

---

[4] Erhebung in den Ghzgl. hessischen Adelsstand am
    17.2.1829.
[5] Erhebung in den Ghzgl. hessischen Adelsstand am
    17.2.1829.

Dr. Franz Becker (DVP)
Präsident des Kommunal-Landtags Kassel 1930

Becker, Friedrich, geb. ... , gest. ... ; Rechtsanwalt, Bürgermeister in Bockenheim. – Kassel 1869-1874. Pelda

Becker, Friedrich Heinrich August, geb. 10.7.1817 Schieder, gest. 8.7.1861 Obernkirchen; Glasfabrikant in Obernkirchen. – Kurhessen: 2. Kammer 1855.
Losch; Sieburg

Becker, *Georg* Wilhelm, geb. 2.12.1782 Altenburg bei Alsfeld, gest. 6.1.1843 Steinheim; Steuerkommissär in Steinheim. – Ghzm. Hessen: 2. Kammer 1841-1842. Ruppel/Groß

Becker (Nidda), Gerhard, geb. 23.4.1942 Nidda; gelernter Starkstromelektriker, Elektroinstallationsmeister, bis 1987 Kolonnenführer einer Montagekolonne. – Land Hessen: Hessischer Landtag seit 1987 (SPD). Kanzlei des Landtags

Becker (Gießen), Günther, geb. 21.4.1944 Braunfels; Rechtsanwalt in Gießen. – Land Hessen: Hessischer Landtag seit 1987 (SPD).
Kanzlei des Landtags

Becker, J. C. Chr., geb. ... , gest. ... ; Pfarrer.- Freie Stadt Frankfurt: Gesetzgebende Versammlung 1832-1834 und 1836.
Frost

Becker, Johann *Jost*, geb. 8.12.1766 Rüchenbach, gest. 30.3.1833 Rüchenbach; Schultheiß in Römershausen bzw. Rüchenbach. – Ghzm. Hessen: 2. Kammer 1826-1830 (lib.). Ruppel/Groß

Becker, Johann *Peter*, geb. 3.6.1804 Nieder-Ohmen, gest. 26.2.1884 Gießen; Distrikteinnehmer in Ortenberg. – Ghzm. Hessen: 2. Kammer 1841-1847.
Ruppel/Groß

Dr. jur. Becker, Richard *Max* Adolf, geb. 25.5.1888 Kassel, gest. 29.7.1960 Bad Hersfeld; Rechtsanwalt und Notar in Bad Hersfeld; Mitglied des Parlamentarischen Rates 1948-1949; MdB 1949-1960 (FDP), Bundestagsvizepräsident 1956-1960; Mitglied der 1., 2. und 3. Bundesversammlung. – Kassel und Hessen-Nassau 1922-1933 (DVP); Land Hessen: Hessischer Landtag 1946-1949 (LDP bzw. FDP). Pelda; Lengemann II

Dr. jur. von Beckerath, *Rudolf* Heinrich, geb. 20.1.1863 Krefeld, gest. ... Wiesbaden; Landrat des Dillkreises in Dillenburg, 1902 des Kreises Hanau, später Polizeipräsident in Hannover. – Wiesbaden und Hessen-Nassau 1900-1903 und Kassel und Hessen-Nassau 1905-1909.
Burkardt/Pult; Pelda; J.L.

Beckmann, Carl Heinrich, geb. 13.11.1799 Süß, gest. 5.12.1871 Langenhain; Gutsbesitzer in Langenhain. – Kurhessen: 2. Kammer 1855-1860.
Losch; Sieburg

Dr. jur. Beckmann, *August* Paul Friedrich, geb. 17.5.1852 Gut Karlsminde, Krs. Eckernförde, gest. 14.5.1914 Frankfurt; Landrat des Kreises Usingen; MdA 1891-1899 und 1904-1913 (K). – Wiesbaden und Hessen-Nassau 1893-1913 (K).   Burkardt/Pult

Beckmann, Ruth, geb. 5.2.1925 Essen; Sachbearbeiterin beim Hauptvorstand der Gewerkschaft Deutscher Bundesbahnbeamter, Arbeiter und Angestellten im DBB, Hausfrau in Frankfurt; Mitglied der Verbandsversammlung des LWV Hessen 1969-1981; Mitglied der 6. und 7. Bundesversammlung. – Land Hessen: Hessischer Landtag 1970-1983 (CDU).
                                        Lengemann II

Beermann, Heinrich Friedrich Albert, geb. 15.10.1892 Dudensen, Krs. Neustadt am Rübenberge, gest. 30.11.1957 Arolsen; Verbandsvorsteher bzw. Verbandsdirektor des Gemeindezweckverbandes Waldeck; Stellvertretendes Mitglied des Preußischen Staatsrats 1930-1933. – Kassel und Hessen-Nassau 1930 (60. KLT) - 1932 (Ag).   Pelda; J.L.

Beermann, Johann He(i)nrich, geb. 28.2.1767 Homberg/Efze, gest. 21.1.1850 Kassel; Ober-Kammer-Rat und Kammer-Deputierter für die Grafschaft Schaumburg hessischen Anteils. – Grafschaft Schaumburg hessischen Anteils 1815-1816.   Sieburg (J.L.)

Behaghel, Georg Christian Andreas, geb. 14.9.1800 Frankfurt, gest. 17.2.1871 Frankfurt; Handelsmann. – Freie Stadt Frankfurt: Gesetzgebende Versammlung 1846-1847.   Frost

Dr. med. Behaghel, Johann David, geb. 29.8.1804 Frankfurt, gest. 12.7.1850 Frankfurt; praktischer Arzt. – Freie Stadt Frankfurt: Verfassunggebende Versammlung 1848-1849.   Frost; J.L.

Dr. phil. Dr. jur. h.c. Behaghel, Wilhelm Maximilian *Otto*, geb. 3.5.1854 Karlsruhe, gest. 9.10.1936 München; Professor für neuere deutsche Philologie in Gießen. – Ghzm. Hessen: 1. Kammer 1896.
                                        Götz/Rack

Behle, Friedrich, geb. 2.10.1872 Rattlar, gest. 18.1.1964 Korbach; Obsthändler und Gastwirt in Korbach. – Waldeck: Landesvertretung 1919-1922 (SPD).
                            König; König/Lengemann/Seibel

Behlen, Johannes, geb. 12.9.1780 Welleringhausen, gest. 1.1.1848 Welleringhausen; Bauer und Richter in Welleringhausen. – Waldeck: Landstand 1837-1848.
                            König/Lengemann/Seibel

Behlen, *Karl* Christoph, geb. 24.11.1811 Wörrstadt, gest. 17.6.1874 Armsheim; Gutsbesitzer in Armsheim. – Ghzm. Hessen: 2. Kammer 1847-1856 und 1863-1866 (F).   Ruppel/Groß

Behrends, Johann Conrad, get. 28.2.1775 Frankfurt, gest. 7.9.1843 ... ; Advokat, 1838-1843 Syndikus und Appellationsgerichtsrat; 1825-1836 Senator, 1836-1843 Schöff, 1832 und 1835 Jüngerer Bürgermeister. – Freie Stadt Frankfurt: Ständige Bürgerrepräsentation [1816] -1824, Gesetzgebende Versammlung 1817 und 1820-1831; Vizepräsident der Gesetzgebenden Versammlung 1824.   Frost

Behrends, Philipp Friedrich, geb. ... , gest. ... . – Freie Stadt Frankfurt: Ständige Bürgerrepräsentation 1825-1830. Frost

Behrens, Gerhard Dominicus, geb. 21.5.1776 Frankfurt, gest. 17.4.1845 Frankfurt; Handelsmann. – Freie Stadt Frankfurt: Gesetzgebende Versammlung 1818-1819, 1822 und 1827.   Frost

Dr. phil. Beil, Albert, geb. 20.5.1870 Gröbers bei Halle an der Saale, gest. 8.5.1961

Frankfurt; Chemiker. – Wiesbaden und Hessen-Nassau 1921-1924 (DVP).

Burkardt/Pult

Beil, Johann Adam, geb. 12.11.1790 Frankfurt, gest. 10.6.1852 Frankfurt; Weinhändler, 1840 Direktor der Taunuseisenbahn; 1826-1840 Ratsverwandter. – Freie Stadt Frankfurt: Gesetzgebende Versammlung 1824-1840.

Frost

Beinhauer, Theodor, geb. ... , gest. 15.1.1833 Wethen; Apotheker, zeitweilig Pächter des Guts des Prinzen Georg und Bürgermeister in Rhoden. – Waldeck: Landstand 1816-1818.

König/Lengemann/Seibel

Beinhauer, *Theodor* Wilhelm Eduard Emil, geb. 25.3.1853 Wethen, gest. 7.1.1912 Wethen; Gutsbesitzer in Wethen. – Waldeck: Landtag 1905-1912.

König; König/Lengemann/Seibel

Beinhauer, Wilhelm, geb. ... [ca. 1801] Vollmarshausen, gest. 7.5.1884 Vollmarshausen; Gutsbesitzer und Bürgermeister in Vollmarshausen. – Kurhessen: Ständeversammlung 1862-1866.

Losch; Sieburg

Beinhauer, Wilhelm Albert, geb. 7.7.1832 Vollmarshausen, gest. 16.8.1906 Vollmarshausen; Gutsbesitzer in Vollmarshausen; MdA 1894-1903 (NL). – Kassel und Hessen-Nassau 1886-1906 (NL [BdL]).

Pelda; J.L.

Belli-Seufferheld, Georg Friedrich Bernhard, geb. 27.11.1811 Frankfurt, gest. 23.1.1882 Frankfurt; Handelsmann. Freie Stadt Frankfurt: Gesetzgebende Versammlung 1846 und 1848, Ständige Bürgerrepräsentation 1846-1848.

Frost

Bellinger, Johann, geb. 9.3.1809 Niederzeuzheim, gest. 26.10.1882 Frankfurt; Gymnasialprofessor in Hadamar, 1851-1854 Direktor des Lehrerseminars in Montabaur, 1858-1862 Rektor am Pädagogium in Dillenburg, 1862-1864 Professor in Hadamar. – Nassau: Ständeversammlung 1848-1851 (Club der Rechten), I. Kammer 1852-1857 und II. Kammer 1858-1863.

Rösner-Hausmann; J.L.

Bellinger, Josef, geb. 7.3.1805 Thalheim, gest. 11.4.1889 Thalheim; Schultheiß. – Nassau: Ständeversammlung 1848.

Rösner-Hausmann

Benckhard – s. auch Benkard

Benckhard, Johann Heinrich, geb. ... , gest. ... ; Häfnermeister. – Freie Stadt Frankfurt: Gesetzgebenden Versammlung 1818-1819 und 1821.

Frost

Dr. phil. et theol. Benckhard, Johann Philipp, geb. 2.1.1763 Frankfurt-Sachsenhausen, gest. 12.3.1852 Frankfurt; Pfarrer und Konsistorialrat. – Freie Stadt Frankfurt: Gesetzgebende Versammlung 1820-1830.

Frost

Bender, Bernhard, geb. 5.2.1945 Leipzig; bis 1995 stellvertretender Forstamtsleiter im Forstamt Homberg/Ohm. – Land Hessen: Hessischer Landtag seit 1995 (SPD).

Kanzlei des Landtags

Bender, Carl, geb. ... , gest. ... . – Freie Stadt Frankfurt: Gesetzgebende Versammlung 1826.

Frost

Bender, Friedrich, geb. 15.11.1826 Korbach, gest. 5.4.1908 Nieder-Waroldern; Ökonom, Kreisboniteur und Bürgermeister in Nieder-Waroldern. – Waldeck: Landtag 1860-1878 und 1884-1905.

König; Lengemann III; König/Lengemann/Seibel

Dr. jur. Bender, Johann Heinrich, geb. 29.9.1797 Frankfurt, gest. 6.9.1859 Frankfurt; Advokat, ab 1836 Zolldirektionsrat in Frankfurt. – Freie Stadt Frankfurt: Gesetzgebende Versammlung 1832-1837 und 1851, Ständige Bürgerrepräsentation 1833-1836.

Frost

Bender, *Johann* Nikolaus, geb. 11.3.1792 Kassel, gest. 15.7.1850 Kassel; Obergerichtsassessor in Kassel.- Kurhessen: Ständeversammlung 1831.   Losch; Sieburg

Bender, Johannes, geb. 5.3.1804 Wehrshausen, gest. 29.11.1879 Wehrshausen; Ökonom und Bürgermeister in Wehrshausen. – Kurhessen: Ständeversammlung 1839-1844.   Losch; Sieburg

Dr. jur. Bendix, Carl *Ludwig* Thaddaeus, geb. 28.10.1857 Mainz, gest. 29.9.1923 Mainz; Professor am Priesterseminar und Domkapitular in Mainz, später Domdekan und Generalvikar. – Ghzm. Hessen: 1. Kammer 1907-1918.   Götz/Rack

Benkard – s. auch Benckhard

Benkard, Christian, geb. ... , gest. ... ; Zimmermeister. – Freie Stadt Frankfurt: Ständige Bürgerrepräsentation 1843-1849, Gesetzgebende Versammlung 1847, Verfassunggebende Versammlung 1848-1849.   Frost; J.L.

von Benning, Carl, geb. 18.2.1804 Rhena, gest. 13.2.1875 Kassel; Besitzer des Ritterguts Rhena, 1833-1841 Landrat in Frankenberg, 1841-1844 in Fulda, 1844-1848 in Hofgeismar, später Bezirksdirektor in Hersfeld und 1863-1866 Direktor der Kfl. Regierung von Niederhessen in Kassel. – Waldeck: Landstand 1836-1848.   König/Lengemann/Seibel; J.L.

Benz, Peter, geb. 10.9.1942 Darmstadt; Studienrat in Darmstadt, 1976-1983 hauptamtlicher Stadtrat, 1983-1993 Bürgermeister, seit 1993 Oberbürgermeister der Stadt Darmstadt. – Land Hessen: Hessischer Landtag 1974-1976 (SPD).
                     Lengemann II; Kanzlei des Landtags

Beppler, Johann (*Jean*), geb. 27.12.1876 Zwingenberg, gest. 18.9.1940 Königstein; Buchdruckereibesitzer. – Wiesbaden und Hessen-Nassau 1926-1929 (Z).
                                      Burkardt/Pult

Berg, Carl Nicolaus, geb. 18.3.1826 Frankfurt, gest. 26.1.1887 Frankfurt; Advokat; 1865-1866 Senator, 1868-1870 Bürgermeister der Stadt Frankfurt. – Freie Stadt Frankfurt: Gesetzgebende Versammlung 1860-1863.   Frost

Berg, Friedrich Otto Gustav *Ferdinand*, geb. 20.11.1852 Stralsund, gest. 8.8.1924 Frankfurt; Bergbeamter, Landrat in St. Goarshausen. – Wiesbaden und Hessen-Nassau 1897-1918 (K [*1893*], DRP [*1913*]).   Burkardt/Pult; J.L.

Berg, Johann Gerhard Wilhelm Philipp, geb. 19.10.1791 Frankfurt, gest. 28.12.1849 Frankfurt; Chirurg. – Freie Stadt Frankfurt: Gesetzgebende Versammlung 1824-1834.   Frost

Bergelt, Barbara, geb. 24.2.1941 Berlin; bis 1995 Lehrerin für Französisch, Geschichte und Mathematik am Johanneum-Gymnasium in Herborn. – Land Hessen: Hessischer Landtag seit 1995 (SPD).
                          Kanzlei des Landtags

Berghäuser, Hans, geb. 21.10.1919 Oberndorf, Krs. Wetzlar; gelernter Optiker, ab 1958 freigestellter Betriebsratsvorsitzender in Wetzlar. – Land Hessen: Hessischer Landtag 1970-1974 (SPD).
                                 Lengemann II

Berghof-Becker, Margit, geb. 13.12.1959 Bad Homburg; Hotel- und Restaurantfachfrau, Studium der Soziologie, bis 1995 persönliche Referentin des Hessischen Kultusministers, wohnhaft in Grävenwiesbach. – Land Hessen: Hessischer Landtag seit 1995 (SPD).
                          Kanzlei des Landtags

Dr. phil. Bergk, Theodor, geb. 24.5.1812 Leipzig, gest. 25.7.1881 Ragaz; 1842-1852 Professor für klassische Philologie in Marburg. – Kurhessen: Ständeversammlung 1847-1849 ([dem.[6]] bzw. lib.-konst.[7]).   Losch; Sieburg; J.L.

Bergsträsser, Arnold, geb. 5.10.1841 Breuberg im Odenwald, gest. 5.1.1897 Darmstadt; Buchhändler in Darmstadt. – Ghzm. Hessen: 2. Kammer 1887-1896 (NL). *Ruppel/Groß*

Bergsträsser, Georg *Friedrich*, geb. 8.7.1800 König im Odenwald, gest. 11.10.1847 Breuberg im Odenwald; Rentamtmann in Breuberg. – Ghzm. Hessen: 2. Kammer 1887-1896 (NL). *Ruppel/Groß*

Dr. phil. Bergsträßer, Ludwig, geb. 23.2.1883 Altkirch im Oberelsaß, gest. 23.3.1960 Darmstadt; Archivar, Hochschullehrer, 1945 Präsident der Provinz Starkenburg, später auch für die Provinz Oberhessen und schließlich für den ganzen Volksstaat Hessen, 1946-1948 Regierungspräsident in Darmstadt; MdR 1924-1928 (DDP); Mitglied des Parlamentarischen Rates 1948-1949 (SPD); MdB 1949-1953 (SPD); Mitglied der 1. Bundesversammlung. – Land Hessen: Verfassungberatende Landesversammlung Groß-Hessen 1946 und Hessischer Landtag 1946-1949 (SPD). *Lengemann II*

Berkenbrink, J. C. E. F., geb. ... , gest. ...; Goldarbeiter. – Freie Stadt Frankfurt: Gesetzgebende Versammlung 1844. *Frost*

Graf von Berlepsch[8], *Carl* Friedrich Ludwig Hans, geb. 17.2.1820 Langensalza, gest. 2.9.1893 Berlepsch; 36. Erbkämmerer von Hessen; MdH 1868-1893. – Kurhessen: Ständeversammlung 1862-1866; Kassel 1868-1886 [K]. *Losch; Sieburg; Pelda; J.L.*

von Berlepsch, Carl Ludwig, geb. 5.1.1791 Berlepsch, gest. 26.1.1848 Berlepsch; Landrat des Kreises Langensalza. – Kurhessen: Ständeversammlung 1836-1838 (gouv.). *Losch; Sieburg; J.L.*

Dr. jur. h.c. Dr. phil. h.c. (Baron[9]) von Berlepsch, Friedrich Ludwig, geb. 4.10.1749 Stade, gest. 22.12.1818 Erfurt; Herr auf Berlepsch und Bonafort, 1808-1809 Präfekt des Werra-Departements in Marburg, 1809-1813 Staatsrat in der Finanzsektion in Kassel, 31. Erbkämmerer von Hessen. – Kgr. Westphalen 1808-1809. *Lengemann I*

Berlit, Salomon, geb. 8.2.1808 Kleinschmalkalden, gest. 6.10.1855 Hersfeld; Lehrer am Hersfelder Gymnasium und Herausgeber des oppositionellen *Hessenboten*. – Kurhessen: Ständeversammlung 1849-1850 (dem.). *Losch; Sieburg; J.L.*

Bermann, *Emil* Otto Carl Hermann, geb. 30.4.1869 Pyrmont, gest. 9.10.1935 Göttingen; Rechtsanwalt und Notar in Bad Pyrmont. – Waldeck: Landtag 1914-1919 (NL). *König; König/Lengemann/Seibel*

Berna, David (Antonius Maria), get. 27.10.1773 Frankfurt, gest. 23.9.1835 ... . – Freie Stadt Frankfurt: Ständige Bürgerrepräsentation [1815] -1817. *Frost*

Berna, Hermann, geb. ... , gest. ... . – Freie Stadt Frankfurt: Gesetzgebende Versammlung 1820. *Frost*

Bernbeck, *Ludwig* Johann Wilhelm, geb. 23.11.1794 Wirberg, gest. 24.10.1865 Lehrbach; Distrikt-Steuereinnehmer in Rodheim/Bieber, 1850 in Grünberg, später Müller und Landwirt. – Ghzm. Hessen: 2. Kammer 1850. *Ruppel/Groß*

---

[6] So die (ältere) politische Einordnung bei LOSCH.

[7] So die (modernere) politische Einordnung in SEIER-VON NATHUSIUS.

[8] Erhebung in den Kgl. preußischen Grafenstand nach dem Rechte der Erstgeburt am Besitz des Majorats Berlepsch am 27.8.1869.

---

[9] Kgl. westphälische Adelsbestätigung als Baron am 12.1.1812, die jedoch nach 1813/15 nicht anerkannt wurde.

Bernhard (Bernhardt), ... , geb. ... , gest. ... ; Bürgermeister in Nieste. – Kurhessen: 2. Kammer 1852-1862 (lib.-konst.).
Losch; Sieburg; J.L.

Dr. theol. Dr. phil h.c. Bernhardi, *Carl Christian Sigismund*, geb. 5.10.1799 Ottrau, gest. 1.8.1874 Kassel; Bibliothekar an der Kfl. (Landes-) Bibliothek in Kassel; Vorsteher des Bürgerausschusses in Kassel 1835-1840; MdN 1848-1849 (CP); MdR 1867-1870 (NL); MdA 1867-1868 (NL). – Kurhessen: Ständeversammlung 1833 [lib.] Losch; Sieburg; J.L.

Bernhardt – s. auch Bernhard

Bernhardt, Gustav Peter, geb. 9.5.1900 Großalmerode, gest. 12.5.1969 Kassel; Bauunternehmer und Architekt in Großalmerode. – Kassel und Hessen-Nassau 1933 (NSDAP). Pelda

Berninger, Lothar Caspar Franz, geb. ..., gest. ... ; Handelsmann. – Freie Stadt Frankfurt: Gesetzgebende Versammlung 1858-1866. Frost

Bernotat, Otto Friedrich (*Fritz*), geb. 10.4.1890 Mittel-Jodupp, Krs. Goldap, Ostpreußen, gest. 4.3.1951 Neuhof bei Fulda; Landesobersekretär. – Wiesbaden und Hessen-Nassau 1933 (NSDAP).
Burkardt/Pult

Bernoully (Bernoulli), Anton, get. 13.8.1767 Frankfurt, gest. 21.9.1830 Frankfurt; Konditor. – Freie Stadt Frankfurt: Ständige Bürgerrepräsentation 1817-1830 (Stadtrechnungsrevisionskolleg 1823-1830), Gesetzgebende Versammlung 1818-1821 und 1824. Frost

Berns, Wilhelm Gustav Heinrich, geb. 20.8.1836 Haiger, gest. 15.6.1902 Dillenburg; Kaufmann.- Wiesbaden und Hessen-Nassau 1893-1898. Burkardt/Pult

Friedrich Alexander Bernus
Senior und Direktor der Ständigen Bürgerrepräsentation der freien Stadt Frankfurt 1840-1852

Bernst, geb. Gellert, Wilhelmine (*Minna*) Elisabeth, geb. 29.5.1880 Kassel, gest. 9.10.1965 Kassel; Schneiderin, Hausfrau in Kassel. – Kassel und Hessen-Nassau 1925 (SPD). Pelda

Bernus, Christian David, get. 7.12.1758 Frankfurt, gest. 30.12.1828 Frankfurt; Handelsmann. – Freie Stadt Frankfurt: Ständige Bürgerrepräsentation [1815] - 1826. Frost

Bernus, Friedrich Alexander, geb. 29.10.1778 Frankfurt, gest. 20.2.1867 Frankfurt; Handelsmann. – Freie Stadt Frankfurt: Gesetzgebende Versammlung 1820-1840, Ständige Bürgerrepräsentation 1823-1852; Vizepräsident der Gesetzgebenden Versammlung 1828-1840, Senior und Direktor der Ständigen Bürgerrepräsentation 1840-1852. Frost

Bernus-du Fay, **Franz Jacob Alfred Freiherr**, geb. 14.10.1808 Frankfurt, gest. 1803.1884 Stift Neuburg bei Heidelberg; Handelsmann, 1853-1866 Senator. – Freie Stadt Frankfurt: Gesetzgebende Versammlung 1851 und 1854-1856 (großdt.). Frost

Berta, Valentin Rudolph, geb. 12.4.1849 Fulda, gest. 12.11.1928 Soden; Bürgermeister in Bad Soden-Salmünster. – Kassel und Hessen-Nassau 1887-1920 [-1925?] (K [*1903*], parteilos [*1920*]).
Pelda; J.L.

Berthold, *Heinrich* **Bruno**, geb. 10.6.1856 Zschoppelshain, Krs. Rochlitz, gest. 24.4.1935 Darmstadt; gelernter Schuhmacher, 1900 Buchhändler in Darmstadt, Vorsitzender der Genossenschaftsdruckerei; MdR 1906-1907 (SPD). – Ghzm. Hessen: 2. Kammer 1899-1918 (SPD).
Ruppel/Groß; Götz/Rack; J.L.

Bertram, Franz, geb. 8.2.1805 Hachenburg, gest. 17.8.1863 Wiesbaden; Gastwirt, Kaufmann und Weinhändler in Wiesbaden. – Nassau: Deputiertenkammer 1846-1848 und Ständeversammlung 1848-1851 (Club der Rechten).
Rösner-Hausmann

Bertram, Peter *Jacob* **Franz**, geb. 20.9.1779 Hachenburg, gest. 26.6.1857 Wiesbaden; Weinhändler in Wiesbaden. – Nassau: Deputiertenkammer 1819-1822 und 1832. Rösner-Hausmann

Dr. jur. Bertram, *Philipp* **Anton Jacob**[10], geb. 12.11.1812 Winkel, gest. 6.4.1899 Wiesbaden; Ministerialrat, später Vizepräsident des Appellationsgerichts in Wiesbaden; Mitglied des Staatenhauses der Unionsparlaments 1850. – Nassau: I.

Kammer 1852-1853; Wiesbaden 1878-1899 und Hessen-Nassau 1886-1899.
Rösner-Hausmann; J.L.

Best, Franz, geb. 12.10.1853 Osthofen, gest. 16.10.1939 Osthofen; Gutsbesitzer in Osthofen. – Ghzm. Hessen: 2. Kammer 1905-1918 (NL).
Ruppel/Groß

Dr. jur. Best, *Georg* **Wilhelm**, geb. 8.10.1855 Darmstadt, gest. 29.11.1946 Hirschhorn; Präsident des Oberlandesgericht Darmstadt a.D.; MdR 1924-1930 (DNVP 1924-1926, VRP 1927-1930). – Volksstaat Hessen 1927-1931 (VRP).
Ruppel/Groß

Dr. jur. Best, Karl Rudolf *Werner*, geb. 10.7.1903 Darmstadt-Bessungen, gest. ... 1989 ... ; bis 1931 Gerichtsassessor Gernsheim, 1931 Entlassung aus dem Justizdienst wegen der sog. Boxheimer Dokumente, 1931-1933 NSDAP-Parteifunktionär, 1933 Regierungsrat, später hoher Polizei- und SS-Führer. – Volksstaat Hessen 1931-1933 (NSDAP).
Ruppel/Groß; J.L.

Dr. rer. oec. Best, Werner, geb. 7.6.1927 Waldgirmes, gest. 10.1.1993 ... ; Rechtsanwalt, 1965-1970 Landrat in Wetzlar, 1970-1973 Hessischer Minister für Landwirtschaft und Umwelt; Stellvertretendes Mitglied des Bundesrates 1970-1973; Mitglied der 3., der 4. und der 5. Bundesversammlung. – Land Hessen: Hessischer Landtag 1958-1978 (SPD), Vorsitzender der SPD-Fraktion 1969-1970.
Lengemann II; Kanzlei des Landtags

Beste, *August* **Friedrich Christian Philipp**, geb. 13.4.1868 Osterwald, Krs. Neustadt am Rübenberge, gest. 15.12.1963 Göttingen; Amtsgerichtsrat in Arolsen. – Waldeck: Landtag 1910-1919; Präsident des Waldeckischen Landtags 1914-1919. König; Lengemann III; König/Lengemann/Seibel

---

[10] Lt. RENKHOFF S. 52 (Nr. 295) ist der dritte Vorname nicht *Jacob*, sondern *Maria*.

August Beste
Präsident des Waldeckischen Landtags 1914-1919

von Bethmann[11]**, Simon Moritz**, geb. 31.10.1768 Frankfurt, gest. 18.12.1826 Frankfurt; Bankier und Diplomat, Teilhaber des Bankhauses Gebr. Bethmann. – Freie Stadt Frankfurt: Gesetzgebende Versammlung 1817 und 1819-1826. Frost

Betz, Johann Joseph, geb. 31.1.1814 Flieden, gest. 22.11.1858 Kassel; Bürgermeister in Flieden. – Kurhessen: 2. Kammer 1855-1860. Losch; Sieburg

Betz, Kaspar Wilhelm, geb. 17.11.1814 Mainz, gest. 20.10.1882 Mainz; Kaufmann in Mainz. – Ghzm. Hessen: 2. Kammer 1878-1882. Ruppel/Groß

---

[11] Kaiserlich österreichischer Ritterstand am 11.5.1808.

Beucker, Frank, geb. 10.2.1942 Schwelm, Ennepe-Ruhr-Kreis; Diplom-Sozialwirt, Angestellter in Wiesbaden. – Land Hessen: Hessischer Landtag 1974-1995 (SPD). Lengemann II

Beuther, Walter Ludwig, geb. 15.11.1816 Hombergshausen, gest. 3.3.1874 Hombergshausen; Ökonom und Bürgermeister in Hombergshausen. – Kurhessen: Ständeversammlung 1849-1850.
Losch; Sieburg

Beuttel, Friedrich Wilhelm, geb. 10.8.1900 Karlsruhe-Durlach, gest. 27.7.1944 [nach Todesurteil des Volksgerichtshofs hingerichtet] Köln; gelernter Schneider, Organisationsleiter der KPD für den Bezirk Frankfurt. – Volksstaat Hessen 1932-1933 (KPD).
Ruppel/Groß; Götz/Rack

Beyer, Curt, geb. ... , gest. ... ; Kaufmann in Reinhardshausen. – Waldeck: Landesvertretung 1919-1922 (WVB).
König; König/Lengemann/Seibel

Beyer, Friedrich (II), geb. 27.9.1902 Framersheim, gest. ... ; landwirtschaftlicher Arbeiter in Framersheim. – Volksstaat Hessen 1932-1933 (NSDAP). Ruppel/Groß

Beyerbach, Johann Friedrich, geb. 28.2.1801 Frankfurt, gest. 1.2.1862 Frankfurt; Handelsmann. – Freie Stadt Frankfurt: Gesetzgebende Versammlung 1846. Frost

Beyerle, Johann Adam, geb. 12.6.1812 Frankfurt, gest. 24.12.1872 Frankfurt; Metzgermeister. – Freie Stadt Frankfurt: Gesetzgebende Versammlung 1855-1857.
Frost

von Bezold, *Oskar* Karl Anton, geb. 20.12.1874 München, gest. 5.3.1934 Sagan in Niederschlesien; Landrat in Usingen. – Wiesbaden und Hessen-Nassau 1917-1918. Burkardt/Pult; J. L.

Dr. Bezzenberger, Heinrich Ernst, geb. 12.10.1814 Marburg, gest. ... ; Professor und bis 1869 Oberschulinspektor in Kassel. – Kassel 1868-1870. Pelda

Freiherr von Bibra, *August* (d. Ä.) Friedrich Wilhelm, geb. 20.11.1775 Oberlind, gest. 17.10.1844 Weilburg; Oberjägermeister. – Nassau: Herrenbank 1832-1833. Rösner-Hausmann

Freiherr von Bibra, *August* (d.J.) Heinrich Friedrich Wilhelm Ludwig, geb. 25.2.1818 Weilburg, gest. 26.4.1878 Wiesbaden; Forstmeister, Oberforstbeamter in Weilburg. – Nassau: I. Kammer 1860-1861. Rösner-Hausmann; J.L.

Freiherr von Bibra, *Berthold* Wilhelm Herrmann Friedrich Karl August, geb. 15.6.1804 Romrod, gest. 17.7.1878 Darmstadt; Forstmeister in Darmstadt, 1862 Vize-Oberst-Jägermeister, 1863 Mitglied der Ober-Forstdirektion, Oberst-Jägermeister. – Ghzm. Hessen: 2. Kammer 1856-1862 und 1. Kammer 1873-1878. Ruppel/Groß; Götz/Rack

Freiherr von Bibra, *Christian* Ernst Heinrich, geb. 6.9.1772 Oberlind, gest. 4.11.1844 Romrod; Landjägermeister, 1841 Wirklicher Geheimer Rat. – Ghzm. Hessen: 2. Kammer 1826-1830, 1834 und 1841-1842 (lib.). Ruppel/Groß; Götz/Rack

Bick, *Karl* Friedrich, geb. 25.2.1871 Adorf, gest. 30.10.1957 Adorf; Schneidermeister in Adorf. – Waldeck: Landesvertretung 1919-1922 (SPD). König; König/Lengemann/Seibel

Bickel, Johann *Georg*, geb. 22.3.1868 Affolterbach im Odenwald, gest. 16.2.1940 Affolterbach; Ackermann und Gemeinderechner in Affolterbach. – Ghzm. Hessen: 2. Kammer 1918 (NL). Ruppel/Groß

Bied, Peter Anton, geb. 23.1.1828 Höchst, gest. 22.5.1889 Höchst; Fabri-

kant, Bürgermeister in Höchst. – Wiesbaden 1871-1873, 1877 und 1879-1880 (NL). Burkardt/Pult

von Biedenfeld, Wilhelm, geb. 5.11.1780 Berneburg, gest. 9.8.1842 Berneburg; Hauptmann in Berneburg. – Kurhessen: Ständeversammlung 1833-1835 (gouv.). Losch; Sieburg; J.L.

Biederbick, *Christian* Friedrich, geb. 23.9.1819 Sudeck, gest. 3.4.1895 Sudeck; Landwirt und Bürgermeister in Sudeck. – Waldeck: Landtag 1855-1859. König; König/Lengemann/Seibel

von Biegeleben, Franz *Arnold*, geb. 1.11.1822 Darmstadt, gest. 3.12.1892 Darmstadt; Staatsrat. – Ghzm. Hessen: 2. Kammer 1868-1872 (klerikalkons., [Z *1871-1881*]). Ruppel/Groß; J.L.

Biegi, Jakob, geb. 15.9.1886 Osthofen, gest. 20.12.1955 Wetzlar; gelernter Maurer, Leiter der Verteilungsstelle Osthofen des Bezirkskonsumvereins Worms-Lampertheim. – Volksstaat Hessen 1919-1921 (SPD). Ruppel/Groß

Bielefeld, Hanns-Heinz, geb. 9.12.1918 Duisburg-Hamborn; Verwaltungsbeamter, bis 1970 Bürgermeister der Stadt Schlitz, 1970-1976 Hessischer Minister des Inneren; Stellvertretendes Mitglied des Bundesrates 1970-1976; Mitglied der 5. Bundesversammlung. – Land Hessen: Hessischer Landtag 1962-1970 und 1974-1978, sog. ruhendes Mandat 1975-1976 (FDP bzw. F.D.P.). Lengemann II

Bierau, geb. Schrimpf, Elisabeth (*Else*) Lina Anna, geb. 5.4.1877 Meiches, gest. 1.10.1966 Darmstadt; Hausfrau in Darmstadt. – Volksstaat Hessen 1919-1921 (DVP). Ruppel/Groß; Götz/Rack

Bierbaum, Johann *Julius* Georg, geb. 16.4.1761 Braunschweig, gest. 7.7.1844

Braunschweig; Großkaufmann in Braunschweig. – Kgr. Westphalen 1808-1813.

Lengemann I

Bierbrauer, *Heinrich* Anton, geb. 13.2.1818 Hachenburg, gest. 29.3.1899 Hachenburg; Gastwirt. – Nassau: I. Kammer 1864-1866 (NFP); Wiesbaden 1868-1879.

Rösner-Hausmann

Bierbrauer, Rudolf Walther, geb. 13.9.1884 Runkel, gest. 10.4.1937 Weilburg; Diplom-Ingenieur. – Wiesbaden und Hessen-Nassau 1920-1925 und 1926-1932 (SPD).

Burkardt/Pult

Bierner, Werner, geb. 28.1.1822 Kassel, gest. 12.7.1884 Kassel; Bäckermeister in Kassel. – Kurhessen: Ständeversammlung 1848.

Losch; Sieburg

Bierschenk, Daniel Theodor, geb. 7.4.1838 Wichmannshausen, gest. 13.12.1906 Kassel; Gutsbesitzer in Wichmannshausen. – Kassel 1875-1904 und Hessen-Nassau 1886-1904.

Pelda

von Bihl, August, geb. ... , gest. ... . – Freie Stadt Frankfurt: Ständige Bürgerrepräsentation 1831-1851 (Stadtrechnungsrevisionskolleg 1833-1849).

Frost

Bilger, Michael, geb. ... , gest. ... . – Freie Stadt Frankfurt: Gesetzgebende Versammlung 1824-1837.

Frost

Dr. jur. h.c. Bindewald, *Karl* Ludwig Georg Johann, geb. 8.6.1816 Lauterbach, gest. 21.12.1872 Gießen; Hofgerichtsrat in Gießen. – Ghzm. Hessen: 2. Kammer 1866-1872.

Ruppel/Groß

Bindewald, *Ludwig* Matthäus Bertram, geb. 17.8.1854 Berlin, gest. 10.4.1937 Bad Reichenhall; Landrat des Oberlahnkreises. – Wiesbaden und Hessen-Nassau 1893.

Burkardt/Pult; J.L.

Binding, Ed., geb. ... , gest. ... ; Jurist. –

Freie Stadt Frankfurt: Gesetzgebende Versammlung 1842.

Frost

Binding, Georg Christoph, geb. 16.10.1807 Frankfurt, gest. 12.1.1877 Frankfurt; Jurist. – Freie Stadt Frankfurt: Gesetzgebende Versammlung 1843-1857, Ständige Bürgerrepräsentation 1847-1857, Verfassunggebende Versammlung 1848-1849; Vizepräsident der Gesetzgebenden Versammlung 1850.

Frost; J.L:

Bippart, Johannes, geb. ... .11.1768 Herda bei Eisenach, gest. 20.5.1841 Spiegelhütte Amelith; Kaufmann, Pächter der Eckhardtsteinschen Glashütte in Amelith, Gutsbesitzer in Nienover. – Kgr. Westphalen 1808-1813.

Lengemann I

Birkelbach, Johann, geb. 15.3.1880 Winden, gest. 8.6.1964 Schwalbach; Arbeiter. – Wiesbaden und Hessen-Nassau 1921-1925 (KPD 1921, USPD 1922, SPD 1924-1925).

Burkardt/Pult

Birkendahl, Friedrich, geb. 19.8.1864 Solingen, gest. 9.4.1933 Dortmund; Bürgermeister. – Wiesbaden und Hessen-Nassau 1917-1918.

Burkardt/Pult

Birkenstock, *Carl* Friedrich Wilhelm, geb. 3.6.1808 Homburg, gest. ... ; Stadtrat in Homburg. – Hessen-Homburg 1849.

Rösner-Hausmann; J.L.

Birkenstock, Carl, geb. 15.6.1775 Köln, gest. 19.1.1840 Erbach im Rheingau; Gutsbesitzer. – Nassau: Deputiertenkammer 1826-1832.

Rösner-Hausmann

Dr. jur. Birnbaum, Johann *Michael* Franz, geb. 19.9.1792 Bamberg, gest. 14.12.1877 Gießen; Professor der Rechtswissenschaften an der Universität Gießen; Mitglied des Staatenhauses des Unionsparlaments 1850. – Ghzm. Hessen: 1. Kammer 1847-1849 und 1851-1875; Vizepräsident (3. Präsident) der 1.

Kammer 1851-1856. Götz/Rack; J.L.

Birnbaum, Karoline Friederike *Maria* Theresia, geb. 16.10.1872 Gießen, gest. 9.8.1959 Gießen; Lehrerin an der Höheren Mädchenschule Gießen. – Volksstaat Hessen 1921-1931 (DVP).

Ruppel/Groß; Götz/Rack

von Bischoffshausen, *Edwin* Henry, geb. 6.12.1810 Bischhausen, gest. 12.7.1884 Kassel; Obergerichtsrat a.D., 1852 Landrat des Kreises Fritzlar, 1852 Regierungsrat in Kassel, 1855 in Fulda, 1871-1882 Landesdirektor des Kommunalständischen Verbandes des Regierungsbezirks Kassel. – Kurhessen: 1. Kammer 1852-1854 und Ständeversammlung 1862-1866 (opp. 1852-1854, konst./lib.-konst. 1862-1866, [FrKVg (*1867*)]); Vizepräsident der Ständeversammlung 1863-1866.

Losch; Sieburg; J.L.

von Bischoffshausen, Heinrich (*Heino*) Edwin Morian, geb. 26.11.1855 Witzenhausen, gest. 25.2.1933 Breslau; Landrat des Kreises Witzenhausen. – Kassel und Hessen-Nassau 1899-1901. Pelda

von Bischoffshausen, *John* Frederic Anton. geb. 23.4.1815 Göttingen, gest. 10.8.1863 Hottingen bei Zürich; Schleswig-Holsteinischer Hauptmann. – Kurhessen: 1. Kammer 1860-1861.

Losch; Sieburg

Graf von Bismark (-Schierstein), *Friedrich* August Ludwig, geb. 19.8.1809 ... , gest. 16.4.1893 Schierstein; Fideikommißherr auf Schierstein und Kgl. württembergischer Legationsrat. – Nassau: Herrenbank 1846-1847 und I. Kammer 1855-1857. Rösner-Hausmann; J.L.

Bittdorf, *Marie* Olga, geb. 8.7.1886 Mühlhausen in Thüringen, gest. 5.9.1974 Frankfurt; Krankenfürsorgerin. – Wiesbaden und Hessen-Nassau 1920-1925 und 1929 (SPD). Burkardt/Pult; J.L.

Bitzer, Theodor *Philipp*, geb. 2.7.1785 Hachenburg, gest. 8.2.1853 Hachenburg; Bürgermeister. – Nassau: II. Kammer 1852. Rösner-Hausmann

Blachiere, *Ludwig* Jakob Philipp, geb. 20.1.1803 Hanau, gest. 31.5.1901 ... ; Obergerichtsanwalt in Hanau. – Kurhessen: Ständeversammlung 1833-1838 (lib.). Losch; Sieburg

Bläsing, Anneliese, geb. 2.6.1923 Malsfeld, Krs. Melsungen, gest. 31.1.1996 ... ; Sekretärin in der Großindustrie, 1953-1957 beim Deutschen Bundestag, wohnhaft in Malsfeld. – Land Hessen: Hessischer Landtag 1966-1970 (NPD).

Lengemann II; Kanzlei des Landtags

Bläss (auch: Bless), Edmund, geb. 7.9.1769 Edingen bei Heidelberg, gest. 15.12.1844 Viernheim; Schulteiß in Viernheim. – Ghzm. Hessen: 2. Kammer 1820-1824. Ruppel/Groß

Dr. phil. Blank, Albert, geb. 30.3.1863 Elberfeld, gest. 28.6.1936 Hofheim am Taunus; Chemiker. – Wiesbaden und Hessen-Nassau 1918. Burkardt/Pult

Blank, Sebastian *Pankraz*, geb. 30.4.1882 Gaulsheim bei Bingen, gest. 5.7.1961 Gaulsheim; Landwirt in Gaulsheim. – Volksstaat Hessen 1921-1933 (Z); Vizepräsident des Landtags des Volksstaats Hessen 1928-1931. Ruppel/Groß; J.L.

Blaul, Iris, geb. 24.12.1955 Worms; Sonderschullehrerin in Frankfurt, 1991-1995 Hessische Ministerin für Jugend, Familie und Gesundheit, 1995 Ministerin für Umwelt, Energie, Jugend, Familie und Gesundheit; Stellvertretendes Mitglied des Bundesrates 1991-1995; Mitglied der 9. und der 10. Bundesversammlung. – Land Hessen: Hessischer Landtag 1982-1985 und 1987-1991 (GRÜ), Vorsitzende der GRÜ-Fraktion 1982-1985.

Lengemann II; Kanzlei des Landtags

Bleek, Karl Theodor, geb. 19.3.1898 Kirn an der Nahe, gest. 15.12.1969 ... ; 1946-1951 Oberbürgermeister der Stadt Marburg, 1951-1957 Staatssekretär beim Bundesminister des Innern, 1957-1961 Chef des Bundespräsidialamtes in Bonn; Mitglied der 1. Bundesversammlung. – Land Hessen: Verfassungberatende Landesversammlung Groß-Hessen 1946 und Hessischer Landtag 1946-1951 (LDP bzw. FDP), Vorsitzender der LDP- bzw. FDP-Landtagsfraktion 1947-1951.

Lengemann II

Dr. oec. publ. Bleicher, Heinrich Friedrich Johann Ludwig, geb. 19.3.1861 Nürnberg, gest. 11.5.1928 Frankfurt; Professor, Stadtrat. – Wiesbaden und Hessen-Nassau 1917-1920 (DDP 1920).

Burkardt/Pult

Bless s. **Bläss**

Bleuel, Adam, geb. 20.6.1846 Hofbieber, gest. 5.1.1924 Hofbieber; Bürgermeister in Hofbieber. – Kassel und Hessen-Nassau 1901-1916.

Pelda

Bleymüller, Jonas Wilhelm, geb. 28.9.1780 Schmalkalden, gest. 24.1.1861 Schmalkalden; Bürgermeister in Schmalkalden. – Kurhessen: Ständeversammlung 1833 (gem. lib.).

Losch; Sieburg; J.L.

Blodt, Willi, geb. 4.11.1929 Wolfskehlen; bis 1970 Bürgermeister in Wolfskehlen, dann Landrat des Kreises Groß-Gerau; Mitglied der 5. Bundesversammlung. – Land Hessen: Hessischer Landtag 1966-1970 (SPD).

Lengemann II

Bloß, Eberhard Ludwig, geb. 1.2.1761 Frankfurt, gest. 2.9.1838 ... ; Glasermeister; 1816-1838 Ratsverwandter, 1817-1821 Mitglied des Engeren Rats. – Freie Stadt Frankfurt: Gesetzgebende Versammlung 1818-1819 und 1825.

Frost

Blum, Ernst Andreas, geb. 24.1.1799 Frankfurt, gest. 2.8.1882 ... ; Jurist. –

Freie Stadt Frankfurt: Gesetzgebende Versammlung 1834-1866, Ständige Bürgerrepräsentation 1837-1866.

Frost

Blum, *Franz Anton* Joseph Johannes Nikolaus, get. 19.5.1767 Hildesheim, gest. 22.8.1823 Hildesheim; Jurist, 1808-1812 Unterpräfekt des Distrikts Hildesheim, 1813 Advokat, später Direktor des katholischen Konsistoriums in Hildesheim. – Kgr. Westphalen 1808-1813.

Lengemann I

Blum, Joseph, geb. 31.12.1831 Braubach, gest. 21.3.1888 Steinbach bei Hadamar; Grubenbesitzer. – Nassau: II. Kammer 1865-1866 (NFP).

Rösner-Hausmann

Blum (II), Wilhelm, geb. 10.2.1802 Grenzhausen, gest. 27.2.1887 Grenzhausen; Tonwarenfabrikant in Grenzhausen. – Nassau: Ständeversammlung 1848-1851 (Club der Rechten).

Rösner-Hausmann

Blum, Wilhelm, geb. 4.8.1894 Oberfeld, gest. 29.11.1972 ... ; gelernter Buchdrucker, technischer Betriebsleiter, Geschäftsführer (Druckereileiter), wohnhaft in Oberfeld, Krs. Hünfeld. – Land Hessen: Hessischer Landtag 1954-1962 und 1965-1966 (CDU).

Lengemann II

von Blumenstein[12], **Ernst**, geb. 11.2.1796 Rotenburg, gest. 25.8.1875 Baden-Baden; Oberforstmeister in Rotenburg. – Kurhessen: Ständeversammlung 1836-1838 (gouv.).

Losch; Sieburg; J.L.

Blumenstiel, Georg, geb. 19.2.1928 Lauterbach; gelernter Kulturbautechniker, Angestellter in der Bauwirtschaft; Mitglied der Verbandsversammlung des LWV Hessen 1985-1989. – Land Hessen: Hessischer Landtag 1978-1983 (SPD).

Lengemann II; Kanzlei des Landtags

---

[12] Kgl. preußische Adelsbestätigung für den natürlichen Sohn des Landgrafen *Karl Emanuel von Hessen-Rheinfels-Rotenburg* und der *Julie Struve*, der seit dem Taufeintrag den Namen *von Blumenstein* geführt hatte, am 13.5.1870.

Graf von Blumenthal, *Heinrich* (VIII.) Leopold August, geb. 14.9.1765 Potsdam, gest. 7.11.1830 Neudeck; Erbgraf und Herr u.a. auf Neudeck, Bewirtschaftung der Güter Betzendorf, Adamsdorf und Lieben, 1808-1809 Maire von Magdeburg, 1809 Gouverneur des Schlosses Napoleonshöhe (Wilhelmshöhe) in Kassel, später Bewirtschaftung des Gutes Neudeck bei Herzberg an der Elster. – Kgr. Westphalen 1808-1813. Lengemann I

Boch, Johann Michael, geb. ... , gest. ... ; Küfermeister. – Freie Stadt Frankfurt: Gesetzgebende Versammlung 1834. Frost

Boch, Johann Sigismund, geb. 21.2.1798 Frankfurt, gest. 13.7.1870 Frankfurt; Tuchbereiter. – Freie Stadt Frankfurt: Ständige Bürgerrepräsentation 1840-1866, Gesetzgebende Versammlung 1844-1846 und 1863-1866. Frost

Bock, Carl Vollrath David, geb. 14.10.1814 Frankfurt, gest. ... ; Gärtnermeister. – Freie Stadt Frankfurt: Gesetzgebende Versammlung 1865. Frost

Freiherr von Bock und Hermsdorf[13], *Friedrich* Anton Georg Karl, geb. 21.1.1798 Frankfurt, gest. 23.10.1866 Wiesbaden; Oberforstmeister, später Präsident der Domänendirektion und dann Präsident des Hofmarschallamts, 1842-1843 Hzgl. Staatsminister. – Nassau: I. Kammer 1852-1855; Präsident der I. Kammer 1852. Rösner-Hausmann; J.L.

Freiherr von Bock und Hermsdorf[14], *Friedrich* Carl, geb. 18.10.1762 ... , gest. 13.7.1834 Wiesbaden; Diplomat. – Freie Stadt Frankfurt: Ständige Bürgerreprä-

sentation [1815] -1825, Gesetzgebende Versammlung 1818-1825. Frost; J.L.

Bock, Johann Anselm, geb. ... , gest. ... ; Gärtnermeister. – Freie Stadt Frankfurt: Verfassunggebende Versammlung 1848-1849. Frost; J.L.

Bock, Johann Ludwig, geb. ... , gest. ... ; Gärtnermeister. – Freie Stadt Frankfurt: Gesetzgebende Versammlung 1861-1862, 1864 und 1866. Frost

Bock, Max, geb. 31.12.1888 Pennewitz in Thüringen, gest. 20.8.1953 ... ; gelernter Schmied, seit 1919 hauptamtlich in Gewerkschaftsdiensten, Mitglied des Bundesvorstandes der IG Metall. – Land Hessen: Hessischer Landtag 1950-1953 (SPD). Lengemann II

Dr. jur. Bockenheimer, *Karl* Georg, geb. 6.8.1836 Mainz, gest. 28.11.1914 Mainz; 1. Untersuchungsrichter am Bezirksgericht in Mainz, 1879 Rat beim Landgericht für die Provinz Rheinhessen, später Landgerichtsdirektor. – Ghzm. Hessen: 2. Kammer 1878-1880. Ruppel/Groß

Bode, Gustav, geb. ... Holzhausen bei Homburg, gest. 12.12.1887 Niedergründau; Gutsbeseitzer und Bürgermeister in Niedergründau. – Kurhessen: 2. Kammer 1852-1854 und Ständeversammlung 1863-1866 (lib.-konst.); Kassel 1868-1874. Losch; Sieburg; Pelda; J.L.

Bodenbender, Ludwig, geb. 20.9.1891 Salzböden, gest. 2.5.1962 Salzböden; Angestellter des Bergarbeiterverbandes und Bürgermeister in Salzböden, 1953-1955 Hessischer Minister für Landwirtschaft und Forsten; Stellvertretendes Mitglied

---

[13] Nach der Hzgl. nassauischen Erlaubnis für den Vater, Abg. *Friedrich Carl von Bock*, den Beinamen *Hermdorf* und den Freiherrentitel (wieder) zu führen (vgl. die nächste Anmerkung), führte auch *Friedrich von Bock* ab 1826 den Namen *Freiherr von Bock und Hermsdorf*.

[14] Hzgl. nassauische Erlaubnis zur (Wieder-) Annahme des Beinamens *Hermsdorf* und des Freiherrentitels am 18.11.1826.

des Bundesrates 1953-1955; Mitglied der
1. Bundesversammlung. – Wiesbaden
und Hessen-Nassau 1933 (SPD); Land
Hessen: Verfassungberatende Landesversammlung Groß-Hessen 1946 (SPD) und
Hessischer Landtag 1946-1958 (SPD),
Vorsitzender der SPD-Fraktion 1949-
1953 und 1955-1958.

Burkardt/Pult; Lengemann II

**Freiherr von Bodenhausen, Erich Thilo
August Wilhelm *Arthur* Wilke**, geb.
28.3.1860 Reckershausen, gest.
11.1.1936 Arnstein; Fideikommißherr
u.a. auf Arnstein. – Kassel und Hessen-
Nassau 1902-1919 (44. KLT).

Pelda

**(Baron[15]) von Bodenhausen, *Friedrich
Bodo* Wilhelm Ludwig**, geb. 16.9.1794
Witzenhausen, gest. 22.9.1851 Witzen-
hausen; Gutsbesitzer in Witzenhausen. –
Kurhessen: Ständeversammlung 1833-
1838 (gem. lib.).

Losch; Sieburg; J.L.

Dr. jur. Bodesheim, Ferdinand, geb.
5.7.1900 Frankfurt, gest. 10.11.1970 ... ;
Rechtsanwalt und Notar in Wiesbaden. –
Land Hessen: Hessischer Landtag 1958-
1966 (CDU).

Lengemann II

**von Bodungen, *Anton* Christoph Ludwig
Wilhelm Adolf**, geb. 20.3.1761 Lengerö-
den, gest. 3.4.1850 Heiligenstadt; Herr
auf Martinfeld, Krs. Heiligenstadt, bis
1805 Landrat im Eichsfeld, 1816 Landrat
des Kreises Mühlhausen und dann des
Kreises Heiligenstadt. – Kgr. Westphalen
1808-1813.

Lengemann I

Böcking, J. Adolph, geb. ... , gest. ... ; Handelsmann. – Freie Stadt Frankfurt: Ständige Bürgerrepräsentation [1802] -1818, Gesetzgebende Versammlung 1818.

Frost

Böcking, Johann Jacob, geb. ... , gest. ... ;

Handelsmann. – Freie Stadt Frankfurt:
Gesetzgebende Versammlung 1827-1848,
Ständige Bürgerrepräsentation 1828-
1850 (Stadtrechnungsrevisionskolleg
1830- 1850).

Frost

Böhle (VI.), Heinrich *Daniel*, geb.
25.7.1821 Sachsenberg, gest. 6.4.1879
Sachsenberg; Ackermann, später Kaufmann in Sachsenberg. – Waldeck: Landtag
1851-1852.

König; König/Lengemann/Seibel

Böhle (II.), Johann *Heinrich* Wilhelm,
geb. 25.3.1847 Sachsenberg, gest.
22.8.1925 Sachsenberg; Kaufmann in
Sachsenberg. – Waldeck: Landtag 1887-
1905 und 1908-1919 (NL); Vizepräsident
des Waldeckischen Landtags 1913-1919.

König; Lengemann III; König/Lengemann/Seibel

Böhle, Johann Jacob, geb. 5.8.1751 Sachsenberg, gest. 22.9.1832 Sachsenberg;
Bürgermeister in Sachsenberg. – Waldeck: Landstand 1825-1826.

König/Lengemann/Seibel

Böhler, Georg Friedrich, geb. 5.5.1799
Frankfurt, gest. 17.5.1857 Frankfurt;
Handelsmann. Freie Stadt Frankfurt: Ge-
setzgebende Versammlung 1847.

Frost

Böhm, *August* Jakob, geb. 10.8.1891
Gernsheim/Rh., gest. 10.3.1938 Fried-
berg; Staatsanwalt Mainz. – Volksstaat
Hessen 1924-1933 (DNVP).

Ruppel/Groß

Böhm, Gustav, geb. 27.1.1827 Offenbach,
gest. 6.11.1900 Offenbach; Seifenfabri-
kant in Offenbach; MdR 1887-1890
(NL). – Ghzm. Hessen: 2. Kammer 1878-
1888 (NL).

Ruppel/Groß; J.L.

Dr. jur. Böhm, Rudolf, geb. 15.1.1913 Bu-
digsdorf, Sudetenland, gest. 16.1.1995 ...;
Jurist im Oberlahnkreis. – Land Hessen:
Hessischer Landtag 1950-1954 (BHE
bzw. GB/BHE).

Lengemann II; Kanzlei des Landtags

---

[15] Kgl. westphälische Bestätigung des Adelstitels als
Baron am 6.3.1812, die jedoch nach 1813/15 nicht
anerkannt wurde.

Böhm, Wilfried, geb. 9.2.1934 Kassel; Diplom-Volkswirt, Leiter des Amtes für Wirtschaftsförderung, Presse und Statistik beim Magistrat der Stadt Fulda; MdB 1972-1994 (CDU); Mitglied der 6., der 7., der 8., der 9. und der 10. Bundesversammlung. – Land Hessen: Hessischer Landtag 1966-1972 (CDU).

Lengemann II; Kanzlei des Landtags

Böhm, Wilhelm Friedrich, geb. 5.7.1791 Bergen, gest. 2.7.1867 Roßdorf; Metropolitan in Bockenheim. – Kurhessen: Ständeversammlung 1833-1835 (gouv.).

Losch; Sieburg; J.L.

Böhm-Osterrieth, Franz Joseph, geb. ... , gest. ... ; Handelsmann. – Freie Stadt Frankfurt: Ständige Bürgerrepräsentation 1828-1866 (Stadtrechnungsrevisionskolleg 1838-1866), Gesetzgebende Versammlung 1831-1842, 1845-1846 und 1851-1855.

Frost

Böhmecke, Martin, geb. 21.11.1891 Witzenhausen, gest. 15.6.1958 Witzenzhausen; Landwirt in Rhena. – Kassel 1933 (NSDAP).

Pelda

Böhmer, Johann Friedrich, geb. 22.4.1795 Frankfurt, gest. 22.10.1863 Frankfurt. Jurist, 1830 erster Frankfurter Stadtbibliothekar und Archivar. – Freie Stadt Frankfurt: Gesetzgebende Versammlung 1830-1834[16].

Frost

Dr. jur. Böhmer, Johann Friedrich Georg, geb. 9.9.1799 Frankfurt, gest. 6.6.1851 Frankfurt; Jurist, 1834 lutherischer Konsistorialrat; 1834-1848 Senator, 1848 Schöff. – Freie Stadt Frankfurt: Gesetzgebende Versammlung 1829-1840 und 1850-1851[17].

Frost

Böhmer, Johannes, geb. 2.12.1879 Witzenhausen, gest. 15.10.1955 Witzenhausen; Sattlermeister in Witzenhausen. – Kassel und Hessen-Nassau 1921-1929 (Ag).

Pelda

Böhner, Johann, geb. 17.1.1822 Wallmerod, gest. 16.1.1892 Salz im Westerwald; Volksschullehrer. – Wiesbaden 1878-1885.

Burkardt/Pult

Bökel, Gerhard, geb. 30.6.1946 Sontra-Hornel; Rechtsanwalt in Atzbach, 1985-1994 Landrat des Lahn-Dill-Kreises, 1994-1995 Hessischer Minister des Innern, seit 1995 Hessischer Minister des Innern und für Landwirtschaft, Forsten und Naturschutz; Mitglied des Bundesrates seit 1994; Mitglied der Verbandsversammlung des LWV Hessen 1990-1993; mitglied des Bundesrats seit 1994. – Land Hessen: Hessischer Landtag 1978-1985 (SPD).

Lengemann II; Kanzlei des Landtags

Dr. jur. Dr. rer. pol. Bökemeier, Horst, geb. 6.5.1935 Schwelentrup; Jurist, bis 1976 Bürgermeister, 1976-1989 Rechtsanwalt und Notar in Korbach, seit 1989 Landrat des Landkreises Waldeck-Frankenberg. – Land Hessen: Hessischer Landtag 1976-1989 (SPD).

Lengemann II; Kanzlei des Landtags

Börger, Reinhard, geb. 2.11.1913 Nieder-Ohmen, gest. 30.5.1972 ... ; gelernter Schriftsetzer, Regierungsoberinspektor, hauptamtlicher Geschäftsführer der SPD-Landtagsfraktion; Mitglied der Verbandsversammlung des LWV Hessen 1953-1957 und 1959-1961; Mitglied der 3., der 4. und der 5. Bundesversammlung. – Land Hessen: Hessischer Landtag 1954-1970 (SPD).

Lengemann II

---

[16] Möglicherweise liegt keine Mitgliedschaft, sondern eine Verwechslung in den einschlägigen Mitgliederverzeichnissen mit seinem Bruder *Johann Friedrich Georg Böhmer* (1799-1851) vor.

---

[17] Vgl. die Anmerkung bei *Johann Friedrich Böhmer* (1795-1863).

Börner, Holger, geb. 7.2.1931 Kassel; gelernter Maurer, 1967-1969 Parlamentarischer Staatssekretär beim Bundesminister für Verkehr, 1969-1972 Parlamentarischer Staatssekretär beim Bundesminister für Verkehr und für das Post- und Fernmeldewesen, 1972-1976 Bundesgeschäftsführer der SPD, 1976-1987 Hessischer Ministerpräsident, seit 1987 Vorsitzender der Friedrich-Ebert-Stiftung; MdB 1957-1976 (SPD); Mitglied des Bundesrates 1976-1987, Vizepräsident des Bundesrates 1976-1978 und 1981-1982, Bundesratspräsident 1986-1987; Mitglied der 3., der 4., der 5., der 6., der 7 und der 8. Bundesversammlung. – Land Hessen: Hessischer Landtag 1978-1987 (SPD). Lengemann II; Kanzlei des Landtags

Bogen, Johann Carl Ludwig (*Louis*), geb. 7.6.1809 Michelstadt, gest. 6.4.1886 Neu-Ulm, MN, USA; Jurist, nach Emigration in die Schweiz 1848 Rückkehr nach Michelstadt, dort bis 1853 als Privatgelehrter wohnhaft, 1853 Auswanderung in die USA und Rechtsanwalt und Zeitungsherausgeber in Neu-Ulm; MdN 1848-1849 (DH 1848, Märzverein 1848-1849). – Ghzm. Hessen: 2. Kammer 1850-1853 (dem.). Ruppel/Groß; J.L.

Bohl, Heinrich *Friedrich*, geb. 5.3.1945 Rosdorf, Krs. Göttingen; Rechtsanwalt und Notar in Kirchhain, Krs. Marburg, seit 1991 Bundesminister für besondere Aufgaben und Chef des Bundeskanzleramtes, wohnhaft in Marburg; MdB seit 1980 (CDU); Mitglied der 6., 7., 8., 9. und 10. Bundesversammlung. – Land Hessen: Hessischer Landtag 1970-1980 (CDU). Lengemann II; Kanzlei des Landtags

Bohn, Christian, geb. ... , gest. ... . Freie Stadt Frankfurt: Gesetzgebende Versammlung 1836. Frost

Bohrer, Peter Franz, geb. ... , gest. ... ; Bierbrauermeister. – Freie Stadt Frankfurt: Gesetzgebende Versammlung 1846-1848 und 1852-1855. Frost

Bolongaro, Joseph Franz Anton, geb. 23.5.1796 Frankfurt, gest. 7.6.1862 Bad Ems; Handelsmann. – Freie Stadt Frankfurt: Ständige Bürgerrepräsentation 1830-1862, Gesetzgebende Versammlung 1834-1855, Verfassunggebende Versammlung 1848-1849; Vizepräsident der Gesetzgebenden Versammlung 1853. Frost; J.L.

Bolongaro-Crevenna, Jacob Ludwig, geb. 7.7.1808 Frankfurt, gest. ... ; Handelsmann. – Freie Stadt Frankfurt: Ständige Bürgerrepräsentation 1841-1849, Verfassunggebende Versammlung 1848-1849, Gesetzgebende Versammlung 1858-1863. Frost; J.L.

Bolte, Conrad, geb. 29.8.1824 Kassel, gest. 15.4.1892 Kassel; Eisenbahndirektor a.D. in Kassel. – Kassel 1877-1885. Pelda

Dr. Bolte, Karl, geb. ... , gest. ... ; Verbandssekretär, Verbandsrevisor in Kassel. – Kassel und Hessen-Nassau 1933 (NSDAP). Pelda

Dr. jur. von Boltog, *August* Christian Wilhelm Friedrich Heinrich, geb. 24.1.1818 Homburg, gest. 31.8.1879 Frankfurt; Ratsschreiber und Archivar, später 1. Senatsekretär und Kanzleirat. – Freie Stadt Frankfurt: Gesetzgebende Versammlung 1851. Frost; J.L.

Bonn, Johann Daniel, geb. 1.12.1818 Frankfurt, gest. 8.8.1881 Oberrad; Handelsmann. – Freie Stadt Frankfurt: Ständige Bürgerrepräsentation 1833-1838. Frost

Bonn, Johann Jacob, get. 14.2.1773 Frankfurt, gest. 16.2.1844 Frankfurt; Handelsmann. – Freie Stadt Frankfurt: Gesetzgebende Versammlung 1817-1822. Frost

Bonn, Peter, geb. 18.1.1805 Frankfurt, gest. 25.4.1865 Frankfurt; Handelsmann. – Freie Stadt Frankfurt: Gesetzgebende Versammlung 1851. Frost

Graf von Boos zu Waldeck und Montfort, Ludwig *Joseph*, geb. 26.11.1798 Koblenz, gest. 1.10.1880 Aschaffenburg; Flügeladjudant, Oberstallmeister. – Nassau: Herrenbank 1831-1832.
Rösner-Hausmann; J.L.

Bopp, Karl Peter, geb. 14.2.1865 Kleinseelheim, gest. 3.8.1931 Kleinseelheim; Gutsbesitzer in Kleinseelheim. – Kassel und Hessen-Nassau 1899-1919 (44. KLT). Pelda

Boppel, Hans Christoph (*Chris***)**, geb. 11.7.1951 Bad Bergzabern; Diplom-Psychologe, 1983-1985 Fraktionsassistent der GRÜ-Landtagsfraktion, 1989-1993 hauptamtlicher Beigeordneter im Landkreis Gießen, seit 1993 Umweltdezernent. – Land Hessen: Hessischer Landtag 1985-1989 (GRÜ)
. Lengemann II; Kanzlei des Landtags

Borgnis, Jacob Friedrich Franz, geb. … , gest. … ; Bankier. – Freie Stadt Frankfurt: Gesetzgebende Versammlung 1856. Frost

Borgnis, (Johann) Matthias Franz Josef, geb. … , gest. … ; Handelsmann und Bankier. – Freie Stadt Frankfurt: Gesetzgebende Versammlung 1830-1837 und 1841-1845. Frost

Borkholder, Jacob, geb. 23.11.1762 Erbes-Büdesheim, gest. 1.2.1829 Kreidelsches Hofgut bei Massenheim, Amt Hochheim; Hofbeständer. – Nassau: Deputiertenkammer 1821. Rösner-Hausmann

Born, Frida Pauline Wilhelmine, geb. 22.11.1883 Prenzlau in der Uckermark, gest. 26.10.1892 Frankfurt; Fürsorgerin. – Wiesbaden und Hessen-Nassau 1930-1932 (DDP bzw. DStP). Burkardt/Pult

Born, Friedrich, geb. 9.1.1828 Usingen, gest. 26.8.1881 Usingen; Gerber. – Nassau: II. Kammer 1864-1866 (NFP).
Rösner-Hausmann

Born, Heinrich Christian, geb. 17.4.1847 Erbenheim, gest. 25.7.1897 Wiesbaden; Landwirt und Bürgermeister in Erbenheim; MdA 1889-1897 (NL). – Wiesbaden und Hessen-Nassau 1886-1897 (NL).
Burkardt/Pult

Born, Ludwig, geb. 26.1.1813 Langenscheid bei Dietz, gest. 15.4.1875 Langenscheid; Gutsbesitzer in Langenscheid; MdA 1867-1874 (als Kandidat: lib. 1867; im Abg.-Haus: Linkes Zentrum 1867-1868; F 1868-1874); MdR 1867 (NL). – Nassau: Ständeversammlung 1848-1851, I. Kammer 1861-1863 und II. Kammer 1864-1866 (NFP); Wiesbaden 1868-1873. Rösner-Hausmann; J.L.

Bornemann, Johannes, geb. 5.2.1778 Landau, gest. 7.5.1885 Landau; Schmiedemeister und Bürgermeister in Landau. – Waldeck: Landstand 1830-1832 und 1840-1842. König/Lengemann/Seibel

Bornemann, Karl Heinrich, geb. 9.9.1874 Alsfeld, gest. 28.12.1963 Friedberg; Journalist, 1918 Direktor der Staatskanzlei, später Ministerialrat im Staatsministerium in Darmstadt. – Volksstaat Hessen 1919-1927 (SPD).
Ruppel/Groß; Götz/Rack

Borries, Karl, geb. 13.4.1810 Hanau, gest. 13.5.1836 … ; Rentier in Hanau. – Kurhessen: 2. Kammer 1860-1861.
Losch; Sieburg

von Borries, *Philipp* Karl Ludwig, geb. 26.4.1778 Stade, gest. 17.6.1838 Herford; Fideikommißherr auf Steinlacke, 1808 dort Maire, später Landrat in Bünde und dann in Herford. – Kgr. Westphalen 1808-1813. Lengemann I

Borsche, Arnulf, geb. 15.3.1928 Frankfurt; Prokurist und Hauptabteilungsleiter bei der Nestlé Deutschland AG in Frankfurt; Mitglied der 4. und 5. Bundesversammlung. – Land Hessen: Hessischer Landtag 1962-1982 (CDU). Lengemann II

du Bos – s. Thil, du Bos Freiherr du

Bott, Johannes, geb. 23.3.1815 Hettenhain, gest. 1.1.1889 Eltville; Maurer, Bürgermeister. – Wiesbaden 1878-1888 und Hessen-Nassau 1886-1888.
Burkardt/Pult

Bouffier, Volker, geb. 18.12.1951 Gießen; Rechtsanwalt und – ab 1984 – Notar in Gießen, 1987-1991 Staatssekretär beim Hessischen Minister der Justiz; Mitglied der 10. Bundesversammlung. – Land Hessen: Hessischer Landtag 1982-1987 und seit 1991 (CDU).
Lengemann II; Kanzlei des Landtags

Dr. jur. Boxheimer, Johann Georg, geb. 29.1.1877 Abenheim bei Worms, gest. 18.11.1914 [gefallen] ... , Frankreich; Rechtsanwalt in Worms. – Ghzm. Hessen: 2. Kammer 1911-1914 (Z).
Ruppel/Groß

von Boyneburg, Friedrich August[18], geb. 15.6.1792 ... , gest. 20.8.1860 ... ; Hauptmann a.D. in Wichmannshausen. – Kurhessen: Ständeversammlung 1838 und 1839-1846 (gouv. 1838). Losch; Sieburg; J.L.

Graf von Brabeck[19], *Moritz* **(Mauritz) Friedrich Johannes Carl Maria**, geb. 27.1.1742 Brabeck, Amt Fredeburg, gest.

8.1.1814 ... ; Fideikommißherr u.a. auf Söder. – Kgr. Westphalen 1808-1813.
Lengemann I

Brack, Abraham, geb. ... , gest. ... ; Jurist. – Freie Stadt Frankfurt: Ständige Bürgerrepräsentation 1816-1817; Gesetzgebende Versammlung 1817-1831; Vizepräsident der Gesetzgebenden Versammlung 1823-1828
Frost

Brack, Friedrich Adolf, geb. 14.6.1827 Schmalkalden, gest. 22.11.1893 Schmalkalden; Major a.D., Bürgermeister in Schmalkalden. – Kassel 1883-1892 und Hessen-Nassau 1886-1892.
Pelda

Brack, Justus (Justinian), geb. ... , gest. ... . – Freie Stadt Frankfurt: Gesetzgebende Versammlung 1842-1847, Verfassunggebende Versammlung 1848-1849.
Frost; J.L.

Bräutigam, *Heinrich* **Wilhelm**, geb. 23.10.1868 Landau, gest. 18.3.1937 Arolsen; Landwirt und Müller in Landau. – Waldeck: Landesvertretung 1919-1929 (SPD). König; König/Lengemann/Seibel

von Branconi[20], **Franz** *Anton* **Salvator** (*Antonio* **Mariano Salvatore Francesco**), geb. 31.10.1762 Neapel, gest. 20.5.1828 Langenstein, Krs. Halberstadt; Herr auf Langenstein, 1808-1813 Canton-Maire von Halberstadt-Land, später Landrat des Kreises Halberstadt. – Kgr. Westphalen 1808-1813.
Lengemann I

Dr. theol. h.c. Brand, Franz *Jacob*, geb. 20.6.1776 Neudorf, gest. 26.10.1833 Limburg; Bischof von Limburg. – Nassau: Deputiertenkammer 1825-1833.
Rösner-Hausmann; J.L.

---

[18] Nach GROTHE hatte der Abgeordnete den Vornamen *Ludwig*; da die Stammtafeln in dieser Zeit nur einen Hauptmann *von Boyneburg* enthalten, spricht viel für dessen Vornamen, nämlich *Friedrich August*, der auch seit Losch in der einschlägigen Literatur angenommen wird.
[19] Erhebung in den Kgl. preußischen Grafenstand am 10.7.1803.

[20] Erhebung (gemeinsam mit seiner Mutter und seinem Bruder) des bis dahin den Namen *Antonio Pessina* führenden späteren Abgeordneten in den rittermäßigen Reichsadelsstand am 3.12.1774 als *von Branconi*.

Brand, Georg Friedrich, geb. ... 1798 Biebelnheim, gest. 28.1.1874 Biebelnheim; Landwirt in Biebelnheim. – Ghzm. Hessen: 2. Kammer 1856-1862.
Ruppel/Groß

Brand, Hermann, geb. 12.11.1857 Alt-Wildungen, gest. 22.1.1929 Alt-Wildungen; Kaufmann in Alt-Wildungen. – Waldeck: Landesvertretung 1922-1925 (DDP).
König; König/Lengemann/Seibel

Freiherr von Brandis, Felix Theodor Eberhard, geb. 10.7.1868 Harzburg, gest. 5.2.1933 Biebrich; Hofjägermeister. – Wiesbaden und Hessen-Nassau 1911-1918.
Burkardt/Pult; J.L.

von Zelion, gen. von Brandis, *Franz* Josef Michael, geb. 31.8.1792 Werl, gest. 21.8.1870 Darmstadt; Oberforstrat bei der Oberforstdirektion Darmstadt. – Ghzm. Hessen: 2. Kammer 1832-1833.
Ruppel/Groß; J.L.

Brandt, Johann *Christoph*, geb. 17.5.1800 Allendorf an der Werra, gest. 5.12.1858 ... ; Ökonom, Stadtkämmerer in Allendorf. – Kurhessen: Ständeversammlung 1836-1838 (gem. lib.).
Losch; Sieburg; J.L.

Brandt, Otto Heinrich, geb. 29.8.1796 Vlotho, gest. 31.8.1881 Rodenberg; Pächter der Domäne Rodenberg. – Kassel 1880-1885.
Pelda

Dr. phil. Brans, Werner, geb. 8.1.1929 Wetzlar; Gymnasiallehrer, 1979-1984 Staatssekretär beim Hessischen Minister für Landesentwicklung, Umwelt, Landwirtschaft und Forsten, 1990-1993 Staatssekretär im Thüringer Ministerium für Wissenschaft und Kunst, 1993-1994 Direktor der Gedenkstätte Buchenwald; Mitglied der 6. Bundesversammlung. – Land Hessen: Hessischer Landtag 1970-1978 (F.D.P.).
Lengemann II; Kanzlei des Landtags

Brauer, Heinrich, geb. 16.8.1860 Ober-Ofleiden, gest. 14.4.1945 Ober-Ofleiden; Landwirt und Mühlenbesitzer in Ober-Ofleiden. – Ghzm. Hessen: 2. Kammer 1896-1918 und Volksstaat Hessen 1919-1924 (Bauernbund); Vorsitzender der Fraktionsgemeinschaft Bauernbund-DNVP 1921-1924.
Ruppel/Groß; J.L.

Braun, Erich, geb. 7.7.1901 Ruhla, gest. 7.2.1956 Bebra; Kaufmann, Fabrikant (Bebrit-Werke) in Bebra. – Kassel und Hessen-Nassau 1933 (NSDAP).
Pelda

Braun, Franz Christoph, geb. 13.11.1766 Bad Kreuznach, gest. 9.6.1833 ... ; reformierter Pfarrer in Oppenheim. – Ghzm. Hessen: 2. Kammer 1820-1824.
Ruppel/Groß

Braun, Friedrich, geb. 16.8.1849 Alsheim, gest. 20.4.1935 Alsheim; Landwirt und Bürgermeister in Alsheim. – Ghzm. Hessen: 2. Kammer 1902-1908 (NL).
Ruppel/Groß

Braun, Georg Wilhelm, geb. 11.8.1834 Hersfeld, gest. 31.8.1909 Hersfeld; Bürgermeister in Hersfeld. – Kassel und Hessen-Nassau 1892-1907.
Pelda

Braun, Johann *August* Georg, geb. 21.10.1820 Hersfeld, gest. 28.9.1879 Hersfeld; Tuchfabrikant in Hersfeld; MdR 1867-1874 (NL); MdA 1867-1876 (NL). – Kurhessen: Ständeversammlung 1862-1866; Kassel 1868-1877 (NL).
Losch; Sieburg; Pelda; J.L.

Braun, Johann Bernhard, geb. 24.8.1798 Hersfeld, gest. 27.7.1843 Hersfeld; Tuchfabrikant in Hersfeld. – Kurhessen: Ständeversammlung 1833 und 1833-1835 (gem. lib.).
Losch; Sieburg; J.L.

Braun, Johann Christian, geb. ... , gest. ... ; Spenglermeister. – Freie Stadt Frankfurt: Gesetzgebende Versammlung 1817-1825.
Frost

Dr. Karl Braun (NFP)
Präsident der II. Kammer des Nassauischen Land-
tags 1859-1863

Dr. jur. Braun, *Karl* **Joseph Wilhelm**, geb. 20.3.1822 Hadamar, gest. 14.7.1893 Freiburg im Breisgau; Rechtsanwalt und Publizist, bis 1867 in Wiesbaden, dann in Berlin, zuletzt in Leipzig; MdA 1867-1879 (NL); MdR 1867-1887 (NL 1867-1880, LVg 1880-1884, DFrsgP 1884-1887). – Nassau: Ständeversammlung 1849-1851 (Club der Linken) und II. Kammer 1852-1863 (NFP); Präsident der II. Kammer 1859-1863.

Rösner-Hausmann; J.L.

Braun, Ludwig Albrecht, geb. 18.11.1797 Michelstadt, gest. 26.9.1869 Rüsselsheim; evangelischer Pfarrer in Rüsselsheim. – Ghzm. Hessen: 2. Kammer 1856-1862.

Ruppel/Groß

Braun, Otto, geb. 9.5.1904 Melsungen, gest. 1.12.1986 ... ; Inhaber der Fa. B.

Braun in Melsungen. – Land Hessen: Hessischer Landtag 1954-1958 (FDP).

Lengemann II; Kanzlei des Landtags

Dr. rer. vet. Dr. chem. Braun, *Rudolf* **Oskar Karl**, geb. 21.7.1889 Wetter, gest. 25.7.1975 Marburg; Apotheker, Chemiker, Besitzer der Uzara GmbH in Melsungen; Mitglied des Preußischen Staatsraats 1933 (NSDAP); MdR 1933-1945 (NSDAP). – Kassel und Hessen-Nassau 1933 (NSDAP).

Pelda; J.L.

Braun, Wilhelm, geb. ... , gest. ... . – Freie Stadt Frankfurt: Gesetzgebende Versammlung 1834.

Frost

Braunersreuther, Friedrich, geb. 10.6.1880 Ludwigshorgast in Bayern, gest. 17.9.1965 Kassel; Gewerkschaftssekretär beim ADGB in Kassel, 1928-1933 stellvertretender Leiter des Arbeitsamtes Kassel, 1945 Direktor des Arbeitsamtes in Kassel. – Kassel und Hessen-Nassau 1926-1929 (SPD).

Pelda

Braunfels, Ludwig (urspünglich: Lazarus), geb. 22.4.1810 Frankfurt, gest. 25.9.1885 Frankfurt; Advokat, Übersetzer und Dichter in Frankfurt, Mitherausgeber der *Neuen Frankfurter Zeitung*. – Freie Stadt Frankfurt: Verfassunggebende Versammlung 1848-1849, Gesetzgebende Versammlung 1858-1866.

Frost; J.L.

Braunfels, Otto (ursprünglich: Jesaias) **Gustav**, geb. 9.9.1841 Frankfurt, gest. 16.7.1917 Frankfurt; Bankier. – Wiesbaden und Hessen-Nassau 1905-1917 (NL).

Burkardt/Pult

Braunholz, Johannes, geb. 27.4.1884 Rockensüß, gest. 1.2.1966 Kassel; SPD-Parteisekretär in Eschwege, später in Kassel. – Kassel und Hessen-Nassau 1921-1929 (SPD).

Pelda

Braunwart, Andreas, geb. 23.2.1767 Eppertshausen, gest. 5.9.1830 Eppertshausen; Bürgermeister in Eppertshausen. – Ghzm. Hessen: 2. Kammer 1826-1830 (lib.). Ruppel/Groß

Bredemeier (I), Friedrich Wilhelm, geb. 18.7.1807 Escher, gest. 28.9.1888 Stau; Besitzer des Guts Stau, Bürgermeister. – Kassel 1871-1877. Pelda

Bredemeier, Johann *Christoph*, geb. 25.8.1797 Escher, gest. 10.9.1852 Escher; Kolon und Bürgermeister in Escher. Kurhessen: Ständeversammlung 1836-1841 und 1845-1849 (lib. 1835-*1838*). Losch; Sieburg; J.L.

D. Dr. jur. et phil. Bredt, Johann Victor, geb. 2.3.1879 Wuppertal-Barmen, gest. 1.12.1940 Marburg; Professor für Staats-, Verwaltungs-, Kirchen- und Völkerrecht sowie Staatsbürgerkunde in Marburg; MdA 1911-1918 (FK); MdL Preußen 1921-1924 (WP); MdR 1924-1933 (WP). – Kassel und Hessen-Nassau 1919 (45. KLT) -1920 (DNVP). Pelda; J.L.

Brehm, Johannes, geb. 29.11.1810 Lüdersdorf, Krs. Rotenburg, gest. 9.3.1891 Abterode; Amtsanwalt und Bürgermeister in Abterode. – Kurhessen: Ständeversammlung 1849-1850; Kassel 1874-1883. Losch; Sieburg; Peõda

Freiherr von Breidbach-Bürresheim, gen. vom Riedt, *Anton* Philipp, geb. 3.11.1791 Mainz, gest. 30.10.1878 Heddernheim; Generalmajor, Flügeladjudant, Oberstallmeister in Wiesbaden, ab 1836 auch in Heddernheim. – Nassau: Herrenbank 1826-1847 und I. Kammer. Rösner-Hausmann; J.L.

Freiherr von Breidbach-Bürresheim, gen. vom Riedt, *Philipp* Jacob, geb. 10.12.1792 Mainz, gest. 7.11.1845 Wiesbaden; Oberzeremonienmeister. – Nassau: Herrenbank: 1831-1841 und 1843-1845. Rösner-Hausmann

Freiherr von Breidenbach zu Breidenstein[21], **Carl Friedrich Ludwig Christian**, geb. 12.9.1789 Breidenstein, gest. 12.12.1847 Darmstadt; Major, 1833 Obristleutnant, 1834 wirklicher Obristleutnant, 1836 2. Kommandeur, 1845 Generalmajor, später Direktor der Staatsschuldentilgungskasse. – Ghzm. Hessen: 2. Kammer 1823-1847 (kons.). Ruppel/Groß; Götz/Rack

Freiherr von Breidenbach zu Breidenstein[22], **Friedrich Karl Christian**, geb. 18.6.1781 Allendorf an der Eder, gest. 19.6.1856 Breidenstein; Hofrat a.D., Gutsbesitzer. – Ghzm. Hessen: 2. Kammer 1820-1821 und 1. Kammer 1823-1849; Vizepräsident (2. Präsident) der 2. Kammer 1820-1821 und Vizepräsident (2. Präsident) der 1. Kammer 1823-1824 und 1841-1842 Ruppel/Groß; Götz/Rack; J.L.

Breidenbach, Justus, geb. 21.9.1800 Groß-Zimmern, gest. 15.2.1863 Groß-Zimmern; Ökonom in Groß-Zimmern. – Ghzm. Hessen: 2. Kammer 1862-1863. Ruppel/Groß

Breidenbach, Karl, geb. 22.7.1871 Dorheim, gest. 28.5.1944 Dorheim; Landwirt in Dorheim. – Ghzm. Hessen: 2. Kammer 1905-1918 (Bauernbund). Ruppel/Groß; Götz/Rack

Dr. Breidenbach, *Moritz* Wilhelm August, geb. 13.11.1796 Offenbach, gest. 2.4.1857 Darmstadt; Oberstudiendirektor in Darmstadt. – Ghzm. Hessen: 2. Kammer 1851-1856. Ruppel/Groß

Freiherren von Breidenstein – s. Freiherren von Breidenbach

---

[21] Die Familie bediente sich seit Ende des 17. Jahrhunderts des Freiherrentitels; am 11.9.1913 erfolgte die Ghzgl. hessische Anerkennung der Berechtigung zur Führung des Titels für das Gesamtgeschlecht.
[22] Vgl. die vorhergehende Anmerkung.

Dr. jur. h.c. Breidert, Johann *Georg*, geb. 27.3.1807 Darmstadt, gest. 11.8.1876 Darmstadt; Hofgerichtsadvokat, 1856 Oberbaurat bei der Oberbaudirektion, 1858 Rat bei der Oberrechnungskammer, 1875 Mitglied des Verwaltungsgerichtshofes. – Ghzm. Hessen: 2. Kammer 1856-1862 und 1866-1872 (kons.).

Ruppel/Groß

Breimer, *August* Wilhelm, geb. 12.6.1845 Beerfelden, gest. 24.4.1900 Beerfelden; Brauereibesitzer in Beerfelden. – Ghzm. Hessen: 2. Kammer 1888-1900 (NL).

Ruppel/Groß

Breimer, Johann Heinrich, geb. 19.7.1772 Beerfelden, gest. 20.8.1837 Beerfelden; Gerichtsschultheiß in Beerfelden. – Ghzm. Hessen: 2. Kammer 1826-1830. Ruppel/Groß

Breimer, Wilhelm *Heinrich*, geb. 10.11.1867 Beerfelden, gest. 16.5.1947 Beerfelden; Brauereibesitzer in Beerfelden. – Ghzm. Hessen: 2. Kammer 1901-1909 (NL). Ruppel/Groß

Breitenbach, Konrad, geb. 22.11.1883 Großenlüder, gest. 13.9.1960 Fulda; Landwirt und Darlehenskassenrechner in Großenlüder. – Kassel und Hessen-Nassau 1921-1925 (Z). Pelda

Breithaupt, Anita, geb. 4.6.1936 Ottmarsbocholt in Westfalen; Professorin an der Fachhochschule Frankfurt; Mitglied der 10. Bundesversammlung. – Land Hessen: Hessischer Landtag seit 1983 (SPD).

Lengemann II; Kanzlei des Landtags

Breitstadt, Johannes Heinrich, geb. 17.10.1858 Hassenhausen, gest. 12.4.1937 Hassenhausen; Landwirt und Bürgermeister in Hassenhausen. – Kassel und Hessen-Nassau 1912-1920 ([NL (*1886*)/antisem. (*1894*)], DNVP 1919-1920). Pelda; J.L.

Breitwieser, Werner, geb. 14.8.1937 Scharbach; Rektor an der Eugen-Bachmann-Schule in Wald-Michelbach; Mitglied der Verbandsversammlung des LWV Hessen seit 1989. – Land Hessen: Hessischer Landtag seit 1989 (CDU).

Kanzlei des Landtags

Freiherr von Brenken, Franz Joseph, geb. 5.6.1757 Erpernburg/Brenken, gest. 5.6.1832 Erpernburg/Brenken; Fideikommißherr u.a. auf Erpernburg und Wewer, 1808-1813 Maire der Gemeinde Brenken. – Kgr. Westphalen 1808-1813.

Lengemann I

Dr. jur. Brenner, *Carl* Friedrich, geb. 28.3.1807 Bullau, Krs. Erbach, gest. 3.7.1864 Bad Kissingen; Hofgerichtsrat in Darmstadt. – Ghzm. Hessen: 2. Kammer 1862-1864. Ruppel/Groß

Brenner, Johann Georg, geb. 16.9.1820 Ossenheim, Krs. Friedberg, gest. 10.8.1890 Hanau; Mühlenbesitzer in Hanau. – Kassel 1874-1883. Pelda

Brenner, Philipp, geb. 21.9.1802 Hanau, gest. 29.9.1870 Hanau; Mühlenbesitzer in Hanau. – Kurhessen: Ständeversammlung 1849-1850, 2. Kammer 1861-1862 und Ständeversammlung 1862-1866 (lib.)

Losch: Sieburg; J.L.

(von[23]) Brenning, Johann *Nicolaus*, geb. 9.12.1788 Altona, gest. 14.2.1855 Friemen; Gutsbesitzer in Friemen. – Kurhessen: 2. Kammer 1852-1854 (kons.-reakt.). Losch; Sieburg; J.L.

Brentano, Anton Theodor, geb. 14.1.1809 Frankfurt, gest. 20.4.1895 Frankfurt; Handelsmann; Vorsitzender der Frankfurter Stadtverordnetenver-

---

[23] Bei LOSCH und SIEBURG einfach als *Brenning* bezeichnet, bei SEIER-VON NATHUSIUS als *von Brenning*; ein Adelsstand läßt sich nicht nachweisen.

sammlung 1867-1870 (NL). – Freie Stadt Frankfurt: Gesetzgebende Versammlung 1865-1866. Frost; J.L.

Brentano, *Bernhard* Martin, geb. 13.4.1772 Frankfurt, gest. 24.3.1855 Bockenheim. – Freie Stadt Frankfurt: Ständige Bürgerrepräsentation [1814] - 1817. Frost

Brentano, Francesco Domenico Maria Josef (*Franz*), geb. 17.11.1765 Frankfurt, gest. 28.6.1844 Frankfurt; Handelsmann; 1816-1827 Senator, 1817 Mitglied des Engeren Rats, 1827 Schöff. – Freie Stadt Frankfurt: Gesetzgebende Versammlung 1821-1827 und 1830-1831. Frost

Brentano, *Georg* Michael Anton Josef, geb. 12.3.1775 Ehrenbreitstein, gest. 22.2.1851 Frankfurt; Handelsmann. – Freie Stadt Frankfurt: Gesetzgebende Versammlung 1817-1821, 1823, 1828 und 1830. Frost

Brentano, Ludwig Carl Georg, geb. 24.4.1811 Frankfurt, gest. 20.1.1895 Frankfurt; Bankier. – Freie Stadt Frankfurt: Gesetzgebende Versammlung 1845-1848 und 1851. Frost

Brentano-Berna, *Anton* Maria, geb. 4.1.1777 Frankfurt, gest. 11.10.1832 Gut Hattenheim im Rheingau; Handelsmann. – Freie Stadt Frankfurt: Gesetzgebende Versammlung 1824-1827. Frost

Dr. jur. von Brentano di (aus dem Hause) **Tremezzo, Heinrich**, geb. 20.6.1904 Offenbach, gest. 14.11.1964 ... ; Rechtsanwalt am Oberlandesgericht in Darmstadt, 1955-1961 Bundesminister des Auswärtigen; Mitglied des Parlamentarischen Rats des Länderrats des amerikanischen Besatzungsgebiets 1948-1949 (CDU); Mitglied des Parlamentarischen Rates 1948-1949; MdB 1949-1964 (CDU); Vorsitzender der CDU/CSU-Bundestagsfraktion 1949-1955 und 1961-1964; Mitglied der 1., 2., 3. und 4. Bundesversammlung; MdEP 1952-1955 (CDU). – Land Hessen: Beratender Landesausschuß 1946 (CDU), Verfassungberatende Landesversammlung Groß-Hessen 1946 (CDU) und Hessischer Landtag 1946-1949 (CDU), Vorsitzender der CDU-Fraktion 1947-1949. Lengemann II

Dr. jur. von Brentano di (aus dem Hause) **Tremezzo[24], *Otto* Rudolf**, geb. 9.12.1855 Darmstadt, gest. 21.7.1927 Darmstadt; Rechtsanwalt zunächst in Friedberg, dann in Offenbach, 1918-1919 Direktor der Ministerialabteilung für Justiz, 1919-1927 Hessischer Minister der Justiz, ab 1921 auch Minister des Innern; MdR 1919-1924 (Z). – Ghzm Hessen: 2. Kammer 1897-1918 und Volksstaat Hessen 1919-1927 (Z). Ruppel/Groß; J.L.

Breyl, Hans, geb. 6.8.1878 Regensburg, gest. 17.4.1958 Frankfurt; Angestellter bei der Gemeinde Fechenheim, 1928 Stadtsekretär bei der Stadt Frankfurt. – Kassel und Hessen-Nassau 1927-1928 (SPD). Pelda

Dr. med. Brill, Gustav Franz Viktor, geb. 7.2.1853 Eschwege, gest. 25.5.1926 Eschwege; praktischer Arzt in Eschwege. – Kassel und Hessen-Nassau 1915-1916. Pelda

Brill, Otto, geb. 22. 1.1884 Kassel, gest. 11.6.1934 Kassel; Rechtsanwalt in Kassel. – Kassel und Hessen-Nassau 1921-1925 (DNVP). Pelda

Bringezu, geb. Fröhlich, Anne (*Aenne*), geb. 26.1.1898 Gernrode, gest. 1.1.1974 Frankfurt; Museumsangestellte in Frankfurt. – Land Hessen: Beratender Landesausschuß 1946 (LDP). Lengemann II

---

[24] Kgl. italienische Adelsanerkennung am 11.3.1885, Ghzgl. hessische Adelsanerkennung am 11.3.1888.

Brinkmann, Heinrich Friedrich Ludwig (*Louis*), geb. 20.4.1826 Thal, gest. 12.11.1894 Holzhausen; Landwirt und Bürgermeister in Holzhausen. – Waldeck: Spezial-Landtag Pyrmont 1863-1864 und Landtag 1866-1869 und 1878-1892 (NL). König; Lengemann IV; König/Lengemann/Seibel

Brockmann, Johann Heinrich *Rudolf*, geb. 23.7.1761 Wulften bei Schledehausen, gest. 3.3.1814 Wulften; Landwirt auf dem Brockmannhof in Wulften. – Kgr. Westphalen 1808-1813. Lengemann I

Brockmann, Leonhard, geb. 24.6.1935 Dülmen in Westfalen; gelernter Schuhmacher, Referent für Betriebsgruppenarbeit in der Betriebsseelsorge der Diözese Mainz. – Land Hessen: Hessischer Landtag 1974-1983, 1984-1991 und 1992-1995 (CDU). Lengemann II; Kanzlei des Landtags

Brockmann, Theodor, geb. 7.1.1826 Obernkirchen, gest. 26.3.1905 Glesien, Sachsen; Kaufmann in Obernkirchen. – Kassel und Hessen-Nassau 1887-1894. Pelda

Brofft, Johann Theodor, geb. 22.3.1824 Frankfurt, gest. 2.6.1889 Frankfurt; Maurermeister und Architekt. – Freie Stadt Frankfurt: Gesetzgebende Versammlung 1858-1866, Ständige Bürgerrepräsentation 1862-1866. Frost

Brofft, Philipp Jacob, geb. 14.5.1793 Frankfurt, gest. 5.12.1852 Frankfurt. Maurermeister. – Freie Stadt Frankfurt: Gesetzgebende Versammlung 1850-1851. Frost

Brofft-Schury (jun.), Franz, geb. 7.10.1788 Frankfurt, gest. 7.11.1867 Frankfurt; Maurermeister. – Freie Stadt Frankfurt: Gesetzgebende Versammlung 1833 und 1836-1837, Ständige Bürgerrepräsentation 1837-1846. Frost

Broll, *Karl* Georg, geb. 25.9.1882 Hanno-

ver, gest. 15.9.1940 Stockhausen, Krs. Wetzlar; Mineralbrunnenbesitzer in Biskirchen; Mitglied des Rheinischen Provinzial-Landtags 1931-1932 (CNBLVP). – Wiesbaden und Hessen-Nassau 1933 (SWR). Burkardt/Pult

Bromm (II), Justus Heinrich, geb. 14.5.1827 Rauschenberg, gest. 22.12.1905 Rauschenberg; Landwirt, Stadtkämmerer, später auch Bürgermeister in Rauschenberg; MdA 1867-1873 und 1877-1879 (als Kandidat: NL 1867, 1871, F 1873, 1876; im Abg.-Haus: Linkes Zentrum 1867-1870, bkF 1870-1873, F 1877-1879). – Kurhessen: 2. Kammer 1860-1862 und Ständeversammlung 1862-1866 (dem.). Losch; Sieburg; Pelda; J.L.

Bruch, Gerhard, geb. 6.3.1936 Kirberg, Krs. Limburg; Jurist, bis 1978 stellvertretender Direktor des Hessischen Landkreistages, seit auch 1972 Rechtsanwalt, wohnhaft in Aarbergen. – Land Hessen: Hessischer Landtag 1978-1987 (SPD). Lengemann II; Kanzlei des Landtags

Dr. theol. Bruck, Heinrich, geb. 25.10.1831 Bingen, gest. 5.11.1903 Mainz; Professor für Kirchengeschichte am Mainzer Priesterseminar, 1900 Bischof von Mainz. – Ghzm. Hessen: 1. Kammer 1900-1903. Götz/Rack

Bruckert, Philipp Ludwig, geb. 27.4.1796 Fürstenberg, gest. 18.1.1855 Fürstenberg; Pfennigmeister und Bürgermeister in Fürstenberg. – Waldeck: Landstand 1838-1840. König/Lengemann/Seibel

Bruder, Fritz, geb. 30.5.1907 Seligenstadt, gest. 16.5.1975 ... ; Studienrat, 1964-1972 Bürgermeister in Seligenstadt. – Land Hessen: Hessischer Landtag 1958-1966 (CDU). Lengemann II

Brübach, Wilhelm, geb. 22.7.1909 Hopfelde; gelernter Kaufmann, 1946-1973

Landrat in Witzenhausen. – Land Hessen: Hessischer Landtag 1946-1970 (SPD).

Lengemann II

Brückmann, Johann _Georg_, geb. 8.1.1896 Auerbach, gest. 26.6.1973 Bensheim; Kaufmann, später Bürgermeister in Bensheim. – Volksstaat Hessen 1931-1933 (NSDAP).

Ruppel/Groß; Götz/Rack

Brückmann, Uwe, geb. 23.2.1960 Hessisch Lichtenau-Walburg; Diplom-Verwaltungswirt in der Hauptverwaltung des LWV Hessen in Kassel, wohnhaft in Hessisch-Lichtenau. – Land Hessen: Hessischer Landtag 1994-1995 (CDU).

Kanzlei des Landtags

Brückner, Michael, geb. 11.3.1871 Somborn, gest. 6.4.1936 Somborn; Landwirt und Kalkbrennereibesitzer in Somborn. – Kassel und Hessen-Nassau 1919 (45. KLT) -1920 (Z).

Pelda

Brückner, Nicolaus Wilhelm, geb. ... , gest. ... . – Freie Stadt Frankfurt: Ständige Bürgerrepräsentation 1861-1866, Gesetzgebende Versammlung 1862-1863.

Frost

Brückner, Reinhard, geb. 10.7.1923 Steinsdorf in Niederschlesien; evangelischer Theologe in Weilburg. – Land Hessen: Hessischer Landtag 1982-1984 (GRÜ).

Lengemann II

Brühne (vulgo: Hunold), **_Christian_ Friedrich**, geb. 16.5.1830 Adorf, gest. 15.1.1896 Adorf; Landwirt und Bürgermeister in Adorf. – Waldeck: Landtag 1871-1884.

König; König/Lengemann/Seibel

Dr. rer. nat von Brüning[25], **_Gustav_ Adolf Wilhelm**, geb. 5.8.1864 Höchst, gest.

8.2.1913 St. Moritz, GR, Schweiz[26]; Vorstandsmitglied und Generaldirektor der Farbwerke Höchst. – Wiesbaden und Hessen-Nassau 1899-1912 (NL).

Burkardt/Pult

Brützel, Henrich Christian, geb. 2.1.1798 Fürstenberg, gest. 7.12.1871 Fürstenberg; Bürgermeister in Fürstenberg. – Waldeck: Landstand 1833-1836 und 1840-1842.

König/Lengemann/Seibel

Brumhard, Gustav Adolf, geb. 29.9.1805 Bromskirchen, gest. 16.1.1885 Zwingenberg; Landrichter in Lorsch, 1856 in Zwingenberg. – Ghzm. Hessen: 2. Kammer 1851-1866.

Ruppel/Groß

Brunk (Brunck), **Franz _Josef_**, geb. 7.3.1787 Winterborn, gest. 21.10.1848 Frankfurt; Landwirt und Bürgermeister in Fürfeld; MdN 1848 (Donnersberg). – Ghzm. Hessen: 2. Kammer 1826-1848 (lib.).

Ruppel/Groß; J.L.

Brunner, Carl, geb. 19.8.1862 Gudensberg, gest. 23.2.1945 Meiningen; Jurist, Bürgermeister in Kassel.- Kassel und Hessen-Nassau 1914-1920 (NL 1914-1918).

Pelda

Brunner, Heinrich, geb. 13.7.1877 Löhlbach, gest. 21.3.1956 Kassel; Lehrer in Kleinenglis. – Kassel und Hessen-Nassau 1919 (45. KLT) -1925 (SPD).

Pelda

Brunner, Johann _Jakob_, geb. 5.2.1853 Stockheim, gest. 5.2.1901 Stockheim; Müller und Landwirt in Stockheim. – Ghzm. Hessen: 2. Kammer 1897-1901 (NL).

Ruppel/Groß

Brunner, Lorenz Gottlieb, geb. ... , gest. ... ; Apotheker. – Freie Stadt Frankfurt: Ständige Bürgerrepräsentation 1861-1866.

Frost

---

[25] Erhebung (des Vaters) in den Kgl. preußischen Adelsstand am 30.8./26.9.1883.

[26] Lt. RENKHOFF S. 87 (Nr. 491) ist Sterbeort nicht St. Moritz, sondern Höchst.

Georg Buch (SPD)
Präsident des Hessischen Landtags 1966-1974

Brunner, Lorenz, geb. 31.5.1772 Frankfurt, gest. 15.4.1840 Frankfurt; Schuhmachermeister. – Freie Stadt Frankfurt: Gesetzgebende Versammlung 1817-1819.
                                                    Frost

Brunswick, Johann Anton, get. 26.12.1759 Hamburg, gest. 15.11.1825 Minden; Kaufmann in Minden. – Kgr. Westphalen 1808-1813.   Lengemann I

Dr. med. Buch, Johann Jacob Casimir, geb. 17.9.1778 Frankfurt, gest. 13.3.1851 Frankfurt; Apotheker und Naturforscher. – Freie Stadt Frankfurt: Ständige Bürgerrepräsentation [1815] -1851, Gesetzgebende Versammlung 1818.   Frost

Buch, Georg, geb. 24.9.1903 Wiesbaden, gest. 5.8.1995 Wiesbaden; gelernter Schriftsetzer, 1946 hauptamtlicher Stadtrat, 1954-1960 Bürgermeister, 1960-1968

Oberbürgermeister der Landeshauptstadt Wiesbaden. – Land Hessen: Verfassungberatende Landesversammlung Groß-Hessen 1946 (SPD) und Hessischer Landtag 1946-1950 und 1954-1974 (SPD); Vorsitzender der SPD-Fraktion 1959-1960, Präsident des Hessischen Landtags 1966-1974. Lengemann II; Kanzlei des Landtags

Buchsieb, Friedrich, geb. 17.2.1856 Neuwied, gest. 7.7.1933 Runkel; Rentmeister, Amtsrat der Fstl. wiedschen Domänenverwaltung in Runkel; MdR 1903-1912 (NL). – Wiesbaden und Hessen-Nassau 1911-1920 (NL 1911-1918, DVP 1919-1920).   Burkardt/Pult; J.L.

Buck, Carl, geb. ... , gest. ... . – Freie Stadt Frankfurt: Gesetzgebende Versammlung 1850.   Frost

Buderus (von Carlshausen[27]), Carl Friedrich, geb. 22.2.1759 Büdingen, gest. 5.8.1819 Hanau; Fideikommißherr auf Altenhaßlau, Geschäftsmann in Hanau, später Kurhessischer Bundestagsgesandter in Frankfurt und Kammerpräsident in Hanau. – Ghzm. Frankfurt 1810-1813.   Lengemann I

Buderus, *Georg* (I.) Friedrich Andreas, geb. 9.3.1777 Friedrichshütte bei Laubach, gest. 26.2.1840 Frankfurt; Bergrat und Hüttenbesitzer. – Nassau: Deputiertenkammer 1818.   Rösner-Hausmann

Buderus, *Georg* Karl Theodor, geb. 3.4.1808 Hirzenhain. gest. 8.12.1873 Hirzenhain, Krs. Büdingen; Hüttenbesitzer in Lollar; MdR 1867 (NL). – Ghzm. Hessen: 2. Kammer 1874-1875 (NL).
                                                    Ruppel/Groß; J.L.

---

[27] Abg. *Carl Friedrich Buderus* durfte mit Kfl. Genehmigung seinem Namen ab 1806 den Zusatz *von Carlshausen* anfügen und wurde am 1.1.1814 von Kurfürst *Wilhelm I.* förmlich als *Buderus von Carlhausen* nobilitiert.

Buderus, *Hugo* **Richard Otto Ernst**, geb. 9.3.1841 Hirzenhain, gest. 25.1.1907 Hirzenhain; Industrieller (Buderus'sche Eisenwerke u.a.) auf der Hirzenhainer Hütte; MdR 1884-1890 (NL). – Ghzm. Hessen: 1. Kammer 1887-1907.
Götz/Rack; J.L.

Dr. med. Büchner, Friedrich Karl Christian Ludwig (*Louis*), geb. 29.3.1824 Darmstadt, gest. 30.4.1899 Darmstadt; freier Schriftsteller in Darmstadt, Gründer des Deutschen Freidenkerbundes. – Ghzm. Hessen: 2. Kammer 1884-1890 (frsg.).
Ruppel/Groß

Dr. phil. Büchner, *Georg* **Wilhelm Friedrich**, geb. 8.6.1862 Darmstadt, gest. 11./12.9.1944 Darmstadt; Teilhaber und geschäftsführender Direktor der Eisengießerei und Maschinenfabrik Carl Schenck in Darmstadt. – Volksstaat Hessen 1919-1924 und 1925-1927 (DDP); Vorsitzender der DDP-Fraktion 1919-1924.
Ruppel/Groß; J.L.

Büchner, Johann *Gottfried*, geb. 16.6.1851 König im Odenwald, gest. 22.2.1919 Bad König; Landwirt, Bierbrauer, Gastwirt und Bürgermeister in Bad König. – Ghzm. Hessen: 2. Kammer 1906-1911 (NL).
Ruppel/Groß

Büchner, *Wilhelm* **Ludwig**, geb. 2.8.1816 Stockstadt, gest. 14.7.1892 Pfungstadt; Ultramarinfabrikant in Darmstadt, ab 1845 in Pfungstadt; MdR 1877-1884 (F). – Ghzm. Hessen: 2. Kammer 1849-1850, 1862-1866 und 1872-1881 (lib., F, DVP).
Ruppel/Groß; J.L.

Büchsel, Johann Jacob, geb. ... , gest. ... . – Freie Stadt Frankfurt: Verfassunggebende Versammlung 1849.
Frost

Dr. jur. Büchting, *Robert* **Koecher**, geb. 19.7.1861 Magdeburg, gest. 7.9.1925 Liegnitz; bis 1905 Landrat des Oberwesterwaldkreises, dann des Kreises Limburg, später Regierungspräsident in Liegnitz; MdA 1913-1918 (NL). – Wiesbaden und Hessen-Nassau 1899-1908 und 1909-1918 (NL).
Burkardt/Pult; J.L.

Bücking, Johann *Karl*, geb. 14.10.1809 Gießen, gest. 10.9.1866 Gießen; Landrichter in Butzbach. – Ghzm. Hessen: 2. Kammer 1859-1862.
Ruppel/Groß

Büdinger, Carl Gerhard, geb. ... , gest. ..; Gärtnermeister. – Freie Stadt Frankfurt: Verfassunggebende Verfassung 1848-1849.
Frost; J.L.

Bürgener, Christian Ludwig, geb. 8.4.1777 Fürstenberg, gest. 10.10.1837 Fürstenberg; Landwirt und Bürgermeister in Fürstenberg. – Waldeck: Landstand 1821-1825.
König/Lengemann/Seibel

Bürgener, Georg Heinrich, geb. ... , gest. 6.5.1835 Fürstenberg; Kaufmann und Bürgermeister in Fürstenberg. – Waldeck: Landstand 1831-1833.
König/Lengemann/Seibel

Büttler, J. Carl Ernst, geb. ... , gest. ... ; Schreinermeister. – Freie Stadt Frankfurt: Gesetzgebende Versammlung 1835-1836.
Frost

Dr. jur. h.c. Buff, Adolf *Georg* **Martin**, geb. 14.9.1804 Assenheim, gest. 15.12.1890 Gießen; Hofgerichtsrat in Gießen, 1855 Oberappellations- und Kassationsgerichtsrat in Darmstadt, 1862 Hofgerichtspräsident in Gießen. – Ghzm. Hessen: 2. Kammer 1841-1849, 1856-1862 und 1866-1873 (lib., LibKons 1866-1872) und 1. Kammer 1873-1881; Vizepräsident (2. Präsident) der 2. Kammer 1859-1862, Präsident der 2. Kammer 1866-1872.
Ruppel/Groß; Götz/Rack; J.L.

Buff, *Friedrich* **Georg Karl Ludwig**, geb. 19.2.1859 Gießen, gest. 21.2.1934 Darmstadt; Landgerichtsrat in Darmstadt, später Reichsgerichtsrat in Leipzig. – Ghzm.

Hessen: 2. Kammer 1897-1901 (NL).

Ruppel/Groß

Bugert, Erwin, geb. 13.9.1920 Viernheim; selbständiger Maurermeister in Viernheim; Mitglied der 3. und der 5. Bundesversammlung. – Land Hessen: Hessischer Landtag 1954-1970 (SPD). Lengemann II

Buhl, Friedrich Ludwig, geb. ... Korbach, gest. 2.2.1843 Korbach; Landwirt, Advokat und mehrfach Bürgermeister in Korbach. – Waldeck: Landstand (1800-1810), 1816-1822 und 1826-1827.

König/Lengemann/Seibel

Bund, Ferdinand, geb. 14.12.1890 Prag, gest. 9.3.1962 ... ; kaufmännische Lehre, seit 1946 Flüchtlingsbetreuung innerhalb der SPD. – Land Hessen: Hessischer Landtag 1950-1954 (SPD). Lengemann II

Bunte, *Bernhard* **Ludwig**, geb. 19.12.1797 Kohlgrund, gest. 10.2.1870 Adorf; Gutsbesitzer und Dorf- und Kirchspielrichter in Adorf. – Waldeck: Landstand 1844-1848 und Landtag 1848-1849 König; König/Lengemann/Seibel

Burg, *Joseph* **Vitus**, geb. 27.8.1769 Offenburg, gest. 22.5.1833 Mainz; Bischof von Mainz. – Ghzm. Hessen: 1. Kammer 1830-1833. Götz/Rack

Dr. rer. pol. Burgbacher, Karl Friedrich (*Fritz*), geb. 1.9.1900 Mainz, gest. 29.7.1978 Köln; Wirtschafts- und Steuerberater, ab 1929 im Vorstand der Rheinischen Energie AG in Mainz, später in Köln; MdB 1957-1976 (CDU); MdEP 1958-1977 (CDU). – Volksstaat Hessen 1929-1931 (Z). Ruppel/Groß; J.L.

Dr. med. Burggraf, Hans, geb. 22.8.1927 Frankfurt-Höchst; Arzt in Frankfurt. – Land Hessen: Hessischer Landtag 1982-1983 und seit 1991 (CDU); Alterspräsident des Hessischen Landtags seit 1991.

Lengemann II; Kanzlei des Landtags

Burghardt, Horst, geb. 1.5.1958 Friedrichsdorf; gelernter Industriekaufmann, bis 1991 Verwaltungsangestellter im Hessischen Umweltministerium, wohnhaft in Friedrichsdorf. – Land Hessen: Hessischer Landtag seit 1991 (GRÜ bzw. B 90/GRÜ). Kanzlei des Landtags

Burhenne, Johann Julius Louis, geb. 22.2.1831 ..., gest. ... ; Rechtsanwalt, Bürgermeister in Schmalkalden. – Kassel 1869-1874. Pelda

Dr. jur. h.c. von Buri, *Maximilian* **Georg Wilhelm Carl Theodor Gottfried**, geb. 7.3.1825 Büdingen, gest. 20.4.1902 Wiesbaden; Oberstaatsanwalt am Hofgericht in Darmstadt, später Reichsgerichtsrat in Leipzig. – Ghzm. Hessen: 2. Kammer 1875-1879 (NL). Ruppel/Groß

Burkard, Anton, geb. 18.8.1809 Mainz, gest. 17.2.1861 Frankfurt; Jurist. – Freie Stadt Frankfurt: Gesetzgebende Versammlung 1846-1853, Verfassunggebende Versammlung 1848-1849. Frost; J.L.

Burkhardt, Georg, geb. 5.7.1884 Bad Soden am Taunus, gest. 5.10.1962 Hofheim am Taunus; Lehrer. – Wiesbaden und Hessen-Nassau 1920 (SPD). Burkardt/Pult

Dr. med. vet. Burkhardt, Hans, geb. 13.9.1891 Landsberg a.L., gest. ... in Polen [?]; Tierarzt in Sontra, 1933-1940 Landrat in Fulda, dann Regierungspräsident in Hohensalza; Mitglied des Preußischen Staatsrats 1933; MdR 1934-1945 (NSDAP). – Kassel und Hessen-Nassau 1930 (62. KLT) -1933 (NSDAP); Präsident des XXII. Provinzial-Landtags Hessen-Nassau 1933. Pelda; J.L.

von Burscheid, Johann Nepomucenus Ludwig Maria Joseph, geb. 19.8.1763 ..., gest. 6.3.1836 ... ; Besitzer u.a. des Ritterguts Nordenbeck, Oberst in bayerischen Diensten. – Waldeck: Landstand 1822-1830. König/Lengemann/Seibel

Dr. Hans Burkhardt (NSDAP)
Präsident des XXII. Provinzial-Landtags
Hessen-Nassau 1933

Busch, Ilse, geb. 1.2.1919 Celle, gest. 28.9.1991 ... ; freie Mitarbeiterin bei Zeitungen und Rundfunk; Mitglied der 5. Bundesversammlung. – Land Hessen: Hessischer Landtag 1966-1974 (SPD).
Lengemann II; Kanzlei des Landtags

Busch, Jacob, geb. 11.1.1786 Limburg, gest. ... ; Kaufmann. – Nassau: Deputiertenkammer 1820-1824. Rösner-Hausmann

Busch, Johann Balthasar, geb. 14.4.1799 Frankfurt, gest. 11.2.1865 Frankfurt; Bierbrauermeister. – Freie Stadt Frankfurt: Gesetzgebende Versammlung 1842-1848. Frost

Busch, Johann Friedrich, geb. 14.10.1753 Frankfurt, gest. 1.5.1823 Frankfurt; Bendermeister. – Freie Stadt Frankfurt: Gesetzgebende Versammlung 1818-1823. Frost

Busche, Johann Friedrich Christoph, geb. 5.12.1850 Beckedorf, gest. 12.3.1935 Beckedorf; Colon und Bürgermeister in Beckedorf. – Kassel und Hessen-Nassau 1920 (46. und 47. KLT) (SPD). Pelda

Freiherr von Buseck[28], *Carl* **Christian Friedrich Ludwig Emil Ernst Jakob**, geb. 7.12.1799 Gießen, gest. 11.3.1870 Gießen; Revierförster in Nieder-Weisel. – Ghzm. Hessen: 2. Kammer 1832-1833 (lib.). Ruppel/Groß; J.L:

Freiherr von Buseck[29], *Karl* **Philipp Wilhelm Freiherr**, geb. 7.6.1776 Reichelsheim, gest. 25.9.1852 Butzbach; Rittmeister. – Ghzm. Hessen: 2. Kammer 1820-1824 (lib.). Ruppel/Groß; J.L.

Busold, Heinrich, geb. 8.12.1870 Nidda, gest. 11.8.1915 Friedberg; gelernter Schreiner, bis 1908 selbständiger Schreinermeister, dann SPD-Parteisekretär in Friedberg; MdR 1910-1912 (SPD). – Ghzm. Hessen: 2. Kammer 1911-1915 (SPD). Ruppel/Groß; Götz/Rack; J.L.

Buss, Otto Michael, geb. 24.2.1939 Frankfurt; Diplom-Handelslehrer, später Oberstudiendirektor in Frankfurt. – Land Hessen: Hessischer Landtag 1970-1978 (CDU). Lengemann II; Kanzlei des Landtags

von Buttlar (-Elberberg), *Julius* **Ernst Carl Ludwig Heinrich Friedrich Alexander**, geb. 17.2.1805 Kassel, gest. 12.2.1855 Fritzlar; Kreissekretär bzw. Landrat in Fritzlar. – Kurhessen: Ständeversammlung 1836-1844 und 1847-1848 (gouv. 1836-*1838*). Losch; Sieburg; J.L.

von Buttlar (-Elberberg), *Ludwig* **Karl Ernst Wolrab (Wallrab)**, geb. 9.4.1850

---

[28] Ghzgl. hessische Genehmigung zur Führung des Freiherrentitels für das Gesamtgeschlecht vom 18.2.1809.
[29] Vgl. die vorherige Anmerkung.

Elberberg, gest. 11.6.1928 Buttlar/Rhön; Landrat des Kreises Wolfhagen. – Kassel und Hessen-Nassau 1895-1918 [K].

Pelda; J.L.

von Buttlar (-Elberberg), *Rudolf* **Georg Walrab Carl**, geb. 22.3.1802 Kassel, gest. 3.1.1875 Elberberg; Gutsbesitzer auf Elberberg; Erwerber der Besitzungen in Riede. – Kurhessen: Ständeversammlung 1833-1848 und 1. Kammer 1852-1854 (gouv. 1831-*1838*, monarchisch-gouv. 1852-1854).   Losch; Sieburg; J.L.

von Buttlar (-Ziegenberg), *Emil* **Hans Ernst Georg**, geb. 17.3.1817 Ziegenberg, gest. 6.4.1895 Kassel; Forstinspektor der Söhre. – Kurhessen: Ständeversammlung 1863-1865.   Losch; Sieburg

von Buttlar (-Ziegenberg), Wilhelm *Ernst Moritz*, geb. 30.5.1789 Northeim, gest. 22.11.1839 Kassel; Major a.D., Hofmarschall. – Kurhessen: Ständeversammlung 1837-1838 (gouv.). Losch; Sieburg; J.L.

Buttler, Joseph, geb. 15.4.1902 Hammelburg, gest. 1.8.1962 Darmstadt; Hilfsarbeiter in Darmstadt-Eberstadt. – Volksstaat Hessen 1931-1932 (NSDAP).

Ruppel/Groß

Cahn-Speyer, Simon Nathan, geb. ... , gest. ... ; Handelsmann. – Freie Stadt Frankfurt: Gesetzgebende Versammlung 1858-1860.   Frost

Calman, *Eugen* **David**, geb. 1.9.1861 Mainz, gest. 7.1.1923 Frankfurt; Rechtsanwalt und Notar in Alzey. – Ghzm. Hessen: 2. Kammer 1914-1918 (NL).

Ruppel/Groß

Calmberg, Johann Ernst Friedrich *Albert*, geb. 20.9.1807 Lauterbach, gest. 22.3.1883 Fulda; Landrichter in Vöhl, 1857 in Gernsheim, 1858 wieder in Vöhl, später Oberamtsrichter in Vöhl. – Ghzm. Hessen: 2. Kammer 1856-1862. Ruppel/Groß

Dr. jur. Camesasca, Adolf *Peter* **Lorenz**, geb. 10.8.1798 Habitzheim, gest. 9.5.1859 Bensheim; Regierungsrat und Dirigent der Regierungskommission in Erbach, 1850 Regierungsrat und Vorsitzender der Regierungskommission in Heppenheim, 1852 Kreisrat in Bensheim. – Ghzm. Hessen: 1. Kammer 1849-1850 und 1851-1856.   Götz/Rack

Camesasca, Franz *Anton*, geb. 17.11.1792 Habitzheim, gest. 2.7.1840 Lampertheim; Domänenrat in Lampertheim. – Ghzm. Hessen: 2. Kammer 1835-1840 (kons.).   Ruppel/Groß

Canisius, *Arnold* **Wilhelm Ludwig Thomas**, geb. 19.9.1833 Nordenbeck, gest. 2.2.1890 Nordenbeck; Besitzer des Ritterguts Nordenbeck. – Waldeck: Landtag 1865-1871.   König; König/Lengemann/Seibel

Canisius, Thomas Kaspar Friedrich, geb. 16.5.1792 Nordenbeck, gest. 25.9.1850 Nordenbeck; Besitzer des Ritterguts Nordenbeck. – Waldeck: Landstand 1830-1848.   König/Lengemann/Seibel

Freiherr von Canstein, Robert, geb. 1.3.1796 Dillenburg, gest. 6.1.1875 Wiesbaden; Hauptmann, Hofmarschall. – Nassau: Herrenbank 1833-1847.

Rösner-Hausmann

Canthal, Friedrich, geb. 9.4.1848 Hanau, gest. 9.11.1922 ... ; Cognac-Brennerei-Besitzer und Likörfabrikant in Hanau. – Kassel und Hessen-Nassau 1908-1916.

Pelda

Carl, August, geb. 4.1.1800 Hanau, gest. 13.12.1831 Kassel; Obergerichtsanwalt in Hanau. – Kurhessen: Ständeversammlung 1831 (gouv.).   Losch; Sieburg; J.L.

Carlebach, Emil, geb. 10.7.1914 Frankfurt; Journalist, bis 1947 Redakteur bei der *Frankfurter Rundschau*, ab 1948 Chefredakteur der *Sozialistischen Volks-*

zeitung in Frankfurt. – Land Hessen: Hessischer Landtag 1946-1950 (KPD).

Lengemann II

Carlshausen – s. Buderus von Carlhausen

Dr. h.c. von Caron[30], *Albert* **Heinrich**, geb. 9.1.1853 Rauenthal, Gemeinde Langerfeld, Krs. Hagen, gest. 18.9.1933 Bonn; Bergassessor a.D., Besitzer des Ritterguts Ellenbach. – Kassel und Hessen-Nassau 1905-1916. Pelda; J.L.

Caspar, Helmut, geb. 19.7.1921 Wallenrod bei Lauterbach, gest. 5.8.1980 ... ; selbständiger Landwirt und Bürgermeister in Wallenrod; Mitglied der 4. Bundesversammlung. – Land Hessen: Hessischer Landtag 1963-1978 (SPD).
Lengemann II

Caspary, Friedrich, geb. 10.5.1901 Frankfurt, gest. 15.6.1978 ... ; Stadtamtmann und Dienststellenleiter des Wohnungsamts in Frankfurt. – Land Hessen: Verfassungberatende Landesversammlung Groß-Hessen 1946 (SPD) und Hessischer Landtag 1946-1948 (SPD). Lengemann II

Dr. Cassebeer, Johann Heinrich, geb. 6.9.1784 Gelnhausen, gest. 20.4.1850 Bieber; Apotheker in Bieber. – Kurhessen: Ständeversammlung 1843-1844.
Losch; Sieburg

Dr. phil. Casselmann, Theodor *Wilhelm* **Oskar**, geb. 31.7.1820 Rinteln, gest. 15.2.1872 Wiesbaden; Chemiker, Lehrer am Realgymnasium in Wiesbaden. – Nassau: I. Kammer 1858-1863.
Rösner-Hausmann; J.L.

Cassian, Carl Heinrich Israel, geb. 10.2.1817 Hanau, gest. 6.6.1882 ... ; Oberbürgermeister der Stadt Hanau. – Kassel 1871-1876. Pelda

Catta, Fritz, geb. 11.1.1886 Wiesbaden, gest. 17.9.1968 ... ; Architekt in Kassel; Mitglied der 1. und 2. Bundesversammlung. – Land Hessen: Beratender Landesausschuß 1946 (LPD), Verfassungberatende Landesversammlung Groß-Hessen 1946 (LPD) und Hessischer Landtag 1946-1958 (LDP bzw. FDP). Lengemann II

Christ, Jacob, geb. ... , gest. ... . – Freie Stadt Frankfurt: Gesetzgebende Versammlung 1831. Frost

Christ, Philipp (II.), geb. 14.4.1839 Wörrstadt, gest. 17.2.1913 Wörrstadt; Gutsbesitzer und Bürgermeister in Wörrstadt. – Ghzm. Hessen: 2. Kammer 1891-1899 und 1905-1906 (frsg.). Ruppel/Groß

Christ, Philipp, geb. 8.12.1867 Erbenheim, gest. 18.1.1947 Kloppenheim; Landwirt in Kloppenheim; MdR 1924 (DNVP). – Wiesbaden und Hessen-Nassau 1920 (Bauernpartei). Burkardt/Pult

Christian, Peter, geb. ... , gest. 1.10.1917 ... ; Bürgermeister in ... . – Wiesbaden und Hessen-Nassau 1912-1917.
Burkardt/Pult

Christoph, Johann Heinrich, geb. 28.1.1841 Eschborn, gest. 24.9.1905 Eschborn; Landwirt in Eschborn. – Wiesbaden und Hessen-Nassau 1886-1898.
Burkardt/Pult

Chun, Anton Friedrich Julius, geb. 17.12.1815 Frankfurt, gest. ... 1888 ... ; Handelsmann. – Freie Stadt Frankfurt: Ständige Bürgerrepräsentation 1865-1866 (Stadtrechnungsrevisionskolleg 1865-1866), Gesetzgebende Versammlung 1865-1866. Frost

Clarus, Georg Wilhelm, geb. 7.2.1779 Frankfurt, gest. 5.1.1860 ... ; Handelsmann; 1821-1823 Mitglied des Engeren Rats, 1821-1847 Ratsverwandter, 1847-1860 Senator. – Freie Stadt Frankfurt:

---

[30] Erhebung in den Kgl. preußischen Adelsstand am 5.7.1905/16.7.1906.

Ständige Bürgerrepräsentation 1817-
1821 (Stadtrechnungsrevisionskolleg
1818-1821), Gesetzgebende Versammlung 1817-1856.   Frost

Class, Friedrich, geb. 14.12.1882 Blödes-
heim, Krs. Alzey, gest. 7.9.1964 Darmstadt; Obersteuerinspektor in Darmstadt.
– Volksstaat Hessen 1931-1933
(NSDAP).   Ruppel/Groß

Clauer, Balthasar, geb. ... , gest. ... . –
Freie Stadt Frankfurt: Gesetzgebende
Versammlung 1826 und 1829.   Frost

Claus, Johann Georg, geb. 18.11.1772
Frankfurt, gest. 15.12.1844 Frankfurt; Jurist. – Freie Stadt Frankfurt: Ständige
Bürgerrepräsentation 1816-1817, Gesetzgebende Versammlung 1817-1827.   Frost

Clausius, Georg *Gottfried*, get. 13.4.1755
Frankfurt, gest. 16.9.1822 Frankfurt;
Kauf- und Handelsmann (Lederhand-
lung) in Frankfurt. – Ghzm. Frankfurt
1810-1813.   Lengemann I

Dr. med. Clausius, Johann Bernhard,
geb. 8.2.1766 Frankfurt, gest. 8.12.1845
Frankfurt; Arzt. – Freie Stadt Frankfurt:
Gesetzgebende Versammlung 1823-1826.
                                      Frost

Clauss, Armin, geb. 16.3.1938 Lauffen am
Neckar; Beamter bei der Deutschen Bundespost, 1962-1972 Gewerkschaftssekretär bei der IG Metall, 1972-1976 Vorsitzender des DGB-Landesbezirks
Hessen, 1976-1984 und 1985-1987 Hessischer Sozialminister, 1984-1985 Hessischer Minister für Arbeit, Umwelt und
Soziales, 1987 zeitweise auch mit der
Wahrnehmung der Geschäfte des Hessischen Ministers für Umwelt und Energie
beauftragt; Stellvertretendes Mitglied des
Bundesrates 1976-1987; Mitglied der 6.,
9. und 10. Bundesversammlung. – Land
Hessen: Hessischer Landtag seit 1970
(SPD); Vorsitzender der SPD-Fraktion

1974-1976 und seit 1994, Vizepräsident
des Hessischen Landtags 1988-1991.
                  Lengemann II; Kanzlei des Landtags

Clemens, Jacob, geb. ... , gest. ... ; Handelsmann. – Freie Stadt Frankfurt: Gesetzgebende Versammlung 1817 und
1820-1826, Ständige Bürgerrepräsentation 1817-1826.   Frost

Cleynmann, Friedrich Josef, get.
14.3.1764 Frankfurt, gest. 16.10.1827
Frankfurt; Bankier; 1809-1818 Senator,
1818-1817 Schöff, 1818-1827 Mitglied
des Engeren Rats, 1817 jüngerer Bürgermeister. – Freie Stadt Frankfurt: Gesetzgebende Versammlung 1819.   Frost

Cloos, Heinrich[31], geb. 11.5.1799 Dreihausen, gest. 25.5.1870 Dreihausen;
Schultheiß in Dreihausen. – Kurhessen:
Ständeversammlung 1833-1835 (gem.
lib.).   Losch; Sieburg; J.L.

Clos, Adolf, geb. 1.11.1896 Pissighofen,
gest. 27.12.1977 Winterwerb; Landwirt.
– Wiesbaden und Hessen-Nassau 1933
(NSDAP).   Burkardt/Pult

Clostermann s. Klostermann

Cnyrim, Ludwig Eduard *Adolph*[32], geb.
18.8.1800 Kassel, gest. 7.3.1876 Frank-
furt; Jurist, 1858-1866 interimistischer
Generalpostdienstdirektor der Thurn- und
Taxis'schen Generalpostdirektion in
Frankfurt; MdN 1848-1849 (WH). –
Freie Stadt Frankfurt: Gesetzgebende
Versammlung 1866.   Frost; J.L.

---

[31] Nach GROTHE führte der Abgeordnete den Vornamen *Peter*; ob beide Bezeichnungen die gleiche Person meinen oder wer tatsächlich Mitglied der Ständeversammlung war, konnte bei der Erarbeitung
des Index nicht erforscht werden.
[32] Nach BEST-WEEGE S. 116 lauten die Vornamen
Adolph Philipp Heinrich Friedrich Wilhelm.

Cöster, Carl Ludwig Emil, geb. 29.4.1787 Frankfurt, gest. 13.4.1853 Berlin, Handelsmann, 1837-1851 Senator, 1851-1853 Schöff, 1849 Jüngerer Bürgermeister. – Freie Stadt Frankfurt: Gesetzgebende Versammlung 1830-1853, Verfassunggebende Versammlung 1848-1849. Frost; J.L.

Cöster, Eduard, geb. 14.4.1814 ... , gest. ... ; Obergerichtsanwalt in Hanau. – Kurhessen: Ständeversammlung 1849-1850 (dem.); Vizepräsident der Ständeversammlung 1850. Losch; Sieburg

Colin, Johann Wilhelm; geb. 18.2.1790 Hanau, gest. 3.4.1870 Hanau; Rentner in Hanau. – Kurhessen: Ständeversammlung 1839-1841. Losch; Sieburg

Comitti, Joseph Bonaventura, geb. 9.4.1808 Bad Brückenau, gest. 31.8.1864 Hünfeld; Postmeister und Bürgermeister in Hünfeld. – Kurhessen: 2. Kammer 1855-1860 und 1861-1862 und Ständeversammlung 1862-1863. Losch; Sieburg

Dr. rer. pol. Conrad, Wilhelm, geb. 21.6.1911 Gießen, gest. 31.7.1971 ... ; Diplom-Volkswirt, 1946-1949 Stadtkämmerer in Gießen, 1949-1956 Vizepräsident des Bundesausgleichsamtes, 1956-1964 Hessischer Minister der Finanzen, 1964 Präsident der Hessischen Landesbank; Mitglied des Bundesrates 1956-1964. – Land Hessen: Hessischer Landtag 1958-1970 (SPD). Lengemann II

Conrad, Johann, geb. ... , gest. ... ; Metzgermeister. – Freie Stadt Frankfurt: Gesetzgebende Versammlung 1823. Frost

Conrad, Theodor Hugo, geb. 19.8.1886 Erfurt, gest. 2.8.1960 Hanau; Geschäftsführer und Kassierer des Deutschen Metallarbeiterverbandes in Hanau. – Kassel und Hessen Nassau 1929 (58. KLT) - 1932 (KPD). Pelda

Conradi, Friedrich Franz, geb. 23.10.1828 Alzey, gest. 7.2.1911 Darmstadt; Bezirksgerichtsrat in Alzey, 1879 Direktor am Landgericht der Provinz Rheinhessen, 1888 dessen Präsident, 1892 Senatspräsident am Oberlandesgericht in Darmstadt, 1900 dort Präsident. – Ghzm. Hessen: 2. Kammer 1875-1879 und 1. Kammer 1903-1911 (NL). Ruppel/Groß; Götz/Rack

Coqui, Johann Caspar, geb. 4.1.1747 Magdeburg, gest. 10.6.1824 Magdeburg; Kaufmann (Weinhändler und Besitzer einer Zuckerfabrik) in Magdeburg. – Kgr. Westphalen 1808-1813. Lengemann I

Corden, *Hubert* Arnold, geb. 28.2.1756 Ehrenbreitstein, gest. 19.10.1839 Limburg; katholischer Geistlicher, Vikariatsdirektor und Landdechant in Limburg. – Nassau: Deputiertenkammer 1818-1824. Rösner-Hausmann

Cordier, Carl Wilhelm, geb. 15.8.1773 Frankfurt, gest. 3.4.1823 Frankfurt; Jurist und Entomologe. – Freie Stadt Frankfurt: Gesetzgebende Versammlung 1819-1820. Frost

Corell – s. auch Korell

Corell, Magnus, geb. 31.3.1839 Willinghausen, gest. 1.6.1919 Ransbach; Landwirt in Ransbach. – Kassel und Hessen-Nassau 1886-1891. Pelda

Corell, Walter, geb. 6.9.1938 Schwarzenfels, Krs. Schlüchtern; Diplom-Forstwirt, 1971-1988 Forstamtsleiter in Grünberg, später Leiter der Abteilung Forsten und Naturschutz beim Regierungspräsident in Gießen. – Land Hessen: Hessischer Landtag 1983-1983 (CDU). Lengemann II; Kanzlei des Landtags

von Cornberg, *Philipp* Georg Wilhelm, geb. 13.6.1759 Minden, gest. 19.10.1811 Minden; Herr auf Lübbecke, Falkendyk

und Wietersheim. – Kgr. Westphalen
1808-1811.   Lengemann I

Cornehl, Peter, geb. ... , gest. ... . – Freie
Stadt Frankfurt: Gesetzgebende Versammlung 1839.   Frost

Cornel, Daniel, geb. ... , gest. ... . – Freie
Stadt Frankfurt: Gesetzgebenden Versammlung 1847 und 1850-1851.   Frost

Cornill, Johann Jacob, geb. 16.1.1789
Frankfurt, gest. 1.3.1862 Frankfurt. –
Freie Stadt Frankfurt: Ständige Bürgerrepräsentation 1819-1860 (Stadtrechnungsrevisionskolleg 1834-1860), Gesetzgebende Versammlung 1829, 1843-1848
und 1853.   Frost; J.L.

Cornill-d'Orville, Heinrich Anton, geb.
25.4.1790 Frankfurt, gest. 10.12.1875
Frankfurt; Handelsmann und Kunstsammler. – Freie Stadt Frankfurt: Gesetzgebende
Versammlung 1827-1836, 1850-1851 und
1854 -1857, Verfassunggebende Versammlung 1848-1849.   Frost; J.L.

Costenoble, Johann Jakob, geb.
11.1.1766 Herford, gest. 23.5.1838 Magdeburg; Jurist, Syndikus und Richter der
Pfälzer Kolonie in Magdeburg, später Direktor des Land- und Stadtgerichts in
Magdeburg. – Kgr. Westphalen 1808-
1813.   Lengemann I

Graf von Coudenhove[33], *Edmund* **Franz**,
geb. 5.4.1780 ... , gest. 14.7.1853 Wien;
Diplomat, zuletzt Gesandter des Souverä-
nen Malteserordens in Wien; Landstand
in Böhmen und Mähren. – Nassau: Herrenbank 1831-1832. Rösner-Hausmann; J.L.

Dr. med. Crailsheim, Alexander, geb.
18.5.1806 Frankfurt, gest. 8.9.1880
Frankfurt; praktischer Arzt. – Freie Stadt

Frankfurt: Verfassunggebende Versammlung 1848-1849, Gesetzgebende Versammlung 1850.   Frost; J.L.

Cramer – s. auch Kramer

Cramer, Balthasar, geb. 4.12.1851 Darmstadt, gest. 23.10.1923 Darmstadt; gelernter Zimmermann, seit 1874 Gastwirt
in Darmstadt; MdR 1898-1906 (SPD). –
Ghzm. Hessen: 2. Kammer 1893-1905
(SPD).   Ruppel/Groß; J.L.

Cramer, Friedrich Wilhelm *Carl*, geb.
23.3.1804 Homburg, gest. 7.3.1870
Wiesbaden; Appellationsgerichtsprokura-
tor. – Nassau: II. Kammer 1854-1857.
                          Rösner-Hausmann

Cramme, ... , geb. ... , gest. ... ; Bürgermeister in Hombressen. – Kurhessen: 2.
Kammer 1858-1860.   Losch; J.L.

Cratz (Kratz), Johann Baptist, geb.
30.7.1779 Oestrich, gest. 15.4.1858
Oestrich; Weingutsbesitzer und Gastwirt
in Oestrich. – Nassau: Deputiertenkammer 1846-1848.   Rösner-Hausmann

Dr. med. Cretzschmar, Philipp Jacob,
geb. 11.6.1786 Sulzbach, gest. 4.5.1845
Frankfurt; Mediziner und Naturforscher.
– Freie Stadt Frankfurt: Gesetzgebende
Versammlung 1833- 1840.   Frost

Cretzschmar, Eberhard *Ludwig*, geb.
1.7.1792 Sulzbach., gest. 10.10.1862 Rödelheim; Müller, Gutsbesitzer und Bürgermeister in Rödelheim. – Ghzm. Hessen: 2. Kammer 1847-1856.   Ruppel/Groß

Creutz, Carl *Ludwig* Wilhelm Christian,
geb. 26.7.1817 Wiesbaden, gest.
23.1.1860 Wiesbaden; Kaplan. – Nassau:
Ständeversammlung 1848-1850 (Club
der Linken).   Rösner-Hausmann

Dr. jur. Creve, *Damian* Dagobert, geb.
2.4.1809 Mainz, gest. 17.12.1868 Darm-

---

[33] Erhebung in den Reichsgrafenstand (gemeinsam
mit der Mutter und den Brüdern) am 13.10.1790.

stadt; Ministerialrat im Ghzgl. Ministerium der Justiz, 1858 Mitglied der Oberpostinspektion, 1860 Vorsitzender der Oberpostinspektion. – Ghzm. Hessen: 1. Kammer 1856-1868.   Götz/Rack

Croll, Willi, geb. 2.12.1924 Calden; Oberinspektor bei der Hessischen Knappschaft in Kassel, 1976-1990 Bürgermeister der Stadt Hofgeismar; Mitglied der 6. Bundesversammlung. – Land Hessen: Hessischer Landtag 1970-1976 (SPD).
Lengemann II; Kanzlei des Landtags

Cronberger, Georg Philipp, geb. 20.7.1788 Frankfurt, gest. 27.2.1861 ... ; Gärtnermeister, Ratsverwandter 1838-1861. – Freie Stadt Frankfurt: Ständige Bürgerrepräsentation 1836-1837.   Frost

Cronenburger, Philipp, geb. ... , gest. ... ; Gärtner. – Freie Stadt Frankfurt: Gesetzgebende Versammlung 1827-1828.   Frost

Culemann, Friedrich Carl, geb. 5.4.1752 Detmold, gest. 29.8.1827 Blankenburg; Jurist, Rat bei der Kammer des (zu Braunschweig gehörenden) Fsm. Blankenburg, später Oberhauptmann des Fsm. Blankenburg und des Stiftsamts Walkenried; Mitglied der Braunschweig-Wolfenbüttelschen und Blankenburgischen Landschaft (Landtag) 1819-1827. – Kgr. Westphalen 1808-1813.   Lengemann I

Cuntz – s. Cunz

Cuntze, Albert, geb. 17.4.1812 Sachsenberg, gest. 17.1.1890 Arolsen; Finanzrat in Arolsen. – Waldeck: Landtag 1862-1869.   König; König/Lengemann/Seibel

Cuntze, Eduard, geb. 6.8.1814 Sachsenberg, gest. 28.8.1874 Arolsen; Inhaber der Eduard-Leonhardi'schen Vormundschaft mit u.a. Mengeringhausen [sog. Burglehen]. – Waldeck: Landstand 1840-1847.   König/Lengemann/Seibel

Cunz (Cuntz), **Ludwig**, geb. 28.4.1776 Sinn, gest. 25.10.1848 Fleisbach; Landwirt. – Nassau: Deputiertenkammer 1833-1838.   Rösner-Hausmann

Curtmann, Christian Ludwig Karl *Wilhelm*, geb. 24.2.1833 Worms, gest. 20.7.1893 Gießen; Advokat und Prokurator am Hofgericht in Gießen. – Ghzm. Hessen: 2. Kammer 1868-1872 (K).
Ruppel/Groß; J.L.

Dr. phil. Curtze, *Carl* Wilhelm Heinrich, geb. 14.1.1807 Korbach , gest. 5.9.1855 [Suizid] Sayn; Konsistorialrat in Arolsen. – Waldeck: Landtag 1852-1855.
König; König/Lengemann/Seibel

Curtze, Henrich Christian, geb. 16.5.1773 Korbach, gest. 26.11.1827 Helmscheid; Ökonom in Helmscheid. – Waldeck: Landstand 1817-1827.
König/Lengemann/Seibel

Dr. jur. Czermak, Fritz, geb. 24.3.1894 Prijedor, [später Jugoslawien], gest. 10.4.1966 ... ; Rechtsanwalt, zunächst in Olmütz, 1948 in Büdingen, 1951 in Frankfurt; MdB 1953-1957 (1953-1955 BHE, 1955-1957 FDP); Mitglied der 2. Bundesversammlung. – Land Hessen: Hessischer Landtag 1950-1954 (BHE bzw. GB/BHE); Vorsitzender der BHE- bzw. GB/BHE-Fraktion 1950-1953.
Lengemann II

d'Angelo – s. Angelo

d'Avis – s. Avis

d'Orville – s. Orville

Dr. jur. Dael Freiherr von Köth-Wanscheid[34], ***Gideon* Georg Emil**, geb. 8.3.1840 Mainz, gest. 29.10.1899 Darm-

---

[34] Ghzgl. hessischer Adels- und Freiherrenstand für die Familie am 25.2.1857.

stadt; Gutsbesitzer auf Sörgenloch. – Ghzm. Hessen: 2. Kammer 1893-1899 (Z).   Ruppel/Groß

Dänzer, Carl, geb. ... , gest. ... . – Freie Stadt Frankfurt: Verfassunggebende Versammlung 1848-1849, Gesetzgebende Versammlung 1857.   Frost; J.L.

Dänzer, Michael, geb. ... , gest. ... . – Freie Stadt Frankfurt: Gesetzgebende Versammlung 1826.   Frost

Dahl (I), Jakob, geb. 8.4.1866 Niederhofheim, gest. ... ; Landwirt, Kreisdeputierter. – Wiesbaden und Hessen-Nassau 1908-1918.   Burkardt/Pult

Dahlhoff, Heinrich, geb. 14.10.1882 ... , gest. ... ; Rektor. – Wiesbaden und Hessen-Nassau 1920-1929 und 1933 (Z).
                                     Burkardt/Pult

Dallacker, Friedrich, geb. 16.12.1791 Schmalkalden, gest. 20.1.1852 Schmalkalden; Stadtschreiber in Schmalkalden. – Kurhessen: Ständeversammlung 1833-1835 (gem. lib.).   Losch; Sieburg; J.L.

Freiherr von Dalwigk zu Lichtenfels[35], **Alexander Felix**, geb. 26.6.1776 Dalwigksthal, gest. 17.8.1839 Arolsen; 1810 Übernahme der Verwaltung des Ritterguts Züschen, Wohnsitz abwechselnd in Arolsen und auf Campf, 1832 Landsyndikats-Verweser, etwa 1832 alleiniger Verwalter der in Waldeck gelegenen Dalwigk'schen Besitzungen. – Waldeck: Landstand [1810] -1839.
                          König/Lengemann/Seibel; J.L.

Dr. jur. h.c. Freiherr von Dalwigk zu Lichtenfels[36], **Carl Friedrich August**

Philipp, geb. 31.12.1761 Rinteln, gest. 9.2.1825 Wiesbaden; Präsident des Ober-Appellations-Gerichts der nassauischen Herzog- und Fürstentümer in Diez. – Waldeck: Landstand [1810] -1823; Hessen-Kassel 1815-1816.
                    König/Lengemann/Seibel; Sieburg (J.L.)

Freiherr von Dalwigk zu Lichtenfels[37], *Alexander* **Friedrich Emil Gustav**, geb. 6.1.1860 Oldenburg, gest. 9.12.1941 Witzenhausen; Landrat in Hünfeld, später in Naumburg an der Saale und danach Polizeipräsident in Kassel. – Kassel und Hessen-Nassau 1897.   Pelda

Dr. jur. h.c. Freiherr von Dalwigk zu Lichtenfels[38], **Friedrich Carl** *Reinhard*, geb. 19.12.1802 Darmstadt, gest. 28.9.1880 Darmstadt; 1850-1852 Direktor des Ministeriums des Innern, dann auch des Ministeriums des Äußern und des Hauses und Präsident des Ghzgl. Gesamtministeriums (leitender Staatsminister), 1852-1858 Präsident der Ministerien des Hauses, des Äußeren und des Inneren, 1858-1871 Minister des Hauses, des Äußeren und des Inneren. – Ghzm. Hessen: 1. Kammer 1862-1880.
                                     Götz/Rack; J.L.

Damaß (Dammaß), **J. C.**, geb. ... , gest. ... Sattlermeister. – Freie Stadt Frankfurt: Gesetzgebende Versammlung 1824-1830.
                                      Frost

Damm, *Carl* **Adam**, geb. 15.11.1857 Friedberg, gest. 4.5.1926 Friedberg; Kaufmann, Buchdruckereibesitzer und 1896 Gründer der *Neuen Friedberger Zeitung*. – Ghzm. Hessen: 2. Kammer 1902-1918 und Volksstaat Hessen 1919-1921 (frsg., FoVP 1910-1918, DDP 1919-1921).   Ruppel/Groß

---

[35] Kgl. westphälische Adelsbestätigung als Baron (Freiherr) am 2./10.4.1810, die nach 1813 nicht allgemein anerkannt wurde; Fstl. waldeckische Bestätigung des Freiherrenstandes am 28.8.1813.
[36] Vgl. Anm. 35.

[37] Vgl. Anm. 35.
[38] Vgl. Anm. 35, wobei die Fstl. waldeckische Bestätigung für den Vater des Abg. *Reinhard Freiherr von Dalwigk* ausgesprochen wurde.

Damm, Conrad, geb. 13.4.1795 Gisselberg, gest. 25.5.1855 Gisselberg; Schultheiß in Gisselberg. – Kurhessen: Konstituierender Landtag 1830.   Losch; Sieburg

Dammaß – s. Damaß

Dr. phil. Dammers, Cornelius *Richard*, geb. 26.3.1762 Paderborn, gest. 11.10.1844 Paderborn; 1803-1827 Generalvikar, später Bischof in Paderborn. – Kgr. Westphalen 1808-1913.   Lengemann I

Dancker, Georg, geb. 22. 6.1811 Frankfurt, gest. 26. 4.1877 Frankfurt; Jurist. – Freie Stadt Frankfurt: Verfassunggebende Versammlung 1848-1849.   Frost; J.L.

Dangel, Johann Adam, geb. 29.6.1785 Horas bei Fulda, gest. 1.8.1865 Sargenzell; Schultheiß in Sargenzell. – Kurhessen: Ständeversammlung 1833 (gem. lib.).   Losch; Sieburg; J.L.

Dr. jur. Daniels, Hermann *Julius*, geb. 5.3.1873 Mühlheim an der Ruhr, gest. 23.4.1919 Biedenkopf; Landrat in Biedenkopf. – Wiesbaden und Hessen-Nassau 1909-1918.   Burkardt/Pult; J.L.

Daniels, Heinz, geb. 3.3.1919 Berlin, gest. 7.3.1971 ... ; Kaufmannsgehilfe, SPD-Parteisekretär in Friedberg. – Land Hessen: Hessischer Landtag 1954-1956 (SPD).   Lengemann II

Dann, Gerhard, geb. 26.6.1935 Gießen; gelernter Uhrmacher, Uhrmachermeister, Bezirksgeschäftsführer der SPD Hessen-Süd, Referent in der Hessischen Staatskanzlei und bis 1978 im Kultusministerium. – Land Hessen: Hessischer Landtag 1978-1991 (SPD).
    Lengemann II; Kanzlei des Landtags

Dr. jur. Danzebrink, *Franz* **Xaver**, geb. 28.12.1899 Prüm in der Eifel, gest. 13.1.1960 Hagelloch; 1930-1945 Oberbürgermeister der Stadt Fulda, 1956-

1958 Ministerialrat im Bundesministerium des Innern. – Kassel und Hessen-Nassau 1930 (60. KLT) -1933 (Z).   Pelda; J.L.

Daub, Gerhard, geb. 8.9.1928 Weidenau an der Sieg, gest. 27.2.1993 ... ; Jurist, 1959-1962 Bürgermeister der Stadt Marburg. – Land Hessen: Hessischer Landtag 1958-1960 (FDP).
    Lengemann II; Kanzlei des Landtags

Dr. med. Daum, Reinhold, geb. 13.10.1892 Nieder-Moos, Kr. Lauterbach, gest. ... ; Arzt in Framersheim und Oppenheim, 1933 hauptamtlicher Geschäftsführer der Kassenärztlichen Vereinigung, Bezirksstelle Mainz. – Volksstaat Hessen 1931-1933 (NSDAP).   Ruppel/Groß

Dauth, Johann Hartmann, geb. 17.4.1810 Frankfurt-Sachsenhausen, gest. 3.9.1887 Frankfurt; Gärtnermeister. – Freie Stadt Frankfurt: Verfassungsgebende Versammlung 1848-1849. Frost; J.L.

Dr. phil. David, *Eduard* **Heinrich Rudolf**, geb. 11.6.1863 Ediger an der Mosel, gest. 24.12.1930 Berlin; 1893 Gründer der *Mitteldeutschen Sonntagszeitung* in Gießen, 1896-1897 Redakteur der *Mainzer Volkszeitung*, später Schriftsteller in Berlin, 1918 Unterstaatssekretär im Auswärtigen Amt, 1919 und 1919-1920 Reichsminister ohne Portefeuille, 1919 Reichsminister des Innern, später Gesandter des Reichs beim Volksstaat Hessen; MdR 1903-1930 (SPD). – Ghzm. Hessen: 2. Kammer 1896-1908 (SPD).   Ruppel/Groß; J.L.

Debus (X), Johannes, geb. 24.12.1879 Buchenau, gest. 24.2.1966 ... ; Bürgermeister in Buchenau. – Land Hessen: Verfassungberatende Landesversammlung Groß-Hessen 1946 (SPD).
    Lengemann II

Decker, Heinrich, geb. 10.5.1867 Haiern im Dillkreis, gest. 13.3.1956 Dörnberg; Landwirt, Kaufmann. – Wiesbaden und

Hessen-Nassau 1925-1932 (DVP 1925, Ag 1926-1929, CNBLVP 1930-1932).

Burkardt/Pult

Dedecke (sen.), Conrad, geb. ... , gest. ... .
– Freie Stadt Frankfurt: Gesetzgebende Versammlung 1832, Verfassunggebende Versammlung 1848-1849.

Frost; J.L.

Dedolph, George, geb. 10.7.1789 Hofgeismar, gest. 30.11.1843 Kassel; Amtmann in Gudensberg, dann Obergerichtsrat in Kassel. – Kurhessen: Ständeversammlung 1831-1833 (gem. lib.).

Losch; Sieburg; J.L.

Degen, Heide, geb. 13.10.1937 Düsseldorf; Juristin, Hausfrau in Frankfurt. – Land Hessen: Hessischer Landtag seit 1978 (CDU).

Lengemann II; Kanzlei des Landtags

Graf von Degenfeld-Schonburg, *Friedrich* **Christoph**, geb. 30.9.1769 Stuttgart, gest. 9.2.1848 Ramholz; Generalmajor, Gutsbesitzer. – Kurhessen: Ständeversammlung 1831-1833 (gouv.).

Losch; Sieburg

Dr. phil. Dehlinger, Gustav Adolf, geb. 15.6.1860 Mergentheim, gest. 19.11.1940 Wolfskehlen, Krs. Groß-Gerau; Besitzer des Guts Weilerhof. – Ghzm. Hessen: 2. Kammer 1918 und Volksstaat Hessen 1919-1927 (Bauernbund [BdL]1918, HVP/DNVP 1919-1927).

Ruppel/Groß; Götz/Rack

Dehlinger, Paul, geb. 5.7.1896 Wolfskehlen, Krs. Groß-Gerau, gest. 18.7.1965 ... ; selbständiger Landwirt in Wolfskehlen. – Land Hessen: Verfassungberatende Landesversammlung Groß-Hessen 1946 (CDU).

Lengemann II

Dr. jur. von Dehn-Rothfelser[39], Jakob Arnold *Carl*, geb. 2.6.1808 Vacha, gest. 3.6.1881 Kassel; Obergerichtsrat, später

Oberappellationsgerichtsrat und Generalstaatsprokurator, 1860-1861 Landtagskommissar, 1862-1863 Vorstand des Kfl. Finanzministeriums, 1863-1865 Finanzminister. – Kurhessen: Ständeversammlung 1847 (anti-konst.).

Losch; Sieburg; J.L.

Deichmann, *Ernst* **August Ludwig Ferdinand**, geb. 22.6.1856 Lembach, gest. 29.7.1921 Lembach; Guts-, Ziegelei- und Brennereibesitzer auf dem Gilserhof in Lembach. – Kassel und Hessen-Nassau 1887-1919 (44. KLT).

Pelda

Ritter von Deines[40], Friedrich Wilhelm *Ludwig* **Heinrich**, geb. 19.6.1818 Hanau, gest. 25.11.1901 Hanau; Gutsbesitzer in Hanau. – Kassel 1868-1870, 1872, 1875, 1877-1879, 1881-1882 und 1884-1885.

Pelda; J.L.

Deiß, Andreas, geb. 3.4.1807 Züschen, gest. 27.1.1880 Züschen; Schreiner und Bürgermeister in Züschen. – Waldeck: Landstand 1841-1847.

König/Lengemann/Seibel

Delius, Conrad Wilhelm, get. 30.5.1751 Versmold, gest. 18.2.1834 Herford; Pächter des Amtes Reineberg bei Lübbecke 1812-1817 Maire bzw. Bürgermeister von Bielefeld. – Kgr. Westphalen 1808-1813.

Lengemann I

Delius, *Konrad* **Wilhelm Anton Heinrich**, geb. 27.2.1881 Koblenz, gest. 15.8.1945 Allenbach; Landrat des Kreises Gelnhausen. – Kassel und Hessen-Nassau 1919 (45. KLT) -1920.

Peld

Delp, Heinrich, geb. 31.1.1878 Eberstadt, gest. 14.5.1945 KZ Dachau; gelernter Maurer, Gewerkschaftssekretär des Deutschen Bauarbeiterverbandes, 1919-1926 Beigeordneter, 1926-1933 Bürgermeister in Darmstadt. – Volksstaat Hessen 1919-

---

[39] Kfl. hessische Adelserneuerung am 10.5.1836.

[40] Kaiserlich österreichischer Reichsritterstand für die Familie am 25.7./11.9.1847.

Heinrich Delp (SPD)
Präsident des Landtags des Volksstaates Hessen
1928-1931

1933 (SPD); Vizepräsident der Volkskammer der Republik Hessen bzw. des Landtags des Volksstaats Hessen 1919-1921 und 1931-1932, Präsident des Landtags des Volksstaats Hessen 1928-1931.
Ruppel/Groß; J.L.

Demke, Claus, geb. 18.6.1939 Frankfurt; Rechtsanwalt, 1980 stellvertretender Geschäftsführer, 1983 Geschäftsführender Direktor des Hessischen Städtetages, 1988-1991 Staatssekretär beim Hessischen Minister der Finanzen, 1991-1994 Generalbevollmächtigter der Advanta Management AG in Frankfurt, 1994 Staatssekretär beim Minister der Finanzen in Sachsen-Anhalt, wohnhaft in Dreieich; Mitglied der 7. und der 8. Bundesversammlung. – Land Hessen: Hessischer Landtag 1970-1988 (CDU).
Lengemann II; Kanzlei des Landtags

Demme, Johann Friedrich Conrad Carl, geb. 7.3.1834 Berge, gest. 1.3.1903 ... ;

Bürgermeister in Berge. – Kassel und Hessen-Nassau 1902-1903.
Pelda

Dengler, Wilhelm, geb. 3.5.1889 Erbach im Odenwald, gest. 19.2.1951 ... ; Landrat des Kreises Erbach, dann Leiter der Hessischen Versorgungskasse. – Land Hessen: Hessischer Landtag 1946-1949 (SPD).
Lengemann II

Dr. phil. Denhard, *Bernhard* **Friedrich**, geb. 4.6.1809 Steinau an der Straße, gest. 17.12.1872 Kassel; Oberlehrer an der höheren Töchterschule in Hanau. – Kurhessen: Ständeversammlung 1863 (lib.).
Losch; Sieburg; J.L.

Deninger (Denninger), *Carl* **Friedrich Reinhard**, geb. 11.11.1800 Idstein, gest. 16.9.1856 [Ostende oder Amsterdam]; Lederfabrikant (Fa. Mayer, Michel und Deninger) in Mainz. – Ghzm. Hessen: 1. Kammer 1851-1856.
Götz/Rack

Deninger, *Carl Franz* **Julius**, geb. 9.9.1827 Mainz, gest. 1.6.1895 Mainz; Lederfabrikant in Mainz. – Ghzm. Hessen: 1. Kammer 1873-1884.
Götz/Rack

Denner, **Ignaz**, geb. 1. 4.1763 Fulda, gest. 28.12.1827 Frankfurt; Forstmeister. – Freie Stadt Frankfurt: Gesetzgebende Versammlung 1819-1823.
Frost

Denninger – s. Deninger

Denzin, **Michael**, geb. 22.4.1944 Ribnitz in Mecklenburg; Diplom-Volkswirt, bis 1995 Landesgeschäftsführer der F.D.P. Hessen. – Land Hessen: Hessischer Landtag seit 1995 (F.D.P.).
Kanzlei des Landtags

Dr. jur. Derichsweiler, **Albert**, geb. 6.7.1909 Bad Niederbronn im Elsaß; Jurist, nach 1945 Kaufmann in Frankfurt; MdR 1936-1938 (NSDAP). – Land Hessen: Hessischer Landtag 1955-1958 (FDP 1955-1956, bkF 1956-1958). Lengemann II

Dr. jur. Dernburg, *Friedrich* **Bernhard,** geb. 3.10.1832 Mainz, gest. 3.12.1911 Berlin; Hofgerichtsadvokat in Darmstadt, 1875-1891 Chefredakteur des *Berliner Tagblattes* und der *Nationalzeitung*; MdR 1871-1881 (NL 1871-1878, bkF 1878-1881). – Ghzm. Hessen: 2. Kammer 1866-1875 (NL). Ruppel/Groß; J.L.

Dertz, Hugo, geb. 17.3.1873 Hannoversch-Münden, gest. 3.3.1966 Frankenberg; 1899-1933 und wieder kurzzeitig 1945 Bürgermeister in Frankenberg. – Kassel und Hessen-Nassau 1907-1919 (44. KLT). Pelda

Deventer, Franz, geb. 11.9.1890 Dalhausen, Krs. Höxter, gest. 10.1.1952 Korbach; gelernter Elektromonteur, Gewerkschaftssekretär in Korbach. – Waldeck: Landesvertretung 1922-1925 (SPD). König; König/Lengemann/Seibel

Dey, Peter *Anton,* geb. 21.10.1892 Mühlheim, gest. 17.9.1973 Mühlheim; Bürgermeister der Stadt Mühlheim; Mitglied der 2. Bundesversammlung. – Land Hessen: Hessischer Landtag 1950-1959 (SPD). Lengemann II

Dickhaut, Andreas, geb. ... Holzhausen bei Homberg/Efze, gest. 17.7.1868 ... ; Bürgermeister in Amöneburg. – Kurhessen: 2. Kammer 1858. Losch; Sieburg

(von) Diederichs[41]**, Carl Anton,** geb. 22.10.1762 Pyrmont, gest. 25.11.1827 Herford; 1791-1827 Bürgermeister bzw. Canton-Maire bzw. (später) Stadtdirektor von Herford. – Kgr. Westphalen 1808-1813. Lengemann I

Diefenbach, Wilhelm, geb. 25.2.1895 Niederhadamar, gest. ... ; Volksschullehrer. – Wiesbaden und Hessen-Nassau 1920-1929 (SPD). Burkardt/Pult

Dieffenbach, Johann *Georg,* geb. 11.6.1787 Zwingenberg, gest. 21.5.1848 Zwingenberg; Gastwirt in Zwingenberg. – Ghzm. Hessen: 2. Kammer 1832-1834 (lib.). Ruppel/Groß

Dieffenbach, Ludwig *Christian,* geb. 16.7.1791 Angersbach, gest. 5.8.1853 Künzell bei Fulda; evangelischer Theologe, Oberpfarrer in Schlitz. – Ghzm. Hessen: 1. Kammer 1849-1850; Vizepräsident (2. Präsident) 1849-1850. Götz/Rack

Diegel, Jacob (II.), geb. 24.9.1805 ... , gest. 31.8.1848 Pfaffen-Schwabenheim; Müller in Pfaffen-Schwabenheim. – Ghzm. Hessen: 2. Kammer 1862-1866 (F). Ruppel/Groß; Götz/Rack

Diehl, Carl, geb. 30.1.1801 Frankfurt, gest. ... 1862 ... ; Jurist, 1837-1851 Senator, 1851-1861 Schöff, 1848 Stadtgerichtsvizedirektor. – Freie Stadt Frankfurt: Gesetzgebende Versammlung 1833-1837, 1841-1844 und 1850-1856. Frost

Diehl, Edmund, geb. 8.7.1857 Gau-Odernheim, gest. 22.8.1923 Gau-Odernheim; Landwirt und Bürgermeister in Gau-Odernheim. – Ghzm. Hessen: 2. Kammer 1899-1914 (NL). Ruppel/Groß

Diehl, *Edmund* **Philipp,** geb. 9.12.1894 Gau-Odernheim, gest. 31.3.1955 Gau-Odernheim; Landwirt in Gau-Odernheim. – Volksstaat Hessen 1931-33 (NSDAP). Ruppel/Groß

D. theol. Dr. phil. Diehl, Georg *Wilhelm,* geb. 10.1.1871 Groß-Gerau, gest. 11.9.1944 Darmstadt; Professor der Theologie am Predigerseminar und evangelischer Pfarrer Friedberg, 1923 Präsident der Landeskirchenregierung und des Landeskirchenamt in Darmstadt. – Volksstaat Hessen 1919-1927 (DNVP). Ruppel/Groß

---

[41] Erhebung in den Kgl. preußischen Adelsstand am 20.6.1817.

Diehl, J. Christian, geb. ... , gest. ... ; Handelsmann. – Freie Stadt Frankfurt: Gesetzgebende Versammlung 1837-1839. Frost

Diehl, J. Georg, geb. ... , gest. ... . – Freie Stadt Frankfurt: Gesetzgebende Versammlung 1829, 1835 und 1840. Frost

Dr. phil. et theol. Diehl, Johann Baptist, geb. 1.1.1807 Würges, gest. 11.9.1871 Limburg; Domkapitular, Domdekan in Limburg. – Nassau: I. Kammer 1854 und 1865-1866 (ultramont.). Rösner-Hausmann; J.L.

Diehl, Johann *Philipp*, geb. 15.3.1815 Darmstadt, gest. 12.4.1887 Darmstadt; Buchhändler in Darmstadt. – Ghzm. Hessen: 2. Kammer 1865-1866 und 1878-1884 (F 1865-1866, NL 1878-1884). Ruppel/Groß

Diehl, Konrad *Philipp*, geb. 15.11.1873 Hoch-Weisel, gest. 30.8.1959 Hoch-Weisel; Landwirt, Ziegeleibesitzer und Bürgermeister in Hoch-Weisel. – Ghzm. Hessen: 2. Kammer 1918 und Volksstaat Hessen 1921-1924 (Bauernbund 1918, DVP 1921-1924). Ruppel/Groß

Diehl, Lorenz, geb. 19.2.1871 Kastel, gest. 17.5.1948 Mainz; Generalsekretär der hessischen Zentrumspartei Mitglied der Beratenden Landesversammlung Rheinland-Pfalz 1946-1947 (CDU). – Volksstaat Hessen 1933 (Z). Ruppel/Groß

Dr. jur. Diehl, Philipp Carl, get. 5.9.1751 Frankfurt, gest. 6.1.1836 Frankfurt; Jurist; 1779-1816 Senator, 1816-1820 Schöff, 1817-1820 Mitglied des Engeren Rats. – Freie Stadt Frankfurt: Gesetzgebende Versammlung 1818-1820. Frost

Diehm, Jakob Konrad *Franz* Theodor, geb. 9.5.1815 Lauterbach, gest. 14.10.1886 Lauterbach; Fabrikant in Lauterbach. – Ghzm. Hessen: 2. Kammer 1849-1850. Ruppel/Groß

Diehn, Johann Heinrich, geb. 8.7.1798 Frankfurt, gest. ... ; Schreinermeister. – Freie Stadt Frankfurt: Gesetzgebende Versammlung 1834-1835. Frost

Dienst, Johann *Peter*, geb. 26.4.1783 Weilmünster, gest. 24.1.1856 Weilmünster; Oberschultheiß und Bürgerleutnant. – Nassau: Deputiertenkammer 1839-1848. Rösner-Hausmann

Dienstbach, Karl, geb. 6.10.1900 Sindlingen, Krs. Höchst, gest. 30.7.1977 ... [vermutlich Berlin]; Fabrikarbeiter. – Wiesbaden und Hessen-Nassau 1930-1932 (KPD). Burkardt/Pult

Diercks – s. Dirks

Dr. jur. Dieter, Jürgen, geb. 8.3.1955 Lampertheim; 1981-1983 und 1987-1989 Richter, 1989-1994 Rechtsanwalt, seit 1994 Bürgermeister der Stadt Lampertheim. – Land Hessen: Hessischer Landtag 1983-1987 und 1989-1994 (SPD).
Lengemann II; Kanzlei des Landtags

Dieterichs, Carl Friedrich Gustav, geb. 24.7.1799 Salder, Hzm. Braunschweig, gest. 13.10.1884 Berndorf; Ökonom (Burggut) in Adorf. – Waldeck: Landstand 1828-1835. König/Lengemann/Seibel

Dietrich, Karl, geb. 27.4.1899 Besse, Krs. Fritzlar, gest. 11.1.1941 Kassel; Gewerkschaftssekretär in Korbach. – Waldeck: Landesvertretung 1925-1929 (SPD).
König; König/Lengemann/Seibel

Dietz, Friedrich Ludwig Franz, geb. ... , gest. ... ; Handelsmann. – Freie Stadt Frankfurt: Gesetzgebende Versammlung 1847, Verfassunggebende Versammlung 1848-1849. Frost; J.L.

Dietz, Johann Gottlieb, get. 26.2.1743 Frankfurt, gest. 29.12.1819 ... ; Jurist und Publizist. – Freie Stadt Frankfurt: Gesetzgebende Versammlung 1817-1819. Frost

Dietz, **Johann Heinrich**, geb. 4.9.1822 Frankfurt, gest. ... 10.1911 Frankfurt; Weißbindermeister. – Freie Stadt Frankfurt: Gesetzgebende Versammlung 1861-1866. Frost

Dietz, **Johann** *Konrad* **Friedrich Franz**, geb. 2.1.1780 Wetzlar, gest. 24.7.1866 Gießen; Direktor des Hofgerichts in Gießen. – Ghzm. Hessen: 2. Kammer 1829-1830 (kons.). Ruppel/Groß

Dietz, **Konrad (II.)**, geb. 16.11.1818 Heisters, gest. 12.1.1894 Heisters; Müller und Bürgermeister in Heisters. – Ghzm. Hessen: 2. Kammer 1866-1872 (Lib-Kons). Ruppel/Groß

Dietz, **Konrad**, geb. 23.9.1794 Heisters, gest. 8.3.1874 Heisters; Landwirt und Bürgermeister in Heisters. – Ghzm. Hessen: 2. Kammer 1847-1849. Ruppel/Groß

Dietz (Diez), *Michael* **Conrad**, geb. 14.11.1781 Schierstein, gest. 4.10.1839 Wiesbaden; Landhauptmann. – Nassau: Deputiertenkammer: 1823-1824.
Rösner-Hausmann

Dietz, **Philipp**, geb. 6.6.1834 Speckwinkel, gest. 22.1.1910 Neustadt; Lehrer und Gelderheber a.D. in Neustadt, Krs. Marburg. – Kassel und Hessen-Nassau 1897. Pelda

Diez – s. auch Dietz

Diez, **Karl**, geb. 15.8.1882 Schliersee, gest. 27.10.1964 ... ; gelernter Tischler, 1945-1948 Bürgermeister in Wachenbach. – Land Hessen: Beratender Landesausschuß 1946 (KPD), Verfassungberatende Landesversammlung Groß-Hessen 1946 (KPD) und Hessischer Landtag 1946-1950 (KPD). Lengemann II

Dillenburger, **Johann Christ.**, get. 11.8.1769 Frankfurt, gest. 17.2.1837 Frankfurt; Bierbrauermeister. – Freie

Stadt Frankfurt: Gesetzgebende Versammlung 1818-1820. Frost

Dilthey, *Theodor* **Friedrich Ludwig**, geb. 6.2.1825 Rüdesheim, gest. 22.3.1892 Rüdesheim; Weinhändler. – Nassau: I. Kammer 1864-1865 (NFP). Rösner-Hausmann

Dingeldey, **Alfred**, geb. 10.11.1894 Gießen, gest. 15.1.1949 ... ; Kunsthändler, 1948-1949 Landrat in Gießen. – Land Hessen: Hessischer Landtag 1946-1949 (CDU). Lengemann II

Dingeldey, **Peter Gustav** *Eduard*, geb. 27.6.1886 Gießen, gest. 19.7.1942 Heidelberg; Rechtsanwalt in Darmstadt, 1931 in Berlin; MdR 1928-1933 (DVP). – Volksstaat Hessen 1919-1928 (DVP); Vorsitzender der DVP-Fraktion 1921-1928. Ruppel/Groß; J.L.

Dirks (Diercks), *Heinrich* **Friedrich**, geb. 5.2.1802 Eschwege, gest. 6.3.1872 Kassel; Regierungsassessor in Hanau, ab 1834 Landsyndikus; MdA 1867-1868 (NL). – Kurhessen: Ständeversammlung 1833 (lib.). Losch; Sieburg; J.L.

von Ditfurth, *Georg* **Alexander Ludwig**, geb. 2.9.1742 Kosel in Oberschlesien, gest. 14.12.1815 Dankersen; Landrat der Grafschaft Schaumburg und der Ämter Uchte und Freudenberg. – Grafschaft Schaumburg hessischen Anteils 1815. Sieburg (J.L.)

von Ditfurth, *Hans* **Dietrich Wilhelm Barthold August**, geb. 16.1.1862 Münster, gest. 6.3.1917 Gut Dankersen; Gutsbesitzer auf Dankersen und Regierungsassessor in Kassel, 1893 Hilfsarbeiter beim Landrat des Kreises Grafschaft Schaumburg in Rinteln, 1895 dort Landrat. – Kassel und Hessen-Nassau 1892-1917 (K). Pelda

Freiherr[42] **von Ditfurth**, *Maximilian* **Joseph Carl**, geb. 10.5.1806 München, gest. 8.8.1861 Marburg; Bataillonskommandant der Kasseler Schutzwache. – Kurhessen: Ständeversammlung 1848-1849.   Losch; Sieburg

Dithmar, *Carl* Ferdinand, geb. 4.12.1777 Homberg/Efze, gest. 1.8.1850 Homberg; Kaufmann und Bürgermeister in Homberg. – Kurhessen: Konstituierender Landtag 1830.   Losch; Sieburg

Dr. h.c. Dithmar, Theodor Rudolf, geb. 22.12.1863 Homberg/Efze, gest. 6.4.1948 Homberg/Efze; evangelsicher Pfarrer und Metropolitan in Kassel. – Kassel und Hessen-Nassau 1930-1932 (Ag).   Pelda

Dittmar, *Gustav* Georg August, geb. 8.3.1836 Lampertheim, gest. 5.8.1919 Darmstadt; Oberförster in Butzbach. – Ghzm. Hessen: 2. Kammer 1876-1884 (F).   Ruppel/Groß

Dockhorn, Otto, geb. 16.1.1921 Wolferstedt, Krs. Weimar; Schulrat im Landkreis Kassel, 1973-1978 Bürgermeister in Gießen, 1978-1984 Staatssekretär beim Hessischen Minister des Innern. – Land Hessen: Hessischer Landtag 1970-1973 (F.D.P.).   Lengemann II; Kanzlei des Landtags

Döhle, Julius, geb. 13.10.1855 Eschwege, gest. 26.12.1913 Eschwege; Lohgerber, Rentner in Eschwege. – Kassel und Hessen-Nassau 1913.   Pelda

Döhne, Karl Heinrich Friedrich, geb. 2.9.1808 Sachsenhausen, gest. 9.8.1867 Nieder-Wildungen; Advokat und mehrfach Bürgermeister in Nieder-Wildungen. – Waldeck: Landstand 1842-1846 und 1847-1848.   König/Lengemann/Seibel

Döhne, Konrad, geb. 10.11.1772 Zierenberg, gest. 19.10.1825 Sachsenhausen; Stadtschreiber und mehrfach Bürgermeister in Sachsenhausen. – Waldeck: Landstand 1815-1820 und 1822-1823.
                            König/Lengemann/Seibel

Döring, *Hans* Rudolf Georg, geb. 31.8.1901 Hannover, gest. 2.7.1970 Nürnberg; Kaufmann (Spediteur) in Darmstadt und ab 1932 in Vadenrod, später hoher SS-Führer; MdR 1933-1936 [?] (NSDAP). – Volksstaat Hessen 1931-1932 (NSDAP).   Ruppel/Groß; J.L.

Döring, Johann *Heinrich*, geb. 12.1.1823 Nieder-Werbe, gest. 17.10.1891 Nieder-Werbe; Bürgermeister in Nieder-Werbe. – Waldeck: Landtag 1860-1869.
                            König; König/Lengemann/Seibel

Dörinkel, Ludwig, geb. 29.4.1825 Wiera, gest. 10.5.1888 Wiera; Land- und Gastwirt und Bürgermeister in Wiera. – Kassel 1868-1877.   Pelda

Dr. jur. Dörinkel, Wolfram, geb. 5.9.1907 Bad Oeynhausen, gest. 26.11.1975 ... ; Rechtsanwalt in Wiesbaden; MdB 1961-1965 (FDP); Mitglied der 3. und 4. Bundesversammlung. – Land Hessen: Hessischer Landtag 1954-1961 (FDP), Vorsitzender der FDP-Fraktion 1957-1961.   Lengemann II

Freiherr von Dörnberg, Alexander, geb. 24.10.1801 Hanau, gest. 6.5.1860 Göttingen; Legationssekretär, später kurhessischer Geschäftsträger bzw. Gesandter in Wien, München und Berlin, 1846-1848 Kfl. Minister der Auswärtigen Angelegenheiten und des Hauses. – Kurhessen: Ständeversammlung 1833-1835 und 1838 (gouv. 1833-1835, kons.).
                            Losch; Sieburg; J.L.

Freiherr von Dörnberg, Carl Ludwig, geb. 8.9.1749 Marburg, gest. 19.11.1819 Kassel; Herr auf Herzberg, 4. Erbküchen-

---

[42] Immatrikulation im Kgr. Bayern bei der Adelsklasse am 5.3.1814; später erfolgten u.a in Preußen und Österreich Genehmigungen zur Fortführung des (schon vorher geführten) Freiherrentitels.

meister, Geheimer Rat und bis 1807
Oberamtmann in Hersfeld, 1806-1809
Komtur der Deutsch-Ordens Kommende
Schiffenberg, später diplomatische Tätig-
keit für Kurhessen. – Kgr. Westphalen
1808-1813.   Lengemann I

**Freiherr von Dörnberg, Friedrich *Wil-
helm* Carl Heinrich**, geb. 5.7.1781
Mansbach, gest. 21.1.1877 Darmstadt;
Oberforstmeister in Heppenheim; 6. Erbküchenmeister. – Ghzm. Hessen: 2. Kammer 1826-1830 und 1840-1847 (kons.).
                                        Ruppel/Groß; J.L.

**Freiherr von Dörnberg, *Hugo* Friedrich
Wilhelm**, geb. 2.4.1844 Kassel, gest.
24.2.1930 Kassel; Rittergutsbesitzer, 12.
Erbküchenmeister. – Kassel 1878-1879,
1881-1882 und 1884-1891 und Hessen-
Nassau 1886-1891.   Pelda; J.L.

**Freiherr von Dörnberg, *Karl* Albert
Friedrich Hans**, geb. 2.11.1863 Siegen
in Westfalen, gest. 26.2.1929 Innsbruck;
bis 1912 Landrat des Kreises Gersfeld,
1912-1921 Landrat des Kreises Fulda
und 1912-1921 zugleich Polizeidirektor
in Fulda-Stadt. – Kassel und Hessen-Nassau 1904-1913 und 1917-1919 (44. KLT)
(K).   Pelda

Freiherr von Dörnberg, Moritz, geb.
25.5.1821 Hausen, gest. 6.12.1912 Kassel; Zeremonienmeister. – Kurhessen: 1.
Kammer 1855-1856.   Losch; Sieburg

Dörr, Balthasar, get. 9.11.1747 Frankfurt,
gest. 6.12.1829 Frankfurt; Gerber, Major,
Quartiervorstand. – Freie Stadt Frankfurt:
Ständige Bürgerrepräsentation [1804] -
1829.   Frost

Dörr, Heinrich Peter, geb. 6.4.1770 Erbenheim, gest. 25.4.1825 Erbenheim;
Landwirt und Schultheiß. – Nassau: Deputiertenkammer 1818-1824.
                                        Rösner-Hausmann

Dörr, Jacob, geb. 15.11.1803 Gebersdorf,
gest. 12.11.1871 Kassel; Hauptmann a.D.
– Kurhessen: Ständeversammlung 1863-
1866 (lib.).   Losch; Sieburg

Dörr, Karl, geb. 27.9.1949 Groß-Umstadt;
zunächst Polizeivollzugsbeamter beim
BGS, dann Lehrer, zuletzt in Babenhausen. – Land Hessen: Hessischer Landtag
seit 1991 (SPD).   Kanzlei des Landtags

Dörr, *Karl* Christian Amandus, geb.
15.1.1809 Braunfels, gest. 6.10.1868
Gießen; Landrichter in Michelstadt, 1860
Hofgerichtsrat in Gießen. – Ghzm. Hessen: 2. Kammer 1856-1862.   Ruppel/Groß

Dörrie, Karl-Heinz, geb. 5.2.1937 Korbach; Agraringenieur (grad.) in Twiste. –
Land Hessen: Hessischer Landtag seit
1991 (SPD).   Kanzlei des Landtags

Dohme (I), Carl Friedrich August, geb.
15.7.1829 Kleinenwieden, gest. 17.2.1904
Kleinenwieden; Landwirt und Bürgermeister in Kleinenwieden. – Kassel 1878-
1903 und Hessen-Nassau 1886-1903 (K).
                                                   Pelda

Dollinger, Wilhelm August, geb.
27.10.1873 Wildenstein in Württemberg,
gest. 2.1.1959 Alsfeld; Lehrer in Alsfeld.
– Volksstaat Hessen 1924 (DVP).
                                            Ruppel/Groß

Dombois, *Karl* Valentin Christian, geb.
5.10.1801 Idstein, gest. 4.12.1864 Braubach; Landoberschultheiß. – Nassau: II.
Kammer 1852-1854.   Rösner-Hausmann

Domer, David Hermann, geb. 3.3.1815
Frankfurt, gest. 24.2.1899 Darmstadt;
Handelsmann. – Freie Stadt Frankfurt:
Gesetzgebende Versammlung 1858 und
1862-1866.   Frost

Dommermuth, Peter Ewald, geb.
3.10.1887 Ransbach im Unterwester-

waldkreis, gest. ... Bad Blankenheim in Thüringen; Arbeiter. – Wiesbaden und Hessen-Nassau 1930-1933 (KPD).

Burkardt/Pult

Donat, Walter, geb. 26.1.1882 Kloppenburg in Oldenburg, gest. 29.4.1960 Goddelau; Apotheker in Goddelau. – Volksstaat Hessen 1928-1931 (DDP).

Ruppel/Groß

Dondorf, Bernhard, geb. 19.3.1809 Frankfurt, gest. 13.6.1902 Frankfurt; Lithograph, Gründer der graphischen Verlagsanstalt B. Dondorf. – Freie Stadt Frankfurt: Verfassunggebende Versammlung 1848-1849.

Frost; J.L.

Donner, Christoph Friedrich (Christian), geb. 18.8.1805 Frankfurt, gest. ... ; Handelsmann. – Freie Stadt Frankfurt: Gesetzgebende Versammlung 1857.

Frost

Donner, Johann Philipp, geb. ... , gest. ...; Handelsmann. – Freie Stadt Frankfurt: Gesetzgebende Versammlung 1832-1836.

Frost

von Donner, Philipp Christian Wilhelm, geb. 24.5.1799 Frankfurt, gest. 25.4.1887 Frankfurt; Handelsmann, Mitbegründer und längjähriger Präsident der Frankfurter Bank. – Freie Stadt Frankfurt: Gesetzgebende Versammlung 1844 und 1847-1850, Verfassunggebende Versammlung 1848-1849.

Frost; J.L.

Dr. jur. h.c. Dornseiff, Karl August Wilhelm Louis Georg, geb. 18.4.1812 Gedern, gest. 19.4.1886 Gießen; Advokat und Prokurator, 1880 Rechtsanwalt am Landgericht Gießen. – Ghzm. Hessen: 1. Kammer 1873-1886.

Götz/Rack

Dorsch, Wilhelm (II.), geb. 25.10.1868 Wölfersheim, gest. 27.2.1939 Wölfersheim; Landwirt in Wölfersheim; MdR 1920-1932 (DNVP 1920-1928, CNBLVP 1928-1930). – Ghzm. Hessen: 2. Kammer

1911-1918 Volksstaat Hessen 1919-1921 (Bauernbund 1911-1918, HVP/DNVP 1919-1921).

Ruppel/Groß; Götz/Rack; J.L.

Douqué, Daniel, geb. 27.12.1806 Niederlahnstein, gest. 7.3.1891 Niederlahnstein; Lahnschiffer. – Nassau: II. Kammer 1865.

Rösner-Hausmann

Douqué, Franz *Anton*, geb. 26.9.1768 Niederlahnstein, gest. 5.1.1851 Niederlahnstein; Gastwirt, Lahnschiffer und Ratsherr. – Nassau: Deputiertenkammer 1825-1832.

Rösner-Hausmann

Dr. jur. Draub, Günther, geb. 9.11.1902 Gleiwitz, gest. 18.1.1957 ... ; Rechtsanwalt und Notar in Hofgeismar. – Land Hessen: Hessischer Landtag 1950-1954 (1950-1953 BHE bzw. GB/BHE, 1953-1954 SPD).

Lengemann II

Draudt, Karl Ludwig Wilhelm Daniel, geb. 6.6.1810 Lich, gest. 21.1.1886 Darmstadt; Assessor in Hungen, 1850 Assessor mit Stimme am Hofgericht in Darmstadt. – Ghzm. Hessen: 1. Kammer 1849-1850 und 2. Kammer 1851-1862.

Ruppel/Groß; Götz/Rack

Drebes, Johann *Christian*, geb. 3.1.1828 Bringhausen, gest. 21.9.1900 Bringhausen; Gutsbesitzer und Bürgermeister in Bringhausen. – Waldeck: Landtag 1878-1890.

König; König/Lengemann/Seibel

Dr. jur. Dregger, Alfred, geb. 10.12.1920 Münster in Westfalen; Jurist, 1956-1970 Oberbürgermeister der Stadt Fulda, 1970 Vorstandsmitglied der Überlandwerke Fulda AG; MdB seit 1972 (CDU), Vorsitzender der CDU/CSU-Bundestagsfraktion 1982-1991; Mitglied der 5., 6., 7., 8., 9. und 10. Bundesversammlung. – Land Hessen: Hessischer Landtag 1962-1972, 1974 und 1978 (CDU), Vorsitzender der CDU-Fraktion 1970-1972.

Lengemann II; Kanzlei des Landtags

Dresel, Johann *Dietrich*, geb. 17.7.1785 Schweflinghausen in Westfalen, gest. 27.4.1855 Münster in Westfalen; Weinhändler in Geisenheim. – Nassau: Deputiertenkammer 1846-1848 (frsg.-dem.).
Rösner-Hausmann; J.L.

Drewanz, Johannes, geb. 24.6.1896 Lubow, Krs. Neustettin, gest. ... ; Packer. – Wiesbaden und Hessen-Nassau 1926-1929 (KPD).
Burkardt/Pult

Drill, Johannes (*Jean*) Valentin, geb. 29.10.1836 Frankfurt, gest. 7.11.1908 Frankfurt; Kürschner, Kappenfabrikant in Frankfurt. – Wiesbaden und Hessen-Nassau 1893-1898 (DVP).
Burkardt/Pult; J.L.

Drott, Karl, geb. 18.2.1906 Pfungstadt, gest. 25.9.1971 ... ; gelernter Werkzeugdreher, Inhaber eines Nachrichten- und Übersetzungsbüros, Lokalredakteur der *Frankfurter Rundschau*, Verleger in Offenbach; Mitglied der 2. Bundesversammlung. – Land Hessen: Beratender Landesausschuß 1946 (SPD), Verfassungberatende Landesversammlung Groß-Hessen 1946 (SPD) und Hessischer Landtag 1946-1954 (SPD).
Lengemann II

du Bos du Thil – s. Thil, du Bos Freiherr du

Dudene, Heinrich, geb. 21.1.1930 Gelnhausen; gelernter Maschinenschlosser, 1955-1972 hauptamtlich beim Deutschen Gewerkschaftsbund tätig, 1972-1976 Landesgeschäftsführer der SPD Hessen, 1976-1979 Bürgermeister der Gemeinde Brachttal im Vogelsberg. – Land Hessen: Hessischer Landtag 1970-1976 (SPD).
Lengemann II

Duderstadt, Paul Eugen *Max*, geb. 9.6.1861 Berlin, gest. 29.1.1918 Dietz; 1893-1900 Landrat in Westerburg, 1900-1918 Landrat des Unterlahnkreises in Weilburg. – Wiesbaden und Hessen-Nassau 1899-1900 und 1901-1918.
Burkardt/Pult; J.L.

Dülpert, J. W., geb. ... , gest. ... ; Schneidermeister. – Freie Stadt Frankfurt: Gesetzgebende Versammlung 1840-1842.
Frost

Dünkelberg, *Gustav* Friedrich, geb. 31.8.1814 Schaumburg, gest. 14.4.1875 Diez; Rotgerber. – Nassau: Ständeversammlung 1850-1851.
Rösner-Hausmann

Düringer, Johann *Daniel*, geb. 3.12.1790 Straßburg im Elsaß, gest. 17.2.1849 Wiesbaden; Gastwirt. – Nassau: Deputiertenkammer 1833-1845.
Rösner-Hausmann

Dr. jur. Dumont, Konrad Alexis, geb. 23.7.1819 Mainz, gest. 23.6.1885 Mainz; Advokatanwalt bei den Gerichten der Provinz Rheinhessen und dem Oberappellations- und Kassationsgericht, 1877 Bürgermeister, 1881 Oberbürgermeister der Stadt Mainz. – Ghzm. Hessen: 2. Kammer 1862-1878 (F, DVP); Vizepräsident (2. Präsident) der 2. Kammer 1865-1866.
Ruppel/Groß; Götz/Rack; J.L.

Duncker, Carl *Julius*, geb. 24.3.1803 Rinteln, gest. 15.4.1874 Rinteln; Obergerichtsanwalt in Rinteln. – Kurhessen: Ständeversammlung 1836-1838 (gem. lib.).
Losch; Sieburg; J.L.

Duncker, Ulrich Georg Ferdinand, geb. 14.7.1805 Korbach, gest. 28.4.1871 Korbach; Advokat, 1842-1850 Stadtsekretär in Korbach. – Waldeck: Landstand 1843-1848.
König/Lengemann/Seibel

Freiherr von Dungern zu Dehrn, *Friedrich* Heinrich, geb. 2.2.1765 Bergzabern, gest. 15.4.1858 Weilburg; Oberstallmeister, Geheimer Regierungsrat in Weilburg und Biebrich. – Nassau: Herrenbank 1818-1838.
Rösner-Hausmann; J.L.

Freiherr von Dungern zu Dehrn, Wilhelm, geb. 20.6.1809 Weilburg, gest. 3.7.1874 Wildbad; Gutsbesitzer. – Nassau: I. Kammer 1855-1857 und 1860.
Rösner-Hausmann

du Thil – s. Thil, du Bos Freiherr du

Dr. jur. h.c. Duysing, Bernhard Christian, geb. 15.9.1755 Marburg, gest. 28.6.1823 Kassel; bis 1807 Oberappellationsgerichtsrat, 1808-1813 Richter 2. Klasse am Appellationsgericht, später wieder Oberappellationsgerichtsrat in Kassel. – Kgr. Westphalen 1808-1823.
Lengemann I

Duysing, Wilhelm, geb. 19.9.1796 Marburg, gest. 21.8.1855 Kassel; 1822-1833 Bürgermeister in Marburg, später Geheimer Finanzrat und Geheimer Oberfinanzrat in Kassel, 1848 auch Landtagskommissar; Mitglied des Staatenhauses des Unionsparlaments 1850. – Kurhessen: Konstituierender Landtag 1830 und Ständeversammlung 1831-1832 (gem. lib., [konst. *1848*]). Losch; Sieburg; J.L.

Ebel, Johann *Georg*, geb. 21.11.1790 Münster bei Selters, gest. 15.10.1863 Münster bei Selters; Grubenbesitzer und Bürgermeister in Münster. – Nassau: II. Kammer 1858-1863. Rösner-Hausmann

Ebenau, Johann Carl Heinrich Wilhelm, *geb. 24.6.1800 Himmighofen, gest. 24.6.1879 Wiesbaden; Bibliothekssekretär in Wiesbaden. – Nassau: II. Kammer: 1854 (Mandat nicht angenommen).*
Rösner-Hausmann

Eberhard, *Christian* Wilhelm, geb. 2.2.1787 Dillenburg, gest. 2.11.1854 Wiesbaden; Gutsbesitzer. – Nassau: Deputiertenkammer 1846-1848; Präsident der Deputiertenkammer 1832. Rösner-Hausmann

Eberhard, *Friedrich* Ernst, geb. 9.1.1782 Dillenburg, gest. 11.3.1835 Dillenburg; Hauptmann in Dillenburg. – Nassau: Deputiertenkammer 1818-1824 und 1825-1832. Rösner-Hausmann; J.L.

Eberhard, Jacob Heinrich, geb. 24.4.1775 Dillenburg, gest. 24.4.1838

Diez; Regierungsrat a.D. in Diez. – Nassau: Deputiertenkammer 1825-1832.
Rösner-Hausmann; J.L.

Eberhard, Johann *Bernhard*, geb. 6.4.1795 Schlüchtern, gest. 29.2.1860 Hanau; Bürgermeister in Hanau, 1832 Oberbürgermeister, 1848-1850 Provisorischer Vorstand des Kfl. Innenministerium; Mitglied des Volkshauses des Unionsparlaments 1850. – Kurhessen: Konstituierender Landtag 1830 und Ständeversammlung 1831-1832, 1833-1846 und 1849-1850 (gem. lib.). Losch; Sieburg; J.L.

Eberhard, *Philipp* Jacob Heinrich, geb. 4.2.1793 Schlüchtern, gest. 6.1.1859 Hanau; evangelischer Pfarrer, Superintendent und Konsistorialrat in Hanau. – Kurhessen: 1. Kammer 1852-1857 (kons.). Losch; Sieburg; J.L.

Eberle, Johann, geb. 30.7.1879 Wolfsheim, gest. 2.2.1932 Wolfsheim; Landwirt und Bürgermeister in Wolfsheim. – Volksstaat Hessen 1924-1931 (DDP).
Ruppel/Groß

Ebersbach, Christian *Wilhelm* Friedrich Ludwig, geb. 3.4.1824 Sachsenhausen, gest. 5.9.1891 Sachsenhausen; Ökonom und Bürgermeister in Sachsenhausen. – Waldeck: Landtag 1869-1887.
König; König/Lengemann/Seibel

Ebersbach, Friedrich Wilhelm, geb. 18.11.1805 Sachsenhausen, gest. 10.5.1847 Korbach; Advokat und Bürgermeister in Sachsenhausen. – Waldeck: Landstand 1828-1835.
König/Lengemann/Seibel

Ebersbach, Johannes Christian, geb. 5.5.1799 Sachsenhausen, gest. 7.12.1862 Sachsenhausen; Ackermann und Bürgermeister in Sachsenhausen. – Waldeck: Landstand 1835-1848.
König/Lengemann/Seibel

Ebersbach, Robert, geb. 17.6.1842 Korbach, gest. 28.2.1892 Arolsen; Rechtsanwalt in Korbach, ab 1879 Kreisamtmann des Kreises der Twiste, später Direktor der Domänenkammer und des Konsistoriums. – Waldeck: Landtag 1877-1883.
König; König/Lengemann/Seibel

Eberstadt, Ferdinand, geb. 14.1.1808 Worms, gest. 11.2.1888 Mannheim; Kaufmann im Textil- und Kurzwaren-Großhandel, 1849-1852 Bürgermeister in Worms. – Ghzm. Hessen: 1. Kammer 1850 (dem.).
Götz/Rack

Freiherren von Eberstein – s. Firnhaber Freiherren von Eberstein

Ebert, Georg, geb. 1.3.1885 Langendiebach, gest. 14.2.1971 Erlenbach; Zimmermann in Langendiebach, ab 1929 Gauleiter des Zentralverbandes der Zimmerer in Frankfurt. – Kassel und Hessen-Nassau 1929 (SPD).
Pelda

Ebner, Adam Heinrich, geb. 4.3.1894 Neu-Isenburg, gest. 6.7.1973 Neu-Isenburg; Eisenbahnbetriebsassistent in Neu-Isenburg; MdR 1924 (KPD). – Volksstaat Hessen 1921-1924 (KPD).
Ruppel/Groß; Götz/Rack; J.L.

Dr. jur. Ebner, *Hermann* Friedrich Georg, geb. 18.10.1834 Bornheim, gest. 27.8.1895 ... ; Advokat; MdA 1867-1870 (bkF 1867-1868, F 1868-1870). – Freie Stadt Frankfurt: Gesetzgebende Versammlung 1866 [F (*1868-1870*), DFrsgP (*1890*)].
Frost; J.L.

von Eck, Adolf, geb. 26.9.1860 Höchst, gest. 10.2.1923 Wiesbaden; Rechtsanwalt. – Wiesbaden und Hessen-Nassau 1900-1920 (DDP 1920).
Burkardt/Pult

von Eck, Johann *Friedrich Arnold* August, geb. 6.8.1785 Dillenburg, gest. 23.10.1870 Wiesbaden; Hofbeständer. – Nassau: Deputiertenkammer 1832.
Rösner-Hausmann

D. Dr. Eck, *Samuel* Adalbert, geb. 28.12.1856 St. Petersburg, Rußland, gest. 31.12.1919 Gießen; Professor der Theologie Gießen. – Volksstaat Hessen 1919 (DDP).
Ruppel/Groß

von Eck, Theodor *Victor* Balhasar, geb. 13.8.1813 Erlenhof bei Mappershain, gest. 23.8.1893 Wiesbaden; Advokat in Usingen, ab 1851 Prokurator beim Hof- und Appellationsgericht in Wiesbaden. – Nassau: Ständeversammlung 1848-1851 (Club der Rechten) und I. Kammer 1852-1866 (NFP).
Rösner-Hausmann; J.L.

Eckel, Johann (*Hans*) Michael, geb. 13.5.1870 Willersdorf, gest. 26.8.1960 Kassel; gelernter Schreiner, Gewerkschaftssekretär in Kassel. – Kassel und Hessen-Nassau 1930-1932 (SPD).
Pelda

Eckel, Konrad August, geb. 16.2.1896 Willersdorf, gest. 21.11.1978 Marburg; Volksschullehrer, Diplom-Handelslehrer in Marburg, später Landrat des Kreises Marburg. – Kassel und Hessen-Nassau 1933 (SPD).
Pelda

Eckert, Georg Martin (III.), geb. 28.4.1807 Dietzenbach, gest. 5.3.1894 Dietzenbach; Bürgermeister in Dietzenbach. – Ghzm. Hessen: 2. Kammer 1856-1862.
Ruppel/Groß

Eckhard-Hoffmann, Johann Friedrich, geb. ... , gest. ... ; Handelsmann. – Freie Stadt Frankfurt: Gesetzgebende Versammlung 1851.
Frost

Eckhardt, *Carl* Adolph, geb. 19.1.1782 Orferode, gest. 17.10.1839 Eschwege; Prokurator in Eschwege. – Kurhessen: Ständeversammlung 1831-1832 und 1833-1835 (lib. 1831-1832, gem. lib. 1833-1835).
Losch; Sieburg; J.L.

Dr. phil. h.c. Eckhardt, *Christian* Leonhard Philipp, geb. 1.7.1784 Dauernheim, Krs. Friedberg, gest. 20.12.1866

Darmstadt; Ministerialrat im Ministerium des Inneren, 1848 Direktor der Staatsschuldentilgungskasse. – Ghzm. Hessen: 1. Kammer 1851-1856.   Götz/Rack

Eckhardt, Johann Balthasar, geb. 19.1.1786 Frankfurt, gest. 14.12.1853 Frankfurt; Bierbrauermeister. – Freie Stadt Frankfurt: Gesetzgebende Versammlung 1826-1830.   Frost

Freiherr von Edelsheim, Ludwig, geb. 24.10.1823 Karlsruhe, gest. 23.2.1872 Konstanz; 1861 Ghzgl. badischer Gesandter in Wien und Dresden, 1865 Ghzgl. badenscher Außenminister. – Kurhessen: 1. Kammer 1855-1861 (lib.-konst.).   Losch; Sieburg; J.L.

Freiherr von Edelsheim, *Wilhelm* August, geb. 3.9.1824 Karlsruhe, gest. 12.1.1904 Karlsruhe. – Kurhessen: 1. Kammer 1861.   Losch; Sieburg

Eder, Jakob, geb. 3.5.1874 Sprendlingen/Rheinhessen, gest. 27.2.1932 Alsfeld; Sattler- und Tapeziermeister in Alsfeld. – Volksstaat Hessen 1919-1921 (SPD).   Ruppel/Groß

Eder, **Peter Josef Aloys**, geb. 2.5.1792 ..., gest. ... ; Jurist 1842-1855 Senator, 1855-1856 Schöff, 1857 Appellationsgerichtsrat. – Freie Stadt Frankfurt: Gesetzgebende Versammlung 1823-1844; Vizepräsident der Gesetzgebenden Versammlung 1829-1832.   Frost

Edinger, Markus, geb. 16.8.1820 Worms, gest. 14.6.1879 Worms; Kaufmann in Worms. – Ghzm. Hessen: 2. Kammer 1865-1878 (F 1865-1866, LibKons 1866-1872).   Ruppel/Groß

Eggena, *Carl* Michael, geb. 19.8.1789 Kassel, gest. 17.12.1840 Fulda; Jurist, 1830 und 1831 Landtagskommissar, 1831-1832 Mitglied des Kfl. Gesamtstaatsministeriums, 1832 Provisorischer

Vorstand des Kfl. Innenministeriums, 1832 Direktor der Regierung in Fulda. – Kurhessen: Ständeversammlung 1833 (gouv.).   Losch; Sieburg; J.L.

Eibach, Johann (II.). geb. 30.7.1859 Pfaffen-Schwabenheim, gest. 23.10.1936 Pfaffen-Schwabenheim; Bürgermeister in Pfaffen-Schwabenheim. – Ghzm. Hessen: 2. Kammer 1910-1911 (NL).
                    Ruppel/Groß

Dr. phil. Eich, Johann *Friedrich*, geb. 6.2.1812 Worms, gest. 25.8.1879 Worms; Gymnasiallehrer in Worms. – Ghzm. Hessen: 2. Kammer 1851-1856 (kons.).
                    Ruppel/Groß

Eichel, Hans, geb. 24.12.1941 Kassel; Gymnasiallehrer, 1975-1991 Oberbürgermeister der Stadt Kassel, seit 1991 Hessischer Ministerpräsident; Mitglied des Bundesrates seit 1991; Mitglied der 10. Bundesversammlung. – Land Hessen: Mitglied des Hessischen Landtages seit 1991 (SPD).   Kanzlei des Landtags

Eichenberg, Philipp Wilhelm, get. 1.12.1763 Frankfurt, gest. 11.1.1834 Frankfurt; Buchhändler und Buchdrucker. – Freie Stadt Frankfurt: Gesetzgebende Versammlung 1823.   Frost

Eichmann, Heinrich, geb. 2.9.1832 Hundsangen, gest. 11.3.1920 Hundsangen; Bürgermeister in Hundsangen. – Wiesbaden und Hessen-Nassau 1886-1904.   Burkardt/Pult

Dr. jur. Eichwede, Friedrich Wilhelm Eduard Kurt, geb. 2.10.1877 Hannover, gest. 25.11.1938 Düsseldorf; Gerichtsassessor a.D., selbständiger Landwirt auf Wilhelminenhof bei Rotenburg an der Fulda. – Kassel und Hessen-Nassau 1933 (NSDAP).   Pelda

Eigenbrodt, *Alexander* Georg, geb. 23.12.1813 Hof Lauterbach, gest.

30.7.1864 Darmstadt; Ökonom auf Hof Lauterbach. – Ghzm. Hessen: 2. Kammer 1862-1864.   Ruppel/Groß

Dr. med. Eigenbrodt, Carl, geb. 7.2.1826 Darmstadt, gest. 25.5.1900 Darmstadt; Oberarzt am Lazarett in Darmstadt. – Ghzm. Hessen: 2. Kammer 1862-1866 (F).   Ruppel/Groß

Dr. jur. Eigenbrodt, Karl Christian, geb. 26.11.1769 ..., gest. 11.5.1839 Darmstadt; Direktor der Appellationskommission in Administrativjustizsachen aus der Provinz Rheinhessen, Geheimer Staatsrat. – Ghzm. Hessen: 2. Kammer 1820-1821 und 1835-1839 (lib.); Präsident der 2. Kammer 1820-1821 und 1835-1839.   Ruppel/Groß; Götz/Rack; J.L.

Eigenbrodt, *Reinhard* Carl Theodor, geb. 20.3.1799 Gesmold, gest. 7.7.1866 Darmstadt; Mitglied der Eisenbahn-Baudirektion, 1848 Ministerialrat, hessendarmstädtischer Bevollmächtigter bei der provisorischen Zentralgewalt in Frankfurt, Juni-Juli 1848 Vorstand des Ghzgl. Ministeriums des Innern. – Ghzm. Hessen: 2. Kammer 1847-1848, 1. Kammer 1849-1850 und 2. Kammer 1850 (lib.).
Ruppel/Groß; Götz/Rack

Eigner, Johann *Georg*, geb. 11.12.1796 Königstein, gest. 15.12.1883 Königstein; Gastwirt und Schultheiß. Nassau: II. Kammer: 1852-1866 (NFP).
Rösner-Hausmann

Einbigler, Johann Caspar Joseph, geb. 6.1.1797 Frankfurt, gest. 20.6.1869 Frankfurt; Instrumentenbauer. – Freie Stadt Frankfurt: Ständige Bürgerrepräsentation 1838-1866, Gesetzgebende Versammlung 1840- 1855 und 1860-1866.   Frost

Einschütz, Wilhelm, geb. 25.9.1816 Birstein, gest. 30.10.1875 ... ; Bürgermeister in Birstein. – Kurhessen: 2. Kammer 1855-1857 und 1861-1862. Losch; Sieburg

Eisenberger, Johann *Adam*, geb. 17.7.1762 Mainz, gest. 24.5.1834 Aschaffenburg; Kauf- und Handelsmann in Aschaffenburg. – Ghzm. Frankfurt 1810-1813.   Lengemann I

Eissengarthen, Johann *Heinrich*, geb. 30.12.1802 Kassel, gest. 3.3.1859 Kassel; Bierbrauer in Kassel. – Kurhessen: Ständeversammlung 1847-1850 (lib.-dem.).
Losch; Sieburg J.L.

Eißnert, Georg *Leonhard*, geb. 12.6.1866 Reichenberg in Bayern, gest. 10.3.1949 Offenbach; Zigarrenhändler, 1920-1928 besoldeter Stadtrat und 1928-1932 Bürgermeister in Offenbach. – Ghzm. Hessen: 2. Kammer 1911-1918 und Volksstaat 1919-1921 (SPD).
Ruppel/Groß; Götz/Rack

Elich, L. *Cäsar*, geb. 13.11.1815 Gudensberg, gest. 25.11.1877 Gudensberg; Apotheker in Gudensberg. – Kurhessen: Ständeversammlung 1848-1849.
Losch; Sieburg

Ellenberger, *Eduard* Heinrich Georg Gustav Julius, geb. 24.1.1837 Büdingen, gest. 3.8.1917 Darmstadt; bis 1876 evangelischer Pfarrer in Hain-Gründau, später Kirchenrat, Pfarrer und Dekan in Ortenberg. – Ghzm. Hessen: 2. Kammer 1872-1887 (NL).   Ruppel/Groß

Ellenberger, Friedrich Carl Theodor, geb. 22.11.1797 Nidda, gest. 27.11.1871 Lauterbach; Landrichter in Alsfeld. – Ghzm. Hessen: 1. Kammer 1851-1856.
Götz/Rack

Ellissen, Ignatz Eduard, geb. ... , gest. ...; Jurist. – Freie Stadt Frankfurt: Gesetzgebende Versammlung 1858.   Frost

Ellissen, Philipp, geb. ... , gest. ... ; Handelsmann. – Freie Stadt Frankfurt: Gesetzgebende Versammlung 1850-1857.
Frost

Jacob Graf von Eltz
Präsident der Herrenbank des Nassauischen
Landtags 1825-1832 und 1839-1842

von Ellrodt, *Friedrich Wilhelm* **Franz Carl August Ernst**, geb. 16.1.1772 Bayreuth, gest. 1.12.1844 Frankfurt; Handelsmann, Feldobrist und Kommandant der Frankfurter Stadt- und Landwehr. – Freie Stadt Frankfurt: Ständige Bürgerrepräsentation [1815] -1844 (Stadtrechnungsrevisionskolleg 1821-1844), Gesetzgebende Versammlung 1817-1843.
Frost

Elmsheuser, Konrad, geb. 20.8.1906 Cappel, gest. 18.11.1992 Beltershausen; Landwirt in Beltershausen. – Kassel und Hessen-Nassau 1933 (NSDAP). Pelda

Graf und Edler Herr von und zu Eltz, gen. Faust von Stromberg, Johann Philipp *Jacob* **Nepomuk**, geb. 5.5.1779 Mainz, gest. 22.4.1844 Pest, Ungarn. – Nassau: Herrenbank 1825-1832 und

1839-1845; Präsident der Herrenbank 1825-1832 und 1839-1842.
Rösner-Hausmann; J.L.

Elwert, *Ernst* **Georg Wilhelm**, geb. 13.1.1788 Dornberg, gest. 1.3.1863 Darmstadt; Rat bei der Regierung, 1832 Rat bei der Rechnungskammer in Darmstadt. – Ghzm. Hessen: 2. Kammer 1826-1833 und 1848-1849 (lib.). Ruppel/Groß

Dr. Elz, Friedrich, geb. 30.3.1848 Alzey, gest. 9.5.1915 Darmstadt; katholischer Pfarrer und Dekan in Darmstadt. – Ghzm. Hessen: 1. Kammer 1903. Götz/Rack

Emde, *Eduard* **Friedrich Konrad**, geb. 18.6.1841 Mühlhausen, gest. 10.2.1929 Mühlhausen; Landwirt und Bürgermeister in Mühlhausen. – Waldeck: Landtag 1879-1908 (BdL).
König; König/Lengemann/Seibel

Emde, Johannes Friedrich, geb. 17.2.1806 Mühlhausen, gest. 18.1.1882 Mühlhausen; Ackermann und Bürgermeister in Mühlhausen. – Waldeck: Landtag 1855-1872.
König; König/Lengemann/Seibel

Emden, Martin, geb. ... , gest. ... ; Jurist. – Freie Stadt Frankfurt: Gesetzgebende Versammlung 1850-1851. Frost

Emmel, Heinrich, geb. 13.4.1819 Niedergründau, gest. ... ; Bürgermeister in Niedergründau. – Kurhessen: 2. Kammer 1858-1860. Losch; Sieburg

Emmerich, Adam, geb. 17.10.1808 Wehrheim, gest. 29.10.1869 Wiesbaden; Kriminalrichter. – Nassau: I. Kammer 1864-1865. Rösner-Hausmann

Emmerich, *Karl* **Friedrich**, geb. 11.4.1810 Rodheim, gest. ... ; Assessor am Landgericht Groß-Karben, 1849 am Landgericht Grünberg. – Ghzm. Hessen: 2. Kammer 1849-1850. Ruppel/Groß

Emmerling, Georg Ludwig *August*, geb. 20.12.1797 Thalitter, gest. 25.11.1867 Darmstadt; Hofgerichtsadvokat, 1848 Ministerialrat im Ministerium des Innern, 1850 Generalstaatsprokurator in Darmstadt; MdN 1848-1849 (AH); Mitglied des Volkshauses des Unionsparlaments 1850. – Ghzm. Hessen: 2. Kammer 1832-1834, 1839-1841 und 1847-1848 und der 1. Kammer 1849-1850 (lib.).

Ruppel/Groß; Götz/Rack; J.L.

Dr. med. Endemann, *Friedrich* **Karl**, geb. 10.4.1833 Kassel-Oberneustadt, gest. 30.6.1909 Kassel; Arzt in Kassel; MdR 1891-1893 und 1898-1903 (NL); MdA 1899-1903 (NL). – Kassel und Hessen-Nassau 1892-1906 (NL).

Pelda; J.L.

Dr. jur. Endemann, Hermann Ernst, geb. 8.6.1795 Hersfeld, gest. 17.1.1846 Marburg; Professor der Rechte in Marburg. – Kurhessen: Ständeversammlung 1833-1838 (gem. lib.); Vizepräsident 1833-1838.

Losch; Sieburg; J.L.

Enders, Caspar, geb. 30.12.1797 Opperz/Neuhof, gest. 5.5.1875 Opperz/Neuhof; Wirt und Ökonom in Opperz. – Kurhessen: Ständeversammlung 1839-1841 und 2. Kammer 1852-1854 (opp.).

Losch; Sieburg; J.L.

Enders, Christian, geb. 12.4.1899 Grebenroth, Reg.-Bez. Wiesbaden, gest. 21.10.1984 ... ; Gemeinderevierförster bzw. Oberförster in Idstein; Mitglied der 4. Bundesversammlung. – Land Hessen: Hessischer Landtag 1962-1970 (SPD).

Lengemann II

Enders, Philipp Jacob, geb. 26.4.1806 Frankfurt, gest. 19.5.1878 Frankfurt; Handelsmann. – Freie Stadt Frankfurt: Ständige Bürgerrepräsentation 1853-1866 (Stadtrechnungsrevisionskolleg 1857-1866), Gesetzgebenden Versammlung 1853 und 1856-1861.

Frost

Dr. phil. Engel, Eva *Sibylle*, geb. 6.5.1920 Hamburg; freie Mitarbeiterin bei Presse, Rundfunk und Fernsehen; MdB 1981-1983 (F.D.P.); Mitglied der 7. Bundesversammlung. – Land Hessen: Hessischer Landtag 1970-1978 und 1978-1981 (F.D.P.); Vizepräsidentin des Hessischen Landtags 1974-1977 und 1979-1981.

Lengemann II

Engel, G., geb. ... , gest. ... ; Schuhmachermeister. – Freie Stadt Frankfurt: Gesetzgebende Versammlung 1844.

Frost

Engel, Heinrich, geb. 13.2.1785 Ernsthausen, gest. 27.3.1859 Ernsthausen; Ökonom, Gastwirt und Bürgermeister in Ernsthausen. – Kurhessen: Ständeversammlung 1831-1832, 1833-1835, 1838 und 1842-1846 und 2. Kammer 1855-1860 (lib. 1831-1832, gem. lib. 1833-1835).

Losch; Sieburg; J.L.

Engel, Heinrich Peter, geb. 30.4.1845 Hailer, gest. 15.4.1898 Hailer; Bürgermeister in Hailer. – Kassel und Hessen-Nassau 1887-1897.

Pelda

Engel, Horst, geb. 7.7.1927 Berlin-Schöneberg, gest. 17.12.1984 ... ; Journalist, leitender Geschäftsführer der Merian GmbH in Frankfurt, wohnhaft in Offenbach; Mitglied der Verbandsversammlung des LWV Hessen 1969-1973. – Land Hessen: Hessischer Landtag 1972-1984 (SPD).

Lengemann II

Engel, Johann Ernst Robert, geb. 29.6.1857 Branschweig, gest. 28.4.1914 Altenau/Harz; Jurist, Bürgermeister in Schmalkalden. – Kassel und Hessen-Nassau 1899-1906.

Pelda

Engel, Jürgen, geb. 20.8.1947 Witzenhausen; gelernter Industriekaufmann, Industrie- und Exportkaufmann in der chemischen Industrie, Mitarbeiter der GRÜ-Landtagsfraktion; Mitglied der 8. Bundesversammlung. – Land Hessen:

Hessischer Landtag 1985-1987 (GRÜ).
Lengemann II; Kanzlei des Landtags

Dr. jur. Engel, Ludwig, geb. 30.11.1906 Darmstadt, gest. 26.9.1975 ... ; Oberbürgermeister der Stadt Darmstadt. – Land Hessen: Hessischer Landtag 1958-1960 (SPD).   Lengemann II

Dr. jur. Engelbach, *Friedrich* Ernst, geb. 19.11.1800 Stromdorf, gest. 17.12.1874 Gießen; Hofgerichtsadvokat in Gießen. – Ghzm. Hessen: 1. Kammer 1851-1874.
Götz/Rack

Engelhard, Georg Heinrich, geb. 12.7.1798 Frankfurt, gest. 13.4.1875 Frankfurt; Apotheker. – Freie Stadt Frankfurt: Verfassunggebende Versammlung 1848-1849, Gesetzgebende Versammlung 1852-1857.   Frost; J.L.

Engelhard, Johann Georg, geb. 8.10.1747 Scheßlitz bei Bamberg, gest. 17.10.1827 Aschaffenburg; 1803-1810 Direktor des Fürstprimatischen Oberappellationsgerichts in Aschaffenburg, 1810-1813 Direktor des Ghzgl. Oberappellationsgerichts in Aschaffenburg, später Präsident des Appellationsgerichts Aschaffenburg. – Ghzm. Frankfurt 1810-1813; Präsident der Ständeversammlung 1810.   Lengemann I

Engelhard, Johann Heinrich, geb. 25.12.1753 Frankfurt, gest. 29.3.1833 Frankfurt; Leutnant, Major, Quartiervorstand. – Freie Stadt Frankfurt: Ständige Bürgerrepräsentation [1800] -1833 (Stadtrechnungsrevisionskolleg 1818-1833).   Frost

Engelhard (II), Johann *Wilhelm* Jakob, geb. 31.12.1803 Mengeringhausen, gest. 24.1.1867 Mengeringhausen; Advokat, ab 1834 Besitzer des Gaugreben'schen Hofes in Mengeringhausen, 1837 Stadtsekretär in Mengeringhausen, 1841 provisorisch Verwalter der Allgemeinen Staatsdiener-Witwenkasse, 1850 Kreissekretär in Arolsen. – Waldeck: Landstand 1835-1848 und Landtag 1849-1859.
König; Lengemann III; König/Lengemann/Seibel

Engelhard (I), Julius Christoph *Georg*, geb. 21.7.1795 Korbach, gest. 15.12.1860 Korbach; Apotheker in Korbach, 1840-1842, 1848-1849 und 1851-1853 Bürgermeister. – Waldeck: Landstand 1839/40-1842 und Landtag 1849-1851.
König; Lengemann III; König/Lengemann/Seibel

Engelmann, *Johann*(es), geb. 18.8.1874 Alzey, gest. 18.8.1955 Alzey; Arbeitersekretär Worms und Mainz, 1920 Direktor des Öffentlichen Arbeitsnachweisamtes Mainz. – Volksstaat Hessen 1919-1921 und 1924-1927 (SPD).   Ruppel/Groß

Engeroff, Johann Peter, geb. 25.11.1765 Groß-Gerau, gest. 31.12.1828 Groß-Gerau; Gastwirt und Posthalter in Groß-Gerau. – Ghzm. Hessen: 2. Kammer 1820-1824.   Ruppel/Groß

Dr. jur. Enneccerus, Karl Martin *Ludwig*, geb. 1.4.1843 Neustadt am Rübenberge, gest. 31.5.1928 Marburg; Professor der Rechte an der Universität Marburg; MdA 1882-1898 (NL); MdR 1887-1890 und 1893-1898 (NL). – Kassel 1877-1897 und Hessen-Nassau 1886-1897 (NL).   Pelda; J.L.

Epstein, geb. Beling, Else, geb. 22.12.1881 Frankfurt, gest. 13.12.1948 Frankfurt; bis 1933 und ab 1946 leitend im Frankfurter Bund für Volksbildung. – Land Hessen: Beratender Landesausschuß 1946 (CDU).   Lengemann II

Epstein, Philipp Christian, geb. 18.4.1834 Kemmenau, gest. 2.5.1918 Nassau; Bürgermeister. – Wiesbaden und Hessen-Nassau 1890-1910.   Burkardt/Pult

Erb, Johann Adam, geb. 20.9.1807 Brandlos, gest. 21.8.1871 Brandlos; Bürgermeister in Brandlos. – Kurhessen: 2. 1860-1866; Kassel 1868-1871.

Losch; Sieburg; Pelda

Graf zu Erbach-Erbach, Franz, geb. 29.10.1754 Erbach, gest. 8.3.1823 Erbach; 1775 Nachfolge in der Grafschaft. – Ghzm. Hessen: 1. Kammer 1820-1821 (nie förmlich eingetreten).   Götz/Rack

Graf zu Erbach-Erbach, Franz Alexander, geb. 16.9.1891 Erbach, gest. 21.1.1952 Hof Eulbach; Kriegsfreiwilliger, später Verwaltung des Besitzes für den Bruder Konrad, 1940 Nachfolge in der Standesherrschaft. – Ghzm. Hessen: 1. Kammer 1917-1918.   Götz/Rack

Graf zu Erbach-Erbach, Franz Arthur, geb. 1.9.1849 Hof Eulbach, gest. 7.6.1908 Erbach; Gfl. erbachischer Kammerdirektor. – Ghzm. Hessen: 1. Kammer 1905-1908 (CSP).   Götz/Rack

Graf zu Erbach-Erbach, Franz Carl, geb. 11.6.1782 Erbach, gest. 14.4.1832 Erbach; 1823 Nachfolge in der Standesherrschaft. – Ghzm. Hessen: 1. Kammer 1823-1830 (nie förmlich eingetreten).
Götz/Rack

Graf zu Erbach-Erbach, Franz Eberhard (XV.), geb. 27.11.1818 Erbach, gest. 8.6.1884 Erbach; 1839 Nachfolge in der Standesherrschaft; Mitglied der Kammer der Reichsräte in Bayern 1842-1884. – Ghzm. Hessen: 1. Kammer 1844-1849 und 1856-1884.   Götz/Rack

Graf zu Erbach-Erbach, Franz Eberhard (XVI.), geb. 10.11.1886 Erbach, gest. 11.2.1917 Apacz bei Kronstadt in Siebenbürgen; Offizier, zuletzt in der Nachrichtenabteilung der 6. Kavalleriedivision in Rumänien. – Ghzm. Hessen: 1. Kammer 1916-1917.   Götz/Rack

Graf zu Erbach-Erbach, Franz Georg Albrecht (IV.), geb. 22.8.1844 Erbach,

gest. 19.4.1915 bei Ober-Mossau; Führung der erbachischen Hofintendantur, 1884 Nachfolge in der Standesherrschaft, 1908 Senior des Gesamthauses Erbach; Mitglied der Kammer der Reichsräte in Bayern ... -1915. – Ghzm. Hessen: 1. Kammer 1883-1915. Götz/Rack

Graf zu Erbach-Erbach, Franz Georg Friedrich, geb. 4.1.1785 Erbach, gest. 2.9.1854 Heidelberg. – Ghzm. Hessen: 1. Kammer 1834-1836.   Götz/Rack

Graf zu Erbach-Fürstenau, Adalbert Adolf, geb. 2.2.1861 Fürstenau, gest. 28.9.1944 Krähenberg. – Ghzm. Hessen: 1. Kammer [1886] 1887-1918; Vizepräsident (2. Präsident) der 1. Kammer 1900-1908.   Götz/Rack

Graf zu Erbach-Fürstenau, Adalbert Ludwig, geb. 19.8.1828 Krähenberg, gest. 12.12.1867 Fürstenau; Direktor der Gfl. erbachischen Rentkammer. – Ghzm. Hessen: 1. Kammer 1856-1862. Götz/Rack

Graf zu Erbach-Fürstenau, Albrecht (Albert) August Ludwig, geb. 18.5.1787 Fürstenau, gest. 28.7.1851 Krähenberg; 1808 Nachfolge in der Grafschaft Erbach-Fürstenau. – Ghzm. Hessen: 1. Kammer 1820-1849; Präsident (1. Präsident) der 1. Kammer 1823-1824.
Götz/Rack

Graf zu Erbach-Fürstenau, Alfred, geb. 11.4.1905 Steinbach, Reg.-Bez. Darmstadt, gest. 30.7.1988 ... ; Ingenieur und Importkaufmann in Jagdschloß Krähberg bei Beerfelden. – Land Hessen: Hessischer Landtag 1956-1958 (CDU).

Lengemann II; Kanzlei des Landtags

Graf zu Erbach-Fürstenau, Edgar Ludwig Friedrich, geb. 10.9.1818 Krähenberg, gest. 30.9.1879 Markt-Einersheim; in österreichischem Militärdienst. – Ghzm. Hessen: 1. Kammer 1874-1879.

Götz/Rack

Alfred Graf zu Erbach-Fürstenau
Präsident der 1. Kammer des Landtags des
Großherzogtums Hessen 1866-1874

Dr. jur. Graf zu Erbach-Fürstenau, *Elias* (Raimund) Karl Gustav Otto, geb. 11.12.1866 Fürstenau, gest. 11.9.1950 Bad Kissingen. – Ghzm. Hessen: 1. Kammer 1893.   Götz/Rack

Graf zu Erbach-Fürstenau, Raimund *Alfred* Friedrich Franz August Maximilian, geb. 6.10.1813 Fürstenau, gest. 25.10.1874 Krähenberg; seit 1841 in österreichischem Militärdienst, 1851 Nachfolge in der Standesherrschaft. – Ghzm. Hessen: 1. Kammer 1838-1841, 1844-1849 und [1856] 1862-1874; Präsident (1. Präsident) der 1. Kammer 1866-1874.   Götz/Rack

Graf zu Erbach-Fürstenau, Wilhelm *Ludwig* Friedrich, geb. 22.7.1788 Fürstenau, gest. 12.10.1865 Michelstadt; bis 1824 auf Schloß Fürstenau, dann in Michelstadt. – Ghzm. Hessen: 1. Kammer

1833-1836 und 1851-1856; Vizepräsident (2. Präsident) der 1. Kammer 1835-1836.   Götz/Rack

Graf zu Erbach-Fürstenau, Wolfgang Ernst *Hugo*, geb. 15.9.1832 Fürstenau, gest. 21.2.1894 Fürstenau; in österreichischem Militärdienst. – Ghzm. Hessen: 1. Kammer 1882-1887.   Götz/Rack

Fürst zu Erbach-Schönberg, *Alexander* Ludwig, geb. 12.9.1872 Schönberg, gest. 18.10.1944 Bensheim; 1908 Nachfolge in der Standesherrschaft. – Ghzm. Hessen. 1. Kammer 1899-1918.   Götz/Rack

Graf zu Erbach-Schönberg, *Emil* Christian, geb. 2.12.1789 Zwingenberg, gest. 26.5.1829 Schönberg; 1823 Nachfolge in der Standesherrschaft. – Ghzm. Hessen: 1. Kammer [1823] 1826-1827.   Götz/Rack

Graf (Fürst[43]) zu Erbach-Schönberg, *Gustav* Ernst, geb. 17.8.1840 Schönberg, gest. 29.1.1908 Darmstadt; 1863 Nachfolge in der Standesherrschaft, 1884 Senior des Hauses Erbach. – Ghzm. Hessen: 1. Kammer 1865-1908.   Götz/Rack

Graf zu Erbach-Schönberg, Lud(e)wig (III.), geb. 1.7.1792 Zwingenberg, gest. 18.8.1863 Airolo, TI, Schweiz; 1829 Nachfolge in der Standesherrschaft. – Ghzm. Hessen: 1. Kammer 1829-1849 und 1856-1863 (nie förmlich eingetreten).   Götz/Rack

Graf zu Erbach-Schönberg, Maximilian, geb. 7.4.1787 Zwingenberg, gest. 1.6.1823 Schönberg; 1816 Nachfolge in der Standesherrschaft. – Ghzm. Hessen: 1. Kammer 1820-1823 (nie förmlich eingetreten).   Götz/Rack

Prinz zu Erbach-Schönberg, *Viktor* Sergej (Sergius) Heinrich, geb. 26.9.1880

---
[43] Erhebung in den Ghzgl. hessischen Fürstenstand erhoben am 18.8.1903.

König im Odenwald, gest. 27.4.1967
München; Diplomat. – Ghzm Hessen: 1.
Kammer 1911-1917.   Götz/Rack

Erbe, Johannes, geb. 7.2.1798 Barchfeld,
gest. 26.12.1868 ... ; Bürgermeister in
Barchfeld. – Kurhessen: 2. Kammer
1852-1854. (gouv.)   Losch; Sieburg; J.L.

Erbe, Karl, geb. 22.8.1874 Prag, gest.
9.3.1946 Hanau; Geschäftsführer des
Haus- und Grundbesitzervereins in
Hanau. – Kassel und Hessen-Nassau
1930-1932 (WP).   Pelda

Erhard, Benno, geb. 22.2.1923 Bad
Schwalbach; Rechtsanwalt und – ab 1964
– Notar in Bad Schwalbach, 1983-1987
Parlamentarischer Staatssekretär beim
Bundesminister der Justiz; MdB 1965-
1987 (CDU); Mitglied der 3., 5., 6., 7.
und 8. Bundesversammlung. – Land Hes-
sen: Hessischer Landtag 1954-1965
(CDU).   Lengemann II; Kanzlei des Landtags

Erk, *Wilhelm* Friedrich Ludwig, geb.
18.1.1840 Nidda, gest. 15.11.1912 Nidda; Mühlenbesitzer und Bürgermeister in
Nidda. – Ghzm. Hessen: 2. Kammer
1887-1911 (Bauernbund).   Ruppel/Groß

Ermen, Bernhard, geb. 20.7.1798
Bergeijk, Niederlande, gest. 28.12.1865
Wiesbaden; Landwirt und Gastwirt. –
Nassau: Deputiertenkammer 1846-1848.
                         Rösner-Hausmann

Ernst, Christian Ludwig, geb. 24.11.1819
Frankenberg, gest. ... Wetter; Postmeister
und Vizebürgermeister in Frankenberg. –
Kurhessen: 2. Kammer 1855-1857 (lib.-
konst.).   Losch; Sieburg; J.L.

Ernst, Heinrich, geb. ... , gest. ... . – Freie
Stadt Frankfurt: Gesetzgebende Versammlung 1833.   Frost

Ernst, Karl Heinz, geb. 18.1.1942 Fritzlar; Amtmann beim Regierungspräsiden-

ten in Kassel, wohnhaft in Fritzlar; Mitglied der 6. und 8. Bundesversammlung.
– Land Hessen: Hessischer Landtag seit
1970 (SPD); Vizepräsident des Hessischen Landtags 1984-1987.
          Lengemann II; Kanzlei des Landtags

Dr. phil. Ernst, Lorenz, geb. 25.9.1890
Wiesbaden, gest. 26.7.1977 Frankfurt;
Studiendirektor. – Wiesbaden und Hes-
sen-Nassau 1920-1929 und 1930-1933
(Z).   Burkardt/Pult

Ernst, Philipp Heinrich, geb. ... , gest. ...;
Bürgermeister. – Wiesbaden 1868-1885.
                               Burkardt/Pult

Esau, Friedrich Ludwig, geb. 20.3.1786
Mengeringhausen, gest. 11.3.1855 Mengeringhausen; Gold- und Silberschmied
und mehrfach Bürgermeister in Mengeringhausen. – Waldeck: Landstand 1829-
1830 und 1848-1848.
                      König/Lengemann/Seibel

**Esau, Johann Henrich Christian Phil-
ipp**, geb. 14.9.1753 Mengeringhausen,
gest. 21.3.1830 Mengeringhausen; Goldschmied und mehrfach Bürgermeister in
Mengeringhausen. – Waldeck: Landstand
[1793], [1808-1809] und 1815-1828.
                      König/Lengemann/Seibel

von Eschwege, *Carl* Ludwig Ernst, geb.
22.5.1789 Allendorf an der Werra, gest.
15.9.1857 Reichensachsen; Rittergutsbesitzer in Reichensachsen, Mitglieder des
Staatenhauses des Unionsparlaments
1850. – Hessen-Kassel 1815-1816; Kurhessen: Konstituierender Landtag 1830,
Ständeversammlung 1831-1849 und 1.
Kammer 1852-1857 (gouv. 1831-*1838*,
reakt.-kons. 1852-1857).Losch; Sieburg (J.L.)

**von Eschwege, *Carl* Moritz Willibald Jo-
hann**, geb. 26.10.1826 Reichensachsen,
gest. 17.10.1890 Fritzlar; Kreissekretär in
Ziegenhain, später Landrat in Fritzlar. –
Kurhessen: Ständeversammlung 1865-

1866; Kassel und Hessen-Nassau 1886-1890 [K].   Losch; Sieburg; Pelda; J.L.

von Eschwege, *Elmar* **Ferdinand Gottfried Werner Hertingk,** geb. 7.5.1896 Soldau in Ostpreußen, gest. 19.11.1963 Göttingen; Landwirt, geschäftsführender Vorstand der von Eschwege'schen Familienstiftung und Geschäftsführer der von Eschwege'schen Gutsbetriebe in Aue und Jestädt. – Kassel und Hessen-Nasau 1933 (NSDAP).   Pelda; J.L.

von Eschwege, *Ernst* **Friedrich,** geb. 25.4.1818 Wolfsanger, gest. 2.6.1901 Kassel; Regierungsrat bei der Regierung in Kassel. – Kassel 1868-1869, 1871-1872, 1874-1875, 1879 und 1884.
      Pelda; J.L.

von Eschwege, *Ferdinand* **Ludwig Christian,** geb. 27.9.1790 Eschwege, gest. 26.3.1857 Jestädt; Oberst, 1841 Generalmajor; 1855 Generalleutnant. – Kurhessen: Ständeversammlung 1833-1835, 1839-1841 und 1848-1849 (gouv. 1833-*1835*).   Losch; Sieburg; J.L.

von Eschwege, **Johann** *Rudolf*, geb. 21.1.1821 Wolfsanger, gest. 24.11.1875 Kassel; Hauptmann in österreichischen Diensten a.D. – Kurhessen: 1. Kammer 1858-1860.   Losch; Sieburg

Ettling, **Georg Friedrich Julius,** geb. 22.8.1809 Frankfurt, gest. ... ; Ingenieur. – Freie Stadt Frankfurt: Gesetzgebende Versammlung 1866.   Frost

Etz, Otto, geb. 2.10.1895 Frankfurt, gest. 18.10.1957 ... ; gelernter Former, Angestellter in Frankfurt; Mitglied der 2. Bundesversammlung. – Wiesbaden und Hessen-Nassau 1933 (SPD); Land Hessen: Hessischer Landtag 1950-1954 (SPD).
      Burkardt/Pult; Lengemann II

Eucker, Hans, geb. 25.3.1820 Oberrosphe, gest. 13.6.1891 Oberrosphe; Bürgermeister in Oberrosphe. – Kurhessen: 2.Kammer 1860-1862 und Ständeversammlung 1862-1863.   Losch; Sieburg

Euler, Adam, geb. 21.8.1919 Altengronau, Krs. Schlüchtern, gest. 2.9.1971 ... ; Marmorschleifer in Altengronau. – Land Hessen: Hessischer Landtag 1954-1958 (FDP).   Lengemann II

Euler, August Martin, geb. 9.5.1908 Kassel, gest. 4.2.1966 ... ; Jurist, 1945-1946 Landrat des Kreises Hersfeld; Mitglied des Wirtschaftsrates des Vereinigten Wirtschaftsgebietes 1947-1949 (LDP bzw. FDP); MdB 1949-1958 (FDP 1949-1956, DA bzw. FVP bzw. DP/FVP bzw. DP 1956-1958); Mitglied der 1. und 2. Bundesversammlung. – Land Hessen: Verfassungberatende Landesversammlung Groß-Hessen 1946 (LDP) und Hessischer Landtag 1946-1947, 1950-1951 und 1954-1955 (LDP bzw. FDP), Vorsitzender der LDP-Fraktion 1946-1947 und der FDP-Fraktion 1954-1955. Lengemann II

Euler, Conrad Friedrich, geb. ... , gest. ... . – Freie Stadt Frankfurt: Gesetzgebende Versammlung 1828, 1831-1834 und 1838-1863.   Frost

Dr. theol. h.c. Euler, Ferdinand, geb. 7.9.1862 Schlitz, gest. 15.3.1925 Darmstadt; Oberkonsistorialrat (bzw. seit 1922 Oberkirchenrat) und Superintendent von Rheinhessen, 1914-1923 Prälat. – Ghzm. Hessen: 1. Kammer 1914-1918. Götz/Rack

Euler, H. L. C., geb. ... , gest. ... ; Jurist. – Freie Stadt Frankfurt: Gesetzgebende Versammlung 1821-1830, Ständige Bürgerrepräsentation 1825-1830; Vizepräsident der Gesetzgebenden Versammlung 1827.   Frost

Euler, Hans, geb. 17.9.1815 Gottsbüren, gest. 3.3.1887 Gottsbüren; Bürgermeister in Gottsbüren. – Kurhessen: 2. Kammer 1852-1854 (gouv.).   Losch; Sieburg; J.L.

Euler, Jakob, geb. 11.11.1856 Reitzenhagen, gest. 10.7.1931 Korbach; Lehrer in Usseln und Berndorf, Schulrat und Kreisschulaufseher in Korbach. – Waldeck: Landesvertretung 1921-1929 (DDP).

König

Euler, Karl Lukas, geb. 28.6.1877 Großauheim, gest. 6.10.1928 Großauheim; Schlosser in Großkrotzenburg. – Kassel und Hessen-Nassau 1921-1928 (KPD).

Pelda

Dr. jur. Euler, Ludwig Heinrich, geb. 23.4.1812 Frankfurt, gest. 17.11.1885 Frankfurt; Rechtsanwalt, Notar und Historiker. – Freie Stadt Frankfurt: Gesetzgebende Versammlung 1851.

Frost

Euler, Wilhelm, geb. ... , gest. ... ; Postverwalter und Domänenpächter in Bischhausen. – Kurhessen: 2. Kammer 1852-1854 (gouv., [K])

Losch; Sieburg; J.L.

Euler, *Wilhelm* Julius, geb. 23.1.1847 Lorsch, gest. 18.5.1934 Bensheim; Fabrikant in Bensheim. – Ghzm. Hessen: 2. Kammer 1893-1905 (NL).

Ruppel/Groß

Eurich, Philipp, geb. ... , gest. ... ; Bierbrauermeister. – Freie Stadt Frankfurt: Gesetzgebende Versammlung 1833-1837 und 1840-1842.

Frost

Ewald, *Ludwig* Wilhelm, geb. 25.8.1813 Offenbach, gest. 22.1.1881 Darmstadt; Geheimer Obersteuerrat und Mitglied der Obersteuer- und Zolldirektion. – Ghzm. Hessen: 2. Kammer 1856-1862.

Ruppel/Groß

Ewen, Quirin (II.), geb. 25.4.1776 Gau-Algesheim, gest. 26.10.1846 Gau-Algesheim; Landwirt und Bürgermeister in Gau-Algesheim. – Ghzm. Hessen: 2. Kammer 1826-1830.

Ruppel/Groß

Exner, Johann Heinrich Louis *Richard*, geb. 14.6.1885 Kassel, gest. 6.4.1945 Kassel; Postoberamtmann in Harleshausen bei Kassel. – Kassel 1933 (NSDAP).

Pelda

Exter, Carl Heinrich Ernst, geb. 10.8.1902 Homberg/Efze, gest. 25.4.1972 Kassel; Apotheker in Homberg. – Kassel und Hessen-Nassau 1933 (NSDAP).

Pelda

Eyerkaufer, Karl, geb. 3.3.1940 Landshut; Studienrat in Bruchköbel, später Oberstudiendirektor in Maintal-Bischofsheim, 1987 Landrat des Main-Kinzig-Kreises; Mitglied der Verbandsversammlung des LWV Hessen ab 1989. – Land Hessen: Hessischer Landtag 1974-1974 (SPD).

Lengemann II; Kanzlei des Landtags

Eysen, Friedrich Wilhelm, geb. ... , gest. ... . Freie Stadt Frankfurt: Ständige Bürgerrepräsentation 1853-1866, Gesetzgebende Versammlung 1858.

Frost

Eysen, Johann Bernhard, get. 20.12.1769 Frankfurt, gest. 10.6.1838 Frankfurt; Bierbrauermeister, 1822-1838 Ratsverwandter. – Freie Stadt Frankfurt: Ständige Bürgerrepräsentation [1815] - 1822, Gesetzgebende Versammlung 1817, 1821 und 1830.

Frost; J.L.

Eysen, Johann Ludwig, geb. ... , gest. ... ; Jurist. – Freie Stadt Frankfurt: Gesetzgebende Versammlung 1841.

Frost; J.L.

Eysseneck, Baur von – s. Freiherr von Fichard

Fabel, Daniel, geb. ... , gest. ... ; Geometer in Merxheim. – Hessen-Homburg 1849.

J.L.

Faber, Willibald Hugo, geb. 29.5.1873 Finsterwalde, gest. 12.2.1946 Königstein; Oberstleutnant a. D. – Wiesbaden und Hessen-Nassau 1933 (NSDAP).

Burkardt/Pult

Fabian, Franz, geb. 1.4.1926 Wilden, Krs. Siegen, gest. 31.7.1986 ... ; Bezirksleiter der IG Chemie, Papier, Keramik in Hessen, wohnhaft in Neuwiedermuß, Krs. Hanau. – Land Hessen: Hessischer Landtag 1970-1974 (SPD). Lengemann II

Fabricius, Johann Franz, geb. 5.12.1822 Frankfurt, gest. 17.9.1881 Frankfurt; Handelsmann. – Freie Stadt Frankfurt: Gesetzgebende Versammlung 1866. Frost

Fack, Carl Ludwig, geb. 9.6.1820 Schmalkalden, gest. 7.11.1870 Gotha; Kaufmann in Schmalkalden. – Kurhessen: Ständeversammlung 1863-1866. Losch; Sieburg

Fächer (auch: Fecher)**, Johannes**, geb. 8.4.1770 Seligenstadt, gest. 8.7.1821 Seligenstadt; Bierbrauer und Gastwirt in Seligenstadt. – Ghzm. Hessen: 2. Kammer 1820-1821. Ruppel/Groß

Fäßy, Johannes, geb. 5.4.1781 Frankfurt, gest. 24.11.1871 Frankfurt; Tuchbereiter; 1827-1862 Ratsverwandter. – Freie Stadt Frankfurt: Gesetzgebende Versammlung 1829-1834. Frost

Fahrenbach, Heinrich, geb. 11.4.1839 Kleinalmerode, gest. ... ; Bürgermeister in Kleinalmerode. – Kassel 1868-1879. Pelda

Falck – s. Falk

Dr. phil. Falckenheiner, Wilhelm Georg Peter, geb. 3.11.1821 Hofgeismar, gest. 9.4.1892 Kassel; Pfarrer der französischen Gemeinde und Schriftsteller in Kassel, später Regierungs- und Schulrat. – Kurhessen: Ständeversammlung 1863-1866. Losch; Sieburg; J.L.

(Freiherr) von Falk (Falck)[44]**, Georg Abraham Karl**, geb. 1.7.1786 Kleve, gest. 24.2.1836 Darmstadt; Generalmajor, 1821-1823 Direktor, 1823-1836 Präsident des Ghzgl. Kriegsministeriums. – Ghzm. Hessen: 1. Kammer 1829-1836. Götz/Rack; J.L.

Falk, Johann Baptist (II.) (Jean), geb. 30.11.1850 Mainz, gest. 31.12.1930 Mainz; Metzger in Mainz. – Ghzm. Hessen: 1. Kammer 1911-1918. Götz/Rack

Falk, Johann Baptist (III.), geb. 13.9.1825 Mainz, gest. 5.1.1905 Mainz; Buchdruckereibesitzer in Mainz. – Ghzm. Hessen: 2. Kammer 1875-1885 (Z). Ruppel/Groß

Falk, Johann Christoph, geb. ... , gest. ... . Freie Stadt Frankfurt: Ständige Bürgerrepräsentation 1820-1823, Gesetzgebende Versammlung 1823. Frost

Fassbender, Heinrich, geb. 24.5.1899 Solingen, gest. 22.6.1971 ... ; Kaufmann in Rotenburg an der Fulda; Mitglied des Wirtschaftsrates des Vereinigten Wirtschaftsgebietes 1948-1949 (LDP bzw. FDP); MdB 1949-1957 (FDP 1949-1955, DP bzw. DP/FVP 1955-1957); Mitglied der 1. und 2. Bundesversammlung. – Land Hessen: Hessischer Landtag 1946-1948 und 1966-1970 (LDP 1946-1945, NPD 1966-1970), Vorsitzender der NPD-Fraktion 1966-1969. Lengemann II

Fauerbach, Adam, geb. ... , gest. ... . – Freie Stadt Frankfurt: Verfassunggebende Versammlung 1848-1849. Frost; J.L.

Faust, Adam, geb. 27.2.1840 Hofheim, gest. 29.1.1908 Hofheim; Landwirt. – Wiesbaden und Hessen-Nassau 1899-1907. Burkardt/Pult

Faust, Friedrich Ludwig Hermann Carl, geb. 5.8.1804 Haina, gest. 7.2.1861 Bergen; Advokat in Bergen. – Kurhessen:

---

[44] Die 1521 in den Reichsadelsstand erhobene Familie führte im Ghzm. Hessen – offenbar unbeanstandet – den Freiherrentitel.

Ständeversammlung 1845-1846.

Losch; Sieburg

Dr. jur. Fay, Wilhelm, geb. 1.7.1911 Frankfurt, gest. 7.2.1980 ... ; Landgerichtsrat, 1956-1966 hauptamtlicher Stadtrat, 1966-1972 Bürgermeister in Frankfurt; 1952-1967 Landesvorsitzender der CDU Hessen; Mitglied der 4., 5., 6. und 7. Bundesversammlung. – Land Hessen: Hessischer Landtag 1953-1970 (CDU).

Lengemann II

Fecher – s. Fächer

Fechner, Robert Walter, geb. 16.12.1878 Mühlheim an der Ruhr, gest. 7.1.1962 Wiesbaden; Kaufmann. – Wiesbaden und Hessen-Nassau 1929-1932 (DDP bzw. DStP).

Burkardt/Pult

Fehrenberg, Julius, geb. 13.4.1824 Kressenbrunnen, gest. 15.5.1873 Kressenbrunnen; Gutsbesitzer in Kressenbrunn. – Kurhessen: 2. Kammer 1860-1861.

Losch; Sieburg

Fehrmann, Carl Heinrich *Philipp*, geb. 9.1.1807 Pyrmont, gest. 14.6.1879 Oesdorf; Kunstdrechsler in Oesdorf. – Waldeck: Spezial-Landtag Pyrmont 1863-1864.

König; Lengemann IV; König/Lengemann/Seibel

Dr. rer. pol. Feick, Gustav, geb. 31.3.1904 Darmstadt-Eberstadt, gest. 23.2.1983 ... ; bis 1956 Stadtkämmerer in Darmstadt, 1956-1957 Staatssekretär beim Hessischen Minister der Finanzen, 1957-1960 Präsident der Brandversicherungskammer Darmstadt, später Stadtkämmerer in Wiesbaden. – Land Hessen: Hessischer Landtag 1954-1958 (SPD).   Lengemann II

Feick, Volker, geb. 31.3.1939 Mannheim; Sonderschullehrer, Sonderschulrektor in Heppenheim, dann in Lorsch, später Leiter des Staatlichen Schulamtes des Kreises Bergstraße. – Land Hessen: Hessi-

scher Landtag 1982-1983 (CDU).

Lengemann II; Kanzlei des Landtags

Feige, Karl, geb. 13.12.1815 Niederelsungen, gest. 14.11.1883 ... ; Gutsbesitzer in Niederelsungen. – Kurhessen: 2. Kammer 1855-1858.   Losch; Sieburg

Feigel, *Franz* Jakob, geb. 22.4.1816 Bensheim, gest. 5.11.1858 Bensheim; Weinhändler in Bensheim. – Ghzm. Hessen: 2. Kammer 1849-1856.   Ruppel/Groß

Feistmann, Eugen, geb. 12.2.1859 Offenbach, gest. 20.9.1920 Offenbach; Lederfabrikant in Offenbach. – Volksstaat Hessen 1919-1920 (DDP).   Ruppel/Groß

Felde, Karl, geb. 8.3.1867 Remscheid, gest. 2.10.1925 Schmalkalden; Kaufmann in Schmalkalden; Stellvertretendes Mitglied des Preußischen Staatsrats 1921-1925. – Kassel und Hessen-Nassau 1911-1925 (DDP 1919-1925, Ag 1925).   Pelda; J.L.

Felder, Karl, geb. 15.10.1879 Konstanz, gest. 11.6.1962 Vielbrunn im Odenwald.; gelernter Buchdrucker, Landessekretär der christlichen Gewerkschaften Hessens, später Arbeitersekretär in Mainz. – Volksstaat Hessen 1921-1924 und 1925-1927 (Z).   Ruppel/Groß

Feldmann, Philipp (VII.), geb. 13.5.1868 Armsheim, gest. 1.1.1946 Armsheim; Landwirt und Bürgermeister in Armsheim. – Volksstaat Hessen 1919-1921 (DDP).   Ruppel/Groß

Felgenträbe, *Max* Friedrich Richard, geb. 12.6.1884 Finsterwalde, Krs. Luckenau, gest. 12.9.1958 Kassel; gelernter Drechsler und Möbelpolierer, Parteisekretär in Kassel. – Kassel und Hessen-Nassau 1926-1928 (SPD).   Pelda

Fellner, *Carl* Constanz Victor, geb. 24.7.1807 Frankfurt, gest. 24.7.1866 [Suizid] Frankfurt; Prokurist der Wollhandlung Carl Welcker, später dort Teilhaber und Geschäftsführer, 1852 Direktor der chemischen Fabrik in Griesheim; 1852-1865 Senator, 1857, 1862 und 1864 Jüngerer Bürgermeister, 1866 Älterer Bürgermeister. – Freie Stadt Frankfurt: Gesetzgebende Versammlung 1850, 1852 und 1854-1866 (lib.). Frost

Fellner, Constantin, get. 5.1.1761 Frankfurt, gest. 25.7.1848 Frankfurt; Bankier. – Freie Stadt Frankfurt: Ständige Bürgerrepräsentation [1796] -1830, Gesetzgebende Versammlung 1817, 1821 und 1823-1826. Frost

Fellner, Erika, geb. 19.4.1934 Stettin; Professorin an der Fachhochschule Frankfurt. – Land Hessen: Hessischer Landtag seit 1995 (SPD). Kanzlei des Landtags

Fenchel, Wilhelm, geb. 1.8.1873 Ober-Hörgern, gest. 6.3.1938 Nieder-Weisel; Landwirt in Ober-Hörgern. – Ghzm. Hessen: 2. Kammer 1911-1918 und Volksstaat Hessen 1919-1932 (Bauernbund 1911-1918, HVP/DNVP 1919-1932). Ruppel/Groß; Götz/Rack; J.L.

Fenge, Conrad, geb. 8.12.1817 Felsberg, gest. 1.4.1908 Felsberg; Ökonom, Brauereibesitzer und Bürgermeister in Felsberg. – Kassel 1884-1897 und Hessen-Nassau 1886-1897. Pelda

Fenner (II), Johannes Heinrich, geb. 17.9.1875 Obergrenzebach, gest. 6.9.1957 Obergrenzebach; Landwirt in Obergrenzebach. – Kassel und Hessen-Nassau 1921-1932 (Ag). Pelda

Ferger, _Carl_ Christian, geb. 15.3.1818 Westerburg, gest. 4.7.1879 Westerburg; Bierbrauer, Bäcker und Bürgermeister. – Nassau: II. Kammer 1865-1866 (NFP). Rösner-Hausmann

Ferger, Heinrich, geb. 9.1.1847 Westerburg, gest. 16.5.1917 Westerburg; Bür-

germeister. – Wiesbaden und Hessen-Nassau 1886-1898 (NL). Burkardt/Pult

Dr. Fertsch, Georg _Ludwig_, geb. 12.6.1890 Friedberg, gest. 31.10.1948; Fabrikant in Frankfurt; Landesvorsitzender der LDP 1945-1946. – Land Hessen: Beratender Landesausschuß 1946 (LDP). Lengemann II

Fertsch-Röver, Dieter, geb. 18.2.1924 Frankfurt; kaufmännischer Leiter und Mitinhaber eines Textilreinigungsunternehmens in Frankfurt. – Land Hessen: Hessischer Landtag 1983-1987 (F.D.P.). Lengemann II; Kanzlei des Landtags

Fester, Johann Anselm Friedrich, geb. 6.6.1819 Frankfurt, gest. 22.3.1879 Frankfurt; Jurist. – Freie Stadt Frankfurt: Gesetzgebende Versammlung 1852 bis 1861, Ständige Bürgerrepräsentation 1857-1865. Frost

Fester, Johann Daniel, geb. 15.3.1783 Frankfurt, gest. 23.2.1844 Frankfurt; Silberarbeiter. – Freie Stadt Frankfurt: Gesetzgebende Versammlung 1821. Frost

Fetthauer, Wilhelm, geb. 7.9.1866 Wied, gest. 23.4.1925 Wied; Landwirt und Mühlenbesitzer. – Wiesbaden und Hessen-Nassau 1920 (DNVP). Burkardt/Pult

von Feuerbach, Johann Anselm, get. 23.2.1755 Frankfurt, gest. 1.3.1827 Frankfurt; Jurist. – Freie Stadt Frankfurt: Gesetzgebende Versammlung 1819-1827; Vizepräsident der Gesetzgebenden Versammlung 1821-1822. Frost

Feutner, Wilhelm, geb. 19.8.1905 Mörfelden, gest. 2.3.1979 ... ; 1945-1970 Beamter zunächst bei der Staatsanwaltschaft, dann beim Landgericht in Frankfurt. – Land Hessen: Verfassungberatende Landesversammlung Groß-Hessen 1946 (KPD). Lengemann II

Freiherr von Fichard, gen. Baur von Eysseneck, Johann Carl, geb. 16.4.1773 Frankfurt, gest. 16.10.1829 Frankfurt; Historiker; 1797 Ratsherr, 1798 Schöff. – Freie Stadt Frankfurt: Gesetzgebende Versammlung 1817-1822; Vizepräsident der Gesetzgebenden Versammlung 1819.

Frost; J.L.

Ficus, Friedrich Jacob, geb. 21.1.1812 Frankfurt, gest. ... ; Institutsvorsteher. – Freie Stadt Frankfurt: Gesetzgebende Versammlung 1858-1864.   Frost

Ficus, Jacob, geb. ... , gest. ... ; Handelsmann. – Freie Stadt Frankfurt: Gesetzgebende Versammlung 1817- 1828.   Frost

Fiedler, Johann Friedrich, geb. 7.5.1795 Frankfurt, gest. 24.9.1836 Frankfurt; Jurist. – Freie Stadt Frankfurt: Gesetzgebende Versammlung 1827-1836.   Frost

Dr. med. Fiedler, Johann Nicolaus, geb. 1.8.1801 Frankfurt, gest. 25.3.1877 Frankfurt; praktischer Arzt. – Freie Stadt Frankfurt: Verfassunggebende Versammlung 1848-1849.   Frost; J.L.

Finck, Johann Peter, geb. ... , gest. ... . – Freie Stadt Frankfurt: Ständige Bürgerrepräsentation 1844-1865, Gesetzgebende Versammlung 1850-1852 und 1855-1862.   Frost

Finger, August, geb. 14.4.1880 Lubcza, Westpreußen, gest. 28.6.1963 Frankfurt-Unterliederbach; Werkmeister. – Wiesbaden und Hessen-Nassau 1930-1932 (DVP).   Burkardt/Pult

Finger, Christoph Daniel, geb. ... , gest. ... ; Handelsmann. – Freie Stadt Frankfurt: Verfassunggebende Versammlung 1848-1849.   Frost; J.L.

Finger, Ernst Christian, geb. 28.1.1857 Monsheim, gest. 4.11.1945 Pfeddersheim; Landwirt, Mühlenbesitzer und

Bürgermeister in Pfeddersheim. – Ghzm. Hessen: 2. Kammer 1906-1918 (NL).

Ruppel/Groß

Finger, Friedrich August, geb. 19.10.1808 Frankfurt, gest. 31.12.1888 Frankfurt; Pädagoge, Schulleiter. – Freie Stadt Frankfurt: Gesetzgebende Versammlung 1855-1857.   Frost

Finger, Georg, geb. 19.7.1787 Frankfurt, gest. 1.1.1874 Frankfurt; Handelsmann, Teilhaber der Firma Lorenz Friedrich Finger Wollwaren; 1844- 1866 Ratsverwandter. – Freie Stadt Frankfurt: Ständige Bürgerrepräsentation 1834-1840, Gesetzgebende Versammlung 1850-1856.   Frost

Dr. jur. et med. h.c. Finger, Jakob, geb. 13.1.1825 Monsheim, gest. 30.1.1904 Darmstadt; Advokatanwalt beim Bezirksgericht Alzey, später Ministerialrat beim Ministerium des Innern und der Justiz, 1884-1898 Ghzgl. Staatsminister und Minister des Großherzoglichen Hauses und des Äußeren sowie Präsident des Innenministeriums bzw. Ministeriums des Inneren (bis 1896) und der Justiz. – Ghzm. Hessen: 2. Kammer 1862-1865 und 1. Kammer 1899-1903; Vizepräsident (3. Präsident) der 1. Kammer 1901-1903.

Ruppel/Groß; Götz/Rack

Finger, Johann Justus, geb. 30.5.1781 Frankfurt, gest. 20.3.1868 Frankfurt; Handelsmann. – Freie Stadt Frankfurt: Gesetzgebende Versammlung 1821-1845 und 1851, Ständige Bürgerrepräsentation 1827 bis 1831; Vizepräsident der Gesetzgebenden Versammlung 1845 und 1851.

Frost

Finger, Samuel Gottlieb, geb. 3.6.1777 Frankfurt, gest. 28.1.1827 Frankfurt; Handelsmann und Schriftsteller, Teilhaber der Firma Lorenz Friedrich Finger Wollwaren; ... -1813 Maire-Adjunkt. – Freie Stadt Frankfurt: Ständige Bürgerrepräsentation [1805] -1827, Gesetzgebende Versammlung 1818-1819; Vizepräsident der Gesetzgebenden Versammlung 1818, Senior der Ständigen Bürgerrepräsentation 1819-1825. Frost

Fink, Albert Hermann, geb. 26.9.1881 Seelbach, gest. ... ; Landwirt. – Wiesbaden und Hessen-Nassau 1926-1932 (Ag 1926-1929, CNBLVP 1930-1932).
Burkardt/Pult

Fink, Carl Friedrich, geb. 2.8.1810 Eschwege, gest. ... ; Advokat in Eschwege. – Kurhessen: 2. Kammer 1852-1854 (lib. [opp.]). Losch; Sieburg; J.L.

Fink, Franz, geb. 15.7.1824 Lauterbach, gest. 25.9.1894 Darmstadt; Ständiger Sekretär des Gewerbevereins, später Ministerialrat im Ministerium der Finanzen in Darmstadt; MdR 1868-1871 (FrKVg). – Ghzm. Hessen: 2. Kammer 1866-1872 (LibKons). Ruppel/Groß; J.L.

Fink, Friedrich Carl Wilhelm, geb. 28.2.1810 Eschwege, gest. 15.4.1879 Göttingen; Regierungsassessor in Schmalkalden. – Kassel 1868. Pelda

Fink, Johann *Philipp*, geb. 19.6.1773 Seelbach bei Villmar, gest. 29.4.1849 Seelbach; Schultheiß. – Nassau: Deputiertenkammer 1818-1832. Rösner-Hausmann

Fink, Johann *Philipp* Georg, geb. 22.1.1831 Seelbach, gest. 4.1.1913 Weyer bei Runkel; Landwirt; MdR 1893-1898 (NL). – Wiesbaden und Hessen-Nassau 1888-1910 (NL). Burkardt/Pult; J.L.

Fink, Peter, geb. ... , gest. ... ; Landwirt und Bürgermeister. – Wiesbaden 1873. Burkardt/Pult

Firnhaber Freiherr von Eberstein (-Jordis)[45], **Georg Christian Rudolph**, geb. 27.12.1797 Frankfurt, gest. 27.12.1848 Frankfurt; Partikulier in Frankfurt, Gutsherr auf Gut Neuhof bei Leihgestern. – Ghzm. Hessen: 2. Kammer 1847-1848.
Ruppel/Groß; Götz/Rack; J.L.

Firnhaber Freiherr von Eberstein, Johann *Conrad*, geb. 22.9.1776 Rüsselsheim, gest. 4.6.1849 ... ; Gutsherr auf der Schmitte bei Rodheim an der Bieber, 1821 Mitglied des Inspektorats beim geistlichen Landkasten Gießen. – Ghzm. Hessen: 2. Kammer 1820-1824.
Ruppel/Groß; J.L.

Firnhaber, Wolf-Dieter, geb. 19.4.1934 Feldberg in Mecklenburg, gest. 22.2.1981 ... ; gelernter Industriekaufmann, Geschäftsführer und Pressereferent des Evangelischen Dekanatsverbandes Wiesbaden. – Land Hessen: Hessischer Landtag 1972-1981 (CDU). Lengemann II

Fisch, Walter, geb. 16.2.1910 Heidelberg, gest. 21.12.1966 ... ; Bergarbeiter, Metallarbeiter, 1945-1948 Vorsitzender der KPD Hessen; Mitglied des Parlamentarischen Rats des Länderrats des amerikanischen Besatzungsgebiets 1947-1949 (KPD); MdB 1949-1953 (KPD); Mitglied der 1. Bundesversammlung. – Land Hessen: Beratender Landesausschuß 1946 (KPD), Verfassungberatende Landesversammlung Groß-Hessen 1946 (KPD) und Hessischer Landtag 1946-1949 (KPD).
Lengemann II

Fischbach, Jacob, geb. ... , gest. ... . – Freie Stadt Frankfurt: Gesetzgebende Versammlung 1836. Frost

Fischer (Waldeck), Dieter, geb. 25.6.1942 Biskirchen; gelernter Maler, Berufssoldat in Arolsen. – Land Hessen: Hessischer Landtag seit 1979 (CDU).
Lengemann II; Kanzlei des Landtags

---

[45] Geboren als *Georg Christian Rudolph Jordis*, Neffe und Adoptivsohn von *Conrad Firnhaber von Eberstein*, dem letzten seines Geschlechts; Ghzgl. hessischer Adelsstand als *Firnhaber von Eberstein* am 14.4.1826.

Fischer (Hohenroda), Eberhard, geb.
15.12.1943 Sternberg; bis 1995 Bürger-
meister der Gemeinde Hohenroda, Krs.
Hersfeld-Rotenburg. – Land Hessen:
Hessischer Landtag seit 1995 (SPD).
Kanzlei des Landtags

Fischer, Heinrich, geb. 8.7.1895 Hanau,
gest. 9.8.1973 ... ; gelernter Werkzeugmacher, 1945 Leiter des Arbeitsamtes Hanau,
1949 Ministerialrat im Hessischen Ministerium für Arbeit, Landwirtschaft und
Wirtschaft, 1951-1953 Hessischer Minister für Arbeit, Landwirtschaft und Wirtschaft und 1953-1955 Hessischer Minister
für Arbeit, Wirtschaft und Verkehr, 1956-
1962 Oberbürgermeister der Stadt Hanau;
Mitglied des Bundesrates 1951-1955; Mitglied der 1. Bundesversammlung. – Land
Hessen: Hessischer Landtag 1946-1970
(SPD), Alterspräsident des Hessischen
Landtags 1966-1970.   Lengemann II

Fischer, J. G., geb. ... , gest. ... ; Metzger-
meister; Hauptmann, ab 1819 Major. –
Freie Stadt Frankfurt: Gesetzgebende
Versammlung 1818-1822.   Frost

Fischer, Johann Carl *Heinrich Wilhelm*,
geb. 13.1.1806 Boffzen, gest. 31.12.1876
Holzhausen; Gastwirt und Bürgermeister
in Holzhausen. – Waldeck: Spezial-Landtag Pyrmont 1859.   König; Lengemann IV;
König/Lengemann/Seibel

Fischer, Johannes, geb. 17.1.1819 Elben,
gest. 14.11.1912 Elben; Bürgermeister in
Elben. – Kurhessen: 2. Kammer 1855-
1857.   Losch; Sieburg

Fischer (Frankfurt), Joseph (*Joschka*),
geb. 12.4.1948 Gerabronn, 1985-1987
Hessischer Minister für Umwelt und
Energie, 1991-1994 Hessischer Minister
für Umwelt, Energie und Bundesangele-
genheiten (Bevollmächtigter des Landes
Hessen beim Bund) und stellvertretender
Ministerpräsident; MdB 1983-1985
(GRÜ) und seit 1994 (B 90/GRÜ), Spre-

cher der Fraktion B 90/GRÜ seit 1994;
Stellvertretendes Mitglied des Bundesrates 1985-1987, Mitglied des Bundesrats
1991-1994; Mitglied der 9. und 10. Bundesversammlung. – Land Hessen: Hessischer Landtag 1987-1991 (GRÜ), Vorsitzender der GRÜ-Fraktion 1987-1991.
Lengemann II; Kanzlei des Landtags

Fischer, Oskar, geb. ... , gest. ... ; Kassierer. – Wiesbaden und Hessen-Nassau
1933 (NSDAP).   Burkardt/Pult

Fischer, Werner, geb. 19.12.1925 Danzig;
Augenoptiker in Kassel. – Land Hessen:
Hessischer Landtag 1966-1970 (NPD);
Vorsitzender der NPD-Fraktion 1969-
1970.   Lengemann II; Kanzlei des Landtags

Fischer-Dick, August Christian, geb. ... ,
gest. ... ; Sattlermeister. – Freie Stadt
Frankfurt: Gesetzgebende Versammlung
1846- 1847 und 1849.   Frost

Fister, Franz, geb. 15.7.1886 Eisendorf
[später CSR], gest. 18.11.1971 ... ; gelernter Tischler, 1945 Arbeitsamtsvorste-
her in Tetschen, 1946 neuer Wohnsitz in
Wabern, Krs. Fritzlar-Homberg; Mitglied
der 2. Bundesversammlung. – Land Hessen: Hessischer Landtag 1951-1954
(SPD).   Lengemann II

Fix, Philipp, geb. ... , gest. ... . – Freie
Stadt Frankfurt: Gesetzgebende Versammlung 1830.   Frost

Flach, Heinrich, geb. ... , gest. ... . – Freie
Stadt Frankfurt: Verfassunggebende Versammlung 1848-1849.   Frost; J.L.

Dr.-Ing. Flach, Werner, geb. 21.1.1936
Nieder-Weisel; Diplom-Ingenieur, Ge-
schäftsführer der Imhof & Co. GmbH,
Heizung, Lüftung, Gesundheitstechnik,
später hauptamtlicher Stadtrat in Bad
Nauheim; Mitglied der 6. Bundesver-
sammlung. – Land Hessen: Hessischer
Landtag 1972-1974 (CDU).
Lengemann II; Kanzlei des Landtags

Fleck, Hermann Ludwig Jacob Lebrecht, geb. ... , gest. ... ; Handelsmann. – Freie Stadt Frankfurt: Gesetzgebende Versammlung 1840-1843 und 1858-1866, Ständige Bürgerrepräsentation 1843-1866. Frost

Fleck, Johannes, geb. 5.12.1783 Frankfurt, gest. 2.11.1857 Frankfurt; Maurermeister. – Freie Stadt Frankfurt: Gesetzgebende Versammlung 1831-1832. Frost

Fleck, Ulrich Jacob Albertus, geb. ... , gest. ... ; Jurist, Rügerichter. – Freie Stadt Frankfurt: Gesetzgebende Versammlung 1865-1866. Frost

Fleckenstein, Nikolaus, geb. 16.9.1906 Erlabronn in Mittelfranken, gest. 24.7.1979 ... ; Chemiebetriebsarbeiter in Frankfurt-Höchst; Mitglied der 1., der 2. und der 3. Bundesversammlung. – Land Hessen: Hessischer Landtag 1946-1970 (CDU). Lengemann II

Fleischmann, J. M., geb. ... , gest. ... ; Drehermeister. – Freie Stadt Frankfurt: Gesetzgebende Versammlung 1832 und 1840-1841. Frost

Dr. jur. Flesch, *Carl* Ferdinand Moritz, geb. 6.7.1853 Frankfurt, gest. 15.8.1915 Frankfurt; Jurist, besoldeter Stadtrat in Frankfurt; MdA 1908-1918 (DVP [Hospitant bei der Fraktion FrsgVP] 1908-1910, FoVP 1910-1918). – Wiesbaden und Hessen-Nassau 1886-1915 (DVP 1886-1910, FoVP 1910-1915). Burkardt/Pult; J.L.

Fleuren, Erika, geb. 1.9.1940 Wuppertal; Beamtin im gehobenen Dienst in Wiesbaden. – Land Hessen: Hessischer Landtag seit 1994 (SPD). Kanzlei des Landtags

Dr. phil. Flöring, *Friedrich* Wilhelm August, geb. 4.11.1859 Darmstadt, gest. 20.6.1941 Darmstadt; Oberkonsistorialrat bzw. seit 1922 Oberkirchenrat und Superintendent der Provinz Starkenburg, 1907-14 Prälat. – Ghzm. Hessen: 1. Kammer 1907-1914. Götz/Rack

Floret, *Peter* Josef Maria Aloys, get. 18.1.1778 Werl, gest. 6.9.1835 Darmstadt; Geheimer Oberappellationsgerichtsrat in Darmstadt. – Ghzm. Hessen: 2. Kammer 1820-1824. Ruppel/Groß; J.L.

Flügel, Jakob, geb. 8.12.1828 Montabaur, gest. 9.6.1895 Montabaur; Kaufmann, Wachsfabrikant. – Wiesbaden 1881-1894 und Hessen-Nassau 1886-1894. Burkardt/Pult

Förster, *Johann* Adam, geb. 27.8.1796 Grüsselbach, gest. ... 1890 New York, NY, USA; Journalist und Consultant, 1846-1851 Bürgermeister in Hünfeld, 1851 Flucht über Thüringen in die USA, später öffentlicher Notar und Friedensrichter in New York; MdN 1848-1849 (DH 1848, Märzverein 1848-1849). – Kurhessen: Ständeversammlung 1848-1850 (dem.). Losch; Sieburg; J.L.

Fondy, Friedrich, geb. 16.3.1784 Wehrda bei Hünfeld, gest. 23.5.1866 Fulda; Regierungsrat und Polizeidirektor in Fulda. – Kurhessen: Ständeversammlung 1842-1844. Losch; Sieburg

Forsboom-Bolongaro, Joseph Anton Wolfgang, geb. 3.8.1817 Frankfurt, gest. 12.12.1871 Frankfurt; Handelsmann; 1853-1865 Senator, 1863 und 1866 Jüngerer Bürgermeister. – Freie Stadt Frankfurt: Gesetzgebende Versammlung 1852-1856. Frost

Forsboom-Goldner, Joseph Anton Franz Maria, geb. 9.4.1794 Frankfurt, gest. 12.1.1839 Frankfurt; Handelsmann. – Freie Stadt Frankfurt: Gesetzgebende Versammlung 1832-1839, Ständige Bürgerrepräsentation 1837-1839. Frost

Fraas, Heinz, geb. 7.3.1941 Heidelberg;

gelernter Groß- und Außenhandelskauf-
mann, bis 1977 technischer Vertriebs-
kaufmann bei der Siemens AG, dann
selbständiger Kaufmann in Mörlenbach-
Weiher, 1989 hauptamtlicher Erster
Kreisbeigeordneter des Kreises Bergstraße; Mitglied der 8. Bundesversammlung. – Land Hessen: Hessischer Landtag
1974-1989 (SPD).

Lengemann II; Kanzlei des Landtags

Franck (jun.), **Carl Ludwig**, geb. ... , gest.
... ; Sattlermeister. – Freie Stadt Frankfurt: Verfassunggebende Versammlung
1848-1849, Gesetzgebende Versammlung
1852-1857. Frost; J.L.

Franck, **C. L.**, geb. ... , gest. ...; Hypothe-
kenbuchführer. – Freie Stadt Frankfurt:
Gesetzgebende Versammlung 1825-1831.
Frost

Franck (Frank), *Heinrich* **Karl**, geb.
4.2.1805 Biblis, gest. 28.3.1878 Darmstadt; Mitglied und Rat am Hofgericht,
1845 Oberappellations- und Kassationsgerichtsrat, 1847 Ministerialrat im Justizministerium in Darmstadt. – Ghzm. Hessen: 2. Kammer 1839-1847 und 1851-
1856. Ruppel/Groß

Franck, **Johann Christian Michael**, geb.
27.6.1808 Frankfurt, gest. 26.7.1865
Frankfurt; Schornsteinfeger. – Freie Stadt
Frankfurt: Verfassunggebende Versammlung 1848-1849, Gesetzgebende Versammlung 1858. Frost; J.L.

Francke, **Rudolf**, geb. 1.12.1862 Hofgeismar, gest. 10.2.1953 Hombressen; evangelischer Pfarrer in Kassel. – Kassel und
Hessen-Nassau 1919 (45. KLT)-1920
(DNVP). Pelda

Frank – s. auch Franck

Frank, *Christian* **Friedrich Alexander**
Ludwig, geb. 28.4.1787 Vöhl, gest.
5.7.1851 Darmstadt; evangelischer Theo-

loge, Eisenhüttenunternehmer in Reddighausen und Dillenburg (Franksche Eisenwerke). – Ghzm. Hessen: 2. Kammer
1841-1851 (lib.). Ruppel/Groß; Götz/Rack

Frank, *Eugen* **Heinrich**, geb. 8.5.1832
Steinheim, gest. 19.8.1893 München;
Hofgerichtsrat in Darmstadt, 1879 dort
Oberlandesgerichtsrat. – Ghzm. Hessen:
2. Kammer 1872-1893 (Z). Ruppel/Groß

Frank, **Helmut**, geb. 22.7.1933 Frankfurt-
Höchst; Elektromeister bei der Hoechst
AG, wohnhaft in Frankfurt. – Land Hes-
sen: Hessischer Landtag 1974-1987
(CDU). Lengemann II; Kanzlei des Landtags

Frank, **Johannes**, geb. ... , gest. ... . – Freie
Stadt Frankfurt: Gesetzgebende Ver-
sammlung 1833. Frost

Frank, *Karl* **Emil August**, geb. 24.12.1790
Vöhl, gest. 14.3.1875 Obernburg; evangelischer Pfarrer in Obernburg. – Ghzm.
Hessen: 1. Kammer 1850 und 2. Kammer
1865. Ruppel/Groß; Götz/Rack; J.L.

Frank, *Karl* **Reinhard Florens**, geb.
5.8.1804 Vöhl, gest. 28.10.1856 Gießen;
Advokat und Prokurator am Hofgericht
in Gießen. – Ghzm. Hessen: 2. Kammer
1850. Ruppel/Groß

Franke, **August**, geb. 14.2.1920 Haldorf;
gelernter Maurer, Bauingenieur, bis 1956
bei der Landwirtschaftskammer Kurhessen tätig, 1956-1961 Geschäftsführer der
Siedlungsgesellschaft Hessische Heimat
in Kassel, 1960-1974 Landrat des Kreises
Fritzlar-Homberg, 1974-1894 des
Schwalm-Eder-Kreises; Mitglied der Verbandsversammlung des LWV Hessen
1973-1985; Mitglied der 3., 4. und 7.
Bundesversammlung. – Land Hessen:
Hessischer Landtag 1954-1970 (SPD).

Lengemann II; Kanzlei des Landtags

Franke, **Gotthard**, geb. 14.8.1912 Weidenau, gest. 8.1.1975 ... ; Beamter, 1955-

1959 Hessischer Minister für Arbeit, Wirtschaft und Verkehr, 1959-1963 Hessischer Minister für Wirtschaft und Verkehr, 1955-1963 zugleich stellvertretender Ministerpräsident; Mitglied des Bundesrates 1955-1963; Mitglied der 2. Bundesversammlung. – Land Hessen: Hessischer Landtag 1950-1970 (1950-1964 BHE bzw. GB/BHE, 1964-1970 FDP bzw. F.D.P.). Lengemann II

Franke, Rolf, geb. 22.10.1919 Bremen; Mineralölunternehmer in Medenbach. – Land Hessen: Hessischer Landtag 1970-1974 (SPD).

Lengemann II; Kanzlei des Landtags

Freidhof, Rudolf, geb. 23.9.1888 Gerlachsheim in Baden, gest. 25.12.1983 Kassel; gelernter Dreher, 1928-1933 Bezirkssekretär der SPD in Kassel, 1945-1949 Regierungsrat beim Regierungspräsidenten in Kassel; Stadtverordnetenvorsteher in Kassel 1956-1964; MdL Baden 1921-1928 (1921-1922 USPD, 1922-1928 SPD); MdB 1949-1957 (SPD); Mitglied der 1. und 2. Bundesversammlung. – Land Hessen: Verfassungberatende Landesversammlung Groß-Hessen 1946 (SPD) und Hessischer Landtag 1946-1949 (SPD), Vorsitzender der SPD-Fraktion 1946-1947. Lengemann II

Dr. jur. Freisler, Roland, geb. 30.10.1893 Celle, gest. 3.2.1945 Berlin; Rechtsanwalt in Kassel, später Staatssekretär im preußischen und im Reichsjustizministerium und dann Präsident des Volksgerichtshofs in Berlin; MdL Preußen 1932-1933 (NSDAP); MdR 1933-1945 (NSDAP); Preußischer Staatsrat 1933-1945. – Kassel und Hessen-Nassau 1930-1933 (NSDAP). Pelda; J.L.

Freitag, Alfred, geb. 24.2.1880 Langensalza in Thüringen, gest. 6.3.1959 Mainz; gelernter Schreiner, SPD-Parteisekretär in Mainz. – Volksstaat Hessen 1933 (SPD). Ruppel/Groß

Dr. jur. Frenay, Karl Maria *Ignaz*, geb. 7.2.1858 Mainz, gest. 11.12.1912 Wiesbaden; bis 1902 Rechtsanwalt in Mainz, ab 1903 Bürgermeister in Bensheim. – Ghzm. Hessen: 2. Kammer 1896-1910 (Z). Ruppel/Groß

Frese, Heinrich *Friedrich* (jun.), geb. 23.4.1823 Oesdorf, gest. 4.12.1874 Oesdorf; Kaufmann (Kolonial-, Material- und Eisenwarenhandlung) in Oesdorf. – Waldeck: Spezial-Landtag Pyrmont 1859-1863. König; Lengemann IV; König/Lengemann/Seibel

Dr. phil. Fresenius, Carl *Remigius*, geb. 28.12.1818 Frankfurt, gest. 11.6.1897 Wiesbaden; Chemiker, Professor in Geisenheim und Wiesbaden. – Nassau: Ständeversammlung 1848-1851 (Club der Rechten) *und I. Kammer 1852 (Mandat nicht angenommen)*; Wiesbaden und Hessen-Nassau 1893-1897. Rösner-Hausmann; J.L.

Fresenius, Georg Philipp Gottfried, geb. 11.10.1796 Frankfurt, gest. ... ; Jurist. – Freie Stadt Frankfurt: Gesetzgebende Versammlung 1828 bis 1841. Frost

Fresenius, *Heinrich* Christian Carl, geb. 6.12.1785 Schlitz, gest. 30.12.1846 Schotten; Steuerkommissar in Schotten. – Ghzm. Hessen: 2. Kammer 1834-1846 (kons.). Ruppel/Groß

Fresenius, Jacob Heinrich Samuel, geb. 22.10.1779 Frankfurt, gest. 23.3.1864 Frankfurt; Jurist. – Freie Stadt Frankfurt: Ständige Bürgerrepräsentation [1815] - 1825, Gesetzgebende Versammlung 1817 und 1820; Vizepräsident der Gesetzgebenden Versammlung 1817 und 1820. Frost

Freudenstein, Carl, geb. 4.11.1799 ... , gest. 3.2.1879 Nissen; Gutsbesitzer in Lohne. – Kurhessen: 2. Kammer 1855-1857. Losch; Sieburg

Freudenstein, Konrad, geb. 2.2.1886 Obervorschütz, gest. 23.12.1967 Obervorschütz; Arbeiter und Bürgermeister in Obervorschütz. – Kassel und Hessen-Nassau 1933 (SPD).   Pelda

Freund, Georg Heinrich, geb. 14.4.1774 Fürstenberg, gest. 24.1.1840 Fürstenberg; Bürgermeister in Fürstenberg. – Waldeck: Landstand 1814-1816.
                          König/Lengemann/Seibel

Freund, Johann David, geb. 17.10.1801 Fürstenberg, gest. 15.5.1880 Fürstenberg; Ackermann und Bürgermeister in Fürstenberg. – Waldeck: Landstand 1844-1848.   König/Lengemann/Seibel

Frey, Johann *Georg*, geb. 18.12.1786 Guntersblum, gest. 27.5.1844 Guntersblum; Bäcker und Gutsbesitzer in Guntersblum. – Ghzm. Hessen: 2. Kammer 1842   Ruppel/Groß

Freybott, Georg Melchior, geb. ... , gest. ... ; Schreinermeister. – Freie Stadt Frankfurt: Gesetzgebende Versammlung 1845.
                                                  Frost

Freyeisen, Heinrich Philipp, geb. ... , gest. ... ; Ökonom. – Freie Stadt Frankfurt: Gesetzgebende Versammlung 1857.
                                                  Frost

Freymann, J. C., geb. ... , gest. ... ; Drehermeister. – Freie Stadt Frankfurt: Gesetzgebende Versammlung 1835.   Frost

Fricke, August, geb. 7.11.1880 Segeste, Reg.-Bez. Hildesheim, gest. 29.7.1965 ... ; 1945 Schuldezernent, 1946-1954 hauptamtlicher Stadtschulrat in Kassel. – Land Hessen: Verfassungberatende Landesversammlung Groß-Hessen 1946 (SPD) und Hessischer Landtag: 1949-1950 (SPD).
                                          Lengemann II

Friebe, *Rudolf* Friedrich Karl, geb. 31.8.1862 Bielefeld, gest. 14.2.1945

Wanfried; Architekt und Bauunternehmer in Kassel-Wehlheiden. – Kassel und Hessen-Nassau 1917-1919 (44. KLT) (NL 1917-1918, DDP 1918-1919).   Pelda; J.L.

Dr. phil. von Friedeburg, *Ludwig* Ferdinand Heinrich Georg Friedrich, geb. 21.5.1924 Wilhelmshaven; Diplom-Psychologe, bis 1969 und seit 1974 Professor für Soziologie an der Universität und Direktor des Instituts für Sozialforschung in Frankfurt, 1969-1974 Hessischer Kultusminister; Stellvertretendes Mitglied des Bundesrates 1969-1974. – Land Hessen: Hessischer Landtag 1970-1974 (SPD).
                  Lengemann II; Kanzlei des Landtags

Dr. phil. Friedemann, Friedrich Traugott, geb. 31.3.1793 Stolpen in Sachsen, gest. 2.5.1853 Idstein; Direktor des Gymnasiums in Weilburg, später Archivdirektor in Idstein. – Nassau: Deputiertenkammer 1832-1838.   Rösner-Hausmann; J.L.

Dr. med. Friedleben, Alexander Engelhard Theodor, geb. 19.3.1819 Frankfurt, gest. 11.4.1878 Frankfurt; praktischer Arzt, Kinderarzt, 1843-1853 auch Armenarzt in Sachsenhausen. – Freie Stadt Frankfurt: Verfassunggebende Versammlung 1848-1849, Gesetzgebende Versammlung 1866 (dem.).   Frost; J.L.

Dr. jur. Friedleben, Georg Julius Friedrich (*Fritz*), geb. 30.6.1853 Frankfurt, gest. 14.11.1920 Frankfurt; Rechtsanwalt und Notar; Vorsitzender der Frankfurter Stadtverordnetenversammlung 1905-1919 (Fortschrittspartei 1905-1910, FoVP 1910-1918, DDP 1918-1919). – Wiesbaden und Hessen-Nassau 1899-1913 (FrsVP 1899-1910, FoVP 1910-1913).   Burkardt/Pult; J.L.

Friedleben, Johann Jacob Julius, geb. ... , gest. ... ; Jurist. – Freie Stadt Frankfurt: Verfassunggebende Versammlung 1848-1849, Gesetzgebende Versammlung 1866.   Frost; J.L.

Friedrich, Jakob (II.), geb. 12.2.1861 Nordheim, gest. 4.7.1914 Groß-Rohrheim; Landwirt in Groß-Rohrheim. – Ghzm. Hessen: 2. Kammer 1911-1914 (Bauernbund). Ruppel/Groß

Friedrich, Johann *Alexander*, geb. 23.9.1843 Wertheim, gest. 2.1.1906 Darmstadt; Professor und Lehrer in Darmstadt. – Ghzm. Hessen: 2. Kammer 1884-1899 (NL). Ruppel/Groß

Friedrich, Rudolf, geb. 2.6.1936 Neudek im Sudetenland; Bundesbahnbeamter im gehobenen Dienst, zuletzt Abteilungsleiter in Frankfurt; Mitglied der 10. Bundesversammlung. – Land Hessen: Hessischer Landtag seit 1974 (CDU).
Lengemann II; Kanzlei des Landtags

Friedrichs, *Hellmuth* **Hermann Carl**, geb. 22.9.1899 Otterndorf an der Niederelbe, gest. ... Osnabrück; Geschäftsführer in Kassel, später hoher NS-Führer in München; Stellvertretendes Mitglied des Preußischen Staatsrats 1933 (NSDAP); MdR 1933-1945 (NSDAP). – Kassel und Hessen-Nassau 1933 (NSDAP).
Pelda; J.L.

Fries, Carl Gottfried, geb. ... , gest. ... ; Metzgermeister. – Freie Stadt Frankfurt: Gesetzgebende Versammlung 1862-1866.
Frost

Fries, Heinrich Remigius, geb. 1.7.1812 Frankfurt, gest. 7.8.1875 Frankfurt; Handelsmann, Fabrikant (Lackier- und Blechwaren). – Freie Stadt Frankfurt: Verfassunggebende Versammlung 1848-1849, Gesetzgebende Versammlung 1858-1866, Ständige Bürgerrepräsentation 1860-1866. Frost; J.L.

Fries, Johann Georg, geb. ... , gest. ... ; Zinngießer. – Freie Stadt Frankfurt: Gesetzgebenden Versammlung 1851. Frost

Fries, Johannes, geb. ... , gest. ... ; Seiler-

meister. – Freie Stadt Frankfurt: Gesetzgebende Versammlung 1820- 1824. Frost

Fries, Philipp Jacob, geb. 21.5.1784 Frankfurt, gest. 1.2.1864 Frankfurt; Seilermeister; 1838-1859 Ratsverwandter. – Freie Stadt Frankfurt: Ständige Bürgerrepräsenatation 1834- 1838, Gesetzgebende Versammlung 1852. Frost

Freiherr von Friesen, *Johann Georg* **Friedrich**, geb. 28.4.1757 Rötha, gest. 18.1.1824 Dresden; Herr auf Rötha und Rammelburg, 1810 Kgl. Sächsischer Geheimer Rat; bis 1820 Mitglied der Sächsischen Landstände, 1811 und 1817 Verweser der Stelle des Erblandmarschalls. – Kgr. Westphalen 1808-1810. Lengemann I

Frischholz, Wilhelm, geb. 16.3.1878 Vollnkirchen, Krs. Wetzlar, gest. 4.5.1943 Frankfurt-Höchst; Rektor. – Wiesbaden und Hessen-Nassau 1924-1925 (DVP).
Burkardt/Pult

Fritsch, Johann Daniel, geb. ... , gest. ... . – Freie Stadt Frankfurt: Ständige Bürgerrepräsentation [1815] -1823 (Stadtrechnungsrevisionskolleg 1818-1823), Gesetzgebende Versammlung 1822. Frost

Fritz, Hans-Georg, geb. 5.4.1932 Frankfurt; gelernter Schriftsetzer, 1960-1991 freigestellter Betriebsratsvorsitzender in den Betrieben der Druck- und Verlagshaus Frankfurt am Main GmbH, Verlag der *Frankfurter Rundschau*; Mitglied der 9. Bundesversammlung. – Land Hessen: Hessischer Landtag 1973-1974 (SPD).
Lengemann II; Kanzlei des Landtags

Fritz, J. Christian, geb. ... , gest. ... ; Schneidermeister. – Freie Stadt Frankfurt: Gesetzgebende Versammlung 1825-1829. Frost

Fritz, Johann Daniel, geb. 20.9.1777 Friedberg, gest. 7.4.1845 Darmstadt; Handelsmann und Bürgermeister in Friedberg.

– Ghzm. Hessen: 2. Kammer 1826-1830
und 1834-1845.   Ruppel/Groß; J.L.

Fritzel, Walter, geb. 15.6.1798 Hanau,
gest. 13.12.1872 Dörnigheim; Ökonom
in Dörnigheim. – Kurhessen: Ständeversammlung 1839-1841 und 2. Kammer
1852-1854 (opp.).   Losch; Sieburg; J.L.

Fröhlich, Georg Karl, geb. 15.10.1875 ... ,
gest. ... ; Landwirt und Weißbinder in
Marjoß. – Kassel und Hessen-Nassau
1933 (NSDAP).   Pelda

Fröhlich, Kurt Karl, geb. 8.10.1890 Me-
mel, gest. 2.5.1941 Kassel; Oberpostse-
kretär, später Oberpostrat in Kassel. –
Kassel und Hessen-Nassau 1933
(NSDAP).   Pelda

Frömmrich, Jürgen, geb. 26.12.1959
Korbach; Bildungsreferent bei der Kommunalpolitischen Vereinigung der GRÜ-
NEN. – Land Hessen: Hessischer Landtag 1994-1995 (B 90/GRÜ).
          Kanzlei des Landtags

Fromm, Carl, get. 21.4.1758 Groß-Bartloff, gest. 28.1.1820 Groß-Bartloff; Kaufmann (Raschmacher) und Ökonom in
Groß-Bartloff. – Kgr. Westphalen 1808-
1813.   Lengemann I

Fromme, *Paul* Friedrich Ulrich, geb.
17.8.1855 Hameln, gest. 17.12.1929 Hildesheim; bis 1898 Landrat des Dillkreises, später Oberpräsidialrat in Kassel und
Regierungspräsident in Hildesheim. –
Wiesbaden und Hessen-Nassau 1890-
1899 [DRP].   Burkardt/Pult; J.L.

Frorath, Wilhelm, geb. 18.1.1776 Forst-
hof bei Hammerstein, gest. 14.7.1839
Hadamar; Rektor in Montabaur. – Nassau: Deputiertenkammer 1829-1832.
          Rösner-Hausmann; J.L.

Dr. jur. Fuchs, Carl Philipp, geb.
16.6.1821 Hanau, gest. 20.10.1884 Mar-

Franz Fuchs (SPD)
Präsident des Hessischen Landtags 1962-1966

burg; Professor der Rechte an der Universität Marburg. – Kassel 1868-1876. Pelda

Fuchs, *Elias* Christian, geb. 25.12.1790
Brotterode, gest. 11.12.1850 Brotterode;
Kaufmann und Bürgermeister in Brotterode. – Kurhessen: Ständeversammlung
1831-1832 (gouv.).   Losch; Sieburg; J.L.

Fuchs, Franz, geb. 28.11.1894 Neusattl,
Bezirk Falkenau, Sudetenland, gest.
10.6.1981 Wiesbaden; Landesrat in Wiesbaden; Mitglied der 4. Bundesversammlung. – Land Hessen: Hessischer Landtag
1954-1966 (SPD); Präsident des Hessischen Landtags 1962-1966.
          Lengemann II; Kanzlei des Landtags

Fuchs, Wilhelm Cornelius, geb.
22.8.1826 Kaub, gest. ... ; Kaufmann und
Bürgermeister. – Nassau: II. Kammer
1864-1865.   Rösner-Hausmann

Fuckel, *Leopold* Karl Wilhelm Gottlieb,
geb. 3.2.1821 Reichelsheim in der Wet-

terau, gest. 8.3.1876 Wien; Apotheker und Naturforscher in Oestrich. – Wiesbaden 1868-1874.   Burkardt/Pult

Füller, Johannes Heinrich, geb. 19.9.1870 Friedberg, gest. 22.10.1940 Friedberg; Zimmermeister und Sägewerkbesitzer in Friedberg. – Volksstaat Hessen 1921-1924 (DVP).   Ruppel/Groß

Füller, Josef, geb. 14.12.1861 Hünfeld, gest. 20.10.1953 Oberursel; Bürgermeister. – Wiesbaden und Hessen-Nassau 1907-1918.   Burkardt/Pult

Fürstenau, *Johann Philipp* Carl, geb. 14.12.1768 Rinteln, gest. ... ; Regierungsadvokat und Bürgermeister in Rinteln. – Grafschaft Schaumburg hessischen Anteils 1815-1816.   Sieburg (J.L.)

Fuhlrott, Hans-Jürgen, geb. 28.2.1935 Leinefelde, Krs. Worbis; Augenoptiker in Idstein; Mitglied der 5. Bundesversammlung. – Land Hessen: Hessischer Landtag 1966-1970 (NPD).
Lengemann II; Kanzlei des Landtags

Fuhrmann, Petra, geb. 19.10.1955 Wiesbaden; Leiterin des Parlamentsreferats im Hessischen Ministerium für Frauen, Arbeit und Sozialordnung, wohnhaft in Griesheim. – Land Hessen: Hessischer Landtag seit 1994 (SPD).
Kanzlei des Landtags

Fuld, Salomon, geb. 18.12.1825 Frankfurt, gest. 30.11.1910 Frankfurt; Rechtsanwalt. – Freie Stadt Frankfurt: Gesetzgebende Versammlung 1861- 1866. Frost

Fulda, Carl Heinrich, geb. ... , gest. ... ; Amtsassessor in Neuhof. – Kurhessen: Ständeversammlung 1848.   Losch; Sieburg

Dr. jur. Fulda, *Heinrich* Hugo. geb. 22.11.1860 Worms, gest. ... 1943 KZ Auschwitz; Rechtsanwalt in Darmstadt, 1918-1919 Direktor der Ministerialabteilung des Innern, 1919-1921 Hessischer Minister des Innern. – Ghzm. Hessen: 2. Kammer 1905-1918 und Volksstaat Hessen 1919-1921 (SPD).
Ruppel/Groß; Götz/Rack; J.L.

Fuldner, Christian, geb. 3.12.1811 Wellen, gest. ... ; Rechtsanwalt in Sachsenhausen. – Waldeck: Landtag 1852-1855.
König; König/Lengemann/Seibel

Freiherr von Funck, *Carl* Hans Ernst, geb. 12.8.1881 Altenburg in Thüringen, gest. 29.12.1963 Fritzlar; 1918-1932 Landrat des Kreises Homberg/Efze, 1932-1945 des Kreises Fritzlar-Homberg. – Kassel und Hessen-Nassau 1919 (45. KLT) -1920 (DNVP).   Pelda; J.L.

Dr. jur. h.c. Funck, Carl Ludwig, geb. 11.7.1852 Frankfurt, gest. 25.8.1918 Frankfurt; Inhaber einer Ledergroßhandlung in Frankfurt; MdR 1890-1893 (DFrsgP); MdA 1892-1893 und 1899-1913 (DFrsgP 1892-1893, FrsgVP 1899-1910, FoVP 1910-1913). – Wiesbaden und Hessen-Nassau 1899-1917 (FrsgVP 1899-1910, FoVP 1910-1917).
Burkardt/Pult; J.L.

Funck, Carl Ludwig, geb. ... , gest. ... 1884 ... ; Handelsmann. – Freie Stadt Frankfurt: Gesetzgebende Versammlung 1858 und 1864, Ständige Bürgerrepräsentation 1865-1866 (Stadtrechnungsrevisionskolleg 1865-1866).   Frost

Funck, J. Jacob, geb. ... , gest. ... ; Gerbermeister. – Stadt Frankfurt: Gesetzgebende Versammlung 1833-1834.   Frost

Dr. med. Funck, Johann Friedrich, geb. 19.5.1823 Frankfurt, gest. 8.3.1867 Karlsbad; praktischer Arzt und Arzt an der Frankfurter Armenklinik. – Freie Stadt Frankfurt: Gesetzgebende Versammlung 1858-1864.   Frost

Funk, Johann *Michael*, geb. 28.6.1780

Altheim, gest. 7.7.1858 Altheim; Schneidermeister in Altheim. – Ghzm. Hessen: 2. Kammer 1850. Ruppel/Groß

Furtwängler, Franz Josef, geb. 12.6.1894 Vöhrenbach im Schwarzwald, gest. 23.7.1965 ... ; gelernter Schlosser, politischer Mitarbeiter bei Presse und Rundfunk, Dozent an der Ingenieurschule in Darmstadt; Mitglied der 2. Bundesversammlung. – Land Hessen: Hessischer Landtag 1950-1954 (SPD). Lengemann II

Fussinger, Johann _Michael_, geb. 6.12.1871 Wiesbaden, gest. 5.1.1863 Wiesbaden; Schreiner und Landwirt. – Nassau: Deputiertenkammer 1846-1848.
Rösner-Hausmann

Gärtner, Etienne, geb. 3.6.1794 Mosbach bei Heidelberg, gest. 15.5.1866 Hanau; Rentier in Hanau. – Kurhessen: Ständeversammlung 1836-1838 (gem. lib.). Losch; Sieburg; J.L.

Gärtner, Eugen Joseph, geb. 27.12.1777 Fulda, gest. 16.5.1859 Fulda; Obergerichtsanwalt in Fulda. – Kurhessen: Ständeversammlung 1839-1841. Losch; Sieburg

Gärtner, Johann Philipp, geb. 26.2.1799 ... , gest. 22.2.1862 ... ; Schneidermeister, Major, Quartiervorstand. – Freie Stadt Frankfurt: Gesetzgebende Versammlung 1842-1846. Frost

Gärtner, Richard Friedrich Carl, geb. 14.7.1837 Danzig, gest. 21.7.1918 Delmenhorst; Major a.D. und Bürgermeister in Rinteln. – Kassel und Hessen-Nassau 1895-1918. Pelda

Gärtner, geb. Jacobitz, Ursula, geb. 24.9.1901 Halle an der Saale, gest. 15.1.1989 ... ; Fürsorgerin in Frankfurt; Mitglied der 2. und der 3. Bundesversammlung. – Land Hessen: Hessischer Landtag 1950-1962 (SPD).
Lengemann II; Kanzlei des Landtags

Freiherr von Gagern, _Heinrich_ Rudolf Erich Kurt Franz Konstanz, geb. 1.12.1878 Swinemünde, gest. 25.6.1964 Obermaiselstein im Allgäu; Landrat des Kreises Melsungen. – Kassel und Hessen-Nassau 1917-1919 (44. KLT) (Z). Pelda

Freiherr von Gagern, Johann (_Hans_) _Christoph_ Ernst, geb. 25.1.1766 Kleinriedesheim bei Worms, gest. 22.10.1852 Hornau; 1788 leitender Fstl. nassau-weilburgischer Minister und oberster Gerichtspräsident, 1813-1814 leitender Minister der vier oranischen Fürstentümer in Dillenburg, Privatmann in Hornau und Monsheim. – Ghzm. Hessen: 2. Kammer 1820-1824 und 1. Kammer 1829-1849 (lib.). Ruppel/Groß; Götz/Rack

Freiherr von Gagern, _Moritz_ Carl Christian Philipp, geb. 18.8.1803 Weilburg, gest. 2.1.1877 Huis de Paauw bei Wassenaar, Niederlande; Regierungsrat, später Direktor der Hzgl. nassauischen Rechnungskammer. – Nassau: Herrenbank 1846-1848. Rösner-Hausmann; J.L.

Freiherr von Gagern, Wilhelm _Heinrich_ August, geb. 20.8.1799 Bayreuth, gest. 22.5.1880 Darmstadt; Regierungsrat bei der Regierung der Provinz Starkenburg in Darmstadt, 1832 Regierungsrat im Ministerium des Innern und der Justiz, 1833 Entlassung aus dem Staatsdienst, März-Juni 1848 Vorsitzender des Ghzgl. Gesamtministeriums, Minister der Auswärtigen Angelegenheiten und des Hauses und Minister des Innern, 1848-1849 Reichsministerpräsident, Reichsminister des Äußeren und Innern, 1850-1851 Major im Generalstab der schleswig-holsteinischen Armee, 1863 Ghzgl. hessendarmstädtischer Gesandter in Wien; MdN 1848-1849 (CP), Präsident der Nationalversammlung 1848; Mitglied des Volkshauses des Unionsparlaments 1850. – Ghzm. Hessen: 2. Kammer 1832-1836, 1847-1850 und 1866-1872 (lib., LibKons, [DRP _1871_]). Ruppel/Groß; Götz/Rack; J.L.

Gail, Georg Karl *Ferdinand*, geb. 19.7.1826 Gießen, gest. 23.10.1885 Gießen; Tabakfabrikant (Teilhaber der Firma Georg Philipp Gail) in Gießen. – Ghzm. Hessen: 2. Kammer 1862-1865.

Ruppel/Groß

Gail, Georg *Philipp*, geb. 7.12.1785 Dillenburg, gest. 30.8.1865 Gießen; Tabakfabrikant und Bürgermeister in Gießen. – Ghzm. Hessen: 2. Kammer 1826-1830 (lib.).

Ruppel/Groß

Dr. phil. h.c. Gail, Karl *Wilhelm* Ferdinand, geb. 17.3.1854 Gießen, gest. 25.2.1925 Gießen; Kaufmann, Inhaber der Gail'schen Dampfziegelei und Tonwarenfabrik bei Gießen und von Zigarren- und Kautabakfabriken. – Ghzm. Hessen: 1. Kammer 1907-1918. Götz/Rack

Gallus, Philipp Christoph, get. 19.9.1786 Frankfurt, gest. 30.8.1850 Frankfurt; Jurist, 1833 Assessor, 1840 Stadtamtmann. – Freie Stadt Frankfurt: Gesetzgebende Versammlung 1824-1848. Frost

Galm, Heinrich, geb. 23.10.1895 Seligenstadt, gest. 30.10.1984 Offenbach; gelernter Sattler, bis 1933 Angestellter des Sattler-, Tapezierer- und Portefeuillerverbandes in Offenbach. – Volksstaat Hessen 1924-1933 (KPD 1924-1929, KPO 1929-1932, SAP 1932-1933); Vorsitzender der KPD-Fraktion 1927-1929.

Ruppel/Groß; Götz/Rack; J.L.

Dr. jur. Gareis, *Karl* Heinrich Franz, geb. 24.4.1844 Bamberg, gest. 18.1.1923 München; Professor an der juristischen Fakultät, 1884-1888 Kanzler der Universität Gießen, später Professor in Königsberg und München; MdR 1878-1881 (NL). – Ghzm. Hessen: 1. Kammer 1884-1888. Götz/Rack; J.L.

Garny (sen.), Johann Georg, geb. 24.1.1785 Ottenheim, gest. 13.11.1864 Frankfurt; Schlossermeister. – Freie Stadt

Frankfurt: Gesetzgebende Versammlung 1839. Frost

Garny (jun.), Johann Georg, geb. ... , gest. ... ; Schlossermeister. – Freie Stadt Frankfurt: Gesetzgebende Versammlung 1860-1862. Frost

Gassmann, Georg, geb. 28.5.1910 Marburg, gest. 5.8.1987 ... ; Jurist, 1946-1951 Bürgermeister, 1951-1971 Oberbürgermeister der Universitätsstadt Marburg; Mitglied der Verbandsversammlung des LWV Hessen 1953-1957; Mitglied der 2. Bundesversammlung. – Land Hessen: Hessischer Landtag 1950-1970 (SPD). Lengemann II

Dr. jur. Gastell, *Otto* Albert, geb. 14.8.1855 Mainz, gest. 14.1.1924 Mainz; Teilhaber der Fa. Gebr. Gastell, Fabrik für Eisenbahnwaggonbedarf und Luxuswagen in Mombach, ab 1893 Waggonfabrik Gebrüder Gastell GmbH in Mainz-Mombach. – Ghzm. Hessen: 1. Kammer 1906-1918. Götz/Rack

Gau, Wilhelm, geb. 24.2.1798 Eisenach, gest. 2.7.1864 Altona; Gutsbesitzer in Hambach. – Kurhessen: Ständeversammlung 1839-1844. Losch; Sieburg

Freiherr von Gaugreben, Hermann Werner, geb. 11.3.1783 Bruchhausen, gest. 26.8.1832 Korbach; Besitzer der Gaugreben'schen Güter in Goddelsheim, 1817 Verkauf des alten erbeigenen freien Schlosses in Goddelsheim. – Waldeck: Landstand [etwa 1811] -1817.

König/Lengemann/Seibel; J.L.

Gaul, Karl, geb. 1.2.1889 Nauborn, Krs, Wetzlar, gest. 17.1.1972 ... ; Schulrat, 1946 Oberschulrat in Frankfurt; MdB 1949-1957 (FDP); Mitglied der 1. und 2. Bundesversammlung. – Land Hessen: Hessischer Landtag 1946-1950 (LDP bzw. FDP). Lengemann II

Gaule, Georg Friedrich, geb. ... , gest. ... .
– Freie Stadt Frankfurt: Gesetzgebende
Versammlung 1850.   Frost

Gaule, Heinrich, geb. ... , gest. ... . – Freie
Stadt Frankfurt: Gesetzgebende Versammlung 1829.   Frost

Freiherr Gayling von Altheim[46], *Ludwig
Friedrich Wilhelm August*, geb.
14.10.1758 Hanau, gest. 9.1.1847 Hanau;
Herr auf Babenhausen, Hessen-hanaui-
scher Regierungsrat und Hofgerichtsassessor, Diplomat. – Ghzm. Frankfurt
1810-1813.   Lengemann I

Dr. jur. Gebeschus, *Eugen* Karl Georg
August, geb. 12.12.1855 Demmin, Pom-
mern, gest. 12.11.1936 Hanau; bis 1893
Bürgermeister in Höchst, ab 1893 Ober-
bürgermeister der Stadt Hanau; MdL
Preußen 1919 (DVP). – Wiesbaden und
Hessen-Nassau 1893 (NL); Kassel und
Hessen-Nassau 1894-1919 (44. KLT)
(NL 1894-1918, DVP 1919).
                           Burkardt/Pult; Pelda; J.L.

Gebhard, Friedrich *Ernst*, geb. 9.12.1823
Eschwege, gest. 21.12.1889 Eschwege;
Bürgermeister in Eschwege. – Kurhessen:
2. Kammer 1858-1860; Kassel und Hessen-Nassau 1886-1889. Losch; Sieburg; Pelda

Gebhard, Philipp August, geb. 17.2.1805
Ingelheim, gest. 3.4.1874 Ingelheim; Es-
sigfabrikant, Weinhändler, Apotheker und
Ziegeleibesitzer in Ober-Ingelheim. –
Ghzm. Hessen: 2. Kammer 1849-1850
und 1872-1874 (F, NL 1872-1874).
                                    Ruppel/Groß

Gebhardt, Christian *August*, geb.
2.9.1808 Ober-Rosbach, gest. ... Luzern
[?]; evangelischer Pfarrer in Ober-See-
men, 1851 auf Wunsch entlassen, ging in

die Schweiz und lebte als Buchhändler in
Luzern. – Ghzm. Hessen: 1. Kammer
1850 (dem.).   Götz/Rack

Dr. techn. von Gebhardt, Eduard *Anno*,
geb. 22.12.1908 Breslau, gest. 21.8.1978
... ; Diplom-Kaufmann, Diplomwirt-
schaftler, 1950-1954 Fraktionssekretär
bei der BHE- bzw. GB/BHE-Fraktion im
Hessischen Landtag; Mitglied und Vizepräsident der Verbandsversammlung des
LWV Hessen 1953-1957. – Land Hessen:
Hessischer Landtag 1954 (GB/BHE).
                                   Lengemann II

Gebhardt, Fred, geb. 27.2.1928 Bayreuth;
Leiter der Volkshochschule Frankfurt;
Mitglied der 7. und 8. Bundesversammlung. – Land Hessen: Hessischer Landtag
1974-1987 (SPD).
                  Lengemann II; Kanzlei des Landtags

Gedult von Jungenfeld – s. Jungenfeld,
Freiherren Gedult von

von Gehren, August, geb. 9.9.1805 Marburg, gest. 1.2.1876 Frankfurt; Staatsanwalt in Marburg, später Obergerichtsdirektor in Fulda und Hanau. – Kurhessen:
Ständeversammlung 1842-1844.
                                   Losch; Sieburg

Dr. jur. h. c. von Gehren, *Reinhard* Rein-
hold, geb. 24.12.1865 Ziegenhain, gest.
8.6.1930 Karlsbad; Landrat des Kreises
Homberg, 1918-1930 Landeshauptmann
des Bezirksverbandes des Regierungsbezirks Kassel und des Provinzialverbandes
der Provinz Hessen-Nassau; MdA 1912-
1918 (K); Mitglied des Preußischen
Staatsrats 1921-1930 (Ag). – Kassel und
Hessen-Nassau 1905-1919 (44. KLT) (K
1905-1918).   Pelda; J.L.

Gehrig, Johannes, geb. 11.8.1797 Altenschlirf, gest. 4.3.1877 Altenschlirf;
Landwirt und Bürgermeister in Altenschlirf. – Ghzm. Hessen: 2. Kammer
1826-1830 und 1835-41 (lib.). Ruppel/Groß

---

[46] Kgl. französische Anerkennung des Freiherrenstandes (Baronats) am 6.8.1773.

Gehring, Jacob, geb. ... , gest. 14.7.1837 Hanau; politischer Schriftsteller in Hanau. – Kurhessen: Ständeversammlung 1833 (gouv.).   Losch; Sieburg; J.L.

Dr. jur. Gehrke, *Max* **Ernst August**, geb. 15.5.1865 Berlin, gest. ... ; Rechtsanwalt und Notar in Frankfurt. – Wiesbaden und Hessen-Nassau 1920-1921 (DDP).
                                    Burkardt/Pult; J.L.

Geidner, **Franz**, geb. ... , gest. ... ; Jurist. – Freie Stadt Frankfurt: Gesetzgebende Versammlung 1838-1843.   Frost

Geier, Erna Maria, geb. 24.5.1923 Karlsruhe, gest. 18.10.1994 ... ; Leiterin des Familienbildungswerkes Bergstraße in Viernheim; MdB 1976-1983 (CDU); Mitglied der 7. Bundesversammlung. – Land Hessen: Hessischer Landtag 1966-1976 (CDU).
                    Lengemann II; Kanzlei des Landtags

Dr. Geier, Heinrich Claudius, geb. 18.3.1834 Mainz, gest. 22.6.1898 Mainz; Architekt und Bergwerksbesitzer in Mainz. – Ghzm. Hessen: 2. Kammer 1881-1887 (NL).   Ruppel/Groß

Dr. jur. Geiger, *Berthold* **August Michael**, geb. 6.1.1847 Breslau, gest. 25.10.1919 Frankfurt; Rechtsanwalt in Frankfurt. – Wiesbaden und Hessen-Nassau 1886-1918 [Fortschrittspartei *1901-1905*].
                                    Burkardt/Pult; J.L.

Geiger, **Walter**, geb. 19.10.1901 Bensheim; Volkswirt in Bensheim. – Land Hessen: Beratender Landesausschuß 1946 (LDP).
                    Lengemann II; Kanzlei des Landtags

Geil, *Hermann* **Josef**, geb. 18.4.1858 Oberlahnstein, gest. 11.3.1935 Oberlahnstein; Maurermeister, Bauunternehmer; MdA 1913-1918 (Z); MdL Preußen 1919-1921 (Z). – Wiesbaden und Hessen-Nassau 1922-1932 (Z).   Burkardt/Pult; J.L.

Dr. Karl Geiler
Vorsitzender des Beratenden Landesausschusses Groß-Hessen 1946

Dr. jur. Geiler, Karl, geb. 10.8.1878 Schönau im Südschwarzwald, gest. 14.9.1953 Heidelberg; Rechtsanwalt in Mannheim, 1945-1947 Ministerpräsident des Staates Groß-Hessen bzw. des Landes Hessen, danach Rückkehr in die juristische Tätigkeit, Professor für Internationales Recht an der Universität Heidelberg. – Land Hessen: Vorsitzender des Beratenden Landesausschusses 1946.
                    Lengemann II; Kanzlei des Landtags

Geipel, Horst, geb. 8.11.1923 Berlin; Realschullehrer in Friedberg; Mitglied der 7. Bundesversammlung. – Land Hessen: Hessischer Landtag 1974-1982 (CDU).
                    Lengemann II; Kanzlei des Landtags

Geiss, *Otto* **Konrad**, geb. 16.1.1903 Vadenrod, gest. 7.6.1962 Vadenrod; Landwirt in Vadenrod. – Volksstaat Hessen 1931-1933 (NSDAP).   Ruppel/Groß

Geissel, Johann Konrad, geb. 23.9.1776 Eudorf, gest. 20.5.1833 Eudorf; Ökonom in Eudorf. – Ghzm. Hessen: 2. Kammer 1820-1824.   Ruppel/Groß

Geißel, Johannes, geb. ... , gest. ... . – Freie Stadt Frankfurt: Gesetzgebende Versammlung 1843-1848.   Frost

Geißler, Dieter, geb. 27.2.1943 Alsfeld; Realschullehrer in Gießen-Rödgen, später Schulleiter in Wieseck. – Land Hessen: Hessischer Landtag 1985-1987 (SPD).   Lengemann II; Kanzlei des Landtags

Geißler, Fritz, geb. 16.9.1903 Frankfurt, gest. 13.6.1960 ... ; bis 1954 Bürgermeister in Lauterbach, 1954-1960 Bürgermeister in Bad Nauheim; Mitglied der 2. Bundesversammlung. – Land Hessen: Hessischer Landtag 1950-1954 und 1957-1958 (FDP).   Lengemann II

Geist, Johann Heinrich, geb. ... , gest. ... ; Gärtnermeister. – Freie Stadt Frankfurt: Gesetzgebende Versammlung 1858-1860.
                                                      Frost

Gelan, Ludwig (Johann Louis), geb. 18.2.1788 Kassel, gest. 7.8.1864 Nidda; Kurhessischer Offizier a.D. in Nidda, 1849 Präsident und General des Nidder-Volksbundes. – Ghzm. Hessen: 1. Kammer 1850.   Götz/Rack

Gellhaar, Carl Johann, geb. 15.11.1794 Steinau, gest. 9.10.1869 ... ; Stadtrentmeister und Lehrer in Steinau. – Kurhessen: Ständeversammlung 1838.   Losch; Sieburg

Gemeinder, Peter, geb. 31.8.1891 Dillhausen bei Weilburg, gest. 29.8.1931 Mainz; Hilfssachbearbeiter; MdR 1930-1931 (NSDAP). – Wiesbaden und Hessen-Nassau 1930-1931 (NSDAP).
                                            Burkardt/Pult

Gemmer, Johann Jakob, geb. 3.3.1826 Ebertshausen, gest. 28.8.1907 Ebertshausen; Landwirt. – Wiesbaden und Hessen-Nassau 1886-1898.   Burkardt/Pult

George, Stefan (I.), geb. 19.3.1806 Rupplingen in Elsaß-Lothringen, gest. 31.10.1888 Büdesheim; Gutsbesitzer und Bürgermeister in Büdesheim. – Ghzm. Hessen: 2. Kammer 1851-1853, 1856-1862, 1865-1875 und 1878-1879 (Lib-Kons 1866-1871, [lib. *1868*], NL 1871-1879); Vizepräsident (2. Präsident) der 2. Kammer 1872-1875.   Ruppel/Groß; J.L.

Dr. med. Georgi, Ernst Moritz Friedrich, geb. 25.7.1895 Stuttgart, gest. 29.5.1983 ... ; leitender Anstaltsarzt der Niederramstädter Heime und Leiter der Trinkerheilstätte Haus Burgwald. – Land Hessen: Verfassungberatende Landesversammlung Groß-Hessen 1946 (CDU).
                                            Lengemann II

Georgi, Jakob *Conrad* Karl, get. 22.12.1799 Gießen, gest. 8.11.1857 Gießen; Mitglied und Rat am Hofgericht in Gießen. – Ghzm. Hessen: 2. Kammer 1841-1847 (kons.).   Ruppel/Groß

Gercke, Johann Heinrich Georg, geb. 19.5.1787 Rhoden, gest. 10.7.1835 Rhoden; Bäckermeister und Bürgermeister in Rhoden. – Waldeck: Landstand 1823-1824.   König/Lengemann/Seibel

Gergens, Anton, geb. 16.10.1805 Rüdesheim, gest. 10.6.1875 Rüdesheim; Landwirt. – Nassau: Deputiertenkammer 1833-1835, Ständeversammlung 1848-1851 *und I. Kammer 1852 (Mandat nicht angenommen)*.   Rösner-Hausmann

Dr. phil. Gerhardt, Wolfgang, geb. 31.12.1943 Ulrichstein-Helpershain; Leiter des Ministerbüros des Hessischen Minister des Innern, 1982-1993 Landesvorsitzender F.D.P. Hessen, 1987-1991 Hessischer Minister für Wissenschaft und Kunst, Bevollmächtigter des Landes Hessen beim Bund und stellvertretender Ministerpräsident, seit 1995 Bundesvorsitzender der F.D.P.; Mitglied des Bundesrates 1987-1991; MdB seit 1994 (F.D.P.); Mitglied der 8. und 9. Bundesversammlung. – Land Hessen: Hessischer Landtag 1978-1982, 1983-1987 und 1991-1994 (F.D.P.), Vorsitzender der F.D.P.-Fraktion 1983-1987 und 1991-1994.

Lengemann II; Kanzlei des Landtags

Gerhold, Erich, geb. 18.12.1944 Bad Wildungen; Referent für innerstaatliches Recht beim Hauptverband der gewerblichen Berufsgenossenschaften e.V. in Bonn, wohnhaft in Gudensberg, später Richter am Sozialgericht Kassel. – Land Hessen: Hessischer Landtag 1981-1982 (CDU). Lengemann II; Kanzlei des Landtags

Gerhold, Johann Christian, geb. ... , gest. 21.1.1848 [?] ... ; evangelischer Pfarrer in Malsfeld. – Kurhessen: Ständeversammlung 1847-1848. Losch; Sieburg

Gerlach, Johann Ullrich, geb. 29.10.1814 Elm, gest. ... Hof Reith, Gemeinde Klosterhöfe; Ökonom (Hof Reith) und Bürgermeister in Klosterhöfe. – Kassel 1880-1885. Pelda

Gerling, Alfons, geb. 14.8.1944 Lindschied; kaufmännischer Angestellter in der Hoechst AG, Abteilung Wohnungswirtschaft, in Frankfurt; Mitglied der Verbandsversammlung des LWV Hessen 1985-1989. – Land Hessen: Hessischer Landtag seit 1987 (CDU)

Lengemann II; Kanzlei des Landtags

Gerling, Christian *Ludwig*, geb. 10.7.1788 Hamburg, gest. 15.1.1864 Marburg; Professor der Mathematik und Physik in Marburg. – Kurhessen: Ständeversammlung 1833 (gem. lib.).

Losch; Sieburg; J.L.

Germershausen, Erich, geb. 27.3.1906 Bad Gandersheim, gest. 25.9.1990 ... ; Oberbahnhofsvorsteher in Spangenberg.

– Land Hessen: Hessischer Landtag 1948-1950 (LDP bzw. FDP).

Lengemann II; Kanzlei des Landtags

Dr. jur. utr. et phil. Freiherr von Gerning[47]**, Johann (Hanns) *Isaac***, geb. 14.11.1767 Frankfurt, gest. 21.2.1837 Frankfurt; Diplomat, Lgrfl. hessen-homburgischer und Ghzgl hessen-darmstädtischer Geheimrat, Schriftsteller, Sammler. – Freie Stadt Frankfurt: Gesetzgebende Versammlung 1817-1818. Frost; J.L.

Geschka, Otti, geb. 27.12.1939 Selters-Haintchen; Kinderkrankenschwester, Hausfrau in Darmstadt, 1987-1991 Staatssekretärin und Bevollmächtigte der Hessischen Landesregierung für Frauenangelegenheiten, seit 1994 Oberbürgermeisterin der Stadt Rüsselsheim; Mitglied der 9. und 10. Bundesversammlung. – Land Hessen: Hessischer Landtag 1978-1987 und 1991-1993 (CDU).

Lengemann II; Kanzlei des Landtags

Gesser, Karl Michael, geb. 4.11.1869 Steinheim, gest. 25.4.1950 Steinheim; Tabakarbeiter, später Packer in Steinheim. – Volksstaat Hessen 1919-1921 (Z). Ruppel/Groß

Geyer, Philipp Heinrich, geb. ... , gest. ... ; Gärtnermeister. – Freie Stadt Frankfurt: Verfassunggebende Versammlung 1849. Frost

von Geyso, *Franz* Anton Christian Adelbert Moritz, geb. 24.7.1803 Roßdorf, gest. 16.6.1870 Kassel; Premierleutnant. – Kurhessen: 1. Kammer 1852-1861 (kons.-konst.). Losch; Sieburg; J.L.

von Geyso, Carl *Friedrich*, geb. 5.11.1793 ... , gest. 30.3.1835 [infolge von bei Diedenhofen erlittener Verwundungen]

---

[47] Erhebung in den Reichsadelsstand am 9.1.1805 und in den Ghzgl hessischen Freiherrenstand am 9.4.1818.

Fulda; Kfl. Hauptmann (Jägerkapitän) in Mansbach. – Kurhessen: Konstituierender Landtag 1830 und Ständeversammlung 1831-1833 (gouv.). Losch; Sieburg; J.L.

Freiherr von Geyso[48], *Wilhelm* **Karl August Amalius**, geb. 8.10.1800 Roßdorf, gest. 12.7.1871 Fulda; Herr u.a. auf Roßdorf und Mansbach, wohnhaft in Wenigentaft. – Kurhessen: Ständeversammlung 1838-1849. Losch; Sieburg; J.L.

Giar, Georg Friedrich August, geb. 1.12.1805 Frankfurt, gest. 20.8.1861 Frankfurt; Jurist, Wechselnotar. – Freie Stadt Frankfurt: Gesetzgebende Versammlung 1839-1847. Frost

Giebel, Johann Georg, geb. 27.4.1813 Leimbach, gest. 27.12.1867 Leimbach; Bürgermeister in Leimbach. – Kurhessen: 2. Kammer 1855-1860 und 1861 (gouv.). Losch; Sieburg; J.L.

Giebeler, Carl, geb. 15.9.1812 Kupferberg in Westfalen, gest. ... ; Hüttenbesitzer. – Nassau: II. Kammer 1855-1861 und I. Kammer 1864-1866 (NFP). Rösner-Hausmann

Giebermann, Johann **Heinrich**, *geb. 4.11.1798 Massenheim (Amt Hochheim), gest. 4.12.1858 Massenheim (Amt Hochheim); Landwirt und Schultheiß. – Nassau: II. Kammer 1852 (Mandat nicht angenommen).* Rösner-Hausmann

Giese – s. Giesse

Gieseler, Friedrich Hermann, geb. 4.4.1798 Hessisch-Oldendorf (Werther), gest. 7.8.1875 Hessisch-Oldendorf (Werther); Hospitalverwalter in Hessisch-Ol-

dendorf. – Kurhessen: Ständeversammlung 1838. Losch; Sieburg

Giesler, Carl Friedrich, geb. 13.10.1781 Melsungen, gest. 26.1.1850 Kassel; Polizeidirektor in Kassel, später Regierungsrat. – Kurhessen: Ständeversammlung 1842-1844. Losch; Sieburg

Dr. h.c. Giesse (Giese), **Friedrich**, geb. 23.1.1760 Hessisch Lichtenau, gest. 1.1.1842 Weilburg; reformierter Geistlicher, 1810-1827 Generalsuperintendent. – Nassau: Deputiertenkammer 1818-1832. Rösner-Hausmann; J.L.

Giesse (Giese), **Hans** *Wilhelm* **Julius Eberhard Georg**, geb. 22.3.1790 Wetzlar, gest. 5.5.1839 Wiesbaden; Dekan. – Nassau: Deputiertenkammer 1837-1839. Rösner-Hausmann

Gieße, Johannes, geb. ... Karlshafen, gest. 20.9.1881 Karlshafen; Bürgermeister in Karlshafen. – Kurhessen: 2. Kammer 1852-1854 (konst.); Kassel 1880-1881. Losch; Sieburg; Pelda; J.L.

Gießelmann, Georg Karl Heinrich *Hermann*, geb. 12.9.1838 Arolsen, gest. 2.7.1923 Düsseldorf; Kreisrentmeister des Kreises der Eder in Nieder-Wildungen. – Waldeck: Landtag 1887-1905. König; König/Lengemann/Seibel

Giessen, Cornelius Adolph, geb. ... , gest. ... ; Handelsmann. – Freie Stadt Frankfurt: Verfassunggebende Versammlung 1848-1849. Frost; J.L.

von Gille, Wilhelm Isaac, geb. 24.5.1805 Offenbach, gest. 8.8.1873 Frankfurt; Handelsmann und Bankier. – Freie Stadt Frankfurt: Gesetzgebende Versammlung 1845-1846, Verfassunggebende Versammlung 1848-1849. Frost; J.L.

Giller, Leopold Hans, geb. 14.11.1881 Ober-Jastrzemb, Oberschlesien, gest.

---

[48] Für *Wilhelm von Geyso* wurde am 7.12.1867 der Freiherrenstand durch das Hzm. Sachsen-Meiningen anerkannt, und seine Familie wurde 1883 im Kgr. Bayern in der Freiherrenklasse immatrikuliert.

27.4.1961 Eschwege; Elektromeister in Eschwege. – Kassel und Hessen-Nassau 1930 (60. KLT)-1932 (WP). *Pelda*

Gilmer, Hugo, geb. 7.1.1822 Wimpfen, gest. 4.7.1871 Birkenau; Gutsbesitzer auf dem Haselhof bei Birkenau. – Ghzm. Hessen: 2. Kammer 1862-1865 (Lib-Kons). *Ruppel/Groß*

Gilmer, Julius, geb. 7.12.1880 Mannheim, gest. 19.2.1959 ... ; Landgerichtspräsident in Darmstadt. – Land Hessen: Verfassungberatende Landesversammlung Groß-Hessen 1946 (CDU). *Lengemann II*

Gilmer, *Theodor* Konrad, geb. 2.6.1779 Schaafheim, gest. 30.11.1854 Darmstadt; Hofkammerrat in Darmstadt, 1821 Oberfinanzrat. – Ghzm. Hessen: 2. Kammer 1820-1824. *Ruppel/Groß*

Freiherr von und zu Gilsa[49], ***Friedrich* Ernst Ludwig Heinrich**, geb. 27.12.1799 Kassel, gest. 2.7.1859 Wiesbaden; Oberjägermeister in Wiesbaden. – Nassau: I. Kammer 1856-1859. *Rösner-Hausmann; J.L.*

von und zu Gilsa, *Friedrich* Ludwig Carl Wilhelm, geb. 11.10.1774 ... , gest. 18.3.1854 Gilsa; hannoverscher Hauptmann, Gutsbesitzer auf dem mittelsten Hof in Gilsa. – Kurhessen: Ständeversammlung 1836-1838 (gouv.). *Losch; Sieburg; J.L.*

von und zu Gilsa, Friedrich Wilhelm *Adolf*, geb. 28.11.1876 Höxter, gest. 7.6.1945 Idar-Oberstein; Landrat des

Kreises Kirchhain, später des Kreises Schlüchtern. – Kassel und Hessen-Nassau 1919 (45. KLT)-1920 (DNVP). *Pelda; J.L.*

Gimbel, Adalbert, geb. 21.4.1898 Frankfurt, gest. ... ; Postschaffner in Dornholzhausen; MdR 1933-1942 (NSDAP). – Wiesbaden und Hessen-Nassau 1933 (NSDAP). *Burkardt/Pult; J.L.*

Gimbel, geb. Münscher, Elise Katharina, geb. 28.11.1873 Seifertshausen, gest. 10.9.1953 Hanau; Beschäftigte bei der Stadtverwaltung Hanau. – Kassel und Hessen-Nassau 1930 (60.KLT) -1932 (KPD). *Pelda*

Gladbach, Georg Adolph, get. 16.3.1777 Frankfurt, gest. 16.9.1845 Frankfurt; Handelsmann. – Freie Stadt Frankfurt: Gesetzgebende Versammlung 1822, 1824-1829 und 1831. *Frost*

Dr. jur. Glässing, *Karl* Christoph, geb. 6.11.1867 Darmstadt, gest. 22.1.1952 Wiesbaden; Oberbürgermeister der Stadt Wiesbaden; MdH [1913] 1914-1918. – Wiesbaden und Hessen-Nassau 1917-1918. *Burkardt/Pult; J.L.*

Glässing, *Wilhelm* Philipp, geb. 7.4.1865 Groß-Gerau, gest. 10.3.1929 Darmstadt; Beigeordneter, 1904 Bürgermeister, 1909 1. Bürgermeister, ab November 1909 mit dem Titel Oberbürgermeister, in Darmstadt. – Ghzm. Hessen: 2. Kammer 1906-1909 (NL). *Ruppel/Groß*

Glas, Fritz, geb. 13.10.1884 ... , gest. ... ; technischer Eisenbahnbeamter. – Wiesbaden und Hessen-Nassau 1922-1925 (DDP). *Burkardt/Pult*

Glas (Glass), Johann Konrad, geb. 16.3.1787 Selters, gest. 30.3.1852 Selters; Landwirt und Bürgermeister in Selters. – Ghzm. Hessen: 2. Kammer 1826-1830 (lib.). *Ruppel/Groß*

---

[49] Kgl. westphälische Bestätigung des Adelsstandes als Baron (für den Vater) am 2.4.1813; die Familie führte den Titel – offenbar trotz der Nichtanerkennung durch Kurhessen und Preußen unbeanstandet – weiter, was preußischerseits schließlich für die Nachkommen des Abg. *Friedrich Freiherr von und zu Gilsa* anerkannt wurde.

Glaser, Karl Hermann, geb. 26.7.1826 Kusel, gest. 14.2.1888 Wiesbaden; Kaufmann. – Wiesbaden 1869-1871.   Burkardt/Pult

Glaser, Konrad Karl, geb. 17.3.1876 Nordheim, gest. 12.1.1956 Nordheim; Landwirt und – bis 1924 – Bürgermeister in Nordheim; MdR 1924 (DNVP). – Volksstaat Hessen 1921-1933 (Bauernbund bzw. Landbund 1921-1933, NSDAP ab März 1933); Vorsitzender der Bauern- bzw. Landbund-Fraktion 1924-1931.
                          Ruppel/Groß; Götz/Rack; J.L.

Glaser, Sebastian (II.), geb. 1.1.1842 Nordheim, gest. 22.10.1899 Nordheim; Landwirt und Bürgermeister in Nordheim. – Ghzm. Hessen: 2. Kammer 1897-1899 (Bauernbund).   Ruppel/Groß

Glass – s. Glas

Dr. jur. Glaubrech, Johann Joseph Christian Friedrich, geb. 24.5.1800 Mainz, gest. 12.7.1862 Mainz; Advokat-Anwalt, 1846 Obergerichtsrat in Mainz. – Ghzm. Hessen: 2. Kammer 1832-1847 und 1849-1850 (lib.); Vizepräsident (2. Präsident) der 2. Kammer 1859-1850.
                                       Ruppel/Groß; J.L.

Gleim, Franz Friedrich Wilhelm, geb. 16.6.1842 Melsungen, gest. 1.7.1911 Melsungen; Tuchfabrikbesitzer in Melsungen; MdA 1890-1911 (NL [BdL]). – Kassel und Hessen-Nassau 1904-1911 (NL [BdL]).   Pelda

Gleim, Georg Wilhelm, geb. 28.4.1820 Melsungen, gest. 9.7.1881 Melsungen; Rechtsanwalt und Notar in Rotenburg; MdR 1874-1878 (NL). – Kassel 1868-1879 (NL).   Pelda; J.L.

Gleisner, Carl Wilhelm, geb. 24.3.1803 Pyrmont, gest. 25.12.1873 Hamburg; Advokat, 1829-1835 Stadtsekretär in Nieder-Wildungen, 1835 Regierungsassessor, 1842 Regierungsrat, 1848-1851 de facto-Regierungschef, 1851-1866 Staatsanwalt, 1866-1873 Konsitorialdirektor in Arolsen. – Waldeck: Landstand 1829-1835, Landtag 1855-1856, 1863-1866 und 1868-1871 und Spezial-Landtag Pyrmont 1855-1856; Präsident des Waldeckischen Landtags 1856, 1868-1871 und Vizepräsident des Waldeckischen Landtags 1863-1866.
                     König; Lengemann III; Lengemann IV;
                                     König/Lengemann/Seibel

Gleisner, Jost Kaspar, geb. 25.2.1784 Alt-Wildungen, gest. 11.11.1835 Alt-Wildungen; Landwirt und mehrfach Bürgermeister in Alt-Wildungen. – Waldeck: Landstand 1824-1828 und 1834-1835.
                                     König/Lengemann/Seibel

Gleisner, Ludwig (Louis) Wilhelm, geb. 26.7.1801 Pyrmont, gest. ... ; Gastwirt und Bürgermeister in Arolsen, 1846 Verkauf des Gasthauses und Auswanderung. – Waldeck: Landstand 1828-1846.
                                     König/Lengemann/Seibel

Glenz, Georg Philipp, geb. 28.11.1903 Darmstadt, gest. 14.9.1944 [gefallen] ... , Italien; Justizobersekretär in Büdingen. – Volksstaat Hessen 1932-1933 (SPD).
                                             Ruppel/Groß

Glinzer, Friedrich Valentin, geb. 14.11.1796 Breitenau, gest. 25.2.1873 Breitenau; Ökonom und Müller in Breitenau. – Kurhessen: Ständeversammlung 1833-1835 (gem. lib.).   Losch; Sieburg; J.L.

Glock, Christian Friedrich, geb. 14.11.1821 Frankfurt, gest. 20.6.1907 Frankfurt; Metzgermeister. – Freie Stadt Frankfurt: Gesetzgebende Versammlung 1859 bis 1861.   Frost

Glock, Johann Balthasar, geb. 4.12.1798 Frankfurt, gest. 25.2.1876 Frankfurt. – Freie Stadt Frankfurt: Gesetzgebende Versammlung 1858.   Frost

Glock, **Johannes**, geb. 22.6.1793 Frankfurt, gest. ... . Freie Stadt Frankfurt: Gesetzgebenden Versammlung 1834-1842.

Frost

Glücklich, **Heinrich**, geb. 11.1.1877 Bad Homburg, gest. 16.9.1971 ... ; Inhaber der Firma J. Chr. Glücklich in Wiesbaden, Hausverwaltungen, Reisebüro, Lotterieeinnahme. – Land Hessen: Hessischer Landtag 1946-1950 (LDP bzw. FDP); Alterspräsident des Hessischen Landtags 1950.

Lengemann II

Gnaß, **Otto**, geb. 21.8.1909 Bartenstein (Königsberg), gest. 2.10.1987 ... ; gelernter Maurer, 1947 SPD-Parteisekretär in Korbach; Mitglied der 2. Bundesversammlung. – Land Hessen: Hessischer Landtag 1950-1954 (SPD).

Lengemann II; Kanzlei des Landtags

Goebel, **Carl** *Moritz*, geb. 7.1.1900 Epterode, gest. 17.10.1975 Kassel; Kaufmann in Darmstadt-Eberstadt, 1938 Bürgermeister Hessisch-Lichtenau. – Volksstaat Hessen 1933 (NSDAP).

Ruppel/Groß

Göbel, **Heinrich**, geb. 18.8.1787 Elleringhausen, gest. 27.8.1847 Freienhagen; Wagner und mehrfach Bürgermeister in Freienhagen. – Waldeck: Landstand 1828-1829, 1840-1843 und 1846-1847.

König/Lengemann/Seibel

Göbel, **Jakob**, geb. 20.2.1887 Hersfeld, gest. 13.7.1979 ... ; gelernter Schuhmacher, selbständiger Landwirt in Bad Hersfeld; Mitglied der 2. Bundesversammlung. – Land Hessen: Hessischer Landtag 1946-1958 (SPD).

Lengemann II

Goebel, **Julius Hermann**, geb. 23.2.1890 Großalmerode, gest. 29.10.1946 Kornwestheim; Küfer, Kistenfabrikant in Großalmerode. – Kassel und Hessen-Nassau 1933 (NSDAP).

Pelda

Göbel, **Kurt**, geb. 12.3.1900 Bautzen, gest. 3.12.1983 ... ; Diplom-Volkswirt, Stiftungsdirektor in Frankfurt; Mitglied der 1. und 2. Bundesversammlung. – Land Hessen: Hessischer Landtag 1946-1954 (LDP bzw. FDP).

Lengemann II

Göbel, **Ludwig**, geb. ... , gest. ... . – Freie Stadt Frankfurt: Gesetzgebende Versammlung 1824.

Frost

Göbel, **Ludwig**, geb. ... , gest. ... ; Lehrer in Niedererlenbach. – Freie Stadt Frankfurt: Gesetzgebende Versammlung 1864-1866.

Frost

Göbert, **Johannes**, geb. 9.7.1770 Braunau, gest. 13.2.1832 Braunau; Gutsbesitzer und Grebe in Braunau. – Waldeck: Landstand 1817-1832.

König/Lengemann/Seibel

Göckel, **Heinrich**, geb. 15.4.1883 Langen, gest. 3.1.1948 Langen; Landwirt und – ab 1933 – Bürgermeister in Langen. – Volksstaat Hessen 1931-1933 (NSDAP).

Ruppel/Groß

von Goddäus (Goeddäus)[50], *Bernhard Philipp Friedrich*, geb. 9.8.1788 Rinteln, gest. 3.3.1853 Marburg; Staatsrat und Gutsbesitzer in Brünchenhain. – Kurhessen: Ständeversammlung 1831-1833, 1833-1838 und 1839-1844 (gouv. 1831-1833, 1833-*1838*).

Losch; Sieburg; J.L.

von Goedecke[51], *Albert* **Friedrich Wilhelm**, geb. 21.9.1821 Diez, gest. 30.8.1891 Wiesbaden; Oberleutnant der Weilburger Garnison. – Nassau: Ständeversammlung 1848-1851 (Club der Linken).

Rösner-Hausmann; J.L.

---

[50] Kgl. westphälischer Adelsstand am 26.3./5.11.1812; Kfl. hessischer Adelsstand am 18.4.1814; Abg. *Bernhard von Goddäus* führte in der Familie als erster den Familiennamen *Goddäus*, statt des bis dahin gebräuchlichen *Goeddäus*.

[51] Hzgl. nassauischer Adelsstand (für den Vater) am 21.6.1830.

Goedecke, Heinrich Carl, geb. 12.1.1761
Hof Oranienstein bei Diez, gest.
13.10.1820 Hof Oranienstein bei Diez;
Obristleutnant und Landwirt. – Nassau:
Deputiertenkammer 1818-1820.
Rösner-Hausmann

Goedecke, Johann *Friedrich Wilhelm*,
geb. 27.9.1756 Ems, gest. 6.7.1825 Ems;
Posthalter. – Nassau: Deputiertenkammer
1818-1825.   Rösner-Hausmann

Goedecke, *Wilhelm* Heinrich Victor, geb.
10.2.1800 Beilstein, gest. 13.2.1871
Wiesbaden; Justizamtmann in Hachenburg. – Nassau: II. Kammer 1853-1857.
Rösner-Hausmann; J.L.

Göller, Karl, geb. ... , gest. ... ; Landwirt
und Bürgermeister. – Wiesbaden und
Hessen-Nassau 1920 (DVP).   Burkardt/Pult

Gölzenleuchter), Heinrich Wilhelm
Eduard, geb. 28.2.1810 Offenbach, gest.
... ; Kaufmann in Offenbach. – Ghzm.
Hessen: 2. Kammer 1849.   Ruppel/Groß

Görlach, Willi, geb. 27.12.1940 Butzbach;
gelernter Mechaniker, Studienrat in Butzbach, 1974-1978 Hessischer Minister für
Landwirtschaft und Umwelt, 1978-1980
Hessischer Minister für Landesentwicklung, Umwelt, Landwirtschaft und Forsten, 1984-1985 Hessischer Minister für
Landwirtschaft, Forsten und Naturschutz,
1985-1987 Hessischer Minister für Landwirtschaft und Forsten, 1985-1987 zugleich Bevollmächtigter des Landes Hessen beim Bund; Stellvertretendes Mitglied
des Bundesrates 1974-1980 und 1984-
1985, Mitglied des Bundesrats 1985-
1987; MdEP seit 1989; Mitglied der 6.
und 9. Bundesversammlung. – Land Hessen: Hessischer Landtag 1970-1989
(SPD); Vorsitzender der SPD-Fraktion
1973-1974. Lengemann II; Kanzlei des Landtags

**Dr. jur. h.c. Görtz, *August Friedrich* Wil-
helm**, geb. 15.8.1795 Hannover, gest.

11.2.1864 Darmstadt; Oberfinanzrat bei
der Oberfinanzkammer Darmstadt. –
Ghzm. Hessen: 2. Kammer 1838-1841.
Ruppel/Groß

Dr. jur. h.c. Görz, Joseph, geb. 9.5.1810
Bosenheim bei Bad Kreuznach, gest.
18.1.1900 Mainz; Advokat-Anwalt in
Mainz, 1873 Obergerichtsrat, 1879 Senatspräsident, 1883 Präsident am Oberlandesgericht in Mainz; MdR 1878-1879
(NL). – Ghzm. Hessen: 2. Kammer 1848-
1849 und 1874-1880 und 1. Kammer
1883-1899 (NL); Präsident der 2. Kammer 1874-1879. Ruppel/Groß; Götz/Rack; J.L.

Dr. jur. Göttelmann, Karl *Emil*, geb.
3.11.1858 Wörrstadt, gest. 3.4.1928
Mainz; Bürgermeister der Stadt Mainz
mit dem Titel Oberbürgermeister. –
Ghzm. Hessen: 1. Kammer 1911-1918.
Götz/Rack

Götz, H. C., geb. ... , gest. ... ; Handelsmann. – Freie Stadt Frankfurt: Gesetzgebende Versammlung 1831.   Frost

Gogel, Johann Noe, geb. 8.10.1788
Frankfurt, gest. 6.6.1865 Wildbad; Han-
delsmann. – Freie Stadt Frankfurt: Stän-
dige Bürgerrepräsentation 1824-1841,
Gesetzgebende Versammlung 1831-1833.
Frost

**Dr. jur. Dr. theol. h.c. Goldmann, Carl
Ludwig *Theodor***, geb. 2.7.1821 Gießen,
gest. 28.10.1905 Darmstadt; Kreisrat des
Kreises Gießen sowie Direktor der Provinzialdirektion Oberhessen, 1870 Kreisrat des Kreises Darmstadt sowie Direktor
Provinzialdirektion Starkenburg, 1873
Vorsitzender Hoftheater und Hofmusikdi-
rektion, 1874 Kreisrat des Kreises Mainz
und Direktor der Provinzialdirektion
Rheinhessen, 1877 Präsident des Oberkonsistoriums in Darmstadt. – Ghzm. Hessen: 2. Kammer 1866-1875 und 1. Kammer 1887-1905 (LibKons 1866-1872,
[DRP *1881*]).   Ruppel/Groß; Götz/Rack; J.L.

Dr. jur. h.c. Goldmann, *Wilhelm* **Christian Georg**, geb. 19.5.1792 Grünberg, gest. 23.1.1873 Darmstadt; Oberfinanzkammer-Assessor, 1827 Oberfinanzrat, 1833 Regierungsrat und Sekretär im Ministerium des Innern und der Justiz, 1841 Direktor am Administrationshof – Justiz- und Lehnhof – , 1853 Geheimer Rat und 1. Rat im Finanzministerium, 1861 Obermedizinaldirektor in Darmstadt. – Ghzm. Hessen: 2. Kammer 1826-1841, 1851-1856 und 1863-66 (kons., LibKons 1866); Präsident der 2. Kammer 1851-1856. Ruppel/Groß; J.L.

Goldschmidt, Carl Leopold, geb. 8.4.1787 Frankfurt, gest. 21.3.1858 ... ; Advokat. – Freie Stadt Frankfurt: Verfassunggebende Versammlung 1848-1849, Gesetzgebende Versammlung 1857. Frost; J.L.

Dr. agr. Golf, Hartwig, geb. 22.7.1913 Leipzig; Wirtschaftsberater bei der Land- und Forstwirtschaftskammer für Hessen-Nassau, ab 1959 Fachberater für Flurbereinigung in Limburg. – Land Hessen: Hessischer Landtag 1969-1970 (NPD). Lengemann II; Kanzlei des Landtags

Goll, Emil, geb. 5.12.1865 Frankfurt, gest. ... ; Gastwirt in Bockenheim; MdL Preußen 1919-1932 (DDP). – Wiesbaden und Hessen-Nassau 1911-1920 ([Fortschrittspartei *1903*-1910], FoVP 1910-1918, DDP 1919-1920). Burkardt/Pult; J.L.

Goll, Ignaz Maria, geb. ... , gest. ... ; Jurist, Hofrat. – Freie Stadt Frankfurt: Ständige Bürgerrepräsentation 1817-1830 (Stadtrechnungsrevisionskolleg 1823-1830), Gesetzgebende Versammlung 1818-1829. Frost

Golson-Uhlfelder – s. Stahl

---

52 Kgl. preußische Genehmigung zur Wiederaufnahme des Freiherrentitels (für den Vater) am 22.4.1868.

Freiherr von der Goltz[52], *Friedrich* **Ludwig Heinrich Johannes**, geb. 12.10.1856 Burgsteinfurt, gest. 29.9.1905 Eisenach; Landrat 1886-1893 in Westerburg, 1893-1901 des Oberlahnkreises. – Wiesbaden und Hessen-Nassau 1894-1901. Burkardt/Pult; J.L.

Gondolf, Franz, geb. 8.2.1910 Dieburg, gest. 3.3.1968 ... ; Schreiner in Dieburg. – Land Hessen: Hessischer Landtag: 1949-1950 (KPD). Lengemann II

Gontard, Alexander, geb. 1.11.1788 Frankfurt, gest. 23.6.1854 Frankfurt. Bankier. – Freie Stadt Frankfurt: Ständige Bürgerrepräsentation 1830-1854, Gesetzgebende Versammlung 1834-1837 und 1842. Frost

Gontard, Georg Ludwig (*Louis***)**, geb. 22.4.1769 Frankfurt, gest. 13.1.1830 Nizza; Handelsmann. – Freie Stadt Frankfurt: Gesetzgebende Versammlung 1825-1826, Ständige Bürgerrepräsentation 1828-1830. Frost

Gontard-Wichelhausen, Johann Friedrich, get. 10.4.1761 Frankfurt, gest. 11.4.1843 Frankfurt; Handelsmann. – Freie Stadt Frankfurt: Gesetzgebende Versammlung 1820, 1824, 1827 und 1830-1832. Frost

Gotthard, Frank, geb. 15.11.1970 Marburg; zunächst Student der Betriebswirtschaftslehre, dann Diplom-Kaufmann in Marburg. – Land Hessen: Hessischer Landtag seit 1995 (CDU). Kanzlei des Landtags

Gotthardt, Peter Ludwig (*Louis***)**, geb. 18.4.1870 Limburg, gest. 26.11.1932 Koblenz; Mälzereibesitzer und Getreidehändler. – Wiesbaden und Hessen-Nassau 1926-1932 (Z). Burkardt/Pult

Gottlieb, Johann *Christian*, geb. 3.6.1784 Bleidenstadt, gest. 21.3.1837 Bleidenstadt; Gutsbesitzer und Schultheiß. – Nassau: Deputiertenkammer 1836-1837.

Rösner-Hausmann

Gottmann, Friedrich, geb. 10.2.1802 [er-rechnet] ... , gest. 2.12.1861 Wellen; Lehrer in Dehringhausen, später in Wellen. – Waldeck: Landtag 1848-1849.

König; König/Lengemann/Seibel

Gottron, Johann Philipp, geb. 12.9.1812 Mombach, gest. ... [wahrscheinlich in Amerika]; Ziegler, Besitzer der Ziegelhütte am Main in Raunheim, 1854 nach Amerika ausgewandert. – Ghzm. Hessen: 2. Kammer 1851-1854.   Ruppel/Groß

Gottwald, Hartwig, geb. 27.8.1917 Briey, Lothringen; Werbeleiter einer Hutfabrik, dann selbständiger Werbeleiter und -berater in Wiesbaden. – Land Hessen: Hessischer Landtag 1957-1960 (CDU).

Lengemann II; Kanzlei des Landtags

Goullet, Jacob Friedrich, geb. ... , gest. ... ; Handelsmann. – Freie Stadt Frankfurt: Ständige Bürgerrepräsentation [1791] - 1825 (Stadtrechnungsrevisionskolleg 1818-1825), Gesetzgebende Versammlung 1817-1818.   Frost

Gourdé, Heinrich Ludwig (*Louis*) Germanicus, geb. 24.12.1806 Idstein, gest. 21.3.1864 Wiesbaden; Walzwerkbesitzer. – Nassau: I. Kammer 1854-1863.

Rösner-Hausmann

Dr. h.c. Gräf, Eduard, geb. 13.12.1870 Wetzhausen in Bayern, gest. 1.1.1936 Frankfurt; Arbeitersekretär, 1919-1920 Unterstaatssekretär im Preußischen Wohlfahrtsministerium, 1920-1932 Bürgermeister (Dezernent für Jugend und Wohlfahrt) in Frankfurt; MdL Preußen 1919-1921 (SPD), Vorsitzender der SPD-Fraktion 1919; Mitglied des Preußischen Staatsrats 1921-1933 (SPD), (1.) Vizepräsident des Preußischen Staatsrats 1921-1933. – Wiesbaden und Hessen-Nassau

Dr. h.c. Eduard Gräf (SPD)
Präsident des Kommunal-Landtags Wiesbaden 1929-1932

1911-1932 (SPD); Präsident des Kommunal-Landtags Wiesbaden 1929-1932.

Burkardt/Pult; J.L.

Gräf, Jakob, geb. 26.3.1875 Obertiefenbach im Westerwald, gest. 15.6.1924 Kiedrich; katholischer Pfarrer. – Wiesbaden und Hessen-Nassau 1921-1922 (Z).

Burkardt/Pult

Gräf, Johann, geb. 28.9.1866 Obersayn-Haindorf, gest. 8.4.1941 Obersayn-Haindorf; Bürgermeister. – Wiesbaden und Hessen-Nassau 1932 (Z).   Burkardt/Pult

Dr. phil. Gräfe, Heinrich, geb. 3.3.1802 Buttstädt, Ghzm. Sachsen-Weimar-Eisenach, gest. 22.7.1868 Bremen; Direktor der Realschule in Kassel, Publizist, emigrierte in die Schweiz und 1855 nach Bremen. – Kurhessen: Ständeversammlung 1849-1850 (dem.). Losch; Sieburg; J.L.

Graeff, Adam, geb. 19.2.1882 Niederselters, gest. ... KZ Bergen-Belsen; Bürgermeister. – Wiesbaden und Hessen-Nassau
1926-1929 (SPD).   Burkardt/Pult

Gräntz, Günther, geb. 26.7.1905 Frank-
furt, gest. ... 1945 [gefallen] Berlin-Zeh-
lendorf; Student in Frankfurt (*1933*),
Handlungsgehilfe; MdL Preußen 1933
(NSDAP); MdR 1938-1945 (NSDAP). –
Wiesbaden und Hessen-Nassau 1933
(NSDAP).   Burkardt/Pult; J.L.

Graf, Carl *Friedrich* Ludwig, geb.
24.8.1806 Nieder-Waroldern, gest.
4.3.1874 Nieder-Waroldern; Besitzer des
Burgguts in Freienhagen. – Waldeck:
Landstand 1848.   König/Lengemann/Seibel

Graf, Heinrich Elias Christian *Carl*, geb.
14.11.1820 Nieder-Waroldern, gest.
28.1.1897 Arolsen; Oberamtsrichter und
Amtsgerichtsrat in Arolsen. – Waldeck:
Landtag 1884-1887.
              König; König/Lengemann/Seibel

Graf, Johann Henrich, geb. 11.9.1778
Nieder-Waroldern, gest. 24.3.1858 Nieder-Waroldern; Gutsbesitzer und Richter
in Nieder-Waroldern. – Waldeck: Landstand 1817-1848.   König/Lengemann/Seibel

Dr. jur. Grambs, Johann Georg, get.
3.3.1756 Frankfurt, gest. 5.12.1817
Frankfurt; Jurist. – Freie Stadt Frankfurt:
Gesetzgebende Versammlung 1817. Frost

Gramm, Johannes, geb. ... , gest. ... ;
Weißbindermeister. – Freie Stadt Frankfurt: Gesetzgebende Versammlung 1858-
1864.   Frost

Dr. Graß, Fritz, geb. 14.5.1891 Eupen,
gest. ... ; Generalsekretär des Kurhessischen Bauernvereins in Fulda; MdL
Preußen 1925-1933 (Z). – Kassel und
Hessen-Nassau 1921-1924 (Z).   Pelda; J.L.

Freiherr von Grass[53], **Georg Carl *August***

Wilhelm, geb. 5.3.1819 Eltville, gest.
26.3.1880 Wiesbaden; Oberforstmeister.
– Nassau: I. Kammer 1861-1863.
                           Rösner-Hausmann

Graß, Justus Wilhelm[54], geb. 4.3.1799
Freienhagen, gest. 28.2.1869 Freienha-
gen; Bürgermeister in Freienhagen. –
Waldeck: Landstand 1844-1846.
              König/Lengemann/Seibel

Graßmann, Georg Mathias, geb.
2.11.1825 Weisel, gest. 18.9.1901 Weisel;
Bürgermeister. – Wiesbaden 1872-1885.
                           Burkardt/Pult

Graubner, Friedrich, geb. ... , gest. ... ;
Handelsmann. – Freie Stadt Frankfurt:
Gesetzgebende Versammlung 1857, 1859
und 1861, Ständige Bürgerrepräsentation
1861-1866.   Frost

Graubner, Henrich Christian, geb.
10.4.1763 Adorf, gest. 4.11.1832 Adorf;
Gutsbesitzer in Adorf. – Waldeck: Landstand 1816/1817-1825.
              König/Lengemann/Seibel

Graubner, J. L., geb. ... , gest. ... ; Handelsmann. – Freie Stadt Frankfurt: Gesetzgebende Versammlung 1835-1836.   Frost

Graumann, Johann Friedrich, geb.
1.11.1789 Offenbach, gest. 9.11.1850
Frankfurt; Handelsmann, Major, Chef des
Ersten Bataillons der Stadtwehr-Infante-
rie. – Freie Stadt Frankfurt: Gesetzgebende Versammlung 1827.   Frost

---

53 Hzgl. nassauische Bestätigung des Freiherrenstandes am 11.1.1843.
54 Es war nicht mit letzter Sicherheit zu ermitteln, ob
es sich bei dem Landstand *Justus Graß* um die hier
angegebene Person handelt. Anhand einzelner Indi-
zien weniger wahrscheinlich, jedoch nicht auszu-
schließen ist, daß es der Ackermann und Pfennigmeister *Johann Sigmund Justus Graß*, geb.
17.10.1778 Freienhagen, gest. 13.3.1847 Freienhagen, war.   T.S.

Greb, Friedrich Wilhelm, geb. 13.2.1898 Frankfurt, gest. 27.2.1947 Mainz-Weisenau; Lehrer in Mainz, dann in Königstädten und in Nauheim bei Groß-Gerau. – Volksstaat Hessen 1931-1932 (CSVD).

Ruppel/Groß

Grebe, Friedrich Wilhelm Ferdinand, geb. 9.11.1805 Helmscheid, gest. 1.4.1879 Helmscheid; Gutsbesitzer und Dorfrichter in Helmscheid. – Waldeck: Landstand 1848 und Landtag 1852-1855.

König; König/Lengemann/Seibel

Grebe, Johann Wilhelm, geb. 2.12.1779 Helmscheid, gest. 18.1.1840 Vasbeck; bis 1832 Gutsbesitzer in Massenhausen. – Waldeck: Landstand 1828-1840.

König/Lengemann/Seibel

Grebe, Wilhelm Heinrich Bernhard Karl, geb. 18.3.1817 Massenhausen, gest. 24.2.1872 Vasbeck; Gutsbesitzer in Vasbeck. – Waldeck: Landtag 1856-1860.

König; König/Lengemann/Seibel

Greif, Andreas, geb. ... , gest. ... . – Freie Stadt Frankfurt: Gesetzgebende Versammlung 1832-1834.

Frost

Greif (Greiff), Heinrich, geb. ... , gest. ... . – Freie Stadt Frankfurt: Gesetzgebende Versammlung 1843-1857 und 1865, Verfassunggebende Versammlung 1849.

Frost

Greif, Johannes, geb. ... , gest. ... . – Freie Stadt Frankfurt: Gesetzgebende Versammlung 1825 und 1831.

Frost

Greiff – s. auch Greif

Greiff, Christoph, geb. 4.7.1947 Eickelborn, Krs. Soest; Lehrer an der Berufsschule (Fachoberschule) in Lampertheim. – Land Hessen: Hessischer Landtag 1976-1995 (CDU).

Lengemann II; Kanzlei des Landtags

Greiff, Georg, geb. ... , gest. ... . – Freie

Stadt Frankfurt: Gesetzgebende Versammlung 1858-1866.

Frost

Greiff, Philipp, geb. ... , gest. ... . – Freie Stadt Frankfurt: Gesetzgebende Versammlung 1827.

Frost

Freiherr von Greiffenclau zu Vollrads, Aloysius Otto Philipp Johann, geb. 28.4.1777 Würzburg, gest. 14.3.1860 Winkel; Major, Wirklicher Geheimer Rat. – Nassau: Herrenbank 1831-1832 und 1833-1834.

Rösner-Hausmann

Greilich, Wolfgang, geb. 13.4.1954 Gießen; Rechtsanwalt und Notar in Gießen . – Land Hessen: Hessischer Landtag 1990-1991 (F.D.P.).

Kanzlei des Landtags

Greim, Friedrich Wilhelm, geb. 12.5.1824 Mommenheim, Krs. Oppenheim, gest. 8.4.1913 Darmstadt-Bessungen; Direktor der Realschule Offenbach, später Oberschulrat. – Ghzm. Hessen: 2. Kammer 1872-1874.

Ruppel/Groß

Grein, Jacob, geb. ... , gest. ... ; Hofbeständer. – Nassau: Deputiertenkammer 1839.

Rösner-Hausmann

Dr. phil. Greiner, Daniel, geb. 27.10.1872 Pforzheim, gest. 8.6.1943 Jugenheim an der Bergstraße; 1897-1901 Rektor und evangelischer Hilfsgeistlicher in Schotten, später Bildhauer und Maler in Jugenheim. – Volksstaat Hessen 1924-1927 (KPD).

Ruppel/Groß

Grether, Johann Georg, geb. ... , gest. ... ; Schneidermeister. – Freie Stadt Frankfurt: Gesetzgebende Versammlung 1855-1857.

Frost

Gries, Ekkehard, geb. 16.9.1936 Eichenberg; Jurist, hauptamtlicher Stadtrat in Oberursel, 1971 Leiter der Zentralabteilung im Hessischen Wirtschaftsministerium, 1975-1976 Staatssekretär beim Hessischen Minister für Wirtschaft und Technik, 1976-1982 Hessischer Minister des Innern, 1981-1982 auch stellvertretender Ministerpräsident, 1977-1982 Landesvorsitzender der F.D.P. Hessen, später Rechtsanwalt in Oberursel; Stellvertretendes Mitglied des Bundesrates 1976-1978, Mitglied des Bundesrates 1978-1982; MdB 1987-1994 (F.D.P.); Mitglied der 7. und 9. Bundesversammlung. – Land Hessen: Hessischer Landtag 1978 (F.D.P.). Lengemann II; Kanzlei des Landtags

Griesbauer, Carl Wilhelm, geb. 8.6.1801 ... , gest. 5.5.1870 Frankfurt; Schuhmachermeister. – Freie Stadt Frankfurt: Gesetzgebende Versammlung 1834 und 1858-1866. Frost

Grieß, J. Jacob, geb. ... , gest. ... ; Handelsmann. – Freie Stadt Frankfurt: Gesetzgebende Versammlung 1837. Frost

Grillo, Wilhelm *Heinrich*, geb. 8.10.1875 Bad Godesberg, gest. 11.9.1941 Gießen; Landrat des Kreises Wetzlar. – Wiesbaden und Hessen-Nassau 1933 (NSDAP). Burkardt/Pult; J.L.

Grimm, August, geb. ... , gest. ... ; Kaufmann. – Wiesbaden 1868-1885. Burkardt/Pult

Grimm, *Otto* Wilhelm Jacob Heinrich Franz, geb. 11.2.1855 Wiesbaden, gest. 24.6.1925 Marburg; Stadtrat, 2. Bürgermeister in Frankfurt; MdA 1892 (NL). – Wiesbaden und Hessen-Nassau 1908-1910 (NL). Burkardt/Pult; J.L.

Grode, Georg *Johann*, geb. 25.2.1801 Gabsheim, gest. 3.6.1883 Gau-Odernheim; Gutsbesitzer in Gabsheim, später in Gau-Odernheim. – Ghzm. Hessen: 2. Kammer 1834-1841 und 1847-1849 (lib.). Ruppel/Groß

Dr. jur. Grode, Johann Adolph, geb. ... 1794 Gabsheim, gest. 4.3.1888 Nieder-

Olm; Anwalt und Friedensrichter im Kanton Nieder-Olm. – Ghzm. Hessen: 1. Kammer 1851-1856. Götz/Rack

Grode, Johann *Conrad*, geb. 19.6.1766 Gabsheim, gest. 31.10.1832 Gabsheim; Gutsbesitzer und Bürgermeister in Gabsheim. – Ghzm. Hessen: 2. Kammer 1823-1830 (lib.). Ruppel/Groß

Groenesteyn – s. Freiherren von Ritter zu Groenesteyn

Groeniger, *Jean* Ernst, geb. 6.3.1888 Bad Hersfeld, gest. 18.6.1946 Witzenhausen; Landrat des Kreises Witzenhausen. – Kassel und Hessen-Nassau 1930 (60. KLT) -1932 (SPD). Pelda

Dr. jur. von Gröning, *Albert* Heinrich, geb. 14.6.1867 Bremen, gest. 28.11.1951 Leuchtenburg; Landrat des Kreises Gelnhausen, später Regierungspräsident in Koblenz. – Kassel und Hessen-Nassau 1904-1910. Pelda; J.L.

Gröticke, Johann Heinrich, geb. 22.9.1771 Schmillingshausen, gest. 19.8.1829 Schmillingshausen; Landwirt und Richter in Schmillinghausen. – Waldeck: Landstand 1817-1829. König/Lengemann/Seibel

Grötzinger, Johann Georg, geb. 1.6.1781 Frankfurt, gest. 26.11.1851 Frankfurt; Bäckermeister. – Freie Stadt Frankfurt: Gesetzgebende Versammlung 1852-1854. Frost

Groh, Hans, geb. 13.9.1809 Eubach, gest. 15.10.1874 Eubach; Bürgermeister in Eubach. – Kurhessen: 2. Kammer 1855-1857 und 1860-1861 (gouv.). Losch; Sieburg; J.L.

Dr. jur. h.c. von Grolman(n)[55], *Friedrich* Ludwig Karl Christian, geb. 30.3.1784 Gießen, gest. 19.1.1859 Darmstadt; wirklicher Regierungs-Rat, 1827 wirklicher

Geheimer Regierungs-Rat, 1832 wirklicher Oberappellations- und Kassationsgerichtsrat, 1834 Mitglied des Staatsrates, 1836 Geheimer Rat, 1849-1858 Mitglied des Staatsrates. – Ghzm. Hessen: 2. Kammer 1820-1830 und 1834-1849 und 1. Kammer 1851-1859 (kons.).

Ruppel/Groß; Götz/Rack

von Grolman(n)[56]**, Friedrich Ludwig Franz *Emil* Georg Adolph**, geb. 25.8.1809 Gießen, gest. 27.4.1864 Darmstadt; Hofgerichtsrat, 1861 Oberappellations- und Kassationsgerichtsrat in Darmstadt. – Ghzm. Hessen: 2. Kammer 1851-1862.

Ruppel/Groß; Götz/Rack

Groos, Philipp August, geb. 22.2.1845 Offenbach im Dillkreis, gest. 23.4.1919 Offenbach im Dillkreis; Geometer und Bürgermeister. – Wiesbaden 1880, 1884 (16. KLT) und 1885-1916 und Hessen-Nassau 1886-1916 (NL).

Burkardt/Pult

Dr. jur. Gros, *Johann* Joseph, geb. 20.5.1809 Steinheim, gest. ... 1892 ... ; Pächter auf dem Kolnhäuser Hof bei Lich in Oberhessen, Privatier. – Ghzm. Hessen: 2. Kammer 1849-1850.

Ruppel/Groß

Groß, Georg Peter, geb. 1.2.1829 Hömberg, gest. 4.9.1890 Hömberg; Bürgermeister. – Wiesbaden und Hessen-Nassau 1886-1889.

Burkardt/Pult

Großcurth, Georg Friedrich *Wilhelm*, geb. 26.4.1808 Meineringhausen, gest. 4.8.1875 Arolsen; Rektor der höheren Privatschule in Arolsen, später Direktor der dortigen Bürgerschule, 1868-1873 Pfarrer in Landau. – Waldeck: Landtag 1848-1849; Präsident des Waldeckischen Landtags 1848-1849.

König; Lengemann III;
König/Lengemann/Seibel

Wilhelm Großcurth
Präsident des Waldeckischen Landtags
1848-1849

Großcurth, Johann Wilhelm *Ferdinand*, geb. 10.1.1802 Meineringhausen, gest. 6.4.1877 Hüninghausen bei Arolsen; Ökonom und Gutspächter in Meineringhausen. – Waldeck: Landtag 1853-1855.

König; König/Lengemann/Seibel

Grosser, Günther, geb. 25.8.1917 Berlin, gest. 24.10.1988 ... ; Geschäftsführer im Verband des Kraftfahrzeughandels und -gewerbes in Hessen e.V. in Frankfurt. – Land Hessen: Hessischer Landtag 1954-1958 (FDP).

Lengemann II; Kanzlei des Landtags

Dr. rer. pol. Großkopf, Erich, geb. 1.12.1903 Siegen, gest. 31.7.1977 ... ; Diplom-Volkswirt, Steuerberater und vereidigter Buchprüfer in Herborn; Mitglied der 1., 2. und 5. Bundesversammlung. – Land Hessen: Verfassungberatende Landesversammlung Groß-Hessen 1946 (CDU) und Hessischer Landtag 1946-

---

[55] Erhebung in den Kgl. preußischen Adelsstand am 22.10.1812; Ghzgl. hessische Anerkennung des Adelsstands am 4.3.1813.

[56] Vgl. Anm. 55.

1970 (CDU); Vorsitzender der CDU-Fraktion 1952-1966, Vizepräsident des Hessischen Landtags 1966-1970.

Lengemann II

Dr. jur. Grossmann, *Carl* **Joseph Wilhelm**, geb. 5.8.1816 Höchst, gest. 20.6.1889 Wiesbaden; Prokurator in Wiesbaden. – Nassau: Ständeversammlung 1848-1851 (Club der Rechten), I. Kammer 1858-1863 und 1864-1865 und II. Kammer 1865 (kons., großdt.).

Rösner-Hausmann; J.L.

Groth, Johannes, geb. 21.4.1774 Echzell, gest. 29.7.1852 Echzell; Landwirt und Bürgermeister in Echzell. – Ghzm. Hessen: 2. Kammer 1820-1824. Ruppel/Groß

Dr. jur. h.c. Freiherr von Gruben[57]**, Peter Joseph**, geb. 6.6.1772 Bonn, gest. 3.11.1851 Darmstadt; hessen-darmstädtischer Gesandter beim Bundestag, 1825-1842 auch Gesandter am bayerischen Hof. – Ghzm. Hessen: 1. Kammer 1829-1847; Vizepräsident (2. Präsident) der 1. Kammer 1829-1830. Götz/Rack

Gruber, Franz, geb. 23.12.1877 Alzey, gest. 18.6.1937 Bad Kreuznach; gelernter Maurer, 1919 Angestellter des Baugewerksbundes in Bad Kreuznach. – Volksstaat Hessen 1919-1920 (SPD).

Ruppel/Groß; Götz/Rack

Gruber, Franz, geb. 30.8.1900 Eppertshausen, gest. 5.11.1957 ... ; gelernter Mechaniker, bis 1951 Bürgermeister in Eppertshausen, 1951-1957 Landrat des Kreises Dieburg. – Land Hessen: Hessischer Landtag 1951-1957 (SPD).

Lengemann II

Gruber, Johann Jacob (Christian), geb. ... , gest. ... ; Metzgermeister, Major. – Freie Stadt Frankfurt: Gesetzgebende

Versammlung 1831-1836, 1842 und 1844.

Frost

Grüll, Johann Michael, geb. 7.9.1814 [errechnet] ... , gest. 20.3.1863 Gernsheim; Schönfärber und Kaufmann in Gernsheim. – Ghzm. Hessen: 2. Kammer 1849-1850.

Ruppel/Groß

Grün, Balthasar Heinrich Friedrich Carl, geb. 16.1.1851 Dillenburg, gest. 26.1.1916 Dillenburg; Gruben- und Hüttenbesitzer. – Wiesbaden und Hessen-Nassau 1899-1914. Burkardt/Pult

Grün, Ferdinand, geb. 30.11.1886 Diedesfeld, Rheinpfalz, gest. 14.12.1968 ... ; Arbeiter-Sekretär, Regierungsrat und Leiter des Arbeitsamtes Wiesbaden; Mitglied der 1. Bundesversammlung. – Land Hessen: Verfassungberatende Landesversammlung Groß-Hessen 1946 (CDU) und Hessischer Landtag 1946-1950 (CDU).

Lengemann II

Grün, Johann Carl, geb. 7.1.1819 Niederscheld, gest. 15.12.1889 Dillenburg; Papierfabrikant und Hüttenbesitzer. – Wiesbaden 1872-1888 und Hessen-Nassau 1886-1888 (NL). Burkardt/Pult

Gründer, geb. Köhler, Marianne, geb. 3.4.1907 Posen, gest. 1.3.1972 Kassel; Fotolaborantin in Kassel. – Land Hessen: Hessischer Landtag 1959-1962 und 1965-1970 (SPD). Lengemann II

Gruender-Schäfer (später: Gründer-Schäfer – s. Schäfer, Ingeburg

Grünewald, *Karl* Friedrich Wilhelm Georg, geb. 2.11.1833 Arolsen, gest. 5.12.1910 Alsfeld; Fabrikant in Alsfeld. – Ghzm. Hessen: 2. Kammer 1878-1890 (NL). Ruppel/Groß

Grünewald, Michael *Wilhelm*, geb. 18.6.1859 Babenhausen, gest. 14.7.1925 Gießen; Rechtsanwalt in Gießen; MdR

---

[57] Erhebung in den Reichsfreiherrenstand am 8.3.1805.

1919-1920 (DDP). – Ghzm. Hessen: 2.
Kammer 1911-1918 (FoVP).

Ruppel/Groß; J.L.

Grünewald, Philipp Jacob, geb. ..., gest.
... ; Ackersmann in Hoppstädten. – Hessen-Homburg 1849.   J.L.

Grüttner, Stefan, geb. 25.12.1956 Wiesbaden; Diplom-Volkswirt, bis 1995 hauptamtlicher Beigeordneter der Stadt Offenbach; Mitglied der Verbandsversammlung des LWV Hessen seit 1993. – Land Hessen: Hessischer Landtag seit 1995 (CDU).   Kanzlei des Landtags

von Grunelius[58], **Carl** *Alexander*, geb. 21.11.1869 Frankfurt, gest. 8.10.1938 Frankfurt; Landrat des Kreises Hersfeld. – Kassel und Hessen-Nassau 1911-1921 (DNVP 1919-1920, Ag 1920-1921). Pelda

Grunelius, Joachim Andreas, geb. 7.8.1776 Frankfurt, gest. 7.12.1852 Frankfurt; Bankier, Teilhaber im Bankhaus Gebrüder Bethmann, 1824 Gründung der Bank Grunelius & Co. – Freie Stadt Frankfurt: Ständige Bürgerrepräsentation [1808] -1826, Gesetzgebende Versammlung 1817-1829.   Frost

Grunelius, Moritz Eduard, geb. 20.7.1803 Frankfurt, gest. 17.9.1846 Ettlingen in Baden; Bankier, Mitbegründer der Frankfurter Börse. – Freie Stadt Frankfurt: Gesetzgebende Versammlung 1835-1846.   Frost

Gruner, *Christian* **Heinrich**, geb. 29.3.1814 Osnabrück, gest. 8.6.1889 Pyrmont; Privatier in Pyrmont. – Waldeck: Landtag 1864-1867 (NL).

König; König/Lengemann/Seibel

Georg Friedrich von Guaita
Präsident der Gesetzgebenden Versammlung der
Freien Stadt Frankfurt 1826 und 1835

Dr. jur. von Guaita[59], **Franz Georg** *Carl*, geb. 12.12.1810 Frankfurt, gest. 7.1.1868 Frankfurt; Advokat. – Freie Stadt Frankfurt: Gesetzgebende Versammlung 1842-1848 und 1857-1861, Verfassunggebende Versammlung 1848-1849.   Frost; J.L.

von Guaita[60], *Leberecht* **Anton Friedrich**, geb. 19.1.1814 Frankfurt, gest. 3.6.1875 Frankfurt; Handelsmann, Kgl. niederländischer Konsul. – Freie Stadt Frankfurt: Gesetzgebende Versammlung 1851.

Frost; J.L.

von Guaita[61], **Johann** *Georg Friedrich*, geb. 2.7.1772 Frankfurt, gest. 30.3.1851 Frankfurt; 1807-1817 Senator, 1817-1851

---

[58] Kgl. preußischer Adelsstand (für den Vater) am 1.1.1900.
[59] Fürstprimatische Anerkennung des Adelsstandes am 30.3.1813.

[60] Vgl. Anm. 59.
[61] Vgl. Anm. 59.

Schöff, 1822, 1824, 1826, 1831, 1833 und 1837 Älterer Bürgermeister. – Freie Stadt Frankfurt: Gesetzgebende Versammlung 1817-1820, 1835-1837, 1840-1843 und 1846; Präsident der Gesetzgebenden Versammlung 1826 und 1835.   Frost; J.L.

Guckes, Wilhelm, geb. 16.6.1877 Breithardt, gest. 19.4.1942 Wiesbaden; Landwirt und Bürgermeister. – Wiesbaden und Hessen-Nassau 1920-1932 (DVP 1920-1925, Ag 1926-1929, CNBLVP 1930-1932); Vizepräsident des XX. und XXI. Provinzial-Landtags Hessen-Nassau 1930.
Burkardt/Pult; J.L.

Günderoth, Adam, geb. 12.9.1893 Lampertheim, gest. 24.3.1964 ... ; gelernter Maschinenbauer, Bürgermeister in Lampertheim. – Land Hessen: Verfassungberatende Landesversammlung Groß-Hessen 1946 (CDU) und Hessischer Landtag 1946-1950 (CDU).   Lengemann II

von Günderrode, Carl Wilhelm, geb. 19.3.1765 Saarbrücken, gest. 12.1.1823 Frankfurt; Nassau-saarbrückischer Oberforstmeister; 1802-1804 Senator, 1804-1823 Schöff, 1817-1823 Mitglied des Engeren Rats, 1820 Älterer Bürgermeister. – Freie Stadt Frankfurt: Gesetzgebende Versammlung 1817-1819.   Frost; J.L.

Freiherr von Günderrode[62], **gen. von Kellner, Friedrich Carl *Hector* Wilhelm**, geb. 25.4.1786 Karlsruhe, gest. 21.3.1862 Frankfurt; Forstmeister in Mosbach in Baden, seit 1823 in Frankfurt; 1823-1835 Senator, 1827 Mitglied des Engeren Rats, 1835-1862 Schöff, 1841, 1847, 1851 und 1861 Älterer Bürgermeister. – Freie Stadt Frankfurt: Gesetzgebende Versammlung 1827-1840, 1843-1846, 1850 und 1853-1856.   Frost; J.L.

Friedrich Maximilian
Freiherr von Günderrode
Präsident der Gesetzgebenden Versammlung
der Freien Stadt Frankfurt 1817-1824

Freiherr von Günderrode[63], **Friedrich Maximilian**, geb. 13.12.1753 Frankfurt, gest. 9.5.1824 Frankfurt; Jurist; 1785-1787 Ratsherr, 1787-1824 Schöff, 1807-1811 Stadtschultheiß, 1812-1813 Präfekt des Departements Frankfurt, 1813-1816 Stadtschultheiß, 1817-1824 Präsident des Appellations-Gerichts. – Ghzm. Frankfurt 1810-1813; Freie Stadt Frankfurt: Gesetzgebende Versammlung 1817-1824; Präsident der Gesetzgebenden Versammlung 1817-1824.   Lengemann I; Frost

---

[62] Führung des Freiherrentitels als Nachkomme des 1754 in die Reichsritterschaft, Kanton Mittelrhein, aufgenommenen *Johann Maximilian von Günderrode* (1713-1789); Körner S. 209.

[63] Führung des Freiherrentitels als Nachkomme des in die Reichsritterschaft, Kanton Mittelrhein, aufgenommenen *Justinian Freiherr von Günderrode* (1721-1802); Körner S. 225, 227.

Freiherr von Günderrode[64]**, Johann Eustach Dietrich** *Eduard*, geb. 10.10.1795 Regensburg, gest. 11.4.1876 Höchst; Rittmeister à la Suite, 1835 Major à la Suite, 1840 Flügeladjudant des Großherzogs, Obristleutnant à la Suite, 1847 Oberst à la Suite, 1858 Generalmajor, 1864 Generalleutnant, 1866 Generaladjudant des Großherzogs. – Ghzm. Hessen: 2. Kammer 1832-1841, 1846-1849 und 1856-1872 und 1. Kammer 1851-1856 (kons.). Ruppel/Groß; Götz/Rack; J.L.

von Günderrode, *Ludwig* **Franz Justinian Maximilian Anton Carl**, geb. 18.3.1763 Saarbrücken, gest. 3.9.1841 Frankfurt; Oberstleutnant, später Hofmarschall des Fürsten von Nassau-Saarbrücken, seit 1797 in Frankfurt. – Freie Stadt Frankfurt: Gesetzgebende Versammlung 1817, 1819-1820, 1822 und 1825, Ständige Bürgerrepäsentation 1817-1841 (Stadtrechnungsrevisionskolleg 1819-1825); Senior und Direktor der Ständigen Bürgerrepräsentation 1825-1840. Frost; J.L.

Dr. jur. Günther, Herbert, geb. 13.3.1929 Bergshausen, Krs. Kassel; 1963-1972 Landrat des Untertaunuskreises und 1972-1974 des Landkreises Kassel, 1974-1987 Hessischer Minister der Justiz, 1974-1978 auch Bevollmächtigter des Landes Hessen beim Bund und 1982-1984 zugleich mit der Wahrnehmung der Geschäfte des Hessischen Ministers des Innern beauftragt, 1991-1994 Hessischer Minister des Innern und für Europaangelegenheiten, 1994 Hessischer Minister des Innern; Mitglied der Verbandsversammlung des LWV Hessen 1969-1973; Mitglied des Bundesrates 1974-1987 und 1991-1994; Mitglied der 9. Bundesversammlung. – Land Hessen: Hessischer Landtag 1978-1994 (SPD); Vizepräsident des Hessischen Landtags 1987-1991. Lengemann II; Kanzlei des Landtags

Günther-de Bary, Johann Christian, geb. ... , gest. ... ; Handelsmann, Bankier. – Freie Stadt Frankfurt: Gesetzgebende Versammlung 1835-1858, Ständige Bürgerrepräsentation 1835-1866. Frost

Dr. phil. Gumbel, Konrad, geb. 20.10.1886 Falkenberg bei Wabern, gest. 29.12.1962 Gießen; gelernter Former, Kriegsblinder des 1. Weltkriegs, Diplom-Volkswirt in Gießen, 1945 Leiter des Versorgungsamts Gießen. – Volksstaat Hessen 1931-1933 (SPD); Land Hessen: Verfassungberatende Landesversammlung Groß-Hessen 1946 (SPD) und Hessischer Landtag 1946-1954 (SPD).
Ruppel/Groß; Götz/Rack; Lengemann II

Gundelach, Elias, geb. 31.7.1802 Helsa, gest. 28.12.1847 Kassel; Ökonom und Bürgermeister in Helsa. – Kurhessen: Ständeversammlung 1845-1847. Losch; Sieburg

Gundlach, Theodor, geb. ... , gest. ... ; Ökonom in Niederaula. – Kurhessen: Ständeversammlung 1848-1850 und 1862-1866 (lib.-dem.). Losch; Sieburg; J.L.

Gundrum, Carl Conrad, geb. 17.3.1845 Alsfeld, gest. 18.2.1941 Alsfeld; Gastwirt und Weinhändler in Alsfeld. – Ghzm. Hessen: 2. Kammer 1890-1902 (frsg.).
Ruppel/Groß

Gussmann, Johannes (II.), geb. 27.6.1881 Eberstadt, gest. 8.11.1930 Darmstadt-Eberstadt; Landwirt in Eberstadt. – Volksstaat Hessen 1927-1930 (Landbund). Ruppel/Groß

Dr. jur. Gutfleisch, *Egidius* **Tobias Valentin Karl**, geb. 23.7.1844 Lorsch, gest. 3.5.1914 Gießen; Advokat am Hofgericht, Rechtsanwalt in Gießen; MdR 1881-1884 und 1890-1893 (LVg 1881-1884, DFrsgP 1890-1893). – Ghzm. Hessen: 2. Kammer 1887-1893 und 1899-1911 (DFrsgP 1899-1910, FoVP 1910-1911). Ruppel/Groß; J.L.

---

[64] Vgl. Anm. 62.

Guttenberger, Johann Martin, geb. ...
[um 1769] Heidelberg, gest. 15.9.1821
Frankfurt; Handelsmann, Spezereiwaren-
händler. – Freie Stadt Frankfurt: Gesetzgebende Versammlung 1817.   Frost

Guttenberger, Philipp Carl, geb. ... , gest.
... ; Handelsmann. – Freie Stadt Frankfurt: Gesetzgebende Versammlung 1843.
    Frost

Gwiasda, Almut, geb. 27.4.1945 Bad Essen; geprüfte Wohn- und Umweltberate-
rin in Wehrheim im Taunus. – Land Hessen: Hessischer Landtag 1994-1995
(SPD).   Kanzlei des Landtags

Dr. jur. Gwinner, Philipp Friedrich, geb.
11.1.1796 Frankfurt (Gutleuthof), gest.
11.12.1868 Frankfurt; Advokat, Krimi-
nalrat und Kunsthistoriker, 1854-1856
Appellationsgerichtsrat; 1835-1848 Senator 1848-1866 Schöff, 1865 Älterer
Bürgermeister. – Freie Stadt Frankfurt:
Gesetzgebende Versammlung 1827-1856,
Ständige Bürgerrepräsentation 1831-
1832.   Frost

Gwinner, Rudolph Michael Alexander,
geb. ... , gest. ... . – Freie Stadt Frankfurt:
Ständige Bürgerrepräsentation 1865-
1866.   Frost

Haag, Christoph Jacob (jun.), geb. ... ,
gest. ... . – Freie Stadt Frankfurt: Ständige Bürgerrepräsentation 1854-1866. Frost

Haag, Christoph Jacob, geb. 9.2.1775 ... ,
gest. ... 4.1848 ... ; Metzgermeister; 1804-
1848 Ratsverwandter, 1817-1827 Mitglied des Engeren Rats. – Freie Stadt
Frankfurt: Gesetzgebende Versammlung
1818.   Frost

Haag, Johann Ludwig, geb. 14.4.1808
Frankfurt, gest. 28.4.1884 Frankfurt; Jurist. – Freie Stadt Frankfurt: Gesetzgebende Versammlung 1841-1846 und
1851.   Frost

Wilhelm Haas (NL)
Präsident der 2. Kammer des Landtags des
Großherzogtums Hessen 1897-1911

Haas, Friedrich (*Fritz*), geb. 18.1.1823
Dillenburg, gest. 25.10.1900 Dillenburg;
Hüttenbesitzer. – Wiesbaden und Hessen-
Nassau 1899 (NL).   Burkardt/Pult

Haas, Johann Daniel (III), geb.
15.10.1780 Dillenburg, gest. 24.2.1849
Dillenburg; Kaufmann (Teilhaber einer
Tabakfabrik, Wein- und Kolonialwaren-
handlung) in Dillenburg. – Nassau: Deputiertenkammer 1846-1848.
    Rösner-Hausmann; J.L.

Haas, Johann *Georg* (II.), geb.
12.11.1835 Hainstadt, gest. 15.12.1898
Hainstadt; Landwirt, Leinweber und Bürgermeister in Hainstadt. – Ghzm. Hessen:
2. Kammer 1893-1898 (NL).   Ruppel/Groß

Haas, Karl Friedrich *Wilhelm*, geb.
26.10.1839 Darmstadt, gest. 8.2.1913
Darmstadt; Polizeirat beim Polizeiamt

Darmstadt, 1886 Kreisrat Offenbach; MdR 1898-1912 (NL). – Ghzm. Hessen: 2. Kammer 1881-1911 und 1. Kammer 1911-1913 (NL); Präsident der 2. Kammer 1897-1911. Ruppel/Groß; Götz/Rack; J.L.

Haas, Philipp, geb. 29.7.1854 Kastel, gest. 21.10.1903 Mainz; gelernter Schriftsetzer, ab 1898 Redakteur der *Mainzer Volkszeitung* in Mainz. – Ghzm. Hessen: 2. Kammer 1896-1903 (SPD). Ruppel/Groß

Haase, August Wilhelm Ernst, geb. 18.10.1811 Braunschweig, gest. 4.7.1881 ... ; Handelsmann. – Freie Stadt Frankfurt: Gesetzgebende Versammlung 1847, 1849, 1859-1860 und 1865-1866, Ständige Bürgerrepräsentation 1860-1866. Frost

Haase, Heinrich, geb. 20.8.1897 Mühlhausen in Thüringen, gest. 11.12.1960 ... ; Rundfunktechniker, Bildhauer, Zeichner in Grebenstein. – Land Hessen: Beratender Landesausschuß 1946 (KPD).
Lengemann II

Haase, Johannes, geb. 26.1.1760 Rhoden, gest. 20.11.1833 Rhoden; Provisor und Bürgermeister in Rhoden. – Waldeck: Landstand 1826-1829.
König/Lengemann/Seibel

Habel, *Carl* Philipp, geb. 6.8.1777 Kirberg, gest. 25.1.1853 Kirberg; Hofbeständer. – Nassau: Deputiertenkammer 1833-1845. Rösner-Hausmann

Habel, *Friedrich* Christian Ludwig Gustav, geb. 22.2.1793 Oranienstein bei Diez, gest. 2.7.1867 Miltenberg; Archivar und Altertumsforscher in Wiesbaden, dann Direktor des Römisch-Germanischen Zentralmuseums in Mainz. – Nassau: Deputiertenkammer 1835-1838 und Ständeversammlung 1848-1851.
Rösner-Hausmann; J.L.

Haberkorn, *Georg* Philipp Friedrich Wilhelm, geb. 9.11.1772 Grünberg, gest. 8.8.1832 Salzhausen; Jurist. – Ghzm. Hessen: 2. Kammer 1826-1830.
Ruppel/Groß

Haberkorn, Johann Georg *Ludwig*, geb. 26.2.1810 Windhausen, gest. 17.12.1873 Windhausen; Revierförster, später Oberförster in Windhausen. – Ghzm. Hessen: 2. Kammer 1866-1872 (LibKons). Ruppel/Groß

Haberland, *Wilhelm* Poppo, geb. 23.5.1798, gest. 30.8.1870 Eiterfeld; Apotheker in Eiterfeld. – Kurhessen: Konstituierender Landtag 1830 und Ständeversammlung 1833-1835, 1839-1841, 1845-1846 und 1862-1863 (gem. lib. 1833-1835). Losch; Sieburg; J.L.

Habermann, Harald, geb. 10.5.1951 Gilserberg; Diplom-Volkswirt, Diplom-Handelslehrer in Dreieich-Sprendlingen. – Land Hessen: Hessischer Landtag 1984-1987 (SPD).
Lengemann II; Kanzlei des Landtags

Habicht, *Friedrich* Theophil, geb. 9.12.1803 Engelrod, gest. 25.8.1876 Bad Ems; Ökonom, Inhaber einer Likörfabrik und Posthalter in Engelrod. – Ghzm. Hessen: 2. Kammer 1862-1866 und 1872-1876 (LibKons).
Ruppel/Groß

Habicht, *Theo*dor August Otto Wilhelm, geb. 4.4.1898 Wiesbaden, gest. 31.1.1944 [gefallen] bei Majewo Tscherkizino, Polen; Kaufmann, Schriftleiter, 1931 Landesgeschäftsführer der NSDAP, später Oberbürgermeister in Wittenberg und Koblenz, zuletzt Unterstaatssekretär im Auswärtigen Amt; MdR 1931-1944 (NSDAP). – Wiesbaden und Hessen-Nassau 1931 (NSDAP). Burkardt/Pult; J.L.

Dr. theol. h.c. Habicht, *Victor* Christoph Georg Jakob Theophil, geb. 5.2.1822 Engelthal, gest. 19.5.1902 Darmstadt; Oberkonsistorialrat und Superintendent von Oberhessen, 1885-1902 Prälat. – Ghzm. Hessen: 1. Kammer 1886-1902. Götz/Rack

Hackenberg, Richard, geb. 8.7.1909 Nie-
derlindewiese, gest. 12.6.1995 ... ; Sozialarbeiter in Frankfurt; Mitglied der 3.
Bundesversammlung. – Land Hessen:
Hessischer Landtag 1954-1974 (CDU).

Lengemann II; Kanzlei des Landtags

Hacker, Gustav, geb. 20.9.1900 Lubau,
gest. 3.6.1979 Wiesbaden; Landwirt,
1955-1967 Hessischer Minister für Landwirtschaft und Forsten, 1963-1964 Landesvorsitzender des GB/BHE bzw. der
GDP/BHE; Abgeordneter im Tschecho-
slowakischen Parlament 1938 (BdL/
SdP); Stellvertretendes Mitglied des Bundesrates 1955-1967. – Land Hessen: Hessischer Landtag 1954-1955, 1958-1959
und 1962-1964 (GB/BHE bzw.
GDP/BHE). Lengemann II

Hacker, J. L., geb. ... , gest. ... ; Jurist, Po-
lizeigerichtsassessor. – Freie Stadt Frankfurt: Gesetzgebende Versammlung 1819-
1821. Frost

(Freiherr) von Hadeln[65], *Wilhelm* **Carl
Heinrich**, geb. 3.7.1789 Landau, gest.
1.12.1854 Wiesbaden; Hauptmann und
mehrfach Bürgermeister in Landau, später Hzgl. nassauischer Oberst. – Waldeck:
Landstand 1819-1824 und 1827-1828.

König/Lengemann/Seibel; J.L.

Hadermann, Nicolaus, geb. 2.11.1805
Phillipseich bei Dreieichenhain, gest.
11.8.1871 Frankfurt; Pädagoge. – Freie
Stadt Frankfurt: Verfassunggebende Ver-
sammlug 1848-1849; Präsident der Verfassunggebenden Versammlung 1848-
1849. Frost; J.L.

Dr. jur. Haeberlin, Carl Friedrich, geb.
5.8.1756 Helmstedt, gest. 16.8.1808
Helmstedt; Professor für deutsches

Nicolaus Hadermann
Präsident der Verfassunggebenden Versammlung der
Freien Stadt Frankfurt 1849

Staatsrecht in Helmstedt. – Kgr. Westphalen 1808. Lengemann I

Häberlin, Conrad Hieronymus, geb. ... ,
gest. ... ; Jurist. – Freie Stadt Frankfurt:
Gesetzgebende Versammlung 1833,
1835, 1843-1844 und 1850-1853, Ständige Bürgerrepräsentation 1833-1866. Frost

Häfner, Adam, geb. ... , gest. ... . – Freie
Stadt Frankfurt: Gesetzgebende Versammlung 1827. Frost

Hänel, *Georg* Bruno, geb. 23.4.1883 Kas-
sel , gest. 20.11.1936 Hertingshausen bei
Kassel; Glasermeister in Bad Wildungen.
– Waldeck: Landesvertretung 1925-1929
(HWB). König; König/Lengemann/Seibel

Haenlein, Wilhelm, geb. 14.7.1876 Heppenheim, gest. 6.8.1949 München; Weingutsbesitzer in Hochheim; Stellvertretendes Mitglied des Preußischen Staatsrats

1923-1930 (Z). – Wiesbaden und Hessen-Nassau 1920-1929 (Z).   Burkardt/Pult; J.L.

Haentjens, Georg Wilhelm, geb. ... , gest. ... . – Freie Stadt Frankfurt: Ständige Bürgerrepräsentation 1818-1826, Gesetzgebende Versammlung 1822-1826.   Frost

Häring, *Georg* Ulrich, geb. 5.3.1885 Augsburg, gest. 24.8.1973 Kassel; gelernter Eisendreher, bis 1920 Redakteur beim *Casseler Volksblatt*, 1920-1923 besoldeter Stadtrat in Kassel, 1923-1933 Landesrat, 1945 Landeshauptmann beim Kommunalverband des Regierungsbezirks Kassel, 1945-1947 Hessischer Minister für Ernährung und Landwirtschaft, 1952 1. Direktor des LWV Hessen in Kassel; Mitglied des Preußischen Staatsrats 1926-1933 (SPD). – Kassel und Hessen-Nassau 1919-1925 und 1930 (SPD).
Pelda; J.L.

Haerten, Philipp Anton Maria, geb. 12.12.1869 Rotterdam, gest. 4.4.1942 Münster in Westfalen; Bürgermeister. – Wiesbaden und Hessen-Nassau 1915-1918.   Burkardt/Pult

Haese, Otto, geb. 20.9.1874 Arnswald in der Neumark, gest. 24.12.1944 KZ Dachau; Gewerkschaftssekretär in Wiesbaden; MdL Preußen 1919-1932 (SPD) – Wiesbaden und Hessen-Nassau 1933 (SPD).
Burkardt/Pult; J.L.

Häusel, Johann *Georg* Michael, geb. 21.7.1851 Michelstadt, gest. 19.9.1906 Michelstadt; Kreistechniker in Erbach. – Ghzm. Hessen: 2. Kammer 1899-1906 (NL).   Ruppel/Groß

Dr. h.c. mult. Haeuser, Adolf, geb. 26.11.1857 Weilburg, gest. 13.3.1938 Frankfurt; Vorstandsmitglied und Vorsitzender des Direktoriums der Farbwerke Höchst; MdA 1915-1918 (NL). – Wiesbaden und Hessen-Nassau 1911-1917 (NL).   Burkardt/Pult; J.L.

Häuser, Heinrich (II.), geb. 12.1.1882 Watzenborn-Steinberg, Krs. Gießen, gest. 6.12.1944 Gießen; Bergarbeiter in Watzenborn-Steinberg, 1920 SPD-Parteisekretär in Gießen. – Volksstaat Hessen 1919-1921 (SPD).   Ruppel/Groß; Götz/Rack

Dr. phil. Haffner, Paul Leopold, geb. 21.1.1829 Horb am Neckar, gest. 2.11.1899 Mainz; Bischof von Mainz. – Ghzm. Hessen: 1. Kammer 1887-1899.
Götz/Rack

Hagedorn, Ernst, geb. 20.6.1863 Minden, gest. 23.10.1941 Warburg in Westfalen; Rittergutsbesitzer in Griemelsheim. – Kassel und Hessen-Nassau 1919-1920 (DNVP).   Pelda

Hagedorn, Heinrich[66], geb. 13.4.1794 Stau, gest. 21.8.1861 Stau; Gutspächter und Amtmann in Stau. – Kurhessen: Ständeversammlung 1833-1838 und 1842-1844 (lib. 1833-1838).
Losch; Sieburg; J.L.

Hagemann, Christian Ludwig *Carl*, geb. 8.1.1821 Netze , gest. 21.8.1878 Arolsen; Kreissekretär in Korbach, 1866 Staatsanwalt in Arolsen. – Waldeck: Landtag 1862-1865 und 1869-1878; Vizepräsident des Waldeckischen Landtags 1875-1876, Präsident des Waldeckischen Landtags 1876-1878.   König; Lengemann III; König/Lengemann/Seibel

Hagemann, Karin, geb. 16.11.1949 Paderborn; Kinderkrankenschwester in Gießen; Mitglied der 10. Bundesversammlung. – Land Hessen: Hessischer Landtag seit 1991 (GRÜ bzw. B 90/GRÜ).   Kanzlei des Landtags

---

[66] Nach Grothe führte der Abgeordnete den Vornamen *Carl*; ob beide Bezeichnungen die gleiche Person meinen oder wer tatsächlich Mitglied der Ständeversammlung war, konnte bei der Erarbeitung des Index nicht erforscht werden.

Dr. jur. Hagen, Andreas Eduard Frie-drich *Heinrich*, geb. 19.2.1857 Hanno-ver, gest. 21.9.1921 Hannover; Landrat des Kreises Schmalkalden. – Kassel und Hessen-Nassau 1894-1897.   Pelda

Hahl, Jacob, geb. ... , gest. ... . – Freie Stadt Frankfurt: Gesetzgebende Versammlung 1859.   Frost

Hahn, Christian, geb. ... , gest. ... ; Leh-rer. – Freie Stadt Frankfurt: Verfassungge-bende Versammlung 1848-1849. Frost; J.L.

Dr. jur. h.c. Hahn, August Friedrich, geb. 1.5.1789 Stuttgart, gest. 28.3.1867 Darm-stadt; Direktor des Oberappellations- und Kassationsgerichte, 1857 1. Präsident des Oberappellations- und Kassationsge-richts in Darmstadt. – Ghzm. Hessen: 1. Kammer 1857-1865.   Götz/Rack

Hahn, *Friedrich* **Jacob**, geb. 15.11.1784 Wanfried, gest. 20.9.1858 Kassel; Ober-gerichtsanwalt in Kassel. – Kurhessen: Ständeversammlung 1833-1835 (lib.).
                                   Losch; Sieburg; J.L.

Hahn, Georg Philipp Anton, geb. 12.9.1814 Wiesbaden, gest. 24.12.1873 Wiesbaden; Ziegeleibesitzer. – Wiesba-den 1872-1873.   Burkardt/Pult

Hahn, Johann *Moritz*, geb. 1.2.1856 Heßloch, gest. 31.5.1952 Heßloch; Land-wirt und Bürgermeister in Heßloch. – Volksstaat Hessen 1919-1924 (DVP).
                                            Ruppel/Groß

Hahn, Jörg-Uwe, geb. 21.9.1956 Kassel; Rechtsanwalt in Frankfurt; Mitglied der 10. Bundesversammlung. – Land Hessen: Hessischer Landtag seit 1987 (F.D.P.).
                                     Kanzlei des Landtags

Hahndorf, *Salomon* **Abraham**, geb. 12.12.1801 Kassel, gest. 16.12.1890 Kas-sel; Journalist und Literat in Kassel. – Kurhessen: Ständeversammlung 1849-

1850 [NL *1869*, F *(späte siebziger Jah-re)*].
                                     Losch; Sieburg; J.L.

Hahnsohn, Louis Anton (*Ludwig***)**, geb. 13.3.1879 Wiesbaden, gest. 20.1.1929 Wiesbaden; Ingenieur, Elektroinstallati-onsmeister. – Wiesbaden und Hessen-Nassau 1926-1928 (DDP).   Burkardt/Pult

Haibach, Marita, geb. 7.2.1953 Gemünden (Taunus). gelernte Industriekauffrau, Di-plom-Dolmetscherin, M.A. in Amerikani-stik, Geschichte und Politik, in Weilrod, 1985-1987 Staatssekretärin (Bevollmäch-tigte der Hessischen Landesregierung für Frauenangelegenheiten). – Land Hessen: Hessischer Landtag 1982-1983 und 1983-1985 (GRÜ).
                        Lengemann II; Kanzlei des Landtags

Hainz, Joseph August, geb. 16.6.1804 Bensheim, gest. 18.11.1879 Bensheim; Kaufmann, Gerbereibesitzer und Bürger-meister in Bensheim. – Gzhm. Hessen: 2. Kammer 1850.   Ruppel/Groß; Götz/Rack

Halbey, Johann *Friedrich*, geb. 30.7.1797 Eichelbacher Hof bei Camberg, gest. 8.4.1870 Wiesbaden; Amtmann in Hada-mar, ab 1856 in Höchst. – Nassau: II. Kammer 1852-1857. Rösner-Hausmann; J.L.

Hallenberg, Johann Daniel[67], Bürgermei-ster in Sachsenberg. – Waldeck: Land-stand 1848.   König/Lengemann/Seibel

Hallwachs, *Friedrich* **Reinhard Gottfried Adolf Wilhelm**, geb. 13.7.1829 Darm-stadt, gest. 27.7.1886 Falkenstein; Kreis-

---

[67] Es gab im fraglichen Zeitraum in Sachsenberg zwei Personen, die in Frage kommen und zwischen de-nen eine endgültige Entscheidung nicht zu fällen ist:

1. *Hallenberg, Johann Daniel sen.*, Bürger und Fuhrmann, geb. 12.6.1793 Sachsenberg, gest. 5.9.1874 ... [lt. Bemerkung beim Taufeintrag];

2. *Hallenberg, Johann Daniel jun.*, geb. 11.9.1813 Sachsenberg, gest. 2.7.1880 Sachsenberg.
                                                  T.S.

rat in Dieburg. – Ghzm. Hessen: 2. Kammer 1875-1881 (NL). Ruppel/Groß

Hallwachs, *Georg* Ludwig Anton Friedrich, geb. 8.8.1788 Darmstadt, gest. 4.4.1843 Mainz; Mitglied und Rat am Obergericht in Mainz, später dessen Vizepräsident. – Ghzm. Hessen: 2. Kammer 1832-1833 (lib.). Ruppel/Groß

Dr. theol. h.c. Hallwachs, *Ludwig* Moritz Hermann Wilhelm, geb. 23.12.1826 Darmstadt, gest. 9.1.1903 Darmstadt; Hofgerichtsrat, später Ministerialrat im Ministerium des Innern und der Justiz in Darmstadt. – Ghzm. Hessen: 2. Kammer 1866-1872 und 1. Kammer 1898-1903 (LibKons, LRP [*1871*]). Ruppel/Groß; Götz/Rack; J.L.

Hamburg, Julius, geb. ... , gest. ... ; Wechselsensal. – Freie Stadt Frankfurt: Gesetzgebende Versammlung 1866. Frost

Hamburger, Carl, geb. 9.9.1828 Frankfurt, gest. 3.8.1913 Frankfurt; Jurist. – Freie Stadt Frankfurt: Gesetzgebende Versammlung 1862-1866. Frost

Hamburger, Jacob Friedrich, geb. 13.3.1768 Frankfurt, gest. 20.7.1850 Frankfurt; Posamentierer. – Freie Stadt Frankfurt: Gesetzgebende Versammlung 1822-1823. Frost

Hamel, Johann *Georg*, geb. 17.7.1811 Homburg, gest. 24.6.1872 Homburg; Strumpffabrikant, Leiter von Stadtbibliothek und Stadtarchiv in Homburg. – Hessen-Homburg 1849. Rösner-Hausmann; J.L.

Dr. jur. Hamer, Bernd, geb. 15.6.1939 Mettmann; Rechtsanwalt in Bad Homburg, Professor für Rechtswissenschaften am Fachbereich Wirtschaft der Fachhochschule Frankfurt. – Land Hessen: Hessischer Landtag seit 1983 (CDU). Lengemann II; Kanzlei des Landtags

Hammann, Hermann *Wilhelm*, geb. 25.2.1897 Biebesheim, gest. 26.7.1955 Rüsselsheim; Lehrer in Wixhausen, 1945 Landrat Groß-Gerau. – Volksstaat Hessen 1927-1933 (KPD). Ruppel/Groß; Götz/Rack

Hammann, Ursula, geb. 16.9.1955 Biebesheim; Bankkauffrau, bis 1995 Familienpause, wohnhaft in Biebesheim. – Hessischer Landtag seit 1995 (B 90/GRÜ). Kanzlei des Landtags

Hammel, Chr. Friedrich, geb. ... , gest. ...; Handelsmann. – Freie Stadt Frankfurt: Gesetzgebende Versammlung 1817. Frost

Dr. med. Hammer, Richard, geb. 7.2.1897 Darmstadt, gest. 3.10.1969 ... ; praktischer Arzt in Darmstadt; MdB 1949-1957 (FDP); Mitglied der 1. und 2. Bundesversammlung. – Land Hessen: Hessischer Landtag 1946-1949 (LDP bzw. FDP). Lengemann II

Hammeran, Johann Friedrich, geb. 17.7.1805 , gest. 19.4.1867 Frankfurt; Schlossermeister. – Freie Stadt Frankfurt: Gesetzgebende Versammlung 1841-1843, 1850-1851 und 1853-1855, Ständige Bürgerrepräsentation 1845-1866. Frost

Hammerschlag, Peter Josef, geb. 26.1.1817 Limburg, gest. 31.12.1888 Limburg; Kaufmann. – Nassau: II. Kammer 1860-1863. Rösner-Hausmann

(Freiherr) von Hammerstein (-Gesmold)[68], *Börries* Friedrich Carl, geb. 25.10.1781 Groß Hillingsfeld, gest. 30.12.1844 Apelern; Herr u.a. auf Apelern, Rittergutsbesitzer, 1808 Canton-Maire (Bürgermeister) von Rodenberg. – Kgr. Westphalen 1808-1813; Grafschaft Schaumburg hessischen Anteils 1815-

---

[68] Kgl. hannoversche Genehmigung zur Fortführung des Freiherrentitels für das Gesamtgeschlecht am 19.6.1841.

1817; Kurhessen: Ständeversammlung 1831-1832 und 1833-1838 (gouv.).

Lengemann I; Losch; Sieburg (J.L.)

Freiherr von Hammerstein (-Loxten), *Adolf* Hermann, geb. 25.8.1868 Frankfurt an der Oder, gest. 5.9.1939 Hameln; Geheimer Regierungsrat und Vortragender Rat, später Ministerialdirektor im Preußischen Ministerium für Landwirtschaft, Domänen und Forsten; MdR 1928-1932 (DHP). – Kassel und Hessen-Nassau 1921-1932 (DHP). Pelda; J.L.

Prinz von Hanau und zu Horzowitz[69], **Graf von Schaumburg** (Prinz von Hessen), **Friedrich Wilhelm *Philipp***, geb. 29.12.1844 Kassel, gest. 28.8.1914 Oberurff; 6. Sohn des Kurfürsten Friedrich Wilhelm, Gutsbesitzer im Löwensteinischen Grund in Oberurff. – Kassel und Hessen-Nassau 1890-1903. Pelda; J.L.

[1.] Fürst von Hanau und zu Horzowitz[70], **Graf von Schaumburg** (Prinz von Hessen), ***Moritz* Philipp Heinrich**, geb. 4.5.1834 Wilhelmshöhe bei Kassel, gest. 24.3.1889 Horschowitz; 2. Sohn des Kurfürsten Friedrich Wilhelm. – Kurhessen: Ständeversammlung 1863-1866. Lösch; Sieburg

Dr. jur. Hangen, Philipp, geb. 6.3.1848 Biebelsheim, gest. 23.8.1920 Mainz; Prä-

sident des Landgerichts der Provinz Rheinhessen in Mainz. – Ghzm. Hessen: 1. Kammer 1911-1918. Götz/Rack

Hanstein, Johannes (*Jean*), geb. 24.2.1827 Friedberg, gest. 7.7.1892 Gießen; Fabrikant in Gießen. – Ghzm. Hessen: 2. Kammer 1879-1887 (frsg.). Ruppel/Groß

von Hanxleden, *Ludwig* Karl Friedrich Ernst, geb. 7.2.1821 Korbach, gest. 1.4.1891 Korbach; Rechtsanwalt, Bürgermeister der Stadt Korbach. – Waldeck: Landtag 1884-1887. König; König/Lengemann/Seibel

von Hanxleden, *Wilhelm* Arnold Theodor, geb. 19.7.1789 Gershausen, gest. 12.11.1869 Korbach; Hofgerichtsassessor in Korbach, 1817 Hofgerichtsrat, 1835 Hofgerichtspräsident, 1849 Obergerichtsdirektor, 1850 Obergerichtspräsident. – Waldeck: Landstand 1815-1848 und Landtag 1848-1849; Landtagsdirektor 1828, 1830 und 1848. König; Lengemann III; König/Lengemann/Seibel

Happe, *Johannes* Anton, geb. 26.12.1799 Den Haag, gest. 5.4.1854 Rhoden; Stadtschreiber und Salzfaktor in Rhoden. – Waldeck: Landtag 1851-1852. König; König/Lengemann/Seibel

Hardy, *Edmund* Adam, geb. 23.4.1775 Mainz, gest. 2.7.1839 Darmstadt; Jurist, Rat des wegen der standesherrlichen Verhältnisse der Provinz Starkenburg zu bildenden Kollegs mit dem Charakter Regierungsrat. – Ghzm. Hessen: 2. Kammer 1832-1839. Ruppel/Groß

Hardy, *Georg* August, geb. 8.10.1807 Seligenstadt, gest. 20.2.1853 Darmstadt; Assessor beim Provinzialkommissär und Kreisrat Darmstadt, 1844 Regierungsrat, 1847 Rat beim Administrativ-Justiz- und Lehnhof in Darmstadt. – Ghzm. Hessen: 2. Kammer 1841-1849. Ruppel/Groß

---

[69] Kfl. hessische Standeserhöhung als *Prinz von Hanau* am 2.6.1853; Kaiserlich österreichische Anerkennung als *Fürst von Hanau und zu Horzowitz* am 6.3.1855; hausgesetzlich führte *Philipp* den Titel Prinz, solange ein hausgesetzlich vor ihm Berufener den Fürstentitel trug.

[70] Kfl. hessische Standeserhöhung als *Prinz von Hanau* am 2.6.1853; Kaiserlich österreichische Anerkennung als *Fürst von Hanau und zu Horzowitz* am 6.3.1855; Kfl. hessische Bestätigung dieses Titels und Namens am 10.6.1862; *Moritz* führte den Fürstentitel wegen der damals als nicht dem Hausgesetz entsprechend angesehenen Ehe seines älteren Bruders *Friedrich Wilhelm*.

Harnickell, Heinrich, geb. 20.11.1793 Holzhausen, gest. 13.8.1860 Königshof; Forstmeister in Marburg. – Kurhessen: Ständeversammlung 1845-1846.   Losch; Sieburg

Dr. jur. von Harnier[71], **Eduard Caspar
Simon** *Ludwig*, geb. 23.1.1800 Frankfurt, gest. 16.4.1868 Frankfurt; Advokat,
1842-1856 Syndikus und Appellationsgerichtsrat, 1848 und 1851-1860 Bundes-
tagsdeputierter der vier freien Städte;
1831-1843 Senator, 1844-1861 Schöff,
1837, 1839 und 1841 Jüngerer Bürgermeister, 1855, 1857 und 1859 Älterer
Bürgermeister. – Freie Stadt Frankfurt:
Gesetzgebende Versammlung 1832-1836
und 1843-1854.   Frost; J.L.

Dr. jur. Harnier, *Eduard* **Karl Richard
Henri Gabriel**, geb. 29.3.1854 Kassel,
gest. 10.6.1936 Kassel; Rechtsanwalt und
Notar in Kassel; Stadtverordnetenvorste-
her in Kassel 1918-1919. – Kassel und
Hessen-Nassau 1901-1920 (46. KLT) und
1921-1925 (NL 1901-1918, DDP 1919-
1921, parteilos 1921-1925); Vorsitzender
(Präsident) des 45. und 46. Kommunal-
Landtags.   Pelda; J.L.

von Harnier[72], **Julius Ludwig** *Adolf*, geb.
16.7.1834 Darmstadt, gest. 23.10.1904
Echzell; Gutsbesitzer in Echzell. – Ghzm.
Hessen: 1. Kammer 1893-1899. Götz/Rack

Dr. jur. Harnier, *Richard* **Adolf Rudolf**,
geb. 28.6.1820 Kassel, gest. 19.10.1885
Cannstadt; Obergerichts-, dann Rechtsanwalt in Kassel, später Direktor der Landeskreditkasse; MdR 1867-1881 (NL). –
Kurhessen: Ständeversammlung 1862-
1866 (lib.); Kassel 1868-1885 (NL).
                    Losch; Sieburg; Pelda; J.L.

Dr. Eduard Harnier (DDP)
Vorsitzender (Präsident) des Kommunal-Landtags
Kassel 1919

Dr. med. Harnier, Richard Maria, geb.
3.9.1775 Kassel, gest. 15.6.1856 Kassel;
Arzt in Kassel, Brunnenarzt in Bad
Nenndorf. – Kurhessen: Ständeversammlung 1833 (gem. lib.).   Losch; Sieburg; J.L.

Dr. med. Harrfeldt, *Hans-Heinrich* **Ludwig Philipp**, geb. 21.4.1891 Itzehoe,
gest. ... ; praktischer Arzt in Kassel. –
Kassel und Hessen-Nassau 1933
(NSDAP).   Pelda

Hartert, Franz Ernst, geb. ... Hersfeld,
gest. 19.2.1868 Schlüchtern; Advokat in
Melsungen, 1844 Justizbeamter in
Schlüchtern. – Kurhessen: Ständeversammlung 1833-1844 und 1848-1849
(gouv. 1836-*1838*).   Losch; Sieburg; J.L.

---

[71] Erhebung in den Kaiserlich österreichischen Adelsstand am 19.2.1862.
[72] Im Gegensatz zu Familie des Abg. *Dr. Ludwig von
Harnier* handelt es sich hier um Ghzgl. hessischen
Adelsstand der von der Familie am 10.2.1810 er-
worben wurde.

Dr. med. Harth, Friedrich, geb. 30.1.1889 Steinbach/Glan, gest. 12.5.1974 Landau; Tierarzt in Allendorf an der Lumda. – Volksstaat Hessen 1932-1933 (NSDAP). Ruppel/Groß

Harth, *Jean* Christoph[73], geb. 27.1.1882 Jugenheim, gest. 10.11.1956 Rüsselsheim; gelernter Metallschleifer, 1920-1922 Sekretär beim Deutschen Metallarbeiterverband in Mainz, 1926-1933 Bezirkssekretär der SPD, 1945-1954 Landrat des Kreises Groß-Gerau. – Volksstaat Hessen 1921-1933 (SPD); Land Hessen: Hessischer Landtag 1949-1950 (SPD). Ruppel/Groß; Lengemann II

Hartherz, Christian *Emanuel*, geb. 21.4.1842 Bornheim, gest. 26.7.1915 Frankfurt; Bildhauer in Frankfurt. – Wiesbaden und Hessen-Nassau 1893-1915 (DemP [DVP] 1893-1910, FoVP 1910-1915. Burkardt/Pult; J.L.

Hartherz, Peter, geb. 27.7.1940 Darmstadt; Lehrer und Konrektor in Neu-Anspach, 1973-1974 persönlicher Referent des Hessischen Kultusministers; Mitglied der 8. Bundesversammlung. – Land Hessen: Hessischer Landtag 1974-1995 (SPD). Lengemann II; Kanzlei des Landtags

Hartmann, Balthasar, geb. ... , gest. ... ; Metzgermeister. – Freie Stadt Frankfurt: Gesetzgebende Versammlung 1858-1859. Frost

Hartmann, *Carl* Friedrich Christian, geb. 4.12.1853 Sachsenhausen, gest. 16.5.1925 Sachsenhausen; Landwirt und Sparkassenrendant in Sachsenhausen. – Waldeck: Landtag 1887-1893 und 1911-1919. König; König/Lengemann/Seibel

Hartmann, Friedrich, geb. 4.12.1859 Mühlhausen im Odenwald, gest. 5.9.1934 Neustadt im Odenwald; Maurer, später Landwirt Mühlhausen bzw. Neustadt. – Ghzm. Hessen: 2. Kammer 1911-1918 und Volksstaat Hessen 1919-1921 (SPD). Ruppel/Groß

Hartmann, Heinrich, geb. 15.4.1862 Wiesbaden, gest. 17.3.1938 Wiesbaden; Bauunternehmer. – Wiesbaden und Hessen-Nassau 1926-1932 (Ag 1926-1929, WP 1930-1932). Burkardt/Pult

Hartmann, Johann Heinrich Wilhelm, geb. 9.7.1806 Auhagen, gest. 7.1.1881 Auhagen; Gutsbesitzer und Bürgermeister in Auhagen. – Kurhessen: Ständeversammlung 1849-1850; Kassel 1868-1874. Losch; Sieburg; Pelda

Hartmann, Karin, geb. 19.9.1959 Heppenheim; Diplom-Soziologin in Graselenbach, Fraktionsgeschäftsführerin der SPD-Kreistagsfraktion des Kreises Bergstraße. – Land Hessen: Hessischer Landtag seit 1995 (SPD). Kanzlei des Landtags

Hartmann, Konrat, geb. 2.12.1779 Züschen, gest. 4.11.1848 Züschen; Bürgermeister in Züschen. – Waldeck: Landstand 1825-1827. König/Lengemann/Seibel

Hartmann, Louis, geb. 4.2.1844 Arolsen, gest. 17.2.1918 Arolsen; Kaufmann in Arolsen. – Waldeck: Landtag 1887-1890 (NL). König; König/Lengemann/Seibel

Hartmann, *Max* Ludwig Theodor, geb. 21.2.1874 Höxter, gest. 13.7.1910 Marburg; Amtsrichter in Korbach. – Waldeck: Landtag 1909-1910. König; König/Lengemann/Seibel

Hartmann, Otto, geb. 28.3.1899 Stangenrod, gest. ... ; Bergmann in Nieder-Ohmen. – Volksstaat Hessen 1932-1933 (NSDAP). Ruppel/Groß

---

[73] Bei RUPPEL/GROß S. 124 wird *Christoph* als Rufname, bei SCHUMACHER S. 58 und bei SCHRÖDER S. 487 *Jean* als einziger Vorname angegeben; *Jean* dürfte richtig sein.

Hartmann, Wilhelm, geb. 8.3.1848 Hadamar, gest. 19.11.1913 Hadamar; Bürgermeister. – Wiesbaden und Hessen-Nassau
1903-1913.   Burkardt/Pult

Hartung, Lorenz, geb. ... Neumorschen,
gest. 20.12.1903 Neumorschen; Gutsbesitzer und Bürgermeister in Neumorschen. – Kassel und Hessen-Nassau
1903.   Pelda

Hartung, Paul, geb. 30.4.1811 Altmorschen, gest. 25.3.1877 ... ; Ökonom in
Altmorschen. – Kurhessen: Ständeversammlung 1845-1846.   Losch; Sieburg

Hartwig, Friedrich (*Fritz*), geb. 13.7.1884
Korbach, gest. 22.4.1962 Korbach; Rit-
tergutspächter in Thalitter. – Kassel und
Hessen-Nassau 1922-1933 (Ag 1922-
1933, SWR 1933).   Pelda

Hartwig, Heinrich Wilhelm, geb
29.12.1792 Hofgeismar, gest. 1.3.1863
Kassel; Obergerichtsanwalt in Kassel,
1848-1863 Oberbürgermeister der Stadt
Kassel. – Kurhessen: Ständeversammlung 1838-1841, 2. Kammer 1860-1862
und Ständeversammlung 1862-1863
(lib.).   Losch; Sieburg

Hartwig, Johann Christian *Carl*, geb.
9.1.1881 Mehlen, gest. 13.1.1958 Mehlen; Landwirt in Mehlen. – Waldeck:
Landesvertretung 1922-1925 (WLWV
[DNVP]).   König; König/Lengemann/Seibel

Haselbach, Rudolf, geb. 23.12.1944 Fünf-
zighuben; Diplom-Verwaltungsbetriebs-
wirt, Bundesbahnoberrat in Mörfelden-
Walldorf. – Land Hessen: Hessischer
Landtag 1992-1995 (CDU).
                 Lengemann II; Kanzlei des Landtags

Hasenclever, Johann Gottfried, geb. ... ,
gest. ...; Rittmeister. – Freie Stadt Frankfurt: Ständige Bürgerrepräsentation
[1791] -1819, Gesetzgebende Versammlung 1820.   Frost

Hasselbach, Friedrich Reinhard, geb.
14.3.1815 Fritzlar, gest. 29.6.1883 Fritzlar; Apotheker in Fritzlar. – Kassel 1871-
1874.   Pelda

**Dr. phil. Hasselbach, *Heinrich* Wilhelm
Georg Alexander Friedrich**, geb.
22.10.1813 Marburg, gest. 29.3.1884
Schmalkalden; Gymnasiallehrer zunächst
in Marburg, dann in Hanau. – Kurhessen:
Ständeversammlung 1850 [F].
                         Losch; Sieburg; J.L.

Hasselbach, Willi, geb. 27.3.1922
Steckenroth; Landwirt und Bürgermeister in Steckenroth; Mitglied der 4. Bundesversammlung. – Land Hessen: Hessischer Landtag 1950-1970 (FDP bzw.
F.D.P.).   Lengemann II; Kanzlei des Landtags

Hassencamp, Friedrich Wilhelm, geb.
30.3.1817 Frankenberg, gest. 27./
28.11.1895 Frankenberg; Kaufmann in
Frankenberg; MdA 1873-1876 (NL). –
Kassel 1868-1874 und 1880-1885 (NL).
                                     Pelda; J.L.

Hassenkamp, Heinrich Gustav, geb.
5.5.1846 Frankenberg, gest. 26.11.1895
Frankenberg; Bankier in Frankenberg: –
Kassel und Hessen-Nassau 1890-1895.
                                       Pelda

**Hassenpflug, *Walter* Ludwig Victor
Friedrich Hubert**, geb. 19.11.1855 Kas-
sel, gest. 6.10.1921 Koblenz; Geheimer
Oberregierungsrat, Universitätskurator in
Marburg. – Kassel und Hessen-Nassau
1917-1919 (44. KLT).   Pelda; J.L.

Hast, *Carl* Ludwig, geb. 27.7.1774 Frankenberg, gest. 19.8.1848 Kassel; Bürgermeister der Stadt Marburg, Regierungsrat
und Provinzialpolizeidirektor in Kassel,
Konsistorialdirektor. – Hessen-Kassel
1815-1816; Kurhessen: Ständeversammlung 1836-1838 und 1847-1848 (gouv.
1836-1838).   Sieburg (J.L.); Losch

Hastenpflug, Friedrich, geb. 16.3.1812 Nieder-Wildungen, gest. 14.5.1877 Korbach; Advokat, 1843 Stadtsekretär in Nieder-Wildungen, 1850 Kreisrichter in Pyrmont, 1860 in Korbach, 1869 Amtsrichter, 1874 Oberamtsrichter, dann Amtsgerichtsrat. – Waldeck: Landstand 1843-1848, Landtag 1853-1859 und 1871-1877 und Spezial-Landtag Pyrmont 1854-1859.
König; Lengemann IV; König/Lengemann/Seibel

Hattemer, geb. Hemmes, Elisabeth (*El-se*), geb. 9.1.1870 Bensheim, gest. 19.12.1948 Viernheim; Lehrerin. – Volksstaat Hessen 1919-1933 (Z).
Ruppel/Groß; Götz/Rack

Hattemer, Philipp Anton, geb. ... Hattersheim, gest. ... Hattersheim; Mühlenbesitzer. – Wiesbaden und Hessen-Nassau 1901-1902.
Burkardt/Pult

Hatzfeld, *Ludwig* Heinrich Philipp, geb. 1.5.1810 Nenderoth, gest. 7.5.1884 Flacht; Pfarrer. – Nassau: Ständeversammlung 1848.
Rösner-Hausmann

Hauck – s. auch Hauk

Hauck, Georg Adolph Heinrich, geb. 15.9.1812 Frankfurt, gest. 30.8.1884 ... ; Bankier. – Freie Stadt Frankfurt: Ständige Bürgerrepräsentation 1855-1866; Gesetzgebende Versammlung 1861-1866; Vizepräsident der Gesetzgebenden Versammlung 1863.
Frost

Hauck, Johann *Georg* (III.), geb. 13.11.1854 Schaafheim, gest. 15.4.1921 Schaafheim; Landwirt und Bürgermeister in Schaafheim. – Ghzm. Hessen: 2. Kammer 1902-1818 ([antisem. *1898*], Bauernbund [BdL]).
Ruppel/Groß; J.L.

Hauck, Michael Friedrich, geb. ... , gest. ... ; Bankier. – Freie Stadt Frankfurt: Ständige Bürgerrepräsentation 1815-1825, Gesetzgebende Versammlung 1817 und 1819.
Frost

Hauck, Philipp (V.), geb. 13.11.1882 Schaafheim, gest. 27.8.1935 Schaafheim; Landwirt in Schaafheim. – Volksstaat Hessen 1924-1927 (NSFB).
Ruppel/Groß

Hauer, Daniel, geb. 17.2.1879 Bad Dürkheim, gest. ... ; Soldat, u.a. in Südwestafrika, Beschäftigter der Staatseisenbahnverwaltung, 1931 Führer der hessischen SA, 1933 kommissarisch Polizeidirektor in Darmstadt, später in Stuttgart; MdR 1933-1945. – Volksstaat Hessen 1931-1933 (NSDAP).
Ruppel/Groß; J.L.

Haug, *Wilhelm* Karl, geb. 11.10.1904 Lich, gest. 5.6.1940 Villers, Frankreich; Verwaltungspraktikant, 1933 Verwaltungsobersekretär, 1933 Bürgermeister in Darmstadt. – Volksstaat Hessen 1932-1933 (NSDAP).
Ruppel/Groß

Hauk- (Hauck-) Steg, G. H., geb. ... , gest. ... . – Freie Stadt Frankfurt: Gesetzgebende Versammlung 1826-1835.
Frost

Dr. med. Haupt, Julius Leonhard August *Emil*, geb. 29.4.1819 Lich, gest. 3.9.1866 Nassau; Medizinalakzessist in Nassau. – Nassau: Ständeversammlung 1848-1851.
Rösner-Hausmann; J.L.

Haurand, Lutz, geb. 15.1.1826 Niedermöllrich, gest. 25.9.1873 Niedermöllrich; Gutsbesitzer in Niedermöllrich. – Kurhessen: 2. Kammer 1855.
Losch; Sieburg

Haury, Konrad, geb. 6.9.1872 Darmstadt, gest. 5.2.1931 Darmstadt; Zimmermeister in Darmstadt. – Volksstaat Hessen 1924-1931 (DVP).
Ruppel/Groß

Haus, Wilhelm, geb. 7.6.1899 Bieber, gest. 28.8.1955 Rodheim-Bieber; Vorarbeiter, Bergmann. – Wiesbaden und Hessen-Nassau 1933 (NSDAP).
Burkardt/Pult

Hauschildt, *Richard* Detlev Christian, geb. 12.11.1876 Hamburg-Eimsbüttel, gest. 6.12.1934 [Suizid] Kassel; gelernter Schriftsetzer, Redakteur beim *Casseler*

Volksblatt, später Chefredakteur in Wuppertal-Elberfeld und Herausgeber der *Sozialdemokratischen Parteikorrespondenz* in Berlin; MdL Preußen 1919-1924 (SPD). – Kassel und Hessen-Nassau 1919 (45. KLT)-1920 (SPD).   Pelda; J.L.

Hausmann, Magnus, geb. 7.10.1823 Steinhaus, gest. 15.7.1876 Böckels; Gutsbesitzer und Wirt in Böckels. – Kurhessen: Ständeversammlung 1850.   Losch; Sieburg

Hax, Johann Philipp, geb. 3.1.1772 Darmstadt, gest. 29.6.1831 Darmstadt; Gastwirt in Darmstadt. – Ghzm. Hessen: 2. Kammer 1820-1824.   Ruppel/Groß

Hayn, Johann Georg, geb. ... , gest. ... ; Handelsmann. – Freie Stadt Frankfurt: Gesetzgebende Versammlung 1845-1846, 1848 und 1852-1857.   Frost

Hebel, Wilhelm Karl, geb. 23.6.1852 Kassel, gest. 4.8.1930 Bad Hersfeld; Forstmeister in Salmünster, Landesrat. – Kassel und Hessen-Nassau 1899-1919 (44. KLT).   Pelda

Hebgen, Mathias, geb. ... Meudt, gest. 23.11.1874 Meudt; Gastwirt. – Wiesbaden 1868-1873.   Burkardt/Pult

Hechler, *Karl* Ludwig, geb. 22.2.1840 Bretzenheim, gest. 5.7.1898 Darmstadt; Sekretär bei der Brandversicherungskommission Darmstadt, 1886 dort Mitglied und Rat, 1897 Vorsitzender. – Ghzm. Hessen: 2. Kammer 1884-1898 (NL).   Ruppel/Groß

Hecht, Walter, geb. 15.1.1818 Rodenberg, gest. 25.3.1874 Rodenberg; Gutsbesitzer und Rechtskonsulent in Rodenberg. – Kurhessen: Ständeversammlung 1850.
        Losch; Sieburg

Heck, Johannes, geb. ... , gest. ... ; Kaufmann in Schmalkalden. – Kassel und Hessen-Nassau 1928-1929 (DDP).   Pelda

Heckler, Joseph, geb. 15.6.1786 Bensheim, gest. 12.2.1857 Bensheim; Obereinnehmer in Bensheim. – Ghzm. Hessen: 2. Kammer 1856-1857.   Ruppel/Groß

Heerdt, Carl Friedrich, geb. 4.9.1817 Frankfurt, gest. ... ; Handelsmann. – Freie Stadt Frankfurt: Gesetzgebende Versammlung 1858-1861.   Frost

Heerdt, Franz Xaver, geb. 23.4.1846 Mainz, gest. 6.3.1935 Mainz; Kaufmann in Mainz. – Ghzm. Hessen: 2. Kammer 1911-1918 (F).   Ruppel/Groß

Heerdt, J. G., geb. ... , gest. ... ; Major. – Freie Stadt Frankfurt: Ständige Bürgerrepräsentation 1828-1844 (Stadtrechnungsrevisionskolleg 1832-1844).   Frost

Heeser, Carl Eberhard *Wilhelm*, geb. 25.10.1792 Frankfurt, gest. 27.2.1873 Wiesbaden; Oberappellationsgerichtsprokurator in Wiesbaden. – Nassau: Deputiertenkammer 1846-1848.
        Rösner-Hausmann; J.L.

Dr. jur. Hehner, Adolf Clemens Hermann, geb. 6.9.1858 Wiesbaden, gest. 11.5.1922 Wiesbaden; Rechtsanwalt. – Wiesbaden und Hessen-Nassau 1905-1916 (NL).   Burkardt/Pult

Hehner, Heinrich *Carl* August[74], geb. 1.2.1816 Limburg, gest. 1.6.1869 Heilanstalt Eichberg in Erbach im Rheingau; Amtssekretär in Rennerod. – Nassau: Ständeversammlung 1848-1851(Club der Linken).   Rösner-Hausmann; J.L.

von der Heide (von der Heyde)**, Johann *Heinrich* Friedrich Christian**, geb. 23.11.1806 Großenberg, gest. 2.10.1859 Großenberg; Neubauer und Bürgermeister in Großenberg. – Waldeck: Landtag

---

[74] Bei KLEIN, Leitende Beamte, S. 172 ist der Rufname *Carl August*

1856-1859 und Spezial-Landtag Pyrmont 1856-1859. König; Lengemann IV; König/Lengemann/Seibel

Heidel, Heinrich, geb. 28.11.1952 Frankenberg; Landwirt in Korbach. – Land Hessen: Hessischer Landtag seit 1995 (F.D.P.). Kanzlei des Landtags

Dr. phil. Heidenreich, *August* Georg Leander Joseph, geb. 8.7.1846 Affolterbach, gest. 4.10.1913 Darmstadt; im Dienst der hessischen landwirtschaftlichen Genossenschaften. – Ghzm. Hessen: 2. Kammer 1893-1913 (NL). Ruppel/Groß

Heidenreich, Leander, geb. 12.9.1814 Warburg, gest. 6.4.1881 Affolterbach; Landwirt und Bürgermeister in Affolterbach. – Ghzm. Hessen: 2. Kammer 1872-1881 (NL). Ruppel/Groß

Heigl, Willy, geb. 25.3.1904 Dillenburg, gest. 15.3.1973 ... ; Bürgermeister der Stadt Weilburg. – Land Hessen: Beratender Landesausschuß 1946 (SPD). Lengemann II

Heil, Gerhard, geb. 29.3.1869 Frankfurt, gest. 2.12.1943 Frankfurt; Buchdruckereibesitzer. – Wiesbaden und Hessen-Nassau 1920 (Z). Burkardt/Pult

Heil, Hubert, geb. 11.8.1931 Künzell; gelernter Maschinenschlosser und Schreiner, sei 1982 Mitglied des Hauptpersonalrates bei der Zentrale der Hauptverwaltung der DB bzw. DB AG, seit 1993 Bundesvorsitzender der GdED, seit 1994 Aufsichtsratsmitglied bei der DBAG; Mitglied der Verbandsversammlung des LWV Hessen seit 1977. – Land Hessen: Hessischer Landtag 1994-1995 (CDU). Kanzlei des Landtags; J.L.

Heilmann, Friedrich (*Fritz*), geb. 27.10.1886 Frankfurt, gest. ... ; Beamter, Angestellter. – Wiesbaden und Hessen-Nassau 1921-1925 (SPD). Burkardt/Pult

Heimberger, Georg Wilhelm, geb. ... , gest. ... ; Handelsmann. – Freie Stadt Frankfurt: Gesetzgebende Versammlung 1858-1859. Frost

Heimberger, Joseph Aloys, geb. ... , gest. ... ; Handelsmann. – Freie Stadt Frankfurt: Gesetzgebende Versammlung 1826 und 1829. Frost

von Heimburg, Friedrich (*Fritz*) August Gerhard Karl, geb. 8.11.1859 Oldenburg, gest. 31.3.1935 Bad Reichenhall; Landrat in Biedenkopf; MdA 1899-1918 (K). – Wiesbaden und Hessen-Nassau 1897-1908 und 1909-1918 (K). Burkardt/Pult; J.L.

Heimerdinger, Gottfried, geb. ... , gest. ... . – Freie Stadt Frankfurt: Gesetzgebende Versammlung 1864-1866. Frost

Heimerl, Hans, geb. 19.4.1930 Eger (CSR); Geschäftsführer der Baugesellschaft Hanau GmbH. – Land Hessen: Hessischer Landtag 1974-1991 (SPD). Lengemann II; Kanzlei des Landtags

Heimes, Georg *Heinrich*, geb. 8.2.1795 Mittelheim, gest. 30.7.1865 Hattenheim; Gutsbesitzer. – Nassau: Deputiertenkammer 1833-1836 und II. Kammer 1852. Rösner-Hausmann

Heimpel, David, geb. ... , gest. ... ; Zimmermeister. – Freie Stadt Frankfurt: Gesetzgebende Versammlung 1822-1823. Frost

Heimpel, Johann Georg, geb. 5.9.1787 ... , gest. 21.2.1827 ... ; Maurermeister; 1824-1827 Ratsverwandter. – Freie Stadt Frankfurt: Gesetzgebende Versammlung 1820-1823. Frost

Heimpel, Johann Gerhard, geb. 1.5.1802 ... , gest. ... ; Zimmermeister; 1844-1859 Ratsverwandter. – Freie Stadt Frankfurt: Gesetzgebende Versammlung 1838-1839

und 1841-1842, Ständige Bürgerrepräsentation 1839-1843.   Frost

Heimsath, Martin, geb. 22.5.1804 Kassel, gest. ... Hofgeismar; Vizebürgermeister in Hofgeismar. – Kurhessen: 2. Kammer 1858-1862.   Losch; Sieburg

Heine, Christian, geb. 22.2.1867 Kohlgrund , gest. 21.4.1944 Kohlgrund; Landwirt und Bürgermeister in Kohlgrund. – Waldeck: Landtag 1912-1919.
König; König/Lengemann/Seibel

Heine, Max Carl Christian *Wilhelm*, geb. 9.11.1865 Nieder-Wildungen, gest. 6.12.1943 Bad Wildungen; Schneidermeister in Bad Wildungen. – Waldeck: Landesvertretung 1922-1925 ([WV *1912/13*], WLWV [DNVP]).
König; König/Lengemann/Seibel

Heineken, *Frédéric* **Parker**, geb. 11.10.1839 Bremen, gest. 28.6.1897 Bad Homburg; Rentier; MdA 1889-1893 (NL). – Wiesbaden und Hessen-Nassau 1886-1897 (NL).   Burkardt/Pult; J.L.

Dr. jur. Dr. theol. h.c. Heinrich, *Johann Baptist* **Vinzenz**, geb. 15.4.1816 Mainz, gest. 10.2.1891 Mainz; Professor für Dogmatik am Priesterseminar Mainz, Domdekan, ab 1869 zugleich Generalvikar. – Ghzm. Hessen: 1. Kammer 1878-1887.   Götz/Rack

Heinrichs, *Conrad* **Egid**, geb. 20.1.1786 Heßloch, gest. 12.11.1849 Heßloch; Landwirt und Bürgermeister in Heßloch. – Ghzm. Hessen: 2. Kammer 1835-1849.
Ruppel/Groß

Heinstadt, Anton, geb. 17.10.1886 Oppershofen, gest. 12.5.1970 Friedberg; Studienrat in Friedberg, 1945-1946 Bürgermeister in Friedberg, später Oberstudiendirektor in Gießen. – Volksstaat Hessen 1924-1933 (Z).   Ruppel/Groß

Heinz, Adam, geb. ... , gest. ... ; Bäcker in Oberrad. – Freie Stadt Frankfurt: Gesetzgebende Versammlung 1826, 1830, 1842-1843 und 1845.   Frost

Heinze, Vitus, geb. 18.3.1909 Elberfeld, gest. 2.2.1988 ... ; selbständiger Kaufmann in Schröck, Krs. Marburg. – Land Hessen: Hessischer Landtag 1949-1950 (CDU).   Lengemann II; Kanzlei des Landtags

Heinzerling, *Wilhelm* **Johann Heinrich Ferdinand**, geb. 8.10.1828 Friedberg, gest. 3.4.1896 Darmstadt; Landgerichtsassessor in Darmstadt, Richter am Bezirksstrafgericht, 1875 Hofgerichtsrat, 1879 Rat beim Landgericht der Provinz Starkenburg, 1884 Oberlandesgerichtsrat. – Ghzm. Hessen: 2. Kammer 1872-1893 (NL).   Ruppel/Groß

Heisen, Friedrich Adolf Arnold, geb. 17.4.1804 Großalmerode, gest. 15.11.1869 Bischhausen; Amtsadvokat in Bischhausen. – Kurhessen: Ständeversammlung 1850.   Losch; Sieburg

Heißmann-Voos – s. Voos-Heißmann

Heißwolf, Leonhard, geb. 6.10.1880 Brettheim in Württemberg, gest. 11.10.1957 ... ; gelernter Bäcker, 1945-1952 Geschäftsführer des Konsumvereins in Frankfurt; Vorsitzender der Frankfurter Stadtverordnetenversammlung 1924-1933; Mitglied der 1. und der 2. Bundesversammlung. – Land Hessen: Beratender Landesausschuß 1946 (SPD), Verfassungberatende Landesversammlung Groß-Hessen 1946 (SPD) und Hessischer Landtag 1946-1950 und 1953-1954 (SPD).   Lengemann II

Heister, Wilhelm, geb. ... , gest. ... . – Freie Stadt Frankfurt: Gesetzgebende Versammlung 1858-1866.   Frost

Heitefuß, **Johann Heinrich** *Conrad*, geb. 10.2.1786 ... , gest. 26.7.1838 Frankfurt;

Handelsmann. – Freie Stadt Frankfurt: Gesetzgebende Versammlung 1831-1838, Ständige Bürgerrepräsentation 1837-1838. Frost

Held, Christian Friedrich, geb. ... , gest. ... ; Handelsmann. – Freie Stadt Frankfurt: Gesetzgebende Versammlung 1852-1857. Frost

Held, Johann *Friedrich* Heinrich Wilhelm, geb. 26.7.1801 Grenzhausen, gest. 18.9.1878 Frankfurt; Amtmann in Rennerod, 1859 in Eltville. – Nassau: II. Kammer 1858-1863. Rösner-Hausmann; J.L.

Dr. med. Heldmann, *Christian* Peter, geb. 12.10.1808[75] Frankfurt, gest. 16.6.1866 Frankfurt; praktischer Arzt und Landwirt in Selters; MdN 1848-1849 (DH). – Ghzm. Hessen: 2. Kammer 1847-1850.
Ruppel/Groß; J.L.

Dr. jur. Heldmann, Heinrich Karl, geb. 31.10.1871 Viermünden, gest. 5.10.1945 Bad Homburg; Oberlandesgerichtsrat. – Wiesbaden und Hessen-Nassau 1921-1932 (DNVP). Burkardt/Pult

Dr. jur. Helff, Johann *Albert* Jacob, geb. 20.4.1861 Grävenwiesbach, gest. 18.3.1945 Allendorf über Weilburg; Rechtsanwalt in Frankfurt – Wiesbaden und Hessen-Nassau 1901-1918 ([FrsgVP *1898*], Fortschrittspartei 1901-1910, FoVP 1910-1918). Burkardt/Pult; J.L.

Helfrich, Eugen, geb. 25.5.1894 Frankfurt, gest. 18.3.1968 ... ; Rechtsanwalt und Notar, 1946-1948 Bürgermeister in Frankfurt; Mitglied der 1. Bundesversammlung. – Land Hessen: Hessischer Landtag 1946-1950 (CDU). Lengemann II

Helfrich, Heinrich, geb. ... , gest. ... . – Freie Stadt Frankfurt: Verfassunggebende Versammlung 1848-1849. Frost; J.L.

Heller, Johann Moritz, geb. 14.10.1768 Nieder-Wildungen, gest. 21.5.1839 Nieder-Wildungen; Kaufmann und Bürgermeister in Nieder-Wildungen. – Waldeck: Landstand 1816-1818. König/Lengemann/Seibel

Hellermann, geb. Schiefler, Edith, geb. 29.8.1895 Schermcke, Krs. Wanzleben, gest. 17.6.1974 Kassel; Hausfrau, 1954-1957 hauptamtliche Stadträtin in Kassel; Mitglied der Verbandsversammlung des LWV Hessen 1953-1957; Mitglied der 2. Bundesversammlung. – Land Hessen: Hessischer Landtag 1950-1954 (BHE bzw. GB/BHE). Lengemann II

Hellmann, Thomas Jonathan, geb. 21.12.1788 Ludwigsburg, gest. 25.3.1855 Neckarsteinach; Lederfabrikant in Neckarsteinach. – Ghzm. Hessen: 2. Kammer 1826-1841 (lib.). Ruppel/Groß

Hellwig, Conrad, geb. 7.10.1824 Haddamar, gest. 25.6.1889 Haddamar; Landwirt und Bürgermeister in Haddamar; MdA 1867-1873, 1879-1882 und 1886-1888 (K); MdR 1884-1887 (K). – Kurhessen: 2. Kammer 1861-1862 und Ständeversammlung 1862-1866 (lib.); Kassel 1868-1885 (K). Losch; Sieburg; Pelda; J.L.

Hellwig, Karl, geb. 1.2.1924 Steinau an der Straße, gest. 7.1.1993 ... ; Lehrer und Konrektor in Steinau; Mitglied der 6. Bundesversammlung. – Land Hessen: Hessischer Landtag 1970-1983 (SPD).
Lengemann II; Kanzlei des Landtags

Dr. jur. von Helmolt[76], **Georg Wilhelm**, geb. 9.10.1876 Römerhof bei Frankfurt, gest. 11.9.1946 Dortelweil; Rechtsanwalt

---

[75] Bei BEST-WEGE S. 175 ist der 13.10.1808 als Geburtstag angegeben.

[76] Im Ghzm. Hessen war der Adelsstand der Familie seit dem 17.8.1853 anerkannt; Erhebung in den Kgl. preußischen Adelsstand am 25.1./7.4.1911.

in Friedberg. – Ghzm. Hessen: 2. Kammer 1911-1918 und Volksstaat Hessen 1921-1931 ([BdL 1910], Bauernbund bzw. Landbund 1911-1918 und 1921-1931); Vizepräsident des Landtags des Volksstaats Hessen 1922-1931.

Ruppel/Groß; J.L.

Helmrich, *Carl* Christian, geb. 16.3.1790 Wehrheim, gest. 15.2.1834 Rodheim/ Horloff; Gutsbesitzer auf Hof Glaubzahl bei Borsdorf in der Wetterau. – Ghzm. Hessen: 2. Kammer 1826-1833 (lib.)

Ruppel/Groß

Hembes, Franz *Bernhardt*, geb. 20.11.1818 Ober-Olm, gest. 23.11.1892 Mainz; Ölmüller und Bürgermeister a.D. in Ober-Olm. – Ghzm. Hessen: 2. Kammer 1872-1875 (LibKons). Ruppel/Groß

Hemfler, Karl, geb. 16.4.1915 Lodz, gest. 17.4.1995 Kassel; Jurist, bis 1967 Bürgermeister in Kassel, 1967-1968 Staatssekretär beim Hessischen Minister der Justiz, 1968-1969 Staatssekretär beim Hessischen Minister des Innern, 1969-1974 Hessischer Minister der Justiz, 1970-1974 zugleich Bevollmächtigter des Landes Hessen beim Bund; Mitglied des Bundesrates 1969-1974. – Land Hessen: Hessischer Landtag 1970-1978 (SPD); Amtierender Alterspräsident am 3.12.1974. Lengemann II; Kanzlei des Landtags

Hemmelmann, Nikolaus, geb. 27.4.1789 Lierschied, gest. 4.9.1871 Singhofen; Zimmermann und Landwirt. – Nassau: II. Kammer 1854-1857 Rösner-Hausmann

Dr. med. Hemmer, Friedrich W., geb. 13.8.1796 Schmalkalden, gest. 13.3.1855 ... ; Berg- und Salinenarzt in Schmalkalden. – Kurhessen: Ständeversammlung 1839-1841. Losch; Sieburg

Hemmerich, Christoph, geb. 12.12.1795 Pyrmont, gest. 17.5.1885 Pyrmont; Weinhändler und Bürgermeister in Pyrmont. –

Waldeck: Spezial-Landtag Pyrmont 1849-1854. König; Lengemann IV; König/Lengemann/Seibel

Hemmerich, Franz Carl Ludwig Heinrich, geb. ... , gest. ... ; Hauptmann. – Freie Stadt Frankfurt: Gesetzgebende Versammlung 1851. Frost

Hempfing, Philipp Heinrich, geb. 11.9.1792 Eschwege, gest. 5.10.1857 Eschwege; Vizebürgermeister in Eschwege. – Kurhessen: 2. Kammer 1855-1857. Losch; Sieburg

Hemsath, Heinrich, geb. 24.11.1902 Münster in Westfalen, gest. 14.4.1978 ... ; gelernter Maschinenschlosser, bis 1956 Erster Beigeordneter und Sozialdezernent in Münster in Westfalen, 1956-1958 Arbeits- und Sozialminister des Landes Nordrhein-Westfalen, 1959-1969 Hessischer Minister für Arbeit, Volkswohlfahrt und Gesundheitswesen; Mitglied des Wirtschaftsrates des Vereinigten Wirtschaftsgebietes 1948-1949 (SPD); MdL Nordrhein-Westfalen 1950-1959; Stellvertretendes Mitglied des Bundesrates 1956-1958, Mitglied des Bundesrates 1959-1969. – Land Hessen: Hessischer Landtag 1962-1970 (SPD). Lengemann II

Henckelmann, J. L., geb. ... , gest. ... . – Freie Stadt Frankfurt: Ständige Bürgerrepräsentation 1815-1823. Frost

Dr. jur. Hengsberger, Adalbert Christian Johannes, geb. 14.1.1853 Gelnhausen, gest. 8.8.1923 Frankfurt; Bürgermeister, Stadtrat. – Wiesbaden und Hessen-Nassau 1893 und 1898-1918 (NL).

Burkardt/Pult

Dr. phil. Henke, Heinrich *Philipp* Konrad, geb. 3.7.1752 Hehlen an der Weser, gest. 2.5.1809 Helmstedt; Professor der Philosophie und der Theologie in Helmstedt. – Kgr. Westphalen 1808-1809.

Lengemann I

Henkel, *Heinrich* **Ludwig Michael**, geb. 9.1.1802 Schmalkalden, gest. 26.6.1873 Kassel; Obergerichtsanwalt in Kassel; MdN 1848 und 1849 (WH). Mitglied des Volkshauses des Unionsparlaments 1850. – Kurhessen: Ständeversammlung 1833-1835, 1845-1850 und 1862-1866 (lib.[77] [lib.-dem.[78]] 1833, gem. lib.[79] 1833-1835, lib.[80] 1845-1850, 1862-1866).

Losch; Sieburg; J.L.

Henkel, Wilhelm, geb. 13.4.1819 Beiseförth, gest. 5.1.1876 Auf den Wickershöfen; Gutsbesitzer zu Wickershof. – Kurhessen: 2. Kammer 1858-1862.

Losch; Sieburg

Hennenhofer, Anton *Ferdinand*, geb. 24.8.1810 Hofgeismar, gest. 1.1.1866 Bern; Bürgermeister a.D. in Hofgeismar. – Kurhessen: Ständeversammlung 1845-1846.

Losch; Sieburg

Dr. med. h.c. Hennig, Arno, geb. 24.1.1897 Wolkau in Sachsen, gest. 26.7.1963 ... ; Lehrer, Kulturreferent beim SPD-Parteivorstand in Hannover, 1953-1959 Hessischer Minister für Erziehung und Volksbildung; MdB 1949-1953 (SPD); Stellvertretendes Mitglied des Bundesrates 1955-1959; Mitglied der 1. und 3. Bundesversammlung. – Land Hessen: Hessischer Landtag 1954-1961 (SPD).

Lengemann II

Henrich, Johann Gerhard (auch: Georg), geb. 16.10.1804 Frankfurt, gest. 31.1.1883 ... ; Bierbrauermeister. – Freie Stadt Frankfurt: Verfassunggebende Versammlung 1848-1849, Gesetzgebende Versammlung 1850, 1852-1858 und 1863-1866.

Frost; J.L.

Dr. h.c. Henrich, Konrad Wilhelm, geb. 19.5.1864 Lang-Göns, gest. 30.10.1928 Darmstadt; Staatsschuldbuchführer in Darmstadt, 1918-1919 Direktor der Ministerialabteilung der Finanzen, 1919-1928 Hessischer Finanzminister; MdR 1919-1920 (DDP). – Ghzm. Hessen: 2. Kammer 1911-1918 und Volksstaat Hessen 1919-1925 (FoVP 1911-1918, DDP 1919-1925).

Ruppel/Groß

Henschel, *Oscar* **Carl Anton**, geb. 19.6.1837 Kassel, gest. 18.11.1894 Kassel; Fabrikant in Kassel. – Kassel 1877-1894 und Hessen-Nassau 1886-1894 (NL).

Pelda; J.L.

Hensel, Carl Gottlieb, geb. ... , gest. ... ; Gärtnermeister. Freie Stadt Frankfurt: Gesetzgebende Versammlung 1851. Frost

Henß, Andreas, geb. 8.12.1858 Frankfurt, gest. ... Frankfurt; Architekt in Frankfurt. – Wiesbaden und Hessen-Nassau 1917-1918 (DemP [DVP]). Burkardt/Pult; J.L.

Henß, Carl Matthäus, geb. 10.10.1815 Bieber, gest. 11.11.1887 Bieber; Bürgermeister in Bieber. – Kurhessen: 2. Kammer 1860-1861 (gouv.); Kassel 1868-1874.

Losch; Sieburg; Pelda; J.L.

Henss, Christian, geb. ... , gest. ... . – Freie Stadt Frankfurt: Gesetzgebende Versammlung 1829. Frost

Henss, Heinrich, geb. ... , gest. ... . – Freie Stadt Frankfurt: Gesetzgebende Versammlung 1851. Frost

Hentze, Johann Conrad, geb. 1.10.1778 Waldeck, gest. 4.3.1843 Waldeck; mehrfach Bürgermeister in Waldeck. – Waldeck: Landstand 1816-1817, 1819-1820, 1823-1824 und 1828-1829.

König/Lengemann/Seibel

Henzel, Karl, geb. 1.8.1876 Obbornhofen, gest. 13.1.1959 Obbornhofen; Land- und

---

[77] So GROTHE.
[78] So SEIER-VON NATHUSIUS.
[79] So GROTHE.
[80] So SEIER-VON NATHUSIUS.

Gastwirt in Obbornhofen. – Volksstaat Hessen 1921-1924 (SPD). Ruppel/Groß

Henzler, Dorothea, geb. 31.10.1948 Türkheim in Bayern; Ingenieurassistentin, Systemberaterin, seit 1977 Hausfrau in Oberursel. – Land Hessen: Hessischer Landtag seit 1995 (F.D.P.).
Kanzlei des Landtags

Heraeus, geb. Stamm, *Julie* **Elise Friederike Johannette Amalie**, geb. 22.2.1873 Darmstadt, gest. 26.2.1950 Offenbach; Lehrerin in Offenbach. – Volksstaat Hessen 1924-1931 (DNVP).
Ruppel/Groß; Götz/Rack

Herbener, Peter, geb. ... Großseelheim, gest. 19.8.1913 Großseelheim; Gutsbesitzer in Großseelheim. – Kurhessen: Ständeversammlung 1849-1850 (dem.).
Losch; Sieburg

Herber, Anton, geb. 13.2.1816 Winkel, gest. 27.5.1877 Winkel; Weingutsbesitzer. – Wiesbaden 1873. Burkardt/Pult

Herber, Franz, geb. 22.10.1846 Eltville, gest. 15.10.1918 Eltville; Gutsbesitzer. – Wiesbaden und Hessen-Nassau 1894-1918. Burkardt/Pult

Herber, Johann *Georg*, geb. 30.1.1763 Winkel, gest. 11.3.1833 Eltville; Amtmann, Justizrat a.D. auf dem Draiser Hof. – Nassau: Deputiertenkammer 1818-1832; Präsident der Deputiertenkammer 1819-1832. Rösner-Hausmann; J.L.

Herbert, Karl, geb. 26.1.1883 Zirkenbach, gest. 26.5.1949 Zirkenbach; Landwirt und Bürgermeister in Zirkenbach; MdR 1920-1924 (Z). – Kassel und Hessen-Nassau 1919 (45. KLT) -1920 und 1926-1933 (Z). Pelda; J.L.

Herbert, Valentin, geb. 19.11.1864 Gernsheim, gest. 12.6.1933 Goddelau; Ober-

Georg Herber
Präsident der Deputiertenkammer des Nassauischen Landtags 1819-1832

postsekretär in Darmstadt. – Volksstaat Hessen 1919-1924 (Z). Ruppel/Groß

Herbert, Wilhelm (*Willy***) Ludwig**, geb. 28.5.1904 Frankfurt, gest. 27.9.1969 München; Friseur, 1933 kommissarischer Polizeidirektor in Darmstadt und später in Mainz; MdR 1933-1936 (NSDAP). – Wiesbaden und Hessen-Nassau 1933 (NSDAP); Volksstaat Hessen 1933 (NSDAP). Burkardt/Pult; Ruppel/Groß; J.L.

Herborn, Johann *Friedrich*, geb. 31.5.1786 Diez, gest. 16.12.1842 Diez; Kaufmann. – Nassau: Deputiertenkammer 1818-1822. Rösner-Hausmann

Dr. jur. Hergenhahn, Jacob Ludwig Philipp *August* **Franz**, geb. 16.4.1804 Usingen, gest. 29.12.1874 Wiesbaden; Prokurator in Wiesbaden, 1848-1849 diri-

Dr. August Hergenhahn
Präsident der Deputiertenkammer des Nassauischen
Landtags 1848

gierender Hzgl. Staatsminister, später Präsident des Appellationsgerichts in Wiesbaden; MdN 1848-1849 (CP); Mitglied des Volkshauses des Unionsparlaments 1850; MdR 1867 (NL). – Nassau: Deputiertenkammer 1846-1848; Präsident der Deputiertenkammer 1848.

Rösner-Hausmann; J.L.

Hergert, Peter, geb. 6.12.1899 Berfa, gest. 8.6.1988 Alsfeld; Holzarbeiter in Berfa, später in Lingelbach. – Kassel und Hessen-Nassau 1933 (NSDAP). Pelda

Herkenrath, Heinrich, geb. 22.5.1883 Mülheim/Ruhr [nach anderer Quelle: Mülheim/Rhein], gest. ... ; Redakteur in Limburg; MdA 1916-1918 (Z); MdL Preußen 1919-1921 (Z). – Wiesbaden und Hessen-Nassau 1921-1925 (Z).

Burkardt/Pult; J.L.

Hermann – vgl. auch Herrmann

Hermann, Johann Jacob, geb. ... Hermershausen, gest. 16.1.1899 Hermershausen; Ackermann und Bürgermeister in Hermershausen. – Kassel und Hessen-Nassau 1886-1897. Pelda

Hermanns, Rüdiger, geb. 27.11.1940 Frankfurt; Großhandelskaufmann, seit 1980 geschäftsführender Gesellschafter eines Textilgroßhandelsunternehmens, wohnhaft in Dreieich. – Land Hessen: Hessischer Landtag seit 1988 (CDU).

Kanzlei des Landtags

Herpell, *Heinrich* **Christian Ludwig**, geb. 10.1.1861 St. Goarshausen, gest. 20.11.1929 St. Goarshausen; Kaufmann, Bürgermeister in St. Goarshausen. – Wiesbaden und Hessen-Nassau 1920-1921 ([NL *1912*], DVP). Burkardt/Pult

Herquet, Lothar, geb. 30.5.1767 auf dem Johannisberg bei Fulda, gest. 7.4.1849 Bronzell bei Fulda; Regierungsrat, ehemals Regierungsdirektor in Fulda. – Kurhessen: Ständeversammlung 1833 (gouv.). Losch; Sieburg; J.L.

Herr, Magnus, geb. 25.2.1841 Petersberg, gest. 24.6.1919 Petersberg; Bürgermeister in Petersberg. – Kassel und Hessen-Nassau 1886-1898. Pelda

Dr. phil. Herr, Norbert, geb. 28.5.1944 Fulda; Gymnasiallehrer in Fulda. – Land Hessen: Hessischer Landtag seit 1995 (CDU). Kanzlei des Landtags

Herrchen, *Jean* (1936: Hans) **Theodor Georg**, geb. 1.1.1891 Wiesbaden, gest. 1.6.1970 Bad Schwalbach; Postmeister, später Landrat des Untertaunuskreises. – Wiesbaden und Hessen-Nassau 1933 (NSDAP). Burkardt/Pult; J.L.

Herrhausen, Traudl, geb. 15.5.1943 Dornbirn, Vorarlberg, Österreich; Diplom-Kaufmann, 1986-1987 Ärztin an der Universitätsklinik Frankfurt, Hausfrau in Bad Homburg. – Land Hessen: Hessischer Landtag seit 1991 (CDU).

Kanzlei des Landtags

Herrlein, Franz Joseph, geb. 28.2.1818 Sieberz, gest. 31.7.1890 Margaretenhaun; Gutsbesitzer in Margaretenhaun; MdA 1867-1879 (bkF 1867-1870, Z 1870-1879); MdR 1871-1879 (Z). – Kurhessen: 2. Kammer 1852-1862 und Ständeversammlung 1862-1866 (lib.-kath. [opp., lib.-konst.] 1852-1862, ultramont.); Kassel 1868-1885 und 1886-1889 und Hessen-Nassau 1886-1889 (Z).

Losch; Sieburg; Pelda; J.L.

Herrlein, Georg Benno Friedrich, geb. 12.6.1851 Margarethenhaun, gest. ... 1902 [?]; Gutsbesitzer in Margrethenhaun. – Kassel und Hessen-Nassau 1899-1902.

Pelda

Herrmann – vgl. auch Hermann

Herrmann, Ernst *Karl*, geb. 9.3.1882 Eilenburg, Krs. Delitsch, gest. 11.5.1951 Mörschenhardt; gelernter Eisendreher, Bezirkssekretär der SPD in Kassel, später Landrat des Kreises Kassel. – Kassel und Hessen-Nassau 1933 (SPD).

Pelda

Herrmann, Georg *Peter*, geb. 21.2.1828 Schwanheim, gest. 3.1.1902 Darmstadt; Nebenzollamtsrendant in Bensheim, 1889 Hauptsteueramtsrendant in Bingen. – Ghzm. Hessen: 2. Kammer 1887-1893 (NL).

Ruppel/Groß

Herrmann, Johann Christian, geb. 30.1.1751 Meuchen bei Halle, gest. 11.10.1827 Frankfurt; Handelsmann, Buchhändler. – Freie Stadt Frankfurt: Ständige Bürgerrepräsentation [1798] - 1827 (Stadtrechnungsrevisionskolleg 1818-1825), Gesetzgebende Versammlung 1817-1820.

Frost

Hertel (II.), Carl Wilhelm *Christian*, geb. 27.6.1846 Buhlen, gest. 25.6.1916 Bad Wildungen; Gutsbesitzer und Bürgermeister in Buhlen. – Waldeck: Landtag 1890-1914; Vizepräsident des Waldeckischen Landtags 1909-1912.

König; Lengemann III;
König/Lengemann/Seibel

Hertle, Friedrich Karl, geb. 23.4.1944 Oberstdorf; Gymnasiallehrer, wohnhaft in Fulda. – Land Hessen: Hessischer Landtag seit 1987 (GRÜ bzw. B 90/GRÜ), Vorsitzender der Fraktion B 90/GRÜ 1994-1996.

Kanzlei des Landtags

Dr. jur. Hertz, Moritz Philipp, geb. 7.7.1871 Frankfurt, gest. 5.5.1940 Boston, MA, USA; Rechtsanwalt in Frankfurt. Wiesbaden und Hessen-Nassau 1911-1920 ([DemP (DVP), FrsgVP], FoVP 1911-1918, DDP 1918-1920).

Burkardt/Pult; J.L.

von Hertzberg, *Günther* Paul August, geb. 22.1.1855 Berlin, gest. 11.2.1937 Berlin; Landrat des Kreises Wiesbaden-Land. – Wiesbaden und Hessen-Nassau 1903-1907.

Burkardt/Pult; J.L.

Herwig, Christian Theodor, geb. 21.1.1768 Rhoden, gest. 2.5.1827 Meineringhausen; evangelischer Pfarrer in Meineringhausen. – Waldeck: Landstand 1817 1827.

König/Lengemann/Seibel

Herwig, Friedrich Christian, geb. 12.10.1797 Frankfurt, gest. ... ; Posamentierer. – Freie Stadt Frankfurt: Gesetzgebende Versammlung 1834, 1840, 1849 und 1860-1865, Ständige Bürgerrepräsentation 1841-1866.

Frost

Herwig, Karl, geb. 14.11.1816 Reichensachsen, gest. 30.11.1876 Reichensachsen; Bürgermeister in Reichensachsen. – Kurhessen: Ständeversammlung 1850.

Losch; Sieburg

Herwig, Moritz Robert, geb. 29.6.1870 Dillenburg, gest. 18.12.1930 Dillenburg;

Hüttenbesitzer. – Wiesbaden und Hessen-Nassau 1920 (DDP). Burkardt/Pult

Herwig, *Siegfried* Hilmar Philipp August Ferdinand, geb. 27.2.1871 Pyrmont, gest. 1.7.1933 Marburg; aktiver Offizier, 1921-1922 Bürgermeister in Arolsen, ab 1922 Verwaltung eines ererbten Gutes. – Waldeck: Landesvertretung 1922-1925 (WWV [DVP]). König; König/Lengemann/Seibel

Dr. h.c. Herwig, *Walter* Johann Christian Adelbert Eduard, geb. 25.2.1838 Arolsen, gest. 16.12.1912 Berlin[81]; Kreisamtmann in Pyrmont, daneben Brunnendirektor und von 1869-1872 auch Rentmeister, später Klosterkammerpräsident in Hannover. – Waldeck: Landtag 1869-1874. König; König/Lengemann/Seibel

Herz, Hermann, geb. 12.7.1870 Weilburg, gest. 27.1.1916 Gießen; Bankier. – Wiesbaden und Hessen-Nassau 1911-1915. Burkardt/Pult

Herzog, *Richard* Friedrich Ludwig, geb. 5.8.1867 Obernkirchen, gest. 14.4.1950 Obernkirchen; 1900-1931 und 1933-1939 Bürgermeister in Obernkirchen; MdR 1906-1918 (DSP 1906-1914, DvP 1914-1918, im Reichstag WV). – Kassel und Hessen-Nassau 1919 (44. KLT). Pelda; J.L.

von Hesberg, *Georg* Carl Friedrich Ferdinand Louis, geb. 29.7.1819 Kassel, gest. 21.8.1873 Bettenhausen; Unterstaatsprokurator in Hanau. – Kurhessen: 1. Kammer 1852-1861 (kons.-konst.). Losch; Sieburg; J.L.

Hesberger (Heßberger), **Eustachius**, geb. 1.1.1776 Bad Orb, gest. 20.8.1837 Fulda; Gerichtstierarzt und Eisenbahnfaktor in Fulda. – Kurhessen: Ständeversammlung 1833-1835 (gem. lib.). Losch; Sieburg; J.L.

Hesch, August Peter, geb. 16.4.1870 Biebrich, gest. 15.3.1942 Biebrich; Steinhauermeister. – Wiesbaden und Hessen-Nassau 1926-1929 (DDP). Burkardt/Pult

Hess, *August* Emil Karl Friedrich Theodor, geb. 15.12.1832 Gießen, gest. 24.2.1879 Gießen; Gasfabrikant in Gießen. – Ghzm. Hessen: 2. Kammer 1865-1873 (LibKons). Ruppel/Groß

Hess, *Georg* Ludwig, geb. 12.2.1784 Hiltersklingen, gest. 20.11.1860 Hiltersklingen; Ökonom und Müller und Schultheiß in Hiltersklingen. – Ghzm. Hessen: 2. Kammer 1834 (lib.). Ruppel/Groß

Hess, Gotthard *Joseph*, geb. 5.5.1801 Koblenz, gest. ... ; Kaufmann, Bürgermeister in Diez. – Nassau: Deputiertenkammer 1846-1848 und II. Kammer 1858-1862. Rösner-Hausmann; J.L.

Hess, Johann Friedrich Christian, geb. 6.3.1785 Kirchheim an der Weinstraße, gest. 21.8.1845 Frankfurt; Architekt, Stadtbaumeister. – Freie Stadt Frankfurt: Gesetzgebende Versammlung 1823. Frost

von Heß[82], Johann *Philipp* Christoph Erasmus Joseph, geb. 2.6.1750 Hammelburg, gest. 18.11.1825 Hammelburg; Besitzer des von Heß'schen Gutshofs in Hammelburg, Fstl. fuldaischer adeliger Hof- und Regierungsrat (cum voto et sessione), lebte abwechselnd in Hammelburg und Fulda. – Ghzm. Frankfurt 1810-1813. Lengemann I

Heß, Julius, geb. ... Schwarzenfels, gest. ... Schwarzenfels; Advokat in Schwarzenfels. – Kurhessen: Ständeversammlung 1850. Losch; Sieburg

---

[81] Lt. Klein, Leitende Beamte, S. 141 in Hannover verstorben.

[82] Die Familie wurde am 2.5.1819 in die Adelsmatrikel des Kgr. Bayern eingetragen, aber offenbar schon 1766 geadelt.

Dr. jur. et phil. Hess, Karl Friedrich Christian, geb. 14.12.1798 Gießen, gest. 5.5.1835 Gießen; Hofgerichtsadvokat und Prokurator in Gießen. – Ghzm. Hessen: 2. Kammer 1832-1834 (lib.).

Ruppel/Groß

Heßberger – s. auch Hesberger

Heßberger, Heinrich, geb. 6.4.1873 Bad Orb, gest. 23.3.1952 Bad Orb; Landwirt und Zigarrenfabrikarbeiter in Bad Orb. – Kassel und Hessen-Nassau 1919 (45. KLT) -1920 (USPD).

Pelda

Dr. jur. h.c. von Hesse[83], *Andreas* **Wilhelm**, geb. 10.12.1793 Darmstadt, gest. 21.3.1868 Darmstadt; Hofgerichtsrat, 1836 Oberappellations- und Kassationsgerichtsrat in Darmstadt, später dort Präsident; Mitglied des Staatenhauses des Unionsparlaments 1850. – Ghzm. Hessen: 2. Kammer 1835-1849 und 1. Kammer 1851-1868 (LibKons); Vizepräsident (2. Präsident) der 2. Kammer 1841-1842 und Vizepräsident der 1. Kammer 1851-1856, Präsident der 2. Kammer 1846-1849.

Ruppel/Groß; Götz/Rack; J.L.

Dr. h.c. Andreas (von) Hesse
Präsident der 2. Kammer des Landtags des Großherzogtums Hessen 1846-1849

Hesse jun., Hubert, geb. 11.11.1865 Heddernheim, gest. 25.3.1926 Gießen; Fabrikdirektor. – Wiesbaden und Hessen-Nassau 1905-1910.

Burkardt/Pult

Hesse, Jakob, geb. 18.10.1881 Frankenau, gest. 2.10.1966 Korbach; Maurer in Korbach. – Waldeck: Landesvertretung 1925 (USPD).

König; König/Lengemann/Seibel

Hesse sen., Peter *Hubert*, geb. 1.3.1826 Olpe, gest. 31.1.1908 Heddernheim; Fabrikant. – Nassau: II. Kammer 1865-1866; Wiesbaden 1868-1885 (NL).

Rösner-Hausmann

Hessel, Friedrich Julius Gustav, geb. 4.6.1805 Frankfurt, gest. 19.8.1886 Frankfurt; Handelsmann. – Freie Stadt Frankfurt: Gesetzgebende Versammlung 1847, 1857 und 1859-1861, Ständige Bürgerrepräsentation 1854-1865 (Stadtrechnungsrevisionskolleg 1857-1865).

Frost

Hessemer, Friedrich August Wilhelm Maximilian, geb. 24.2.1800 Darmstadt, gest. 1.12.1860 Frankfurt; Architekt, Professor für Baukunst am Städelschen Kunstinstitut, Dichter. – Freie Stadt Frankfurt: Verfassunggebende Versammlung 1848-1849.

Frost; J.L.

Prinzen von Hessen – s. auch Fürsten von Hanau und zu Horowitz, Grafen von Schaumburg

---

[83] Erhebung in den Ghzgl. hessischen Adelsstand am 14.6.1853.

Emil Prinz von Hessen und bei Rhein
Präsident der 1. Kammer des Landtags des
Großherzogtums Hessen 1832-1849

Alexander Prinz von Hessen und bei Rhein
Präsident der 1. Kammer des Landtags des
Großherzogtums Hessen 1886-1888

Prinz von Hessen und bei Rhein, Aemilianus (*Emil*) Maximilian, geb. 3.9.1790 Darmstadt, gest. 30.4.1856 Baden-Baden. – Ghzm. Hessen: 1. Kammer 1820-1849; Präsident (1. Präsident) der 1. Kammer 1832-1849.   Götz/Rack

Prinz von Hessen und bei Rhein, *Alexander* Ludwig (Christian), geb. 15.7.1823 Darmstadt, gest. 15.12.1888 Darmstadt. – Ghzm. Hessen: 1. Kammer 1848-1849 (nicht förmlich eingetreten) und [1856] 1862-1888; Präsident (1. Präsident) der 1. Kammer 1886-1888.   Götz/Rack

Prinz von Hessen und bei Rhein, *Carl* Wilhelm Ludwig, geb. 23.4.1809 Darmstadt, gest. 20.3.1877 Darmstadt. – Ghzm. Hessen: 1. Kammer 1834-1849 und 1856-1877.   Götz/Rack

Landgraf von Hessen und bei Rhein, *Christian* Ludwig, geb. 25.11.1763 Buchsweiler, gest. 17.4.1830 Darmstadt. – Ghzm. Hessen: 1. Kammer 1820-1830.
          Götz/Rack

Dr. h.c. Prinz (Erbgroßherzog) von Hessen und bei Rhein, Friedrich Wilhelm *Ludwig* Carl, geb. 12.9.1837 Bessungen, gest. 13.3.1892 Darmstadt; 1877 Großherzog *Ludwig IV.* – Ghzm. Hessen: 1. Kammer 1863-1877.   Götz/Rack

Prinz von Hessen und bei Rhein, *Friedrich* August, geb. 14.5.1788 Darmstadt, gest. 16.3.1867 Paris. – Ghzm. Hessen: 1. Kammer 1820-1849 und 1856-1867 (nie förmlich beigetreten).   Götz/Rack

Prinz von Hessen und bei Rhein, *Heinrich* Ludwig, geb. 28.11.1838 Bessungen, gest. 16.9.1900 München. – Ghzm. Hessen: 1. Kammer [1863] 1881-1900.

Götz/Rack

Prinz (Landgraf) von Hessen und bei Rhein, Ludwig (*Louis*) Georg Karl, geb. 27.3.1749 Darmstadt, gest. 26.10.1823 Darmstadt. – Ghzm. Hessen: 1. Kammer 1820-1823.

Götz/Rack

Prinz (Erbgroßherzog) von Hessen und bei Rhein, Ludwig, geb. 26.12.1777 Darmstadt, gest. 16.6.1848 Darmstadt; 1830 Großherzog *Ludwig II.* – Ghzm. Hessen: 1. Kammer 1820-1830.

Götz/Rack

Prinz (Erbgroßherzog) von Hessen und bei Rhein, Ludwig, geb. 9.6.1806 Darmstadt, gest. 13.6.1877 Seeheim; seit 5.3.1848 Mitregent, 16.6.1848 Großherzog *Ludwig III.* – Ghzm. Hessen: 1. Kammer 1832-1848.

Götz/Rack

Prinz von Hessen und bei Rhein, Ludwig *Georg* Karl Friedrich Ernst, geb. 31.8.1780 Darmstadt, gest. 17.4.1856 Darmstadt. – Ghzm. Hessen: 1. Kammer 1821-1849.

Götz/Rack

Prinz von Hessen und bei Rhein, *Wilhelm* Ludwig, geb. 16.11.1845 Bessungen, gest. 24.5.1900 Darmstadt. – Ghzm. Hessen: 1. Kammer 1872-1900.

Götz/Rack

Landgraf von Hessen-Philippsthal, Carl II., geb. 22.5.1803 Philippsthal, gest. 12.2.1868 Philippsthal; 1849 Landgraf zu Philippsthal. – Kurhessen: 1. Kammer 1855-1861.

Losch; Sieburg; J.L.

Landgraf von Hessen-Philippsthal, *Ernst* Eugen Carl August Bernhard Paul, geb. 20.12.1846 Philippsthal, gest. 22.12.1925 Eisenach; 1868 Landgraf zu Philippsthal; MdH [1905-1918; nie förmlich eingetreten]. – Kassel 1868-1885.

Pelda; J.L.

Landgraf von Hessen-Philippsthal, Ernst I. Constantin, geb. 8.8.1771 Philippsthal, gest. 25.12.1849 Meiningen; 1816 Landgraf zu Philippsthal. – Kurhessen: Ständeversammlung 1831-1832 [-1849] (gouv.).

Losch; Sieburg; J.L.

Landgraf von Hessen-Philippsthal-Barchfeld, *Alexis* Wilhelm Ernst, geb. 13.9.1829 Burgsteinfurt, gest. 16.8.1905 Herleshausen; 1854 Landgraf zu Barchfeld; MdH 1882-1905. – Kassel 1868-1885.

Pelda; J.L.

Landgraf von Hessen-Philippsthal-Barchfeld, *Carl* August Philipp Ludwig, geb. 27.6.1784 Barchfeld, gest. 17.7.1854 Philippsthal; 1803 Landgraf zu Barchfeld. – Kurhessen: Ständeversammlung 1831-1832 [-1850] und 1. Kammer [1852-1854] (gem. lib. 1831-1832).

Losch; Sieburg; J.L.

Dr. jur. Hessenberg, Georg Wilhelm, geb. 10.8.1808 Frankfurt, gest. 31.8.1860 Frankfurt; Konsistorialrat; 1844-1857 Senator, 1850 und 1854 Jüngerer Bürgermeister. – Freie Stadt Frankfurt: Gesetzgebende Versammlung 1839-1848, 1853 und 1856, Verfassunggebende Versammlung 1848-1849; Präsident der Gesetzgebenden Versammlung 1852-1854 und 1856.

Frost; J.L.

Dr. h.c. Hessenberg, Johann Friedrich, geb. 1.6.1810 Frankfurt, gest. 18.7.1874 Frankfurt; Silberarbeiter, Juwelier, Mineraloge, Schriftsteller. – Freie Stadt Frankfurt: Gesetzgebende Versammlung 1847 und 1849-1850.

Frost

Hessenberg, Wilhelm Conrad, get. 21.12.1775 Frankfurt, gest. 23.8.1837 Frankfurt; Silberarbeiter, Silberschmied. – Freie Stadt Frankfurt: Gesetzgebende Versammlung 1817 und 1837, Ständige Bürgerrepräsentation 1825-1837.

Frost

Dr. jur. Georg Wilhelm Hessenberg
Präsident der Gesetzgebenden Versammlung der
Freien Stadt Frankfurt 1852-1854 und 1856

Hetzler (-Harnier), Georg Ferdinand, geb. 21.6.1790 Frankfurt, gest. 6.11.1864 Frankfurt. – Freie Stadt Frankfurt: Ständige Bürgerrepräsentation 1837-1864 (Stadtrechnungsrevisionskolleg 1844-1864). Frost

Heuer, Johann Wilhelm Ferdinand, geb. ... , gest. ... ; Handelsmann. – Freie Stadt Frankfurt: Gesetzgebende Versammlung 1861-1866. Frost

Heumann, *Karl* Jakob Philipp Georg, geb. 27.2.1804 Seeheim, gest. 14.11.1804 Dornheim; evangelischer Pfarrer in Dornheim. – Ghzm. Hessen: 2. Kammer 1856-1862. Ruppel/Groß

Heusenstamm – s. Heussenstamm

Heuser, Georg Ludwig Christian, geb. 9.6.1745 Tann in der Rhön, gest. 2.8.1811 Bad Nenndorf; Regierungsrat, Justizrat, Regierungsarchivar, 1808 Mitglied des Tribunals 1. Instanz in Rinteln ab 1808. – Kgr. Westphalen 1808-1811. Lengemann I

von Heusinger, Wolfgang, geb. 16.9.1928 Berlin; Landwirt in Lohfelden, Krs. Kassel. – Land Hessen: Hessischer Landtag 1974-1991 (CDU).
Lengemann II; Kanzlei des Landtags

Heussenstamm (Heusenstamm), Georg Jacob, geb. ... , gest. ... ; Jurist, Hypothekenbuchführer.. – Freie Stadt Frankfurt: Gesetzgebende Versammlung 1832, Verfassunggebende Versammlung 1848-1849. Frost; J.L.

Dr. jur. Heussenstamm, Carl Johann Moritz, geb. 4.6.1835 Frankfurt, gest. 29.7.1913 Frankfurt; Rechtsanwalt, 1880-1899 (2.) Bürgermeister; Vorsitzender der Frankfurter Stadtverordnetenversammlung 1877-1880. – Wiesbaden und Hessen-Nassau 1891-1913 (frsg. 1890-1910, FoVP 1910-1913). Burkardt/Pult; J.L.

Heyde, Philipp, geb. 12.7.1815 Ronshausen, gest. 13.11.1883 Ronshausen; Bürgermeister in Ronshausen. – Kurhessen: 2. Kammer 1858-1862. Losch; Sieburg

von der Heyde – s. von der Heide

Dr. phil. h.c. von Heyden, *Carl* Heinrich Georg, geb. 20.1.1793 Frankfurt, gest. 7.1.1866 Frankfurt; Deputierter beim Kriegszeugamt und Forstamt; 1827-1837 Senator, 1837-1864 Schöff, 1836 Jüngerer Bürgermeister, 1845, 1848, 1850 und 1853 Älterer Bürgermeister. – Freie Stadt Frankfurt: Gesetzgebende Versammlung 1824-1826, 1829-1830, 1832, 1834-1835, 1838, 1841-1844 und 1847 (kons.).
Frost; J.L.

van der Heyden, Gotthard Eduard, geb. 15.12.1817 Frankfurt, gest. 11.5.1902 ... ; Fabrikbesitzer. – Freie Stadt Frankfurt: Gesetzgebende Versammlung 1856-1857. Frost

Heydenreich, Ernst, geb. 19.1.1864 ... , gest. 9.12.1936 Malsfeld; Rittergutsbesitzer in Malsfeld. – Kassel 1912-1919 (44. KLT).   Pelda

Heydenreich, Franz Karl Theodor, geb. 21.6.1838 Oberweimar, gest. 2.1.1904 Spangenberg; Rentier in Malsfeld, später in Spangenberg. – Kassel und Hessen-Nassau 1903.   Pelda

Dr. med. Heydenreich, *Ludwig* Theodor Christian, geb. 31.8.1805 Usingen, gest. 31.3.1885 Wiesbaden; Medizinrat in Herborn, ab 1850 in Dillenburg, 1854 in Kronberg und ab 1863 in Wiesbaden; Mitglied des Staatenhauses des Unionsparlaments 1850. – Nassau: Ständeversammlung 1848-1851 (Club der Rechten), II. Kammer 1852-1857 und I. Kammer 1865 (kons., großdt.).
                                    Rösner-Hausmann; J.L.

Heyder, gen. Arleder, Christian Friedrich, geb. 2.2.1791 Frankfurt, gest. 19.5.1861 Frankfurt; Bankier. – Freie Stadt Frankfurt: Ständige Bürgerrepräsentation 1821-1830, Gesetzgebende Versammlung 1823, 1825 und 1827-1829.
                                    Frost

(von) Heyder-St. George[84], Johann Georg, geb. 15.9.1812 Frankfurt, gest. 15.8.1888 Frankfurt; Handelsmann. – Freie Stadt Frankfurt: Ständige Bürgerrepräsentation 1845-1855, Gesetzgebende Versammlung 1858.   Frost; J.L.

Freiherr von der Heydt[85], Bernhard, geb. 25.9.1840 Elberfeld, gest. 9.1.1907 Wannsee bei Berlin; Landrat des Obertaunuskreises. – Wiesbaden und Hessen-Nassau 1893-1894.   Burkardt/Pult; J.L.

von Heydwolff, *Friedrich* August Bogislaw, geb. 20.10.1778 Oberweimar, gest. 31.12.1858 Oberweimar; Hauptmann zu Oberweimar. – Kurhessen: Ständeversammlung 1831-1838 (gouv. 1831, 1833-1835, gem. lib. 1832-1833, 1836-1838).
                                    Losch; Sieburg; J.L.

von Heydwolff, *Friedrich* Wilhelm Ernst, geb. 20.10.1746 Germershausen, gest. 26.4.1824 Germershausen; Herr auf Germershausen Rittergutsbesitzer. – Kgr. Westphalen 1808-1813; Hessen-Kassel 1815-1816, während der Abwesenheit des Erbmarschalls *Karl Georg Riedesel Freiherr von Eisenbach* vom 15.2. bis 10.5.1816 amtierender Direktor der 1. Kurie und damit amtierender Präsident des Hessen-Kasselischen Landtags.
                                    Lengemann I; Sieburg (J.L.)

von Heydwolff, *Heinrich* Carl Friedrich Gerhard, geb. 13.5.1823 Oberweimar, gest. 3.8.1886 Kassel; Oberforstassessor, später Regierungsrat in Kassel. – Kurhessen: Ständeversammlung 1862-1863.
                                    Losch; Sieburg

von Heydwolff, Ludwig (*Louis*) Florens August, geb. 20.8.1807 Soest, gest. 17.2.1885 Germershausen; Oberstleutnant a.D. – Kassel 1868-1871.   Pelda

Heyer, Georg Wilhelm Friedrich, geb. 2.3.1771 Bromskirchen, gest. 28.2.1847 Gießen; Buchhändler in Gießen und später in Darmstadt. Ghzm. Hessen: 2. Kammer 1820-1824 und 1832-1833 (Lib-Kons).   Ruppel/Groß

Dr. jur. h.c. Freiherr von Heyl zu Herrnsheim[86], *Cornelius* Wilhelm, geb. 10.2.1843 Worms, gest. 25.9.1923 Pfan-

---

[84] Erhebung in den Kaiserlich österreichischen Adelsstand als »von Heyder« am 24.9.1862; Frankfurter Anerkennung der Erhebung in den Adelsstand am 21.11.1862.
[85] Erhebung in den Kgl. preußischen Adels- und Freiherrenstand mit der Nobilitierung des Vaters am 31.1.1863.

nenmoos, SG, Schweiz; Fabrikant (Lederwerke Cornelius Heyl) in Worms; MdR 1874-1878, 1879-1881 und 1893-1918 (NL). – Ghzm. Hessen: 1. Kammer 1877-1918 (NL, [DVP *1919*]); Vizepräsident (3. Präsident) der 1. Kammer 1905-1918.   Götz/Rack; J.L.

Heyl, Johann Philipp, geb. 9.9.1770 Weyer bei Runkel, gest. 13.10.1853 Weyer bei Runkel; Bürgermeister. – Nassau: Ständeversammlung 1848-1851 (Club der Rechten).   Rösner-Hausmann

Heyl, Leonhard (II), geb. 16.10.1814 Worms, gest. 19.1.1877 Worms; Tabakhändler und -fabrikant in Worms. – Ghzm. Hessen: 1. Kammer 1859-1877.   Götz/Rack

Freiherr von Heyl zu Herrnsheim, *Ludwig* Cornelius, geb. 11.12.1886 Worms, gest. 6.11.1962 Worms; Geschäftsführer der Heyl'schen Lederwerke und Großgrundbesitzer in Worms. – Volksstaat Hessen 1924-1927 (DVP).   Ruppel/Groß

Heymel, Matthäus, geb. ... , gest. ... ; Schultheiß in Fambach. – Kurhessen: Ständeversammlung 1833-1838, 1845-1846 und 1849-1850 (gem. lib. 1833-1838).   Losch; Sieburg; J.L.

Heyn, Valentin, geb. 14.2.1805 ... , gest. ...; Kreissekretär a.D. in Gelnhausen. – Kurhessen: Ständeversammlung 1836 (gem. lib.).   Losch; Sieburg; J.L.

Heyn, Wolfram, geb. 7.12.1943 Schneidemühl; Fachhochschullehrer, Professor an der Fachhochschule in Frankfurt, wohnhaft in Bruchköbel. – Land Hessen: Hessischer Landtag 1974-1982 (SPD).
                    Lengemann II; Kanzlei des Landtags

Heyne, Richard, geb. 27.9.1882 Offenbach, gest. 18.3.1961 Offenbach; Regierungsrat in Worms, dann Fabrikant in Offenbach. – Volksstaat Hessen 1931 (DVP).   Ruppel/Groß

Heyse, Walter, geb. 17.6.1902 Paschkerwitz in Schlesien, gest. 6.1.1980 Frankfurt; Gaugeschäftsführer und Propagandaleiter der NSDAP im Gau Hessen, später Landrat in Usingen; MdR 1933-1945 (NSDAP). – Volksstaat Hessen 1933 (NSDAP).   Ruppel/Groß; J.L.

von Hiddessen, *Wilhelm* Franziskus Joseph Xaverius, geb. 15.10.1768 Warburg, gest. 31.3.1853 Salzkotten; Besitzer des erbfreien von Hiddessen'schen Gutes in Warburg, bis 1807 Justiz- und Polizeidirektor in Warburg, 1808-1813 Maire (Bürgermeister) von Stadt und Kanton Warburg, später Landrat des Kreises Warburg. – Kgr. Westphalen 1808-1813.   Lengemann I

Hielscher, Hans-Jürgen, geb. 14.2.1960 Frankfurt; Verlagskaufmann in Frankfurt, 1996 Erster Kreisbeigeordneter des Main-Taunus-Kreis. – Land Hessen: Hessischer Landtag 1987-1996 (F.D.P.).
                    Kanzlei des Landtags

Dr. jur. Hiepe, Siegmund Paul, geb. 17.8.1770 Wetzlar, gest. 3.5.1845 Frankfurt; Jurist, 1837 Syndikus und Appellationsgerichtsrat; Senator 1825-1836, 1836-1845 Schöff, 1834 Jüngerer Bürgermeister. – Freie Stadt Frankfurt: Gesetzgebende Versammlung 1817-1839, Ständige Bürgerrepräsentation 1817-1825; Vizepräsident der Gesetzgebenden Versammlung 1819 und 1821-1823. Präsident der Gesetzgebenden Versammlung 1828,   Frost; J.L.

Hild, Karl, geb. 15.1.1873 Benneckenstein am Harz, gest. 16.5.1938 Düsseldorf; Oberbürgermeister der Stadt Hanau. – Kassel und Hessen-Nassau 1919 (45. KLT) -1920 (DDP).   Pelda

---

[86] Erhebung in den Ghzgl. hessischen Adels- und zunächst in an den Besitz des Fideikommisses Herrnsheim geknüpften, ab 31.3.1897 quasi unbeschränkten Freiherrenstand am 31.3.1886.

Hildebrand, Adam, geb. ... , gest. ... . –
Freie Stadt Frankfurt: Gesetzgebende
Versammlung 1860-1866.   Frost

Dr. phil. Hildebrand, Friedrich *Bruno*,
geb. 6.3.1812 Naumburg an der Saale,
gest. 28.1.1878 Jena; Professor der
Staatswissenschaften in Marburg, 1846
wegen Majestätsbeleidigung suspendiert,
1850 Flucht in die Schweiz, Professor in
Zürich und Bern, ab 1861 in Jena; MdN
1848-1849 (Westendhall, Märzverein);
MdL Sachsen-Weimar-Eisenach 1864-
1866. – Kurhessen: Ständeversammlung
1849-1850 (lib.-dem.).   Losch; Sieburg; J.L.

Hildebrand, Hermann Heinrich, geb. ... ,
gest. ... ; Buchbindermeister. – Freie Stadt
Frankfurt: Gesetzgebenden Versammlung
1842-1845 und 1848.   Frost

Hildebrandt, Walter[87], geb. 4.8.1809
Malsfeld, gest. 9.8.1879 Spangenberg;
Ökonom in Lispenhausen. – Kurhessen:
Ständeversammlung 1838 und 1839-
1841 (gem. lib. 1838).   Losch; Sieburg; J.L.

Hildwein, Laurent Joseph, geb.
15.2.1877 Kolmar im Elsaß, gest.
24.1.1947 Frankfurt; Lehrer in Hanau,
1933 aus dem Schuldienst entlassen. –
Kassel und Hessen-Nassau 1919-1925
(SPD).   Pelda

Hilf, *Hubert* **Arnold,** geb. 25.12.1820
Limburg, gest. 18.1.1909 Limburg;
Rechtsanwalt und Notar in Limburg, Unternehmer (u.a. Teilhaber an Berg-, Gas-
und Kalkwerken und an Mineralbrun-
nen); MdR 1875-1881 (F). – Nassau: I.
Kammer 1858-1863; Wiesbaden und
Hessen-Nassau 1886-1908 (DFrsgP
1886-1893, ...), Vorsitzender (Präsident)
des Kommunal-Landtags Wiesbaden

Hubert Hilf (DFrsgP)
Vorsitzender (Präsident) des Kommunal-Landtags
Wiesbaden 1886-1898 und Präsident des Provinzial-
Landtags Hessen-Nassau 1890-1897

1886-1898, Vizepräsident des I. und II.
Provinzial-Landtags Hessen-Nassau
1886-1887, Präsident des III. -VII. Provinzial-Landtags Hessen-Nassau 1890-
1897.

Rösner-Hausmann; J.L.

Hilfenhaus, Rudi, geb. 11.6.1937 Welkers, Krs. Fulda; Maschinenschlosser im
Ausbesserungswerk Fulda, technischer
Beamter bei der Deutschen Bundesbahn,
wohnhaft in Welkers; Mitglied der 7. und
der 8. Bundesversammlung. – Land Hessen: Hessischer Landtag 1974-1991
(SPD).   Lengemann II; Kanzlei des Landtags

Dr. phil. Hillebrand, Heinrich *Joseph*,
geb. 24.8.1788 Großdüngen bei Hildesheim, gest. 25.1.1871 Bad Soden; Professor für Philosophie in Gießen. – Ghzm.
Hessen: 2. Kammer 1847-1856 und
1862-1865 (lib.); Präsident der 2. Kam-

---

[87] Nach GROTHE führte der Abgeordnete den Vornamen *Johannes*; ob beide Bezeichungen die gleiche
Person meinen oder wer tatsächlich Mitglied der
Ständeversammlung war, konnte bei der Erarbeitung des Index nicht erforscht werden.

mer 1849-1850, Vizepräsident (2. Präsident) der 2. Kammer 1850.

Ruppel/Groß; J.L.

Hillenbrand, Kaspar, geb. 9.8.1794
Horas bei Fulda, gest. 19.5.1867 Molzbach; Ökonom in Molzbach. – Kurhessen: Ständeversammlung 1848-1850
(dem.).   Losch; Sieburg

Hillenbrand, Silvia, geb. 30.3.1947 Fulda;
bis 1990 Angestellte bei der Deutschen
Bundespost im Schalterdienst und Ver-
waltungsdienst, wohnhaft in Fulda. –
Land Hessen: Hessischer Landtag seit
1991 (SPD).   Kanzlei des Landtags

Dr. phil. Hilpert, Werner, geb. 17.1.1897
Leipzig, gest. 24.2.1957 Oberursel;
Volkswirt, 1945 Treuhänder des blockier-
ten Vermögens für Thüringen, 1945-1947
Hauptgeschäftsführer der IHK Frankfurt,
1945-1946 (Groß-) Hessischer Minister
ohne Ressort, 1946-1947 Hessischer Minister für Wirtschaft und Verkehr, 1947-
1951 Hessischer Minister der Finanzen,
1945-1951 zugleich stellvertretender Ministerpräsident, 1952 Vorstandsmitglied
der Deutschen Bundesbahn, wohnhaft in
Oberursel; MdB 1949 (CDU); Stellvertretendes Mitglied des Bundesrates 1949,
Mitglied des Bundesrates 1949-1951;
Mitglied der 1. Bundesversammlung. –
Land Hessen: Beratender Landesausschuß 1946, vom Ministerpräsidenten mit
dessen ständiger Vertretung im Vorsitz ab
26.2.1946 beauftragt; Verfassungberatende Landesversammlung Groß-Hessen
1946 (CDU); Hessischer Landtag 1946-
1947 und 1950-1952 (CDU), Vorsitzender der CDU-Fraktion 1950-1952.

Lengemann II; Kanzlei des Landtags

Hilsenberg, Georg, geb. ... Floh, gest. ...
Floh; Bürgermeister in Floh. – Kurhessen: 2. Kammer 1858-1860. Losch; Sieburg

Himmerich, Franz, geb. 30.6.1849
Herschbach, gest. 22.9.1934 Her-

Dr. Werner Hilpert (CDU)
vom Ministerpräsidenten mit dessen ständiger
Vertretung im Vorsitz des Beratenden
Landesausschusses beauftragt 1946

schbach; Kassierer. – Wiesbaden und
Hessen-Nassau 1896-1918.   Burkardt/Pult

Himmerich, Johann, geb. 14.10.1834
Herschbach, gest. 22.4.1880 Herschbach;
Bürgermeister. – Wiesbaden 1875-1879.

Burkardt/Pult

Himmighoffen, Johann Philipp, geb.
21.10.1792 Frankfurt, gest. 19.6.1880
Frankfurt; Bäckermeister. – Freie Stadt
Frankfurt: Gesetzgebende Versammlung
1831-1835 und 1851.   Frost

Hinckel, Philipp David, geb. 16.3.1767
Wetzlar, gest. ... ; Handelsmann, Weinhändler, Gasthalter. – Freie Stadt Frankfurt: Gesetzgebende Versammlung 1824-
1832.   Frost

Hinz, Priska, geb. 10.3.1959 Diez; Erzie-
herin in Frankfurt, 1982-1985 Fraktions-
assistentin der GRÜ-Fraktion im Landtag, 1989-1994 hauptamtliche Stadträtin
in Maintal, 1994-1995 Staatssekretärin
im Hessischen Ministerium für Umwelt,
Energie und Bundesangelegenheiten und
Bevollmächtigte des Landes Hessen beim
Bund. – Land Hessen: Hessischer Landtag: 1985-1989 (GRÜ) und seit 1995 (B
90/GRÜ). Lengemann II; Kanzlei des Landtags

Hirsch, Friedrich *August*, geb. 4.2.1798
Büdingen [?], gest. 24.3.1838 Darmstadt;
Oberfinanzkammerrat in Darmstadt. –
Ghzm. Hessen: 2. Kammer 1834-1836
(kons.). Ruppel/Groß

Hirsch, Friedrich Ludwig, geb.
25.10.1828 Alsheim, gest. 31.12.1919
Alsheim; Gutsbesitzer in Alsheim. –
Ghzm. Hessen: 2. Kammer 1890-1899
(NL). Ruppel/Groß

Hirsch, Georg Jakob, geb. 5.2.1794 Alsheim, gest. 24.3.1865 Alsheim; Gutsbesitzer und Bürgermeister in Alsheim. –
Ghzm. Hessen: 2. Kammer 1856-1865.
Ruppel/Groß

Hirsch, Philipp Carl, geb. 4.11.1805
Frankfurt, gest. 27.2.1857 Frankfurt;
Hutmachermeister. – Freie Stadt Frankfurt: Gesetzgebende Versammlung 1843-
1845. Frost

Hirschel, Karl Otto, geb. 2.7.1862 Frankfurt, gest. 22.9.1919 Friedberg; Architekt,
Direktor der Landwirtschaftlichen Haupt-
genossenschaft für Oberhessen in Friedberg, Herausgeber der *Deutschen Volkswacht*; MdR 1893-1898 (DRefP). –
Ghzm. Hessen: 2. Kammer 1902-1908
(Bauernbund). Ruppel/Groß; J.L.

Hirschhorn, *Rudolf* Siegfried, geb.
3.7.1834 Gießen, gest. 28.7.1921 Gießen;
Advokat und Prokurator am Hofgericht,
1880 Rechtsanwalt in Gießen. – Ghzm.

Hessen: 2. Kammer 1875-1878 (NL).
Ruppel/Groß

Hisserich, Karl, geb. 30.11.1926 Hom-
berg (Ohm); Rechtspfleger beim Amtsge-
richt in Alsfeld; Mitglied der 7. und 8.
Bundesversammlung. – Land Hessen:
Hessischer Landtag 1970-1987 (SPD).
Lengemann II

Dr. jur. Hoch, Johann Peter Hieronymus,
geb. 16.1.1779 Frankfurt, gest. 21.6.1831
Frankfurt; Jurist, 1830 Appellationsgerichtsrat; 1816-1826 Senator, 1826-1831
Schöff, 1822 und 1824- 1826 Mitglied
des Engeren Rats, 1820 und 1823 Jüngerer Bürgermeister, 1829 Älterer Bürgermeister. – Freie Stadt Frankfurt: Gesetzgebende Versammlung 1819, 1822,
1825-1828 und 1831. Frost; J.L.

Hock, Johann Caspar, geb. 22.2.1799 ... ,
gest. 25.1.1871 Frankfurt; Schneidermeister. – Freie Stadt Frankfurt: Gesetzgebende
Versammlung 1846-1847, Verfassunggebende Versammlung 1848-1849. Frost; J.L.

Hocke, Heinrich, geb. 2.12.1825 Zennern,
gest. 4.10.1887 Zennern; Bürgermeister
in Zennern. – Kurhessen: 2. Kammer
1852-1854 (gouv.). Losch; Sieburg; J.L.

Höchst, Georg, geb. 7.4.1838 Obertiefenbach, gest. 29.9.1908 Obertiefenbach;
Landwirt, Bürgermeister a.D. – Wiesbaden und Hessen-Nassau 1886-1908.
Burkardt/Pult

Höchst, Johannes, geb. 29.1.1798 Obertiefenbach, gest. 16.2.1872 Obertiefenbach; Landwirt und Schultheiß. – Nassau: Deputiertenkammer 1836-1848, I.
Kammer: 1852-1863 und II. Kammer
1864 [Z]. Rösner-Hausmann; J.L.

Höhle, Henrich Wilhelm, geb. 17.2.1806
Waldeck, gest. 15.5.1849 Waldeck; Bürgermeister in Waldeck. – Waldeck: Landstand 1838-1848. König/Lengemann/Seibel

Höhle, Johann Christian, geb. 30.8.1775 Waldeck, gest. 8.7.1849 Waldeck; Kaufmann und mehrfach Bürgermeister in Waldeck. – Waldeck: Landstand 1814-1816, 1818-1819, 1820-1822, 1824-1826, 1830-1831 und 1834-1835.

König/Lengemann/Seibel

Höhle, Johann Jacob, geb. 2.5.1777 Waldeck, gest. 27.2.1846 Waldeck; mehrfach Bürgermeister in Waldeck. – Waldeck: Landstand 1826-1828, 1829-1830, 1831-1832 und 1835-1836. König/Lengemann/Seibel

Höhn, Philipp Rudolph, geb. 18.3.1834 Langenschwalbach, gest. 25.1.1906 Wiesbaden; Bürgermeister. Wiesbaden und Hessen-Nassau 1886-1897.

Burkardt/Pult

Höhne, Eitel Oskar, geb. 19.7.1922 Dresden; 1955-1961 Landesrat und Personaldezernent beim LWV Hessen, 1961-1988 Landrat des Kreises Eschwege bzw. des Werra-Meißner-Kreises; Mitglied der Verbandsversammlung des LWV Hessen seit 1953, Vizepräsident der Verbandsversammlung 1969-1985 und Präsident der Verbandsversammlung seit 1985; Mitglied der 2. Bundesversammlung. – Land Hessen: Hessischer Landtag 1950-1970 (SPD). Lengemann II; Kanzlei des Landtags

Hölzel, Friedrich August, geb. 16.4.1897 Dotzheim, gest. 16.10.1944 KZ Dachau; Maurer, Gewerkschaftssekretär. – Wiesbaden und Hessen-Nassau 1927-1929 und 1930-1933 (SPD). Burkardt/Pult

Höner, *Karl* Heinrich Wilhelm, geb. 28.11.1877 Gadderbaum, gest. 15.4.1969 Hofgeismar; gelernter Buchdrucker, Kaufmann, Betriebsleiter, 1945-1948 Landrat des Kreises Hofgeismar. – Kassel und Hessen-Nassau 1919-1925 (SPD). Pelda

Höpfner, Ernst *Georg* Philipp, geb. 8.10.1780 Gießen, gest. 22.6.1845 Darmstadt; Oberappellations- und Kassations-

gerichtsrat in Darmstadt. – Ghzm. Hessen: 2. Kammer 1832-1833 (lib.).

Ruppel/Groß

Dr.-Ing. e.h. Höpfner, *Paul* Georg, geb. 28.4.1857 Grubnitz in Sachsen, gest. 27.3.1929 Kassel; Stadtbaurat in Kassel. – Kassel und Hessen-Nassau 1917-1919 (44. KLT). Pelda

Freiherr von Hövel, *Friedrich* Alexander Joseph Raphael, geb. 16.4.1766 Haus Herbeck bei Hagen, gest. 8.11.1826 Münster in Westfalen; Fideikommißherr u.a. auf Herbeck, bis 1807 Kammerpräsident in Minden, 1808 Präfekt des Leine-Departements in Göttingen, 1808-1809 Staatsrat in der Finanzsektion in Kassel, später in Diensten des Großherzogtums Berg und dann mit Stein und Hardenberg Vorbereitung u.a. der Gesetze für die Provinzial-Stände in Preußen; Mitglied der Provinzial-Stände (Provinzial-Landtag) der Provinz Westfalen 1826. – Kgr. Westphalen 1808. Lengemann I

Hofacker, Friedrich (*Fritz*), geb. 28.2.1881 Elberfeld, gest. 4.7.1952 Köln; gelernter Dreher, Maschinenbauer, Bezirksleiter des Eisenbahnerverbandes in Kassel, 1945-1946 Landrat des Rhein-Wupper-Kreises, dann städtischer Bediensteter in Köln; Stadtverordnetenvorsteher in Kassel 1929-1933; MdL Preußen 1932-1933 (SPD). – Kassel und Hessen-Nassau 1930 (60. KLT) -1932 (SPD). Pelda; J.L.

Hoff, Volker, geb. 18.9.1957 Frankfurt; bis 1990 Geschäftsführer der CDU-Kreistagsfraktion Offenbach-Land, seit 1988 Mitinhaber und kaufmännischer Geschäftsführer einer Werbeagentur, wohnhaft in Mühlheim. – Land Hessen: Hessischer Landtag seit 1991 (CDU).

Kanzlei des Landtags

Hoffbauer, *Peter* Friedrich, geb. 24.7.1750 Bielefeld, gest. 6.1.1823 Herford; bis 1807 Kriegs- und Domänenrat bei der Kammer in Minden, 1808 Gutachtertätigkeit für den Präfekten des Weser-Departements bei der Abgrenzung der Distrikte, Kantone und Kommunen, später Chef der Provisorischen Preußischen Regierungskommission in Minden. – Kgr. Westphalen 1808-1811.

Lengemann I

Hofferberth, Johann _Friedrich_, geb. 11.12.1798 Mümling-Grumbach, gest. 7.8.1867 Mümling-Grumbach; Landwirt in Mümling-Grumbach. – Ghzm. Hessen: 2. Kammer 1849-1850.   Ruppel/Groß

Hoffmann, Bernhard, geb. 28.11.1871 Yokohama, Japan, gest. ... ; Kreisamtmann bzw. Landrat des Kreises Pyrmont, 1920 Oberregierungsrat und Leiter der Präsidialstelle des Landesfinanzamtes in Breslau. – Waldeck: Landtag 1911-1919 und Landesvertretung 1919-1922 ([WV _1912_], DNVP 1919-1922).

König; König/Lengemann/Seibel

Hoffmann, Carl Heinrich Wilhelm, geb. 17.7.1770 Rödelheim, gest. 8.6.1829 Geroldsgrün in Oberfranken; Jurist. – Freie Stadt Frankfurt: Ständige Bürgerrepräsentation 1821-1829, Gesetzgebende Versammlung 1823.   Frost

Hoffmann, Carl, geb. 2.10.1795 Harmuthsachsen, gest. 19.5.1878 Kassel; evangelischer Pfarrer in Homberg, später Metropolitan und Konsistorialrat in Kassel. – Kurhessen: Ständeversammlung 1835-1838 und 1. Kammer 1855 (-1857 ?) (gem. lib. 1835-1838).Losch; Sieburg; J.L.

Dr. jur. Hoffmann, _Carl_ Johann, geb. 4.11.1819 Darmstadt, gest. 25.7.1874 Darmstadt.; Hofgerichtsadvokat in Darmstadt; MdR 1871-1874 (NL). – Ghzm. Hessen: 2. Kammer 1850 und 1862-1874 (F, [spätestens 1871] NL); Präsident der 2. Kammer 1872-1874.

Ruppel/Groß; J.L.

Hoffmann, Christel, geb. 19.3.1949 Kirberg, Krs. Limburg; Lehrerin am Gymnasium in Eltville, wohnhaft in Oestrich-Winkel. – Land Hessen: Hessischer Landtag seit 1989 (SPD).

Kanzlei des Landtags

Hoffmann, Ernst Emil, geb. 17.1.1785 Darmstadt, gest. 22.5.1847 Darmstadt; Spezereihändler, Schokoladenfabrikant und Herausgeber des _Hessischen Volksblatts_ in Darmstadt. – Ghzm. Hessen: 2. Kammer 1829-1830 und 1832-1834 (lib.).   Ruppel/Groß

Hoffmann, G. Wilhelm, geb. ... , gest. ... ; Hauptmann, 1839 Major. – Freie Stadt Frankfurt: Gesetzgebende Versammlung 1835-1842.   Frost

Hoffmann, Georg Friedrich, get. 5.2.1764 Frankfurt, gest. 6.12.1848 Frankfurt; Arzt, Fachschriftsteller. – Freie Stadt Frankfurt: Gesetzgebende Versammlung 1820-1825.   Frost

Dr. med. Hoffmann, Heinrich, geb. 13.6.1809 Frankfurt, gest. 20.9.1894 Frankfurt; praktischer Arzt, Schriftsteller, Verfasser des _Struwwelpeter_. – Freie Stadt Frankfurt: Gesetzgebende Versammlung 1847-1848, Verfassunggebende Versammlung 1848-1849.   Frost; J.L.

Hoffmann, Hermann, geb. ... , gest. ... . – Freie Stadt Frankfurt: Ständige Bürgerrepräsentation 1832-1839.   Frost

Hoffmann, J. H. P., geb. ... , gest. ... 1833 ... ; Schneidermeister. – Freie Stadt Frankfurt: Ständige Bürgerrepräsentation 1817-1833.   Frost

Hoffmann, Johann (_Hans_), geb. 14.9.1880 Worms, gest. 17.9.1949 Ebersteinburg bei Baden-Baden; Lehrer in Viernheim, dann in Gießen, 1932-1933 stellvertretender Ministerialdirektor, später Ministerialrat in Wiesbaden. – Volksstaat Hessen 1921-1933 (Z); Vorsitzender der Z-Fraktion 1927-1933.

Ruppel/Groß; J.L.

Hoffmann, Johann Heinrich, geb. ... , gest. ... ; Kaffeewirt, Handelsmann, Weinhändler. – Freie Stadt Frankfurt: Gesetzgebende Versammlung 1818-1828 und 1833-1853, Ständige Bürgerrepräsentation 1822-1863 (Stadtrechnungsrevisionskolleg 1826-1863). Frost

Hoffmann, Johann Heinrich Adam Moritz *Gustav* Ernst, geb. 4.1.1806 Nieder-Mockstadt, gest. 6.12.1872 Dieburg; Forstmeister des Forstes Reinheim bei Dieburg. – Ghzm. Hessen: 1. Kammer 1849-1850 und 2. Kammer 1862-1872 (LibKons). Ruppel/Groß; Götz/Rack

Hoffmann, Karl Eduard Eckhard, geb. 3.8.1824 Marburg, gest. 17.3.1909 Hof Görzhausen; Ökonom auf Hof Görzhausen. – Kassel 1868-1871. Pelda

Dr. Hoffmann, Meinhard, geb. ... , gest. ... ; Fabrikdirektor der Anilinfabrik in Mainkur. – Kassel 1908-1919 (44. KLT). Pelda

Hoffmann, P. C., geb. ... , gest. ... . – Freie Stadt Frankfurt: Ständige Bürgerrepräsentation 1824-1833. Frost

Hoffmann, Wilhelm, geb. 31.8.1789 Darmstadt, gest. 29.7.1863 Darmstadt; Auditeur 1. Klasse in Darmstadt. – Ghzm. Hessen: 2. Kammer 1832-1833.

Ruppel/Groß

Hofmann, Balthasar, geb. ... , gest. ... . – Freie Stadt Frankfurt: Verfassunggebende Versammlung 1848-1849. Frost; J.L.

Hofmann, Georg, geb. 23.2.1798 Hochheim, gest. 17.11.1853 [Suizid] Hochheim; Kaufmann in Hochheim. – Nassau: Deputiertenkammer 1832 (dem.).

Rösner-Hausmann; J.L.

Hofmann, *Gustav* Martin Theodor Georg, geb. 10.11.1827 Hungen, gest. 13.11.1897 Gießen; Stadtgerichtsassessor und Richter am Bezirksstrafgericht in Darmstadt, später Landgerichtsdirektor in Gießen. – Ghzm. Hessen: 2. Kammer 1877-1878. Ruppel/Groß

Hofmann, *Gustav* Moritz Paul, geb. 27.8.1798 Hungen, gest. 9.10.1866 Darmstadt; Landrichter Friedberg, 1865 Visitationskommissar der Stadt- und Landrichter, später Mitglied und Rat am Oberappellations- und Kassationsgericht in Darmstadt; MdN 1848-1849 (Westendhall 1848, Märzverein 1848-1849); Mitglied des Volkshauses des Unionsparlaments 1850. – Ghzm. Hessen: 2. Kammer 1851-1866 (kons.); Vizepräsident (3. Präsident) der 2. Kammer 1851-1856.

Ruppel/Groß; J.L.

Hofmann, Johann Philipp, geb. 22.12.1873 Seligenstadt, gest. 21.10.1925 Seligenstadt; Kaufmann und Fabrikant in Seligenstadt. – Ghzm. Hessen: 2. Kammer 1918 und Volksstaat Hessen 1919-1925 (Z). Ruppel/Groß

Hofmann, *Otto* Georg Hermann Conrad, geb. 7.1.1819 Darmstadt, gest. 25.1.1883 Darmstadt; Hofgerichtsadvokat in Darmstadt. – Ghzm. Hessen: 2. Kammer 1862-1866 (F). Ruppel/Groß

Hofmann, Paul, geb. ... , gest. ... ; Hutmachermeister. – Freie Stadt Frankfurt: Gesetzgebende Versammlung 1822-1830. Frost

Hofmann, Philipp Conrad Wilhelm, geb. 17.2.1804 Herborn, gest. ... ; Kaufmann. – Nassau: I. Kammer 1854-1857.

Rösner-Hausmann

Hofmann-Wohack, P. E. (C.), geb. ... , gest. ... ; Goldarbeiter. – Freie Stadt Frankfurt: Gesetzgebende Versammlung 1821-1824. Frost

Hofsommer, Heiner, geb. 20.9.1945 Friedlos; Lehrer, bis 1990 Schulamtsdirektor in Eschwege, 1991-1993 persönlicher Berater der Thüringer Kultusministerin, seit 1995 Direktor der Jahnschule Hünfeld, wohnhaft in Ludwigsau. – Land Hessen: Hessischer Landtag 1990-1991 und 1993-1995 (CDU). Kanzlei des Landtags

Hohenemser, Wilhelm, geb. ... , gest. ... ; Handelsmann. – Freie Stadt Frankfurt: Gesetzgebende Versammlung 1863 und 1866.   Frost

Edler zu Hohenstein – s. von Steinherr

Hohmann, Florian, geb. 28.2.1823 Hilders, gest. 11.10.1888 Hilders; Landwirt, Wirt und Sparkassenkassierer in Hilders. – Kassel 1872-1883.   Pelda

Hohmann, Heinrich, geb. 22.8.1820 Waldau bei Kassel, gest. 2.12.1876 Marburg; Bürgermeister in Waldau. – Kassel 1868-1874 [NL].   Pelda; J.L.

Hohmann, Johannes, geb. ... , gest. 26.7.1870 Fulda; Domdechant in Fulda. - Kurhessen: 1. Kammer 1861. Losch; Sieburg

Dr. jur. Hohmann-Dennhardt, Christine, geb. 30.4.1950 Leipzig; bis 1989 Direktorin des Sozialgerichtes in Wiesbaden, 1989-1991 hauptamtliche Stadträtin (Sozialdezernentin) in Frankfurt, 1991-1995 Hessische Ministerin der Justiz, 1993 mit der Wahrnehmung der Geschäfte der Hessischen Minsterin für Arbeit, Frauen und Sozialordnung beauftragt, seit 1995 Hessische Ministerin für Wissenschaft und Kunst; Mitglied der Verbandsversammlung des LWV Hessen 1989-1991; stellvertretendes Mitglied des Bundesrats seit 1991 . – Land Hessen: Hessischer Landtag 1995 (SPD). Kanzlei des Landtags

Hold, Christoph Wilhelm, geb. 9.12.1825 Obermeiser, gest. 2.8.1914 Obermeiser; Landwirt und Bürgermeister in Obermei-

ser. – Kassel 1880-1914 und Hessen-Nassau 1886-1914 [NL].   Pelda; J.L.

Dr. jur. Holdheim, Paul Markus Ernst, geb. 27.3.1847 Schwerin, gest. 6.10.1904 Frankfurt; Rechtsanwalt, Notar in Frankfurt. – Wiesbaden und Hessen-Nassau 1886-1904 ([F *vor 1884*], DVP).
                                    Burkardt/Pult; J.L.

Holl, *Philipp* Wilhelm, geb. 15.8.1879 Hömberg in Nassau, gest. 6.10.1947 Wiesbaden; Stadtrat (Dezernent des Arbeitsamtes). – Wiesbaden und Hessen-Nassau 1926-1932 (SPD).
                                    Burkardt/Pult; J.L.

Holland, Christian Leonhard, geb. 7.6.1829 Steinbach-Hallenberg, gest. 24.5.1889 Steinbach-Hallenberg; Hammergewerke in Steinbach. – Kurhessen: 2. Kammer 1861-1862; Kassel 1868-1885.   Losch; Sieburg; Pelda

Holland, Rudolf, geb. 13.3.1895 Steinbach-Hallenberg, gest. ... in Kärnten; Kaufmann, Angestellter in Steinbach-Hallenberg. – Kassel und Hessen-Nassau 1933 (NSDAP).   Pelda

Hollenders, Willi, geb. 23.6.1896 Bocholt/Westf., gest. ... ; Kaufmann, Gastwirt. – Wiesbaden und Hessen-Nassau 1933 (NSDAP).   Burkardt/Pult

Holtzmann – vgl. auch Holzmann

Dr. jur. Holtzmann, Ernst, geb. 21.11.1902 Gießen, gest. 13.7.1996 ... ; Stadtrechtsrat, 1962-1967 Bürgermeister in Darmstadt; Mitglied der 4. Bundesversammlung. – Land Hessen: Hessischer Landtag 1954-1966 (CDU). Lengemann II

Holzapfel, Friedrich Wilhelm, geb. 23.11.1883 Hettersroth, gest. 30.4.1943 Bad Hersfeld; Lehrer in Bad Hersfeld und Kassel. – Kassel und Hessen-Nassau 1926 (55. KLT) -1933 (SPD).   Pelda

Holzapfel, Hartmut, geb. 5.9.1944 Röhrda; Gymnasilallehrer, 1969-1974 Referent im Ministerbüro des Hessischen Kultusministeriums, seit 1991 Hessischer Kultusminister; Stellvertretendes Mitglied des Bundesrates seit 1991; Mitglied der 10. Bundesversammlung. – Land Hessen: Hessischer Landtag 1974-1995 (SPD). Lengemann II; Kanzlei des Landtags

Freiherr von Holzhausen, **Johann** *Justinian Georg*, geb. 28.10.1771 Frankfurt, gest. 23.3.1846 Frankfurt; 4. Fideikommißherr. – Freie Stadt Frankfurt: Gesetzgebende Versammlung 1817-1822.
Frost; J.L.

Holzmann (Holtzmann), **Johann Georg**, geb. 28.8.1791 Petterweil, gest. 15.5.1893 Hof Leustadt bei Stockheim; Bürgermeister in Petterweil. – Ghzm. Hessen: 1. Kammer 1849-1850. Götz/Rack

von Hombergk zu Vach[88], *Friedrich Christian Gustav*, geb. 4.11.1791 Wittgenstein, gest. 5.2.1858 Darmstadt; Direktor des Hofgerichts, 1848 Direktionsmitglied Staatsschuldentilgungskasse, 1855 Präsident des Hofgerichts in Darmstadt. – Ghzm. Hessen: 1. Kammer 1844-1849 und 1856-1858. Götz/Rack; J.L.

Hoos, Burghard, geb. ... Merzhausen in Oberhessen, gest. 28.1.1857 Alt-Wildungen; Verwalter auf der Herrschaftlichen Meierei und Bürgermeister in Alt-Wildungen. – Waldeck: Landstand 1814-1820. König/Lengemann/Seibel

Hoos, Heinrich, geb. 4.5.1809 Ransbach, gest. 15.5.1875 Ransbach; Bürgermeister in Ransbach. – Kurhessen: Ständeversammlung 1842-1844, 1847-1848 und 1849-1850. Losch; Sieburg

Heinrich Hopf (SPD)
Vositzender (ab 1924 Präsident) des Kommunal-Landtags Wiesbaden 1921-1928 und Präsident des Provinzial-Landtags Hessen-Nassau 1920-1928

Hopf, Anton *Heinrich* **Max**, geb. 22.3.1869 Bayreuth, gest. 10.3.1929 Frankfurt; Geschäftsführer, Vorstandsmitglied des Konsumvereins in Frankfurt; Vorsitzender der Frankfurter Stadtverordnetenversammlung 1919-1924. – Wiesbaden und Hessen-Nassau 1917-1928 (SPD 1920-1928); Vorsitzender bzw. (ab 1924) Präsident des Kommunal-Landtags Wiesbaden 1921-1928, Präsident des XIV.-XVII. Provinzial-Landtags Hessen-Nassau 1920-1928. Burkardt/Pult; J.L.

Hormann (Horrmann), **Andreas**, get. 5. 9.1754 Frankfurt, gest. 21. 3.1836 Frankfurt; Schreinermeister. – Freie Stadt Frankfurt: Gesetzgebende Versammlung 1818-1819, 1821-1822 und 1824. Frost

---

[88] Ghzgl hessische Adelserneuerung und -bestätigung am 18.7.1825.

Hormann (Horrmann), **Johann Gott-fried**, geb. 23.1.1765 Frankfurt, gest. 18.3.1843 Frankfurt; Schuhmachermeister; 1807-1843 Ratsverwandter, 1817-1821 Mitglied des Engeren Rats. – Freie Stadt Frankfurt: Gesetzgebende Versammlung 1817, 1826, 1829-1834 und 1836.   Frost

Dr. rer. nat. Horn, Emil, geb. 30.6.1927 Klein-Auheim, gest. 14.3.1982 ... ; Gymnasiallehrer, wohnhaft in Hainstadt, Krs. Offenbach; Mitglied der 5. und 6. Bundesversammlung. – Land Hessen: Hessischer Landtag 1966-1974 (SPD).
                                    Lengemann II

Horn, Johann *David*, geb. 12.12.1832 Seligenstadt, gest. 2.9.1925 Seligenstadt; Weinhändler in Seligenstadt. – Ghzm. Hessen: 2. Kammer 1895-1911 (Z).
                                    Ruppel/Groß

Horn, Peter, geb. 15.4.1891 Köln, gest. 26.6.1967 ... ; Verbandsgeschäftsführer, wohnhaft in Frankfurt; Mitglied des Wirtschaftsrates des Vereinigten Wirtschaftsgebietes 1947-1949 (CDU); MdB 1950-1965 (CDU); Mitglied der 2., 3. und 4. Bundesversammlung. – Land Hessen: Hessischer Landtag 1950 (CDU).
                                    Lengemann II

Horn, geb. Granzin, Ruth, geb. 4.2.1908 Berlin, gest. 20.5.1987 Darmstadt; Oberregierungsschulrätin in Darmstadt; Mitglied der 2., 4. und 5. Bundesversammlung. – Land Hessen: Hessischer Landtag 1950-1970 (SPD).
                      Lengemann II; Kanzlei des Landtags

Horrmann – s. Hormann

Dr. rer. nat. Horst, Karl, geb. 26.3.1898 Hanau, gest. 19.4.1987 ... ; Chemiker, wohnhaft in Hofheim. – Land Hessen: Verfassungberatende Landesversammlung Groß-Hessen 1946 (CDU).
                      Lengemann II; Kanzlei des Landtags

Horstmann, Christian, geb. ... , gest. ... ; Schlossermeister. – Freie Stadt Frankfurt: Gesetzgebende Versammlung 1857-1859.
                                    Frost

Hoßbach, Friedrich, geb. 31.12.1877 Eschwege, gest. 17.11.1971 Eschwege; Arbeiter, Kaufmann, 1919-1928 Geschäftsführer beim Kreisarbeitsnachweis Eschwege. – Kassel und Hessen-Nassau 1919 (45. KLT) -1920 (SPD).   Pelda

Hubach, Nikolaus, geb. 31.12.1825 Bergshausen, gest. 12.5.1886 Bergshausen; Ökonom und Bürgermeister in Bergshausen. – Kassel 1868-1885 [NL].   Pelda; J.L.

Dr. med. et phil. Huber, Victor Aimé, geb. 10.3.1800 Stuttgart, gest. 19.7.1869 Wernigerode; Professor der romanischen Sprachen in Marburg. – Kurhessen: Ständeversammlung 1839-1841. Losch; Sieburg

Hübner, *Carl* Adolf, geb. 30.4.1739 Mühlhausen in Thüringen, gest. 10.4.1824 Mühlhausen; Jurist, Rentier in Mühlhausen. – Kgr. Westphalen 1808-1813.
                                    Lengemann I

Dr. jur. Hügel, *Adolph* David, geb. 27.6.1806 Mainz, gest. 3.12.1887 Darmstadt; Assessor bei der Oberfinanzkammer und Dirigent des Katasterbüros, 1841 Oberfinanzrat in Darmstadt, später Direktor der Obersteuerdirektion. – Ghzm. Hessen: 2. Kammer 1839-1847.
                                    Ruppel/Groß

Hülbig, Friedrich Stephan, geb. 22.2.1866 Maroldsweisach, gest. 27.9.1934 Rotenburg; Landwirt und Ökonomieverwalter in Rotenburg. – Kassel und Hessen-Nassau 1921-1925 (Ag)   .Pelda

Dr. jur. Dr. h.c. mult. von Hülsen, Ernst, geb. 28.11.1875 Bischofswerder, Krs. Rosenberg, gest. 1.11.1950 Marburg; 1920-1932 Kurator der Universität Marburg, 1932-1933 Oberpräsident der Provinz Hessen-Nassau, 1933 erneut Kurator der Universität Marburg. – Kassel und Hessen-Nassau 1930 (60. KLT) -1932 (DVP). Pelda; J.L.

Hünersdorf, *Gustav* **Adolf**, geb. 7.10.1821 Kassel, gest. 2.9.1906 Wenigensömmern bei Sömmerda; Gutsbesitzer in Kleinenglis. – Kurhessen: 2. Kammer 1855-1862 und Ständeversammlung 1862-1863 (lib.-konst.). Losch; Sieburg; J.L.

Hüter, **Friedrich** **Wilhelm**, geb. 13.10.1791 Melsungen, gest. 16.4.1863 Kassel; Kaufmann und Bürgermeister in Hessisch-Lichtenau. – Kurhessen: 2. Kammer 1852-1854 (gouv.). Losch; Sieburg; J.L.

Hüter, *Georg* **Wilhelm Ferdinand**, geb. 30.5.1823 Melsungen, gest. 2.2.1900 Iba; Gutsbesitzer in Iba. – Kurhessen: 2. Kammer 1860-1861 und Ständeversammlung 1864-1866 (dem.); Kassel 1875-1891 und Hessen-Nassau 1886-1891. Losch; Sieburg; Pelda

Hüttenmüller, **Johann** *Heinrich*, geb. 29.11.1789 Schlitz, gest. 10.7.1862 Dillingen; Papierfabrikant in Köppern. – Hessen-Homburg 1849. Rösner-Hausmann; J.L.

Dr. phil. Hufnagel, *Otto* **Julius**, geb. 4.10.1885 Frankfurt, gest. 11.11.1944 Westerburg; Oberlehrer, Studienrat in Arolsen. – Waldeck: Landesvertretung 1919-1922 (DDP). König; König/Lengemann/Seibel

Humann, **Ignatz** *Anton*, geb. 22.9.1777 Straßburg, gest. 12.9.1854 Mainz; Kaufmann (Spedition Kayser) und Weinhändler in Mainz. – Ghzm. Hessen: 1. Kammer 1851-1856. Götz/Rack

Dr. theol. h.c. Humann, **Johann Jakob**, geb. 7.5.1771 Straßburg, gest. 19.8.1834 Mainz; Domdekan in Mainz, 1833 Bistumsverweser, 11.6.1834 Bischof von Mainz. – Ghzm. Hessen: 1. Kammer 1833-1834. Götz/Rack

Dr. Gustav Adolf Humser (NL)
Vorsitzender (Präsident) des Kommunal-Landtags
Wiesbaden 1899-1917

Humbert, **Johann Simon**, geb. ... , gest. ... ; Schreinermeister. – Freie Stadt Frankfurt: Gesetzgebende Versammlung 1839 und 1852. Frost

von Humbracht, **Adolph Carl**, geb. 18. 3.1753 Frankfurt, gest. 24. 3.1837 Rudolstadt; Diplomat; 1777-1778 Senator, 1778-1820 Schöff, 1807-1811 Erster Bürgermeister, 1814-1816 Älterer Bürgermeister. – Freie Stadt Frankfurt: Gesetzgebende Versammlung 1817-1819. Frost; J.L.

Hummel, **Hermann** **Joseph**, geb. 1.6.1834 Mainz-Weisenau, gest. 5.5.1921 Hochheim; Direktor. – Wiesbaden und Hessen-Nassau 1893-1918. Burkardt/Pult

Dr. jur. Humser, **Gustav Adolf**, geb. 26.4.1836 Frankfurt, gest. 5.5.1918 Frankfurt; Rechtsanwalt und Notar in

Frankfurt; Vorsitzender der Frankfurter Stadtverordnetenversammlung 1880-1904. – Wiesbaden und Hessen-Nassau 1886-1917 (NL); Vorsitzender (Präsident) des Kommunal-Landtags Wiesbaden 1899-1917, Vizepräsident des VIII.-XII. Provinzial-Landtags Hessen-Nassau 1900-1913. Burkardt/Pult; J.L.

von Hundelshausen, *Eduard* Justus Karl Ludwig, geb. 19.6.1826 Kassel, gest. 24.5.1910 Kassel; Rittmeister a.D. in Friemen, 1882-1894 Landesdirektor des Kommunalständischen bzw. Bezirksverbandes des Regierungsbezirks Kassel, 1887-1894 auch des Provinzialverbandes der Provinz Hessen-Nassau. – Kassel 1875-1883 und 1887-1897 und Hessen-Nassau 1887-1897. Pelda; J.L.

von Hunnius, Roland, geb. 24.3.1945 Halberstadt; Diplom-Volkswirt, Partner in einer Werbeagentur, seit 1994 zugleich selbständiger Marketingberater, wohnhaft in Rimbach. – Land Hessen: Hessischer Landtag seit 1996 (F.D.P.). Kanzlei des Landtags

Hunold – s. Brühne

Hunsinger, *Karl* Ludwig, geb. 7.4.1810 Darmstadt, gest. 24.8.1870 Hungen; Geometer 1. Klasse Steuerbezirk Hungen. – Ghzm. Hessen: 2. Kammer 1866-1870 (LibKons). Ruppel/Groß

Hupfeld, Adolf Carl *Gustav* Georg Oskar, geb. 2.5.1823 Hessisch-Lichtenau, gest. 9.4.1897 Kassel; Obergerichtsanwalt, 1879 Rechtsanwalt und Notar in Kassel; Vorsteher des Bürgerausschusses in Kassel 1885-1895. – Kurhessen: Ständeversammlung 1862-1866 (lib.-dem.); Kassel und Hessen-Nassau 1887-1896 (NL), Vizepräsident des III.-VI. Provinzial-Landtags Hessen-Nassau 1890-1894. Losch; Sieburg; Pelda; J.L.

Husch, Jakob, geb. 6.4.1875 Speicher in der Eifel, gest. 26.10.1950 Rüdesheim;

Postobersekretär (*1930*), Postoberinspektor (*1946*) in Frankfurt; Mitglied des Preußischen Staatsrates 1933 (Z); Mitglied der 1. Bundesversammlung. – Wiesbaden und Hessen-Nassau 1930-1933 (Z); Land Hessen: Verfassungberatende Landesversammlung Groß-Hessen 1946 (CDU) und Hessischer Landtag 1946-1950 (CDU), Alterspräsident des Hessischen Landtags 1946-1947 und 1949-1950. Burkardt/Pult; Lengemann II

Huth, Jacob Friedrich, geb. ... , gest. ... ; Handelsmann. – Freie Stadt Frankfurt: Gesetzgebende Versammlung 1823. Frost

Freiherr von Hutten (zum Stolzenberg)[89], *Ferdinand* Friedrich Franz Adam, geb. 15.3.1793 Klingenberg, gest. 23.3.1857 Würzburg; Kgl. bayerischer Rittmeister. – Kurhessen: Ständeversammlung 1833-1838 und 1839-1848 (gouv. 1833-1838). Losch; Sieburg; J.L.

Freiherr von Hutten (zum Stolzenberg)[90], *Friedrich* Carl Joseph, geb. 2.8.1794 Klingenberg, gest. 16.6.1876 Klingenberg; Kgl. bayerischer Rittmeister, später Major und Gutsbesitzer zu Ramsthal, Kommandant der Landwehr des Untermainkreises. – Kurhessen: Ständeversammlung 1833 und 1834 (gouv.). Losch; Sieburg; J.L.

Freiherr von Hutten (zum Stolzenberg)[91], *Ulrich* Franz Christoph Friedrich, geb. 2.12.1827 auf Steinbach, gest. 29.7.1888 Würzburg; Major a.D. in München. – Kassel 1868-1874. Pelda; J.L.

Huy, Johann Christian, geb. ... [errechnet] 1813 ... , gest. 27.9.1875 Wald-Michelbach; Landwirt und Bürgermeister

---

[89] Kfl. hessische Anerkennung des Freiherrenstandes am 24.10.1844.
[90] Vgl. Anm. 89.
[91] Vgl. Anm. 89.

in Wald-Michelbach. – Ghzm. Hessen: 2. Kammer 1866-1872 (Libkons).

Ruppel/Groß

Hyppolite, Wilhelm Eduard, geb. 16.3.1799 Rotenburg an der Fulda, gest. 4.11.1878 Alsfeld; Tabakfabrikant in Alsfeld. – Ghzm. Hessen: 2. Kammer 1858-1862.

Ruppel/Groß

Ibel, Wolfgang, geb. 11.6.1934 Limburg; Rechtspfleger in Limburg, seit 1991 Präsident des Thüringer Landesrechnungshofs in Rudolstadt; Mitglied der 6., 8. und 9. Bundesversammlung. – Land Hessen: Hessischer Landtag 1970-1991 (CDU).

Lengemann II; Kanzlei des Landtags

Dr. jur. von Ibell, Carl Bernhard, geb. 8.7.1847 Bad Ems, gest. 22.11.1924 Wiesbaden; Oberbürgermeister der Stadt Wiesbaden; MdH 1892-1913. – Wiesbaden und Hessen-Nassau 1886-1918.

Burkardt/Pult; J.L.

(von) Ibell[92], **Carl Friedrich Julius Emil**, geb. 10.10.1780 Wehen, gest. 6.10.1834 Homburg; bis 1821 Präsident der Hzgl. Landesregierung, später Präsident sämtlicher Landeskollegien im Landgraftum Hessen-Homburg. – Nassau: Deputiertenkammer 1821. Rösner-Hausmann; J.L.

Iber, Karl, geb. 13.9.1817 Leuderode, gest. 22.5.1884 ... ; Bürgermeister in Leuderode. – Kurhessen: 2. Kammer 1860 (gouv.). Losch; Sieburg; J.L.

Ide, Conrad, geb. 8.6.1822 Sondheim, gest. 26.7.1907 Sondheim; Guts- und Steinbruchbesitzer in Sondheim. – Kurhessen: Ständeversammlung 1863-1866; Kassel 1872-1877. Losch; Sieburg; Pelda

Iffland, Wilhelm, geb. 17.11.1821 Rommershausen, gest. 20.5.1890 Treysa; Rechtsanwalt in Treysa, Notar mit Sitz in Rommershausen, Verwalter des von Hoff'schen Fideikommisses in Rommershausen. – Kassel 1875-1880. Pelda

Ihm, Christoph Friedrich, geb. 18.10.1767 Hanau, gest. 9.6.1844 Frankfurt; Jurist; 1816-1833 Senator, 1833-1844 Schöff, 1817-1827 Mitglied des Engeren Rats. – Freie Stadt Frankfurt: Gesetzgebende Versammlung 1817 und 1822-1831. Frost

Dr. rer. pol. Ilau, Hans Georg, geb. 14.10.1901 Charlottenburg (Berlin), gest. 4.5.1974 ... ; Volkswirt, bis 1943 Handelsredakteur der *Frankfurter Zeitung*, 1945-1947 Geschäftsführer der IHK Frankfurt, 1947 staatlich bestellter Verwalter der Rhein-Main-Bank. – Land Hessen: Hessischer Landtag 1946-1950 (LDP). Lengemann II

Ille, Heinrich, geb. 22.10.1878 Gernsheim am Rhein, gest. 11.1.1932 Mainz; katholischer Pfarrer in Pfeddersheim, 1927 in Mainz. – Volksstaat Hessen 1927-1931 (Z). Ruppel/Groß

Illig, Johannes Wilhelm Wendel, geb. 6.6.1806 Nieder-Ramstadt, gest. 7.2.1870 Ebersbach; Inhaber einer Papierfabrik. – Ghzm. Hessen: 2. Kammer 1856-1862. Ruppel/Groß

Dr. phil. Ilse, Leopold Friedrich, geb. 25.7.1814 Lutter am Barenberg, gest. 29.4.1891 Kassel; Professor der Staatswissenschaften in Marburg. – Kurhessen: 2. Kammer 1852-1854; Vizepräsident der 2. Kammer *1852*. Losch; Sieburg; J.L.

Immel, Erwin, geb. 12.2.1927 Übernthal, Dillkreis; Lehrer, wohnhaft in Wissenbach, später in Siegbach-Oberndorf; Mitglied der 7. Bundesversammlung. – Land Hessen: Hessischer Landtag 1970-1982 (CDU). Lengemann II; Kanzlei des Landtags

---

[92] Erhebung in den Kgl. preußischen Adelsstand am 23.3.1830, was am 4.2.1831 seitens des Hzm. Nassau anerkannt wurde.

Graf von Ingelheim, gen. Echter von Mespelbrunn, Franz Carl *Philipp*, geb. 3.8.1801 Hanau, gest. 27.7.1879 Geisenheim; Erbkämmerer im Hzm. Nassau. – Nassau: I. Kammer 1855-1857.

Rösner-Hausmann; J.L.

Graf von Ingelheim, gen. Echter von Mespelbrunn, *Friedrich* Carl Joseph, geb. 9.4.1777 Geisenheim, gest. 17.10.1847 Geisenheim; Geheimer Rat, Erbkämmerer im Hzm. Nassau. – Nassau: Herrenbank 1818-1824, 1825 und 1831-1832; Präsident der Herrenbank 1819-1824.

Rösner-Hausmann; J.L.

Irmer, Hans-Jürgen, geb. 20.2.1952 Limburg; Studienrat in Weilburg, 1987-1988 Pressesprecher des Hessischen Kultusministers, 1988-1990 und 1991-1993 Oberstudienrat in Weilburg, wohnhaft in Wetzlar. – Land Hessen: Hessischer Landtag 1990-1991 und 1993-1995 (CDU).

Lengemann II; Kanzlei des Landtags

Ise, Johann Georg, geb. ... , gest. 29.1.1833 Landau; Stadtschreiber und mehrfach Bürgermeister in Landau. – Waldeck: Landstand [1797-1799] und 1815-1816.

König/Lengemann/Seibel

Isenburg – s. auch Ysenburg

Dr. phil. h.c. [6.] Fürst von Isenburg-Birstein, *Franz Joseph* Maria Leopold Anton Karl Alois Viktor Wolfgang Bonifatius, geb. 1.6.1869 Birstein, gest. 15.9.1939 Frankfurt; 1899 Nachfolge in der Standesherrschaft; MdH 1900-1918. – Ghzm. Hessen: 1. Kammer [1899] 1902-1918; Kassel und Hessen-Nassau 1912-1919 (44. KLT). Götz/Rack; Pelda; J.L.

[5.] Fürst von Isenburg-Birstein, *Karl* Viktor Amadeus Wolfgang Kasimir Adolf Bodo, geb. 29.7.1838 Birstein, gest. 4.4.1899 Schlackenwerth in Böhmen; 1866 Nachfolge in der Standesherrschaft; MdH 1868-1899. – Ghzm. Hes-

Friedrich Graf von Ingelheim,
gen. Echter von Mespelbrunn
Präsident der Herrenbank des Nassauischen
Landtags 1819-1824

sen: 1. Kammer 1864-1899; Kassel 1868-1885. Götz/Rack; Pelda; J.L.

Prinz von Isenburg-Birstein, *Leopold* Wolfgang Franz Prinzoseph Johann Baptist, geb. 10.3.1866 Offenbach, gest. 30.1.1933 München; Kgl. preußischer Major, 1898 Verzicht auf die Standesherrschaft zugunsten seines Bruders Franz Joseph. – Ghzm. Hessen: 1. Kammer 1914-1918. Götz/Rack

Prinz von Isenburg-Birstein, Victor Alexander, geb. 14.9.1802 Birstein, gest. 15.2.1843 Heidelberg. – Ghzm. Hessen: 1. Kammer 1833. Götz/Rack

[4.] Fürst von Isenburg-Birstein, Wolfgang *Ernst III.*, geb. 25.7.1798 Offenbach, gest. 29.10.1866 Birstein; 1820 Nachfolge in der Standesherrschaft. – Ghzm. Hessen: 1. Kammer [1820] 1823-1849 und 1856-1866. Götz/Rack; J.L.

Ittmann, Johann *Wilhelm*, geb. 30.3.1809 Groß-Umstadt, gest. 17.1.1864 Groß-Umstadt; Kaufmann in Groß-Umstadt. – Ghzm. Hessen: 2. Kammer 1850.
Ruppel/Groß

Dr. phil. Ivers, Otto, geb. 12.1.1895 Neumünster, gest. 14.2.1945 Dresden; Chemiker in Darmstadt. – Volksstaat Hessen 1931-1933 (NSDAP).
Ruppel/Groß

Jacobi, August Julius, geb. 22.10.1818 Sulingen, gest. ... ; Gutspächter in Stau. – Kassel 1875-1879.
Pelda

Jacobi, Johann *Philipp*, geb. 2.8.1806 Kirchhain, gest. 8.6.1888 Fulda; Apotheker und Bürgermeister in Kirchhain. – Kurhessen: Ständeversammlung 1842-1846.
Losch; Sieburg

Jacobsson, Israel, geb. 17.10.1768 Halberstadt, gest. 13.9.1828 Berlin; Kaufmann in Braunschweig und Inhaber einer Rauch- und Tabakwarenfabrik in Seesen, 1808-1813 Präsident des Kgl. Westphälischen Konsistoriums der Israeliten, lebte später in Berlin. – Kgr. Westphalen 1808-1813.
Lengemann I

Jacquet, Heinrich, geb. ... , gest. ... ; Handelsmann, Schirmfabrikant. – Freie Stadt Frankfurt: Gesetzgebende Versammlung 1847 und 1858-1866, Verfassunggebende Versammlung 1848-1849.
Frost; J.L.

Jäger, Eduard, geb. 18.9.1894 Ellenhausen, Reg.-Bez. Wiesbaden, gest. 3.2.1970 ... ; bis 1933 Landessekretär der Nassauischen Zentrumspartei, 1945 Leiter des Ernährungsamtes und der Landwirtschaftskammer in Limburg, 1948-1964 Landrat des Kreises Limburg. – Land Hessen: Verfassungberatende Landesversammlung Groß-Hessen 1946 (CDU) und Hessischer Landtag 1946-1962 (CDU).
Lengemann II

Jäger, Georg Conrad, geb. 15.12.1817 Frankfurt, gest. 19.1.1900 Frankfurt; Jurist; 1862-1866 Senator. – Freie Stadt Frankfurt: Gesetzgebende Versammlung 1858-1862; Vizepräsident 1860-1862.
Frost

Jäger, Hermann Wilhelm, geb. 18.4.1784 Heiligenrode, gest. 13.9.1867 Kassel; evangelischer Pfarrer und Lehrer in Kassel. – Kurhessen: Ständeversammlung 1841.
Losch; Sieburg

Jäger, Johann Matthäus, geb. 16.6.1803 Oberschönau, gest. 16.9.1879 Oberschönau; Zimmerer, Bürgermeister in Oberschönau. – Kurhessen: 2. Kammer 1855-1857.
Losch; Sieburg

Jäger, Johann *Peter*, geb. 5.3.1807 Wehrheim, gest. ... Wehrheim; Bürgermeister. – Nassau: II. Kammer 1858-1863.
Rösner-Hausmann

Jäger, Ludwig Friedrich, geb. 2.4.1817 Frankfurt, gest. 4.8.1892 Frankfurt; Handelsmann. – Freie Stadt Frankfurt: Gesetzgebende Versammlung 1866.
Frost

Jähn, Christian, geb. 7.3.1804 Sooden, gest. 14.11.1884 ... ; Salzsieder und Bürgermeister in Sooden. – Kurhessen: Ständeversammlung 1849.
Losch; Sieburg

Jagoda, Bernhard, geb. 29.7.1940 Kirchwalde, Krs. Rosenberg in Oberschlesien; Verwaltungsbeamter in Treysa, 1987-1990 Staatssekretär im Bundesarbeitsministerium, seit 1993 Präsident der Bundesanstalt für Arbeit in Nürnberg; MdB 1980-1987 und 1990-1993 (CDU); Mitglied der 6. und 8. Bundesversammlung. – Land Hessen: Hessischer Landtag 1970-1980 (CDU).
Lengemann II; Kanzlei des Landtags

Jahn, Heinz, geb. 27.3.1818 ... , gest. 13.9.1873 ... ; Bürgermeister in Seidenroth. – Kurhessen: 2. Kammer 1852-1854.
Losch; Sieburg

Jakob, Franz-Peter, geb. 16.4.1949 Leer; gelernter Kfz-Mechaniker, wohnhaft in Diemelstadt-Wethen. – Land Hessen: Hessischer Landtag 1984-1987 (GRÜ)

Lengemann II; Kanzlei des Landtags

Jamin, Georg, geb. 27.10.1825 Kronberg, gest. 7.2.1909 Kronberg; Bürgermeister. – Wiesbaden und Hessen-Nassau 1891-1906 (NL).

Burkardt/Pult

Jansen, Walter, geb. 18.5.1899 Berlin, gest. 5.1.1969 ... ; Diplom-Landwirt, 1946 Persönlicher Referent des Hessischen Ministerpräsidenten *Dr. Geiler* und Geschäftsführer des Beratenden Landesausschusses, 1946-1964 Landrat des Kreises Schlüchtern; Mitglied der 2. und 3. Bundesversammlung. – Land Hessen: Verfassungberatende Landesversammlung Groß-Hessen 1946 (CDU) und Hessischer Landtag 1950-1966 (CDU), Vizepräsident des Hessischen Landtags 1962-1966.

Lengemann II

Jaspert, *August* Wilhelm, geb. 20.3.1871 Hamm in Westfalen, gest. 15.1.1941 Frankfurt; Rektor in Frankfurt; MdL Preußen 1928-1932 (DNVP).- Wiesbaden und Hessen-Nassau 1926-1929 (DNVP, [SWR 1933]).

Burkardt/Pult; J.L.

Jassoy, Louis Daniel, geb. 29.3.1786 Hanau, gest. 5.10.1831 Frankfurt; Advokat, Justitiar der Bankhäuser Bethmann und Rothschild. – Freie Stadt Frankfurt: Gesetzgebende Versammlung 1817-1818, 1820-1824, 1826 und 1828; Vizepräsident der Gesetzgebenden Versammlung 1817 und 1820.

Frost

Jatsch, Anton, geb. 2.2.1909 Polkendorf, Sudetenland, gest. 4.1.1996 ... ; Privatsekretär, Betriebstechniker und Konstrukteur, Angestellter bei der SdP, nach 1945 Geschäftsführer in Bensheim. – Land Hessen: Hessischer Landtag 1950-1958 (BHE bzw. GB/BHE).

Lengemann II; Kanzlei des Landtags

Dr. jur. Jaup, Heinrich *Carl*, geb. 27.9.1781 Gießen, gest. 5.9.1860 Darmstadt; bis 1848 Geheimer Staatsrat im Ruhestand in Darmstadt, 1848-1850 Vorsitzender des Ghzl. Gesamtministeriums und Minister des Innern, 1850 2., 1853 1. Präsident des Oberkonsistoriums, 1854 auch Museumsdirektor in Darmstadt; MdN 1848 (CP). – Ghzm. Hessen: 2. Kammer 1832-1833 und 1849-1850 und 1. Kammer 1850 (lib.).

Ruppel/Groß; Götz/Rack

Jay, Friedrich Adolph, geb. 20.10.1791 Frankfurt, gest. 10.12.1867 Frankfurt; Handelsmann. Freie Stadt Frankfurt: Gesetzgebende Versammlung 1829-1836, Ständige Bürgerrepräsentation 1831-1836.

Frost

Jeanrenaud, Carl, geb. 7.10.1814 Frankfurt, gest. 10.3.1891 Frankfurt; Appellationsgerichtsrat. – Freie Stadt Frankfurt: Gesetzgebende Versammlung 1845-1848, 1851 und 1857-1858.

Frost

Jekel, Johann Heinrich, geb. ... 1800 ... , gest. ... 1867 ... ; Oberlehrer. – Freie Stadt Frankfurt: Gesetzgebende Versammlung 1851.

Frost

Dr. jur. Jenner, Hans J., geb. 27.4.1882 Posen, gest. ... ; Landrat des Oberlahnkreises. – Wiesbaden und Hessen-Nassau 1926-1929 (DDP).

Burkardt/Pult

Dr. jur. Jentsch, Hans-Joachim, geb. 20.9.1937 Fürstenwalde an der Spree; Rechtsanwalt und Notar in Wiesbaden, 1982-1985 Oberbürgermeister der Landeshauptstadt Wiesbaden, 1990-1994 Thüringer Justizminister, seit 1996 Richter am Bundesverfassungsgericht; MdB 1976-1982 (CDU); Mitglied der 7. Bundesversammlung. – Land Hessen: Hessischer Landtag 1987-1990 (CDU).

Kanzlei des Landtags

Jöckel, *Hermann* Karl Bernhard, geb. 23.3.1835 Altenschlirf, gest. 29.12.1927

Friedberg; Hofgerichtsadvokat und Prokurator, 1880 Rechtsanwalt in Gießen, 1900 Notar in Friedberg. – Ghzm. Hessen: 2. Kammer 1875-1881 und 1883-1902 (NL). Ruppel/Groß

Jörg, Conrad, geb. ... , gest. ... . – Freie Stadt Frankfurt: Gesetzgebende Versammlung 1835. Frost

Dr. jur. Jörs, Paul, geb. 8.10.1856, gest. 26.9.1925 Wien; Professor in Gießen. – Ghzm. Hessen: 1. Kammer 1895-1896.
Götz/Rack

Jöst, Franz, geb. 12.12.1851 Mackenheim, Krs. Bergstraße, gest. 11.5.1921 Mainz; Holzschneider, später Kehlleistenfabrikant in Mainz; MdR 1890-1896 (SPD). – Ghzm. Hessen: 2. Kammer 1885-1896 (SPD). Ruppel/Groß; J.L.

Johannes, Ernst *Robert*, geb. 19.9.1854 Dalena, Saalkreis, gest. 21.1.1929 Leipzig-Gohlis; Landrat des Unterlahnkreises. – Wiesbaden und Hessen-Nassau 1899-1900. Burkardt/Pult; J.L.

Jonas, Valentin, geb. 9.3.1865 Alheim, gest. 3.3.1928 Rex; Bürgermeister in Rex. – Kassel und Hessen-Nassau 1919 (45. KLT)-1920 (Z). Pelda

Dr. phil. et jur. Jordan, Franz *Sylvester*, geb. 30.12.1792 Omes bei Innsbruck, Tirol, Österreich, gest. 15.4.1861 Kassel; Professor für Staatsrecht und Politik an der Universität Marburg, 1839-1845 politischer Prozeß und Inhaftierung im Schloß Marburg; MdN 1848-1849 (WH 1848, Landsberg 1848-1849). – Kurhessen: Konstituierender Landtag 1830 und Ständeversammlung 1831-1833 und 1848-1849 (lib.). Losch; Sieburg; J.L.

Jordan, Erich, geb. 7.6.1912 Kassel; bis 1965 stellvertretender Geschäftsführer der AOK Kassel, 1965-1971 hauptamtlicher Stadtrat in Kassel. – Land Hessen: Hessischer Landtag 1962-1966 (SPD).
Lengemann II; Kanzlei des Landtags

Jordan, Karl, geb. 29.6.1822 Weichersbach, gest. 15.9.1889 Weichersbach; Bürgermeister in Weichersbach. – Kurhessen: 2. Kammer 1855-1861 (gouv.).
Losch; Sieburg; J.L.

Jordan, Karl *Rudolf*, geb. 21.6.1902 Großenlüder, gest. 27.10.1988 Haar; Volks- und Berufsschullehrer, 1931 kommissarischer Gauleiter von Halle-Merseburg, später Reichsstatthalter in Braunschweig und Anhalt, Chef der Landesregierung Anhalt und Gauleiter von Magdeburg-Anhalt; MdL Preußen 1932-1933 (NSDAP); MdR 1933-1945 (NSDAP); Preußischer Staatsrat 1933-1945. – Kassel und Hessen-Nassau 1930 (60. KLT) -1932 (NSDAP). Pelda; J.L.

Jordan, Peter *August*, geb. 9.4.1864 Kassel, gest. 31.10.1938 Kassel; gelernter Schreiner, Verwaltungsdirektor der AOK Kassel. – Kassel und Hessen-Nassau 1919 (45. KLT) -1929 (SPD). Pelda

Jost, Carl Wilhelm, geb. ... , gest. ... ; Gold- und Silberarbeiter. – Freie Stadt Frankfurt: Gesetzgebende Versammlung 1841, 1843-1846 und 1850-1857. Frost

Jost, Ernst Christian, geb. ... , gest. ... ; Schneidermeister. – Freie Stadt Frankfurt: Gesetzgebende Versammlung 1818-1819, Ständige Bürgerrepräsentation 1819-1841. Frost

Jost, Friedrich, geb. 22.11.1862 Bermuthshain, gest. 18. 5.1931 Frankfurt; Landwirt und Bürgermeister in Bermuthshain. – Volksstaat Hessen 1921-1931 (Bauernbund). Ruppel/Groß

Jost, Georg Adolf, geb. ... , gest. ... ; Jurist, Fiskal, Ratsschreiber. – Freie Stadt Frankfurt: Gesetzgebende Versammlung 1835-1840. Frost

Jost, Johann *Karl*, geb. 13.5.1832 Bensheim, gest. 25.10.1898 Gießen; Kreisassessor in Heppenheim, 1877 Kreisrat in Erbach, 1886 Regierungsrat bei der Provinzialdirektion, später Rechtsanwalt in Gießen. – Ghzm. Hessen: 2. Kammer 1875-1887 (NL). Ruppel/Groß

Jost, Johann *Wilhelm*, geb. 27.11.1802 Ellar, gest. 26.5.1864 Limburg; katholischer Dekan. – Nassau: II. Kammer 1858-1859 und I. Kammer 1862-1863. Rösner-Hausmann

Jost, Philipp, geb. 14.9.1818 Darmstadt, gest. 15.11.1885 Allertshofen; Ökonom in Alltertshofen. – Ghzm. Hessen: 2. Kammer 1872-1878 (F). Ruppel/Groß

Joutz, Wilhelm, geb. 15.7.1850 Butzbach, gest. 21.7.1916 Bad Nauheim; Kaufmann und Bürgermeister in Butzbach. – Ghzm. Hessen: 2. Kammer 1896-1916 (Bauernbund). Ruppel/Groß

Dr. jur. Jucho, Friedrich Siegmund, geb. 4.11.1805 Frankfurt, gest. 24.8.1884 Frankfurt; Advokat; MdN 1848-1849 (Westendhall 1848, Märzverein 1848-1849). – Freie Stadt Frankfurt: Verfassunggebende Versammlung 1848-1849, Gesetzgebende Versammlung 1850-1865, Ständige Bürgerrepräsentation 1857-1866. Frost; J.L.

Jünger, Wilhelm Jacob Ludwig Christian, geb. ... , gest. ... ; Tapezierer. – Freie Stadt Frankfurt: Gesetzgebende Versammlung 1842-1844, 1850, 1852-1854 und 1859-1861, Ständige Bürgerrepräsentation 1854-1861. Frost

Jüngst, Balthasar, geb. 9.9.1798 Anzefahr, gest. 13.11.1869 Anzefahr; Bürgermeister in Anzefahr. – Kurhessen: Ständeversammlung 1838. Losch; Sieburg

Jung, Eberhard, geb. 20.4.1863 Steinbrücken, gest. ... Steinbrücken; Hüttendi-

rektor. – Wiesbaden und Hessen-Nassau 1917-1918. Burkardt/Pult

Jung, *Ferdinand* Jacob Friedrich, geb. 6.1.1811 Steinbrücken, gest. 21.12.1883 Dillenburg[93]; Amtssekretär in Eltville und Grubenbesitzer (Teilhaber der Fa. J. J. Jung) in Dillenburg. – Nassau: Ständeversammlung 1848-1851 (Club der Linken) *und II. Kammer 1858 (Mandat nicht angenommen).* Rösner-Hausmann; J.L.

Dr. jur. Jung (Rheingau), Franz Josef, geb. 5.3.1949 Erbach im Rheingau; Rechtsanwalt und Notar in Eltville, 1987-1991 Generalsekretär der CDU Hessen; Mitglied der 9. und 10. Bundesversammlung. – Land Hessen: Hessischer Landtag seit 1983 (CDU).
Lengemann II; Kanzlei des Landtags

Jung, Georg (VI.), geb. 17.7.1870 Eschhofen, gest. 18.1.1922 Rüsselsheim; selbständiger Schlossermeister in Rüsselsheim. – Volksstaat Hessen 1919-1921 (SPD). Ruppel/Groß; J.L.

Jung, Georg Julius, geb. ... , gest. ... ; Jurist. – Freie Stadt Frankfurt: Gesetzgebende Versammlung 1858-1866; Vizepräsident der Gesetzgebenden Versammlung 1863, Präsident der Gesetzgebenden Versammlung 1864-1866. Frost

Jung, Heinrich Leonhard, geb. ... , gest. ... ; Bierbrauermeister. – Freie Stadt Frankfurt: Gesetzgebende Versammlung 1851. Frost

Jung (Weilmünster), Helmut, geb. 29.6.1951 Laubuseschbach; selbständiger Architekt in Weilmünster. – Land Hessen: Hessischer Landtag 1994-1995 (SPD). Kanzlei des Landtags

---

[93] Lt. RENKHOFF S. 370 (Nr. 2058) in Gießen verstorben.

Jung, J. P., geb. ... , gest. ... ; Forstschreiber. – Freie Stadt Frankfurt: Gesetzgebende Versammlung 1840.   Frost

Jung, Johann, geb. 1.11.1792 Rüdesheim, gest. 27.3.1874 Rüdesheim; Steuermann. – Nassau: Ständeversammlung 1848-1851.   Rösner-Hausmann

Jung, Johann Jacob, geb. 19.2.1779 Müsen im Siegerland, gest. 16.1.1847 Steinbrücken; Hütteninspektor, Bergrat in Wiesbaden. – Nassau: Deputiertenkammer 1825-1832.   Rösner-Hausmann; J.L.

Dr. jur. Jung, Johann *Wilhelm*, geb. 30.1.1795 ... , gest. 22.3.1865 Mainz; Mitglied und Rat am Obergericht in Mainz. – Ghzm. Hessen: 2. Kammer 1841-1847.   Ruppel/Groß

Jung, *Philipp* Wilhelm, geb. 16.9.1884 Nieder-Flörsheim, gest. 9.9.1965 Worms; Rechtsanwalt in Worms, kommissarischer Oberbürgermeister in Mainz, 1933 Staatssekretär in Darmstadt, 1933-1935 hessischer Staatsminister (Führung der Landesregierung und sämtlicher Ministerien), später Regierungspräsident in Saarbrücken und dann Bürgermeister in Wien. – Volksstaat Hessen 1931-1933 (NSDAP); Vorsitzender der NSDAP-Fraktion 1932-1933, Präsident des Landtags des Volksstaats Hessen 1933.
                    Ruppel/Groß; Götz/Rack; J.L.

Jung-Hauff, Johann Georg, geb. ... , gest. ... ; Handelsmann. – Freie Stadt Frankfurt: Verfassunggebende Versammlung 1848-1849.   Frost; J.L.

Jungblut, Johann *Andreas*, geb. 23.1.1791 Erbenheim, gest. 17.2.1859 Erbenheim; Landwirt und Schultheiß. – Nassau Deputiertenkammer 1839-1845.
                    Rösner-Hausmann

Junge, Georg Friedrich August, geb. ... 1812 ... , gest. 17.7.1890 Frankfurt; Han-

Philipp Jung (NSDAP)
Präsident des Landtags des Volksstaats Hessen 1933

delsmann. – Freie Stadt Frankfurt: Gesetzgebende Versammlung 1858-1866.
                    Frost

Freiherr Gedult von Jungenfeld[94], ***Arnold* Ferdinand**, geb. 24.5.1810 Weisenau, gest. 7.12.1893 Mainz; Obergerichtsrat in Mainz, 1877 Vizepräsident des Obergerichts. – Ghzm. Hessen: 2. Kammer 1865-1872 und 1878-1884 (klerikalkons.).   Ruppel/Groß; J.L.

Jungermann, Wilhelm, geb. 20.7.1829 Schönstadt bei Marburg, gest. 2.6.1888 Berlin; Jurist, Journalist (Redakteur der

---

[94] Ghzgl. hessische Adelserneuerung unter Anerkennung des Freiherrentitels durch diesen Akt für den Vater am 12.4.1820.

Frankfurter *Zeit* und der *Süddeutschen Zeitung*), nach 1866 Regierungsrat, später Rechtsanwalt in Berlin; MdR 1867 (NL). – Kurhessen: Ständeversammlung 1863-1866 (NL).   Losch; Sieburg; J.L.

Jungk, Paul Carl, geb. 20.11.1795 Kassel, gest. 17.9.1848 Oberrode; Gutsbesitzer in Oberrode. – Kurhessen: Konstituierender Landtag 1830 und Ständeversammlung 1831-1833, 1833-1838 und 1839-1844 (gem. lib. 1831-1832 und 1833-1838, lib. 1833).   Losch; Sieburg; J.L.

Jungmichel, Friedrich Wilhelm, geb. ... , gest. ... ; Hauptmann. – Freie Stadt Frankfurt: Gesetzgebende Versammlung 1838, Verfasssunggebende Versammlung 1848-1849.   Frost; J.L.

Justi, Carl Friedrich *Gustav*, geb. 25.11.1810 Idstein, gest. 31.3.1879 Idstein; Likörfabrikant in Idstein. – Nassau: Ständeversammlung 1848-1851 (Club der Linken); Wiesbaden 1868-1879.
Rösner-Hausmann; J.L.

Justi, Heinrich, geb. 12.2.1876 Lützelwig, gest. 6.4.1945 Lützelwig; Gutsbesitzer und Bürgermeister in Lützelwig, später Inhaber eines Holzhandelsgeschäfts; MdL Preußen 1925-1932 (DNVP 1925-1930 und 1932, bkF 1930, CNBLVP 1930-1932). – Kassel und Hessen-Nassau 1919 (45. KLT) -1926 (54. KLT) (DNVP).   Pelda; J.L.

Justin, Friedrich *Julius*, geb. ... Asbach bei Geisa, gest. 17.2.1841 Marberzell; Gutsbesitzer auf dem Trätzhof. – Kurhessen: Ständeversammlung 1833 und 1839-1841 (gem. lib. 1833).   Losch; Sieburg; J.L.

Kärcher, Martin Jakob (II.), geb. 28.8.1875 Lampertheim, gest. 11.10.1951 Lampertheim; Landwirt in Lampertheim. – Volksstaat Hessen 1931 (DVP)   Ruppel/Groß

Kaesberger, Karl, geb. 31.12.1901 Wiesbaden, gest. ... Wiesbaden; Redakteur. – Wiesbaden und Hessen-Nassau 1933 (Z).
Burkardt/Pult

Kahl, Reinhard, geb. 4.10.1948 Allendorf (Eder); bis 1983 Konrektor an der Grund-, Haupt- und Realschule Battenberg, wohnhaft in Frankenberg; Mitglied der 10. Bundesversammlung. – Land Hessen: Hessischer Landtag seit 1983 (SPD).
Lengemann II; Kanzlei des Landtags

Kahlert, Justus Georg, geb. 13.3.1800 Darmstadt, gest. 22.12.1862 Darmstadt; Tuchwarenhändler, 1848 Bürgermeister, 1858 Oberbürgermeister in Darmstadt. – Ghzm. Hessen: 2. Kammer 1841-1850 und 1856-1862.   Ruppel/Groß

Kahlhöfer, Georg *Friedrich*, geb. 9.5.1831 Rhena, gest. 23.5.1865 Bömighausen; Ackergutsbesitzer und Bürgermeister in Bömighausen. – Waldeck: Landtag 1863-1865.   König; König/Lengemann/Seibel

Kahlhöfer, Johann *Philipp*, geb. 28.10.1795 Rhena, gest. 14.1.1859 Meineringhausen; Ackermann und Bürgermeister in Rhena. – Waldeck: Landtag 1851-1852.   König; Lengemann III;
König/Lengemann/Seibel

Kahn, Johann Philipp, geb. ... , gest. ... ; Schmiedemeister. – Freie Stadt Frankfurt: Gesetzgebende Versammlung 1846-1847.
Frost

Kaibel, Karl Friedrich, geb. 31.10.1819 Osthofen, gest. 26.1.1873 Ingelheim; Ökonom in Ober-Ingelheim. – Ghzm. Hessen: 2. Kammer 1865-1872 (F).
Ruppel/Groß

von Kaisenberg[95]**, Johann Christoph *Leopold***, geb. 3.11.1766 Nesselröden,

---

[95] Reichsadelsbestätigung und -erneuerung am 24.8.1797.

gest. 11.11.1835 Heiligenstadt; Herr auf Nesselröden, Rusteberg, Steinheuterode und Uder, Chefpräsident der Kgl. Preußischen Regierung in Erfurt, 1808 Friedensrichter in Duderstadt, 1808-1813 Präsident des Tribunals 1. Instanz in Heiligenstadt, später 2. Präsident des Oberlandesgerichts Emmerich und Präsident des Oberlandesgerichts Halberstadt; Mitglied der Provinzial-Stände (Provinzial-Landtag) der Provinz Sachsen 1828-1834. – Kgr. Westphalen 1808-1813.

Lengemann I

Kaiser, Eugen, geb. 28.10.1879 Cleversulzbach, gest. 4.4.1945 KZ Dachau; gelernter Gärtner, 1922-1933 Landrat des Kreises Hanau; MdR 1920-1924 (SPD). – Kassel und Hessen-Nassau 1930 (60. und 61. KLT) und 1933 (SPD).   Pelda; J.L.

Kaiser, Johann Philipp, geb. 14.11.1797 Ebsdorf, gest. 20.9.1871 .. ; Ökonom in Ebsdorf. – Kurhessen: Ständeversammlung 1833, 1836-1838 und 1845-1848 (gem. lib. 1833, 1836-1838).

Losch; Sieburg; J.L.

Kaiser, Ludwig, geb. 14.3.1888 Cölbe, gest. 3.12.1972 Marburg; Landwirt und Bürgermeister in Cölbe. – Kassel und Hessen-Nassau 1930-1932 (DDP bzw. DStP).   Pelda

Dr. theol. h.c. Kaiser, Petrus (*Peter*) Leopold, geb. 3.11.1788 Mühlheim, gest. 30.12.1848 Mainz; Oberschulrat in Darmstadt, 1835 Bischof von Mainz. – Ghzm. Hessen: 1. Kammer 1834-1848.   Götz/Rack

Kaitz – s. Keitz

Kalb, Philipp Jacob, geb. 25. 6.1805 Frankfurt, gest. 12. 5.1883 Frankfurt; Bürstenbindermeister; 1847-1866 Ratsverwandter. – Freie Stadt Frankfurt: Gesetzgebende Versammlung 1842-1843 und 1851-1856, Ständige Bürgerrepräsentation 1843-1847.   Frost

Kalb, Philipp Leonhard, geb. 16.8.1812 Frankfurt, gest. 3.1.1885 Frankfurt; Pfarrer und Schriftsteller. – Freie Stadt Frankfurt: Gesetzgebende Versammlung 1855-1857.   Frost

Kalbe, Hugo, geb. 6.12.1865 Müncheberg in Brandenburg, gest. 27.3.1940 Korbach; Kupferschmiedemeister und Inhaber einer Installationsfirma in Korbach. – Waldeck: Landesvertretung 1925-1929 (HWB).   König; König/Lengemann/Seibel

Dr. phil. Dr.-Ing. E.h. Kalle, Paul Wilhelm, geb. 26.4.1838 Paris, gest. 24.2.1919 Biebrich; Fabrikant. – Wiesbaden und Hessen-Nassau 1886-1895.

Burkardt/Pult

Kalt, Franz *Carl* Anton, geb. 28.1.1793 Trier, gest. 22.7.1869 Biebrich; Amtmann in Hadamar . – Nassau: Ständeversammlung 1849-1851. Rösner-Hausmann; J.L.

Kalteyer, Josef, geb. 2.9.1852 Mühlen, gest. 7.12.1932 Limburg; Mühlenbesitzer, Landwirt. Wiesbaden und Hessen-Nassau 1909-1925 (Z).   Burkardt/Pult

Dr. jur. Kanka, Karl, geb. 12.6.1904 München, gest. 20.7.1974 ... ; Rechtsanwalt in Offenbach; MdB 1957-1965 (CDU); Mitglied der 2., der 3. und der 4. Bundesversammlung. – Land Hessen: Verfassungberatende Landesversammlung Groß-Hessen 1946 und Hessischer Landtag 1946-1958 (CDU).   Lengemann II

Kanther, Manfred, geb. 26.5.1939 Schweidnitz in Schlesien; Jurist, 1970-1987 Landesgeschäftsführer bzw. Generalsekretär der CDU Hessen, 1987-1991 Hessischer Minister der Finanzen, seit 1991 Landesvorsitzender der CDU Hessen, seit 1993 Bundesminister des Innern; Mitglied des Bundesrates 1987-1991; MdB seit 1994 (CDU); Mitglied der 6., 7., 8., 9. und 10. Bundesversammlung. – Land Hessen: Hessischer Landtag 1974-

1993 (CDU); Vorsitzender der CDU-Fraktion 1991-1993.

Lengemann II; Kanzlei des Landtags

Dr. phil. Kappel, *Heiner* **Ernst**, geb. 13.12.1938 Dornheim, Krs. Groß-Gerau; Pfarrer im Schuldienst, 1978-1983 Pädagogischer Leiter der Gesamtschule Sulzbach, 1973-1984 Pfarrer der evangelischen Kirchengemeinde Königstein-Mammolshain, wohnhaft in Bad Soden. – Land Hessen: Hessischer Landtag seit 1983 (F.D.P.).

Lengemann II; Kanzlei des Landtags

Kappes, **Johannes**, get. 12.10.1773 Frankfurt, gest. 9. 9.1837 Frankfurt; Jurist, 1823 Kuratellrat, 1834 Direktor des Kuratellamtes, 1835-1837 Appellationsgerichtsrat; 1822-1834 Senator, 1834-1837 Schöff, 1833 Jüngerer Bürgermeister. – Freie Stadt Frankfurt: Gesetzgebende Versammlung 1817-1831.

Frost

Karges, **Peter**, geb. 9.10.1811 Stellberg, gest. 28.5.1896 Stellberg; Gemeindevorsteher und Gutsbesitzer in Stellberg. – Kassel 1868-1871.

Pelda

Karl, **Hans**, geb. 5.1.1922 Griesheim bei Darmstadt, gest. 6.7.1996 ... ; Regierungsamtmann, 1968-1987 Bürgermeister in Griesheim; Mitglied der Verbandsversammlung des LWV Hessen 1961-1965 und 1969-1993; Mitglied der 4. Bundesversammlung. – Land Hessen: Hessischer Landtag 1963-1968 (SPD).

Lengemann II; Kanzlei des Landtags

Karry, **Heinz Herbert**, geb. 6.3.1920 Frankfurt, gest. 11.5.1981 [ermordet] Frankfurt; Kaufmann, Inhaber einer Textilgroßhandlung in Frankfurt, 1970-1981 Hessischer Minister für Wirtschaft und Technik und stellvertretender Ministerpräsident; Mitglied des Bundesrates 1970-1978, Stellvertretendes Mitglied des Bundesrats 1978-1981; Mitglied der 5., 6. und 7. Bundesversammlung. – Land

Hessen: Hessischer Landtag 1960-1977 und 1978, sog. ruhendes Mandat 1975-1977 (FDP bzw. F.D.P.), Vorsitzender der F.D.P.-Fraktion 1968-1970. Lengemann II

Karthaus, **Gustav Adolf**, geb. 31.3.1859 Grumbach, Reg.-Bez. Trier, gest. 8.2.1934 Weilburg; Bürgermeister. – Wiesbaden und Hessen-Nassau 1916-1918.

Burkardt/Pult

Kartmann, **Norbert**, geb. 16.1.1949 Nieder-Weisel; Lehrer, wohnhaft in Butzbach. – Land Hessen: Hessischer Landtag 1982-1983 und seit 1987 (CDU).

Lengemann II; Kanzlei des Landtags

Karwecki, **Rolf**, geb. 28.11.1950 Frankfurt; bis 1991 Bürgermeister der Gemeinde Habichtswald, Krs. Kassel. – Land Hessen: Hessischer Landtag seit 1991 (SPD). Lengemann II; Kanzlei des Landtags

Kast, **Friedrich Wilhelm**, geb. 21.1.1809 Stockstadt, gest. 8.6.1873 Darmstadt; Holzhändler in Darmstadt. – Ghzm. Hessen: 2. Kammer 1862-1866 (LibKons).

Ruppel/Groß

Kaufholz, **Bardo**, geb. ... Fulda, gest. 4.3.1869 Salmünster; Bürgermeister in Salmünster. – Kurhessen: Ständeversammlung 1838 und 1847-1849 (gem. lib. 1838). Losch; Sieburg; J.L.

Kaufholz, *Joseph* **Benedikt**, geb. 31.12.1798 Marbach, Krs. Hünfeld, gest. 19.5.1859 ... ; Ökonom in Haselstein. – Kurhessen: Ständeversammlung 1838-1845. Losch; Sieburg

Kaufmann, **Frank-Peter**, geb. 9.3.1948 Berlin; Diplom-Physiker, 1984-1989 Erster Stadtrat der Stadt Dietzenbach, 1989-1993 Erster Kreisbeigeordneter des Kreises Offenbach, 1993-1995 Sprecher des Landesvorstandes von B 90/GRÜ Hessen. – Land Hessen: Hessischer Landtag seit 1995 (B 90/GRÜ). Kanzlei des Landtags

Kaufmann, Johannes, get. 6.4.1763 Frankfurt, gest. 13.1.1819 Frankfurt; Handelsmann. – Freie Stadt Frankfurt: Ständige Bürgerrepräsentation [1803-1810] und 1817-1818.   Frost

Kauke, Johann Conrad, geb. 10.7.1776 Waltringhausen, gest. 20.12.1838 Waltringhausen; Vorsteher in Waltringhausen. – Kurhessen: Konstituierender Landtag 1830.   Losch; Sieburg

Dr. phil. Kaul, Alexander, geb. 4.7.1901 Hameln, gest. 15.10.1972 ... ; Tätigkeit im Verlagswesen und als Wirtschaftsberater, wohnhaft in Bernsheim, 1956-1963 Staatskommissar für die Förderung der hessischen Notstandsgebiete und Zonenrandkreise in der Hessischen Staatskanzlei, 1963 Abteilungsleiter für Flüchtlingswesen beim Hessischen Minister des Innern. – Land Hessen: Hessischer Landtag 1954-1958 (GB/BHE).   Lengemann II

Kaul, Georg, geb. 11.8.1873 Cosel in Schlesien, gest. 2.5.1933 [Suizid] Offenbach; Journalist und Redakteur beim *Offenbacher Abendblatt*. – Volksstaat Hessen 1919-1932 (SPD); Vorsitzender der SPD-Fraktion 1921-1931.   Ruppel/Groß; Götz/Rack; J.L.

Kausemann, Hubert Josef *Wilhelm*, geb. 22.11.1903 Gummersbach, gest. ... [gefallen] bei Pygi an der Ostfront; Kaufmann in Birstein, 1933 kommissarischer Landrat des Kreises Gelnhausen. – Kassel 1933 (NSDAP).   Pelda; J.L.

Kautz, Walter[96], geb. ... Birstein, gest. 1.3.1874 Birstein; Hoheitsschultheiß in Birstein. – Kurhessen: Ständeversammlung 1838, 1842-1844 und 1847-1848 (gem. lib. 1838).   Losch; Sieburg; J.L.

---

[96] Nach GROTHE führte der Abgeordnete den Vornamen *Wilhelm*; ob beide Bezeichnungen die gleiche Person meinen oder wer tatsächlich Mitglied der Ständversammlung war, konnte bei der Erarbeitung des Index nicht erforscht werden.

Kaye, Ulrich, geb. 12.6.1932 Halle; Industriekaufmann in Oberursel. – Land Hessen: Hessischer Landtag 1966-1970 (NPD); Vorsitzender der NPD-Fraktion 1970.   Lengemann II; Kanzlei des Landtags

Kayser (Kaysser), **Adam Friedrich** (*Fritz*), geb. 24. 4.1833 Frankfurt, gest. 24.12.1910 Frankfurt; Architekt. – Freie Stadt Frankfurt: Gesetzgebende Versammlung 1864-1866.   Frost

Kayser, Ferdinand August, geb. 24.8.1808 Frankfurt, gest. 9.7.1873 Frankfurt; Maurermeister. – Freie Stadt Frankfurt: Gesetzgebende Versammlung 1848, 1858-1860 und 1862-1866, Verfassunggebende Versammlung 1848-1849, Ständige Bürgerrepräsentation 1860-1866.   Frost; J.L.

Kayser, Johann Wilhelm, get. 20.2.1774 Frankfurt, gest. 26.3.1833 Frankfurt; Maurermeister. – Freie Stadt Frankfurt: Gesetzgebende Versammlung 1818-1819.   Frost

Kaysser – s. Kayser

Dr. med. Keding, *Paul* **Karl Emil**, geb. 18.10.1877 Greifswald, gest. 18.1.1943 Berlin-Charlottenburg; Arzt, Stadtmedizinalrat in Kassel. – Kassel und Hessen-Nassau 1930-1932 (DDP bzw. DStP).   Pelda

Kees (sen.), Johann Friedrich, geb. 14.4.1812 Gelnhausen, gest. 12.7.1864 Gelnhausen; Stadtrat in Gelnhausen. – Kurhessen: 2. Kammer 1852-1854 (opp.).   Losch; Sieburg; J.L.

Dr. jur. Keferstein, Gabriel *Wilhelm* **Gottlieb**, geb. 16.9.1755 Kröllwitz, gest. 16.6.1816 Halle an der Saale; bis 1807 Polizei-Ratsmeister in Halle, 1808 Friedensrichter, 1808-1813 Notar, 1813 Bürgermeister der Stadt Halle. – Kgr. Westphalen 1808-1813.   Lengemann I

Kehl, Johann Carl, geb. 17.7.1829 Hanau, gest. 6.3.1918 Hanau; Kaufmann, Zigarrenfabrikant in Hanau. – Kassel 1877.

Pelda

Kehr, Carl Friedrich August, geb. 3.5.1797 Wolfsanger, gest. 28.10.1834 Wolfsanger; Gutsbesitzer und Bürgermeister in Wolfsanger. – Kurhessen: Ständeversammlung 1831-1832 und 1842-1844 und 2. Kammer 1860-1862 (lib. 1831-1832).

Losch; Sieburg

Keil, Christoph, geb. 17.12.1805 Melbach, gest. 10.11.1872 Melbach; Landwirt und Bürgermeister in Melbach. – Ghzm. Hessen: 2. Kammer 1847-1849 und 1871-1872.

Ruppel/Groß

Keil, Gerhard, geb. 28.4.1945 Beuern, Krs. Gießen; Realschullehrer, 1985 Erster Kreisbeigeordneter des Landkreises Gießen, wohnhaft in Lich. – Land Hessen: Hessischer Landtag 1976-1978, 1978-1983 und 1983-1985 (CDU).

Lengemann II; Kanzlei des Landtags

Keil, Johannes, geb. 17.9.1773 Frankenberg, gest. 27.8.1841 Frankenberg; Tuchmacher und Bürgermeister in Frankenberg. – Kurhessen: Ständeversammlung 1839-1841.

Losch; Sieburg

Keil, Johannes, geb. 2.2.1809 Fürth im Odenwald, gest. 15.8.1874 Fürth; Landwirt und Beigeordneter bzw. Bürgermeister in Fürth. – Ghzm. Hessen: 2. Kammer 1847-1856 und 1865-1872 (kons.).

Ruppel/Groß

Keil, Ludwig, geb. 1.8.1896 Bickenbach an der Bergstraße, gest. 8.1.1952 Darmstadt; Metallarbeiter, Kupferschmied in Offenbach, 1945 Ministerialdirektor im Hessischen Ministerium für Wirtschaft und Verkehr. – Volksstaat Hessen 1931-1933 (KPD), Vorsitzender der KPD-Fraktion 1931-1933; Land Hessen: Hessischer Landtag 1946-1950 (KPD), Vorsitzender

der KPD-Fraktion 1949-1950.

Ruppel/Groß; Lengemann II

Dr. phil. Keilmann, Karl, geb. 10.7.1900 Lampertheim, gest. 14.9.1975 ... ; Rechtsanwalt in Lampertheim. – Land Hessen: Hessischer Landtag 1954-1958 (FDP).

Lengemann II

Keim, Johann *Karl*, geb. 21.5.1794 Oberliederbach, gest. 5.9.1868 Dillenburg; Dekan. – Nassau: Ständeversammlung 1848-1851 (Club der Rechten) und II. Kammer 1852-1854.

Rösner-Hausmann

Keitz (Kaitz), **Andreas**, geb. 5.1.1777 Fulda, gest. 15.4.1847 Fulda; Finanzrat in Fulda. – Kurhessen: Ständeversammlung 1831-1832 (gouv.).

Losch; Sieburg; J.L.

Kekulé, Ludwig *Carl* Emil, geb. 4.4.1773 Frankfurt, gest. 28.8.1847 Darmstadt; Oberkriegsrat. – Ghzm. Hessen: 2. Kammer 1820-1824 (lib.).

Ruppel/Groß

Keller, August Jacob, geb. 27.12.1877 Frankfurt, gest. 18.1.1953 Frankfurt-Schwanheim; Straßenbahnbetriebsinspektor. – Wiesbaden und Hessen-Nassau 1929 und 1932 (SPD).

Burkardt/Pult

Graf von Keller[97], **Dorotheus Ludwig *Christoph***, geb. 19.2.1757 Stedten bei Erfurt, gest. 22.11.1827 Stedten; Herr auf Steinheuterode, Stedten und Möbisburg, Diplomat zunächst in preußischen Diensten, 1810-1813 Gesandter des Großherzogtums Frankfurt in Paris, später Kfl. Hessischer Staatsminister und Bevollmächtigter beim Wiener Kongreß und dann Re-gierungspräsident in Erfurt; Mitglied der Provinzial-Stände (Provinzial-Landtag) der Provinz Sachsen 1825-1827. – Kgr. Westphalen 1808-1810.

Lengemann I

---

[97] Erhebung in den Kgl. Preußischen Grafenstand am 29.11.1789.

Keller, Franz Jacob Isidor, geb. 11.6.1790 Kronberg, gest. 23.8.1859 Gelnhausen; Kaufmann und Gastwirt in Gelnhausen. – Kurhessen: Ständeversammlung 1838-1841. Losch; Sieburg

Keller, Jakob, geb. 9.7.1873 Viernheim, gest. 15.4.1961 Berlin-Wilmersdorf; Land- und Amtsgerichtsrat in Darmstadt, 1928 Amtsgerichtsdirektor Gießen. – Volksstaat Hessen 1928-1931 (Z). Ruppel/Groß

Keller, Johann Georg(e), geb. 29.1.1890 Röllshausen, gest. 7.7.1975 Schwalmstadt; Landwirt und zeitweise Bürgermeister in Röllshausen; MdL Preußen 1928-1932 (CNBLVP 1928-1932, NSDAP 1932). – Kassel 1933 (NSDAP). Pelda; J.L.

Keller, Johann Heinrich, geb. 25.12.1826 Darmstadt, gest. 27.11.1890 Darmstadt; Fabrikant und Samenhändler in Bessungen. – Ghzm. Hessen: 2. Kammer 1876-1878. Ruppel/Groß

Keller, Johann, geb. 14.10.1811 Horbach, gest. 7.9.1892 Wiesbaden; Bürgermeister. – Wiesbaden 1868-1877. Burkardt/Pult

Keller, Johannes Martin, geb. 2.8.1766 Oberneisen, gest. 24.2.1829 Büdingen; Oberpfarrer und Direktor des Gymnasiums in Büdingen. – Ghzm. Hessen: 2. Kammer 1820-1827 (kons.). Ruppel/Groß

Dr. phil. Keller, Otto Heinrich Wilhelm, geb. 9.9.1879 Eberstadt, gest. 2.6.1947 Büdingen; Gymnasialprofessor, Oberstudiendirektor in Büdingen. – Volksstaat Hessen 1924-1931 ([NL *1912*], DVP); Vorsitzender der DVP-Fraktion 1928-1931. Ruppel/Groß; J.L.

Keller, Peter, geb. 17.10.1906 Dieburg, gest. 1.11.1985 ... ; gelernter Maschinenschlosser, Angestellter beim Landratsamt Dieburg, Leiter der Bezirksfürsorgestelle. – Land Hessen: Hessischer Landtag 1949-1950 (CDU). Lengemann II

Kellner, Carl Ferdinand, geb. 7.3.1775 Frankfurt, gest. 6.4.1841 Frankfurt. – Freie Stadt Frankfurt: Ständige Bürgerrepräsentation [1809] -1841. Frost

Dr. phil. Kellner, Gottlieb Theodor, geb. 24.8.1819 Kassel, gest. 15.5.1898 Philadelphia, PA, USA; Privatdozent in Göttingen, 1848-1850 Redakteur der *Hornisse*, 1851 wegen Hochverrats verhaftet, Flucht nach Amerika und dort Redakteur des *Philadelphia Democrat*. – Kurhessen: Ständeversammlung 1850 (dem.).
Losch; Sieburg

Kellner, Walter, geb. 12.11.1817 Waldkappel, gest. 31.8.1881 Waldkappel; Fabrikant in Waldkappel. – Kurhessen: 2. Kammer 1858-1860. Losch; Sieburg

Kemmeter, Adolph Carl, geb. 18.12.1798 Frankfurt, gest. 13.4.1833 ... ; Jurist. – Freie Stadt Frankfurt: Ständige Bürgerrepräsentation 1830- 1833. Frost

Kemmeter, Ulrich Friedrich, geb. ... 5.1761 Mittelsinn, gest. 27.1.1825 Frankfurt. – Freie Stadt Frankfurt: Gesetzgebenden Versammlung 1822-1825. Frost

Dr. jur. h.c. Kempf (Kempff), *Georg* **Wilhelm**, geb. 17.12.1809 Gießen, gest. 7.11.1883 Darmstadt; Mitglied und Rat am Hofgericht in Gießen, 1872-1875 Direktor des Ghzgl. Ministeriums der Justiz, 1875-1878 Präsident des Ministeriums der Justiz, 1879 Präsident des Oberlandesgerichtrs Darmstadt. – Ghzm. Hessen: 2. Kammer 1851-1856 und 1863-1873 (kons.). Ruppel/Groß

Kempf, Ludwig, geb. 3.9.1813 Dillich, gest. 4.12.1879 Hersfeld; Advokat und Bürgermeister in Hersfeld. – Kurhessen: Ständeversammlung 1864-1866.
Losch; Sieburg

Kempff – s. Kempf

Kepler, Joseph, geb. ... Hünfeld, gest. 29.4.1833 Fulda; Stadtvorstand in Fulda. – Kurhessen: Konstituierender Landtag 1830.   Losch; Sieburg

Kern, Friedrich (*Fritz*), geb. 7.1.1903 Eberstadt, gest. ... 4.1945 [gefallen] bei Pillau; Fabrikarbeiter in Darmstadt-Eberstadt; MdR 1932-1938 (NSDAP). – Volksstaat Hessen 1931-1932 (NSDAP).
                                          Ruppel/Groß; J.L.

Kern, Roland, geb. 3.11.1947 Urberach; Rechtsanwalt in Darmstadt. – Land Hessen: Hessischer Landtag 1982-1985 (GRÜ); Vizepräsident des Hessischen Landtags 1982-1985.
                    Lengemann II; Kanzlei des Landtags

Kerschgens, Karl, geb. 12.10.1939 Mariadorf, Krs. Aachen; katholischer Theologe, bis 1982 Berufsberater für Abiturienten und Hochschüler, 1985-1987 Staatssekretär beim Hessischen Ministerium für Umwelt und Energie, wohnhaft in Seeheim-Jugenheim. – Land Hessen: Hessischer Landtag 1982-1984 (GRÜ) und 1991-1995 (B 90/GRÜ).
                    Lengemann II; Kanzlei des Landtags

Kersten, Fritz, geb. 2.8.1935 Schöneberg; Landwirt in Hofgeismar-Schöneberg. – Land Hessen: Hessischer Landtag 1989-1991 (F.D.P.).   Kanzlei des Landtags

Kersten, Kurt, geb. 31.7.1901 Holzminden, gest. 1.8.1967 ... ; Rechtsanwalt in Altmorschen; Mitglied der 3. Bundesversammlung. – Land Hessen: Hessischer Landtag 1955-1962 (GB/BHE).
                                          Lengemann II

Kerstner, Philipp Andreas, geb. 8.3.1807 Frankfurt, gest. 16.2.1875 Klingenmünster; Handelsmann. – Freie Stadt Frankfurt: Verfassunggebende Versammlung 1849, Gesetzgebende Versammlung 1858-1860, Ständige Bürgerrepräsentati-

on 1861-1866 (Stadtrechnungsrevisionskolleg 1865- 1866).   Frost

Kertell, *Johann* Maria, geb. 18.5.1771 Mainz, gest. 24.5.1839 Mainz; Ölseifenhändler und Gutsbesitzer in Mainz. – Ghzm. Hessen: 2. Kammer 1820-1839 (Libkons).   Ruppel/Groß

Kessel, Andreas, geb. ... , gest. .. 1858 ... ; Ökonom. – Freie Stadt Frankfurt: Gesetzgebende Versammlung 1835-1842.   Frost

Kessel, Helmut *Friedrich*, geb. 1.4.1897 Nierstein, gest. 24.3.1978 Nierstein; Schiffer und Kapitän in Nierstein. – Volksstaat Hessen 1933 (NSDAP).   Ruppel/Groß

Kesselmeyer, Johann, geb. ... , gest. ... ; Handelsmann. – Freie Stadt Frankfurt: Gesetzgebende Versammlung 1818-1819, 1822 und 1829.   Frost

Keßler, Friedrich Jacob, geb. ... , gest. ... ; Handelsmann. – Freie Stadt Frankfurt: Gesetzgebende Versammlung 1864. Frost

Keßler, Heinrich, geb. 16.5.1852 Oberbimbach, gest. 5.12.1928 Arolsen; Forstmeister in Ehlen. – Kassel und Hessen-Nassau 1917-1919 (44. KLT).   Pelda

Keßler, Johann Philipp, geb. ... , gest. ... ; Handelsmann. – Freie Stadt Frankfurt: Gesetzgebende Versammlung 1821, 1823-1826 und 1830-1831.   Frost

Keßler, Robert, geb. 31.12.1911 ... , gest. ... ; Bürgermeister. – Wiesbaden und Hessen-Nassau 1910-1911.   Burkardt/Pult

Keßler-Gontard, Friedrich Jacob, geb. 26.3.1806 Mannheim, gest. 3.5.1889 Frankfurt; Handelsmann; 1844-1850 Senator. – Freie Stadt Frankfurt: Gesetzgebende Versammlung 1838, 1841-1848 und 1850, Ständige Bürgerrepräsentation 1838-1844.   Frost

Dr. theol. h.c. Freiherr von Ketteler, Wilhelm Emanuel, geb. 25.12.1811 Münster in Westfalen, gest. 13.7.1877 Burghausen in Obbayern; 1850-1877 Bischof von Mainz; MdN 1848-1849 (bkF); MdR 1871-1872 (Z). – Ghzm. Hessen: 1. Kammer 1851-1877. Götz/Rack; J.L.

Ketzler, Johann Philipp, geb. ... , gest. ...; Handelsmann. – Freie Stadt Frankfurt: Gesetzgebende Versammlung 1828. Frost

Keudel, Weigand *Wilhelm*, geb. 15. 2.1818 Liederbach, gest. ... USA [?]; Ökonom, Besitzer zunächst des Oberhofs, dann der Herrnmühle, schließlich des Unterhofs in Storndorf, wahrscheinlich ausgewandert. – Ghzm. Hessen: 1. Kammer 1849-1850. Götz/Rack

von Keudell, *Alexander* **Moritz Jakob Gustav**, geb. 16.1.1861 Schwebda, Schloß Wolfsbrunn, gest. 24.6.1939 Göttingen; Jurist, 1893/94-1919 Landrat in Eschwege, lebte auf Schloß Wolfsbrunn in Schwebda. – Kassel und Hessen-Nassau 1899-1932 (K 1899-1918, DNVP 1919-1932); Vorsitzender (ab 1924 Präsident) des 43., 44., 49.-59. und 62.-64. Kommunal-Landtags Kassel 1918-1919, 1921-1929, 1931-1932, Vizepräsident des XIII., XV., XVI., XVIII. und IXX. Provinzial-Landtags Hessen-Nassau 1918, 1921-1926 und 1928-1930. Pelda; J.L.

von Keudell, *Rudolph* **Wilhelm Friedrich Carl Ferdinand**, geb. 13.2.1799 Schwebda, gest. 16.6.1867 Schwebda; Gutsbesitzer in Schwebda. – Kurhessen: Ständeversammlung 1833-1838, 1839-1844 und 1847-1848, 1. Kammer 1853-1861 und Ständeversammlung 1863-1865 (gouv. 1833-1838, kons.-konst. 1853-1865). Losch; Sieburg; J.L.

Keutzer, Karl, geb. 13.8.1884 Frischborn, Krs. Lauterbach, gest. 14.1.1964 ... ; Landwirt und Bürgermeister in Frisch-

Alexander von Keudell
Vorsitzender (ab 1924 Präsident) des
Kommunal-Landtags Kassel 1918-1919, 1921-1929
und 1931-1932

born. – Land Hessen: Verfassungberatende Landesversammlung Groß-Hessen 1946 (CDU). Lengemann II

Kick, Georg Christoph, geb. 12.11.1754 Alsfeld, gest. 19.1.1825 Alsfeld; Fabrikant und Stadthauptmann in Alsfeld. – Ghzm. Hessen: 2. Kammer 1820-1824. Ruppel/Groß

Kiekheben-Schmidt-Winterstein – s. Winterstein, Veronika

Kiel, *Alfred* **Heinrich**, geb. 22.5.1878 Nordhausen in Thüringen, gest. ... ; gelernter Zigarrenmacher, Gewerkschaftssekretär beim Deutschen Tabakarbeiterverband in Gießen. – Volksstaat Hessen 1919-1927 (USPD 1919-1922, SPD 1922-1927). Ruppel/Groß; J.L.

Kiel, Joseph, geb. 9.7.1834 Volkmarsen, gest. 31.10.1900 Volkmarsen; Ackermann, Versicherungsinspektor und Bürgermeister in Volkmarsen. – Kassel 1880-1885.   Pelda

Graf von Kielmansegge, *Thedel* Detlev Friedrich, geb. 22.12.1836 ... , gest. 30.5.1867 Ems; Erbherr auf Wiegersen und Borrl im Hzm. Bremen. – Nassau: I. Kammer 1865.   Rösner-Hausmann; J.L.

Kilian, Joseph Alois, geb. 8.8.1790 Mainz, gest. 10.6.1851 Darmstadt; Mitglied und Rat beim Oberappellations- und Kassationsgericht, 1839 Generalstaatsprokurator, 1848-1849 Ghzgl. Minister der Justiz, 1849 wieder Generalstaatsprokurator in Darmstadt. – Ghzm. Hessen 2. Kammer 1841-1848 und 1. Kammer 1849-1850 (lib.); Vizepräsident (2. Präsident) der 2. Kammer 1847-1848.
Ruppel/Groß; Götz/Rack; J.L.

Dr. med. Kind, Hermann Franz Georg, geb. 5.12.1858 Fulda, gest. 14.6.1927 Fulda; praktischer Arzt in Fulda. – Kassel und Hessen-Nassau 1903-1919 (44. KLT).   Pelda

Kindlinger, Nikolaus, geb. 5.11.1782 Neudorf, gest. 20.3.1847 Neudorf; Landwirt. – Nassau: Deputiertenkammer 1832.   Rösner-Hausmann

Kindt, Rudolf, geb. 27.1.1873 Birkenfeld in Oldenburg, gest. 4.11.1928 Darmstadt; Schriftsteller in Darmstadt. – Volksstaat Hessen 1921-1928 (DNVP).   Ruppel/Groß

Kinkel, Ludwig, geb. 9.6.1826 Breidenbach, gest. 13.11.1905 Breidenbach; Bürgermeister. – Wiesbaden 1885 (18. KLT).
Burkardt/Pult

Kinscherf, Valentin, geb. 17.11.1793 Birkenau, gest. 3.9.1857 Birkenau; Müller in Birkenau. – Ghzm. Hessen: 2. Kammer 1847-1849.   Ruppel/Groß

Kircher, Franz Josef, geb. 26.7.1889 Hünfeld, gest. 25.10.1965 Hünfeld; Photograph, Kaufmann, Buchhändler in Hünfeld. – Kassel und Hessen-Nassau 1933 (NSDAP).   Pelda

Kircher, Johann Adam, geb. 21.3.1827 Großenbach, gest. 9.6.1906 Großenbach; Gutsbesitzer in Großenbach. – Kassel 1868-1879.   Pelda

Kircher, Julius, geb. 4.2.1797 Soden, gest. ... ; Fabrikant in Soden. – Kurhessen: Ständeversammlung 1848.   Losch; Sieburg

Dr. theol. Kirchner, Anton, geb. 14. 7.1779 Frankfurt, gest. 31.12.1834 Frankfurt; Professor für hebräische Sprache, Religions- und Kirchengeschichte am Frankfurter Gymnasium, Prediger an der Katharinenkirche, später an der Paulskirche, Konsistorialrat. – Freie Stadt Frankfurt: Gesetzgebende Versammlung 1817.   Frost

Dr. phil. Dr. theol. Kirchner, Conrad Maximilian, geb. 11. 1.1809 Frankfurt, gest. 7.9.1874 Frankfurt; lutherischer Pfarrer, Konsistorialrat, Schriftsteller. – Freie Stadt Frankfurt: Gesetzgebende Versammlung 1848.   Frost

Kirchner, Gustav Adolph Friedrich Wilhelm, geb. 16. 7.1815 Frankfurt, gest. 28.7.1891 Katzenellenbogen; Stadtgerichtsrat. – Freie Stadt Frankfurt: Gesetzgebende Versammlung 1861 und 1863-1864.   Frost

Kirchner, Karl Emil, geb. 2.12.1883 Stuttgart, gest. 24.11.1945 Frankfurt; Journalist, städtischer Verwaltungsdirektor. – Wiesbaden und Hessen-Nassau 1920-1933 (SPD).   Burkardt/Pult

Kirmsse, *Max* Bruno, geb. 1.6.1877 Markranstädt, Bez. Leipzig, gest. 17.9.1946 Idstein; Anstaltslehrer am Heilerziehungsheim Kalmenhof, Schrifteller. – Wiesbaden und Hessen-Nassau 1921-1925 (SPD).   Burkardt/Pult; J.L.

Kirstein, Georg Heinrich Maria, geb. 2.7.1858 Mainz, gest. 15.4.1921 Mainz; Bischof von Mainz. – Ghzm. Hessen: 1. Kammer 1904-1918.   Götz/Rack

Kißner (Küssner), **Johann Wilhelm**, geb. ... 1758 ... , gest. 14.11.1837 ... ; Bierbrauer, Quartiervorstand, Major. – Freie Stadt Frankfurt: Ständige Bürgerrepräsentation [1804] -1837.   Frost

Dr. phil. Dr.-Ing. E.h. Kittler, Erasmus, geb. 25.6.1852 Schwabach bei Nürnberg, gest. 13.3.1929 Darmstadt; Professor für Elektrotechnik an der Technischen Hochschule, 1898 Geheimrat im Ministerium der Finanzen, Abteilung für Bauwesen, in Darmstadt. – Ghzm. Hessen: 1. Kammer 1899-1918.   Götz/Rack

Kitz, Heinz, geb. 18.7.1907 Reichelsheim im Odenwald, gest. 14.10.1971 ... ; Amtsrichter in Erbach im Odenwald. – Land Hessen: Hessischer Landtag 1949-1950 (CDU).   Lengemann II

Klär, Hildegard, geb. 15.9.1940 Hamburg; bis 1995 Regierungsangestellte in der Staatskanzlei von Rheinland-Pfalz, wohnhaft in Glashütten-Schloßborn. – Land Hessen: Hessischer Landtag seit 1995 (SPD).   Kanzlei des Landtags

Klapp, Carl Friedrich Wilhelm *Adolf* (II), geb. 24.1.1834 Sachsenberg, gest. 1.1.1925 Bad Wildungen; aufsichtsführender Richter am Amtsgericht in Nieder- bzw. Bad Wildungen. – Waldeck: Landtag 1893-1908; Vizepräsident des Waldeckischen Landtags 1899-1907.
König; Lengemann III; König/Lengemann/Seibel

Klapp, Johann Georg Wilhelm (gen. *Georg Friedrich*), geb. 12.7.1772 Mengeringhausen, gest. 3.1.1844 Mengeringhausen; Lohgerber und mehrfach

Bürgermeister in Mengeringhausen. – Waldeck: Landstand 1829 und 1834-1844.   König/Lengemann/Seibel

Klapp, Karl Heinrich, geb. 10.2.1857 Nieder-Wildungen , gest. 12.10.1932 Bad Wildungen; Schuhmachermeister in Bad Wildungen. – Waldeck: Landesvertretung 1919-1922 (SPD)
König; König/Lengemann/Seibel

Dr. jur. Klauser, Robert, geb. 6.4.1867 Mönchengladbach, gest. 8.7.1951 Wiesbaden; Landrat in Höchst. – Wiesbaden und Hessen-Nassau 1912-1918.
Burkardt/Pult; J.L.

Klecha, August, geb. 28.9.1890 Laurahütte, Siemianowitz, Krs. Kattowitz, gest. 7.8.1963 Frankfurt; Kaufmann, Parteifunktionär. – Wiesbaden und Hessen-Nassau 1933 (NSDAP).   Burkardt/Pult

Klee, Horst, geb. 17.11.1939 Wiesbaden; Geschäftsführer der Gartenbauzentrale in Wiesbaden. – Land Hessen: Hessischer Landtag seit 1993 (CDU).
Kanzlei des Landtags

Klehe, Josef Pero Alexius, geb. ... , gest. ... ; Handelsmann. – Freie Stadt Frankfurt: Ständige Bürgerrepräsenation [1808] - 1819 (Stadtrechnungsrevisionskolleg 1818-1819), Gesetzgebende Versammlung 1818.   Frost

Klehm, Johann Georg Friedrich, geb. 18.11.1880 Ravolzhausen, gest. 25.11.1960 Meerholz; Heizer, Fabrikarbeiter in Niedermittlau. – Kassel und Hessen-Nassau 1921-1925 (SPD).   Pelda

Kleimann, Hermann, geb. ... , gest. ... . – Freie Stadt Frankfurt: Gesetzgebende Versammlung 1847.   Frost

Klein, Armin, geb. 27.8.1939 Seeburg in Ostpreußen; bis 1995 Leiter der Standortverwaltung in Mainz, wohnhaft in Wies-

baden. – Land Hessen: Hessischer Landtag seit 1995 (CDU). Kanzlei des Landtags

Klein, *Carl* Joseph, geb. 11.9.1810 Büdes-
heim, gest. 8.2.1864 Alzey; Advokat und
Anwalt in Alzey. – Ghzm. Hessen: 1.
Kammer 1850. Götz/Rack

Klein, Friedrich Hermann geb. 25.7.1878
Kubach, gest. 30.6.1960 Kubach; Landwirt. – Wiesbaden und Hessen-Nassau
1921-1925 (DVP). Burkardt/Pult

Klein, Heinrich, geb. 13.12.1932 Hergershausen, gest. 18.12.1989 ... ; Redakteur
beim Institut für angewandte Sozialwis-
senschaft GmbH in Bonn, 1970-1976
Landrat des Landkreises Dieburg; MdB
1976-1989 (SPD); Mitglied der 8. und 9.
Bundesversammlung. – Land Hessen:
Hessischer Landtag 1970 (SPD).
Lengemann II; Kanzlei des Landtags

Klein, Jacob Philipp, geb. ... , gest. ... ;
Bäckermeister. – Freie Stadt Frankfurt:
Gesetzgebende Versammlung 1861-1863.
Frost

Klein, Johann *Christian*, geb. 30.8.1798
Idstein, gest. 17.5.1868 Idstein; Bürgermeister. – Nassau: II. Kammer 1858-
1863. Rösner-Hausmann

Klein, *Wilhelm* Georg Karl, geb.
20.2.1902 Darmstadt, gest. 25.12.1983
Darmstadt; Rechtsanwalt in Darmstadt. –
Volksstaat Hessen 1932-1933 (NSDAP).
Ruppel/Groß; Götz/Rack

Kleine, *Karl* Wilhelm, geb. 12.11.1869
Oesdorf, gest. 19.11.1938 Bad Pyrmont;
Zigarrenhändler in Holzhausen. Waldeck:
Landesvertretung 1919-1920 (SPD).
König; König/Lengemann/Seibel

Kleinhans, Hieronymus (*Jérôme*), geb.
18.1.1754 Wolfhagen, gest. 20.3.1841
Wolfhagen; Advokat, Notar und Bürgermeister in Wolfhagen. – Hessen-Kassel

1815-1816; Kurhessen: Konstituierender
Landtag 1830. Losch; Sieburg (J.L.)

**Dr. jur. Kleinschmidt, Friedrich Franz
*Carl***, geb. 16.7.1849 Gernsheim, gest.
25.12.1921 Darmstadt; Notar in Darmstadt. – Ghzm. Hessen: 1. Kammer 1905-
1918. Götz/Rack

Kleinschmidt, Heinz-Walter, geb.
14.9.1943 Hofgeismar; Student. – Land
Hessen: Hessischer Landtag 1973-1974
(F.D.P.). Lengemann II; Kanzlei des Landtags

Kleinschmit, Carl Ludwig *Reinhard*,
geb. 25.10.1820 Korbach, gest. 10.3.1863
Pyrmont; Advokat und Bürgermeister in
Pyrmont. – Waldeck: Landtag 1859-1860
und Spezial-Landtag Pyrmont 1859-
1860. König; Lengemann IV;
König/Lengemann/Seibel

Kleinschmit (Freiherr Kleinschmit von
Lengefeld[98]), **Gustav**, geb. 1.11.1811 Arolsen, gest. 26.11.1879 Marburg; Justizamtmann, 1850 Kreisrichter und 1853-1858
Kreisgerichtsrat in Arolsen, Herr auf Lengefeld, Meineringhausen und Dingering-
hausen. – Waldeck: 1849-1851 und 1859-
1863; Vizepräsident des Waldeckischen
Landtags 1862-1863. König; Lengemann III;
König/Lengemann/Seibel

Klemann, Jakob, geb. 3.12.1883 Spiesen
an der Saar, gest. 5.6.1969 Montabaur;
Rektor. – Wiesbaden und Hessen-Nassau
1920 (Z). Burkardt/Pult

Klemm, Lothar, geb. 9.9.1949 Hochstadt;
Rechtsanwalt und – seit 1985 – Notar in
Hanau, 1994-1995 Hessischer Minister
für Wirtschaft, Verkehr, Technologie und
Europaangelegenheiten, seit 1995 Hessischer Minister für Wirtschaft, Verkehr
und Landesentwicklung; Stellvertreten-

---

[98] Erhebung in den Fstl. waldeckischen Adels- und
beschränkten Freiherrenstand als *Freiherr von Lengefeld* am 26.9.1878.

des Mitglied des Bundesrates seit 1994 ; Mitglied der 9. Bundesversammlung. – Land Hessen: Hessischer Landtag 1982-1995 (SPD); Vorsitzender der SPD-Fraktion 1991-1994. Lengemann II; Kanzlei des Landtags

von Klencke, Carl Wilhelm *Leopold*, geb. 21.2.1767 Hämelschenburg, gest. 27.8.1823 Soest; Kgl. hannöverscher Major in Rinteln. – Kgr. Westphalen 1808-1813. Lengemann I

Klepper, Johannes, geb. 10.1.1799 Melsungen, gest. 4.11.1883 Melsungen; wohnhaft in Melsungen. – Kurhessen: 2. Kammer 1855-1860 (lib.). Losch; Sieburg

Kletke, geb. Waßmann, Margarete (*Grete*), geb. 6.6.1892 Eschwege, gest. 24.12.1987 Aachen; Hausfrau in Kassel; Mitglied der 2. Bundesversammlung. – Land Hessen: Hessischer Landtag 1950-1962 (FDP); Vizepräsidentin des Hessischen Landtags 1958-1962.
Lengemann II; Kanzlei des Landtags

Kliffmüller, Georg *Friedrich*, geb. 21.5.1803 Berich , gest. 10.3.1869 Berich; Erbpächter, Ackermann und Bürgermeister in Berich. – Waldeck: Landtag 1851-1852. König; König/Lengemann/Seibel

Kling, Ludwig *Christian*, geb. 4.9.1811 Massenheim, gest. ... Langenschwalbach; Lehrer und Stadtrechner. – Nassau: II. Kammer 1864-1866 (NFP).
Rösner-Hausmann

Klingebiel, Carl Christoph, geb. 8.1.1835 Immingerode, gest. 16.4.1900 Böckels; Gutsbesitzer in Böckels. – Kassel und Hessen-Nassau 1893-1900. Pelda

Klingelhöfer, Heinrich, geb. 31.12.1860 Hassenhausen, gest. 12.6.1933 Niederwetter; Kunstmüller, Mühlenbesitzer in Niederwetter. – Kassel 1919 (45. KLT) - 1925 (DDP). Pelda

Klingelhöfer, Ludwig, geb. 29.12.1841 Großseelheim, gest. 28.9.1895 Großseelheim; Landwirt und Vizebürgermeister in Großseelheim. – Kassel 1881-1891 und Hessen-Nassau 1886-1891. Pelda

Klingelhöffer, Wilhelm, geb. 8.10.1803 Oberhörlen, gest. 1.5.1882 Biedenkopf; Landrichter in Biedenkopf. – Ghzm. Hessen: 2. Kammer 1856-1862. Ruppel/Groß

Klingspor, *Adolf* Heinrich, geb. 12.9.1870 Gießen, gest. 16.3.1955 Gießen; Zigarrenfabrikant in Gießen. – Volksstaat Hessen 1919-1921 (DVP).
Ruppel/Groß

Klippel, Heinrich Conrad, geb. ... , gest. ... ; Handelsmann. – Freie Stadt Frankfurt: Gesetzgebende Versammlung 1863.
Frost

Dr. jur. Klipstein, Friedrich Ludwig, geb. 29.6.1799 Darmstadt, gest. 30.10.1862 Gießen; Direktor beim Hofgericht in Gießen, 1857 dessen Präsident. – Ghzm. Hessen: 1. Kammer 1849-1850 und 2. Kammer 1851-1862; Vizepräsident (2. Präsident) der 1. Kammer 1849-1850 und der 2. Kammer 1851-1859, Präsident der 2. Kammer 1859-1862.
Ruppel/Groß; Götz/Rack; J.L.

Dr. phil. h.c. von Klipstein[99], Philipp Engel, geb. 2.6.1777 Königstädter Forsthaus bei Darmstadt, gest. 3.11.1866 Darmstadt; Präsident der Oberforstdirektion a.D. – Ghzm. Hessen: 1. Kammer 1852-1856. Götz/Rack; J.L.

Kloch, Wilhelm, geb. 31.12.1801 Bellersheim, gest. 23.2.1880 Hof Appenborn; Landwirt und Gutspächter auf dem Schleifelder Hof bei Nidda. – Ghzm. Hessen: 2. Kammer 1847-1850. Ruppel/Groß

---

[99] Erhebung in den Ghzgl. hessischen Adelsstand am 30.5.1835.

Klocksin, Jürgen, geb. 12.6.1932 Pößneck
Realschullehrer, 1970 Realschulrektor,
später Dezernent in der Schulabteilung des
Regierungspräsidenten in Gießen; Mit-
glied der 5. Bundesversammlung. – Land
Hessen: Hessischer Landtag 1967-1978
(SPD).   Lengemann II; Kanzlei des Landtags

Klöffler, Hermann, geb. 30.9.1837 Marburg, gest. ... 1916 Neuhof [?]; Bürgermeister in Kassel. – Kassel 1875-1879.
                                          Pelda

Kloß, Johann Jacob Conrad, geb.
1.11.1799 Frankfurt, gest. ... 1878 ... ; Jurist; 1843-1866 Senator, 1853 und 1856
Jüngerer Bürgermeister. – Freie Stadt
Frankfurt: Gesetzgebende Versammlung
1831-1852, Ständige Bürgerrepräsentation 1838- 1843; Präsident der Gesetzgebenden Versammlung 1850.   Frost

Klostermann (Clostermann), **Friedrich
August**, geb. 17.2.1765, gest. zwischen
dem 8.11.1837 und 19.1.1838, wohl in
Friedrichsburg; Gutsbesitzer in Friedrichsburg. – Grafschaft Schaumburg
hessischen Anteils 1815-1817.Sieburg (J.L.)

Klostermann, Jacob Alfred, geb.
15.4.1900 Steinheim, gest. 25.2.1945
Bliesdalheim; Lehrer in Vockenrod, 1933
Schulrat in der Ministerialabteilung für
Kultus- und Bildungswesen, 1933 Bürgermeister in Schlitz, später Landrat in
Gießen, Groß-Gerau, Schrimm und Alzey; MdR 1933-1945 (NSDAP). – Volksstaat Hessen 1931-1933 (NSDAP); Vizepräsident des Landtags des Volksstaats
Hessen 1932-1933   Ruppel/Groß; J.L.

Klotz, Carl Constanz Victor, geb.
29.6.1820 Frankfurt, gest. ... 1907 ... ;
Handelsmann. – Freie Stadt Frankfurt:
Gesetzgebende Versammlung 1863-
1864.   Frost

Kluge, Johann Christoph, geb. ... , gest.
... ; Handelsmann. – Freie Stadt Frank-

Dr. h.c. Friedrich Knapp
Präsident der 2. Kammer des Landtags des
Großherzogtums Hessen 1823-1824

furt: GesetzgebendeVersammlung 1819,
1821-1822 und 1827   Frost

Knapp (VI), Johann(es), geb. 13.3.1807
Hof Gnadenthal bei Dauborn, gest.
13.8.1875 Dauborn; Gutsbesitzer auf
Gnadenthal; MdA 1867-1870 und 1873-
1875 (1867-1868 Linkes Zentrum, 1868-
1870 und 1873-1875 F); MdR 1867-1875
(als Kandidat 1867 NL, im Reichstag F
1867-1875). – Nassau: II. Kammer 1852-
1857, 1859-1863, *1863 Mandat nicht angenommen (?)* und 1864-1866 (NFP).
                              Rösner-Hausmann; J.L.

Dr. jur. h.c. Knapp, Johann Friedrich,
geb. 20.9.1776 Erbach, gest. 22.5.1848
Darmstadt; Rat am Oberappellations- und
Kassationsgericht Darmstadt, 1823 Mitglied des Staatsrates. – Ghzm. Hessen: 2.

Kammer 1820-1824; Präsident der 2. Kammer 1823-1824.   Ruppel/Groß; J.L.

Knapp, Oskar, geb. 23.2.1898 Kirberg, Krs. Limburg, gest. 6.6.1967 ... ; Landwirt und Bürgermeister in Kirberg; MdB 1953-1957 (CDU); Mitglied der 2. und 3. Bundesversammlung. – Land Hessen: Hessischer Landtag 1958-1962 (CDU).
Lengemann II

Knecht, **Johann Gottfried Bernhard**, geb. 1.2.1815 Frankfurt, gest. ... ; Konditor. – Freie Stadt Frankfurt: Gesetzgebende Versammlung 1858-1859.   Frost

Dr. jur. Kneipp, Otto, geb. 11.12.1884 Langsdorf, Krs. Gießen, gest. 5.5.1965 ... ; Diplom-Landwirt, 1946-1949 Hauptgeschäftsführer des Bauernverbandes Groß-Hessen bzw. des Hessischen Bauernverbandes; Mitglied des Preußischen Staatsrates 1930-1933 (Ag); MdB 1949-1953 (FDP); Mitglied der 1. Bundesversammlung. – Land Hessen: Hessischer Landtag 1954-1958 (FDP), Alterspräsident des Hessischen Landtags 1954-1958.
Lengemann II

Knierim, Valentin, geb. 2.5.1808 Züschen, gest. 22.2.1885 Züschen; Bürgermeister in Züschen. – Waldeck: Landstand 1847-1848.   König/Lengemann/Seibel

Kniesel, J. G., geb. ... , gest. ... ; Metzgermeister. – Freie Stadt Frankfurt: Gesetzgebende Versammlung 1821.   Frost

Knipp, Heinrich Georg, geb. 8.6.1763 Fürstenberg, gest. 18.9.1842 Fürstenberg; Bürgermeister in Fürstenberg. – Waldeck: Landstand 1816-1817.
König/Lengemann/Seibel

Knipping, *Ferdinand* **August**, geb. 1.4.1795 Hemeringen, gest. 1.8.1838 Rinteln; Kammerassessor in Rinteln. – Kurhessen: Ständeversammlung 1833-1838 (gem. lib.).   Losch; Sieburg; J.L.

Knobel, Heinrich, geb. 19.8.1830 Ehlen, gest. 2.12.1894 Ehlen; Bürgermeister in Ehlen; MdA 1882-1893 (K). – Kassel 1868-1877 und 1886-1894 und Hessen-Nassau 1886-1894 ([DRP *1876*], K 1877 und 1886-1894).   Pelda; J.L.

Knobel, Johann *Heinrich*, geb. 9.4.1795 Ehlen, gest. 2.11.1867 Ehlen; Grebe in Ehlen. – Kurhessen: Ständeversammlung 1833-1838 und 1847-1850 und 2. Kammer 1860-1862 und Ständeversammlung 1862-1866 (gem. lib. 1833-1838, lib.-dem. 1847-1850, lib. 1860-1866).   Losch; Sieburg; J.L.

Knoblauch, Hermann Friedrich Wilhelm, geb. ... , gest. ... ; Handelsmann. – Freie Stadt Frankfurt: Gesetzgebende Versammlung 1862-1863.   Frost

Knoblauch, Johann Christian Carl, geb. 27.5.1789 Frankfurt, gest. 18.2.1878 Frankfurt; Handelsmann. – Freie Stadt Frankfurt: Gesetzgebende Versammlung 1833-1834 und 1837- 1853, Ständige Bürgerrepräsentation 1837-1861.   Frost

Knoblauch, *Wilhelm* **Karl Friedrich**, geb. 23.1.1874 Ilversgehofen bei Erfurt, gest. 24.11.1939 Wolfratshausen; gelernter Schriftsetzer, bis 1923 Redakteur beim *Hessischen Volksfreund* in Darmstadt, 1918/19 Mitglied des Arbeiter- und Soldatenrats, dann des Hessischen Landesvolksrats, später Geschäftsführer der AOK in Darmstadt. – Volksstaat Hessen 1919-1921 (SPD).   Ruppel/Groß; Götz/Rack

Knoch, Johann Georg, geb. ... , gest. 24.5.1861 Wasenberg; Gutsbesitzer und Bürgermeister in Wasenberg. – Kurhessen: 2. Kammer 1852-1860 (gouv.).
Losch; Sieburg; J.L.

Knoch, Jost Heinrich, geb. ... Wasenberg, gest. 30.5.1890 Wasenberg; Gutsbesitzer in Wasenberg. – Kassel 1868-1871 und 1877-1882.   Pelda

Knocke, Konrad Ludwig *Heinrich*, geb. 15.12.1869 Landau, gest. 17.7.1943 Landau; Landwirt in Landau. – Waldeck: Landesvertretung 1925-1929 (LB).
König; König/Lengemann/Seibel

Knodt, Kurt, geb. 17.10.1909 Wallbach, Reg.- Bez. Wiesbaden, gest. 29.6.1978 Dillenburg; Landrat des Dillkreises. – Land Hessen: Verfassungberatende Landesversammlung Groß-Hessen 1946 (SPD).
Lengemann II

Knödgen, Karl Heinrich, geb. ... , gest. ...; Betriebsdirektor. – Wiesbaden und Hessen-Nassau 1907-1918.
Burkardt/Pult

Knoll, *Karl* Wilhelm Gustav Theodor, geb. 23.12.1864 Waldeck, gest. 31.5.1921 Arolsen; evangelischer Pfarrer und Schulrat in Helsen, Hofprediger in Arolsen. – Waldeck: Landtag 1914-1919.
König; König/Lengemann/Seibel

Knoll, Wilhelm, geb. 24.6.1873 Bachhaupten, gest. 31.8.1947 Frankfurt; gelernter Schmied, Arbeitersekretär und Leiter des katholischen Volksbüros, 1922 Regierungsrat, später Oberregierungsrat im Ministerium für Arbeit und Wirtschaft in Darmstadt; MdR 1924-1928 und 1932-1933 (Z). – Volksstaat Hessen 1919-1925 (Z).
Ruppel/Groß; J.L.

von Knorr, Anton *Carl* Philipp Christian, get. 1.8.1750 Sollstedt, gest. 17.5.1826 Sollstedt; Kurmainzischer Hof- und Regierungsrat, 1808-1813 Kantons- und Gemeinde-Maire (Bürgermeister) von Dachrieden. – Kgr. Westphalen 1808-1813.
Lengemann I

Knorr von Rosenroth[100], *Carl* Christian, geb. 18.10.1771 Friedberg, gest. 30.6.1853 Gießen; Regierungsrat in Gießen, später Kreisrat in Gießen und

Provinzialkommissär für Oberhessen. – Ghzm. Hessen: 2. Kammer 1826-1830.
Ruppel/Groß

Dr. jur. h.c. Knorr, Ludwig, geb. 21.11.1827 Gießen, gest. 7.11.1905 Darmstadt; Präsident des Landgerichts der Provinz Oberhessen, 1892 Präsident des Oberlandesgerichts. – Ghzm. Hessen: 1. Kammer 1889-1905; Vizepräsident (3. Präsident) der 1. Kammer 1903-1905.
Götz/Rack

Knorr, Karl Ludwig *Christian*, geb. 24.1.1800 Westerburg, gest. 14.8.1868 Darmstadt; weltlicher Rat beim Konsistorium, später Direktor des Oberschulrates. – Ghzm. Hessen: 2. Kammer 1835-1841; Vizepräsident (2. Präsident) der 2. Kammer 1839-1841.
Ruppel/Groß; J.L.

Dr. jur. Knorz, Johann Gerhard *Ludwig*, geb. 22.3.1847 Marburg, gest. 12.4.1911 Kassel; Direktor der Hessischen Brandversicherungsanstalt in Kassel. – Kassel und Hessen-Nassau 1893-1897 (Z).
Pelda; J.L.

Knothe, Wilhelm, geb. 1.5.1888 Kassel, gest. 20.2.1952 Bonn; SPD-Parteisekretär, seit 1945 Lizentiat der *Frankfurter Rundschau*; MdB 1949-1952 (SPD); Mitglied der 1. Bundesversammlung. – Land Hessen: Beratender Landesausschuß 1946 (SPD), Vorsitzender der SPD-Fraktion; Verfassungberatende Landesversammlung Groß-Hessen 1946 (SPD), Vorsitzender der SPD-Fraktion; Hessischer Landtag 1946-1949 (SPD).
Lengemann II

Knublauch, Johann *Friedrich*, geb. 29.10.1809 Külte , gest. 13.9.1867 Nieder-Wildungen; Kreisrichter in Korbach. – Waldeck: Landtag 1852-1853.
König: König/Lengemann/Seibel

Knüdel, Conrad, geb. ... , gest. ... . – Freie Stadt Frankfurt: Gesetzgebende Versammlung 1853-1854.
Frost

---

[100] Ghzgl. hessische Adelsbestätigung (für den Vater) am 25.4.1817.

Dr.-Ing. E.h. Koch, Alexander, geb. 15.4.1852 Hüttengrund-Bernhardshütte im Hzm. Sachsen-Meiningen, gest. 28.6.1923 Bad Reichenhall; Professor für Ingenieurwissenschaften und Wasserbau an der Technischen Hochschule Darmstadt. – Ghzm. Hessen: 1. Kammer 1911-1918. Götz/Rack

Koch, Conrad Johann, geb. 25.7.1797 Marienborn, gest. 27.9.1880 Stockheim; Ökonom in Stockheim. – Ghzm. Hessen: 2. Kammer 1847-1849. Ruppel/Groß

Dr. jur. Koch (Koch-Weser), **Erich Friedrich Ludwig**, geb. 26.2.1875 Bremerhaven, gest. 19.10.1944 Facenda Janeta bei Rolandie, Paraná, Brasilien; 1913-1919 Oberbürgermeister der Stadt Kassel, 1919-1921 Reichsminister des Innern, 1928-1929 Reichsjustizminister; MdL Oldenburg 1901-1909 (FrsgVg); Mitglied der Bremischen Bürgerschaft 1911-1913; MdH 1914-1918; MdR 1919-1930 (DDP bzw. DStP). – Kassel und Hessen-Nassau 1915-1919 (44. KLT) (lib.). Pelda; J.L.

Koch, Friedrich Ernst, geb. ... , gest. 25.4.1844 Alsfeld; Fabrikant in Alsfeld. – Ghzm. Hessen: 2. Kammer 1829-1834. Ruppel/Groß

Koch (jun.), Gabriel, geb. 22. 1.1807 Frankfurt, gest. 22. 1.1881 Frankfurt; Spenglermeister, später Entomologe. – Freie Stadt Frankfurt: Verfassunggebende Versammlung 1848-1849. Frost; J.L.

Koch, Georg Heinrich, geb. 6.2.1770 Delkenheim, gest. 2.5.1846 Delkenheim; Schultheiß. – Nassau: Deputiertenkammer 1818-1832. Rösner-Hausmann

Koch, Heinrich Friedrich Robert, geb. ... , gest. ... ; Handelsmann. – Freie Stadt Frankfurt: Gesetzgebende Versammlung 1850. Frost

Koch, Heinrich, get. 11.10.1772 Frankfurt, gest. 12. 8.1828 Frankfurt; Bankier. – Freie Stadt Frankfurt: Ständige Bürgerrepräsentation [1815] -1828, Gesetzgebende Versammlung 1817, 1819, 1822-1824 und 1826. Frost

Koch, Heinrich, geb. 4.12.1811 Homberg, gest. 30.11.1870 Waßmuthshausen; Bürgermeister in Waßmuthshausen. – Kurhessen: 2. Kammer 1855-1857. Losch; Sieburg

Koch, Johann Friedrich (Fritz), geb. 29.7.181 Nieder-Wildungen , gest. 30.1.1895 Nieder-Wildungen; Rechtsanwalt, Waisenhausrentmeister und Bürgermeister in Nieder-Wildungen. – Waldeck: Landtag 1875-1878. König; König/Lengemann/Seibel

Koch, Johannes, geb. ... , gest. ... . – Freie Stadt Frankfurt: Verfassunggebende Versammlung 1848-1849. Frost; J.L.

Koch, Johannes Peter Ernst Wilhelm Elias Carl, geb. 27.2.1849 Langenselbold, gest. 23.5.1923 ... ; Gutsbesitzer auf Bruderdiebacherhof. – Kassel 1906-1919 (44. KLT). Pelda

Koch, Karl Friedrich, geb. 28.7.1802 Friedberg, gest. 10.1.1865 Klingelbach; Pfarrer. – Nassau: II. Kammer 1858-1863. Rösner-Hausmann

Koch, Karl Friedrich Wilhelm, geb. 17.8.1815 Nieder-Wildungen, gest. 14.11.1882 Nieder-Wildungen; Ölmüller in der Sonderau bei Nieder-Wildungen. – Waldeck: Landtag 1851-1852 und 1855-1863. König; König/Lengemann/Seibel

Koch, Karl Heinrich, geb. 8.12.1833 Oppenheim, gest. 21.7.1910 Oppenheim; Fabrikant (Chininfabrikation), später Weinbauer und Bürgermeister in Oppenheim. – Ghzm. Hessen; 2. Kammer 1900-1902 (NL). Ruppel/Groß

Koch, Karl-Heinz, geb. 14.10.1924 Kassel; Rechtsanwalt in Frankfurt, wohnhaft in Eschborn, 1987-1991 Hessischer Minister der Justiz; Stellvertretendes Mitglied des Bundesrates 1987-1991; Mitglied der 7. und 8. Bundesversammlung. – Land Hessen: Hessischer Landtag 1970-1987 (CDU).

Lengemann II; Kanzlei des Landtags

Koch, Nikolaus, Justizbeamter, 1810-1813 Landdistrikts-Maire (Bürgermeister) von Fulda-Land. – Ghzm. Frankfurt 1810-1813.

Lengemann I

Koch, Peter Marcus, geb. ... , gest. ... . – Freie Stadt Frankfurt: Ständige Bürgerrepräsentation 1843-1860, Gesetzgebende Versammlung 1854.

Frost

Koch, Roland, geb. 24.3.1958 Frankfurt, Rechtsanwalt, wohnhaft in Hofheim; Mitglied der 10. Bundesversammlung. – Land Hessen: Hessischer Landtag seit 1987 (CDU); Vorsitzender der CDU-Fraktion 1990-1991 und seit 1993.

Kanzlei des Landtags

Koch, Wilhelm, geb. 25.11.1922 Hanau, gest. 8.3.1977 ... ; gelernter Maurer, Gewerkschaftsangestellter bei der IG Bau-Steine-Erden; Mitglied der 5. und 6. Bundesversammlung. – Land Hessen: Hessischer Landtag 1966-1977 (SPD).

Lengemann II

Koch-Metzler, Christian Friedrich, geb. ... , gest. ... ; Handelsmann. – Freie Stadt Frankfurt: Gesetzgebende Versammlung 1817 und 1820-1827.

Frost

Kochendörfer, Wilhelm *Friedrich*, geb. 26.2.1822 Oberissigheim, gest. 10.1.1896 Kassel; Regierungsrat in Kassel. – Kassel 1880-1885 (kons.).

Pelda; J.L.

Dr. jur. Köbel, Walter Klaus, geb. 20.5.1918 Darmstadt, gest. 9.9.1965 ... ; Bürgermeister der Stadt Rüsselsheim. –

Land Hessen: Hessischer Landtag 1963-1965 (SPD).

Lengemann II

Köcher, Josef, geb. 15.3.1907 Bleiswedel, Sudetenland; 1947 selbständiger Kaufmann, 1951- 1972 Landrat des Landkreises Kassel; Mitglied der 2. und 3. Bundesversammlung. – Land Hessen: Hessischer Landtag 1950-1970 (SPD).

Lengemann II; Kanzlei des Landtags

Köchling, Christian, geb. 8.3.1854 Rhenegge, gest. 11.9.1927 Korbach; Gutsbesitzer in Rhenegge. – Waldeck: Landtag 1905-1919.

König; König/Lengemann/Seibel

Dr. sc. pol. Köhler, Erich, geb. 27.6.1892 Erfurt, gest. 23.10.1958 ... ; Hauptgeschäftsführer der IHK Wiesbaden; Mitglied des Wirtschaftsrates des Vereinigten Wirtschaftsgebietes 1947-1949 (CDU), Präsident des Wirtschaftsrates 1947-1949; MdB 1949-1957 (CDU), Bundestagspräsident 1949-1950; Mitglied der 1. und 2. Bundesversammlung. – Land Hessen: Beratender Landesausschuß 1946 (CDU), Vorsitzender der CDU-Fraktion; Verfassungberatende Landesversammlung Groß-Hessen 1946 (CDU), Vorsitzender der CDU-Fraktion; Hessischer Landtag 1946-1947 (CDU), Vorsitzender der CDU-Fraktion 1946-1947.

Lengemann II

Köhler, *Heinrich* Wilhelm Georg, geb. 26.11.1859 Bingen, gest. 2.6.1924 Mainz; Jurist, besoldeter Beigeordneter in Darmstadt, 1898-1924 Bürgermeister in Worms (ab 1900 mit dem Titel Oberbürgermeister). – Ghzm. Hessen: 2. Kammer 1898-1901 und 1910-1918 und Volksstaat Hessen 1919-1924 (NL 1898-1901 und 1910-1918, DVP 1919-1924); Präsident der 2. Kammer 1911-1918.

Ruppel/Groß; J.L.

Köhler, Karl, geb. 11.4.1815 Fürth im Odenwald, gest. 15.8.1894 Fürth; Kaufmann in Fürth. – Ghzm. Hessen: 2. Kammer 1872-1875.

Ruppel/Groß

Heinrich Köhler (NL)
Präsident der 2. Kammer des Landtags des
Großherzogtums Hessen 1911-1918

Köhler, Karl Georg Friedrich *Reinhard*,
geb. 16.8.1818 Korbach, gest. 5.3.1866
Arolsen; Advokat in Korbach. – Waldeck:
Landtag 1852-1855; Vizepräsident des
Waldeckischen Landtags 1853-1855.
König; Lengemann III; König/Lengemann/Seibel

Dr. theol. h.c. Köhler, *Karl* **Philipp Wilhelm**, geb. 15.4.1799 Darmstadt, gest.
21.8.1847 Darmstadt: evangelischer Pfarrer und Oberkonsistorialrat in Darmstadt.
– Ghzm. Hessen: 2. Kammer 1835-1836
und 1. Kammer 1838-1847.
Ruppel/Groß; Götz/Rack

Köhler, Philipp, geb. 6.8.1859 Langsdorf,
gest. 10.1.1911 Langsdorf; Landwirt in
Bettenhausen und Langsdorf und Bürgermeister in Langsdorf; MdR 1893-1903
und 1907-1911(DRefP 1893-1903 [Hos-
pitant bei DSRefP], WV 1907-1911). –

Ghzm. Hessen: 2. Kammer 1890-1891
und 1893-1911 (antisem., Bauernbund).
Ruppel/Groß; J.L.

von Koeller (Köller), *Leberecht* **Kurt**,
geb. 9.1.1861 Dobberphul, Krs. Cammin,
gest. 27.5.1933 Wiesbaden; Landrat des
Untertaunuskreises. – Wiesbaden und
Hessen-Nassau 1899-1907.
Burkardt/Pult; J.L.

Kölsch, Brigitte, geb. 3.6.1944 Limburg;
Kauffrau, seit 1987 Geschäftsführerin der
Roland Kölsch GmbH in Friedrichsdorf.
– Land Hessen: Hessischer Landtag seit
1995 (CDU). Kanzlei des Landtags

König, Georg Philipp, geb. 22.8.1899 ... ,
gest. ... ; Schultheiß. – Wiesbaden und
Hessen-Nassau 1886-1899. Burkardt/Pult

Koenig, *Heinrich* **Joseph**, geb. 19.3.1790
Fulda, gest. 23.9.1869 Wiesbaden; Fi-
nanzkammersekretär in Hanau. – Kurhessen: Ständeversammlung 1831-1833 und
1848 (lib. 1831-1833, 1848 lib.-konst.).
Losch; Sieburg; J.L.

König, Johann Baptist, geb. 3.3.1808
Kleinwallstadt, gest. 22.2.1875 Rauenthal; Gutsbesitzer. – Nassau: II. Kammer
1852-1863 und I. Kammer 1864-1866
(NFP). Rösner-Hausmann

König, Johann Friedrich, geb. 8.6.1772
Annelsbach im Odenwald, gest.
15.4.1832 Annelsbach; Landwirt in Annelsbach. – Ghzm. Hessen: 2. Kammer
1826-1830 (lib.). Ruppel/Groß

von König, *Wilhelm* **Traugott Friedrich
Anton Franz**, geb. 16.4.1833 Ratibor,
gest. 6.9.1904 Daun; Landrat des Obertaunuskreises. – Wiesbaden 1875-1876.
Burkardt/Pult; J.L.

Königer, *Franz Friedrich* **August Christian Hermann Ludwig Wilhelm**, geb.
30.9.1814 Homberg/Ohm, gest.

12.10.1885 Darmstadt; Landrichter in Langen, 1874 Stadtrichter in Darmstadt, später Rat und Senatspräsident am Oberlandesgericht Darmstadt. – Ghzm. Hessen: 2. Kammer 1872-1879 (NL); Vizepräsident (2. Präsident) der 2. Kammer 1878-1879. Ruppel/Groß; J.L.

Körber, Carl, geb. ... , gest. ... ; Bierbrauermeister. – Freie Stadt Frankfurt: Gesetzgebende Versammlung 1827. Frost

Körber, Johann Theobald, geb. 24.3.1806 Frankfurt, gest. 15.7.1885 Frankfurt; Zimmermeister. – Freie Stadt Frankfurt: Gesetzgebende Versammlung 1848 und 1852-1857. Frost

Körner, Bernhard, geb. ... , gest. ... ; Handelsmann. – Freie Stadt Frankfurt: Gesetzgebende Versammlung 1822-1823. Frost

Körner, Carl Gottfried, get. 18.12.1798 Frankfurt, gest. ... ; Buchhändler. – Freie Stadt Frankfurt: Gesetzgebende Versammlung 1847. Frost

Körner, Johann Philipp *Carl* Christian, geb. 16.7.1832 Wehen, gest. 6.11.1914 Idstein; Gutsbesitzer, Posthalter, Bürgermeister a.D. in Wehen; MdA 1879-1888 (F 1879-1884, DFrsgP 1884-1888); MdR 1885-1887 (DFrsgP). – Wiesbaden 1875-1914 und Hessen-Nassau 1886-1914 (F 1875-1884, DFrsgP 1884-1893, frsg. 1893-1914). Burkardt/Pult; J.L.

Körner, Maximilian, geb. 13. 3.1805 Frankfurt, gest. 20. 9.1875 Frankfurt; Jurist; 1838-1853 Senator, 1853-1856 Schöff. – Freie Stadt Frankfurt: Gesetzgebende Versammlung 1836-1838 und 1843-1856. Frost

Dr. jur. h.c. Köster, *Franz* Wilhelm; geb. 3.5.1806 Königsberg, Krs. Gießen, gest. 17.2.1870 Darmstadt; Mitglied und Rat am Hofgericht in Gießen. – Ghzm. Hessen: 2. Kammer 1844-1849. Ruppel/Groß

Köster, Hubert, geb. 5.12.1895 Olsberg, gest. 4.5.1939 Goddelau; Handlungsgehilfe in Gernsheim. – Volksstaat Hessen 1932 (NSDAP). Ruppel/Groß

Köster-Catoir, J. Friedrich, geb. ... , gest. ... . – Freie Stadt Frankfurt: Ständige Bürgerrepräsentation 1841-1844. Frost

Freiherr von Köth-Wanscheid – s. Dael Freiherr von Köth-Wanscheid

Koeth, Otto, geb. 25.9.1904 Crumstadt bei Darmstadt, gest. 19.1.1981 ... ; Lehrer in Alsfeld. – Land Hessen: Hessischer Landtag 1946-1950 (SPD). Lengemann II

Kött, Christoph Florentinus, geb. 7.11.1801 St. Martin im Elsaß, gest. 14.10.1873 Fulda; Bischof von Fulda. – Kurhessen: 1. Kammer 1852-1860. Losch; Sieburg

Kohl, Heinrich, geb. 6.10.1912 Gilserberg, Krs. Ziegenhain, gest. 22.7.1984 ... ; Jurist, 1953-1970 Landrat des Kreises Frankenberg, 1962-1967 Landesvorsitzender der FDP Hessen, 1970-1976 Staatssekretär beim Hessischen Minister des Innern; Mitglied der 3., 4. und 5. Bundesversammlung. – Land Hessen: Hessischer Landtag 1950-1970 (FDP bzw. F.D.P.); Vorsitzender der FDP-Landtagsfraktion 1963-1965, Vizepräsident des Hessischen Landtags 1966-1970. Lengemann II

Dr. phil. Kohut, Oswald A., geb. 19.1.1901 Berlin, gest. 23.7.1977 ... ; Inhaber einer Weinbrennerei und Likörfabrik in Langen; MdB 1957-1965 (FDP); Mitglied der 3. und 4. Bundesversammlung. – Land Hessen: Hessischer Landtag 1954-1957 (FDP); Vorsitzender der FDP-Fraktion 1955-1957. Lengemann II

Dr. jur. h.c. Kolb, Walter, geb. 22.1.1902 Bonn, gest. 20.9.1956 ... ; Jurist, 1945 Regierungsvizepräsident, dann Oberbürgermeister und Oberstadtdirektor in Düsseldorf, 1946-1956 Oberbürgermeister der Stadt Frankfurt; Mitglied der Verbandsversammlung des LWV Hessen 1953-1956; Mitglied der 2. Bundesversammlung. – Land Hessen: Hessischer Landtag 1950-1956 (SPD).   Lengemann II

Kolb, Philipp *Theodor*, geb. 19.3.1811 Trais-Horloff, gest. 25.1.1881 Darmstadt; Sekretär beim Oberappellations- und Kassationsgericht in Darmstadt. – Ghzm. Hessen: 2. Kammer 1869-1872 (Lib-Kons).   Ruppel/Groß

Kolbe, Ludwig, geb. 6.1.1813 Fauerbach bei Nidda, gest. 6.9.1880 Bessungen; Knopf-Fabrikant in Bessungen. – Ghzm. Hessen: 2. Kammer 1866-1872 (Lib-Kons).   Ruppel/Groß

Kolligs, Otto, geb. ... , gest. ... ; Handelsmann. – Freie Stadt Frankfurt: Gesetzgebende Versammlung 1823- 1828, Ständige Bürgerrepräsentation 1827-1836.   Frost

Kompe, Heinrich, geb. 16.4.1817 Wetter, gest. 30.5.1897 Zürich; Rechtspraktikant in Wetter. – Kurhessen: Ständeversammlung 1848-1850 (dem.).   Losch; Sieburg

Kopp, Josef Franz, geb. 3.11.1820 Oberursel, gest. 10.2.1899 Oberursel; Gastwirt, Hotelier. – Wiesbaden 1877-1878 und 1880.   Burkardt/Pult

von Kopp[101]**, Karl *Wilhelm***, geb. 24.12.1770 Marburg, gest. 6.3.1844 Darmstadt; Präsident der Oberfinanzkammer und Direktor der Domanial-Sektion, ab 1828 zusätzlich Zolldirektor, 1841-1844 Ghzgl. Minister der Finanzen, Präsident des Staatsrats. – Ghzm. Hessen: 1. Kammer 1835-1842.   Götz/Rack; J.L.

Kopp, Martin, geb. 16.11.1826 Großkrotzenburg, gest. ... Wiesen bei Schöllkrippen; Leinweber, Zeugweber, Posthalter und Bürgermeister in Großkrotzenburg. – Kassel 1880-1891 und Hessen-Nassau 1886-1891.   Pelda

Korell – s. auch Corell

Korell, Adolf, geb. 20.3.1872 Ober-Gleen, gest. 17.9.1941 Eschbach; bis 1912 evangelischer Pfarrer in Königstätten, dann in Nieder-Ingelheim, 1928-1932 Hessischer Minister für Arbeit und Wirtschaft, 1932 wieder Pfarrer; MdR 1924-1928 (DDP). – Ghzm. Hessen: 2. Kammer 1911-1918 und Volksstaat Hessen 1927-1931 (FoVP 1911-1918, DDP 1927-1931).   Ruppel/Groß; J.L.

Korell, Johannes *Gustav*, geb. 17.11.1871 Leusel, gest. 18.3.1935 Angenrod; Landwirt, Gutspächter und Bürgermeister in Leusel, später in Angenrod. – Ghzm. Hessen: 2. Kammer 1899-1918 (Bauernbund [BdL]); Vizepräsident (2. Präsident) der 2. Kammer 1908-1918.   Ruppel/Groß; J.L.

Korff, Johann Henrich[102], geb. 18.3.1776 Rehren, gest. 1.7.1831 Rehren; Eidgeschworener, Colon in Rehren. – Grafschaft Schaumburg hessischen Anteils 1815-1817.   Sieburg (J.L.)

Korn, Heinrich, geb. ... , gest. ... . – Freie Stadt Frankfurt: Gesetzgebende Versammlung 1841.   Frost

---

[101] Erhebung in den Reichsadelsstand am 25.11.1803.

[102] Theoretisch kommt auch *Johann Henrich Korffs* älterer Bruder *Johann Friedrich Korff* als Mitglied des Landtags in Frage; er ist jedoch zuletzt bei seiner Heirat am 3.11.1796 in Rehren nachweisbar, während z.B. die Verzeichnung des Todes in den für Rehren einschlägigen Kirchenbüchern – bis 1830 das KB Hattendorf, dann das KB Rehren in Hattendorf – nicht aufzufinden ist und auch sonst keine Hinweise – z.B. in anderen Beständen des StA Bückeburg – auf ihn auffindbar sind, während *Johann Henrich Korffs* Tod zweimal in den Kirchenbüchern verzeichnet ist.   J.L.

Korn, Walter, geb. 7.12.1937 Oberndorf im Spessart; Realschullehrer, wohnhaft in Maintal; Mitglied der 6., 8., 9. und 10. Bundesversammlung. – Land Hessen: Hessischer Landtag seit 1970 (CDU).

Lengemann II; Kanzlei des Landtags

Korwisi, Angela, geb. 4.8.1955 Frankfurt; Diplom-Volkswirtin, Diplom-Handelslehrerin in Bad Homburg. – Land Hessen: Hessischer Landtag 1987-1991 (GRÜ).

Kanzlei des LandtagsI

Dr. phil. Krämer, August Albrecht *Adolph*, geb. 25.5.1832 Berleburg, gest. 2.12.1910 Zürich; Lehrer für Landwirtschaft an der Technischen Hochschule Darmstadt, 1871 aus dem hessischen Staatsdienst entlassen und Professor und Leiter der landwirtschaftlichen Schule Zürich. – Ghzm. Hessen: 2. Kammer 1870-1871 (LibKons).

Ruppel/Groß

Krämer, Conrad, geb. ... , gest. ... ; Hauptmann. – Freie Stadt Frankfurt: Gesetzgebende Versammlung 1824.

Frost

Krämer, *Gustav* **Adolf**, geb. 27.4.1909 Traisa, gest. 9.5.1991 ... ; Exportkaufmann, bis 1950 Spruchkammervorsitzender im Ministerium für politische Befreiung, 1958-1963 Geschäftsführer der SPD-Landtagsfraktion in Wiesbaden, 1962-1973 Landrat des Landkreises Darmstadt. – Land Hessen: Hessischer Landtag 1954-1963 (SPD).

Lengemann II; Kanzlei des Landtags

Krämer, Jacob, geb. ... , gest. ... . – Freie Stadt Frankfurt: Gesetzgebende Versammlung 1848.

Frost

Krämer, Johann Heinrich, geb. 29.7.1793 Höhn, gest. 4.12.1863 Höhn; Gastwirt, Landwirt und Krämer. – Nassau: Ständeversammlung 1848-1849 (Club der Rechten).

Rösner-Hausmann

Krämer, Johannes, geb. ... , gest. ... . Freie Stadt Frankfurt: Gesetzgebende Versammlung 1855 und 1859.

Frost

Dr. jur. Kraft, Johann Christian *Friedrich*, geb. 7.4.1807 Friedberg, gest. 7.9.1874 Darmstadt; Mitglied und Rat am Hofgericht Gießen, 1866 Advokat in Gießen, 1870 Rat am Oberappellations- und Kassationsgericht, 1873 Präsident des Hofgerichts in Darmstadt. – Ghzm. Hessen: 1. Kammer 1849-1850 und 2. Kammer 1851-1856 und 1866-1872 (LibKons).

Ruppel/Groß; Götz/Rack

Kraft, Johann Daniel, geb. 16.5.1779 Alt-Wildungen, gest. 24.12.1845 Alt-Wildungen; in Alt-Wildungen. – Waldeck: Landstand 1828-1832.

König/Lengemann/Seibel

Kraft, Philipp Casimir, geb. 5.4.1773 Kaiserslautern, gest. 12.5.1836 Offenbach; Tabak- und Zigarrenfabrikant in Offenbach. – Ghzm. Hessen: 2. Kammer 1820-1824.

Ruppel/Groß; Götz/Rack

Kraft, Simon, geb. 27.3.1805 Dieburg, gest. 15.3.1872 Dieburg; Landratsscribent, Verwalter, Gemeindeeinnehmer in Dieburg. – Ghzm. Hessen: 2. Kammer 1849-1856.

Ruppel/Groß

Kraft, Wilhelm, geb. 30.4.1892 Niederelsungen, gest. 19.3.1962 ... ; Bäckermeister in Kassel. – Land Hessen: Hessischer Landtag 1954-1958 (FDP).

Lengemann II

Kraiger, Johann Gangolph, geb. 20.10.1829 Fritzlar, gest. 2.8.1907 Fritzlar; Bürgermeister in Fritzlar. – Kassel und Hessen-Nassau 1891-1897.

Pelda

Krailing, Philipp (II.), geb. 16.8.1827 Heuchelheim, gest. 3.3.1884 Heuchelheim; Ökonom und Gastwirt in Heuchelheim. – Ghzm. Hessen: 2. Kammer 1862-1866 (F).

Ruppel/Groß

Kramer – s. auch Cramer

Dr. rer. pol. Kramer, Emil *Otto*, geb. 12.2.1868 Halle an der Saale, gest. 20.6.1956 Kassel; Oberregierungsrat, dann Regierungsdirektor bei der Regierung in Kassel, später kommissarisch Regierungsvizepräsident in Kassel. – Kassel und Hessen-Nassau 1933 (NSDAP).

Pelda; J.L.

Kramer, Friedrich (*Fritz*), geb. 5.2.1938 Hindenburg in Oberschlesien; Staatsanwalt in Wiesbaden, seit 1973 Landrat des Kreises Fulda; Mitglied der Verbandsversammlung des LWV Hessen seit 1977. – Land Hessen: Hessischer Landtag 1970-1973 (CDU).

Lengemann II; Kanzlei des Landtags

Kramer, Karl Friedrich Heinrich (*Harry*), geb. 15.1.1856 Alraft, gest. 2.2.1934 Arolsen; Schriftsteller in Arolsen, Herausgeber der *Waldeckischen Rundschau*. – Waldeck: Landesvertretung 1919-1925; Vizepräsident der Waldeck-Pyrmonter Landesvertretung 1919-1921 und der Waldeckischen Landesvertretung 1922-1925, Präsident der Waldeck-Pyrmonter Landesvertretung 1921-1922.

König; Lengemann III; König/Lengemann/Seibel

Krantz, Johann Wilhelm, geb. 16.11.1791 Wethen, gest. ... Wethen; Gutsbesitzer in Wethen. – Waldeck: Landstand 1823-1844.

König/Lengemann/Seibel

Kratz – s. auch Cratz

Kratz, *Carl* Heinrich, geb. 10.1.1808 Nieder-Wildungen, gest. 6.4.1869 Nieder-Wildungen; Kaufmann in Nieder-Wildungen. – Waldeck: Landtag 1849 (lib.).

König; König/Lengemann/Seibel

Kratz, Hermann, geb. ... , gest. ... . – Freie Stadt Frankfurt: Verfassunggebende Versammlung 1848-1849, Gesetzgebende Versammlung 1861-1866.

Frost; J.L.

Harry Kramer (SPD)
Präsident der Waldeck-Pyrmonter Landesvertretung 1921-1922

Kraus, Albrecht Gustav, geb. 13.7.1812 Hanau, gest. 24.11.1883 Hanau; Justizbeamter in Bockenheim. – Kurhessen: Ständeversammlung 1848-1849. Losch; Sieburg

Kraus (Krauss), Johann, geb. 4.1.1789 Weißkirchen, gest. 29.12.1873 Kalbach; Landwirt. – Nassau: I. Kammer 1852-1857 und 1861-1865. Rösner-Hausmann

Kraus, Franz *Michael*, geb. ... , gest. ... ; Amtsgeometer und Bürgermeister in Hünfeld. – Kurhessen: Ständeversammlung 1831-1832 und 1847-1849 (gouv. *1831-1832*). Losch; Sieburg; J.L.

Krause, Carl Leopold, geb. 8.10.1847 Neuerode, Krs. Eschwege, gest. 2.11.1921 Neuerode, Krs. Eschwege; Landwirt und Bürgermeister in Neuerode. – Kassel und Hessen-Nassau 1892-1897 und 1919 (44. KLT). Pelda

Dr. med. Krause, Gottfried, geb. 5.6.1838 Kassel, gest. 21.7.1923 Kassel; praktischer Arzt in Kassel. – Kassel und Hessen-Nassau 1907-1916.   Pelda

Dr. jur. Krause, Hermann, geb. 13.8.1908 Hanau, gest. 15.2.1988 ... ; bis 1966 Bürgermeister der Stadt Hanau; Mitglied der Verbandsversammlung des LWV Hessen 1953-1965, Vizepräsident der Verbandsversammlung 1955-1957; Mitglied der 3. Bundesversammlung. – Land Hessen: Hessischer Landtag 1954-1970 (CDU).
Lengemann II; Kanzlei des Landtags

Kraushaar, Johann Henrich, geb. 16.8.1810 Strothe, gest. 27.5.1870 Helmighausen; Gutsbesitzer in Helmighausen. – Waldeck: Landstand 1845-1848.
König/Lengemann/Seibel

Krauskopf, Reinhard Georg, geb. 18.9.1789 Gießen, gest. 29.11.1860 Gießen; Hofgerichtsadvokat und Prokurator in Gießen. – Ghzm. Hessen: 2. Kammer 1834-1841 (lib.).   Ruppel/Groß

Krauss – s. auch Kraus

Dr. med. Krauss, Bernhard(us) Joseph, geb. 9.1.1810 Fürth im Odenwald, gest. 19.2.1875 Bensheim; praktischer Arzt in Bensheim, auch Armen- und Hospitalarzt. – Ghzm. Hessen: 2. Kammer 1849-1850.   Ruppel/Groß

Dr. phil. Krauss, Werner, geb. 7.6.1900 Stuttgart, gest. 28.8.1976 ... ; Romanist, Professor an der Universität Marburg, 1947 Übersiedlung in die Sowjetische Besatzungszone, Professor mit Lehrstuhl für romanische Philologie an der Universität Leipzig. – Land Hessen: Beratender Landesausschuß 1946 (KPD).Lengemann II

Krebs, Jacob, geb. ... , gest. ... ; Buchhändler. – Freie Stadt Frankfurt: Gesetzgebende Versammlung 1838-1840.   Frost

Krebs, Johann Benjamin, geb. 8.3.1785 Frankfurt, gest. 14.10.1858 Frankfurt; Buchdrucker, Schriftgießer, Handelsmann. – Freie Stadt Frankfurt: Ständige Bürgerrepräsentation [1815] -1852, Gesetzgebende Versammlung 1818.   Frost

Kredel, Jakob Georg, geb. 18.6.1808 Unter-Mossau, gest. ... ; evangelischer Pfarrer in Wilsbach, 1850 abgesetzt. – Ghzm. Hessen: 2. Kammer 1850.   Ruppel/Groß

Kredel, Johann Jakob, geb. 1.11.1835 Michelstadt, gest. 5.9.1890 Michelstadt; Bäckermeister und Bürgermeister in Michelstadt. – Ghzm. Hessen: 2. Kammer 1884-1890 (NL).   Ruppel/Groß

Kredel, Johann Peter, geb. 5.11.1856 Airlenbach im Odenwald, gest. 18.7.1920 Airlenbach; Gutsbesitzer und Bürgermeister in Airlenbach. – Ghzm. Hessen: 2. Kammer 1909-1918 (NL).   Ruppel/Groß

Kredel, Otto, geb. 29.4.1891 Köln, gest. 3.5.1974 ... ; selbständiger Kaufmann in Frankfurt. – Land Hessen: Beratender Landesausschuß 1946 (LDP); Verfassungberatende Landesversammlung Groß-Hessen 1946 (LDP) und Hessischer Landtag 1946-1950 (LDP bzw. FDP), Vizepräsident des Hessischen Landtags 1946-1950.
Lengemann II

Kreidel, Christian Wilhelm, geb. 26.3.1817 Wiesbaden, gest. 23.9.1890 Wiesbaden; Verlagsbuchhändler in Wiesbaden. – Nassau: II. Kammer 1855 (Mandat nicht angenommen).
Rösner-Hausmann; J.L.

Kreiß, Carl Johann Gottlieb, geb. 8.1.1866 Gelnhausen, gest. 8.3.1945 Gelnhausen; Sekretär bei der Hessischen Brandversicherungsanstalt. – Kassel 1921-1925 (DNVP).   Pelda; J.L.

Krekeler, Gustav Paul Theodor, geb. 18.6.1852 Petershagen in Westfalen, gest.

... ; Landrat in Gersfeld; MdA 1887-1888 (K). – Kassel und Hessen-Nassau 1886-1887 (K).   Pelda; J.L.

Krempel, Johann Friedrich Ludwig (*Louis*), geb. 24.1.1821 Wiesbaden, gest. 4.6.1869 Wiesbaden; Kaufmann. – Wiesbaden 1868.   Burkardt/Pult

Kreß, Fritz, geb. 15.5.1896 Altenstadt, gest. 13.9.1960 ... ; Drogist, später selbständiger Textilkaufmann, 1945-1960 Bürgermeister in Altenstadt. – Land Hessen: Verfassungberatende Landesversammlung Groß-Hessen 1946 (SPD) und Hessischer Landtag 1946-1950 (SPD).
Lengemann II

Kreß, Heinrich, geb. 1.8.1902 Hanau, gest. 4.12.1985 ... ; Bücherrevisor, 1946-1968 Landrat des Kreises Gelnhausen. – Land Hessen: Hessischer Landtag 1946-1950 (CDU).   Lengemann II

Kretschmar – s. Cretzschmar

Kreuzmann, Georg Leonhard, geb. ... , gest. ... ; Chirurg. – Freie Stadt Frankfurt: Gesetzgebende Versammlung 1843-1848.
Frost

Kreuzmann, Georg Ludwig, geb. ... , gest. ... ; Wundarzt. – Freie Stadt Frankfurt: Gesetzgebende Versammlung 1850-1852 und 1854.   Frost

Dr. phil. Kriegk, Georg Ludwig, geb. 25.2.1802 Darmstadt, gest. 28.5.1878 Frankfurt; Historiker, 1849 Professor, später Stadtarchivar. – Freie Stadt Frankfurt: Gesetzgebende Versammlung 1847-1848, Verfassunggebende Versammlung 1848-1849.   Frost; J.L.

Kriegseis, Jakob, geb. 24.7.1885 Pyrbaum, Reg.-Bez. Neumarkt, gest. 9.10.1968 ... ; gelernter Schlosser, Vorsitzender eines Entnazifizierungs-Prüfungsausschusses und öffentlicher Kläger in

Frankfurt; Mitglied der 1. Bundesversammlung. – Land Hessen: Hessischer Landtag 1948-1958 (SPD).   Lengemann II

Dr. jur. Kritzler, *Friedrich* Jakob, geb. 21.3.1802 Krich-Brombach, gest. 28.4.1877 Darmstadt; Jurist, 1853 Kreisrat in Darmstadt, 1853 Mitglied der Oberpostdirektion, 1858 Direktor der Oberstudiendirektion, 1870 Präsident des Oberkonsistoriums. – Ghzm. Hessen: 1. Kammer 1849-1856 und 2. Kammer 1856-1862 und 1866-1872 (kons.).
Ruppel/Groß; Götz/Rack

Kröck, Philipp Wilhelm, geb. ... , gest. 15.4.1914 ... ; Bürgermeister. Wiesbaden 1884-1885 und 1886-1913 und Hessen-Nassau 1886-1913.   Burkardt/Pult

Kröger, Johann *Carl* Wilhelm, geb. 16.12.1824 Germerode, gest. 6.2.1897 Rinteln; Landrat in Rinteln und nebenamtlich Brunnendirektor in Bad Nenndorf. – Kassel 1872-1874 (gouv. 1867, [DRP *1876*, *1879*]).   Pelda; J.L.

Dr. phil. Kröncke, Claus, geb. 29.3.1771 Kirchosten, Krs. Oste, gest. 5.11.1843 Darmstadt; Mitglied der Rentkammer in Darmstadt, 1821 Direktor der 3. Sektion Oberfinanzkammer, später Oberbaudirektor. – Ghzm. Hessen: 2. Kammer 1820-1821 (kons.).   Ruppel/Groß

Kröschell, Otto Heinrich, geb. 9.1.1800 Kassel, gest. 1.10.1877 Allendorf an der Werra; Bürgermeister in Allendorf. – Kurhessen: 2. Kammer 1858-1860.
Losch; Sieburg

Krollmann, Hans, geb. 7.11.1929 Werdau, Krs. Zwickau; Jurist, 1969-1970 Staatssekretär beim Hessischen Minister des Innern, 1973-1974 Hessischer Minister für Landwirtschaft und Umwelt, 1974-1984 Hessischer Kultusminister und 1982-1984 zugleich stellvertretender Ministerpräsident, 1984-1987 Hessischer

Minister der Finanzen und stellvertretender Ministerpräsident, 1987-1989 Landesvorsitzender der SPD Hessen; Stellvertretendes Mitglied des Bundesrates 1973-1982, Mitglied des Bundesrats 1982-1987; Mitglied der 9. Bundesversammlung. – Land Hessen: Hessischer Landtag 1970-1991 (SPD); Vorsitzender der SPD-Fraktion 1972-1973 und 1987-1988.   Lengemann II; Kanzlei des Landtags

Krommes, Johannes Konrad, geb. 22.4.1847 Neukirchen, gest. 14.4.1903 Neukirchen; gelernter Bäcker, Landwirt und Bürgermeister in Neukirchen. – Kassel und Hessen-Nassau 1895-1903.   Pelda

Kronawitter, Karl Günther, geb. 22.12.1934 Vilshofen; gelernter Former und Gießer, 1971-1989 Bezirkssekretär der IG Metall-Bezirksleitung Frankfurt, wohnhaft in Eppertshausen, seit 1989 Bezirksleiter der IG Metall Hessen, Rheinland-Pfalz und Saarland; Mitglied der 9. Bundesversammlung. – Land Hessen: Hessischer Landtag 1972-1989 (SPD).
Lengemann II; Kanzlei des Landtags

Kronenbitter, Franz, geb. 20.4.1887 Hochspeyer, gest. ... Frankfurt-Höchst; Schlosser. – Wiesbaden und Hessen-Nassau 1926-1929 (KPD).   Burkardt/Pult

Krücke, *Georg* **Heinrich Christian**, geb. 8.7.1880 Limburg, gest. 24.8.1961 Wiesbaden; Rechtsanwalt und Notar, 1930-1933 Oberbürgermeister der Stadt Wiesbaden. – Wiesbaden und Hessen-Nassau 1921-1932 (DVP).   Burkardt/Pult; J.L.

Dr. phil. Dr. theol. Dr. jur. h.c. Krüger, Hermann *Gustav* **Eduard**, geb. 29.6.1862 Bremen, gest. 13.3.1940 Gießen; Professor der Kirchengeschichte in Gießen. – Ghzm. Hessen: 1. Kammer 1917-1918.   Götz/Rack

Dr. med. Krüger, *Karl* **Franz Wilhelm Julius**, geb. 8.10.1868 Nieder-Wildun-

gen, gest. 4.3.1921 Bad Wildungen; Arzt in Bad Wildungen, 1908 Kreisphysikus für den Kreis der Eder. – Waldeck: Landtag 1908-1919; 1915 gewählter Vertreter des Vizepräsidenten des Waldeckischen Landtags für den Fall von dessen Verhinderung.   König; Lengemann III; König/Lengemann/Seibel

Krüger, Paul, geb. 17.6.1903 Wiesbaden, gest. 16.12.1990 ... ; Bauführer, 1946 Gewerkschaftssekretär in Wiesbaden. – Land Hessen: Beratender Landesausschuß 1946 (KPD), Verfassungberatende Landesversammlung Groß-Hessen 1946 (KPD) und Hessischer Landtag 1946-1950 (KPD).
Lengemann II; Kanzlei des Landtags

Krüger (später: Krüger-Limberger), **Ulrich**, geb. 18.1.1942 Münster in Westfalen; Architekt in Friedrichsdorf. – Land Hessen: Hessischer Landtag 1970-1978 (F.D.P.).   Lengemann II

Dr. jur. Krüsmann, Markus Bernhard Hubert, geb. 11.4.1879 Bergisch-Gladbach, gest. 25.2.1964 Amelsbüren bei Münster; Bürgermeister. – Wiesbaden und Hessen-Nassau 1920 (Z).   Burkardt/Pult

Krug, Christian Philipp Werner, geb. 14.9.1815 Hoof, gest. 29.10.1873 Hoof; Gutsbesitzer in Hoof. – Kurhessen: 2. Kammer 1852-1854 (gouv.).   Losch; Sieburg; J.L.

Dr. jur. Krug, Adam Johann Balthasar *Georg*, geb. 8.3.1801 Gießen, gest. 1.9.1878 Darmstadt; Landrichter in Schotten, 1835 Mitglied und Rat am Hofgericht, 1841 Mitglied und Rat am Oberappellations- und Kassationsgericht, später Hofgerichtspräsident in Darmstadt. – Ghzm. Hessen: 2. Kammer 1835-1849 und 1851-1856 und 1. Kammer 1868-1876.   Ruppel/Groß; Götz/Rack

Krug, Walter, geb. 9.3.1810 Besse, gest. 18.4.1882 Besse; Gutsbesitzer in Besse. –

August Freiherr von Kruse
Präsident der Herrenbank des Nassauischen
Landtags 1835-1837

Kurhessen: Ständeversammlung 1842-
1844 und 1850 (dem.). Losch; Sieburg

Krug, Wilhelm, geb. 11.7.1793 Hebel,
gest. 24.11.1873 Hebel; Grebe in Hebel.
– Kurhessen: Konstituierender Landtag
1830 und Ständeversammlung 1831-
1832 (lib. 1831-1832). Losch; Sieburg; J.L.

Kruhöffer, Johann Christian Ludwig
(*Louis*), geb. 8.2.1811 Thal, gest. 3.9.1900
Thal; Revierförster in Thal. – Waldeck:
Spezial-Landtag Pyrmont 1850-1854.
König; Lengemann IV;
König/Lengemann/Seibel

Krummel, Johann Heinrich Christian
Wilhelm, geb. 23.6.1833 Bergheim, gest.
18.1.1907 Bergheim; Gutsbesitzer und
Bürgermeister in Bergheim. – Waldeck:
Landtag 1890-1893.
König; König/Lengemann/Seibel

Krummel, Johann Philipp, geb. 23.8.1795
Alt-Wildungen, gest. 17.8.1872 Alt-Wil-
dungen; Bürgermeister in Alt-Wildungen.
– Waldeck: Landstand 1838-1848.
König/Lengemann/Seibel

Krummel, *Philipp* **Karl Heinrich**, geb.
5.11.1870 Alt-Wildungen, gest.
14.11.1946 Bad Wildungen; Landwirt in
Alt-Wildungen. – Waldeck: Landesvertretung 1925-1929 (DNVP).
König; König/Lengemann/Seibel

Freiherr von Kruse[103], *August* **Heinrich
Ernst**, geb. 5.11.1779 Wiesbaden, gest.
30.1.1848 Hof Hausen bei Niederselters;
Generalleutnant auf Gut Hausen. – Nassau: Herrenbank 1825-1832, 1832-1837
und 1846-1848; Präsident der Herrenbank 1835-1837. Rösner-Hausmann; J.L.

Kruse, Peter Jochen, geb. 15.2.1929 Wis-
mar; Rechtsanwalt und Notar in Dörnigheim. – Land Hessen: Hessischer Landtag 1973-1974 (F.D.P.).
Lengemann II; Kanzlei des Landtags

Kuchen, Johann Theodor, geb. ... , gest.
... ; Handelsmann. – Freie Stadt Frankfurt: Gesetzgebende Versammlung 1865-
1866. Frost

Kuckuck, Johann Henrich Philipp, geb.
12.12.1792 Landau, gest. 4.4.1846 Landau; Ackermann und mehrfach Bürgermeister in Landau. – Waldeck: Landstand
1833-1836 und 1843-1843.
König/Lengemann/Seibel

von Kuder[104], **Ludwig** *Karl*, geb. 1.1.1787
Buchsweiler im Elsaß, gest. 17.5.1851
Darmstadt; Regierungsrat, später Ministe-
rialrat im Ministerium des Innern und der
Justiz und Mitglied der Oberpostdirektion

---

[103] Hzgl. nassauische Anerkennung des Freiherrenstandes am ... 1812.
[104] Ghzgl. hessische Anerkennung des Adelsstandes
(für den Vater) am 11.1.1820.

in Darmstadt. – Ghzm. Hessen: 2. Kammer 1823-1827 (LibKons).   Ruppel/Groß

Küch, Konrad, geb. 26.1.1881 Hönebach, gest. 23.2.1948 Hönebach; Schreinermeister und Bürgermeister in Hönebach. – Kassel und Hessen-Nassau 1919 (45. KLT)-1929 (SPD).   Pelda

Dr. phil. Küchenthal, Paul Arthur Rennig Alfred, geb. 10.3.1875 Braunschweig, gest. ... ; Studiendirektor in Gelnhausen. – Kassel und 1921-1925 (Ag).   Pelda

Küchler, *Friedrich* **August**, geb. 22.2.1799 Darmstadt, gest. 30.5.1866 Gießen; Jurist, Kreisrat in Gießen, 1860 Direktor der Provinzialdirektion in Offenbach. – Ghzm. Hessen: 2. Kammer 1856-1862.   Ruppel/Groß

Küchler, Georg Karl, geb. 15.10.1773 Darmstadt, gest. 13.4.1854 Darmstadt; Regierungsrat in Darmstadt. – Ghzm. Hessen: 2. Kammer 1826-1830 (kons.).   Ruppel/Groß

Küchler, **Heinrich Bernhard Carl**, geb. 26.1.1807 Münden, gest. ... . – Freie Stadt Frankfurt: Ständige Bürgerrepräsentation 1857- 1866, Gesetzgebende Versammlung 1861-1862; Vizepräsident der Gesetzgebenden Versammlung 1861-1862.   Frost

Küchler,   Johann   Friedrich,   geb. 16.11.1822 Darmstadt, gest. 25.1.1898 Darmstadt; Jurist, Kreisrat in Dieburg, 1874 Provinzialdirektor in Starkenburg, 1881 Provinzialdirektor in Rheinhessen und Kreisrat in Mainz, Präsident des Verwaltungsgerichtshofes. – Ghzm. Hessen: 2. Kammer 1872-1887 und 1. Kammer 1893-1898 (NL).   Ruppel/Groß; Götz/Rack

Küchler, Wilhelm, geb. 21.7.1936 Frankfurt; Diplom-Kaufmann, geschäftsführender Gesellschafter der Fa. Wilhelm Küchler Rohrleitungsbau in Kronberg; Mitglied der 9. und 10. Bundesversammlung. – Land Hessen: Hessischer Landtag 1982-1995 (CDU).   Lengemann II; Kanzlei des Landtags

Kühle, Wolfgang, geb. 7.12.1920 Göttingen; Rechtsanwalt und Leiter der Allgemeinen Verwaltung der Buderus AG in Wetzlar; Mitglied der 7. Bundesversammlung. – Land Hessen: Hessischer Landtag 1970-1982 (CDU).   Lengemann II; Kanzlei des Landtags

Kühlthau, Karl, geb. 19.3.1826 Oberzell, gest. 16.9.1894 Oberzell; Bürgermeister in Oberzell. – Kurhessen: 2. Kammer 1861-1862.   Losch; Sieburg

Kühne, Friedrich Louis, geb. 5.1.1751 Markt Alvensleben, gest. 5.5.1828 Magdeburg; Besitzer der Domäne Unseburg bei Althensleben, 1808-1813 Canton-Maire (Bürgermeister) von Wanzleben. – Kgr. Westphalen 1808-1813.   Lengemann I

Kühne-Hörmann, Eva, geb. 14.3.1962 Kassel; Juristin, bis 1995 Magistratsrätin in Kassel. – Land Hessen: Hessischer Landtag seit 1995 (CDU).   Kanzlei des Landtags

Kühnemuth, Peter[105], geb. 14.8.1794 Frankershausen, gest. 13.11.1868 Frankershausen; Schultheiß zu Frankershausen. – Kurhessen: Ständeversammlung 1833 (gem. lib.).   Losch; Sieburg; J.L.

Dr. med. Dr. jur. h.c. Külb, Karl, geb. 17.9.1870 Weisenau, gest. 13.10.1943 Mainz; bis 1912 praktischer Arzt, 1919-1931 Oberbürgermeister in Mainz. – Volksstaat Hessen 1924-1927 (DDP).   Ruppel/Groß

[105] Nach GROTHE führte der Abgeordnete den Vornamen *Jacob*; ob beide Bezeichnungen die gleiche Person meinen oder wer tatsächlich Mitglied der Ständeversammlung war, konnte bei der Erarbeitung des Index nicht erforscht werden.

Küllmer, Karl, geb. 18.12.1877 Reichensachsen, gest. 31.8.1942 Reichensachsen; gelernter Maurer, 1919-1933 Gewerkschaftssekretär des Deutschen Baugewerksbundes in Reichensachsen. – Kassel und Hessen-Nassau 1919 (45. KLT)-1920 und Kassel 1933 (USPD 1919-1920, SPD 1933). Pelda

Kümmell, Philipp, geb. 2.12.1809 Münchhausen, gest. 22.4.1888 Marburg; Superintendent der lutherischen Kirche Oberhessens in Marburg. – Kurhessen: 1. Kammer 1858-1861. Losch; Sieburg

Dr. theol. h.c. Kümmich, Friedrich Daniel Karl, geb. 20.3.1798 Friedberg, gest. 3.3.1856 Darmstadt; evangelischer Theologe, Mitglied und Rat beim Oberkonsistorium in Darmstadt. – Ghzm. Hessen: 2. Kammer1838-1841. Ruppel/Groß

Kürtel, Michael, geb. 26.9.1798 Oberursel, gest. 20.4.1855 Oberursel; Spezereihändler, Lohmüller und Schultheiß. – Nassau: Ständeversammlung 1848-1851 (Club der Rechten). Rösner-Hausmann

Küssner – s. Kißner

Küstner, Johannes, geb. ... , gest. ... ; Schneidermeister. – Freie Stadt Frankfurt: Gesetzgebende Versammlung 1850. Frost

Küthe, Johann Philipp Conrad, geb. 22.5.1773 Landau, gest. 29.7.1829 Landau; mehrfach Bürgermeister in Landau. – Waldeck: Landstand 1816-1817, 1825-1827 und 1828-1829.
König/Lengemann/Seibel

Küttler, *Heinrich* Friedrich Wilhelm, geb. 15.3.1863 Korbach, gest. 19.12.1924 Korbach; Kupferschmiedemeister in Korbach. – Waldeck: Landesvertretung 1919-1922 (DDP). König; König/Lengemann/Seibel

Kugler, *August* Ludwig, geb. 12.2.1824

Offenbach, gest. 12.6.1892 Offenbach; Bankdirektor, Fabrikant und Gaswerkdirektor in Offenbach; MdR 1868-1871 (NL). – Ghzm. Hessen: 2. Kammer 1862-1866 und 1875-1892 (F 1862-1866, NL 1875-1892); Präsident der 2. Kammer 1879-1892. Ruppel/Groß; J.L.

Dr. jur. Kugler, Ernst *Friedrich* Wilhelm, geb. 14.4.1810 Frankfurt, gest. 11.3.1881 Frankfurt; Advokat, 1860 Appellationsgerichtsrat; MdA 1867-1869 und 1870-1872 (F). – Freie Stadt Frankfurt: Gesetzgebende Versammlung 1841-1849, 1854-1857 und 1860-1866, Ständige Bürgerrepräsentation 1843-1857; Präsident der Gesetzgebenden Versammlung 1849. Frost; J.L.

Kuhl, Johann *Moritz*, geb. 28.3.1814 Butzbach, gest. 5.2.1876 Butzbach; Druckereibesitzer in Butzbach. – Ghzm. Hessen: 2. Kammer 1849-1856, 1862-1866 und 1872-1876 (lib. 1849-1856, 1862-1866. F 1872-1876). Ruppel/Groß

Kuhlgatz, Oskar August Albert, geb. 1.7.1894 Einbeck, gest. 21.4.1948 Einbeck; Oberförster in Niederaula. – Kassel und Hessen-Nassau 1933 (NSDAP). Pelda

Kuhnert, Jan, geb. 5.12.1951 Berlin; bis 1985 Fraktionsassistent der GRÜ-Fraktion der GRÜNEN im Hessischen Landtag, wohnhaft in in Marburg. – Land Hessen: Hessischer Landtag 1985-1987 (GRÜ). Lengemann II; Kanzlei des Landtags

Kullmann, Johann Friedrich, geb. 17.6.1825 Dillingen bei Bad Homburg, gest. 17.11.1900 Schlierbach; Ökonom in Schlierbach. – Kassel 1875-1879. Pelda

Kunkel, *Wilhelm* Ludwig,geb. 16.1.1886 Worms, gest. 10.6.1965 Goddelau; Bäckermeister in Worms. – Volksstaat Hessen 1929-1931 (DVP). Ruppel/Groß

Kuntz, Johannes August, geb. 22.7.1780

Frankfurt, gest. 12. 8.1828 Frankfurt. –
Freie Stadt Frankfurt: Ständige Bürgerre-
präsentation 1820-1828, Gesetzgebende
Versammlung 1822-1828. Frost

Kuntze – s. Cuntze

Kunz, Johann *Nikolaus*, geb. 4.4.1780
Eschborn, gest. 24.2.1843 Eschborn;
Landwirt und Schultheiß. – Nassau: De-
putiertenkammer 1833-1838.
Rösner-Hausmann

Kunz, Johann *Peter*, geb. 22.10.1816
Eschborn, gest. 22.7.1888 Eschborn;
Bürgermeister. – Nassau: II. Kammer
1858-1860. Rösner-Hausmann

Kunz, Johannes, geb. 20.8.1766 Eschborn, gest. 3.10.1835 Eschborn; Leine-
webermeister und Schultheiß. – Nassau:
Deputiertenkammer 1818-1832.
Rösner-Hausmann

Kunz, Peter geb. 9.5.1872 Dorndorf, Krs.
Limburg, gest. 23.11.1959 Hofheim; Mit-
telschulrektor. – Wiesbaden und Hessen-
Nassau 1930-1933 (Z). Burkardt/Pult

Kunzemann, Heinrich Friedrich (*Fritz*),
geb. 16.12.1899 Nieder-Wildungen, gest.
27.12.1944 Fulda; Kreiskommunalkas-
senrendant in Bad Wildungen. – Kassel
und Hessen-Nassau 1933 (NSDAP). Pelda

Kupfrian, Fritz, geb. 5.7.1979 Rosenthal,
Krs. Frankenberg, gest. 23.8.1953 Wiesbaden; Lehrer am Lehrerseminar, 1926-
1934 Bürgermeister in Dillenburg. –
Wiesbaden und Hessen-Nassau 1921-
1932 und 1933 (DNVP 1921-1932, SWR
1933). Burkardt/Pult

Kurth, Matthias, geb. 19.2.1952 Heidelberg; Richter am Landgericht in Darmstadt, 1994-1995 Staatssekretär im Hessischen Ministerium für Wirtschaft,
Verkehr, Technologie und Europaangelegenheiten, seit 1995 Staatssekretär im

Hessischen Ministerium für Wirtschaft,
Verkehr und Landesentwicklung. – Land
Hessen: Hessischer Landtag 1978-1994
(SPD). Lengemann II; Kanzlei des Landtags

Dr.-Ing. Kurtz, Rudolf, geb. 20.10.1910
Nieder-Leschen in Schlesien, gest.
3.4.1987 ... ; Diplomingenieur, Baurat
und dann Professor an der Staatlichen Ingenieurschule in Frankfurt; Mitglied der
5. und 6. Bundesversammlung. – Land
Hessen: Hessischer Landtag 1958-1974
(CDU). Lengemann II; Kanzlei des Landtags

Kuske, Gerhard, geb. 22.8.1911 Sagan in
Schlesien; Vermessungstechniker beim Ka-
tasteramt Hofgeismar, später Bürgermeister der Stadt Hofgeismar; Mitglied der 3.
Bundesversammlung. – Land Hessen: Hessischer Landtag 1959-1962 und 1964-1966
(GB/BHE bzw. GDP/BHE). Lengemann II

von Kutzleben, Adolf *Carl* **Heinrich**, geb.
6.9.1805 Freienbessingen, gest.
29.11.1892 Eisenach; Rittergutsbesitzer
in Willershausen. – Kurhessen: 2. Kammer 1855-1860 (lib.-konst.), Vizepräsident der 2. Kammer 1850-1860; Kassel
1868. Losch; Sieburg; Pelda; J.L.

von Kutzleben, Ludwig, geb. 11.3.1803
Freienbessingen, gest. 3.4.1875 Gelnhau-
sen; Gutsbesitzer in Wahlershausen. –
Kurhessen: 2. Kammer 1852-1860 (opp.).
Losch; Sieburg; J.L.

Labonte, Christian, geb. 18.9.1899 Ober-
elbert, Reg.-Bez. Wiesbaden, gest.
13.3.1992 ... ; Betriebsleiter auf Schloß
Johannisberg im Rheingau. – Land Hessen: Hessischer Landtag 1954-1958
(CDU). Lengemann II; Kanzlei des Landtags

Ladenburg, Wilhelm Heinrich *Ernst*,
geb. 16.8.1854 Mannheim, gest.
14.6.1921 Frankfurt; Kaufmann, Bankier
in Frankfurt. – Wiesbaden und Hessen-
Nassau 1905-1918 (NL). Burkardt/Pult

Lahmeyer, Gustav, geb. 7.7.1889 Roßleben/Unstrut, gest. 20.4.1968 Detmold; Oberbürgermeister der Stadt Kassel. – Kassel und Hessen-Nassau 1933 (NSDAP). *Pelda*

Lamay, Joseph, geb. 22.7.1892 Ehlhalten, gest. 1.10.1961 Limburg; Caritasdirektor. – Wiesbaden und Hessen-Nassau 1933 (Z). *Burkardt/Pult*

Lambrecht[106], **Carl Friedrich Ferdinand**, geb. 6.10.1758 Bahrdorf in Braunschweig, gest. 28.1.1828 Kaltendorf bei Oebisfelde; Gutspächter in Sommerschenburg. – Kgr. Westphalen 1808-1813. *Lengemann I*

Lambrecht, J. G., geb. ... , gest. ... ; Schneidermeister. – Freie Stadt Frankfurt: Gesetzgebende Versammlung 1835-1838, Ständige Bürgerrepräsentation 1838-1841. *Frost*

Lambrecht, Karl, geb. 24.11.1813 Bettenhausen bei Kassel, gest. 13.12.1874 Bettenhausen bei Kassel; Gastwirt in Bettenhausen. – Kurhessen: Ständeversammlung 1848. *Losch; Sieburg*

Lampert, Friedrich, geb. ... , gest. ... . – Freie Stadt Frankfurt: Gesetzgebende Versammlung 1858-1861. *Frost*

Landauer, Georg Friedrich, geb. ... , gest. ... . – Freie Stadt Frankfurt: Ständige Bürgerrepräsentation 1854- 1866, Gesetzgebende Versammlung 1862-1863. *Frost*

von Landesberg, *Philipp* **Ernst**, geb. 27.9.1784 Bückeburg, gest. 3.6.1853 Hannover; Assessor bei der Fstl. Domänen- und Rentkammer, dann Kammerrat in Bückeburg, später Kgl. hannoverscher Landdrost in Hildesheim; Mitglied des Landtags des Fsm. Schaumburg-Lippe 1820-1848, Direktor (Präsident) des Landtags des Fsm. Schauenburg-Lippe 1831-1840. – Grafschaft Schaumburg hessischen Anteils 1816-1817; Kurhessen: Ständeversammlung 1831-1832 (gouv.). *Losch; Sieburg (J.L.)*

Landfried, Georg, geb. ... , gest. 29.12.1920 Dillenburg; Tabak- und Zigarrenfabrikant. – Wiesbaden und Hessen-Nassau 1916. *Burkardt/Pult*

Landgrebe, Ernst, geb. 15.9.1878 Hoof, Krs. Kassel, gest. 13.3.1955 ... ; Rektor in Frankfurt. – Mitglied der 1. Bundesversammlung. – Land Hessen: Verfassungberatende Landesversammlung Groß-Hessen 1946 (LDP) und Hessischer Landtag 1946-1954 (LDP bzw. FDP), Vorsitzender der FDP-Fraktion 1951-1954, Alterspräsident des Hessischen Landtags 1953-1954. *Lengemann II*

Landgrebe, Oswald Christoph Christian, geb. 6.2.1876 Kassel, gest. 7.2.1956 Obervellmar; Mühlenbesitzer in Obervellmar. – Kassel und Hessen-Nassau 1921-1929 (Ag). *Pelda*

Landmann, Gustav Heinrich, geb. 14.6.1824 Assenheim, gest. 24.5.1901 Dresden; Pfarrer in Rendel, 1875 Oberpfarrer in Plauen; MdR 1878-1881 (NL). – Ghzm. Hessen: 2. Kammer 1872-1875 (F). *Ruppel/Groß*

Lang, Adam (II.), geb. 14.7.1876 Urberach, gest. 26.11.1965 Dieburg; gelernter Gürtler, Angestellter des Konsumvereins für Sprendlingen und Umgebung in Urberach, Vorsitzender der AOK für den Kreis Dieburg. – Volksstaat Hessen 1919-1924 und 1925-1927 (SPD). *Ruppel/Groß*

Dr. phil. Lang, Erwin, geb. 14.3.1924 Bad Nauheim; bis 1969 Bürgermeister in Raunheim, 1969-1970 Hessischer Mini-

---

[106] Erhebung in den Reichsadelsstand am 8.3.1795; die preußische Anerkennung des Adelsstandes wurde versagt.

Dr. Erwin Lang (SPD)
Präsident des Hessischen Landtags 1983-1987

ster der Finanzen; Mitglied des Bundesrates 1969-1970; Mitglied der 6. und 8. Bundesversammlung. – Land Hessen: Hessischer Landtag 1964-1988 (SPD); Vorsitzender der SPD-Fraktion 1967-1969, Vizepräsident des Hessischen Landtags 1978-1983 und 1987-1988, Präsident des Hessischen Landtags 1983-1987. Lengemann II; Kanzlei des Landtags

Dr. jur. Lang, Friedrich August, geb. 14.7.1822 Langenschwalbach, gest. 22.11.1866 Wiesbaden; Prokurator in Schwalbach, 1849 Hofgerichtsprokurator in Wiesbaden. – Nassau: Ständeversammlung 1848-1851 (Club der Linken), I. Kammer 1858-1860 und II. Kammer 1861-1866 (lib., [F]). Rösner-Hausmann; J.L.

Lang, Heinrich Friedrich Cornelius, geb. 24.3.1785 Langenschwalbach, gest. 7.3.1873 Langenschwalbach; Gastwirt. – Nassau: Deputiertenkammer 1832 und II. Kammer 1852-1857. Rösner-Hausmann

Lang, (Johann) Adam, geb. ..., gest. ..... – Freie Stadt Frankfurt: Gesetzgebende Versammlung 1850-1860. Frost

Lang, Johann Friedrich, geb. 9.3.1855 Michelstadt, gest. 14.3.1932 Michelstadt; Bierbrauer, Weinhändler und Landwirt Michelstadt. – Ghzm. Hessen: 2. Kammer 1901-1918 (NL). Ruppel/Groß

Lang, Johann Georg Konrat, geb. 14.6.1885 Ludwigshafen-Friesenheim, gest. 26.9.1963 Schifferstadt; Monteur. – Wiesbaden und Hessen-Nassau 1920-1933 (USPD 1920, KPD 1921-1933). Burkardt/Pult

Dr. med. Lang, Otto, geb. 2.7.1883 Angersbach, Krs. Lauterbach, gest. 6.9.1955 Soltau; Tierarzt in Grebenhain. – Volksstaat Hessen 1932-1933 (NSDAP). Ruppel/Groß

Lang, Peter Jakob, geb. 15.1.1878 Soden, gest. 26.11.1954 Frankfurt-Höchst; Direktor beim Bankverein in Offenbach. – Volksstaat Hessen 1927-1931 (Z). Ruppel/Groß

Lange, Friedrich Karl, geb. 17.6.1791 Wetzlar, gest. 28.10.1859 Schlitz; Rat beim Konsistorium in Schlitz. – Ghzm. Hessen: 2. Kammer 1851-1856. Ruppel/Groß

Lange, Hedwig, geb. 15.10.1840 Sooden, gest. 27.9.1901 Sooden; Weißbindermeister und Bürgermeister in Sooden. – Kassel 1880-1901 und Hessen-Nassau 1886-1901. Pelda

Lange, Karl, geb. 8.8.1892 Bad Schwalbach, gest. 30.1.1966 Bad Schwalbach; Justizobersekretär in Frankfurt, später Landrat im Oberlahnkreis und dann in St. Goarshausen; Vorsitzender der Frankfurter Stadtverordnetenversammlung 1933. – Wiesbaden und Hessen-Nassau 1933 (NSDAP); Präsident des Kommunal-Landtags Wiesbaden 1933, Vizepräsident des XXII. Provinzial-Landtags Hessen-Nassau 1933. Burkardt/Pult; J.L.

Karl Lange (NSDAP)
Präsident des Kommunal-Landtags Wiesbaden 1933

Lange, Wilhelm Friedrich *Ludwig*, geb. 27.5.1847 Berndorf, gest. 29.5.1928 Helmscheid; Müller auf der Neuen Mühle und Bürgermeister in Berndorf. – Waldeck: Landtag 1884-1905.
König; König/Lengemann/Seibel

von Langen, *Ludolph* **Joseph Theodor**, geb. 15.6.1803 Langenschwalbach, gest. 9.10.1872 Wiesbaden; Amtmann in Wallmerod, 1843 in Montabaur, 1845 in Limburg, später Rechnungskammerrat bzw. Landesbankdirektionsrat. – Nassau: I. Kammer 1842-1845. Rösner-Hausmann; J.L.

Dr. jur. Langen, *Theodor* **Friedrich**, geb. 13.10.1800 Brüssel, gest. 9.3.1882 Wiesbaden; Advokat-Anwalt in Mainz, 1834 Gutsbesitzer auf dem Windhäuser Hof bei Elsheim; Mitglied des Staatenhauses des Unionsparlaments 1850. – Ghzm.

Hessen: 2. Kammer 1832-1836 und 1847-1849 (lib.); Vizepräsident (2. Präsident) der 2. Kammer 1834.
Ruppel/Groß; J.L.

Langenbach, *Wilhelm* **Jakob**, geb. 3./4.1.1841 Worms, gest. 21.9.1911 Darmstadt; Kaufmann und Fabrikant in Darmstadt. – Ghzm. Hessen: 2. Kammer 1902-1903. Ruppel/Groß

Langenbeck, Heinrich, geb. 26.3.1817 Arolsen, gest. 5.12.1896 Hamm in Westfalen; Obergerichtsrat in Korbach, später Oberlandesgerichtsrat in Hamm. – Waldeck: Landtag 1855-1857.
König; König/Lengemann/Seibel

Langenberger, Carl Philipp, geb. ... , gest. ... ; Handelsmann, Gastwirt. – Freie Stadt Frankfurt: Gesetzgebende Versammlung 1829. Frost

Langer, Gustav Friedrich August, geb. 23. 9.1804 Frankfurt, gest. 22.12.1884 Frankfurt; Advokat. – Freie Stadt Frankfurt: Ständige Bürgerrepräsentation 1836-1849, Gesetzgebende Versammlung 1843-1844, 1848 und 1858-1860. Frost

Langgemach, Paul, geb. 24.10.1875 Zehren, Reg.-Bez. Magdeburg, gest. ... Frankfurt; Lagerhalter. – Wiesbaden und Hessen-Nassau 1920-1926 (SPD).
Burkardt/Pult

Dr. jur. Langner, Manfred, geb. 28.6.1941 Kattowitz; Rechtsanwalt in Weilburg; MdB 1976-1990 (CDU); Mitglied der 7., 8. und 9. Bundesversammlung. – Land Hessen: Hessischer Landtag 1974-1976 (CDU).
Lengemann II; Kanzlei des Landtags

Freiherr Langwerth von Simmern, Friedrich *Adolf* **Carl Ulrich**, geb. 15.4.1797 Celle, gest. 26.9.1846 Eltville; Major. – Nassau: Herrenbank 1842-1845.
Rösner-Hausmann; J.L.

Lanz, Friedrich, geb. ... , gest. ... . – Freie Stadt Frankfurt: Gesetzgebende Versammlung 1829.   Frost

von Lasaulx, Friedrich (*Fritz*) Eduard Anton Zonen Arnold, geb. 8.10.1870 Moresnet bei Aachen, 17.11.1914 [gefallen] bei Pérenchies, Nordfrankreich; Kaufmann (Teilhaber der Fa. v. Lasaulx & Lindt) in Frankfurt. – Wiesbaden und Hessen-Nassau 1911-1914 (NL).
Burkardt/Pult; J.L.

Laubach, Heinrich Wilhelm, geb. 28.9.1835 Eichen, gest. 24.8.1906 Eichen; Ackermann und Bürgermeister in Eichen. – Kassel und Hessen-Nassau 1895-1904.   Pelda

Laubinger, **J. H.**, geb. ... , gest. ... ; Schlossermeister. – Freie Stadt Frankfurt: Gesetzgebende Versammlung 1821-1822.
Frost

Lauer, Heinrich, geb. 6.8.1816 Niederwalgern, gest. 1.7.1896 Niederwalgern; Landwirt in Niederwalgern. – Kurhessen: 2. Kammer 1852-1862 und Ständeversammlung 1862-1866 (lib.-dem. 1852-1866, [F (dem.) *1870*, SPD *1877*]).
Losch; Sieburg; J.L.

Lauer, Johann Henrich, geb. 13.2.1768 Kleinseelheim, gest. 7.1.1842 Kleinseelheim; Gutsbesitzer in Kleinseelheim. – Hessen-Kassel: 1815-1816.   Sieburg (J.L.)

Laufer, Johann, geb. 10.7.1857 Obergladbach bei Bad Schwalbach, gest. 5.6.1924 Offenbach; Landwirt in Bieber. – Volksstaat Hessen 1921-1924 (Bauernbund).
Ruppel/Groß

Laufer, Karl, geb. 4.10.1885 Katzenbach, Krs. Rockenhausen, gest. 11.12.1962 Darmstadt; Arbeitersekretär, Landesgeschäftsführer. – Volksstaat Hessen 1924 (DVP).   Ruppel/Groß

Launhard (Launhardt), **Carl**, geb. ... , gest. ... . – Freie Stadt Frankfurt: Gesetzgebende Versammlung 1824-1825.   Frost

Launhardt, Heinrich, geb. ... , gest. ... . – Freie Stadt Frankfurt: Gesetzgebende Versammlung 1856.   Frost

Freiherr Laur von Münchhofen, Georg Theophil Ernst Emil *Maximilian*, geb. 11.6.1863 Dresden, gest. 20.2.1936 Hildesheim; Landrat des Kreises Hanau und Polizeidirektor der Stadt Hanau. – Kassel und Hessen-Nassau 1911-1919 (44. KLT).   Pelda

Dr. jur. Lauritzen, Lauritz, geb. 20.1.1910 Kiel, gest. 5.6.1980 ... ; bis 1963 Oberbürgermeister der Stadt Kassel, 1963-1966 Hessischer Minister der Justiz und für Bundesangelegenheiten (Bevollmächtigter des Landes Hessen beim Bund), 1966-1972 Bundesminister für Städtebau und Wohnungswesen, 1972 Bundesminister für Verkehr, Post- und Fernmeldewesen sowie für Städtebau und Wohnungswesen, 1972-1974 Bundesminister für Verkehr; Mitglied des Bundesrates 1963-1966; MdB 1969-1980 (SPD); Mitglied der 4., 6. und 7. Bundesversammlung. – Land Hessen: Hessischer Landtag 1966-1967 (SPD).
Lengemann II; Kanzlei des Landtags

Lautenbacher, Hans, geb. 15.11.1883 Teuerting, Krs. Kelheim, gest. 27.9.1966 Landau; Schreinermeister in Dieburg. – Volksstaat Hessen 1925-1929 (Z).
Ruppel/Groß

Lauterbach, Heinrich, geb. 24.9.1925 Neunkirchen, Krs. Siegen, gest. 26.6.1996 Wiesbaden; bis 1974 Oberstudiendirektor in Darmstadt, 1987-1989 Staatssekretär im Hessischen Kultusministerium; Mitglied der 7. Bundesversammlung. – Land Hessen: Hessischer Landtag 1974-1987 (CDU).
Lengemann II; Kanzlei des Landtags

Lauteren, Christian Ludwig (*Louis*), geb. 29.3.1811 Mainz, gest. 2.8.1888 Bad Wildungen; Teilhaber der Weinhandlung C. Lauteren Sohn in Mainz. – Ghzm. Hessen: 1. Kammer 1851-1888. Götz/Rack

Lauteren, *Christian* Philipp Anton Franz, get. 29.1.1755 Mainz, gest. 19.12.1843 Mainz; Weinhändler in Mainz. – Ghzm. Hessen: 2. Kammer 1820-1824. Ruppel/Groß

Lauteren, *Clemens* August Jakob, geb. 5.12.1843 Mainz, gest. 30.11.1908 Nierstein; Teilhaber der Weinhandlung C. Lauteren Sohn in Mainz. – Ghzm. Hessen: 1. Kammer 1889-(1893) 1908. Götz/Rack

Lauteren, *Clemens* Friedrich August, geb. 25.10.1786 Mainz, gest. 10.10.1877 Mainz; Weinhändler in Mainz. – Ghzm. Hessen: 2. Kammer 1844-1847. Ruppel/Groß

Lautz, Jakob, geb. 17.10.1834 Groß-Umstadt, gest. 3.6.1912 Groß-Umstadt; Sparkassenrechner in Groß-Umstadt. – Ghzm. Hessen: 2. Kammer 1870-1896 (NL). Ruppel/Groß

Lavater, Johann Karl, geb. 28.1.1769 Hanau, gest. 22.2.1837 Hanau; Kauf- und Handelsmann in Hanau. – Ghzm. Frankfurt 1810-1813. Lengemann I

Dr. rer. nat. Lawaczeck, Paul Hermann, geb. 22.12.1978 Ottweiler, gest. 25.11.1942 Rottenburg am Neckar; Apotheker. – Wiesbaden und Hessen-Nassau 1932 und 1933 (NSDAP). Burkardt/Pult

Lebert, Georg, geb. 21.1.1897 Heidesheim, gest. 4.6.1974 Heidesheim; Gewerkschaftsangestellter, später Bundesbahnrat in Heidesheim. – Volksstaat Hessen 1930-1931 (SPD). Ruppel/Groß

Lebert, Otto, geb. 23.3.1911 Mannheim; selbständiger Versicherungskaufmann in

Marburg. – Land Hessen: Hessischer Landtag 1962 und 1965-1966 (CDU). Lengemann II; Kanzlei des Landtags

Lederer, David, geb. 10.8.1801 Marburg, gest. 26.9.1861 Marburg; Bierbrauer in Marburg. – Kurhessen: Ständeversammlung 1845-1850 (lib.-dem.). Losch; Sieburg; J.L.

Dr. jur. h.c. Freiherr von Lehmann[107], Johann Matthäus (auch: Matthias), geb. 14.7.1778 ... , gest. 2.3.1853 Darmstadt; Präsident des Oberkonsistoriums. – Ghzm. Hessen: 1. Kammer 1851-1853. Götz/Rack

Freiherr von Lehmann, *Robert* Franz, geb. 25.7.1818 Darmstadt, gest. 28.8.1878 Darmstadt; Revierförster in Dudenhofen, später Ober-Roden, später Oberförster im Forstrevier Dieburg. – Ghzm. Hessen: 2. Kammer 1851-1856. Ruppel/Groß

Dr. jur. Lehne, *Eduard* August, geb. 4.5.1805 Mainz, gest. 13.8.1857 Büdesheim; Advokat-Anwalt in Mainz, später auch am Kreisgericht Alzey, 1850 Bezirksgerichtsrat in Mainz. – Ghzm. Hessen: 2. Kammer 1847-1856; Vizepräsident (3. Präsident) der 2. Kammer 1849-1850. Ruppel/Groß; J.L.

Graf von Lehrbach[108], *Philipp* Eugen Erwin, geb. 7.11.1789 Kassel, gest. 15.5.1857 Gießen; Major und Flügeladjutant, 1833 Oberst, Hofmarschall, 1837-1839 und wieder 1848-1849 Intendant des Hoftheaters Darmstadt, 1843 Generalmajor, 1847 Oberhofmarschall, 1848-1849 Ghzgl. Kriegsminister; Mitglied des Volkshauses des Unionsparlaments 1850.

---

[107] Adelsanerkennung und Erhebung (des Vaters) in den Reichsfreiherrenstand am 17.7.1790.

[108] Erhebung (des Vaters) in den Reichsgrafenstand am 10.9.1790.

– Ghzm. Hessen: 2. Kammer 1826-1847 (kons.).   Ruppel/Groß; J.L.

Leichtfuß, Wilhelm Heinrich Christian, geb. 10.9.1850 Idstein, gest. 5.6.1929 Idstein; Bürgermeister. – Wiesbaden und Hessen-Nassau 1909-1918.   Burkardt/Pult

Leicker, *Johann* Walter, geb. 11.12.1772 Wehrheim, gest. 2.8.1844 Wehrheim; Gutsbesitzer. – Nassau: Deputiertenkammer 1872-1832.   Rösner-Hausmann

Leidner, Carl, geb. ... , gest. ... . – Freie Stadt Frankfurt: Gesetzgebende Versammlung 1823.   Frost

Leikert, Anton, geb. 21.2.1835 Horchheim bei Koblenz, gest. 14.6.1896 Oberlahnstein; Bauunternehmer. – Wiesbaden und Hessen-Nassau 1886-1895.
                                    Burkardt/Pult

Leinbach, Karl, geb. 9.11.1919 Gladenbach; Postbetriebsinspektor, freigestellter Vorsitzender des Personalrats und Ortsverwaltungsvorsitzender der Deutschen Postgewerkschaft in Gladenbach; Mitglied der 6., 7. und 8. Bundesversammlung. – Land Hessen: Hessischer Landtag 1971-1987 (SPD); Alterspräsident des Hessischen Landtags 1982-1987.
                Lengemann II; Kanzlei des Landtags

Leineweber, Adolf (*Adolf*) August Karl, geb. 10.10.1874 Braunschweig, gest. ... ; Postinspektor, dann Postrat in Kassel. – Kassel und Hessen-Nassau 1920 (47. KLT) (DDP).   Pelda

Fürst von Leiningen, *Emich* Eduard Carl, geb. 18.1.1866 Osborne, Isle of Wight, Großbritannien, gest. 18.7.1939 Schlossau in Baden; 1904 Nachfolge in der Standesherrschaft; Mitglied der Kammer der Reichsräte in Bayern 1904-1918; Ghzm. Hessen: 1. Kammer 1897-1918; Vizepräsident (2. Präsident) der 1. Kammer 1914-1918.   Götz/Rack; J.L.

Fürst von Leiningen, *Ernst* Leopold Victor Carl August Joseph Emich, geb. 9.11.1830 Amorbach, gest. 5.4.1904 Amorbach; 1856 Nachfolge in der Standesherrschaft; Mitglied der Kammer der Reichsräte in Bayern 1856-1904. – Ghzm. Hessen: 1. Kammer [1856] 1894-1904.   Götz/Rack; J.L.

Fürst von Leiningen, *Karl* Friedrich Wilhelm Emich, geb. 12.9.1804 Amorbach, gest. 13.11.1856 Schloß Waldleiningen; 1823 Nachfolge in der Standesherrschaft, 6.8.-5.9.1848 Reichsministerpräsident; Mitglied der Kammer der Reichsräte in Bayern 1818-1856, Präsident 1843-1848; Mitglied der 1. Kammer in Baden 1833-1856. – Ghzm. Hessen: 1. Kammer [1829] 1845-1849. Götz/Rack; J.L.

Graf zu Leiningen-Westerburg-Altleiningen, *Friedrich I.* Ludwig Christian, geb. 2.11.1761 ... , gest. 9.8.1839 Ilbenstadt; 1811 Nachfolge in der Standesherrschaft. – Ghzm. Hessen: 1. Kammer 1820-1839 (nie förmlich eingetreten).
                                    Götz/Rack; J.L.

Graf zu Leiningen-Westerburg-Altleiningen, *Friedrich II.* Eduard, geb. 20.5.1806 ... , gest. 5.6.1868 Darmstadt; 1839 Nachfolge in der Standesherrschaft. – Ghzm. Hessen: 1. Kammer 1840-1849 und 1851-1868; Kurhessen: 1. Kammer 1853-1854 (kons-konst.).
                      Götz/Rack; Losch; Sieburg; J.L.

Graf zu Leiningen-Westerburg-Altleiningen, *Friedrich III.* Wiprecht Franz, geb. 30.12.1852 Laibach, gest. 7.2.1916 Ilbenstadt; 1874 Nachfolge in Ilbenstadt und Westerburg. – Ghzm. Hessen: 1. Kammer 1877-1887 (nie förmlich eingetreten); Wiesbaden 1881-1884.
                      Götz/Rack; Burkardt/Pult; J.L.

Graf zu Leiningen-Westerburg-Altleiningen, *Victor* August, geb. 1.1.1821 Ilbenstadt, gest. 19.2.1880 Darmstadt. –

Ghzm. Hessen: 1. Kammer 1870-1872.
Götz/Rack; J.L.

Leipold, Johannes[109], geb. 9.2.1809 Ulmbach, gest. ... ; Ökonom. – Kurhessen: Ständeversammlung 1833-1835 (gem. lib.).   Losch; Sieburg; J.L.

Leipprand, Siegfried Wilhelm Augustin Rudolph, geb. ... , gest. 18.1.1901 ... ; Handelsmann, Direktor des Handelsmuseums. – Freie Stadt Frankfurt: Gesetzgebende Versammlung 1866.   Frost

Dr. jur. Leisler, Johann *Ernst* Christoph Achilles, geb. 3.7.1795 Hanau, gest. 24.1.1875 Wiesbaden; Amtsprokurator in Wiesbaden. – Nassau: Ständeversammlung 1848-1851 (Club der Rechten).
Rösner-Hausmann; J.L.

Leisler, Wilhelm, geb. 14.12.1803 Windecken, gest. 19.10.1871 Windecken; Kommerzrat in Windecken. – Kurhessen: Ständeversammlung 1837-1838 (gem. lib.).   Losch; Sieburg; J.L.

Leißner, Karl Friedrich Wilhelm, geb. 13.3.1876 Dinkelsbühl, gest. 15.3.1951 Neuenhaßlau; gelernter Bierbrauer, Arbeiter und Gewerkschaftssekretär beim Ortsausschuß des Allgemeinen Deutschen Gewerkschafts Bund in Hanau. – Kassel und Hessen Nassau 1928-1929 (KPD).   Pelda

Dr. jur. Leist, Paul Gerhard *Alexander*, geb. 17.10.1862 Jena, gest. 3.12.1918 Göttingen; Professor in Gießen, 1917 in Göttingen. – Ghzm. Hessen: 1. Kammer 1913-1917.   Götz/Rack

Leistenschneider, Martina, geb. 22.5.1935 Bietzen an der Saar; examinierte Krankenschwester, Hausfrau in Bad Soden-

Salmünster. – Land Hessen: Hessischer Landtag seit 1989 (CDU).
Lengemann II; Kanzlei des LandtagsI

Leitz, Ernst, geb. 16.1.1906 Wetzlar, gest. 8.9.1979 ... ; Kaufmann, Geschäftsführer der Ernst Leitz GmbH in Wetzlar. – Land Hessen: Beratender Landesausschuß 1946 (CDU).   Lengemann II

Lejeune, Adam Eduard August, geb. ... , gest. ... ; Handelsmann. – Freie Stadt Frankfurt: Gesetzgebende Versammlung 1851.   Frost

von Leliwa[110], **Johann *Friedrich* Ludwig Wilhelm**, geb. 30.5.1743 Höhnscheid, gest. 14.4.1836 Arolsen; Herr auf Gut Freienhagen, Oberstleutnant. – Waldeck: Landstand [1784] -1830.
König/Lengemann/Seibel

von Leliwa[111], **Karl Ludwig *Friedrich***, geb. 9.10.1791 Kleinern, gest. 30.3.1870 Arolsen; 1830 Übernahme des Guts Freienhagen, 1840 Verkauf des Burgguts Freienhagen mit Ausnahme des Burgplatzes, 1842 Ausschluß aus dem Landtag[112]. – Waldeck: Landstand 1834-1842.
König/Lengemann/Seibel

Lemme, J. Balthasar, geb. ... , gest. ... . – Freie Stadt Frankfurt: Ständige Bürgerrepräsentation 1826-1832, Gesetzgebende Versammlung 1832.   Frost

Lemme, J. Valentin, geb. ... , gest. ... ; Färbermeister. – Freie Stadt Frankfurt: Gesetzgebende Versammlung 1826, 1828

---

[110] Führte das Adelsprädikat offenbar nur gewohnheitsrechtlich; vgl. die folgende Anmerkung.
[111] Fstl. waldeckischer Adelsstand am 19.7.1811.
[112] Der 1840 erfolgte Verkauf des Burgguts an den späteren Landstand *Friedrich Graf* nahm den Burgplatz, von dem Landstand *Friedrich von Leliwa* seine Landstandschaft herleitete, aus, und *Leliwa* behauptete die Fortdauer seiner Landstandschaft; die Landstände versperrten sich gegen diese Argumentation und schlossen ihn am 3.12.1842 aus ihren Reihen aus.   T.S.

---

[109] Nach GROTHE führte der Abgeordnete den Vornamen *Joachim*; ob beide Bezeichungen die gleiche Person meinen oder wer tatsächlich Mitglied der Ständversammlung war, konnte bei der Erarbeitung des Index nicht erforscht werden.

und 1833, Ständige Bürgerrepräsentation 1832-1834. Frost

Lemme, Johann Josua, geb. 4.12.1756 Frankfurt, gest. 25.7.1824 Frankfurt; Seidenfärber; 1816-1825 Ratsverwandter, 1817-1821 Mitglied des Engeren Rats. – Freie Stadt Frankfurt: Gesetzgebende Versammlung 1817-1821. Frost

Lemme, Johann Ludwig, get. 21.1.1762 Frankfurt, gest. 8.1.1829 Frankfurt; Handelsmann. – Freie Stadt Frankfurt: Gesetzgebende Versammlung 1818. Frost

Leng, Philipp Heinrich Karl, geb. 17.7.1823 Haiger, gest. 23.10.1909 Haiger; Landwirt, Bürgermeister. – Wiesbaden 1868-1871 (NL). Burkardt/Pult

Lengemann, Karl *Jochen*, geb. 10.1.1938 Kassel; Richter in Kassel, 1990-1992 Thüringer Minister für besondere Aufgaben; Stellvertretendes Mitglied des Bundesrates 1990-1992; Mitglied der 6., 7., 8. und 9. Bundesversammlung. – Land Hessen: Hessischer Landtag 1970-1990 (CDU); Vizepräsident des Hessischen Landtags 1978-1982 und 1983-1987, Präsident des Hessischen Landtags 1982-1983 und 1987-1988.
Lengemann II; Kanzlei des Landtags

Lenhart, Georg, geb. 8.2.1869 Gernsheim., gest. 7.10.1941 Mainz; Professor, Lehrer am Lehrerseminar in Bensheim, 1920 Domkapitular in Mainz. – Volksstaat Hessen 1919-1927 (Z); Vorsitzender der Z-Fraktion 1921-1927. Ruppel/Groß; J.L.

Dr. rer. nat. Lennert, Peter, geb. 27.9.1949 Heppenheim; Physiker, wissenschaftlicher Angestellter in Heppenheim. – Land Hessen: Hessischer Landtag seit 1995 (CDU). Kanzlei des Landtags

Lentrodt, Carl Friedrich *Wilhelm*, geb. 16.3.1838 Oesdorf, gest. 26.3.1921 Flechtdorf; Landwirt in Oesdorf, 1888-

Jochen Lengemann (CDU)
Präsident des Hessischen Landtags 1982-1983 und 1987-1988

1921 Hospitalrentmeister in Flechtdorf sowie Verwalter des Stiftes Schaaken. – Waldeck: Landtag 1868-1890.
König; König/Lengemann/Seibel

Lentz, Andreas Joseph, geb. 8.8.1825 Niederrad, gest. 6.1.1901 Frankfurt; Lehrer, Fachschriftsteller. – Freie Stadt Frankfurt: Gesetzgebende Versammlung 1866. Frost

Lenz (Hanau), Aloys, geb. 5.9.1943 Hanau; Gymnasiallehrer in Hanau, 1983-1987 in der Schulverwaltung, zuletzt im Staatlichen Schulamt in Offenbach tätig. – Land Hessen: Hessischer Landtag 1980-1983 und seit 1987 (CDU).
Lengemann II; Kanzlei des Landtags

Lenz, August, geb. ... , gest. ... ; Zimmermeister. – Freie Stadt Frankfurt: Gesetzgebende Versammlung 1826. Frost

Lenz (Frankfurt), Helmut, geb. 31.1.1930 Montabaur; Rechtsanwalt in Frankfurt, 1962-1983 im Bundesvorstand der IG Bau-Steine-Erden tätig; Mitglied der 8. und 9. Bundesversammlung. – Land Hessen: Hessischer Landtag 1970-1991 (CDU).
Lengemann II; Kanzlei des Landtags

Lenz, Johann *Ludwig*, geb. 12.12.1764 Klein-Linden, gest. 16.1.1833 Klein-Linden; Ökonom und Schultheiß in Klein-Linden. – Ghzm. Hessen: 2. Kammer 1820-1824. Ruppel/Groß

Lenz, Johannes, geb. 24.4.1805 Mornshausen, gest. 19.10.1869 Erdhausen; Landwirt und Bürgermeister in Erdhausen. – Ghzm. Hessen: 2. Kammer 1862-1866 (F). Ruppel/Groß

Lenz, *Karl* Adam Peter, geb. 7.7.1899 Heidelberg, gest. 8.11.1944 Freising; Lehrer, Schriftsteller in Karlsruhe, Gauleiter in Darmstadt; MdL Baden 1929- ... (NSDAP); MdR 1930-1936 (NSDAP). – Volksstaat Hessen 1931-1932 (NSDAP); Vorsitzender der NSDAP-Fraktion 1931-1932. Ruppel/Groß; J.L.

Lenz, *Wilhelm* Friedrich, geb. 16.3.1897 Klein-Linden, gest. 10.8.1969 Gießen-Wieseck; Mechaniker in Gießen-Wieseck. – Volksstaat Hessen 1931-1932 (KPD). Ruppel/Groß

Leonhäußer, Wiegand, geb. 9.11.1837 Halsdorf, gest. 25.12.1896 Halsdorf; Landwirt in Halsdorf. – Kassel und Hessen-Nassau 1886-1896. Pelda

Dr. jur. utr. et phil. Freiherr von Leonhardi, Johann Friedrich August *Ludwig*, geb. 24.6.1825 Frankfurt, gest.

20.11.1884 Groß-Karben; Geheimer Legationsrat. – Ghzm. Hessen: 1. Kammer 1881-1884. Götz/Rack

Leonhardi, Friedrich Adolf, geb. 8.4.1794 Mengeringhausen, gest. 28.3.1837 Mengeringhausen; Advokat und Regierungsprokurator in Arolsen, 1824 Stadtsekretär in Mengeringhausen. – Waldeck: Landtag 1824-1837. König/Lengemann/Seibel

Leonhardi, Johann Jacob, geb. 26.10.1755 Mengeringhausen, gest. 14.5.1830 Mengeringhausen; Besitzer des sog. Burglehens in Mengeringhausen, 1783 Advokat, 1798 Landsyndikus, 1810 auch Kriegsrat. – Waldeck: Landstand [1781] -1830; als Landsyndikus de jure Vorsitzender der Waldeckischen Landtage von 1814 und 1816.
König/Lengemann/Seibel

Leonhardi, Johann Philipp Ferdinand, geb. 5.4.1802 Mengeringhausen, gest. 14.8.1847 Mengeringhausen; Advokat und Bürgermeister in Mengeringhausen. – Waldeck: Landstand 1844-1847.
König/Lengemann/Seibel

Leonhardi, Ludwig Eduard, geb. 2.5.1797 ... , gest. 18.1.1831 Mengeringhausen; Besitzer des sog. Burglehens in Mengeringhausen. – Waldeck: Landstand 1830-1831. König/Lengemann/Seibel

Freiherr von Leonhardi, Wilhelm Georg *Moritz*, geb. 9.3.1856 Frankfurt, gest. 28.10.1910 Groß-Karben; Gutsbesitzer in Groß-Karben. – Ghzm. Hessen: 1. Kammer 1902-1910. Götz/Rack

Freiherr von Lepel[113], Ernst, geb. 18.10.1796 Offenbach, gest. 2.1.1859 Offenbach; Fstl. isenburgischer Forstmeister (später) in Offenbach.. – Kurhessen: Ständeversammlung 1833. Losch; Sieburg

---

[113] Ghzgl. hessische Anerkennung des Freiherrenstandes 10.1.1828.

Freiherr von Lepel[114], **Georg *Ferdinand*,** geb. 27.11.1779 Spangenberg, gest. 10.11.1873 Coburg; Diplomat, 1836-1839 Kfl. Minister der Auswärtigen Angelegenheiten und des Hauses, später Geheimer Rat und Hzgl. Staatsminister in Coburg. – Freie Stadt Frankfurt: Gesetzgebende Versammlung 1827 und 1833-1836; Vizepräsident der Gesetzgebenden Versammlung 1833-1836.   Frost; J.L.

Lepper, Jacob Daniel, geb. ... , gest. ...; Konditor. – Freie Stadt Frankfurt: Gesetzgebende Versammlung 1833-1834, 1839-1841, 1846-1848 und 1851.   Frost

Dr. phil. Lerch, *Georg* August, geb. 11.8.1792 Darmstadt, gest. 20.3.1857 Darmstadt; Oberbaurat bei der Oberbaudirektion in Darmstadt. – Ghzm. Hessen: 2. Kammer 1841-1849.   Ruppel/Groß

Dr. rer. pol. Leuchtgens, Heinrich, geb. 31.10.1876 Birklar, Krs. Gießen, gest. 21.3.1959 Friedberg; bis 1915 Seminarlehrer in Friedberg, Volkswirt in Friedberg; MdB 1949-1953 ([gewählt als NDP-Mitglied auf FDP-Liste 1949], NR [NDP] 1949-1950, DRP [NR] 1950, bkF 1950, DP bzw. DP/DPB 1950-1953, bkF 1953). – Volksstaat Hessen 1924-1931 ([FoVP *1912*], Bauernbund).
          Ruppel/Groß; J.L.

Leun, Johannes, geb. 16.2.1855 Großen-Linden, gest. 8.8.1940 Gießen; Kaufmann und Bürgermeister in Großen-Linden. – Ghzm. Hessen: 2. Kammer 1899-1918 (Bauernbund).   Ruppel/Groß

Leuninger, Ernst, geb. 5.5.1914 Mengerskirchen im Westerwald, gest. 19.2.1993 ...; gelernter Schriftsetzer, nach 1945 gewerkschaftliche Tätigkeit, zuletzt bis

1964 Vorsitzender des DGB-Landesbezirks Hessen; Mitglied der 3., 4. und 5. Bundesversammlung. – Land Hessen: Hessischer Landtag 1958-1970 (SPD).
          Lengemann II; Kanzlei des Landtags

Leuschner, *Wilhelm* Karl Friedrich, geb. 15.6.1890 Bayreuth, gest. 29.9.1944 [hingerichtet] Berlin-Plötzensee; gelernter Holzbildhauer, Gewerkschaftssekretär in Darmstadt, 1928-1933 Hessischer Innenminister, führender Verschwörer gegen Hitler (20.7.1944). – Volksstaat Hessen 1924-1933 (SPD).   Ruppel/Groß

Lewandowski, Georg, geb. 19.8.1944 Schmidtsdorf in Ostpreußen; gelernter Großhandelskaufmann, staatlich geprüfter Betriebswirt, bis 1993 Personalleiter bei der AEG in Kassel, seit 1993 Oberbürgermeister der Stadt Kassel. – Land Hessen: Hessischer Landtag 1991-1993 (CDU).   Kanzlei des Landtags

Leweke, Adolf, geb. 18.12.1892 Elberfeld, gest. 23.2.1970 ...; Lokomotivführer, Gewerkschaftssekretär, Schriftleiter, Theaterleiter, Verlagsangestellter, Normen-Ingenieur, Ministerialrat, wohnhaft in Frankfurt. – Land Hessen: Beratender Landesausschuß 1946 (CDU) und Verfassungberatende Landesversammlung Groß-Hessen 1946 (CDU).   Lengemann II

Lex, Friedrich Emil Gustav *Adolf*, geb. 15.1.1862 Wiesbaden, gest. ...; Landrat des Oberlahnkreises in Weilburg. – Wiesbaden und Hessen-Nassau 1901-1920 (DVP 1920).   Burkardt/Pult; J.L.

Leykam, M., geb. ... , gest. ...; Jurist. – Freie Stadt Frankfurt: Gesetzgebende Versammlung 1839-1840.   Frost

Leykauf, Johann Georg Burkhard Franz, geb. ... , gest. ...; Stadtgerichtssekretär. – Freie Stadt Frankfurt: Gesetzgebende Versammlung 1863-1866.   Frost

---

[114] Kgl. westphälische Adelsbestätigung als Baron (Freiherr) (für den Vater), die nach 1813/15 nicht allgemein anerkannt, aber offenbar jedenfalls in der Führung des Freiherren*titels* geduldet wurde.

Lichtenberg, *Friedrich* Ludwig Wilhelm Christian, geb. 23.1.1801 Darmstadt, gest. ... 1871 Lichtental bei Baden-Baden; Hofgerichtsadvokat in Darmstadt. – Ghzm. Hessen: 2. Kammer 1844-1847.

Ruppel/Groß

Lichtenberg, Gustav Georg Wilhelm (Taufname: Gustav Wilhelm, gen.: Gustav Adolf), geb. 10.12.1811 Pfungstadt, gest. ... ; Landgerichtsassessor in Lorsch, 1850 in Homberg (Ohm). – Ghzm. Hessen: 1. Kammer 1850.

Götz/Rack

Lichtenstein, *Oskar* Sally Heinrich, geb. 15.5.1852 Frankfurt, gest. 10.12.1914 Elsheim; Gutsbesitzer auf dem Windhäuser Hof bei Elsheim. – Ghzm. Hessen: 2. Kammer 1890-1896 (frsg.).

Ruppel/Groß

Dr. jur. Lieber, *Moritz* Joseph Josias, geb. 1.10.1790 Blankenheim, gest. 29.12.1860 Camberg; Advokat in Camberg, Legationsrat. – Nassau: I. Kammer 1858-1860[115].

Rösner-Hausmann; J.L.

Dr. jur. Lieber, Philipp *Ernst* Moritz Edmund Joseph Maria, geb. 16.11.1838 Camberg, gest. 31.3.1902 Camberg; Rechtsanwalt in Camberg; MdA 1870-1902 (Z); MdR 1871-1902 (Z). – Wiesbaden und Hessen-Nassau 1886-1901 (Z).

Burkardt/Pult; J.L.

Dr. phil. Lieberknecht, Jakob Friedrich, geb. 10.6.1826 Eschwege, gest. 7.2.1877 Bad Homburg; Konrektor in Eschwege, später Konsistorialrat und Hofprediger in Bad Homburg. – Kurhessen: Ständeversammlung 1849-1850 (kons.).

Losch; Sieburg; J.L.

Lied, Konrad, geb. 10.12.1893 Wiesba-

den, gest. 8.10.1957 ... ; Schlossermeister, Inhaber eines Kfz.-Betriebs in Wiesbaden; Mitglied der 2. Bundesversammlung. – Land Hessen: Hessischer Landtag 1950-1954 (FDP).

Lengemann II

Lieser, Wilhelm, geb. 27.11.1875 Wiesbaden-Sonnenberg, gest. 14.1.1926 Wiesbaden; Redakteur. – Wiesbaden und Hessen-Nassau 1920 (SPD).

Burkardt/Pult

Lind, Heinrich, geb. 28.3.1878 Niederissigheim, gest. 31.3.1941 Niederissigheim; Landwirt und Bürgermeister in Niederissigheim; MdR 1920-1932 (DNVP 1920- ... , CNBLVP ... -1932). – Kassel und Hessen-Nassau 1920 (46. KLT) -1929 ([K *1908, 1913*], DNVP 1920- ...).

Pelda; J.L.

Lind, Johann Georg, geb. ... , gest. ... ; Schultheiß, dann Bürgermeister in Oberissigheim. – Kurhessen: Ständeversammlung 1833, 1837-1838, 1848-1849 und 1850, 2. Kammer 1860-1861 und Ständeversammlung 1862-1863 (gem. lib. 1833, 1837-1838).

Losch; Sieburg; J.L.

Lind, Johann Heinrich, geb. 9.11.1819 Oberissigheim, gest. 11.9.1873 Oberissigheim; Ackermann, Schultheißenadjunkt und dann selbst Bürgermeister in Oberissigheim. – Kassel 1868-1872. Pelda

Dr. jur. Dr. phil. h.c. (Freiherr) von Linde (Linden zu Dreyß)[116], *Justin* (auch: Justus) **Timotheus Balthasar**, geb. 7.9.1797 Brilon in Westfalen, gest. 9.6.1870 Bonn; Direktor des Oberstudienrats, 1833-1847 Kanzler und Regierungskommissar der Universität Gießen, Gutsbesitzer in Dreis bei Wittlich; MdN 1848-1849 (bkF); Mitglied des Volkshau-

---

[115] Lt. RENKHOFF S. 464 f. (Nr. 2574) war Abg. *Dr. Lieber* 1860 Präsident der I. Kammer; tatsächlich amtierte er jedoch nur mehrfach in Abwesenheit des Präsidenten *Prinz Nicolaus von Nassau.* als Vorsitzender R.S.

[116] Erhebung in den ghzgl. hessischen Adel-stand am 23.10.1839, am 10.5.1859 als *Freiherr von Linden zu Dreyß* in den Fstl. liechtensteinischen und am 4.5.1866 (ohne Prädikat) in den Kaiserlich österreichischen Freiherrenstand.

ses des Unionsparlaments 1850. – Ghzm. Hessen: 1. Kammer 1834-1849.

Götz/Rack; J.L.

Linder, Friedrich Wilhelm *Karl*, geb. 5.4.1900 Frankfurt, gest. 17.3.1979 Groß-Bieberau; Steuerbeamter, 1932 Gauleiter der NSDAP Hessen-Süd, später Bürgermeister in Frankfurt; Mitglied des Preußischen Staatsrats 1933; MdR 1930-1945 (NSDAP). – Wiesbaden und Hessen-Nassau 1930-1931 und 1933 (NSDAP).

Burkardt/Pult; J.L.

Lindheimer, Johann Gerhard Christian, geb. 9.2.1815 Frankfurt, gest. 15.1.1884 Frankfurt; Handelsmann. – Freie Stadt Frankfurt: Gesetzgebende Versammlung 1850, 1852-1857, 1860 und 1865.

Frost

Lindheimer, Johann Philipp Friedrich, geb. 28.10.1810 Frankfurt, gest. ... ; Zimmermeister. – Freie Stadt Frankfurt: Gesetzgebende Versammlung 1847, 1849, 1858-1859, 1861 und 1866.

Frost

Dr. jur. Lindner, Georg, geb. 11.5.1925 Offenbach; bis 1962 Rechtsanwalt, 1962-1968 hauptamtlicher Stadtrat in Offenbach, seitdem wieder selbständiger Rechtsanwalt und Notar. – Land Hessen: Hessischer Landtag 1965-1978 (CDU).

Lengemann II; Kanzlei des LandtagsI

Lindt-Ettling, Franz Anton, geb. ... , gest. ... ; Handelsmann. – Freie Stadt Frankfurt: Gesetzgebende Versammlung 1842-1845 und 1851.

Frost

Lindwedel, Johann Friedrich, geb. 18.8.1813 Schloß Ricklingen, gest. 8.10.1888 Oesdorf; Ökonom und Administrator in Pyrmont. – Waldeck: Landtag 1866 [NL].

König; König/Lengemann/Seibel

Link, Wilhelm, geb. 17.2.1823 Ellar, gest. 9.3.1877 Hundsangen; Pfarrer. – Nassau: II. Kammer 1858-1866.

Rösner-Hausmann

Linker, Wilhelm, geb. 11.4.1868 Neustadt, gest. 6.7.1963 Neustadt; Siebmacher und Bürgermeister in Neustadt. – Kassel und Hessen-Nassau 1919 (45. KLT) -1933 (Z).

Pelda

Linz, Adam, geb. ... , gest. 5.5.1864 Fulda; Gastwirt, Besitzer des Ballhauses in Fulda. – Kurhessen: 2. Kammer 1855-1860.

Losch; Sieburg

Lion, *Rudolf* Sigmund, geb. 8.7.1868 Frankfurt, gest. 12.6.1933 Frankfurt; Ingenieur, Regierungsbaumeister in Frankfurt. – Wiesbaden und Hessen-Nassau 1915-1925 ([NL *1908*-1918], deutschliberal [d.i. de facto DVP] 1920, DVP 1921-1925).

Burkardt/Pult

Lippe, Johannes Friedrich Christian, geb. 28.1.1770 Freienhagen, gest. 3.1.1819 Freienhagen; Bürgermeister in Freienhagen. – Waldeck: Landstand 1814-1816.

König/Lengemann/Seibel

Lippe, Johannes *Justus*, geb. 25.8.1840 Freienhagen , gest. 18.3.1919 Freienhagen; Ackermann und Bürgermeister in Freienhagen. – Waldeck: Landtag 1893-1911.

König; König/Lengemann/Seibel

Lippe, Johannes Ludwig, geb. 23.3.1788 Freienhagen, gest. 1.6.1853 Freienhagen; mehrfach Bürgermeister in Freienhagen. – Waldeck: Landstand 1834-1836 und 1839-1840.

König/Lengemann/Seibel

Lippmann, Max, geb. 16.2.1906 Posen, gest. 26.1.1966 ... ; Redakteur, Rundfunkkommentator, Filmjournalist in Wiesbaden. – Land Hessen: Hessischer Landtag 1954-1958 (SPD). Lengemann II

Dr. jur. h.c. Lippold, Adolf, geb. 18.10.1840 Alzey, gest. 10.12.1910 Darmstadt; bis 1905 Präsident des Landgerichts für Rheinhessen, 1905-1909 Präsident des Oberlandesgerichts. – Ghzm. Hessen: 1. Kammer 1905-1910. Götz/Rack

List, Eduard Friedrich Wilhelm, geb. ... , gest. ... . – Freie Stadt Frankfurt: Ständige Bürgerrepräsentation 1855-1866. Frost

List, Theodor, geb. 14.4.1812 Lauterbach, gest. 29.3.1887 Lauterbach; Fabrikant und Bürgermeister in Lauterbach. – Ghzm. Hessen: 2. Kammer 1872-1887 (NL). Ruppel/Groß

Litzenbauer, Peter, geb. 12.11.1810 Hersfeld, gest. 28.5.1883 Hersfeld; Färber in Hersfeld. – Kurhessen: 2. Kammer 1852-1860 (konst.). Losch; Sieburg; J.L.

Lochmann, Johann Martin, geb. 6.5.1768 Groß-Gerau, gest. 19.6.1827 Groß-Gerau; Handelsmann, Zollverwalter und Schultheiß in Groß-Gerau. – Ghzm. Hessen: 2. Kammer 1820-1824. Ruppel/Groß

Locke, Gustav, geb. 16.10.1886 Diez, gest. 15.3.1949 ... ; Geschäftsführer des Bau- und Sparvereins in Wetzlar. – Land Hessen: Beratender Landesausschuß 1946 (SPD). Lengemann II

Löbbecke, Carl Friedrich, geb. 30.9.1768 Braunschweig, gest. 18.8.1839 Braunschweig; Kaufmann und Bankier in Braunschweig. – Kgr. Westphalen 1808-1813. Lengemann I

(von) Löbbecke[117]**, Johann Emil Ludwig *Gustav***, geb. 29.11.1846 Braunschweig, gest. 20.11.1923 Kassel; Gutsbesitzer in Marzhausen. – Kassel 1877-1882. Pelda; J.L.

Dr. jur. Loebell, Eduard Sigismund, geb. 22.3.1791 Danzig, gest. 19.4.1869 Marburg; Professor der Rechte in Marburg. – Kurhessen: 1. Kammer 1852-1861 und Ständeversammlung 1863-1866 (lib.-konst.). Losch; Sieburg; J.L.

Löber, Georg Philipp, geb. 4.11.1820 Rosenthal, gest. 14.6.1871 Merzhausen; Gutsbesitzer auf Merzhausen. – Kurhessen: 2. Kammer 1852-1862 und Ständeversammlung 1862-1863 (lib.-konst.). Losch; Sieburg; J.L.

Löber, Ludwig, geb. 30.1.1811 Neuhof, gest. 4.2.1865 Neuhof; Ökonom in Neuhof. – Kurhessen: Ständeversammlung 1849-1850 (dem.). Losch; Sieburg

Loeber, Friedrich (*Fritz*) Heinrich, geb. 24.4.1886 Riedelbach, Kreis Usingen, gest. ... KZ Sachsenhausen oder KZ Bergen-Belsen; Kaufmann, Hilfsarbeiter, dann Angestellter, Kreisassistent bei der Kreisverwaltung in Biedenkopf. – Kassel und Hessen-Nassau 1927 (56. KLT) (KPD). Pelda

Löffler, Georg Adam, geb. 17.6.1783 Sprendlingen, gest. 2.4.1843 Sprendlingen; Ökonom und Traubenwirt in Sprendlingen. – Ghzm. Hessen: 2. Kammer 1834-1841 (lib.). Ruppel/Groß

von Löhneysen, *Carl* August Friedrich, geb. 2.6.1765 Neindorf, gest. 19.8.1827 Remlingen; Herr auf Neindorf und Remlingen, Kammerrat in Blankenburg, 1808-1813 Direktor der direkten Steuern für das Oker-Departement, später Kammerdirektor in Braunschweig. – Kgr. Westphalen 1808-1813. Lengemann I

Löhr, Johann, geb. 8.8.1772 Montabaur, gest. 21.5.1841 Montabaur; Landwirt und Schultheiß. – Nassau: Deputiertenkammer 1822-1832. Rösner-Hausmann

Löhr, Johann Baptist, geb. ... , gest. ... ; Rentner. – Wiesbaden 1880. Burkardt/Pult

Löhr, Johann Jacob, geb. ... , gest. ... ; Handelsmann. – Freie Stadt Frankfurt: Gesetzgebende Versammlung 1818-1819. Frost

---

[117] Kgl. preußischer Adelsstand 18.5.1889.

Loening – s. Löwenthal

Löschborn, J. C., geb. ... , gest. ... ; Spenglermeister. – Freie Stadt Frankfurt: Gesetzgebende Versammlung 1835-1836.   Frost

Dr. jur. Loew, Ernst, geb. 21.10.1911 Weilmünster, gest. 10.3.1988 ... ; Jurist, Kaufmann in Weilmünster; Mitglied der 4. Bundesversammlung. – Land Hessen: Hessischer Landtag 1958-1974 (CDU).
                    Lengemann II; Kanzlei des Landtags

Löw, Georg Lorenz, geb. ... , gest. ... . – Freie Stadt Frankfurt: Verfassunggebende Versammlung 1848-1849, Gesetzgebende Versammlung 1858-1862.   Frost; J.L.

Freiherr von Löw zu Steinfurth, *August* Johann Ernst Karl Friedrich, geb. 11.5.1819 Steinfurth, gest. 14.1.1890 Darmstadt; Rittmeister. – Ghzm. Hessen: 2. Kammer 1862-1872 (LibKons).
                                Ruppel/Groß

Dr. jur. Freiherr von Löw zu Steinfurth, Karl Friedrich *Ludwig*, geb. 12.12.1803 Weilburg, gest. 17.5.1868 Wiesbaden; Hofgerichtsrat in Wiesbaden, später Direktor des Hof- und Appellationsgerichts und dann Präsident des Oberappellationsgerichts. – Nassau: I. Kammer 1852.
                        Rösner-Hausmann; J.L.

Freiherr von Löw zu Steinfurth, *Wilhelm* Carl Gottlieb Curd, geb. 9.7.1805 Hanau, gest. 13.5.1873 Darmstadt. – Ghzm. Hessen: 1. Kammer 1851-1856 und 2. Kammer 1862-1872 (LibKons).
                            Ruppel/Groß; Götz/Rack

Löwe, Johann Friedrich, geb. ... , gest. ... ; Spenglermeister. – Freie Stadt Frankfurt: Gesetzgebende Versammlung 1851.   Frost

Dr. jur. Dr. theol. h.c. [7.] Fürst zu Löwenstein-Wertheim-Rosenberg, *Aloys* Joseph Kamill, geb. 15.9.1871 Kleinheubach, gest. 25.1.1952 Bronnbach; 1902

Verwaltung und 1908 förmliche Übernahme der Standesherrschaft; Mitglied der 1. Kammer in Württemberg 1895-1918; MdR 1907-1918 (Z); Mitglied der Kammer der Reichsräte in Bayern [1908] 1918; Mitglied der 1. Kammer im Ghzm. Baden 1910-1918. – Ghzm. Hessen: 1. Kammer 1897-1918 (Z).   Götz/Rack; J.L.

Erbprinz zu Löwenstein-Wertheim-Rosenberg, *Constantin* Joseph Nikolaus Alfred Wenzenlaus, geb. 28.9.1802 Kleinheubach, gest. 27.12.1838 Kleinheubach. – Ghzm. Hessen: 1. Kammer 1834.   Götz/Rack; J.L.

[6.] Fürst zu Löwenstein-Wertheim-Rosenberg, *Karl* Heinrich Ernst Franz, geb. 21.5.1834 Haid in Böhmen, gest. 8.11.1921 Köln; 1859 förmliche Übernahme der Standesherrschaft, 1902 Übergabe an den Sohn, 1907 Mönch (Ordensname Maria Raymundus) im Dominikanerkloster Venlo, 1908 Verzicht auf die Standesherrschaft; Mitglied der Kammer der Reichsräte in Bayern 1856-1908; Mitglied der 1. Kammer im Ghzm. Baden 1860-1908; Mitglied der 1. Kammer in Württemberg 1861-1908; MdR 1871-1872 (Z). – Ghzm. Hessen: 1. Kammer [1859] 1863-1908 (Z).   Götz/Rack; J.L.

[5.] Fürst zu Löwenstein-Wertheim-Rosenberg, *Karl* Thomas Albrecht Ludwig Joseph Constantin, geb. 18.7.1783 Bartenstein, gest. 3.11.1849 Heidelberg; Mitglied der Kammer der Reichsräte in Bayern ... – ... ; Mitglied der 1. Kammer im Ghzm. Baden ... – ... ; Mitglied der 1. Kammer in Württemberg ... – ... . – Ghzm. Hessen: 1. Kammer (nie förmlich eingetreten) 1820-1849.   Götz/Rack; J.L.

Dr. phil. Löwenthal, *Zacharias* Carl Friedrich[118], geb. 4.8.1810 Ladenburg in Baden, gest. 6.3.1884 Jena; Verlagsbuch-

---

[118] 1857 Namensänderung in *Carl Friedrich Loening*.

händler in Mannheim und Frankfurt (dort zusammen mit Abg. Rütten, u.a. Herausgabe des *Struwwelpeter.* – Ghzm. Hessen: 1. Kammer 1849 und 2. Kammer 1850. Ruppel/Groß; Götz/Rack

Lohagen, Ernst, geb. 12.5.1897 Elberfeld, gest. 2.11.1971 ... ; Arbeiter, Laufbursche, Kontrollgehilfe, 1928 politischer Leiter des KPD-Bezirks Hessen-Waldeck in Kassel, 1946-1952 Landesvorsitzender der SED in Sachsen bzw. 1. Sekretär der Landesleitung, 1946-1952 Mitglied des Parteivorstands bzw. des ZK der SED; MdR 1930-1932 (KPD), MdL Sachsen 1946-1950 (SED), MdV 1949-1952[119] (SED). – Kassel und Hessen-Nassau 1926-1932 (KPD). Pelda; J.L.

Lommel, Johann *Friedrich*, geb. 11.5.1804 Weilburg, gest. 5.2.1874 Weilburg; Kaufmann. – Nassau: II. Kammer 1865. Rösner-Hausmann

Dr. med. Lommel, Johannes (*Hans*), geb. 14.6.1875 Hirzenhain im Dillkreis, gest. 27.10.1939 Bad Nauheim; praktischer Arzt in Rod an der Weil, später Landrat in Usingen; MdR 1933-1939 (NSDAP). – Wiesbaden und Hessen-Nassau 1931-1933 (NSDAP). Burkardt/Pult; J.L.

Loos, Heinrich, geb. 22.3.1886 Kassel, gest. 17.7.1942 Marburg; Schlosser bei den Continentalwerken in Korbach. – Waldeck: Landesvertretung 1922-1923 (USPD, [KPD *1925*]). König; König/Lengemann/Seibel

Loos, Wilhelm, geb. 20.3.1885 Udenheim in Rheinhessen, gest. 14.12.1948 Heppenheim; Lehrer, 1919-1922 Leiter der Reichszentrale für Heimatdienst, Landesabteilung Hessen, später Kreisschulrat und 1948 Referent im Hessischen Kultusministerium. – Volksstaat Hessen 1919-1921 (DDP). Ruppel/Groß; Götz/Rack

Lorenz, August, geb. 19.2.1883 Erzhausen, gest. 13.11.1963 Erzhausen; gelernter Maurer, 1919-1933 und 1945-1950 Bürgermeister in Erzhausen. – Volksstaat Hessen 1931-1933 (SPD); Land Hessen: Verfassungberatende Landesversammlung Groß-Hessen 1946 (SPD). Ruppel/Groß; Lengemann II

Lorenz, Erwin, geb. 27.4.1892 Bad Wildungen, gest. 4.12.1970 ... ; Kaufmann in Bad Wildungen. – Land Hessen: Verfassungberatende Landesversammlung Groß-Hessen 1946 (LDP). Lengemann II

Lorenz, Heinrich Wilhelm Christian, geb. ... , gest. ... ; Wundarzt. – Freie Stadt Frankfurt: Verfassunggebende Versammlung 1848-1849. Frost; J.L.

Dr. med. Lorey, Johann Balthasar, geb. 21.6.1799 Frankfurt, gest. 8.2.1869 Frankfurt; praktischer Arzt. – Freie Stadt Frankfurt: Gesetzgebende Versammlung 1840-1857. Frost

Lorey, Johann Georg, geb. 3.4.1807 Frankfurt, gest. 4.7.1869 Frankfurt; Spenglermeister. – Freie Stadt Frankfurt: Gesetzgebende Versammlung 1845, 1848 und 1850. Frost

Lortz, Frank, geb. 5.6.1953 Seligenstadt; Diplom-Betriebswirt (FH), bis 1982 Geschäftsführer der CDU-Fraktion im Kreistag Offenbach, selbständiger Unternehmens- und Marketingberater in Seligenstadt. – Land Hessen: Hessischer Landtag seit 1982 (CDU). Lengemann II; Kanzlei des Landtags

Lossen, *Carl* Maximilian, geb. 6.6.1793 Sayner Hütte bei Bendorf, gest. 28.4.1861 Concordia-Hütte bei Bendorf; Hüttenbesitzer und Oberbergrat, zunächst in Camberg und dann in Bendorf. – Nas-

---

[119] So SBZ-BIOGRAPHIE 1964 S. 218; nach CZERNY S. 285 dauerte die VK-Mitgliedschaft bis 1954.

sau: Deputiertenkammer 1837-1845 und
I. Kammer 1852-1853.

Rösner-Hausmann; J.L.

Loth, Friedrich, geb. 11.10.1806 Rothenditmold, gest. 2.10.1884 Rothenditmold;
Gutsbesitzer und Bürgermeister in Rothenditmold. – Kurhesseen: Ständeversammlung 1849-1850 und 1862-1866.

Losch; Sieburg

Loth, Josef, geb. 7.3.1896 Rieneck, gest.
14.8.1970 Friedberg; Metallarbeiter in
Friedberg. – Volksstaat Hessen 1931-
1932 (KPD). Ruppel/Groß

Lothary, Christian (I.), geb. 22.12.1814
Mainz, gest. 8.12.1868 Mainz; Bauunter-
nehmer in Mainz. – Ghzm. Hessen: 2.
Kammer 1862-1866 (F). Ruppel/Groß

Lotheissen, Johann David *Friedrich*, geb.
27.8.1796 Eichelsachsen, Krs. Büdingen,
gest. 11.9.1859 Darmstadt; Hofgerichtsadvokat, Syndikus des evangelischen Kirchenfonds, 1835 Oberschulrat, 1836 Hofgerichtsdirektor, 1858 Hofgerichtspräsident in Darmstadt. – Ghzm. Hessen: 2.
Kammer 1835-1849 und 1856-1859; Präsident der 2. Kammer 1856-1859.

Ruppel/Groß; J.L.

**Dr. phil. Lotich, *Philipp* Leonhard Mari-
us**, geb. 27.3.1800 Schlüchtern, gest.
16.10.1872 Herolz; Lehrer und Journalist, dann Schriftsteller in Herolz. – Kurhessen: Ständeversammlung 1848-1850
(dem.). Losch; Sieburg

Lotichius, *Carl* August, geb. 10.3.1819
Wiesbaden, gest. 16.3.1892 St. Goarshausen; Lederfabrikant in St. Goarshausen; MdH 1879-1892. – Nassau: Ständeversammlung 1848-1849 (Club der
Linken). Rösner-Hausmann; J.L.

Lotz, Johann Georg Karl, geb.
10.11.1820 Melsungen, gest. 11.11.1908
Kassel; Bürgermeister in Melsungen. –

Friedrich Lotheissen
Präsident der 2. Kammer des Landtags des
Großherzogtums Hessen 1856-1859

Kassel 1880-1897 und Hessen-Nassau
1886-1897 [NL]. Pelda; J.L.

**Dr. jur. Lucas, *Georg* Heinrich (Henry)
Martin**, geb. 15.5.1865 Hanau, gest.
14.4.1930 Berlin; Amtsrichter in Langenselbold, später Oberlandesgerichtsrat in
Frankfurt und Präsident des Reichswirt-
schafts- und Kartellgerichts; MdR 1903-
1907 (NL). – Kassel und Hessen-Nassau
1903-1907 (NL). Pelda; J.L.

Dr. jur. Lucas, Rudolf (*Rolf*), geb.
15.12.1916 Siegburg, gest. 27.8.1980 ... ;
Jurist, ab 1946 im Hessischen Staatsdienst tätig, später Geschäftsführer der
documenta GmbH in Kassel; Mitglied
der 4. und 6. Bundesversammlung. –
Land Hessen: Hessischer Landtag 1962-

1974 (CDU); Vizepräsident des Hessischen Landtags 1972-1974.   Lengemann II

Lucius, Johann Jacob, geb. 23.4.1761 Frankfurt, gest. 15.5.1826 Frankfurt; Stadtbibliothekar, 1821 Appellationsgerichtsrat; 1805-1816 Senator, 1816- 1826 Schöff, 1817-1820 Mitglied des Engeren Rats. – Freie Stadt Frankfurt: Gesetzgebende Versammlung 1820-1825.   Frost

Lucke, Wilhelm Adolph *Theodor*, geb. 7.10.1859 Milow, gest. ... ; Regierungsrat in Kassel, Gutsbesitzer in Mahlertshof. – Kassel und Hessen-Nassau 1917-1919 (44. KLT).   Pelda; J.L.

Luckhardt, *August* Johann Friedrich, geb. 15.7.1806 Ziegenhain, gest. 14.11.1884 Ziegenhain; Advokat in Ziegenhain. – Kurhessen: Ständeversammlung 1839-1841.   Losch; Sieburg

Ludwig, C., geb. ... , gest. ... ; Posamentierermeister. – Freie Stadt Frankfurt: Gesetzgebende Versammlung 1820-1823.
    Frost

Dr. theol. h.c. Ludwig, Heinrich Philipp, geb. 16.4.1777 Bessungen, gest. 20.1.1864 Darmstadt; 2. evangelischer Stadtpfarrer in Darmstadt, später geistlicher Rat im Oberkonsistorium und Dekan. – Ghzm. Hessen: 2. Kammer 1820-1824 (lib.).   Ruppel/Groß

Ludwig, Eva, geb. 24.6.1939 Wiesbaden; bis 1994 Wissenschaftliche Mitarbeiterin beim Europäischen Parlament, Hausfrau in Darmstadt; Mitglied der Verbandsversammlung des LWV Hessen seit 1985. – Land Hessen: Hessischer Landtag seit 1994 (CDU).   Kanzlei des Landtags

Ludwig, Hubert Jacob *Walter*, geb. 13.4.1882 Gießen, gest. 24.7.1945 ... ; 1918-1935 Landrat in Hünfeld. – Kassel und Hessen-Nassau 1919 (45. KLT) - 1925 (Z).   Pelda

Ludwig, J. C., geb. ... , gest. ... ; Posamentierermeister. – Freie Stadt Frankfurt: Gesetzgebende Versammlung 1835-1836.
    Frost

Ludwig, Johannes, geb. ... , gest. ... . – Freie Stadt Frankfurt: Verfassunggebende Versammlung 1848-1849, Gesetzgebende Versammlung 1852.   Frost; J.L.

Ludwig, Johannes, geb. ... Dagobertshausen bei Marburg, gest. 6.9.1879 Elnhausen; Ackermann und Bürgermeister in Elnhausen. – Kurhessen: 2. Kammer 1855-1857; Kassel 1868-1881.
    Losch; Sieburg; Pelda

Ludwig, Ludwig Carl, geb. 13.7.1773 Bessungen, gest. 21.8.1860 Darmstadt; Oberappellations- und Kassationsgerichtsrat, später Direktor des Oberappellations- und Kassationsgerichts in Darmstadt. – Ghzm. Hessen: 2. Kammer 1835-1841 (kons.).   Ruppel/Groß

Lübke, Walter Ernst Louis August, geb. 10.9.1861 Berlin, gest. 18.11.1930 auf einer Reise nach Starnberg; Oberbürgermeister. – Wiesbaden und Hessen-Nassau 1918-1920 (DVP 1920).   Burkardt/Pult

Lückel, Ludwig, geb. 19.3.1868 Alzey, gest. 28.4.1929 Alzey; gelernter Zimmermann, 1912-1924 Geschäftsführer der Konsum- und Spargenossenschaft, 1924 Kaufmann in Alzey. – Volksstaat Hessen 1921-1929 (SPD).   Ruppel/Groß

Lüdeking, Gottfried, geb. ... , gest. ... . – Freie Stadt Frankfurt: Gesetzgebende Versammlung 1834.   Frost

Lueder, *Carl* Ludowig, get. 26.7.1763 Bielefeld, gest. ... ; Kaufmann, zunächst in Bielefeld, dann im Amt Brackwede. – Kgr. Westphalen 1808-1813.   Lengemann I

Dr. theol. Lüft, Johann Baptist, geb. 29.3.1801 Hechtsheim, gest. 23.4.1870

Darmstadt; katholischer Pfarrer und Dekan in Darmstadt, Rat bei der Oberstudiendirektion. – Ghzm. Hessen: 1. Kammer 1857-1862. Götz/Rack

Freiherr von Lüninck (Lüning)[120], *Carl Theodor Franz*, geb. 11.3.1794 Ostwig, gest. 12.9.1872 Ostwig; Besitzer des Gutes Meineringhausen. – Waldeck: Landstand 1825-1848. König/Lengemann/Seibel; J.L.

Lütgert, Gert, geb. 27.11.1939 Frankfurt; bis 1976 Gewerkschaftssekretär beim Vorstand der IG Metall in Frankfurt, 1976 stellvertretender Vorsitzender des DGB-Landesbezirks Hessen; Mitglied der 6., 7. und 8. Bundesversammlung. – Land Hessen: Hessischer Landtag 1970-1995 (SPD). Lengemann II; Kanzlei des Landtags

von Lukacsich, Michael, geb. 8.3.1785 Xupanje in Kroatien, gest. 9.4.1878 Frankfurt; Vorsteher des Pflegamts des Hospitals zum Heiligen Geist, 1822 Mitbegründer der Frankfurter Sparkasse von 1822. – Freie Stadt Frankfurt: Ständige Bürgerrepräsentation 1825-1866, Gesetzgebende Versammlung 1827-1837. Frost

Dr. h.c. Lutsch, *Wilhelm* Adam Sebastian Michael, geb. 3.4.1879 Saarbrücken, gest. 31.12.1942 München; Rechtsanwalt, 1927-1933 Landeshauptmann des Bezirksverbandes des Regierungsbezirks Wiesbaden. – Wiesbaden und Hessen-Nassau 1920-1927 (Z). Burkardt/Pult; J.L.

Lutteroth, Ludwig *Wilhelm*, geb. 30.10.1753 Mühlhausen in Thüringen, gest. 13.7.1821 Mühlhausen; Kaufmann, 1808-1813 Beigeordneter des Maire (Bürgermeisters) von Mühlhausen.- Kgr. Westphalen 1808-1813. Lengemann I

Lutz, Eduard, geb. 11.5.1866 Elpenrod, gest. 15.12.1915 München; Gutsbesitzer

---

120 Kgl. preußische Anerkennung des Freiherrenstandes am 6.2.1845.

in Elpenrod. – Ghzm. Hessen: 2. Kammer 1908-1915 (Bauernbund). Ruppel/Groß

Lutz, Jonas Christoph, get. 30.12.1757 Schmalkalden, gest. ... .8.1815 Kassel; Kauf- und Handelsmann; Bürgermeister in Schmalkalden. – Hessen-Kassel 1815. Sieburg (J.L.)

Lutz, Wunibald, geb. 18.12.1877 Krauchenwies, gest. 24.3.1949 Krauchenwies; gelernter Schreiner, SPD-Parteisekretär. – Volksstaat Hessen 1921-1924 (SPD). Ruppel/Groß; Götz/Rack

Lux, Anton, geb. 19.3.1878 Nieder-Florstadt, gest. 31.8.1953 Nieder-Weisel; gelernter Pflasterer, später Gastwirt und 1927-1933 und 1945-1953 Bürgermeister in Nieder-Florstadt; Mitglied der 1. Bundesversammlung. – Volksstaat Hessen 1919-1933 (SPD); Land Hessen: Hessischer Landtag 1946-1953 (SPD), Alterspräsident des Hessischen Landtags 1950-1953. Ruppel/Groß; Lengemann II

Dr. med. Lyncker, Fried(e)rich, geb. 7.10.1806 Pyrmont, gest. 20.11.1892 Pyrmont; praktischer Arzt und leitender Arzt der Anstalt Bethseda in Pyrmont. – Waldeck: Spezial-Landtag Pyrmont 1859-1863. König; Lengemann IV; König/Lengemann/Seibel

Maas, Simon, geb. ... , gest. ... ; Jurist. – Freie Stadt Frankfurt: Gesetzgebende Versammlung 1859-1860. Frost

Mack, Carl Friedrich, geb. 19.2.1785 ... , gest. ... ; Maurermeister; 1856 bis 1861 Senator. – Freie Stadt Frankfurt: Ständige Bürgerrepräsentation [1815] -1836, Gesetzgebende Versammlung 1817, 1830, 1834-1836 und 1839-1841. Frost

Mack, Ferdinand Wilhelm, geb. 15.12.1792 Frankfurt, gest. 6.9.1862 Frankfurt; Handelsmann. – Freie Stadt Frankfurt: Ständige Bürgerrepräsentation

1838-1860 (Stadtrechnungsrevisionskolleg 1844-1854), Gesetzgebende Versammlung 1840-1852. Frost

Mack, Georg Siegismund, geb. ... , gest. ... ; Privatier. – Wiesbaden und Hessen-Nassau 1886-1898. Burkardt/Pult

Mack, Johann Friedrich Hartmann, geb. 28.4.1790 Frankfurt, gest. ... ; Handelsmann. – Freie Stadt Frankfurt: Gesetzgebenden Versammlung 1824-1843, Ständige Bürgerrepräsentation 1831-1833; Vizepräsident der Gesetzgebenden Versammlung 1837-1843. Frost

Mack, Johann Friedrich, geb. 6.4.1819 ..., gest. ... ; Schlossermeister; 1853-1862 Ratsverwandter. – Freie Stadt Frankfurt: Gesetzgebende Versammlung 1852-1853. Frost

Mack, Johann Thomas, geb. ... , gest. ... ; Schlossermeister. – Freie Stadt Frankfurt: Gesetzgebende Versammlung 1835-1838 und 1840. Frost

Mack-Wiegel, Johann David, get. 10.7.1767 Frankfurt, gest. 31.12.1826 Frankfurt; Handelsmann (Gold- und Silberwaren). – Freie Stadt Frankfurt: Gesetzgebende Versammlung 1817-1818 und 1820. Frost

Mackenrodt, Daniel, geb. 10.1.1790 Römershag, gest. 31.5.1859 Fulda; Oberbürgermeister der Stadt Fulda. – Kurhessen: Ständeversammlung 1838. Losch; Sieburg

Made, Johann *Peter*, geb. 17.7.1775 Wersau, gest. 22.3.1853 Wersau; Zentschultheiß in Wersau. – Ghzm. Hessen: 2. Kammer 1820-1824. Ruppel/Groß

Mäckel, Carl David, geb. 7.8.1844 Frielendorf, gest. 12.8.1911 Frielendorf; Bürgermeister in Frielendorf. – Kassel 1883-1885 [NL]. Pelda; J.L.

Märten, Heribert, geb. 15.2.1935 Mainz, gest. 5.6.1995 ... ; Lehrer in Geisenheim, 1977-1983 Landrat des Rheingau-Taunus-Kreises, wohnhaft in Oestrich-Winkel. – Land Hessen: Hessischer Landtag 1970-1977 (CDU). Lengemann II; Kanzlei des Landtags

Maertens, August, geb. ... , gest. ... ; Landwirt, Rittergutsbesitzer in Sieberhausen. – Kassel und Hessen-Nassau 1905-1916 [DRP *1893*]. Pelda; J.L.

Magdeburg, Wilhelm Gottlieb, geb. 29.4.1801 Hachenburg, gest. 6.3.1875 Wiesbaden; Steuerpräsident a.D. und Gutsbesitzer in Weilnau. – Nassau: I. Kammer 1857 und 1858-1863. Rösner-Hausmann; J.L.

Mahlerwein, Johann *Nikolaus*, geb. 9.9.1769 Gimbsheim, gest. 2.12.1834 Gimbsheim; Gutsbesitzer und Bürgermeister in Gimbsheim. – Ghzm. Hessen: 2. Kammer 1826-1830 und 1834 (lib.). Ruppel/Groß

Mahr, Nikolaus, geb. 15.5.1821 Eltville, gest. 3.7.1894 Eltville; Kaufmann, Gutsbesitzer. – Wiesbaden und Hessen-Nassau 1889-1893 [F 1882]. Burkardt/Pult; J.L.

Maier – s. auch Meier, Mayer und Meyer

Majerus, Carl, geb. 19.5.1819 Marburg, gest. 23.2.1888 Marburg; Kaufmann in Marburg. – Kurhessen: 2. Kammer 1856-1860 (lib.-konst., [Part. *1877*]. Losch; Sieburg; J.L.

Freiherr von Malapert, gen. Neufville[121], **Friedrich Philipp Wilhelm**, geb. 30.9.1784 Frankfurt, gest. 22.5.1852 Batignolles-Monceaux; Jurist, 1819-1831 Syndicus und Appellationsgerichtsrat; 1816-1820 Senator, 1820-1831 Schöff,

---

[121] Reichsfreiherrenstand und Namens- und Wappenvereinigung *de Neuville/von Malapert* (für den Vater) am 11.4.1792.

1818 Jüngerer Bürgermeister, 1827 und 1830 Älterer Bürgermeister. – Freie Stadt Frankfurt: Gesetzgebende Versammlung 1817, 1819-1826 und 1829; Präsident der Gesetzgebenden Versammlung 1827 und 1829-1830. Frost; J.L.

Freiherr von Malapert, gen. Neufville[122], **Wilhelm Gustav *Adolph***, geb. 28.1.1787 Frankfurt, gest. 12.6.1862 Wiesbaden; Regierungsrat, 1832 1. Regierungsdirektor bei der Landesregierung in Wiesbaden. – Nassau: Herrenbank 1831-1845 und 1846-1848. Rösner-Hausmann; J.L.

Malcomes, Daniel, geb. 6.6.1809 Homberg, gest. 5.3.1881 Homberg; Schreinermeister in Homberg. – Kurhessen: 2. Kammer 1860-1862 und Ständeversammlung 1862-1866. Losch; Sieburg

Malcomesius, G. Balthasar, geb. ... , gest. ... ; Metzgermeister. – Freie Stadt Frankfurt: Gesetzgebende Versammlung 1826. Frost

Malcomesius, Johann Jacob Heinrich, geb. ... , gest. ... ; Metzgermeister. – Freie Stadt Frankfurt: Gesetzgebende Versammlung 1855. Frost

Dr. theol. Malkmus, *Georg* Joseph, geb. 23.4.1811 Hünfeld, gest. 13.6.1877 Fulda; Professor am Priesterseminar, 1862 Domkapitular in Fulda. – Kurhessen: Ständeversammlung 1849-1850 und 1863-1866 (großdt., ultramont.). Losch; Sieburg; J.L.

von der Malsburg (-Elmarshausen), *Heinrich* Friedrich Wilhelm, geb. 26.2.1775 Elmarshausen, gest. 23.2.1847 Kassel; Oberforstmeister in Kassel. – Kurhessen: Ständeversammlung 1831-1833 (gouv.). Losch; Sieburg; J.L.

von der Malsburg (-Elmarshausen), Kurt Karl Ernst Alexander, geb. 24.7.1836 Elmarshausen, gest. 2.4.1906 Dresden; Major. – Kassel und Hessen-Nassau 1892-1904. Pelda

von der Malsburg (-Elmarshausen), *Otto* Ferdinand Wilhelm Carl Ludwig, geb. 30.12.1802 Kassel, gest. 11.3.1867 Elmarshausen; Oberforstmeister. – Kurhessen: Ständeversammlung 1848-1849 und 1. Kammer 1853-1860 (reakt.-kons.). Losch; Sieburg; J.L.

von der Malsburg (-Elmarshausen), *Otto* Heinrich, geb. 7.2.1835 Elmarshausen, gest. 29.4.1921 Elmarshausen; Kfl. hessischer Legationssekretär a.D. in Kassel. – Kassel 1871 und 1878-1885. Pelda

von der Malsburg (-Elmarshausen), *Wilhelm* Ernst Ludwig Otto, geb. 14.5.1780 Hanau, gest. 21.3.1857 Kassel. – Kurhessen: Ständeversammlung 1833 (gouv.). Losch; Sieburg; J.L.

von der Malsburg (-Escheberg), *Carl* Otto Johann, geb. 14.8.1742 ... , gest. 17.2.1821 Escheberg; bis 1813 Kgl. westphälischer Staatsrat, Rittergutsbesitzer; Kurhessischer Geheimrat – Hessen-Kassel 1815-1816. Sieburg (J.L.)

Dr. jur. von der Malsburg-(Escheberg), *Hans* Karl Otto, geb. 5.6.1831 Escheberg, gest. 2.2.1908 Kassel; Herr auf Escheberg, Ödinghausen, Nieder- und Oberelsungen; MdH 1897-1908. – Kurhessen: Ständeversammlung 1863-1866; Kassel 1868, 1871, 1872 und 1874-1904 und Hessen-Nassau 1886-1904 [K *1881*]; Vorsitzender (Präsident) des 16.-24. Kommunal-Landtags 1890-1899. Losch; Sieburg; Pelda; J.L.

Malss, Conrad, geb. ... , gest. ... ; Jurist. – Freie Stadt Frankfurt: Gesetzgebende Versammlung 1856-1857 und 1863-1866. Frost

---

[122] Vgl. Anm. 121.

Dr. Hans von der Malsburg (K)
Vorsitzender (Präsident) des Kommunal-Landtags
Kassel 1890-1899

Mandel, J. Conrad, geb. ... , gest. ... ; Bäckermeister. – Freie Stadt Frankfurt: Gesetzgebende Versammlung 1839. Frost

Mangold, Johann *Daniel*, geb. 30.6.1799 Groß-Umstadt, gest. 14.8.1866 Witzenhausen; Fabrikant und Bürgermeister in Witzenhausen. – Kurhessen: Ständeversammlung 1836-1838, 2. Kammer 1855-1857 und 1860-1862 und Ständeversammlung 1862-1863 (gem. lib. 1836-1838). Losch; Sieburg; J.L.

Manhayn, Michael, geb. ... , gest. ... ; Jurist. – Freie Stadt Frankfurt: Verfassunggebende Versammlung 1848-1849, Gesetzgebende Versammlung 1852 und 1854- 1857. Frost; J.L.

Mann, *Albin* Eduard, geb. 15.11.1883 Ursprung, Krs. Stolberg, gest. 6.10.1960 Gießen; Gewerkschaftsbeamter, 1946-1948 Oberbürgermeister in Gießen. – Volksstaat Hessen 1921-1931 (SPD). Ruppel/Groß; Götz/Rack

Manns (II), Adolph[123], geb. ... Kesselstadt, gest. 11.7.1884 Kesselstadt; Obergerichtsanwalt in Hanau. – Kurhessen: Ständeversammlung 1838 (dem.). Losch; Sieburg

Manns (I), Wilhelm, geb. 14.9.1797 Breitenbach, gest. 15.4.1867 Breitenbach; Kreissekretär in Rotenburg und Gutsbesitzer in Michels. – Kurhessen: Ständeversammlung 1833-1841 und 1848-1850 (gem. lib. 1833-*1838*). Losch; Sieburg; J.L.

Mappes, J. Gottfried, geb. ... , gest. ... ; Tuchbereitermeister. – Freie Stadt Frankfurt: Gesetzgebende Versammlung 1817-1828, 1830, 1832, 1842- 1844 und 1847, Ständige Bürgerrepräsentation 1817-1843. Frost

(Baron) von Mappes[124]**, Johann *Heinrich* Ludwig**, geb. 18.12.1757 Mainz, gest. 6.9.1845 Mainz; Weinhändler (Gebr. Heinrich und Konrad Mappes) in Mainz. – Ghzm. Hessen: 1. Kammer 1820-1845. Götz/Rack

Dr. med. Mappes, Johann Michael, geb. 10.10.1796 Frankfurt, gest. 28.4.1863 Frankfurt; Arzt, 1828-1845 Lehrer für Anatomie und Direktor der anatomischen Sammlung am Senckenbergischen medizinischen Institut, 1845 Stadtphysicus, 1851 Physicus Primarius. – Freie Stadt Frankfurt: Gesetzgebende Versammlung

---

[123] Ganz offenbar ist hier GROTHE, der den Abgeordneten *Manns* der Jahre 1833-1838 bündig als *Adolf* bezeichnet, eine Verwechselung unterlaufen.

[124] Erhebung in den Kaiserlich französischen Adelsstand als Baron am 13.1.1813, was jedoch nach 1813/15 nicht allgemein enerkannt wurde; Erhebung in den Ghzgl. hessischen Adelsstand am 20.11.1839.

1827-1830, 1832, 1834, 1837-1850 und
1852-1862, Verfassunggebende Versammlung 1848-1849.   Frost; J.L.

Marburg, *Ludwig* Heinrich, geb.
16.4.1808 Marienberg im Westerwald,
gest. ... ; Kaufmann. – Nassau: I. Kammer 1853-1857.   Rösner-Hausmann

Dr. med. Marc, Ludwig (*Louis*) Wilhelm,
geb. 25.5.1796 Arolsen, gest. 16.1.1857
Arolsen; Kaufmann, Finanzrat; Mitglied
des Staatenhauses des Unionsparlaments
1850. – Waldeck: Landstand 1848-1848.
König/Lengemann/Seibel

von Marcard[125], *Carl* Wilhelm Ernst,
geb. 13.6.1857 Aurich, gest. 16.5.1900
Gersfeld; Landrat in Gersfeld. – Kassel
und Hessen-Nassau 1900 [K *1898*].
Pelda; J.L.

Mardorf, Heinrich, geb. 5.5.1815 Dissen,
gest. 14.12.1874 Felsberg; Gutsbesitzer
in Großenenglis. – Kurhessen: 2. Kammer 1855-1860.   Losch; Sieburg

Marquart, Friedrich (*Fritz*), geb.
8.10.1889 Fischbach in Bayern, gest.
3.11.1983 Arolsen; Privatoberförster in
Tann in der Rhön, später Landrat des
Kreises der Twiste in Arolsen und dann
des Kreises Waldeck in Korbach. – Kassel 1933 (NSDAP).   Pelda

**Freiherr Marschall von Bieberstein,
Ernst August Friedrich Hans**, geb.
30.7.1816 Wiesbaden, gest. 8.11.1860 Il-
lenau/Baden [?]; Domänenrat. – Nassau:
I. Kammer 1852-1853 und 1854.
Rösner-Hausmann

**Freiherr Marschall von Bieberstein,
Friedrich Wilhelm**, geb. 17.12.1806
Wiesbaden, gest. 24.4.1865 Hahnstätten;
Domänenrat. – Nassau: Herrenbank

---

[125] Kgl. preußischer Adelsstand (für den Vater) am
5.5.1888.

1839-1848 und II. Kammer 1852.
Rösner-Hausmann; J.L.

Marschall, Justus Christian Ludwig,
geb. 9.6.1783 Frankfurt, gest. 8.4.1871
Frankfurt; Jurist. – Freie Stadt Frankfurt:
Ständige Bürgerrepräsentation 1818-
1830, Gesetzgebende Versammlung
1821.   Frost

Marstaller, Georg Philipp, geb. 2.3.1784
Frankfurt, gest. 26.5.1821 Frankfurt;
Handelsmann. – Freie Stadt Frankfurt:
Gesetzgebende Versammlung 1817-1821.
Frost

Martin, Adam, geb. 19.12.1777 Freienhagen, gest. 9.1.1839 Freienhagen; mehrfach
Bürgermeister in Freienhagen. – Waldeck:
Landstand 1823-1825, 1826-1828 und
1829-1831.   König/Lengemann/Seibel

Dr. med. Martin, Berthold, geb.
23.6.1913 Eisenroth, Dillkreis, gest.
12.11.1973 ... ; evangelischer Theologe
und Mediziner, Oberarzt und stellvertretender Direktor der Landesheilanstalt in
Gießen; MdB 1957-1973 (CDU); Mitglied der 3., 4. und 5. Bundesversammlung. – Land Hessen: Hessischer Landtag
1954-1957 (CDU).   Lengemann II

Martin, Friedrich Jacob, geb. ... , gest.
... ; Lehrer in Hundsbach. – Hessen-Homburg 1849.   J.L.

Martin, *Georg* Karl Ludwig, geb.
26.1.1816 Roßdorf bei Darmstadt, gest.
10.7.1881 Darmstadt; Geometer, Lehrer,
Fabrikant in (Bensheim-) Auerbach; MdR
1871-1881 (NL). – Ghzm. Hessen: 2. Kammer 1862-1866 und 1872-1878 (F 1862-
1866, NL1872-1878).   Ruppel/Groß; J.L.

Martin, Johann Georg, geb. 10.1.1770
Freienhagen, gest. 14.1.1834 Freienha-
gen; Bürgermeister in Freienhagen. –
Waldeck: Landstand 1825-1826.
König/Lengemann/Seibel

Dr. theol. Martin, *Julius* **Christian Balthasar,** geb. 1.11.1812 Eschwege, gest. 25.7.1894 Kassel; evangelischer Theologe, Hofprediger und Superintendent der Diözese Kassel, später Generalsuperintendent. – Kurhessen: 1. Kammer 1856-1861 (kons.-konst.).   Losch; Sieburg; J.L.

Martin, Peter Anton, geb. ... , gest. ... . Freie Stadt Frankfurt: Gesetzgebende Versammlung 1828 und 1836-1837. Frost

Marx, Alois, geb. 28.8.1900 Mainz-Kastel, gest. 1.6.1979 ... ; Betriebsleiter in Rüsselsheim. – Land Hessen: Hessischer Landtag 1949-1950 (CDU).   Lengemann II

Dr. jur. Ritter von Marx, Heinrich August *Ernst,* geb. 12.3.1869 Wien, gest. 1.6.1944 Oxford, Großbritannien; Oberbürgermeister in Bad Homburg, ab 1904 Landrat des Obertaunuskreises. – Wiesbaden und Hessen-Nassau 1903-1918.
                                        Burkardt/Pult; J.L.

Dr. jur. Marx, Heinrich Karl Herrmann, geb. 12.11.1879 Wanfried, gest. 12.2.1938 Köln; 1914 Amtsrichter in Hilders, 1920 Amtsrichter in Fulda, später Landgerichtsdirektor und Amtsgerichtsrat am Amtsgericht in Köln. – Kassel und Hessen-Nassau 1919 (45. KLT) -1920 (Z).   Pelda

Marx, Jacob, geb. 12.8.1926 Mainz-Kastel, gest. 27.7.1992 ... ; Bauführer und Büroleiter in Rüsselsheim; Mitglied der 3. Bundesversammlung. – Land Hessen: Hessischer Landtag 1954-1962 (CDU).
                         Lengemann II; Kanzlei des Landtags

Marx, Maria, geb. 26.3.1950 Offenbach; Sonderschullehrerin in Neu-Isenburg. – Land Hessen: Hessischer Landtag seit 1994 (B 90/GRÜ).   Kanzlei des Landtags

Dr. phil. Massenkeil, *Joseph* **Jakob Adolf,** geb. 26.5.1891 Lorchhausen, gest.

16.3.1987 Bad Godesberg; Studienrat, später Oberstudiendirektor in Wiesbaden. – Wiesbaden und Hessen-Nassau 1933 (Z).   Burkardt/Pult; J.L.

Massie, Ludwig Ernst, geb. 20.2.1862 Mariendorf, gest. 16.2.1928 Niederzwehren bei Kassel; Lehrer, dann hauptamtlicher Bürgermeister in Niederzwehren. – Kassel und Hessen-Nassau 1917-1919 (44. KLT).   Pelda

Mater, Wilhelm, geb. 5.1.1877 Viermünden, gest. 8.10.1951 Marburg; Mühlenbesitzer in Viermünden. – Kassel und Hessen-Nassau 1919 (45. KLT) -1920 (parteilos [bürgerlich], auf DDP-Liste gewählt).   Pelda

Mattern, Conrad (Georg), geb. ... , gest. ... ; Hauptmann. – Freie Stadt Frankfurt: Gesetzgebende Versammlung 1824-1825, 1830 und 1834.   Frost

Matthäi, Friedrich, geb. 26.9.1822 Wallertheim, gest. 6.11.1891 Wallertheim; Mühlenbesitzer in Wallertheim. – Ghzm. Hessen: 2. Kammer 1881-1891 (NL).
                                        Ruppel/Groß

Matthaei, Georg Ludwig, geb. 16.5.1859 ... , gest. ... ; Kaufmann. – Wiesbaden und Hessen-Nassau 1926-1929 (Ag).
                                        Burkardt/Pult

Matthes, Adam, geb. ... , gest. ... . – Freie Stadt Frankfurt: Gesetzgebende Versammlung 1854.   Frost

Matthes, Jacob, geb. ... , gest. ... . – Freie Stadt Frankfurt: Gesetzgebende Versammlung 1852.   Frost

Matthes, Johannes (IV.), geb. 27.3.1798 Nieder-Modau, gest. 17.5.1866 Nieder-Modau; Landwirt und Bürgermeister a.D. in Nieder-Modau. – Ghzm. Hessen: 1. Kammer 1849-1850.   Götz/Rack

Matti, Jacob Joseph Anton, geb. 23.6.1813 Frankfurt, gest. 27.1.1895 Frankfurt; Jurist. – Freie Stadt Frankfurt: Gesetzgebende Versammlung 1853-1857.

Frost

Matty, Johann *Andreas*, geb. 7.8.1800 Alzey, gest. ... ; evangelischer Pfarrer in Eppelsheim, legte 1836 seinen Dienst nieder. – Ghzm. Hessen: 2. Kammer 1850.

Ruppel/Groß

Matty, Johann Georg *Balthasar*, geb. 22.5.1804 Alzey, gest. 7.1.1883 Alzey; 1829-1851 evangelischer Pfarrer in Frei-Laubersheim, 1851 wegen politischer Umtriebe abgesetzt, später freiprotestantischer Prediger. – Ghzm. Hessen: 2. Kammer 1849-1856 und 1872-1881 (dem. 1849-1856, NL 1872-1881).

Ruppel/Groß

Matuschek, Hedwig, geb. 1.9.1903 Gleiwitz, gest. 16.9.1992 ... ; Bürovorsteherin bei einer Wirtschaftprüfungs- und Steuerberatungsgesellschaft in Gießen; Mitglied der 4. Bundesversammlung. – Land Hessen: Hessischer Landtag 1958-1966 (CDU).

Lengemann II; Kanzlei des Landtags

Graf von Matuschka, Freiherr von Greiffenclau, Toppolczan und Spaetgen[126], *Hugo* **Julius Franz Gustav Arthur Hermann**, geb. 12.2.1822 Kupferberg in Schlesien, gest. 12.2.1898 Wiesbaden; Kgl. Schloßhauptmann in Wiesbaden; MdH 1879-1898. – Wiesbaden 1868-1885; Vorsitzender (Präsident) des Kommunal-Landtags Wiesbaden 1875 (8. KLT) -1885.

Burkardt/Pult; J.L.

Graf von Matuschka, Freiherr von Greiffenclau, Toppolczan und Spaetgen, *Richard* **Maria Albert Emmerich Wilhelm**, geb. 11.5.1893 Wiesbaden,

Hugo Graf von Matuschka-Greiffenclau
Vorsitzender (Präsident) des Kommunal-Landtags
Wiesbaden 1875-1885

gest. 4.1.1975 ... ; Gutsherr auf Schloß Vollrads bei Winkel im Rheingau. – Land Hessen: Beratender Landesausschuß 1946 (CDU), Verfassungberatende Landesversammlung Groß-Hessen 1946 (CDU) und Hessischer Landtag 1947-1950 (CDU).

Lengemann II

Freiherr von Maubuisson, Franz Ludwig, geb. 11.4.1765 Neustadt/Haardt, gest. 23.10.1836 Worms; Gutsbesitzer in Neudach. – Ghzm. Hessen: 2. Kammer 1820-1824.

Ruppel/Groß

Freiherren von Mauchenheim – s. Freiherren Schütz von Holzhausen

Mauer, Wilhelm, geb. 25.2.1903 Raunheim, gest. 21.2.1974 Rüsselsheim;

---

[126] Kgl. preußische Namens- und Wappenvereinigung mit dem im Mannesstamme erloschenen rheinischen uradeligen Geschlecht der *Freiherren von Greiffenclau* am 27.9.1862.

1921-1930 Dreher bei den Opel-Werken Rüsselsheim. – Volksstaat Hessen 1931-1933 (KPD). Ruppel/Groß

Maurer, Carl _Friedrich_, geb. 2.2.1781 Ingweiler, gest. 20.6.1868 Darmstadt; 3. Rat bei der Rechnungskammer in Darmstadt. – Ghzm. Hessen: 2. Kammer 1835-1841. Ruppel/Groß

Maurer, Jakob Karl, geb. 30.12.1890 Darmstadt, gest. 22.12.1975 Lauterbach; Lehrer an der Realschule in Lauterbach, später Museumsleiter in Lauterbach und Fulda. – Volksstaat Hessen 1927-1933 (SPD). Ruppel/Groß

Maurer, Ludwig _Wilhelm_, geb. 20.10.1825 Darmstadt, gest. 5.2.1906 Darmstadt; Hofgerichtsrat, 1879 Rat am Landgericht für die Provinz Starkenburg, 1880 am Oberlandesgericht in Darmstadt. – Ghzm. Hessen: 2. Kammer 1875-1884 (NL). Ruppel/Groß

Maurer, _Wilhelm_ Ludwig Ferdinand, geb. 14.9.1798 Pirmasens, gest. 14.7.1876 Darmstadt; Ministerialrat im Ministerium des Innern, später Direktor des Administrativ-Justiz- und Lehnhofs, 1875-1876 Präsident des Verwaltungsgerichtshofs in Darmstadt. – Ghzm. Hessen: 2. Kammer 1849-1850. Ruppel/Groß; Götz/Rack

Maus, Hans Michael, geb. 12.8.1943 Wiesbaden; kaufmännischer Angestellter in Wiesbaden, seit 1972 freigestellter Betriebsratsvorsitzender. – Land Hessen: Hessischer Landtag seit 1991 (SPD). Kanzlei des Landtags

Maus, Johannes, geb. 24.3.1795 Schönstadt, gest. 16.4.1868 Schönstadt; Gastwirt in Schönstadt. – Kurhessen: Ständeversammlung 1831-1832 (lib.). Losch; Sieburg; J.L.

May, Johann Andreas, geb. 24.12.1819 Frankfurt, gest. 9.9.1858 Frankfurt;

Metzgermeister. – Freie Stadt Frankfurt: Verfassunggebende Versammlung 1848-1849, Gesetzgebende Versammlung 1857-1858. Frost; J.L.

May, Johann Martin, geb. 29.6.1793 Frankfurt, gest. 20.5.1866 Frankfurt; Metzger. – Freie Stadt Frankfurt: Gesetzgebende Versammlung 1832-1834, 1837-1841 und 1845-1850, Verfassunggebende Versammlung 1848-1849. Frost; J.L.

May, Johann _Martin_ (jun.), geb. 11.3.1825 Frankfurt, gest. 20.5.1919 Frankfurt; Gerbermeister, Fabrikant, 1849 Gründer der Lederfabrik Martin May in Frankfurt. – Freie Stadt Frankfurt: Gesetzgebende Versammlung 1861-1866 [DemP (DVP)]. Frost; J.L.

May, Jürgen, geb. 12.2.1950 Walldorf in Hessen; Studiendirektor in Mörfelden-Walldorf. – Land Hessen: Hessischer Landtag seit 1988 (SPD). Kanzlei des Landtags

May, _Philipp_ Peter, geb. 12.3.1776 Gräveneck, gest. 23.4.1851 Gräveneck; Landwirt und Bürgermeister. – Nassau: Deputiertenkammer 1825-1832. Rösner-Hausmann

Mayer – s. auch Maier, Meier und Meyer

Mayer, Johann _Peter_, geb. 13.4.1774 Mainz, gest. 3.11.1848 Mainz; Ledergroßhändler und Lederfabrikant in Mainz. – Ghzm. Hessen: 2. Kammer 1820-1830 und 1835-1841 (lib.). Ruppel/Groß

Meckel, Johann Ludwig, geb. 11.8.1813 Herborn, gest. 12.11.1898 Wiesbaden; Kupferschmied. – Wiesbaden 1875-1877 (frsg.). Burkardt/Pult

Dr. phil. Medicus, _Friedrich_ Carl, geb. 28.7.1818 Landshut, gest. 18.12.1893 Wiesbaden; Professor für Wiesenanbau am Landwirtschaftlichen Institut Hof Geisberg bei Wiesbaden, zugleich Sekretär des Landwirtschaftlichen Vereins. – Nassau: I. Kammer 1865-1866.

Rösner-Hausmann; J.L.

Meidinger, Johann Heinrich, geb. 23.11.1792 Frankfurt, gest. 21.5.1867 Frankfurt; Handelsmann, Geograph. Statistiker, Reiseschriftsteller. – Freie Stadt Frankfurt: Gesetzgebende Versammlung 1848.

Frost

Meidinger, Johann Valentin, geb. 23.1.1797 Frankfurt, gest. ... ; Verlagsbuchhändler. – Freie Stadt Frankfurt: Verfassunggebende Versammlung 1848-1849.

Frost; J.L.

Meier – s. auch Maier, Mayer und Meyer

Meier, Jakob, geb. 3.9.1880 Gospenroda, gest. ... Berlin ? ; Reichsbahnamtmann in Oberzwehren bei Kassel. – Kassel und Hessen-Nassau 1919 (45. KLT) -1925 (SPD).

Pelda

Meilhaus, Franz Valentin, get. 14.2.1744 Kiedrich, gest. ... ; Kaufmann (Weinhandel), Teilhaber einer Textilfabrik, Landrentmeister in Heiligenstadt. – Kgr. Westphalen 1808-1810.

Lengemann I

Meiski, Georg Carl, geb. 20.11.1864 Schotten, gest. 29.10.1929 Ulrichstein; Rechner der Spar- und Leihkasse und Rechner des Krankenkassenverbandes in Ulrichstein. – Ghzm. Hessen: 2. Kammer 1909-1918 (Bauernbund).

Ruppel/Groß

Meißner, Karl, geb. 1.12.1890 Widdern in Württemberg, gest. 9.3.1965 ... ; Angestellter der Gewerkschaft ÖTV, wohnhaft in Oberursel; Mitglied der Verbandsversammlung des LWV Hessen 1957-1961. – Land Hessen: Hessischer Landtag 1950-1962 (SPD).

Lengemann II

Meister, Dietrich, geb. 18.7.1927 Rein-

feld, Krs. Belgard in Pommern; Zollbeamter in Eschwege; Mitglied der 6., 7., 8. und 9. Bundesversammlung. – Land Hessen: Hessischer Landtag 1970-1991 (CDU).

Lengemann II; Kanzlei des Landtags

Dr. phil. von Meister[127], **Herbert** Eugen **Albert**, geb. 26.12.1866 Frankfurt, gest. 2.1.1919 Sindlingen; Direktor der Farbwerke Höchst. – Wiesbaden und Hessen-Nassau 1913-1917.

Burkardt/Pult; J.L.

Dr. jur. von Meister[128], **Karl Wilhelm**, geb. 3.2.1863 Frankfurt, gest. 14.2.1935 Genf; Landrat des Obertaunuskreises, später Regierungspräsident in Wiesbaden. – Wiesbaden und Hessen-Nassau 1894-1895 und 1896-1902.

Burkardt/Pult; J.L.

Meitzner, Ludwig, geb. 4.11.1810 Sannerz, gest. 11.10.1876 ... ; Ökonom in Sannerz. – Kurhessen: 2. Kammer 1855-1856.

Losch; Sieburg

Melchior, Johann Paul, geb. 14.11.1790 Frankfurt, gest. 16.4.1870 Frankfurt. – Freie Stadt Frankfurt: Gesetzgebende Versammlung 1843-1845.

Frost

Melior, Karl Ernst Ludwig, geb. 18.12.1817 Büdingen, gest. 8.4.1893 Darmstadt; Kreisrat in Schotten, 1857 Mitglied und weltlicher Rat am Oberkonsistorium Darmstadt, 1858 Kreisrat Offenbach. – Ghzm. Hessen: 2. Kammer 1856-1862.

Ruppel/Groß

Melsheimer, Gretl, geb. 15.1.1938 Dorna-Watra, Karpaten, Rumänien; Hausfrau in Marburg. – Land Hessen: Hessischer Landtag seit 1995 (SPD).

Kanzlei des Landtags

Menckel, Johann Philipp, geb. 29.10.1769 Sachsenberg, gest. 14.3.1821 Sachsenberg; Bürgermeister in Sachsen-

---

[127] Kgl. preußischer Adelsstand am 31.8./9.11.1896.
[128] Wie Anm. 127

berg. – Waldeck: Landstand 1814-1819.

König/Lengemann/Seibel

Mende, August-Wilhelm, geb. 23.10.1929 Berlin, gest. 19.11.1986 ... ; Jurist, bis 1983 Bürgermeister in Bebra. – Land Hessen: Hessischer Landtag 1983-1986 (SPD). Lengemann II

Mengel, Karl, geb. 18.1.1900 Rosenthal, Krs. Frankenberg, gest. 10.2.1975 ... ; Landwirt in Rosenthal; Mitglied der 3. Bundesversammlung. – Land Hessen: Hessischer Landtag 1950-1966 (CDU).

Lengemann II

Freiherr (Graf) von Mengersen[129]**, Friedrich *Wilhelm* Bruno**, geb. 25.2.1777 Rheder, gest. 27.10.1836 Zschepplin bei Eilenburg; Herr auf Rheder, Borgholz, Warburg, Himmighausen (mit Erpentrup) und Langeland, Erbtorhüter des Fürstentums Paderborn; Mitglied der Provinzial-Stände (Provinzial-Landtag) der Provinz Westfalen 1826.1828. – Kgr. Westphalen 1808-1813. Lengemann I

Menges, Georg Ernst, geb. ... , gest. ... ; städtischer Beigeordneter. – Wiesbaden 1880-1882. Burkardt/Pult

Menges, Joseph, geb. 15.12.1821 Limburg, gest. 8.12.1877 Limburg; Gutsbesitzer und Feldgerichtsschöffe. – Nassau: II. Kammer 1860 (Mandat nicht angenommen). Rösner-Hausmann

Menne, geb. Mai-Rodegg, Erika, geb. 14.4.1908 Berlin, gest. 6.2.1991 ... ; Mitarbeiterin der Landwirtschaftskammer Kassel, wohnhaft in Wethen, Krs. Waldeck; Mitglied der 1. Bundesversammlung. – Land Hessen: Hessischer Landtag 1946-1950 (LDP bzw. FDP). Lengemann II; Kanzlei des Landtags

---

[129] Erhebung in den Kgl. preußischen Grafenstand am 17.1.1816.

Mensing, Carl Friedrich, geb. ... , gest. ... ; Handelsmann. – Freie Stadt Frankfurt: Gesetzgebende Versammlung 1821-1823, Ständige Bürgerrepräsentation 1826-1831. Frost

Mensing-Claus, Andreas Stephan, geb. ... , gest. ... ; Handelsmann. – Freie Stadt Frankfurt: Gesetzgebende Versammlung 1844-1845 und 1848, Ständige Bürgerrepräsentation 1845-1852. Frost

Menz, Johannes, geb. 1.11.1773 Eiterfeld, gest. 18.3.1865 ... ; Amtsadvokat in Fulda, nach 1803 Finanzrat in Fulda, Geheimer Finanzrat in Wasserlos (*1830, 1833*). – Ghzm. Frankfurt 1810-1813; Kurhessen: Ständeversammlung 1833 (gouv.). Lengemann I; Losch; Sieburg

Menzer, J. F. A., geb. ... , gest. ... ; Schuhmachermeister. – Freie Stadt Frankfurt: Gesetzgebende Versammlung 1818-1819. Frost

Menzer, Rudolf, geb. 10.7.1904 Frankfurt, gest. 12.8.1991 ... ; , gelernter Werkzeugmacher, bis 1966 Bürgermeister der Stadt Frankfurt. – Land Hessen: Hessischer Landtag 1966-1970 (SPD).

Lengemann II; Kanzlei des Landtags

Merck, Christoph *Wilhelm* Ludwig, geb. 11.10.1833 Darmstadt, gest. 12.1.1899 Darmstadt; Teilhaber und technischer Leiter der Fabrik E. Merck in Darmstadt. – Ghzm. Hessen: 1. Kammer 1889-1899. Götz/Rack

Dr. phil. Dr. med. h.c. Dr. Ing. E.h. Merck, Christoph Ludwig (*Louis*) Wilhelm, geb. 8.11.1854 Darmstadt, gest. 15.9.1913 Darmstadt; Teilhaber und kaufmännischer Leiter der chemischen Fabrik E. Merck in Darmstadt. – Ghzm. Hessen: 1. Kammer 1905-1913. Götz/Rack

Dr. phil. Dr. med. h.c. Dr. Ing. E.h. Merck, *Emanuel* August, geb. 30.7.1855

Darmstadt, gest. 26.2.1923 Darmstadt; Teilhaber der chemischen Fabrik E. Merck in Darmstadt. – Ghzm. Hessen: 1. Kammer 1913-1918. *Rack/Rack*

Mergel (Mergell), *Friedrich* **Ludwig August Jakob Karl Sigmund Hermann**, geb. 7.10.1860 Friedewald, Krs. Hersfeld, gest. 17.3.1921 Reichelsheim im Odenwald; Postverwalter in Reichelsheim. – Ghzm. Hessen: 2. Kammer 1911-1918 (NL). *Ruppel/Groß*

Mergler, *Georg* **Joseph**, geb. 20.8.1805 Lorch, gest. 28.3.1881 Hachenburg; Amtsapotheker. – Nassau: II. Kammer 1864-1866 (NFP). *Rösner-Hausmann*

Mergler, Wilhelm Heinrich, geb. 1.5.1835 Hachenburg, gest. 7.12.1909 Hachenburg; Amtsapotheker. – Wiesbaden und Hessen-Nassau 1899-1908. *Burkardt/Pult*

Merkel, Franz, geb. 15.3.1754 Heusenstamm, gest. 12.4.1824 Heusenstamm; Ökonom in Heusenstamm. – Ghzm. Hessen: 2. Kammer 1820-1824. *Ruppel/Groß*

Merle, Thomas, geb. 3.9.1798 Halsdorf, gest. 26.4.1857 Marburg; lutherischer Superintendent der Diözese Marburg und Konsistorialrat. – Kurhessen: 1. Kammer 1852-1857. *Losch; Sieburg*

Mertens, Anton Heinrich, geb. 1.10.1782 Rhoden, gest. 28.5.1850 Rhoden; Schlossermeister und mehrfach Bürgermeister in Rhoden. – Waldeck: Landstand 1830-1832 und 1834-1835.
König/Lengemann/Seibel

Mertz, Georg, geb. 8.11.1858 Kronberg, gest. ... ; Schreiner. – Wiesbaden und Hessen Nassau 1922-1925. *Burkardt/Pult*

Messinger, Bernd, geb. 2.10.1952 Hasselbach (Taunus); Gymnasiallehrer in Frankfurt, 1982-1985 und 1987-1990

Fraktionsassistent und Pressesprecher der GRÜ-Fraktion im Landtag, später Angestellter beim Presse- und Informationsamt der Stadt Frankfurt; Mitglied der 8. Bundesversammlung. – Land Hessen: Hessischer Landtag 1985-1987 (GRÜ); Vizepräsident des Hessischen Landtags 1985-1987. *Lengemann II; Kanzlei des Landtags*

Metternich – s. Wolff Metternich zur Gracht

Metternich, Wilhelm, geb. 2.1.1788 Mainz, gest. 16.7.1839 Mainz; Gutsbesitzer auf dem Sandhof in Heidesheim. – Ghzm. Hessen: 2. Kammer 1821-1824. *Ruppel/Groß*

(Freiherr) von Mettingh[130], **Johann Friedrich**, geb. 14.9.1778 Frankfurt, gest. 6.3.1854 Frankfurt. – Freie Stadt Frankfurt: Ständige Bürgerrepräsentation [1815] -1852, Gesetzgebende Versammlung 1817, 1822, 1825-1826, 1829-1830, 1832-1835, 1837 und 1839. *Frost*

Metz, *August* **Wilhelm Eduard Christoph**, geb. 6.6.1849 Darmstadt, gest. 17.6.1920 Fulda; Rechtsanwalt in Gießen. – Ghzm. Hessen: 2. Kammer 1884-1899 (frsg.); Vizepräsident (2. Präsident) der 2. Kammer 1897-1899.
Ruppel/Groß; J.L.

Metz, Carl Werner, geb. 5.5.1835 Zennern, gest. 20.9.1921 Burghaun; Gutsbesitzer in Mahlerts. – Kassel und Hessen-Nassau 1880-1919 (44. KLT). *Pelda*

Metz, Christoph *Igna(t)z* **Felix Theophilus**, geb. 10.10.1829 Darmstadt, gest. 19.4.1909 Darmstadt; Hofgerichtsadvokat in Darmstadt, 1880 Rechtsanwalt. – Ghzm. Hessen: 2. Kammer 1878-1896 (NL). *Ruppel/Groß*

---

[130] Immatrikuliert im Kgr. Bayern in der Freiherrenklasse am 15.3.1815.

Metz, Georg Wilhelm, geb. 30.8.1864 Zennern, gest. 25.5.1936 Zennern; Gutsbesitzer in Zennern. – Kassel und Hessen-Nassau 1919 (45. KLT) -1920 (DNVP).   Pelda

Dr. jur. Metz, Johann *August*(in) **Joseph**, geb. 20.4.1818 Dreieichenhain, gest. 23.2.1874 Darmstadt; Hofgerichtsadvokat und -prokurator in Darmstadt, später Rechtsanwalt; MdR 1868-1874 (NL). – Ghzm. Hessen: 2. Kammer 1850-1856 und 1862-1874 (lib. 1850-1856, F 1862- ... , NL *1868*-1874).   Ruppel/Groß; J.L.

Metz, Johann Friedrich, geb. ... , gest. ... ; Handelsmann. – Freie Stadt Frankfurt: Ständige Bürgerrepräsentation [1802] - 1820, Gesetzgebende Versammlung 1817 und 1819-1820.   Frost

Metz, Johann George, geb. 14.10.1801 Zennern, gest. 3.4.1853 ... ; Bürgermeister in Zennern. – Kurhessen: Ständeversammlung 1838-1841 und 1848-1849.
                                     Losch; Sieburg

Metz, Rolf, geb. 17.3.1910 Gudensberg, gest. 27.9.1996 Gudensberg; Landwirt in Gudensberg; Mitglied der Verbandsversammlung des LWV Hessen 1973. – Land Hessen: Hessischer Landtag 1970-1974 (F.D.P.).
                 Lengemann II; Kanzlei des Landtags

Metzger, Ludwig, geb. 18.3.1902 Darmstadt, gest. 13.1.1993 ... ; Jurist, 1945-1951 Oberbürgermeister der Stadt Darmstadt, 1951-1953 Hessischer Minister für Erziehung und Volksbildung; Stellvertretendes Mitglied des Bundesrates 1951-1953; MdB 1953-1969 (SPD); Mitglied der 2., 3., 4., 5. und 6. Bundesversammlung; MdEP 1957-1970, Vizepräsident des Europäischen Parlaments 1966-1970. – Land Hessen: Verfassungberatende Landesversammlung Groß-Hessen 1946 (SPD) und Hessischer Landtag 1946-1954 (SPD).   Lengemann II; Kanzlei des Landtags

Metzler, Chr. Benjamin, geb. ... , gest. ... – Freie Stadt Frankfurt: Ständige Bürgerrepräsentation 1817-1824.   Frost

Dr. theol.[131] **Metzler, Georg Wilhelm**, geb. 20.10.1797 Weilburg, gest. 8.7.1858 Weilburg; Gymnasialdirektor und Oberschulrat in Weilburg. – Nassau: II. Kammer:1852-1857.   Rösner-Hausmann

von Metzler[132], **Gustav** *Albert*, geb. 3.1.1838 Frankfurt, gest. 25.3.1918 Frankfurt; Bankier; MdA 1886-1893 (NL); MdH 1904-1918. – Wiesbaden und Hessen-Nassau 1898-1917 (NL).   Burkardt/Pult; J.L.

Metzler-Fuchs, Georg Friedrich, geb. 13.3.1806 Frankfurt, gest. 19.4.1889 Frankfurt; Bankier. – Freie Stadt Frankfurt: Ständige Bürgerrepräsentation 1838-1843, Gesetzgebende Versammlung 1841.   Frost

Metzler-Heyden, Johann Friedrich, geb. 13. 5.1780 Frankfurt, gest. 25.12.1864 Frankfurt; Bankier; 1830- 1833 Senator. – Freie Stadt Frankfurt: Gesetzgebende Versammlung 1817- 1822 und 1828-1833.   Frost

Meusch, G. Peter, geb. ... , gest. ... ; Bäckermeister. – Freie Stadt Frankfurt: Gesetzgebende Versammlung 1824- 1825 und 1827.   Frost

Meyer – s. auch Maier, Meier und Mayer

Meyer (Meier), **...** , geb. ... , gest. ... ; Bürgermeister in Apelern. – Kurhessen: Ständeversammlung 1840-1841 und 1848-1849.   Losch; Sieburg

Meyer, Anton Adolph, geb. ... , gest. ... ; Handelsmann. – Freie Stadt Frankfurt:

---

[131] Lt. RENKHOFF S. 513 (Nr. 2848) war *Metzler* nicht Dr. theol., sondern Dr. phil.
[132] Erhebung in den Kgl. preußischen Adelsstand am 18.1.1901.

Gesetzgebende Versammlung 1837-1838, 1844-1845 und 1851-1852.   Frost

Meyer, Carl August, geb. 2.12.1796 Frankfurt, gest. 22.4.1872 Frankfurt; Bankier. – Freie Stadt Frankfurt: Ständige Bürgerrepräsentation 1830 1866, Gesetzgebende Versammlung 1847 und 1850-1854; Senior der Ständigen Bürgerrepräsentation 1858-1866.   Frost

Meyer, Carl Friedrich, geb. 23.9.1805 Apelern, gest. 22.3.1870 Coburg; lutherischer Pfarrer in Kassel, 1849 Konsistorialrat, 1858 vortragender Rat im Ministerium von Sachsen-Coburg und Oberpfarrer in Coburg. – Kurhessen: Ständeversammlung 1849-1850.
Losch; Sieburg

Meyer, Christian, geb. 14.8.1824 Ronshausen, gest. 25.11.1883 Ronshausen; Besitzer von Hof Faßdorf. – Kurhessen: 2. Kammer 1861-1862.   Losch; Sieburg

Meyer, Erich Karl Julius, geb. 9.12.1884 Osnabrück, gest. 5.4.1955 Frankfurt; Pfarrer. – Wiesbaden und Hessen-Nassau 1921-1932 (DVP).   Burkardt/Pult

Meyer (Mayer), **Heinrich**, geb. 7.7.1793 Deckbergen, gest. 18.11.1868 Deckbergen; Kolon zu Deckbergen. – Kurhessen: Ständeversammlung 1831-1832 und 1838 (lib. 1831-1832, gem. lib. 1838).
Losch; Sieburg; J.L.

Dr. h.c. von Meyer, Hermann (Christian Erich), geb. 3.9.1801 Frankfurt, gest. 2.4.1869 Frankfurt; Paläontologe, Diakonus der lutherischen Gemeinde, 1835 Senior des lutherischen Armenpflegamts. – Freie Stadt Frankfurt: Ständige Bürgerrepräsentation 1834-1837.   Frost

Dr. jur. et. theol. von Meyer[133], **Johann Friedrich**, geb. 12. 9.1772 Frankfurt, gest. 28.1.1849 Frankfurt; Jurist und Theologe, 1822-1838 Syndikus und Ap-

Dr. jur. et theol.
Johann Friedrich von Meyer
Präsident der Gesetzgebenden Versammlung der Freien Stadt Frankfurt 1825

pellationsgerichtsrat, 1840, 1842 und 1844-1848 Appellationsgerichtspräsident, 1845 Gerichtsschultheiß; 1816-1821 Senator, 1821-1848 Schöff, 1825, 1839 und 1843 Älterer Bürgermeister.- Freie Stadt Frankfurt: Gesetzgebende Versammlung 1818-1819, 1821-1822, 1824-1825 und 1827-1830; Präsident der Gesetzgebenden Versammlung 1825.
Frost; J.L.

Meyer, Johann Georg, get. 31.3.1765 Frankfurt, gest. 14. 4.1838 Frankfurt; Handelsmann. – Freie Stadt Frankfurt:

---

[133] Immatrikulation (des Vaters) im Kgr. Bayern in der Adelsklasse am 14.3.1789.

Ständige Bürgerrepräsentation [1800] -
1835; Senior der Ständigen Bürgerrepräsentation [1814] -1819.   Frost

Meyer, Johann Wilhelm, geb. 23.11.1798
... , gest. 21.6.1876 ... ; Handelsmann. –
Freie Stadt Frankfurt: Gesetzgebende
Versammlung 1839, 1850 und 1853-
1857, Ständige Bürgerrepräsentation
1839-1857 (Stadtrechnungsrevisionskolleg 1849-1857), Verfassunggebende Versammlung 1848-1849.   Frost; J.L.

Meyer (Mayer), **Johann(es)**, geb.
18.10.1752 Grünberg, gest. 11.1.1830
Grünberg; Fabrikant in Grünberg. –
Ghzm. Hessen: 2. Kammer 1820-1824.
                               Ruppel/Groß

Meyer, Martin, geb. ... , gest. ... ; Handelsmann, Obrist. – Freie Stadt Frankfurt:
Ständige Bürgerrepräsentation [1815] -
1829 (Stadtrechnungsrevisionskolleg
1825-1829), Gesetzgebende Versammlung 1817-1818, 1820-1822, 1824 und
1826-1829.   Frost

Meyer-Osterrieth, Carl Eduard, geb. ... ,
gest. ... ; Handelsmann. – Freie Stadt
Frankfurt: Gesetzgebende Versammlung
1833-1836 und 1844- 1855, Ständige
Bürgerrepräsentation 1842-1866, Verfassunggebende Versammlung 1848-1849.
                               Frost; J.L.

von Meysenbug, Heinrich, geb. 13.7.1742
Riede, gest. 14.3.1810 Kassel; Herr auf
Riede, Züschen, Retterode, Lichtenau,
Heimarshausen, Cappel und Meisebach. –
Kgr. Westphalen 1808-1810.   Lengemann I

Michael, Johann Georg, geb. 3.5.1804
Bieber, gest. 24.3.1862 Altenhaßlau;
Pfarrer in Altenhaßlau. – Kurhessen:
Ständeversammlung 1831-1832.
                              Losch; Sieburg

Michaely, Theo, geb. 15.4.1928 Oberwesel am Rhein; Geschäftsführer und Erster

Bevollmächtigter der Gewerkschaft der
Eisenbahner Deutschlands in Limburg,
1968-1974 Bürgermeister in Elz, danach
in Diez. – Land Hessen: Hessischer
Landtag 1966-1970 (CDU).
              Lengemann II; Kanzlei des Landtags

Michel, *Georg* August, geb. 14.11.1828
Reinhardshausen, gest. 10.5.1894 Reinhardshausen; Landwirt und Bürgermeister in Reinhardshausen. – Waldeck:
Landtag 1859-1863 und 1866-1869.
                      König; König/Lengemann/Seibel

Michel, Heinrich (II.), geb. 31.7.1842
Neu-Bamberg, gest. 17.9.1909 Bad
Kreuznach; Müller und Bürgermeister in
Neu-Bamberg. – Ghzm. Hessen: 2. Kam-
mer 1887-1893 (NL, frsg., [NL *1890*]).
                               Ruppel/Groß; J.L.

Michel, Heinrich Wilhelm, geb. 15.6.1828
Schmalkalden, gest. 23.8.1889 Berlin [?] ;
Kaufmann und Bürgermeister in Schmal-
kalden. – Kassel 1877-1879.   Pelda

Michel (sen.), Johann Daniel, geb.
29.7.1758 Reinhardshausen, gest.
13.7.1841 Bergheim; Ackermann und
Grebe in Bergheim. – Waldeck: Landstand 1817-1841.   König/Lengemann/Seibel

Michel (jun.), Johann Daniel, geb.
1.2.1801 Bergheim, gest. 21.5.1852
Bergheim; Ackermann und Grebe in
Bergheim. – Waldeck: Landstand 1848.
                      König/Lengemann/Seibel

Michel, Stephan Karl, geb. 9.6.1839
Mainz, gest. 30.3.1906 Mainz; Teilhaber
der Lederfabrik Mayer, Michel und Deninger in Mainz, Vorstand der Mainzer
Lederwerke. – Ghzm. Hessen: 1. Kammer 1884-1906.   Götz/Rack

Mietens, Willi Theodor Eduard, geb.
4.11.1878 Heddernheim, gest. 31.7.1933
Heddernheim; Bankdirektor. – Wiesbaden und Hessen-Nassau 1933 (SWR).
                               Burkardt/Pult

Mihaly, Jo – s. Steckel, Elfriede

Mihm, Karl, geb. 29.7.1934 Melsungen; selbständiger Kaufmann in Malsfeld. – Land Hessen: Hessischer Landtag 1980-1982 (CDU).
Lengemann II; Kanzlei des Landtags

Mikfeld, *Esther* Maria, geb. 26.2.1934 Wiesbaden; bis 1980 Mitarbeiterin in einem Steuerberatungsbüro, später Angestellte in der Kanzlei des Hessischen Landtags in Wiesbaden. – Land Hessen: Hessischer Landtag 1973-1974 (CDU).
Lengemann II; Kanzlei des Landtags

Milani, Ludwig Heinrich, geb. ... , gest. ...; Handelsmann. – Freie Stadt Frankfurt: Gesetzgebende Versammlung 1861.
Frost

Milchling – s. auch von Schutzbar, gen. Milchling

Milchling von Schönstadt, Carl Theodor, geb. 22.10.1755 Helmighausen, gest. 29.6.1825 Schönstadt; Oberstallmeister, Besitzer des Ritterguts in Helmighausen. – Waldeck: Landstand [1811?] -1825.
König/Lengemann/Seibel

Milching von Schönstadt, Ludwig, geb. 16.6.1796 Arolsen, gest. 24.7.1849 Bad Ems; Forstjunker in Schönstadt. – Kurhessen: Konstituierender Landtag 1830.
Losch; Sieburg

Milde, Gottfried, geb. 14.4.1934 Breslau; Staatsanwalt, Rechtsanwalt in Darmstadt, 1987-1990 Hessischer Minister des Innern, seit 1992 Arbeitsdirektor bei der Nestlé Deutschland AG in Frankfurt, wohnhaft in Griesheim bei Darmstadt; Mitglied des Bundesrates 1987-1990; Mitglied der 5., 6., 7., 8., 9. und 10. Bundesversammlung. – Land Hessen: Hessischer Landtag 1966-1991 (CDU), Vorsitzender der CDU-Fraktion 1974-1987.
Lengemann II; Kanzlei des Landtags

Milius, Erich, geb. 27.12.1907 Friedberg, gest. 13.2.1996 ... ; Jurist, 1952-1973 Landrat des Kreises Friedberg, später des Wetteraukreises in Friedberg. – Land Hessen: Hessischer Landtag 1962-1966 (SPD).
Lengemann II; Kanzlei des Landtags

Millet, Jacques (*Jakob*), geb. 20.8.1799 Paris, gest. 26.11.1860 Darmstadt; Staatsprokurator beim Kreisgericht in Alzey. – Ghzm. Hessen: 2. Kammer 1856-1859.
Ruppel/Groß

Miltenberg, Carl Bernhard Jacob Franz, geb. 6.8.1786 Darmstadt, gest. 3.1.1833 Frankfurt; Kanzleirat, 1833 Appellationsgerichtsrat und Syndikus; 1821-1833 Senator, 1827 und 1831 Jüngerer Bürgermeister. – Freie Stadt Frankfurt: Gesetzgebende Versammlung 1822-1824, 1826, 1829-1830 und 1833.
Frost

Mink, Johannes, geb. 2.10.1868 Kleinseelheim, gest. 2.11.1931 Marburg; Landwirt in Wolfshausen. – Kassel 1921-1931 (Ag).
Pelda

Minnig, Peter, geb. 9.2.1799 [errechnet] Straßenheim in Baden, gest. 20.10.1871 Viernheim; Gutsbesitzer und Bürgermeister in Viernheim. – Ghzm. Hessen: 2. Kammer 1850.
Ruppel/Groß

Minoprio, Carl Anton, geb. ... , gest. ... ; Handelsmann. – Freie Stadt Frankfurt: Gesetzgebende Versammlung 1838, 1840-1841, 1850, 1858-1859 und 1861, Ständige Bürgerrepräsentation 1841-1866, Verfassunggebende Versammlung 1848-1849.
Frost; J.L.

Minoprio, Heinrich Franz Joseph, geb. ... , gest. ... ; Handelsmann. – Freie Stadt Frankfurt: Gesetzgebende Versammlung 1846-1848.
Frost

Minor, Heinrich *Christian*, geb. 18.2.1813 Holzhausen a.d.H., gest. 9.2.1892 Panrod; Posthalter. – Nassau: II. Kammer: 1864 (NFP).
Rösner-Hausmann

Dr. jur. h.c. von Miquel[134], *Johannes* **Franz**, geb. 19.2.1828 Neuenhaus, Gft. Bentheim, Kgr. Hannover, gest. 8.9.1901 Frankfurt; Oberbürgermeister, 1890-1901 preußischer Finanzminister, 1897-1901 Vizepräsident des preußischen Staatsministeriums; Mitglied der 2. Kammer der Ständeversammlung des Kgr. Hannover 1864-1866 (lib.); MdR 1867-1877 und 1887-1890 (NL); MdA 1867-1882 (NL); MdH 1883-1890 [und 1901][135]. – Wiesbaden und Hessen-Nassau 1886-1890 (NL). Burkardt/Pult; J.L.

Misbach, Otto, geb. 16.5.1872 Dresden, gest. ... Frankfurt; Gewerkschaftssekretär. – Wiesbaden und Hessen-Nassau 1933 (SPD). Burkardt/Pult

Mischnick, Wolfgang, geb. 29.9.1921 Dresden; Angestellter in Frankfurt, 1961-1963 Bundesminister für Vertriebene, Flüchtlinge und Kriegsgeschädigte; Mitglied der Verbandsversammlung des LWV Hessen 1953-1957, Vizepräsident der Verbandsversammlung 1953-1957; MdB 1957-1994 (FDP bzw. F.D.P.), Vorsitzender der F.D.P.-Fraktion 1968-1990; Mitglied der 3., 4., 5., 6., 7., 8. und 9. Bundesversammlung. – Land Hessen: Hessischer Landtag 1954-1957 (FDP). Lengemann II; Kanzlei des Landtags

Mitze, Johann Friedrich, geb. 23.9.1775 Fürstenberg, gest. 8.2.1846 Fürstenberg; mehrfach Bürgermeister in Fürstenberg. – Waldeck: Landstand 1819-1821 und 1825-1828. König/Lengemann/Seibel

Dr. jur. Mix, Erich, geb. 27.6.1898 Labuhnken, Reg.-Bez. Danzig, gest. 9.4.1971 ... ; 1937-1945 und 1954-1960 Oberbürgermeister der Stadt Wiesbaden. – Land Hessen: Hessischer Landtag 1958-1966 (FDP), Vorsitzender der FDP-Fraktion 1961-1963, Vizepräsident des Hessischen Landtags 1962-1966. Lengemann II

Modera, Marc. Andr., geb. ... , gest. ... ; Handelsmann. – Freie Stadt Frankfurt: Gesetzgebende Versammlung 1834-1836. Frost

Dr. phil. Moebus, Otto, geb. 21.1.1891 Siefersheim, gest. 16.9.1970 Alzey; Landwirt, Weingutsbesitzer und Bürgermeister in Siefersheim. – Volksstaat Hessen 1924-1931 (Bauernbund bzw. Landbund 1924-1931). Ruppel/Groß; J.L.

Möhn, Johannes, geb. 24.2.1840 Laubenheim, gest. 5.10.1894 Laubenheim; Landwirt und Bürgermeister in Laubenheim. – Ghzm. Hessen: 2. Kammer 1881-1893 (NL). Ruppel/Groß

Möller (Marburg), Dietrich, geb. 3.11.1937 Dortmund; Landwirt in Weimar, Krs. Marburg, seit 1993 Oberbürgermeister der Stadt Marburg; Mitglied der 9. Bundesversammlung. – Land Hessen: Hessischer Landtag 1980-1993 (CDU). Lengemann II; Kanzlei des Landtags

Möller, Eckhardt, geb. 9.7.1907 Holzburg; Landwirt in Ascherode. – Kassel und Hessen-Nassau 1933 (NSDAP). Pelda

Möller, Ernst Christian Gottfried Richard, geb. 7.12.1871 Kassel, gest. 22.3.1963 Dörnhagen; evangelischer Pfarrer in Dörnhagen. – Kassel und Hessen-Nassau 1933 (NSDAP). Pelda

Möller, *Friedrich* Ernst, geb. 3.10.1781 Kassel, gest. 6.8.1850 Kassel; Regierungsrat in Marburg. – Kurhessen: Ständeversammlung 1836-1838 (gouv.). Losch; Sieburg; J.L.

---

[134] Erhebung in den Kgl. preußischen Adelsstand mit der Verleihung des Schwarzen Adler-Ordens am 27.1./14.4.1897.
[135] *Dr. von Miquel* trat 1901 nicht mehr förmlich in das Herrenhaus ein.

Dr. h.c. Georg Möller
Präsident der 1. Kammer des Nassauischen
Landtags 1855-1856

Klaus Peter Möller (CDU)
Präsident des Hessischen Landtags 1988-1991 und
seit 1995

Dr. jur. h.c. Dr. phil. h.c. Möller, Johann Georg, geb. 28.1.1777 Greifenstein, gest. 12.3.1860 Wiesbaden; Präsident der Hzgl. Landesregierung. – Nassau: I. Kammer 1852-1854, 1855-1856 und 1857-1860; Präsident der I. Kammer 1855-1856. Rösner-Hausmann; J.L.

Möller, Klaus, geb. 24.11.1811 Schönstein, gest. 13.6.1873 Schönstein ; Bürgermeister in Schönstein. – Kurhessen: 2. Kammer 1860-1861 (gouv.).
Losch; Sieburg; J.L.

Möller (Gießen), Klaus Peter, geb. 8.8.1937 Darmstadt; Rechtsanwalt und Notar in Gießen; Mitglied der 9. und 10. Bundesversammlung. – Land Hessen: Hessischer Landtag seit 1977 (CDU); Präsident des Hessischen Landtags 1988-1991

und seit 1995, Vizepräsident des Hessischen Landtags 1991-1995.
Lengemann II; Kanzlei des Landtags

Möller (Neuhof), Richard, geb. 23.11.1927 Neuhof, Krs. Fulda; Architekt in Neuhof. – Land Hessen: Hessischer Landtag 1970-1974 und 1976-1978 (CDU). Lengemann II; Kanzlei des Landtags

Möller, Wilhelm, geb. 11.1.1814 Neuenstein, gest. 13.8.1877 Marburg; Justizbeamter in Abterode, dann in Homberg und in Fulda. – Kurhessen: Ständeversammlung 1850 (dem. 1850, [lib. *1867*]).
Losch; Sieburg; J.L.

Möllinger, Jakob (II.), geb. 4.9.1811 Monsheim, gest. 20.10.1885 Monsheim;

Gutsbesitzer in Monsheim. – Ghzm. Hessen: 2. Kammer 1851-1856.   Ruppel/Groß

Möllinger, Johann Albert, geb. 16.9.1823 Pfeddersheim, gest. 30.4.1906 Pfeddersheim; Gutsbesitzer und Bürgermeister in Pfeddersheim. – Ghzm. Hessen: 2. Kammer 1862-1906 (F 1862-1872, NL 1872-1906).   Ruppel/Groß

Möllinger, Johannes, geb. 28.9.1791 Pfeddersheim, gest. 10.6.1836 Pfeddersheim; Ökonom in Pfeddersheim. – Ghzm. Hessen: 2. Kammer 1826-1830 (lib.).
    Ruppel/Groß

Mönch, Julius, geb. 7.4.1820 Offenbach, gest. 21.9.1874 Rheinfelden; Mitinhaber der Portefeuille-Fabrik J.J. Mönch & Co. in Offenbach. – Ghzm. Hessen: 1. Kammer 1868-1874.   Götz/Rack

von Moers (-Bernay), Jacob, geb. 30.3.1811 Frankfurt, gest. 21.7.1886 Frankfurt; Handelsmann. – Freie Stadt Frankfurt: Gesetzgebende Versammlung 1850 und 1852-1857.   Frost; J.L.

Möser, Justus, geb. ... , gest. ... . – Freie Stadt Frankfurt: Gesetzgebende Versammlung 1825 und 1827.   Frost

Möser, Peter, geb. ... , gest. ... . – Freie Stadt Frankfurt: Gesetzgebende Versammlung 1830-1847.   Frost

Mövi, J. D., geb. ... , gest. ... ; Bierbrauermeister. – Freie Stadt Frankfurt: Gesetzgebende Versammlung 1820 und 1824-1830.   Frost

Dr. jur. Moewes, Carl Gustav *Erich*, geb. 2.10.1875 Berlin, gest. 21.1.1951 Dresden; Landrat des Kreises Grafschaft Schaumburg in Rinteln. – Kassel 1919 (44. KLT) (DNVP).   Pelda

Mogk, Johann Friedrich August *Wilhelm* Ludwig, geb. 6.11.1804 Nieder-Wildun-

gen, gest. 25.10.1868 Nieder-Wildungen; Stadtsekretär in Nieder-Wildungen. – Waldeck: Landstand 1835-1843.
    König/Lengemann/Seibel

Mogk, Josias *Wilhelm* August, geb. 20.5.1833 Nieder-Wildungen, gest. 28.3.1894 Korbach; Amtsrichter, 1890 Amtsgerichtsrat in Korbach. – Waldeck: Landtag 1881-1892; Vizepräsident des Waldeckischen Landtags 1890, Präsident des Waldeckischen Landtags 1891.
    König; Lengemann III;
König/Lengemann/Seibel

Mohr, Carl Anton, geb. 4.10.1820 Niederneisen, gest. 16.6.1885 Niederneisen; Gastwirt und Gutsbesitzer in Niederneisen; MdA 1867-1873 und 1875-1883 (Linkes Zentrum 1867-1868, F 1868-1873 und 1875-1884, DFrsgP 1884-1885); MdR 1881-1885 (F 1881-1884, DFrsgP 1884-1885). – Nassau: II. Kammer 1856-1857 und 1863-1866 (NFP).
    Rösner-Hausmann; J.L.

Mohr, *Carl* Matthäus Johannes, get. 6.2.1769 Pfeddersheim, gest. 15.1.1842 Darmstadt; evangelischer. Pfarrer a.D., Hospitalschaffner in Oppenheim. – Ghzm. Hessen: 2. Kammer 1826-1842 (lib., später kons.).   Ruppel/Groß

Mohr, G. F., geb. ... , gest. ... ; Metzgermeister. – Freie Stadt Frankfurt: Gesetzgebende Versammlung 1823-1825.   Frost

Dr. jur. Mohr, Johann *Martin*, geb. 6.6.1788 Warmsroth/Hunsrück, gest. 7.5.1865 Ober-Ingelheim; Vizepräsident des Kreisgerichts in Mainz, später Präsident des Kreisgerichts in Ober-Ingelheim; MdN 1848-1849 (Donnersberg 1848, Märzverein 1848-1849). – Ghzm. Hessen: 2. Kammer 1848-1856 und 1862-1865 (dem. 1848-1856, F 1862-1865); Präsident der 2. Kammer 1850.
    Ruppel/Groß; Götz/Rack; J.L.

Dr. Martin Mohr (dem.)
Präsident der 2. Kammer des Landtags des
Großherzogtums Hessen 1850

Mohrmann, Friedrich *Wilhelm* **Heinrich**, geb. 11.9.1815 Hamburg, gest. 6.5.1891 Leipzig; Untersuchungsrichter für den Bezirk Alzey, später Vizepräsident des Bezirksgerichts und Obergerichtsrat in Mainz, 1873 Mitglied und Rat am Reichsoberhandelsgericht in Leipzig. – Ghzm. Hessen: 2. Kammer 1856-1862.
                                      Ruppel/Groß

Molter, Hermann, geb. 14.2.1914 Gießen, gest. 22.10.1978 ... ; selbständiger Kaufmann, Inhaber einer Import- und Vertretungsfirma in Darmstadt; Mitglied der 2., der 4. und 6. Bundesversammlung. – Land Hessen: Hessischer Landtag 1951-1954 und 1962-1974 (FDP bzw. F.D.P.); Vizepräsident des Hessischen Landtags 1973-1974   Lengemann II

Molthan, Josef, geb. 7.4.1862 Mainz, gest. 3.5.1920 Mainz; Weinhändler in Mainz. – Ghzm. Hessen: 2. Kammer 1897-1918 (Z).   Ruppel/Groß

Dr. jur. Mommsen, Christian *Wilhelm* **Agapetus**, geb. 18.8.1852 St. Georg, Hamburg, gest. 15.3.1901 Hannover; Amtsrichter, 1893 Amtsgerichtsrat in Pyrmont, später in Hannover. – Waldeck: Landtag 1890-1898; Vizepräsident des Waldeckischen Landtags 1891, 1894-1898.   König; Lengemann III;
                          König/Lengemann/Seibel

Moosdorf, Kurt, geb. 25.1.1884 Ronneburg in Thüringen, gest. 24.4.1956 ... ; gelernter Schreiner, 1928-1933 und 1946-1955 Bürgermeister in Bad Vilbel; MdB 1952-1953 (SPD); Mitglied der 1. Bundesversammlung. – Land Hessen: Verfassungberatende Landesversammlung Groß-Hessen 1946 (SPD) und Hessischer Landtag 1946-1950 (SPD).   Lengemann II

Morchutt, *Valentin* **Friedrich**, geb. 21.10.1765 Hersfeld, gest. ... ; Kauf- und Handelsmann (Kolonialwaren) in Hersfeld. – Kgr. Westphalen 1808-1813.
                                      Lengemann I

Morell, George Christophe, geb. 1.9.1765 Homburg, gest. 23.7.1850 Friedberg; Kaufmann und Tabakfabrikant in Friedberg. – Ghzm. Hessen: 2. Kammer 1823-1824.   Ruppel/Groß

Moritz, Johann Anton, geb. 28.6.1758 Worms, gest. 22.6.1820 Frankfurt; Jurist; 1816-1820 Senator. – Freie Stadt Frankfurt: Gesetzgebende Versammlung 1817.
                                              Frost

Moritz, geb. Oettl, Maria, geb. 28.1.1892 Hohenburg in der Oberpfalz, gest. 8.10.1957 Frankfurt; Lehre als Verkäuferin und Haushaltslehre, wohnhaft in Frankfurt. – Land Hessen: Hessischer Landtag 1946-1950 (KPD).   Lengemann II

Morneweg, Johann Konrad Christian *Adolf*, geb. 14.8.1851 Groß-Bieberau, gest. 9.6.1909 Darmstadt; Oberbürgermeister Stadt Darmstadt. – Ghzm. Hessen: 2. Kammer 1900-1902 und 1. Kammer 1905-1909.   Ruppel/Groß; Götz/Rack

Most, Ernst, geb. 29.9.1803 Kerspenhausen, gest. 23.3.1862 Kerspenhausen; Ökonom in Kerspenhausen. – Kurhessen: Ständeversammlung 1838.   Losch; Sieburg

Moter, *Karl* **Ludwig Eduard**, geb. 9.12.1811 Gießen, gest. 8.2.1888 Hamburg; Oberleutnant a.D. – Ghzm. Hessen: 2. Kammer 1849-1850.   Ruppel/Groß

von Motz[136], *Friedrich* **Christian Adolf**, geb. 18.11.1775 Kassel, gest. 30.6.1830 Berlin; Herr auf Oberurff und Kolnow, bis 1807 Landrat des Untereichsfeldischen Kreises, 1808-1813 Direktor der direkten Steuern für das Harz-Departement, später Organisation der Finanzverwaltung bei der preußischen Regierung in Halberstadt (Militär- und Zivilgouvernement zwischen Elbe und Weser) und dann Gouverneur des zeitweise preußischen Teils des Fürstentums Fulda, 1816 Vizepräsident, 1817 Präsident der Regierung in Erfurt, 1821 Regierungspräsident und Provisorischer Oberpräsident in Magdeburg, 1824 Oberpräsident der ganzen Provinz Sachsen, 1825-1830 Kgl. preußischer Finanzminister. – Kgr. Westphalen 1808-1813.   Lengemann I

Dr. theol. h.c. Moufang, Franz *Christoph* **Ignaz**, geb. 12.2.1817 Mainz, gest. 27.2.1890 Mainz; Mitglied des Ordinariats, 1855 Offizialatsrats in Mainz, 1868/69 Consultor des Vatikanischen Konzils, 1877-1886 gewählter, von der hessischen Regierung nicht bestätigter Bistumsverweser in Mainz; MdR 1871-1890 (Z). – Ghzm. Hessen: 1. Kammer 1862-1877.   Götz/Rack; J.L.

Mouson, Friedrich Caspar, geb. 24.9.1802 , gest. 18.11.1866 Frankfurt; Lichterfabrikant. – Freie Stadt Frankfurt: Gesetzgebende Versammlung 1859-1860 und 1862-1865.   Frost

Mouson, Johann Georg, geb. 27.11.1812 Frankfurt, gest. 8.6.1894 Frankfurt; Industrieller, Begründer der Firma J.G. Mouson & Co. – Freie Stadt Frankfurt: Ständige Bürgerrepräsentation 1865-1866.   Frost

Muck, Friedrich Alexander, geb. 11.4.1800 Frankfurt, gest. ... ; Konsul. – Freie Stadt Frankfurt: Ständige Bürgerrepräsentation 1853-1866, Gesetzgebende Versammlung 1855-1861.   Frost

Mücke, *Louis* **Heinrich Ernst Friedrich August**, geb. 16.5.1879 Penzlin, gest. 13.3.1967 Bad Pyrmont; Zigarrensortierer, Lagerhalter, später Kaufmann in Holzhausen. – Waldeck: Landesvertretung 1919-1922 (SPD).
   König; König/Lengemann/Seibel

Dr. med. Mühl, Johannes, geb. 8.11.1888 Bad Orb, gest. 17.11.1966 Frankfurt; Arzt in Bad Orb. – Kassel und Hessen-Nassau 1930 (60. KLT) -1933 (Z).   Pelda

(Freiherr[137]**) von Mühlen, Christian** *Ferdinand*, geb. 26.1.1761 Kauern , gest. 27.6.1852 Frankfurt; Obrist-Leutnant in hessen-darmstädtischen Diensten. – Freie Stadt Frankfurt: Gesetzgebende Versammlung 1818-1820 und 1824.   Frost; J.L.

---

[136] Erhebung (des Vaters) in den rittermäßigen Reichsadelsstand am 15.4.1780.

[137] Die Familie – zunächst *Müller* – nannte sich ab 1733/40 *von Mühlen* und führte ab 1753 in Übereinkunft mit der Niederlausitzer Familie *von Mühlen* deren Wappen; Abg. *Ferdinand von Mühlen* führte den Freiherrentitel nicht, wurde aber so bezeichnet; die Anerkennung des Freiherrenstandes erfolgte erst 1914 im Kgr. Württemberg.

Mühlhause, Carl Friedrich, geb.
29.2.1824 Salmünster, gest. 15.5.1883
Gut Teichhof bei Hessisch-Lichtenau;
Besitzer des Guts Teichhof. – Kurhessen:
2. Kammer 1858-1862; Kassel 1872-
1877   Losch; Sieburg; Pelda

Mühlhausen, Wilhelm, geb. 14.9.1893
Hannoversch-Münden, gest. 4.11.1916
Melsungen; Lehrer in Melsungen. – Kassel und Hessen-Nassau 1919 (45. KLT)
(SPD).   Pelda

Mülberger, *August* Daniel Friedrich,
geb. 1.8.1822 Speyer, gest. 30.11.1905
Berlin; Tuchfabrikant in Erbach. – Ghzm.
Hessen: 2. Kammer 1890-1896 (NL)
                            Ruppel/Groß; Götz/Rack

Mülberger, Ludwig Wilhelm, geb.
18.9.1784 Speyer, gest. 2.12.1848 Erbach; Tuchfabrikant in Erbach. – Ghzm.
Hessen; 2. Kammer 1832-1834 (lib.).
                                          Ruppel/Groß

Mülberger, Philipp Heinrich *Wilhelm*,
geb. 25.12.1818 Erbach, gest. 14.5.1876
Erbach; Tuchfabrikant in Erbach. –
Ghzm. Hessen: 1. Kammer 1850 und 2.
Kammer 1864-1866 und 1872-1876 (F).
                            Ruppel/Groß; Götz/Rack

Mülhens, Johann Theodor, geb.
30.3.1760 Troisdorf, gest. 4.9.1837
Frankfurt; Bankier. – Freie Stadt Frankfurt: Ständige Bürgerrepräsentation
[1807] -1825, Gesetzgebende Versammlung 1817-1824.   Frost

Müller, Adolf Wilhelm, geb. 17.7.1888
Hanau, gest. 24.10.1954 Hanau; Bauhilfsarbeiter, dann Werkführer in Hanau.
– Kassel und Hessen-Nassau 1933
(KPD).   Pelda

Müller, Alexander, geb. 5.5.1955 Gerolzhofen; Diplom-Soziologe, 1985-1992
Stadtrat für Umwelt und Soziales in Marburg. 1992-1995 Staatssekretär im Hessi-

schen Ministerium für Jugend, Familie
und Gesundheit. – Land Hessen: Hessischer Landtag seit 1995 (B 90/GRÜ),
Vorsitzender der Fraktion B 90/GRÜ seit
1996.   Kanzlei des Landtags

Müller, August Johann Christoph, geb.
1.2.1757 Hünighausen (Helsen), gest.
21.5.1837 Arolsen; Advokat, Kurator des
unmündigen Carl Speirmann, Cappel. –
Waldeck: Landstand etwa 1824-1829.
                            König/Lengemann/Seibel

Müller, Benjamin Adolf, geb. 27.2.1864
Grebenstein, gest. 9.8.1931 Bad Sooden-
Allendorf; Bürgermeister in Allendorf an
der Werra. – Kassel und Hessen-Nassau
1904-1920 (parteilos [bürgerlich] 1919).
                                            Pelda

Müller, Carl, geb. ... , gest. ... ; Steuerkassen-Rendant. – Wiesbaden 1884-1892
und Hessen-Nassau 1886-1892.
                                        Burkardt/Pult

Müller, *Carl* Friedrich Wilhelm Ludwig,
geb. 3.10.1803 Niedernhausen, gest.
18.11.1868 Massenheim, Amt Hochheim; Hofbeständer. – Nassau: Deputiertenkammer 1839-1848 und I. Kammer
1852-1857.   Rösner-Hausmann

Müller, Emil, geb. 7.2.1893 Frankfurt,
gest. 2.9.1963... ; gelernter Elektromechaniker, Werkleiter der Stadtwerke Bad
Nauheim; Mitglied der 2. Bundesversammlung. – Land Hessen: Hessischer
Landtag 1953-1954 (SPD).   Lengemann II

Müller, *Ernst* Christian, geb. 27.5.1833
Nienburg, gest. ...; Besitzer der Bruchmühle bei Holzhausen. – Waldeck: Landtag 1875-1878.
                    König; König/Lengemann/Seibel

**Müller, Friedrich Joseph (Theodor)
Ludwig *August***, geb. 12.2.1856 Dortmund, gest. 10.4.1926 Kassel; Oberbürgermeister der Stadt Kassel; MdH [1900]

Dr. h.c. Georg Müller
Präsident (interimistisch) der Deputiertenkammer
des Nassauischen Landtags 1832

1901-1912. – Kassel und Hessen-Nassau
1905-1912. Pelda; J.L.

Müller, *Friedrich* **Philipp**, geb. 11.4.1803
Atzbach, gest. 21.3.1876 St. Goarshausen; Amtmann in Nastätten, später in
Usingen. – Nassau: Ständeversammlung
1848-1851 (Club der Linken).
Rösner-Hausmann; J.L.

Dr. phil. Müller, Friedrich Wilhelm, geb.
12.9.1819 Burg-Gemünden, gest.
13.6.1896 Darmstadt; Kreisbaumeister in
Bingen, später Oberbaurat bei der Oberbaudirektion Darmstadt. – Ghzm. Hessen: 2. Kammer 1854-1856. Ruppel/Groß

Müller, Georg, geb. 10.12.1815 Biedenkopf, gest. 29.12.1884 ... ; Bürgermeister.
– Wiesbaden 1884. Burkardt/Pult

Dr. phil. Müller, Georg, geb. 29.5.1889
Semd, gest. 13.7.1959 Worms; Hauptgeschäftsführer des Hessischen Bauernbundes, 1922 Direktor des Rübenzuckerkontors in Worms, später Vorstandsmitglied
Süddeutschen Zuckerwerke in Mannheim. – Volksstaat Hessen 1921-1931
(Bauernbund bzw. Landbund); Vizepräsident des Landtags des Volksstaats Hessen
1921-1922. Ruppel/Groß; J.L.

Müller, *Georg* **Christian Heinrich**, geb.
17.5.1804 Nieder-Wildungen, gest.
12.11.1868 ... ; Amtsoberförster in Freienhagen, 1850 Forstinspektor in Nieder-Wildungen. – Waldeck: Landtag 1849-
1850. König; König/Lengemann/Seibel

Dr. h.c. Müller, *Georg* **Emanuel Christian**
Theodor, geb. 18.7.1766 Löhnberg, gest.
10.12.1836 Wiesbaden; Generalsuperintendent, ab 1827 evangelischer Landesbischof in Wiesbaden. – Nassau: Deputiertenkammer 1818-1836; interimistisch
Präsident der Deputiertenkammer 1832.
Rösner-Hausmann; J.L.

Müller, Gottfried, geb. ... , gest. ... . –
Freie Stadt Frankfurt: Gesetzgebende
Versammlung 1828. Frost

Dr. jur. et rer. pol. Müller, Heinrich
(*Heinz***) Josef Philipp**, geb. 7.6.1896 Pasing bei München, gest. 26.4.1945 Potsdam; Regierungsrat und Vorsteher des Finanzamts Alsfeld, 6.3.1933 Reichskommissar für Hessen, 13.3.-15./
23.5.1933 hessischer Staatsminister
(Führung des Finanz-, Innen- und Justizministeriums), 23.5./ 27.7.1933- 31.1.1934
Oberbürgermeister der Stadt Darmstadt,
1.2.1934 Direktor des Landesfinanzamts
Darmstadt, später des Landesfinanzamts
Köln, 1938 Präsident des Rechnungshof
des Deutschen Reiches. – Volksstaat Hes-

Dr. Heinz Müller (NSDAP)
Präsident des Landtags des Volksstaates Hessen
1933

sen 1931-1933 (NSDAP); Präsident des
Landtags des Volksstaats Hessen 1933.
Ruppel/Groß; Götz/Rack

Müller, Heinrich Philipp Christian[138],
geb. 2.2.1752 Obernkirchen, gest.
8.10.1841 Rehbrücksmühle; Müller auf
der Rehbrücksmühle. – Kurhessen: Ständeversammlung 1836-1838 (lib.).
Losch; Sieburg; J.L.

---

[138] Abg. *Heinrich Philipp Christian Müller* ist wohl
identisch mit dem verschiedentlich als »L. Müller«
bezeichneten Abgeordneten.

Müller (II), Hermann, geb. 18.9.1798
Hanau, gest. 14.9.1841 Kassel; Kreissekretar in Hanau, später Oberappellations-
rat in Kassel. – Kurhessen: Ständeversammlung 1831-1832 (gem. lib.).
Losch; Sieburg; J.L.

Müller, Johann, geb. 15.1.1782 Westernohe, gest. 19.8.1852 Westernohe; Landwirt
und Schultheiß. – Nassau: Deputiertenkammer 1833-1838. Rösner-Hausmann

Müller, Johann Friedrich, geb. 4.1.1765
... , gest. 26.5.1836 Frankfurt; Fischer;
1789- 1836 Ratsverwandter, 1817-1827
Mitglied des Engeren Rats. – Freie Stadt
Frankfurt: Gesetzgebende Versammlung
1817-1821, 1825-1826 und 1829. Frost

Müller, Johann Friedrich Wilhelm, geb.
30.5.1758 Sachsenhausen, gest. 4.11.1817
Sachsenhausen; mehrfach Bürgermeister
in Sachsenhausen. – Waldeck: Landstand
1816. König/Lengemann/Seibel

Müller, Johann *Heinrich*, geb. 25.2.1849
Darmstadt, gest. 30.10.1906 Darmstadt;
Bauunternehmer und Architekt Darmstadt. – Ghzm. Hessen: 2. Kammer 1903-
1906 (NL). Ruppel/Groß

Dr. Müller, Johann Heinrich Carl, geb.
24.10.1831 Hersfeld, gest. 28.4.1892
Hersfeld; Apotheker in Hersfeld. – Kassel
1875-1883 und 1883-1891 und Hessen-
Nassau 1886-1891. Pelda

Müller, Johann Michael, geb. ... , gest.
...; Schreinermeister. – Freie Stadt Frank-
furt: Gesetzgebende Versammlung 1857.
Frost

Müller, Johann Philipp Christian, geb.
21.5.1787 Nieder-Wildungen, gest.
8.11.1839 Nieder-Wildungen; Apotheker
und mehrfach Bürgermeister in Nieder-Wildungen. – Waldeck: Landstand 1826-1829
und 1833-1838. König/Lengemann/Seibel

Müller, Johannes (jun.), geb. 14.8.1785 Bensheim, gest. 10.1.1867 Bensheim; Gerbereibesitzer und Weinhändler in Bensheim. – Ghzm. Hessen: 2. Kammer 1851-1856. Ruppel/Groß

Müller, Joseph, geb. 11.1.1781 Weilbach, gest. 7.5.1857 Weilbach; Landwirt. – Nassau: Deputiertenkammer 1839-1845. Rösner-Hausmann

Müller, Karl, geb. 12.12.1804 Berkersheim, gest. 9.11.1871 Berkersheim; Ökonom und Bürgermeister in Berkersheim. – Kurhessen: Ständeversammlung 1849-1850. Losch; Sieburg

Dr. phil. Müller, Konrad Gustav Heinrich, geb. 19.9.1902 Hofgeismar, gest. 30.5.1984 Marburg; Diplom-Landwirt in Hofgeismar, später 1. Beigeordneter des Kreises Hofgeismar. – Kassel und Hessen-Nassau 1933 (NSDAP). Pelda

Müller, *Ludwig* Ferdinand August *Jacob*, geb. 27.1.1809 Niedernhausen, gest. 17.12.1870 Niedernhausen; Landwirt. – Nassau: I. Kammer 1865-1866 (NFP). Rösner-Hausmann

Müller, Matheus, geb. 25.2.1773 Eltville, gest. 10.1.1847 Eltville; Küfer, Weinhändler und Sektfabrikant in Eltville. – Nassau: Deputiertenkammer 1841-1843. Rösner-Hausmann; J.L.

Müller (Wiesbaden), Michael, geb. 5.2.1947 Offenbach; Jurist, wissenschaftlicher Mitarbeiter bei der F.D.P.-Landtagsfraktion. – Land Hessen: Hessischer Landtag 1981-1982 (F.D.P.). Lengemann II; Kanzlei des Landtags

Müller, Oskar, geb. 25.7.1896 Wohlau in Schlesien, gest. 14.1.1970 ... ; bis 1933 hauptamtlicher Sekretär der KPD-Bezirksleitung Hessen-Frankfurt, 1946 Hessischer Minister für Arbeit und 1946-1947 Hessischer Minister für Arbeit und Wohlfahrt, 1948-1949 Landesvorsitzender der KPD Hessen; MdL Preußen 1925-1933 (KPD 1925-1927 und 1928-1933, LK 1927-1928); MdB 1949-1953 (KPD); Mitglied der 1. Bundesversammlung. – Land Hessen: Hessischer Landtag 1946-1949 (KPD). Lengemann II

Müller, Peter Clemens, get. 21.10.1755 Frankfurt, gest. 25. 4.1829 Frankfurt; Handelsmann; 1798-1816 Senator, 1816-1829 Schöff, 1817-1827 Mitglied des Engeren Rats. – Freie Stadt Frankfurt: Gesetzgebende Versammlung 1819-1829. Frost

Müller, Philipp, geb. 4.12.1849 Nierstein, gest. 4.2.1920 Wiesbaden; gelernter Holzbildhauer, Redakteur des *Hessischen Volksfreunds*, dann der *Hessischen Volksstimme* und Gastwirt in Darmstadt, 1899 Arbeitersekretär in Darmstadt. – Ghzm. Hessen: 2. Kammer 1890-1896 (SPD). Ruppel/Groß; Götz/Rack

Müller, *Philipp* Heinrich, geb. 19.4.1811 Fulda, gest. 9.9.1890 Amöneburg; katholischer Theologe, Landdechant in Amöneburg. – Kurhessen: Ständeversammlung 1863-1866 (ultramont.). Losch; Sieburg; J.L.

Müller, *Philipp* Jacob, geb. 15.5.1786 Sulzbach, gest. 6.10.1858 Eschborn; Hofbeständer. – Nassau: Deputiertenkammer 1846-1848 und Ständeversammlung 1848-1851 (Club der Rechten). Rösner-Hausmann

Dr. phil. Müller (Gelnhausen), Rolf, geb. 1.12.1947 Gelnhausen; Gymnasiallehrer in Gelnhausen, 1989-1991 Regierungssprecher und Staatssekretär beim Hessischen Ministerpräsidenten. – Land Hessen: Hessischer Landtag 1978-1988 (CDU). Lengemann II; Kanzlei des Landtags

Dr. jur. Müller (gen. *Bürgermeister Müller*), **Samuel Gottlieb**, geb. 20.1.1802

Dr. Samuel Gottlieb Müller
Präsident der Gesetzgebenden Versammlung der
Freien Stadt Frankfurt 1851

Siegmund Friedrich Müller
Präsident der Gesetzgebenden Versammlung der
Freien Stadt Frankfurt 1858-1861 und 1863

Frankfurt, gest. 1.12.1880 Frankfurt; Jurist; 1833-1843 Senator, 1843-1866 Schöff, 1842 und 1844 Jüngerer Bürgermeister, 1849, 1860 und 1863 Älterer Bürgermeister. – Freie Stadt Frankfurt: Gesetzgebende Versammlung 1833-1841 und 1846-1855, Verfassunggebende Versammlung 1848-1849; Präsident der Gesetzgebenden Versammlung 1851.

Frost; J.L.

Müller, Siegmund Friedrich, geb. 26.11.1810 Wetzlar, gest. 15.8.1899 Frankfurt; Advokat und Notar, 1861 Wechselnotar. – Freie Stadt Frankfurt: Verfassunggebende Versammlung 1848-1849; Gesetzgebende Versammlung 1858-1866; Präsident der Gesetzgeben-

den Versammlung 1858-1861 und 1863.

Frost; J.L.

Müller (I), Walter[139], geb. 15.10.1793 Ochshausen, gest. 9.3.1865 Ochshausen; Grebe in Ochshausen. – Kurhessen: Ständeversammlung 1831-1832 und 1833 (gem. lib.).

Losch; Sieburg; J.L.

Müller, *Wilhelm* Justus Ferdinand Carl, geb. 4.4.1790 Gießen, gest. 6.9.1844 Darmstadt; Oberappellations- und Kassationsgerichtsrat in Darmstadt. – Ghzm.

---

[139] Nach GROTHE führte der Abgeordnete den Vornamen *Nikolaus*; ob beide Bezeichnungen die gleiche Person meinen oder wer tatsächlich Mitglied der Ständversammlung war, konnte bei der Erarbeitung des Index nicht erforscht werden.

Hessen: 2. Kammer 1826-1830 und 1841-1842 (kons.). Ruppel/Groß

Müller, Willi, geb. 23.2.1895 Frankfurt, gest. 14.3.1967 ... ; Inhaber eines Betriebs für elektronische Licht- und Kraftanlagen in Frankfurt. – Land Hessen: Verfassungberatende Landesversammlung Groß-Hessen 1946 (SPD). Lengemann II

Müller (Solms), Wolfgang, geb. 18.1.1936 Weilburg; Schriftsetzer, Umbruch-Redakteur in Solms. – Land Hessen: Hessischer Landtag 1985-1995 (SPD).
Lengemann II; Kanzlei des Landtags

Dr. jur. Müller-Melchiors, Johann Baptist, geb. 17.3.1815 Mainz, gest. 7.1.1872 Wien; ab 1847 in der Praxis eines Advokat-Anwalts in Mainz tätig, 1853 in die USA geflohen, 1854 nach Mainz zurückgekehrt, später Generaldirektor des Phönix AG für Bergbau- und Hüttenbetrieb. – Ghzm. Hessen: 2. Kammer 1849-1856.
Ruppel/Groß

Müller-Scherlenzky, Johann *Friedrich*, geb. ... , gest. ... ; Zimmermeister. – Wiesbaden und Hessen-Nassau 1886-1889 [NL *1882*]. Burkardt/Pult; J.L.

Münch, *August* Christian, geb. 10.10.1815 Hof Heisterberg bei Wetzlar, gest. 7.6.1874 Hadamar; Hofbeständer. – Nassau: I. Kammer 1864-1866 (NFP). Rösner-Hausmann

Münch, Balthasar, geb. 31.1.1821 Hof Traisfurth, Amt Runkel, gest. 3.5.1885 Oberscheld; Mühlenbesitzer, Bürgermeister. – Wiesbaden 1871-1884. Burkardt/Pult

Münch, *Balthasar* Gottlieb Christian, geb. 20.9.1794 Hammerstein bei Neuwied, gest. ... ; Hofbeständer. – Nassau: II. Kammer 1852-1857. Rösner-Hausmann

Münch, Franz Karl *Ludwig* Georg, geb. 3.2.1852 Groß-Gerau, gest. 12.8.1922

Darmstadt; Direktor des Realgymnasiums in Darmstadt. – Ghzm. Hessen: 2. Kammer 1909-1918 (NL). Ruppel/Groß

Freiherr Münch von Bellinghausen, *Joseph* Heinrich Franz, geb. 14.8.1800 Aschaffenburg, gest. 10.10.1861 Linz; Jurist, Diplomat. – Ghzm. Hessen: 1. Kammer 1847-1849. Götz/Rack; J.L.

von Münchhausen, *Carl* Eduard Friedrich, geb. 20.10.1787 Braunschweig, gest. 1.12.1854 Hannover; Diplomat. – Grafschaft Schaumburg hessischen Anteils 1815-1816. Sieburg (J.L.)

von Münchhausen, Carl *Wilhelm* Friedrich August, geb. 5.1.1791 Rinteln, gest. 11.5.1849 Kassel; Oberlandforstmeister. – Kurhessen: Ständeversammlung 1831-1841 und 1847-1848 (gouv. 1831-*1838*).
Losch; Sieburg; J.L.

von Münchhausen, Heinrich Georg *Hilmar*, geb. 10.7.1818 Rinteln, gest. 1.5.1897 Rinteln; Revierförster in Frankenhain, Forstinspektor des Habichtswaldes. – Kurhessen: 1. Kammer 1852-1861 (reakt.-kons.). Losch; Sieburg; J.L.

von Münchhausen (-Vahlberg), Ludwig Friedrich, geb. 11.8.1758 Gut Hainspitz bei Altenburg in Thüringen, gest. 14.9.1827 Braunschweig; Herr auf Odenburg, Vahlberg und Hainspitz, Jurist, 1809-1814 Maire (Bürgermeister) von Braunschweig, später Hzgl. braunschweigischer Hofmarschall. – Kgr. Westphalen 1808-1813. Lengemann I

(Baron) von Münchhausen (-Lucklum)[140], ***Philipp* Otto**, geb. 15.7.1748 ... , gest. 22.12.1816 Göttingen, Herr auf Moringen-Oberdorf. – Kgr. Westphalen 1808-1813. Lengemann I

---

[140] Erhebung in den Kgl. westphälischen Adelsstand als Baron am 5.11.1812, was jedoch nach 1813/15 nicht allgemein anerkannt wurde.

Graf zu Münster-Langelage, Freiherr von Oer[141]**, Ludwig** (*Louis*) **Ernst Friedrich Wilhelm**, geb. 6.11.1774 Osnabrück, gest. 9.5.1824 Langelage; Herr u.a. auf Langelage, Oberforstmeister; Mitglied der Provisorischen Allgemeinen Ständeversammlung des Kgr. Hannover 1814-1819 und der 1. Kammer der Allgemeinen Ständeversammlung des Kgr. Hannover 1819-1824. – Kgr. Westphalen 1808-1811. Lengemann I

Münzel, Valentin, geb. 11.6.1881 Wölfertshausen, gest. 27.7.1958 Bad Hersfeld; Landwirt und vor 1933 und nach 1945 Bürgermeister in Wölfershausen. – Kassel und Hessen-Nassau 1933 (SPD). Pelda

Dr. jur. Muhl, *Carl* **Ernst Georg Heinrich Ferdinand**, geb. 2.5.1826 Langen, gest. 1.3.1897 Darmstadt; Advokat und Prokurator, 1880 als Rechtsanwalt in Gießen. – Ghzm. Hessen: 2. Kammer 1878-1884; Vizepräsident (2. Präsident) der 2. Kammer 1879-1884. Ruppel/Groß; J.L.

Murawski, Fritz Anton, geb. 28.9.1879 Stettin, gest. 14.4.1935 Hanau; Hafnermeister in Hanau. – Kassel und Hessen-Nassau 1921-1925 (Ag). Pelda

Muth, Christoph (III.), geb. 29.11.1830 Salz, gest. 25.4.1904 Salz; Bürgermeister in Salz. – Ghzm. Hessen: 2. Kammer 1884-1896 (NL). Ruppel/Groß

Muth, Friedrich Wilhelm, geb. 20.12.1783 Nieder-Werbe, gest. 24.3.1851 Nieder-Werbe; Gutsbesitzer und Richter in Nieder-Werbe. – Waldeck: Landstand 1830-1844.

König/Lengemann/Seibel

Nicolas Prinz von Nassau
Präsident der I. Kammer des Nassauischen Landtags 1859-1866

Mutz, Manfred, geb. 18.1.1945 Werdorf; gelernter Maschinenschlosser, Gymnasiallehrer in Gießen, seit 1985 Oberbürgermeister der Stadt Gießen. – Land Hessen: Hessischer Landtag 1978-1985 (SPD). Lengemann II; Kanzlei des Landtags

Mylius, C. Friedrich, geb. ... , gest. ... ; Uhrmacher. – Freie Stadt Frankfurt: Gesetzgebende Versammlung 1830. Frost

Prinz von Nassau, Nicolaus (*Nicolas*) **Wilhelm**, geb. 20.9.1832 Biebrich am Rhein, gest. 18.9.1905 Wiesbaden. – Nassau: I. Kammer 1859-1866 [K *1867, 1871*]; Präsident der I. Kammer 1859-1866. Rösner-Hausmann; J.L.

---

[141] Erhebung in den Reichs- und bayerischen Grafenstand am 27.6.1792; Kfl. hannoversche Anerkennung der Standeserhöhung am 11.6.1793.

Nassauer, Hartmut, geb. 17.10.1942 Marburg; Richter, 1979-1990 und seit 1991 Rechtsanwalt in Kassel, 1990-1991 Hessischer Minister des Innern, wohnhaft in Wolfhagen; Mitglied der 8., 9. und 10. Bundesversammlung; Mitglied des Bundesrats 1990-1991; MdEP seit 1994. – Land Hessen: Hessischer Landtag 1974-1994 (CDU); Vorsitzender der CDU-Fraktion 1987-1990, Vizepräsident des Hessischen Landtags 1991-1994.

Lengemann II; Kanzlei des Landtags

Nathusius, Johann *Gottlob*, geb. 30.4.1760 Baruth, Niederlausitz, gest. 23.7.1835 Althaldensleben; Kaufmann und Fabrikant (Tabak, Kupferkammer, Maschinen, Spiritus und Liqueur, Bier- und Essigbrauerei, Steinbrüche, Ziegelei, Steingut und Porzellan, Obst- und Gartenbau, Mühlen, Rübenzuckerfabrik, später Rohrzuckerraffinerie) in Magdeburg, Gutsbesitzer (u.a. Klosters Althaldensleben); Mitglied der Provinzial-Stände (Provinzial-Landtag) der Provinz Sachsen 1825-1831. – Kgr. Westphalen 1808-1813.

Lengemann I

Dr. phil. (von) Nau[142]**, Bernhard *Sebastian***, getb. 13.3.1766 Mainz, gest. 15.2.1845 Mainz; Professor der Polizeiwissenschaften, der Statistik und der Naturgeschichte zunächst in Mainz, dann in Aschaffenburg, später Professor der Naturgeschichte an der Kgl. Akademie der Wissenschaften in München. – Ghzm. Frankfurt 1810-1813.

Lengemann I

Freiherr von Nauendorf, *Adolph* Heinrich Ludwig, geb. 9.11.1781 Hachenburg, gest. 18.10.1842 Wiesbaden; Oberst, 1840 Generalmajor. – Nassau: Herrenbank 1831-1832, 1833-1839 und 1842.

Rösner-Hausmann; J.L.

Friedrich Nebelthau
Präsident der Kurhessischen Ständeversammlung 1845-1846, der II. Kammer des Kurhessischen Landtags 1860-1862 und wieder der Kurhessischen Ständeversammlung 1862-1866

Nebelsieck, Johann *Heinrich*, geb. 26.6.1809 Baarsen, gest. 17.4.1865 Baarsen; Kleinköthner und Strumpfhändler in Baarsen. – Waldeck: Spezial-Landtag Pyrmont 1859-1864.

König; Lengemann IV; König/Lengemann/Seibel

Nebelthau, *Friedrich* August Wilhelm, geb. 22.1.1806 Kassel, gest. 31.7.1875 Kassel; Obergerichtsanwalt in Kassel, 1841 auch Posthalter, Vizebürgermeister, 1864/1866-1875 Oberbürgermeister der Stadt Kassel; Mitglied des Volkshauses des Unionsparlaments 1850; MdR 1867-1871 (NL); MdH 1868-1875. – Kurhessen: Ständeversammlung 1836-1850, 2. Kammer 1860-1862 und Ständeversammlung 1862-1866 (gem. lib. 1836-

---

[142] Erhebung in den Adels- und Ritterstand des Kgr. Bayern am 24.8.1814.

1848, konst. [zeitweise auch lib.-konst.]
1848-1850 und 1860-1866); Präsident
der Ständeversammlung 1845-1846, Präsident der 2. Kammer 1860-1862, Präsident der Ständeversammlung 1862-1866,
Vizepräsident der Ständeversammlung
1847-1848 und 1848-1850.
Losch; Sieburg; J.L.

Neeb, Johann, geb. 28.1.1810 Bremberg,
gest. 22.11.1872 Bremberg; Landwirt
und Bürgermeister. – Nassau: II. Kammer
1863. Rösner-Hausmann

**Dr. phil. et theol. Neeb, Johann(es) Bap-
tist** *Joseph*, geb. 1.9.1767 Steinheim,
gest. 13.6.1843 Steinheimer Hof bei Eltville; Professor der Philosophie, ab 1803
Gutsbesitzer und Bürgermeister in Nie-
der-Saulheim. – Ghzm. Hessen: 2. Kammer 1820-1824 und 1832-1833.
Ruppel/Groß; Götz/Rack

Neeb, Johannes Caspar, geb. 10.4.1769
Groß-Felda, gest. 9.3.1832 Groß-Felda;
Ökonom in Groß-Felda. – Ghzm. Hessen:
2. Kammer 1820-1824. Ruppel/Groß

Neeb, Konrad (II.), geb. 3.5.1851 Windhausen, gest. 18.4.1899 Windhausen;
Landwirt in Windhausen. – Ghzm. Hessen: 2. Kammer 1893-1899 (FrsgVP).
Ruppel/Groß; J.L.

Neff, Georg Jakob *Karl*, geb. 23.7.1882 Michelstadt, gest. 4.6.1958 Michelstadt; Küfermeister und Gastwirt, bis 1945 Landpro-
duktenhändler, 1945-1951 Landrat des
Kreises Erbach, wohnhaft in Michelstadt. –
Volksstaat Hessen 1920-1924 (SPD); Land
Hessen: Verfassungberatende Landesversammlung Groß-Hessen 1946 (SPD).
Ruppel/Groß; Götz/Rack; Lengemann II

von Negelein, *Maxi*milian Egidius, geb.
29.9.1852 Groß-Strehlitz, gest. 16.4.1911
Marburg; Landrat in Marburg; MdA
1899-1911 (K). – Kassel und Hessen-
Nassau 1911 (K). Pelda; J.L.

Neidhardt, *Eduard* Ludwig Friedrich,
geb. 5.12.1801 Vöhl, gest. 18.2.1858
Darmstadt; Mitglied und weltlicher Rat
am Oberkonsistorium in Darmstadt, 1856
Geheimer Oberkonsistorialrat, 1857 Di-
rektor der Oberstudien-Direktion. –
Ghzm. Hessen: 2. Kammer 1856-1858.
Ruppel/Groß

Dr. jur. Nessel, Franz *Jakob* (auch: Fried-
rich), geb. 30.6.1808 Seligenstadt, gest.
13.12.1862 Beerfelden; Assessor mit
Stimme am Landgericht Seligenstadt,
1853 am Landgericht Lorsch. – Ghzm.
Hessen: 1. Kammer 1849-1850 und 2.
Kammer 1851-1856.
Ruppel/Groß; Götz/Rack

Nestle, Gustaf Edmund, geb. 30.5.1806
Frankfurt, gest. 30.12.1874 Frankfurt; Jurist; 1845-1856 Senator, 1852 und 1855
Jüngerer Bürgermeister. – Freie Stadt
Frankfurt: Gesetzgebende Versammlung
1842- 1845 und 1850-1854, Verfassunggebende Versammlung 1848-1849. Frost; J.L.

Nestle, Hermann Carl, geb. 28.8.1814
Frankfurt, gest. ... ; Handelsmann. – Freie
Stadt Frankfurt: Gesetzgebende Ver-
sammlung 1848, 1850 und 1861-1865.
Frost

Nestle, Johann Tobias, geb. 12.8.1777
Frankfurt, gest. ... 1834 ... ; Handelsmann. – Freie Stadt Frankfurt: Gesetzgebende Versammlung 1825- 1826 und
1828-1830. Frost

Neuber, Johann *George*, geb. ... 2.1786
Kassel, gest. ... 12.1819 Kassel; Kam-
meradvokat und Regierungsprokurator in
Kassel. – Hessen-Kassel 1815-1816.
Sieburg (J.L.)

Dr. med. Neuberger, Julius, geb.
17.5.1872 Arnstein, Bezirksamt Karl-
stadt, gest. 9.9.1922 Frankfurt; Arzt. –
Wiesbaden und Hessen-Nassau 1920
(SPD). Burkardt/Pult

Dr. jur. Neuburg, Johann Georg, geb. 15.10.1795 Frankfurt, gest. 12.12.1866 Frankfurt; Direktor des Kuratellamts, 1848- 1851, 1853 und 1855 Appellationsgerichtsrat; 1831-1844 Senator, 1844-1865 Schöff, 1843 Jüngerer Bürgermeister, 1852, 1854, 1856, 1858 und 1862 Älterer Bürgermeister. – Freie Stadt Frankfurt: Gesetzgebende Versammlung 1823,1826-1831, 1833-1842 und 1845-1851, Ständige Bürgerrepräsentation 1826-1831. Frost; J.L.

Dr. phil. de Neufville, Carl Rudolf, geb. 28.5.1867 Frankfurt, gest. 19.8.1937 Bad Ems; Stadtrat. – Wiesbaden und Hessen-Nassau 1918. Burkardt/Pult

de Neufville, Gustav Adolph, geb. 24.12.1820 Frankfurt, gest. 16.8.1886 Frankfurt; Handelsmann, Chef des Bankhauses David und Jakob de Neufville. – Freie Stadt Frankfurt: Gesetzgebende Versammlung 1859 und 1863-1866. Frost; J.L.

de Neufville, Jacob (sen.), get. 23. 5.1759 Frankfurt, gest. 1.6.1821 Frankfurt; Bankier. – Freie Stadt Frankfurt: Ständige Bürgerrepräsentation [1808] -1836. Frost

de Neufville, Sebastian, geb. 20.7.1790 Frankfurt, gest. 5.5.1849 Frankfurt; Major; 1834-1846 Senator, 1846-1849 Schöff, 1847 Jüngerer Bürgermeister. – Freie Stadt Frankfurt: Ständige Bürgerrepräsentation 1821- 1834, Gesetzgebende Versammlung 1826-1846, Verfassunggebende Versammlung 1848-1849. Frost; J.L.

de Neufville-Humser, Jacob Wilhelm, geb. 16.6.1794 Frankfurt, gest. 2.3.1859 Frankfurt; Handelsmann, Bankier. – Freie Stadt Frankfurt: Gesetzgebende Versammlung 1837-1843 und 1848. Frost

de Neufville-Mertens, Jacob, geb. ... , gest. ... ; Bankier. – Freie Stadt Frankfurt: Gesetzgebende Versammlung 1820-1821. Frost

de Neufville-Passavant, Jacob, geb. 10.2.1769 Frankfurt, gest. 27.4.1845 Frankfurt; Handelsmann, Bankier. – Freie Stadt Frankfurt: Ständige Bürgerrepräsentation [1808] -1824, Gesetzgebende Versammlung 1818-1820. Frost

de Neufville-Pfeffel, David Friedrich, geb. 7.7.1793 Frankfurt, gest. ... ; ... – Freie Stadt Frankfurt: Ständige Bürgerrepräsentation 1824-1842. Frost

Neuhoff, Georg Walther, geb. ... , gest. ... Major. – Freie Stadt Frankfurt: Gesetzgebende Versammlung 1825-1847. Frost

Dr. jur. Neukirch, Wolfgang, geb. 10.3.1815 Frankfurt, gest. 8.9.1877 Frankfurt; Advokat und Notar; Vorsitzender der Frankfurter Stadtverordnetenversammlung 1873-1877 (DemP [DVP]). – Freie Stadt Frankfurt: Verfassunggebende Versammlung 1848-1849, Gesetzgebende Versammlung 1858- 1866, Ständige Bürgerrepräsentation 1865-1866. Frost; J.L.

Neumann, Carl Friedrich *Hermann*, geb. 1.5.1820 Arolsen, gest. 16.1.1906 Erfurt; Kreisrat in Pyrmont. – Waldeck: Landtag 1863-1866 und Spezial-Landtag Pyrmont 1863-1864; Präsident des Spezial-Landtags des Fsm. Pyrmont 1864. König; Lengemann III; Lengemann IV; König/Lengemann/Seibel

Neumann, *Hermann* Friedrich Wilhelm, geb. 8.10.1882 Buskow, Krs. Ruppin, gest. 8. 3.1933 [von der SA ermordet] Darmstadt; gelernter Steindrucker, SPD-Parteisekretär in Offenbach, 1918-1919 Direktor der Ministerialabteilung des Ernährungswesens, 1919-1920 Präsident des Hessischen Landesernährungsamtes, 1920 Präsident der Landesversicherungsanstalt in Darmstadt. – Ghzm. Hessen: 2. Kammer 1918 und Volksstaat Hessen 1919-1924 (SPD). Ruppel/Groß

Hermann Neumann
Präsident des Spezial-Landtags des Fürstentums
Pyrmont 1864

1832-1848 Chef des Kabinetts und 1832-1850 Direktor der Domänen- bzw. Finanzkammer in Arolsen. – Waldeck: Als Adjunkt des Landsyndikus *Johann Jakob Leonhardi* de facto Vorsitzender des Waldeckischen Landtags von 1816.   J.L.

Neumüller, Georg, geb. 9.8.1806 Marburg, gest. 16.4.1868 Marburg; Gutsbesitzer des Schwanhofs. – Kurhessen: 2. Kammer 1852-1854 und 1860-1861.
Losch; Sieburg

Neusel, Hans, geb. 18.12.1914 Hohenkirchen. Krs. Hofgeismar; Verwaltungsbeamter, 1962-1970 hauptamtlicher Bürgermeister der Gemeinde Obervellmar; Mitglied der Verbandsversammlung des LWV Hessen 1965-1973; Mitglied der 6. Bundesversammlung. – Land Hessen: Hessischer Landtag 1970-1978 (SPD); Vizepräsident des Hessischen Landtags 1974-1978, Alterspräsident 1974-1978.
Lengemann II

Nickel, Johann *Carl*, geb. 22.7.1804 Weilmünster, gest. 20.6.1874 Weilmünster; Feldgerichtsschöffe. – Nassau: II. Kammer 1864-1866 (NFP).   Rösner-Hausmann

Neumann, Johann Friedrich Christian, geb. 25.4.1744 Arolsen, gest. 13.8.1825 Arolsen; Schlossermeister und vielfach Bürgermeister in Arolsen. – Waldeck: Landstand 1817-1824.
König/Lengemann/Seibel

Neumann, Martin, geb. 16.11.1760 Flörsheim, gest. 14.8.1820 Flörsheim; Gerichtsschreiber und Oberschultheiß. – Nassau: Deputiertenkammer 1818-1820.
Rösner-Hausmann

Neumann, *Theodor* **Friedrich**, geb. 1.12.1783 Korbach, gest. 8.5.1867 Arolsen; Jurist, bis 1814 Stadtsekretär in Korbach, dann Mitglied des Staats-Comités mit dem Titel Landrat, ab 1815 Landsyndikatsadjunkt, 1830-1832 Landsyndikus,

Nickel, Johann Heinrich (eigentlich Jan Hendrich Blandin), geb. 5.11.1829 Hanau, gest. 15.11.1908 Hanau; Kaufmann (Bijouteriehandel) in Hanau; MdA 1883-1885 (F 1883-1884, DFrsgP 1884-1885); MdR 1887-1890 (DFrsgP). – Kassel und Hessen-Nassau 1895-1907 (FrsgVP).
Pelda; J.L.

Nickel, Wilhelm, geb. 14.2.1902 Aborn, gest. 21.1.1973 Aborn; Maurer, Stukkateurmeister. – Wiesbaden und Hessen-Nassau 1933 (KPD).   Burkardt/Pult

Dr. phil. Dr. theol. h.c. Niemeyer, August Hermann, geb. 1.9.1754 Halle an der Saale, gest. 7.7.1828 Halle; Professor der Theologie und Direktor der Francke'schen Stiftungen, Ober-Konsistorial- und Schulrat, 1808 Kanzler und später 'beständiger Rektor' der Universität. in Halle – Kgr. Westphalen 1808-1813.   Lengemann I

Dr. jur. Niepoth, Friedrich, geb. 24.10.1888 Schlitz, gest. 20.4.1963 Schlitz; Bürgermeister in Schlitz. – Volksstaat Hessen 1924-1933 (DVP).
Ruppel/Groß

Nieß, Martin, geb. ... , gest. ... . – Freie Stadt Frankfurt: Gesetzgebende Versammlung 1827 und 1845.   Frost

Nirrnheim, *Georg* Louis Philipp, geb. 14.2.1877 Magdeburg, gest. 21.5.1935 Berlin; Landrat des Kreises Gersfeld. – Kassel und Hessen-Nassau 1914-1919 (44. KLT).   Pelda

Nischalke, Martin, geb. 20.8.1882 Trebschen, Reg.-Bez. Frankfurt an der Oder, gest. 21.1.1962 ... ; Lehrer, 1945 Regierungsvizepräsident und 1945-1948 Regierungspräsident in Wiesbaden. – Land Hessen: Verfassungberatende Landesversammlung Groß-Hessen 1946 (SPD) und Hessischer Landtag 1946-1950 (SPD).
Lengemann II

Nitsche, Carl Christian Friedrich, geb. ..., gest. ... ; Kürschnermeister. – Freie Stadt Frankfurt: Verfassunggebende Versammlung 1848-1849, Gesetzgebende Versammlung 1858-1866.   Frost; J.L.

Nitsche, Hans, geb. 30.11.1893 Obersuhl, gest. 15.5.1962 Kassel; gelernter Schlosser und Schmied, 1946-1960 hauptamtlicher Stadtrat für Sozialwesen in Kassel; Mitglied der 2. Bundesversammlung. – Land Hessen: Beratender Landesausschuß 1946 (SPD), Verfassungberatende Landesversammlung Groß-Hessen 1946 (SPD) und Hessischer Landtag 1949-1954 (SPD).   Lengemann II

Nitzling, Erich, geb. 24.12.1934 Lorch, Ortsteil Espenschied; selbständiger Kauf-

mann in Frankfurt. – Land Hessen: Hessischer Landtag 1970-1987 (SPD).
Lengemann II; Kanzlei des Landtags

Noack, *August* Richard Wilhelm Karl Ludwig Gottlieb, geb. 23.7.1857 Darmstadt, gest. 26.6.1926 Darmstadt; Brandversicherungsinspektor in Darmstadt. – Ghzm. Hessen: 2. Kammer 1899-1911 (NL).   Ruppel/Groß

Nöding, Christian, geb. 13.9.1809 Oberellenbach, gest. 30.10.1865 Oberellenbach; Bürgermeister in Oberellenbach. – Kurhessen: 2. Kammer 1852-1853 und 1861 und Ständeversammlung 1862-1865 (dem.).   Losch; Sieburg; J.L.

Noeldchen, Clemens Sebastian *Heinrich*, geb. 3.3.1858 Magdeburg, gest. ... ; Landrat des Kreises Fritzlar. – Kassel und Hessen-Nassau 1899-1919 (44. KLT) (gem. kons.).   Pelda; J.L.

Nöll, Christian, geb. 19.12.1826 Gudensberg, gest. 23.7.1889 Marburg; Gutsbesitzer und Posthalter in Gudensberg; MdA 1889 (K). – Kurhessen: Ständeversammlung 1863-1866 (lib.); Kassel 1868-1889 und Hessen-Nassau 1886-1889 [K *1888-1889*].   Losch; Sieburg; Pelda; J.L.

Nöll, Georg Friedrich (*Fritz*), geb. 11.1.1859 Gudensberg, gest. 11.12.1932 Gudensberg; Gutsbesitzer in Gudensberg; MdA 1911-1918 (K). – Kassel und Hessen-Nassau 1904-1919 (44. KLT) (K).   Pelda; J.L.

Nöll, Heinrich, geb. 2.2.1900 Anspach, gest. 19.5.1976 Bad Homburg; Kaufmann. – Wiesbaden und Hessen-Nassau 1933 (SPD).   Burkardt/Pult

Nöll, Philipp Konrad, geb. 22.4.1846 Mühlhausen, gest. 27.6.1906 Holzhausen; Landwirt, Gutsbesitzer und Bürgermeister in Holzhausen. – Kassel und Hessen-Nassau 1899-1904.   Pelda

Nölle, Aloys, geb. 7.10.1899 Leichlingen, Reg.-Bez. Köln, gest. 12.12.1956 ... ; Polizeipräsident in Kassel. – Land Hessen: Verfassungberatende Landesversammlung Groß-Hessen 1946 (CDU).
Lengemann II

Noll, geb. Simon, verw. Bundschuh, Christina (*Tina*) Karolina Juliana, geb. 29.1.1880 Augsburg, gest. 27.5.1935 München; Hausfrau, ab 1919 Buchhalterin bei der *Oberhessischen Volkszeitung* in Gießen. – Volksstaat Hessen 1927-1931 (SPD).
Ruppel/Groß; Götz/Rack

Noll, Joseph, geb. 16.3.1810 Dammersbach, gest. 11.6.1873 Dammersbach; Bürgermeister in Dammersbach. – Kurhessen: 2. Kammer 1852-1854.
Losch; Sieburg

Noll, Karl (II.), geb. 5.3.1883 Horchheim, gest. 23.7.1963 Horchheim; Lederarbeiter in Horchheim. – Volksstaat Hessen 1931-1933 (Z).
Ruppel/Groß

Nolte, Dieter, geb. 21.1.1941 Herlinghausen in Westfalen; Sozialarbeiter grad., bis 1991 Dienststellenleiter beim Diakonischen Werk in Hessen und Nassau in Frankfurt; Mitglied der Verbandsversammlung des LWV Hessen 1990-1993 und seit 1995. – Land Hessen: Hessischer Landtag seit 1991 (SPD).
Kanzlei des Landtags

Nolte, Hans, geb. 16.8.1929 Breitenbach, Krs. Worbis, gest. 19.4.1990 ... ; Textilingenieur in Fulda, wohnhaft in Eichenzell-Rönshausen; Mitglied der 6. Bundesversammlung. – Land Hessen: Hessischer Landtag 1970-1983 (CDU).
Lengemann II; Kanzlei des Landtags

Dr. jur. Freiherr von Nordeck zur Rabenau, Adalbert, geb. 30.12.1817 Darmstadt, gest. 18.3.1892 Friedelhausen; 1847 Kreissekretär Grünberg, später Legationssekretär bei der Bundestagsgesandtschaft in Frankfurt und Gutsbesitzer in Friedel-

hausen; MdR 1867-1881(bkF [altliberal] 1867-1870, LRP bzw. DRP 1871-1881). – Ghzm. Hessen: 2. Kammer 1847-1849, 1851-1856 und 1872-1892 (kons. 1847-1849 und 1851-1856, LRP bzw. DRP 1872-1892).
Ruppel/Groß; J.L.

Freiherr von Nordeck zur Rabenau, *Ferdinand* Karl Joseph Leopold, geb. 18.5.1837 Darmstadt, gest. 23.11.1892 Gernsheim; Ober-Stallmeister. – Ghzm. Hessen: 1. Kammer 1887-1892.
Götz/Rack

Freiherr von Nordeck zur Rabenau, *Friedrich* Joseph Kilian, geb. 20.3.1793 Londorf, gest. 31.12.1863 Darmstadt; Offizier, zuletzt Generalmajor bzw. Generalleutnant à la suite, ab 1855 ständiger Stellvertreter des Oberkriegsgerichtspräsidenten. – Ghzm. Hessen: 2. Kammer 1820-1824 und 1835-1841 und 1. Kammer 1847-1849 und 1856-1862.
Ruppel/Groß; Götz/Rack; J.L.

Freiherr von Nordeck zur Rabenau, *Georg* Albertus Ludwig Christian, geb. 30.3.1777 Londorf, gest. 11.2.1858 Londorf; Offizier, zuletzt Obrist. – Ghzm. Hessen: 2. Kammer 1834-1847.
Ruppel/Groß; Götz/Rack

Freiherr von Nordeck zur Rabenau, *Gottlieb* August Friedrich Carl, geb. 2.1.1776 Londorf, gest. 23.9.1846 Seligenstadt; Oberforstmeister in Seligenstadt. – Ghzm. Hessen: 2. Kammer 1832-1846.
Ruppel/Groß

Freiherr von Nordeck zur Rabenau, *Karl* Vollrath Friedrich Leopold Wilhelm Ludwig Ernst, geb. 1.4.1793 Odenhausen, gest. 14.12.1862 Darmstadt; Oberforstrat bei der Oberforst-Direktion in Darmstadt. – Ghzm. Hessen: 1. Kammer 1851-1856 und 2. Kammer 1841-1849.
Ruppel/Groß; Götz/Rack

Freiherr von Nordeck zur Rabenau, *Wilhelm* Johannes Friedrich Carl, geb.

5.8.1798 Neustadt, Krs. Marburg, gest. 10.4.1862 Dieburg; Fstl. solms-braunfelsischer Revierförster in Hungen und Forstmeister, später Forstmeister des Forstes Umstadt. – Ghzm. Hessen: 2. Kammer 1838-1841. Ruppel/Groß

Nordmeyer, Johann Jonas, geb. 9.12.1805 Freienhagen, gest. 22.10.1874 Freienhagen; Bürgermeister in Freienhagen. – Waldeck: Landstand 1847-1848. König/Lengemann/Seibel

Nortz, Johann Jacob, geb. 11.10.1793 Frankfurt, gest. 2.8.1856 Frankfurt; Bendermeister, später Küfermeister. – Freie Stadt Frankfurt: Gesetzgebende Versammlung 1825, 1831-1839, 1841-1842 und 1850-1851. Frost

Nottebohm, Johann *Abraham*, geb. 25.8.1748 Lippstadt, gest. 7.8.1814 Kupferhammer bei Brackwede; Kaufmann und Fabrikant in Brackwede. – Kgr. Westphalen 1808-1813. Lengemann I

Nowak, Rudi, geb. 13.5.1921 Aussig; geschäftsführender Beamter des Kreisgesundheitsamtes Dieburg, wohnhaft in Kleestadt. – Land Hessen: Hessischer Landtag 1970-1974 (SPD). Lengemann II; Kanzlei des Landtags

Nuhn, Heinrich, geb. 14.6.1813 Niederaula, gest. 24.5.1884 Niederaula; Bürgermeister in Niederaula. – Kurhessen: 2. Kammer 1852-1862 (gouv.). Losch; Sieburg; J.L.

Nuss, Philipp *August* Josef Paul, geb. 15.4.1883 Gernsheim, gest. 4.7.1958 Worms; Rechtsanwalt in Worms, 1928-1933 hessischer Gesandter in Berlin. – Volksstaat Hessen 1920-1928 (Z); Vizepräsident des Landtags des Volksstaats Hessen 1924-1928. Ruppel/Groß; Götz/Rack; J.L.

Obenauer, Philipp (VI.), geb. 8.12.1889

Nieder-Flörsheim, gest. 11.6.1966 Nieder-Flörsheim; Landwirt in Nieder-Flörsheim. – Volksstaat Hessen 1921-1923 (DDP). Ruppel/Groß

Oberhaus, Friedrich Wilhelm Hermann, geb. 2.4.1879 Schloß Werningerode, gest. ... ; Steuersekretär in Rinteln. – Kassel und Hessen-Nassau 1919 (45. KLT) - 1920 (DDP). Pelda

Oberlies, Johann Christian, geb. 24.3.1790 Fürstenberg, gest. 2.11.1872 Fürstenberg; mehrfach Bürgermeister in Fürstenberg. – Waldeck: Landstand 1828-1829 und 1830-1831. König/Lengemann/Seibel

(Baron) von Ochs[143]**, *Carl* Philipp Wilhelm**, geb. 12.2.1794 Waldau, gest. 9.12.1846 Kassel; Oberstleutnant, später Generalmajor und Chef des Generalstabs. – Kurhessen: Ständeversammlung 1836-1837 und 1838-1844 (gouv. 1836-1837, kons. 1838-1844). Losch; Sieburg; J.L.

Ochs, Ludwig David, geb. 6.11.1779 Walsdorf, gest. 12.12.1857 Walsdorf; Landwirt und Oberschultheiß. – Nassau: Deputiertenkammer 1835-1845. Rösner-Hausmann

(Baron[144]**) von Ochs, *Ludwig* Johann Adolf**, geb. 5.1.1804 Kassel, gest. 22.8.1862 Kassel; Oberstleutnant und Flügeladjutant. – Kurhessen: Ständeversammlung 1847-1848. Losch; Sieburg; J.L.

Odenweller, Johann Jakob (*Jean*), geb. ..., gest. 16.12.1921 Bad Homburg; Monteur. – Wiesbaden und Hessen-Nassau 1921 (SPD). Burkardt/Pult

---

[143] Erhebung in den Reichsadelsstand am 2.12.1802; Kgl. westphälische Anerkennung des Adelsstandes als Baron am 6.3.1812, was jedoch nach 1813/15 nicht allgemein anerkannt wurde.

[144] Kgl. westphälische Anerkennung des Adelsstandes als Baron, was jedoch nach 1813/15 nicht allgemein anerkannt wurde.

Dr. jur. Oechsner, Johann *Georg*, geb. 18.2.1822 Mainz, gest. 26.9.1895 Gau-Bischofsheim; Gutsbesitzer, Kaufmann und selbständiger Agent, 1874 1. Beigeordneter in Mainz, 1885-1887 Bürgermeister, 1887-1894 Oberbürgermeister in Mainz; MdR 1877-1878 (bkF [DVP]). – Ghzm. Hessen: 2. Kammer 1866-1878 (DVP). Ruppel/Groß; J.L.

Oeffner, Ludwig, geb. 9.2.1773 Sulzbach bei Nürnberg, gest. 18.7.1839 Wiesbaden; Tuchhändler. – Nassau: Deputiertenkammer 1829-1832. Rösner-Hausmann

Oehler, Eduard Heinrich, geb. 13.6.1837 Aarau, AG, Schweiz, gest. 30.5.1909 Bern, Schweiz; Teilhaber, später Alleininhaber einer Farbenfabrik in Offenbach. – Ghzm. Hessen: 1. Kammer 1896-1907. Götz/Rack

von Oertzen, *Carl* Friedrich, geb. 22.1.1844 Rostock, gest. 9.11.1914 Weimar; Landrat in Hanau, 1895 Fstl. lippischer Minister in Detmold, später Regierungspräsident in Sigmaringen, Direktor im preußischen Ministerium des Innern in Berlin und Regierungspräsident in Lüneburg: – Kassel und Hessen-Nassau 1892-1894. Pelda; J.L.

Oeser, *Hans* Christian Ludwig Alexander, geb. 19.1.1799 Gießen, gest. 14.10.1858 Londorf; Pfarrer in Londorf. – Ghzm. Hessen: 2. Kammer 1851-1858. Ruppel/Groß

Oeste, Johannes, geb. ... Vacha, gest. 21.4.1853 Vacha; Gutsbesitzer und Postmeister in Bischhausen. – Kurhessen: Konstituierender Landtag 1830. Losch; Sieburg

Oesterheld, Konrad *Wilhelm*, geb. 18.10.1816 Bornhagen, gest. 13.7.1893 Eisenach; Gutsbesitzer in Niedergude. – Kurhessen: 2. Kammer 1860-1862 und Ständeversammlung 1863-1866. Losch; Sieburg

Dr. jur. Oetker, Carl *Friedrich* Conrad, geb. 9.4.1809 Rehren, Krs. Schaumburg, gest. 17.2.1881 Berlin; Obergerichtsanwalt in Kassel, Herausgeber der *Hessischen Morgenzeitung*; MdR 1867-1881 (NL); MdA 1867-1881 (NL). – Kurhessen: Ständeversammlung 1848-1850 und 1862-1866 (lib.); Kassel 1868-1874 (NL). Losch; Sieburg; Pelda; J.L.

Dr. jur. Oetker, *Carl* Ludwig August, geb. 22.9.1822 Rehren, gest. 24.8.1893 Berlin; Obergerichtsanwalt in Kassel; MdR 1884-1890 (NL); MdA 1882-1893 (NL). – Kurhessen: Ständeversammlung 1862-1866 (lib.). Losch; Sieburg; J.L.

Oettker (sen.), Christian Ferdinand Christoph, geb. 11.11.1845 Catrinhagen, gest. 28.1.1931 Catrinhagen; Landwirt in Catrinhagen. – Kassel und Hessen-Nassau 1905-1919 (44. KLT). Pelda

Ohl, Georg *Ernst*, geb. 27.2.1841 Groß-Umstadt, gest. 27.11.1923 Groß-Umstadt; Landwirt und Bürgermeister in Groß-Umstadt. – Ghzm.: Hessen: 2. Kammer 1896-1902 (Freie WV). Ruppel/Groß

Ohl, Karl, geb. 7.9.1904 Birlenbach bei Diez, gest. ... ; Landwirt. – Wiesbaden und Hessen-Nassau 1933 (NSDAP). Burkardt/Pult

Ohlenschlager, Johann Adam, geb. 21.8.1794 Frankfurt, gest. 21.7.1882 Frankfurt; Jurist. – Freie Stadt Frankfurt: Gesetzgebende Versammlung 1825-1853, Ständige Bürgerrepräsentation 1825-1866. Frost

Ohlenschlager, Johann Jacob (sen.), get. 13.2.1763 Frankfurt, gest. ... ; Fischermeister. – Freie Stadt Frankfurt: Gesetzgebende Versammlung 1817, Ständige Bürgerrepräsentation 1817-1822 (Stadtrechnungsrevisionskolleg 1819-1822). Frost

Ohlenschlager, Johann Jacob (jun.), geb. 26.9.1799 Frankfurt, gest. 26.11.1867 Frankfurt; Fischer; 1838-1857 Ratsverwandter. – Freie Stadt Frankfurt: Gesetzgebende Versammlung 1837-1838.　Frost

Ohlenschlager, Johann Philipp, geb. 10.8.1789 Frankfurt, gest. 17.7.1856 Frankfurt; Fischermeister. – Freie Stadt Frankfurt: Verfassunggebende Versammlung 1848-1849, Gesetzgebende Versammlung 1850, 1852 und 1854-1856.　Frost; J.L.

Ohlhof, *Fritz* Johannes, geb. 3.12.1889 Hamburg, gest. 18.2.1946 Mainz; gelernter Handlungsgehilfe, Redakteur bei der *Mainzer Volkszeitung* in Mainz. – Volksstaat Hessen 1931-1932 (SAP).　Ruppel/Groß; Götz/Rack

Ohly, *Albrecht* Hans Friedrich Christian Karl, geb. 27.12.1829 Buchenau, Krs. Biedenkopf, gest. 20.12.1891 Darmstadt; Jurist, bis 1884 Direktor der Darmstädter Volksbank, 1874 Bürgermeister, 1879 Oberbürgermeister der Stadt Darmstadt. – Ghzm. Hessen: 2. Kammer 1884-1891 (NL).　Ruppel/Groß

Dr. Ing. h.c. Erbgroßherzog von Oldenburg, Friedrich August, geb. 16.11.1852 Oldenburg, gest. 24.2.1931 Rastede; 1900-1918 Großherzog von Oldenburg. – Wiesbaden 1873.　Burkardt/Pult; J.L.

von Olenschlager (von Olenstein)[145]**, Johann Nicolaus**, geb. 18.2.1751 Frankfurt, gest. ... ; 1781-1783 Senator, 1783-1818 Schöff 1818, Mitglied des Engeren Rates. – Freie Stadt Frankfurt: Gesetzgebende Versammlung 1817.　Frost; J.L.

Olfenius, August Christian, geb. 10.1.1822 Weilburg, gest. 23.5.1894 Wiesbaden; Landesbankdirektor. – Wies-

baden und Hessen-Nassau 1886-1892.　Burkardt/Pult

Dr. phil. Oncken (Onken)**, Christian Friedrich Georg *Wilhelm***, geb. 19.7.1838 Heidelberg, gest. 11.8.1905 Gießen; Professor der Geschichte in Gießen; MdR 1874-1877 (NL). – Ghzm. Hessen: 2. Kammer 1873-1875 (NL).　Ruppel/Groß; J.L.

Opfer, David, geb. 17.10.1825 Gudensberg, gest. 30.11.1876 Netra; Privatschreiber und Bürgermeister in Netra. – Kassel 1868-1873.　Pelda

Oppenheimer, Julius Philipp, geb. ... , gest. ... ; Handelsmann. – Freie Stadt Frankfurt: Gesetzgebende Versammlung 1854-1857.　Frost

Orb, Christian (II.), geb. 25.1.1813 Westhofen, gest. 8.4.1887 Westhofen; Gutsbesitzer und Bürgermeister in Westhofen. – Ghzm. Hessen: 2. Kammer 1865-1866 (LibKons).　Ruppel/Groß

Orb, Johannes, geb. 17.1.1854 Deckenbach in Oberhessen, gest. 11.11.1911 Offenbach; Bürogehilfe der Ortskrankenkasse Offenbach. – Ghzm. Hessen: 2. Kammer 1902-1911 (SPD).　Ruppel/Groß; J.L.

Orbig, *Karl* Wilhelm, geb. 19.3.1845 Gießen, gest. 17.10.1928 Gießen; gelernter Schreiner, Gastwirt in Gießen. – Ghzm. Hessen: 2. Kammer 1893-1894 (SPD).　Ruppel/Groß; J.L.

Graf von Oriola, *Waldemar* Friedrich Joachim Freimund Alfons, geb. 27.8.1854 Bonn, gest. 17.4.1910 Berlin; Gutsbesitzer in Büdesheim; MdR 1893-1910 (NL). – Ghzm. Hessen: 2. Kammer 1887-1904 (NL).　Ruppel/Groß; J.L.

Orthenberger, Carl Otto, geb. 3.10.1825 Frankfurt, gest. 25.3.1883 ... ; Jurist. –

---

[145] Kaiserliche Prädikatsverleihung als *von Olenstein* am 11.1.1788.

Freie Stadt Frankfurt: Gesetzgebende Versammlung 1858-1866.   Frost

Ortmann, Siegbert, geb. 26.8.1940 Wiesengrund, Sudetenland; Rechtsanwalt und Notar in Lauterbach. – Land Hessen: Hessischer Landtag seit 1987 (CDU).
Lengemann II; Kanzlei des Landtags

Ortmüller, Ludwig (*Louis*), geb. 7.3.1859 Friedensdorf, gest. 27.11.1931 ... ; Landwirt, Mühlenbesitzer. – Wiesbaden und Hessen-Nassau 1921-1925 (DNVP).
Burkardt/Pult

d'Orville, Johann Friedrich, geb. 14.11.1785 Frankfurt, gest. 28.6.1882 Oberursel. – Freie Stadt Frankfurt: Ständige Bürgerrepräsentation 1854-1866.
Frost

d'Orville, Johann Peter, get. 2.3.1770 Frankfurt, gest. 21.7.1851 Frankfurt. – Freie Stadt Frankfurt: Ständige Bürgerrepräsentation 1818-1822.   Frost

d'Orville, Peter *Georg*, geb. 10.8.1783 Offenbach, gest. 4.3.1858 Offenbach; Bürgermeister in Offenbach. – Ghzm. Hessen: 2. Kammer 1835-1841.
Ruppel/Groß

Dr. jur. Osann (jun.), Arthur, geb. 27.10.1862 Darmstadt, gest. 23.10.1924 Darmstadt; Rechtsanwalt in Darmstadt; MdR 1907-1912 (NL). – Ghzm. Hessen: 2. Kammer 1906-1918 und Volksstaat Hessen 1919-1924 (NL 1906-1918, DVP 1919-1924).   Ruppel/Groß; J.L.

Dr. jur. Osann (sen.), *Arthur* Friedrich Gotthard Wilhelm Johannes, geb. 4.11.1829 Gießen, gest. 30.9.1908 Darmstadt; Advokat und Prokurator am Hofgericht, 1880 Rechtsanwalt in Darmstadt; MdR 1890-1898 (NL). – Ghzm. Hessen: 2. Kammer 1875-1899 (NL).
Ruppel/Groß; J.L.

Osswald, Albert, geb. 16.5.1919 Gießen-Wieseck, gest. 16.8.1996 Schwangau; selbständiger Kaufmann, Fachlehrer für Stenographie und Maschinenschreiben, 1954-1957 Bürgermeister und Kämmerer, 1957-1963 Oberbürgermeister der Stadt Gießen, 1963-1964 Hessischer Minister für Wirtschaft und Verkehr, 1964-1969 Hessischer Minister der Finanzen, 1969-1976 Hessischer Ministerpräsident; Stellvertretendes Mitglied des Bundesrates 1963-1964, Mitglied des Bundesrats 1964-1976, Vizepräsident des Bundesrates 1969-1970 und 1973-1974, Bundesratspräsident 1975-1976; Mitglied der 4. und 6. Bundesversammlung. – Land Hessen: Hessischer Landtag 1954-1978 (SPD).   Lengemann II; Kanzlei des Landtags

Osterhold, Albert, geb. 6.12.1815 Sachsenhausen, gest. 6.5.1868 Arolsen; Pfarrer und Rektor in Rhoden. – Waldeck: Landtag 1849-1852; Vizepräsident des Waldeckischen Landtags 1851.
König; Lengemann III; König/Lengemann/Seibel

Osterhold, Johann Friedrich Ludwig, geb. 5.10.1777 Netzer Tiergarten, gest. ...; mehrfach Bürgermeister in Alt-Wildungen. – Waldeck: Landstand 1821-1822 und 1823-1824.
König/Lengemann/Seibel

Osterrieth, G. F., geb. ... , gest. ... . – Freie Stadt Frankfurt: Ständige Bürgerrepräsentation [1801] -1819.   Frost

Osterrieth, Jacob Ludwig Daniel *August*, geb. 11.2.1808 Frankfurt, gest. 2.4.1868 Frankfurt; Handelsmann, Verleger der Postzeitung, Besitzer der Druckerei A. Osterrieth. – Freie Stadt Frankfurt: Gesetzgebende Versammlung 1856-1860, Ständige Bürgerrepräsentation 1857-1866; Vizepräsident der Gesetzgebenden Versammlung 1860.   Frost

Ostheim, Hermann, geb. 16.3.1834 Kassel-Oberneustadt, gest. 6.3.1884 Kassel;

Bäcker und Mühlenbesitzer in Kassel. –
Kassel 1868-1877.   Pelda

**Freiherr Ostmann von der Leye, Florenz
Conrad**, geb. 3.5.1766 Leye, gest.
29.10.1831 Osnabrück; Fideikommißherr
auf Leye, Horneberg und Altenhagen;
Mitglied der Provisorischen Allgemeinen
Ständeversammlung des Kgr. Hannover
1814-1816. – Kgr. Westphalen 1808-
1811.   Lengemann I

Dr. oec. publ. Dr. h.c. Oswalt, August,
geb. 17.4.1892 Frankfurt, gest. 10.5.1983
... ; Generalbevollmächtigter, 1946 Teilhaber einer Frankfurter Privatbank; Mitglied der 1. Bundesversammlung. – Land
Hessen: Verfassungberatende Landesversammlung Groß-Hessen 1946 (CDU) und
Hessischer Landtag 1946-1950 (CDU).
                            Lengemann II

Osypka, Werner, geb. 5.10.1931 Mechtal
in Oberschlesien; bis 1991 Caritasdirektor in Frankfurt, wohnhaft in Heusenstamm; Mitglied der Verbandsversammlung des LWV Hessen seit 1993. – Land
Hessen: Hessischer Landtag 1983-1995
(CDU).   Lengemann II; Kanzlei des Landtags

Ott, Franz Kilian, geb. ... , gest. ... ; Handelsmann. – Freie Stadt Frankfurt: Gesetzgebende Versammlung 1851.   Frost

Ott, Ludwig, geb. 16.7.1900 Aufseß, gest.
22.2.1979 Bamberg; Förster in Eilhausen.
– Kassel und Hessen-Nassau 1933
(NSDAP).   Pelda

Otto, Carl *Friedrich*, geb. 30.5.1828 Blankenheim bei Bebra, gest. 9.6.1906 Blankenheim; Domänenpächter in Blankenheim. – Kassel 1875-1880 [NL *1893*].
                            Pelda; J.L.

Dr. theol. Otto, Georg *Wilhelm* Christian,
geb. 1.1.1800 Weilburg, gest. 31.8.1871
Herborn; Professor und Direktor des
Theologischen Seminars in Herborn, Kon-

Dr. Wilhelm Otto
Präsident der Deputiertenkammer des Nassauischen
Landtags 1846-1848

sistorialrat. – Nassau: Deputiertenkammer
1839-1848; Präsident der Deputiertenkammer 1846-1848.   Rösner-Hausmann; J.L.

Otto, Hans-Joachim, geb. 30.10.1952
Heidelberg; Rechtsanwalt in Frankfurt;
MdB 1990-1994 (F.D.P.); Mitglied der
10. Bundesversammlung. – Land Hessen:
Hessischer Landtag 1983-1987 (F.D.P.).
                Lengemann II; Kanzlei des Landtags

Otto, Heinrich, geb. 29.7.1892 Mittel-
Gründau, gest. 7.7.1944 Gelnhausen;
Landwirt in Mittel-Gründau. – Volksstaat
Hessen 1931-1932 (KPD).   Ruppel/Groß

Otto, Jacob, geb. 27.1.1792 Lindenholz-
hausen, gest. 24.1.1880 Lindenholzhau-
sen; Landwirt. – Nassau: Deputiertenkammer 1833-1845.   Rösner-Hausmann

Otto, Johann *Valentin*, geb. 11.4.1795 Elpenrod, gest. 25.12.1849 Offenbach; Ober-
zollinspektor Offenbach. – Ghzm. Hessen:
2. Kammer 1841-1849.   Ruppel/Groß

Otto, Justus, geb. 13.4.1802 Elpenrod,
gest. 24.7.1877 Hitzkirchen; evangelischer Pfarrer und Dekan in Alsfeld. –
Ghzm. Hessen: 2. Kammer 1859-1862.
                                  Ruppel/Groß

Dr. jur. von Oven, Anton Heinrich *Emil*,
geb. 1.4.1817 Frankfurt, gest. 27.11.1903
Frankfurt; Advokat, 1843 Landamtmann;
1852-1866 Senator, 1858 Jüngerer Bürgermeister, 1864 Älterer Bürgermeister,
1868-1901 Mitglied des Magistrats. –
Freie Stadt Frankfurt: Verfassunggebende
Versammlung 1848-1849, Gesetzgebende Versammlung 1850-1852 und 1854-
1856; Präsident der Gesetzgebenden Versammlung 1855.   Frost; J.L.

Dr. phil. h.c. Pabst, *Heinrich* Wilhelm,
geb. 26.9.1798 Maar in Oberhessen, gest.
10.7.1868 Hütteldorf bei Wien; ständiger
Sekretär der landwirtschaftlichen Zentralstelle Darmstadt, 1839 Direktor der
landwirtschaftlichen Akademie Eldena
bei Greifswald. – Ghzm. Hessen: 2. Kammer 1835-1840 (LibKons).   Ruppel/Groß

(Freiherr) von Padtberg[146], **Ludwig
(*Louis*) Karl Friedrich Philipp**, geb.
30.8.1810 Helmighausen, gest. 29.6.1873
Detmold; Besitzer des Ritterguts Ottlar,
Hofmarschall. – Waldeck: Landstand
1845-1848.   König/Lengemann/Seibel; J.L.

**von Padtberg, Raban Ernst Ludwig
*Carl***, geb. 2.2.1775 Helmighausen, gest.
11.8.1829 Helmighausen; Herr auf Helmighausen, Ottlar und Hoppecke, Fstl.
waldeckischer Drost. – Waldeck: Landstand [1800] 1814-1829.
                    König/Lengemann/Seibel; J.L.

---

[146] Abg. *von Padtberg* »bediente« sich des Freiherrentitels, offenbar also ohne besondere Legitimation.

Dr. Emil von Oven
Präsident der Gesetzgebenden Versammlung der
Freien Stadt Frankfurt 1855

**Dr. jur. Pagenstecher, *Friedrich* Alexan-
der**, geb. 9.1.1871 Mainz, gest.
14.11.1941 Mainz; Rechtsanwalt in
Mainz. – Ghzm. Hessen: 2. Kammer
1908-1910 und Volksstaat Hessen 1919-
1921 (NL 1908-1910, DDP 1919-1921).
                                  Ruppel/Groß

Pappenheim – s. auch Rabe von Pappenheim

Pappenheim, Ludwig, geb. 17.3.1887
Eschwege, gest. 4.1.1934 [ermordet im
KZ Börgermoor] Neu-Gustrin; gelernter
Schriftsetzer, Redakteur, später auch Her-
ausgeber der *Volksstimme* in Schmalkal-
den. – Kassel und Hessen-Nassau 1919

(45. KLT) -1933 (USPD 1919-1922, SPD 1922-1933).   Pelda

Parcus, *Carl* Johann, geb. 30.12.1849 Mainz, gest. 15.3.1922 Darmstadt; Mitglied der Direktion der Bank für Handel und Industrie (Darmstädter Bank). – Ghzm. Hessen: 1. Kammer 1907-1918.
                                                                 Götz/Rack

Parcus, Johann Jakob, geb. 23.8.1790 Grünstadt, gest. 21.1.1854 Mainz; Jurist, 1836 Generalstaatsprokurator in Mainz. – Ghzm. Hessen: 2. Kammer 1826-1830 und 1835-1841; Vizepräsident (2. Präsident) der 2. Kammer 1826-1830.
                                                     Ruppel/Groß; J.L.

Parrot, Friedrich Ernst, geb. 9.9.1797 Frankfurt, gest. 10.11.1869 Frankfurt; Handelsmann. – Freie Stadt Frankfurt: Gesetzgebende Versammlung 1853-1857.
                                                                   Frost

Parrot, Johann Carl, geb. 21.2.1789 Hanau, gest. 16.3.1837 Frankfurt; Silberarbeiter. – Freie Stadt Frankfurt: Gesetzgebende Versammlung 1832.   Frost

Dr. jur. Passavant, Friedrich *Ernst*, geb. 15.5.1824 Frankfurt, gest. 22.11.1909 Frankfurt; Advokat, Aktuar beim reformierten Konsistorium, später besoldeter Stadtrat in Frankfurt. – Freie Stadt Frankfurt: Gesetzgebende Versammlung 1861-1866 (großdt., [NL *1867*]); Vizepräsident der Gesetzgebenden Versammlung 1864-1866.   Frost; J.L.

von Passavant[147], **Julius Emanuel *Hans***, geb. 1.8.1890 Frankfurt, gest. 3.2.1953 Brandenburg an der Havel; Kaufmann. – Wiesbaden und Hessen-Nassau 1921-1925 (DNVP).   Burkardt/Pult; J.L.

Passavant, Philipp Jacob, geb. 10.2.1782 Frankfurt, gest. 5.6.1856 Frankfurt; Handelsmann. – Freie Stadt Frankfurt: Gesetzgebende Versammlung 1823-1845, Ständige Bürgerrepräsentation 1826-1845.   Frost

Passavant, Philipp Robert, geb. 24.12.1808 Frankfurt, gest. ... ; Handelsmann. – Freie Stadt Frankfurt: Gesetzgebende Versammlung 1850 und 1852.   Frost

Passavant, Samuel, geb. 10.2.1787 Frankfurt, gest. 5.12.1855 Frankfurt; Handelsmann. – Freie Stadt Frankfurt: Gesetzgebende Versammlung 1846-1848.   Frost

Dr. h.c. Passavant, Wilhelm, geb. 7.4.1886 Michelbach im Taunus, gest. 31.3.1959 Michelbach; Ingenieur, Leiter der Michelbacher Hütte. – Wiesbaden und Hessen-Nassau 1930-1932.   Burkardt/Pult; J.L.

Passavant-Cornill, Jakob, geb. 24.3.1777 Frankfurt, gest. 20. 5.1835 Frankfurt. – Freie Stadt Frankfurt: Ständige Bürgerrepräsentation [1815] -1825, Gesetzgebende Versammlung 1819, 1822, 1824-1825 und 1830-1834.   Frost

Passavant-Herries, Philipp Jacob, geb. ..., gest. ... ; Handelsmann. – Freie Stadt Frankfurt: Gesetzgebende Versammlung 1828-1829.   Frost

Patry, Jean Louis *Karl*, geb. 11.10.1898 Schloß Hattenbach, gest. 16.9.1958 Marburg; Diplom-Landwirt in Hattenbach. – Kassel und Hessen-Nassau 1933 (NSDAP); Präsident des 65. Kommunal-Landtags 1933.   Pelda

Paulsackel, Johann, geb. 28.7.1805 Armsheim, gest. ... ; Lehrer an der katholischen Knabenschule Oppenheim, 1850 Gründer einer Freischule für Kinder aller Religionsbekenntnisse in Oppenheim. – Ghzm. Hessen: 2. Kammer 1849-1854.
                                                            Ruppel/Groß

---

[147] Erhebung (des Vaters) in den Kgl. preußischen Adelsstand am 10.7.1906.

Karl Patry (NSDAP)
Präsident des Kommunal-Landtags Kassel 1933

Pauly, Karl Johann, geb. 16.12.1904 Wiesbaden, gest. 24.12.1970 ... ; Malermeister und Architekt in Wiesbaden. – Land Hessen: Beratender Landesausschuß 1946 (CDU) und Verfassungberatende Landesversammlung Groß-Hessen 1946 (CDU).   Lengemann II

Pauly-Bender, Judith, geb. 19.4.1957 Frankfurt; Juristin, Hausfrau in Dietzenbach; Mitglied der Verbandsversammlung des LWV Hessen seit 1989-1992. – Land Hessen: Hessischer Landtag seit 1991 (SPD).   Kanzlei des Landtags

Pawlik, Sieghard, geb. 23.6.1941 Berlin; gelernter Schlosser und Schweißer, Ingenieur der Verfahrenstechnik (grad.) bei der Hoechst AG. – Land Hessen: Hessischer Landtag 1978-1987 und seit 1989 (SPD).   Lengemann II; Kanzlei des Landtags

Pennrich, Jacob (II.), geb. 20.5.1849 Bingen, gest. 8.10.1911 Bingen; Redakteur in Bingen. – Ghzm. Hessen: 2. Kammer 1879-1880 und 1881-1911 (Z). Ruppel/Groß

Pensa, Bernhard, geb. ... 1772 ... , gest. ...; Handelsmann; 1816-1830 Senator, 1830-1848 Schöff, 1817-1827 Mitglied des Engeren Rates. – Freie Stadt Frankfurt: Gesetzgebende Versammlung 1820-1829, 1831 und 1833-1835.   Frost

Perrot, Franz Joseph, geb. ... 1774 Lacote in Frankreich, gest. 3.5.1851 Alzey; Gutsbesitzer und Bürgermeister in Alzey. – Ghzm. Hessen: 2. Kammer 1820-1824, 1832-1833 und 1835-1847 (kons.).
Ruppel/Groß

Persch, Johann Ludwig, geb. 7.2.1873 Kassel, gest. 6.3.1947 Melsungen; Schriftsetzer in Melsungen. – Kassel und Hessen-Nassau 1920-1929 (SPD).   Pelda

Perschbacher, Ronja, geb. 7.1.1972 Weinheim; Studentin in Frankfurt. – Land Hessen: Hessischer Landtag seit 1995 (B 90/GRÜ)   Kanzlei des Landtags

Peter, Anton, geb. 6.11.1823 Veckerhagen, gest. 17.3.1910 Veckerhagen; Fabrikant (Töpferei, Backsteine und Dachziegel) und Bürgermeister in Veckerhagen. – Kassel 1883-1885.   Pelda

Peter, Heinrich, geb. 5.3.1801 Fuhlen, gest. 3.2.1877 Fuhlen; Ökonom und Bürgermeister in Fuhlen. – Kurhessen: 2. Kammer 1858-1862 und Ständeversammlung 1862-1866.   Losch; Sieburg

Peter, Herbert, geb. 8.3.1921 Gablonz, Sudetenland; Graveur in Frankfurt. – Land Hessen: Hessischer Landtag 1966-1970 (NPD).
Lengemann II; Kanzlei des Landtags

Peter, *Johannes* Heinrich Peter, geb. 13.1.1791 Fulda, gest. 4.2.1841 Soisdorf;

Ökonom in Soisdorf. – Kurhessen: Ständeversammlung 1834-1838 (gem. lib.).

Losch; Sieburg; J.L.

Petermann, Heinrich, geb. 12.7.1803 Großauheim, gest. 13.9.1864 Bergen; Ökonom auf der Mainkur. – Kurhessen: Ständeversammlung 1842-1844.   Losch; Sieburg

Petermann, Thomas, geb. ... , gest. ... . – Freie Stadt Frankfurt: Gesetzgebende Versammlung 1852-1857.   Frost

Peters, Hermann, geb. 13.12.1814 Wächtersbach, gest. 19.8.1873 Wächtersbach; Advokat in Wächtersbach. – Kurhessen: Ständeversammlung 1849-1850 (dem.).

Losch; Sieburg

Petersen, *Ferdinand* Dionysius Friedrich Karl, geb. 22.12.1829 ... , gest. ... ; Regierungsrat in Kassel. – Kassel 1877 und 1881-1882.   Pelda; J.L.

Petersohn, Erich *Walter*, geb. 24.9.1895 Posen, gest. ... ; Lehrer in Kassel. – Kassel und Hessen-Nassau 1933 (NSDAP).   Pelda

Petsch-Goll, Heinrich Gottlieb, get. 29.2.1744 Frankfurt, gest. ... ; Handelsmann. – Freie Stadt Frankfurt: Gesetzgebende Versammlung 1818.   Frost

Petzold, Hermann, geb. 17.7.1874 Dresden, gest. ... ; Gewerkschaftsfunktionär. – Wiesbaden und Hessen-Nassau 1920 (SPD).   Burkardt/Pult

Peuser, Helmut, geb. 27.4.1940 Erbach; gelernter Schreiner, bis 1995 stellvertretender Landesgeschäftsführer der CDU Hessen und Geschäftsführer der Kommunalpolitischen Vereinigung der CDU Hessen, wohnhaft in Limburg. – Land Hessen: Hessischer Landtag seit 1995 (CDU).   Kanzlei des Landtags

Pfaff, Carl *Georg Hermann*, geb. 29.4.1802 Eschwege, gest. 2.8.1857 Kas-

sel; Finanzrat und Mitglied der Zensurkommission in Kassel. – Kurhessen: Ständeversammlung 1836-1838 (gouv.).

Losch; Sieburg; J.L.

Pfaff, George, geb. 15.10.1811 Hattenbach, gest. 18.5.1882 Hattenbach; Bürgermeister in Hattenbach. – Kassel 1868-1877.   Pelda

Pfaff, Hildegard, geb. 21.5.1952 Kirberg; gelernte Hauswirtschafterin und Meisterin in ländlicher Hauswirtschaft, Angestellte bei der Deutschen Bundespost a. D. in Hünfelden. – Land Hessen: Hessischer Landtag seit 1991 (SPD).

Kanzlei des Landtags

Pfaff, Justus Friedrich, geb. 1.5.1822 Hattenbach, gest. 30.4.1856 Hattenbach; Gutsbesitzer in Hattenbach. – Kurhessen: Ständeversammlung 1845-1846.

Losch; Sieburg

Pfaltz, Frédéric, geb. 19.5.1789 Offenbach, gest. 25.7.1841 Offenbach; Fabrikant in Offenbach. – Ghzm. Hessen: 2. Kammer 1834 (lib.).   Ruppel/Groß

Pfannenbecker (Pfannebecker)**, Johann**, geb. 15.4.1808 Flomborn, gest. 7.3.1882 Worms; Regierungsrat (Vorsitzender der Regierungskommission) im Regierungsbezirk Worms, 1852 Kreisrat des Kreises Worms; Mitglied des Volkshauses des Unionsparlaments 1850; MdR 1871-1874 (NL). – Ghzm. Hessen: 1. Kammer 1851-1856.   Götz/Rack; J.L.

Pfannstiel, Friedrich Siegmund, geb. 14.3.1847 Weidebrunn, gest. 26.3.1922 Weidebrunn; Gutsbesitzer in Weidebrunn. – Kassel und Hessen-Nassau 1890-1919 (44. KLT).   Pelda

Pfannstiel, Johann *Siegmund*, geb. 25.3.1819 Weidebrunn, gest. 6.2.1890 Weidebrunn; Gutsbesitzer in Weidebrunn; MdA 1879-1888 (FK). – Kassel

1868-1889 und Hessen-Nassau 1886-
1889 (FK [DRP]).   Pelda; J.L.

Pfannstiel, Jost Carl, geb. 14.9.1816
Hopfgarten, gest. 31.10.1896 Hainbach;
Ökonom und Bürgermeister in Hainbach.
– Ghzm. Hessen: 2. Kammer 1872-1896
(NL).   Ruppel/Groß

Pfarr, Johann Wilhelm Joseph, geb.
15.5.1806 Frankfurt, gest. ... ; Jurist,
1842 Stadtamtsassessor, 1844 Stadtamtmann, 1859-1860 Stadtgerichtsdirektor. –
Freie Stadt Frankfurt: Gesetzgebende
Versammlung 1838-1848, 1851 und
1857-1860; Vizepräsident der Gesetzgebenden Versammlung 1858-1859.   Frost

Pfeffel, Carl Friedrich, geb. 21.1.1775
Kolmar, gest. 7.4.1858 Frankfurt; Handelsmann, Bankier. – Freie Stadt Frankfurt: Ständige Bürgerrepräsentation
1824-1833.   Frost

Dr. Burchard Wilhelm Pfeiffer
Präsident der Kurhessischen Ständeversammlung
1831

Pfeffel, Friedrich (jun.), geb. ... , gest. ... ;
Handelsmann. – Freie Stadt Frankfurt:
Gesetzgebende Versammlung 1839-1850
und 1852-1857, Vizepräsident der Gesetzgebenden Versammlung 1847-1848;
Verfassunggebende Versammlung 1848-
1849; Ständige Bürgerrepräsentation
1857-1866.   Frost; J.L.

Pfeffer, Ernst Heinrich, geb. 11.2.1817
Mengsberg, gest. 9.6.1885 Kassel; Gutsbesitzer in Römersberg, später in Bettenhausen. – Kurhessen: 2. Kammer 1858-
1861.   Losch; Sieburg

Pfefferkorn, Rudolph, geb. 29.5.1826
Frankfurt, gest. 5.10.1883 Frankfurt; Jurist. – Freie Stadt Frankfurt: Ständige
Bürgerrepräsentation 1857-1866, Gesetzgebende Versammlung 1859-1865.   Frost

Dr. jur. Pfeiffer (I), Burchard Wilhelm,
geb. 7.5.1777 Kassel, gest. 4.10.1852
Kassel; Oberappellationsgerichtsrat in

Kassel. – Kurhessen: Ständeversammlung 1831 und 1831-1832 (gem. lib.);
Präsident der Ständeversammlung 1831.
                         Losch; Sieburg; J.L.

**Dr. jur. Pfeiffer, *Friedrich* Moritz Chri-
stian**, geb. 22.7.1815 Kassel, gest.
12.4.1879 Bremen; Staatsprokurator in
Rotenburg, 1850 Obergerichtsrat in
Fulda, 1864 Senator und 1876 Bürgermeister in Bremen; Mitglied des Volkshauses des Unionsparlaments 1850. –
Kurhessen: Ständeversammlung 1849-
1850 (lib.-konst.).   Losch; Sieburg; J.L.

Pfeiffer, Friedrich Wilhelm, geb.
1.7.1831 Ermschwerd, gest. 23.6.1881
Ermschwerd; Gutsbesitzer in Ermschwerd. – Kassel 1868-1871.   Pelda

Dr. jur. Pfeiffer, Georg Wilhelm, (Pseudonym: *G. W. P. von Frank*), geb.
21.12.1795 Frankfurt, gest. 22.8.1871

Frankfurt; Jurist, Advokat, Mundart-schriftsteller. – Freie Stadt Frankfurt: Gesetzgebende Versammlung 1835 und 1837-1838.   Frost

Pfeiffer, **J. Georg**, geb. ... , gest. ... ; Sattlermeister. – Freie Stadt Frankfurt: Gesetzgebende Versammlung 1836-1839.
                                                      Frost

Pfeiffer (II), *Wilhelm* **Friedrich**, geb. ... , gest. ... ; Ökonom in Ermschwerd. – Kurhessen: Ständeversammlung 1831-1832, 1833-1835, 1838-1841, 1845-1848 und 1849-1850 (lib. 1831-1832, 1833-1835).
                                     Losch; Sieburg; J.L.

Pfeil, Dirk, geb. 4.1.1948 Köln; Industriekaufmann, freiberuflicher beratender Betriebswirt in Frankfurt; Mitglied der 9. Bundesversammlung. – Land Hessen: Hessischer Landtag 1987-1995 (F.D.P.); Vizepräsident des Hessischen Landtags 1991-1995. Lengemann II; Kanzlei des Landtags

Pfuhl, Albert, geb. 2.12.1929 Wiesbaden; bis 1973 Landrat des Kreises Ziegenhain; MdB 1983-1994 (SPD); Mitglied der 8., der 9. und 10. Bundesversammlung. – Land Hessen: Hessischer Landtag 1974-1983 (SPD).
                   Lengemann II; Kanzlei des Landtags

Philipp, Conrad, geb. ... , gest. ... . – Freie Stadt Frankfurt: Gesetzgebende Versammlung 1830.   Frost

Philipp, Karl Gottfried, geb. 16.12.1896 Watzenborn-Steinberg, gest. 1.9.1968 ... ; Ziegeleiarbeiter in Watzenborn-Steinberg; Mitglied der 1. Bundesversammlung. – Land Hessen: Beratender Landesausschuß 1946 (CDU), Verfassungberatende Landesversammlung Groß-Hessen 1946 (CDU) und Hessischer Landtag 1946-1950 (CDU).   Lengemann II

Philippi, Adolf Jacob, geb. 2.1.1840 Usingen, gest. 17.5.1923 Usingen; Bürger-

meister a. D. – Wiesbaden und Hessen-Nassau 1915-1916.   Burkardt/Pult

Philippi, Lotte, geb. 17.9.1918 Innsbruck, Tirol, Österreich; Hausfrau in Laubach; Mitglied der Verbandsversammlung des LWV Hessen 1977-1989; Mitglied der 7. Bundesversammlung. – Land Hessen: Hessischer Landtag 1974-1982 (CDU), Alterspräsidentin des Hessischen Landtags 1978-1982.   Lengemann II; Kanzlei des Landtags

Philipps, Johann *Georg*, geb. 12.9.1774 [errechnet] ... , gest. 16.5.1861 Ginsheim; Erbbeständer in Ginsheim. – Ghzm. Hessen: 2. Kammer 1834 (lib.).   Ruppel/Groß

Picard, Walter, geb. 10.12.1923 Hausen bei Offenbach; Lehrer und Rektor in Nieder-Roden, später Gastprofessor am Dartmouth College in den USA; Mitglied der Verbandsversammlung des LWV Hessen 1961-1965 und 1977-1981; MdB 1965-1983 (CDU); Mitglied der 3., der 5., 6. und 7. Bundesversammlung. – Land Hessen: Hessischer Landtag 1958-1965 (CDU).   Lengemann II; Kanzlei des Landtags

Pichler, **Ernst Oskar Wunibald**, geb. 17.9.1826 Frankfurt, gest. 31.5.1865 Frankfurt; Architekt. – Freie Stadt Frankfurt: Gesetzgebende Versammlung 1863-1865.   Frost

Piehler, *Wilhelm* **Hermann**, geb. 13.2.1873 Ronneburg in Thüringen, gest. 8.3.1948 Mainz; gelernter Spengler, Geschäftsführer des Deutschen Metallarbeiterverbandes in Mainz. – Volksstaat Hessen 1919-1921 (SPD).   Ruppel/Groß

Piekarski (Piékarski)**, Felix**, geb. 10.7.1890 Grutschno, Kreis Schwetz an der Weichsel, gest. 13.2.1965 Wiesbaden; Justizobersekretär, später Bürgermeister in Wiesbaden; MdL Preußen 1932-1933 (NSDAP); MdR 1943-1945 (NSDAP). – Wiesbaden und Hessen-Nassau 1930-1932 (NSDAP).   Burkardt/Pult; J.L.

Pilgeram, Franz, getb. 9.11.1744 Frankfurt, gest. ... . – Freie Stadt Frankfurt: Ständige Bürgerrepräsentation [1815] - 1823 (Stadtrechnungsrevisionskolleg 1818-1823), Gesetzgebende Versammlung 1817 und 1819-1823.   Frost

Pipper, Heinrich Otto, geb. 29.8.1895 Eschwege, gest. 10.3.1959 Eschwege; Fabrikarbeiter in Eschwege. – Kassel 1933 (SPD).   Pelda

Pistorius, Johann *Jakob*, geb. 28.8.1767 Worms, gest. 23.10.1825 Worms; Gutsbesitzer in Worms. – Ghzm. Hessen: 2. Kammer 1820-1824.   Ruppel/Groß

Pitthan, Adam, geb. 7.10.1824 Zotzenheim, gest. 2.1.1898 Zotzenheim; Landwirt und Bürgermeister in Zotzenheim. – Ghzm. Hessen: 2. Kammer 1880-1887 und 1893-1898 (frsg.).   Ruppel/Groß

Pitthan, Johann *Adolph* Friedrich, geb. 10.6.1847 Wöllstein, gest. 12.8.1922 Wöllstein; Gutsbesitzer und Kaufmann in Wöllstein. – Ghzm. Hessen: 2. Kammer 1898-1910 (NL).   Ruppel/Groß

Dr. jur. Pittschaft, Johann Baptist Jakob Adolf, geb. 18.3.1783 Mainz, gest. 12.8.1870 ... ; Vizepräsident des Obergerichts in Mainz. – Ghzm. Hessen: 2. Kammer 1829-1830 (lib.).   Ruppel/Groß

Pitz-Savelsberg, geb. Savelsberg, Elisabeth, geb. 8.7.1906 Aachen, gest. 13.10. 1996 Wiesbanden; Dezernentin für Jugendpflege beim Regierungspräsidenten in Wiesbaden; MdB 1953-1969 (CDU); Mitglied der 1., der 2., der 3., der 4. und der 5. Bundesversammlung. – Land Hessen: Hessischer Landtag 1946-1953 (CDU).   Lengemann II; Kanzlei des Landtags

Platiel, geb. Bock, Eleonore (*Nora*), geb. 14.1.1896 Bochum, gest. 6.9.1979 Kassel; Landgerichtsdirektorin in Kassel;

Mitglied der 4. Bundesversammlung. – Land Hessen: Hessischer Landtag 1954-1966 (SPD).   Lengemann II

Platte, Ludwig, geb. 27.9.1914 Treysa, gest. 24.7.1975 ... ; gelernter Huf- und Wagenschmied, Verwaltungsangestellter bei der Kreisverwaltung in Ziegenhain; Mitglied der 3. Bundesversammlung. – Land Hessen: Hessischer Landtag 1958-1974 (SPD).   Lengemann II

Plaut, Gustav, geb. 31.12.1854 Allendorf an der Werra, gest. 23.6.1928 Kassel; gelernter Buchhalter, Bankier in Kassel. – Kassel und Hessen-Nassau 1911-1919 (44. KLT).   Pelda

Pless, Philipp, geb. 16.3.1906 Frankfurt, gest. 7.12.1973 ... ; gelernter Dreher, Journalist, 1963-1972 geschäftsführendes Vorstandsmitglied, 1967-1972 Vorsitzender des DGB-Landesbezirks Hessen; Mitglied der 4. Bundesversammlung. – Land Hessen: Hessischer Landtag 1958-1973 (SPD).   Lengemann II

von Plessen, Hans George Gottfried, geb. 5.2.1765 Herzberg, gest. 13.1.1837 Büstedt; Herr auf Büstedt, Kanzleirat in Braunschweig, Oberhauptmann des braunschweigischen Distrikts Schöningen; Mitglied der Braunschweig-Wolfenbüttelischen und Blankenburgischen Landschaft (Landtag) 1807 und 1819-1832, Präsident der Landschaft 1820-1832. – Kgr. Westphalen 1808-1913.   Lengemann I

Plewe, Carl, geb. 5.6.1876 Berlin, gest. ... ; Landesrat in Wiesbaden; Stellvertretendes Mitglied des Preußischen Staatsrats 1926-1933 (SPD). – Wiesbaden und Hessen-Nassau 1920-1929 (USPD 1920-1922, SPD 1924-1929).   Burkardt/Pult; J.L.

---

[148] Erhebung in den Reichsadelsstand am 25.11.1803.

Edler von Plitt[148]**, Johann Friedrich**, geb. ... , gest. ... ; Geheimer Rat. – Freie Stadt Frankfurt: Gesetzgebende Versammlung 1819. Frost; J.L.

Dr. jur. h.c. Ploch, *Carl* **Aloys**, geb. 4.11.1792 Friedberg, gest. 18.1.1872 Gießen; Landrichter in Gießen. – Ghzm. Hessen: 2. Kammer 1851-1856. Ruppel/Groß

von Ploetz, Hans, geb. 27.11.1904 Bromberg, gest. 23.12.1993 ... ; Berufssoldat, 1945-1954 Obst- und Gemüsebau, bis 1951 Angestellter beim Suchdienst des Roten Kreuzes, 1955 Inhaber eines Hotels in Arolsen, nach Gründung der Bundeswehr wieder Soldat, General. – Land Hessen: Hessischer Landtag 1951-1956 (FDP). Lengemann II; Kanzlei des Landtags

von Plottnitz-Stockhammer, Franz-Joseph *Rupert* **Ottomar**, geb. 4.7.1940 Danzig; Rechtsanwalt in Frankfurt, 1994-1995 Hessischer Minister für Umwelt, Energie und Bundesangelegenheiten (Bevollmächtigter des Landes Hessen beim Bund), seit 1995 Hessischer Minister der Justiz und für Europaangelegenheiten, seit 1994 auch stellvertretender Ministerpräsident; Mitglied des Bundesrats seit 1994; Mitglied der 9. und 10. Bundesversammlung. – Land Hessen: Hessischer Landtag 1987-1994 und 1995 (GRÜ bzw. B 90/GRÜ), Vorsitzender der GRÜ- bzw. B 90/GRÜ-Fraktion 1991-1994. Kanzlei des Landtags

Pnischeck, Edmund Anton, geb. 19.2.1883 Bad Kreuznach, gest. 11.4.1954 Eltville; Bürgermeister. – Wiesbaden und Hessen-Nassau 1924-1933 (Z). Burkardt/Pult

von Pöllnitz – s. von Willich

Pötter, Hermann, geb. ... , gest. ... ; Steindeckermeister. – Freie Stadt Frankfurt: Gesetzgebende Versammlung 1846. Frost

Pohl, *Georg* **Konrad Gustav**, geb. 13.7.1805 Salmünster, gest. 9.3.1868 Salmünster; Advokat in Salmünster. – Kurhessen: Ständeversammlung 1839-1841. Losch; Sieburg

Pohlmann, Heinrich Philipp, geb. 13.12.1758 Rhenegge, gest. 22.5.1836 Rhenegge; Ackermann, Schaf- und Wolle-Kauf- und Handelsmann und Richter in Rhenegge. – Waldeck: Landstand 1817-1836. König/Lengemann/Seibel

Polster, Harald, geb. 18.8.1954 Jugenheim; Beamter bei der Deutschen Bundesbahn, Diplomverwaltungsbetriebswirt in Pfungstadt. – Land Hessen: Hessischer Landtag seit 1991 (SPD). Kanzlei des Landtags

Pomme, Johann August *Carl*, geb. 5.3.1763 Krottorf, gest. 17.4.1831 Krottorf; Freisasse, Ökonom und Steuereinnehmer, 1808-1813 Maire (Bürgermeister) in Krottorf. – Kgr. Westphalen 1808-1813. Lengemann I

Ponsick, J. Friedrich, geb. ... , gest. ... ; Schneidermeister. – Freie Stadt Frankfurt: Gesetzgebende Versammlung 1820-1823. Frost

von Porbeck (Höxter)[149]**,** *Georg* **Dietrich Reinhard**, geb. 24.6.1766 Marburg, gest. 25.9.1837 Kassel; bis 1808 Fstl. oranien-nassau-corveyischer Justizrat, Regierungs- und Kammerdirektor, 1808-1813 Präsident des Tribunals 1. Instanz in Höxter, später Regierungsvizepräsident in Arnsberg. – Kgr. Westphalen 1808-1813. Lengemann I

Dr. jur. h.c. von Porbeck (Kassel)[150]**, Heinrich** *Otto* **Aemilius Friedrich**, get. 11.10.1764 Marburg, gest. 26.4.1841

---

[149] Erhebung (des Vaters) in den Reichsadelsstand am 9.6.1779.
[150] Wie Anm. 149.

Kassel; Regierungsrat, 1808-1813 Präsident des Tribunals 1. Instanz, später Regierungsvizepräsident, Regierungspräsident und Präsident des Oberappellationsgerichts in Kassel, 1830 Kfl. Kommissar bei der Eröffnung des Konstituierenden Landtags. – Kgr. Westphalen 1808-1813. Lengemann I

Posch, Dieter, geb. 19.10.1944 Wien; Verwaltungsjurist, bis 1987 Dezernent beim Regierungspräsidium in Kassel, seit 1987 Rechtsanwalt in Spangenberg, wohnhaft in Melsungen, 1989-1991 Staatssekretär beim Hessischen Minister für Wirtschaft und Technik. – Land Hessen: Hessischer Landtag 1987-1989 und seit 1994 (F.D.P.). Kanzlei des Landtags

Freiherr von Post, *Joseph* Casimir Karl, geb. 3.5.1803 ..., gest. ... ; Gutsbesitzer in Hessisch-Oldendorf. – Kurhessen: Ständeversammlung 1842-1844. Losch; Sieburg; J.L.

Poth, Ludwig, geb. 21.8.1881 Bisterschied bei Kaiserslautern, gest. 31.5.1927 Frankfurt; städtischer Angestellter. – Wiesbaden und Hessen-Nassau 1921-1925 (SPD). Burkardt/Pult

Pracht, Walter Carl Urban *Lionel*, geb. 29.5.1875 Uelzen, gest. 2.3.1945 Bad Pyrmont; Bürgermeister der Stadt Bad Pyrmont. – Waldeck: Landesvertretung 1919-1922 (DDP).
König; König/Lengemann/Seibel

Praetorius, Johannes, geb. 28.5.1794 Harbach, gest. 13.6.1862 Schotten; Rentamtmann in Homberg. – Ghzm. Hessen: 2. Kammer 1834-1841 (kons.). Ruppel/Groß

Prätorius (Preetorius), **Philipp *Wilhelm***, geb. 16.8.1791 Stromberg im Hunsrück, gest. 30.7.1863 Alzey; Lederfabrikant in Alzey. – Ghzm. Hessen: 2. Kammer 1834 und 1851-1856 (dem.). Ruppel/Groß

Precht, Michael *Fritz*, geb. 2.1.1883 Lindau im Bodensee, gest. 9.1.1951 Kassel; gelernter Feinmechaniker, Bürodirektor und Kreisamtmann des Landkreises Kassel, wohnhaft in Ihringshausen; Mitglied der 1. Bundesversammlung. – Kassel und Hessen-Nassau 1926-1930 (62. KLT) (SPD); Land Hessen: Verfassungberatende Landesversammlung Groß-Hessen 1946 (SPD) und Hessischer Landtag 1946-1951 (SPD). Pelda; Lengemann II

Preetorius – s. Prätorius

Pregel, J. Friedrich, geb. ... , gest. ... ; Jurist, Konsistorialrat. – Freie Stadt Frankfurt: Gesetzgebende Versammlung 1820-1829. Frost

Preis, Johannes, geb. 11.4.1885 Frankfurt, gest. ... ; Spengler. – Wiesbaden und Hessen-Nassau 1920 (SPD). Burkardt/Pult

Preiss, Heinrich Wilhelm, geb. 23.1.1789 Usingen, gest. 13.6.1866 Usingen; Schultheiß. – Nassau: Ständeversammlung 1848-1851. Rösner-Hausmann

Preiß, Konrad, geb. 14.11.1817 Wittelsberg, Krs. Marburg, gest. 2.6.1894 Wittelsberg; Ackermann und Bürgermeister in Wittelsberg. – Kassel 1877-1885. Pelda

Dr. jur. Preißler, Walter, geb. 8.4.1915 Buckwa im Egerland; Jurist, 1952-1955 amtierender Landrat in Wetzlar, 1955-1962 Staatssekretär beim Hessischen Minister des Inneren. – Land Hessen: Hessischer Landtag 1954-1955 und 1958-1966 (GB/BHE bzw. GDP/BHE).
Lengemann II; Kanzlei des Landtags

Prentzel, Johann Henrich, geb. 24.4.1785 Züschen, gest. 13.5.1850 Züschen; Schreinermeister und Bürgermeister in Züschen. – Waldeck: Landstand 1831-1840. König/Lengemann/Seibel

August Freiherr Preuschen
von und zu Liebenstein
Präsident der Herrenbank des Nassauischen
Landtags 1818

Dr. phil. Pressel, Georg, geb. 27.1.1797 Hanau, gest. 1.3.1861 Hanau; Inhaber einer Privatschule in Hanau. – Kurhessen: 2. Kammer 1852-1853 (opp.); Vizepräsident 1853. Losch; Sieburg

Freiherr Preuschen von und zu Liebenstein[151], *August* **Ludwig**, geb. 3.7.1766 Karlsruhe, gest. 7.10.1846 Wiesbaden; Vizepräsident des Oberappellationsgerichts in Wiesbaden. – Nassau: Herrenbank 1818-1845; Präsident der Herrenbank 1818. Rösner-Hausmann; J.L.

Freiherr Preuschen von und zu Liebenstein, *Franz* **Georg Ernst Ludwig**, geb. 2.1.1804 Dillenburg, gest. 20.7.1887

Burg Liebeneck bei Osterspai; Oberappellationsgerichtsrat. – Nassau: I. Kammer 1855-1856 und 1858-1863 [kons. (altnassauisch)]. Rösner-Hausmann; J.L.

Freiherr Preuschen von und zu Liebenstein[152], **Georg** *Ernst* **Ludwig (II.)**, geb. 22.12.1764 Karlsruhe, gest. 12.9.1849 Gut Roßbach bei Zeitlofs in Unterfranken; Präsident des Hofgerichts in Wiesbaden. – Nassau: Herrenbank 1831-1832 und 1832-1833. Rösner-Hausmann; J.L.

Preuss, Jacob, geb. 26.12.1768 Steinbach bei Hadamar, gest. 15.12.1826 Steinbach bei Hadamar; Schultheiß. – Nassau: Deputiertenkammer 1818-1826.
Rösner-Hausmann

Preusser, Johann *Philipp*, geb. 6.2.1792 Friedberg, gest. 28.7.1864 Friedberg; Buchhändler, Buchbinder und Bürgermeister in Friedberg. – Ghzm. Hessen: 2. Kammer 1845-1849. Ruppel/Groß

Pringsheim, geb. Chun, Louise (*Lily***)**, geb. 7.2.1887 Königsberg in Ostpreußen, gest. 28.9.1954 Darmstadt; Schriftstellerin in Darmstadt. – Volksstaat Hessen 1931-1933 (SPD). Ruppel/Groß; Götz/Rack

Prinz, George, geb. 20.10.1804 Niederorke, Amt Vöhl, gest. 25.2.1893 Vöhl; Bürgermeister in Niederorke. – Kassel 1868-1883. Pelda

Prinz, Johann *Christian*, geb. 23.11.1801 Darmstadt, gest. 24.5.1849 Oberlaudenbach; Kreisrat in Gießen, später Provinzialkommissar der Provinz Oberhessen und danach Dirigent der Regierungs-Kommission für den Regierungsbezirk Heppenheim. – Ghzm. Hessen: 2. Kammer 1840-1842. Ruppel/Groß

Prinz, Johann *Daniel*, geb. 12.12.1770 Vöhl, gest. 10.12.1832 Niederorke; Öko-

---

151 Erhebung (des Vaters) in den Reichsadelsstand am 8.3.1782; Erhebung (des Vaters) in den Reichsfreiherrenstand als *von und zu Liebenstein* am 28.7.1791.

152 Wie Anm. 151.

nom und Gastwirt in Niederorke. –
Ghzm. Hessen: 2. Kammer 1820-1824.
Ruppel/Groß

Dr. jur. Prior, Johann Conrad Adolph,
geb. 13. 4.1826 Frankfurt, gest. 26.
5.1896 Frankfurt; Jurist; Vorsitzender der
Frankfurter Stadtverordnetenversammlung 1871-1873 (DemP [DVP]). – Freie
Stadt Frankfurt: Gesetzgebende Versammlung 1862-1864 [F].   Frost; J.L.

Probst, Franz Anton, geb. 16.12.1804
Mainz, gest. 10.2.1878 Mainz; Kaufmann
in Mainz. – Ghzm. Hessen: 2. Kammer
1856-1862.   Ruppel/Groß

Pröpper, Heinrich *Christian*, geb.
27.8.1810 Rhoden, gest. 15.8.1894 Rhoden; Kaufmann und Bürgermeister in
Rhoden. – Waldeck: Landtag 1855-1859.
König; König/Lengemann/Seibel

Prützel, Johann Henrich, geb.
31.10.1778 Buhlen, gest. 14.1.1848
Buhlen; Ackermann und Richter in
Buhlen. – Waldeck: Landstand 1845-
1848.   König/Lengemann/Seibel

Prusko, Georg, geb. 27.12.1924 Gleiwitz;
gelernter Industriekaufmann, Bankange-
stellter in Frankfurt, wohnhaft in Nieder-
Mörlen; Mitglied der 7. Bundesversammlung. – Land Hessen: Hessischer Landtag
1969-1983 (CDU).
Lengemann II; Kanzlei des Landtags

Pütter, Hugo, geb. 13.11.1883 Langendreer,
gest. 28.3.1963 ... ; Kaufmann, Abteilungsleiter in Bad Soden. – Land Hessen: Verfassungberatende Landesversammlung
Groß-Hessen 1946 (CDU).   Lengemann II

Pulch, Otto Rudolf, geb. 26.6.1921
Frankfurt; Richter in Frankfurt, 1976-
1978 Staatssekretär beim Hessischen Minister des Innern, 1978-1986 Präsident
des Hessischen Rechnungshofs. – Land
Hessen: Hessischer Landtag 1970-1974

und 1975-1976 (F.D.P.).
Lengemann II; Kanzlei des Landtags

Puth, Jean, geb. 6.3.1865 Londorf bei
Gießen, gest. 28.12.1933 Hungen; Kaufmann und zeitweise kommissarischer
Bürgermeister in Fechenheim. – Kassel
und Hessen-Nassau 1919 (45. KLT) -
1920 (SPD).   Pelda

Quanz, Friedrich, geb. 18.2.1892 Kassel,
gest. 1.11.1968 ... ; Bauingenieur, hauptamtlicher Stadtrat für Wohnungsbau und
Siedlungswesen a.D. in Kassel; Mitglied
der Verbandsversammlung des LWV
Hessen 1953-1965. – Land Hessen: Hessischer Landtag 1958 (CDU) Lengemann II

Quanz, Lothar, geb. 2.9.1949 Burghaun-
Rothenkirchen; Gymnasiallehrer, Studiendirektor in Eschwege. – Land Hessen: Hessischer Landtag seit 1995 (SPD).
Kanzlei des Landtags

Quilling, Johann Friedrich, geb. ... , gest.
... ; Handelsmann. – Freie Stadt Frankfurt: Gesetzgebende Versammlung 1850-
1857.   Frost

Raab, J. V., geb. ... , gest. ... ; Schreinermeister. – Freie Stadt Frankfurt: Gesetzgebende Versammlung 1832-1833.   Frost

Raab, Johann *Georg*, geb. 30.6.1869
Bickenbach, gest. 2.2.1932 Pfungstadt;
gelernter Zigarrenmacher, bis 1907
Werkmeister in Pfungstadt, 1907-1918
Parteisekretär der SPD in Darmstadt,
1918-1920 Direktor der Ministerialabteilung Landesarbeitsamt bzw. Leiter des
Landesarbeits- und Wirtschaftsamtes,
1920-1928 Hessischer Minister für Arbeit
und Wirtschaft. – Ghzm. Hessen. 2. Kammer 1905-1918 und Volksstaat Hessen
1919-1931 (SPD).   Ruppel/Groß

Raab, Johannes, geb. 3.4.1826 Kirdorf,
gest. 31.10.1881 Kirdorf, Schultheiß,
später Bürgermeister in Kirdorf. – Hes-

sen-Homburg 1849 [Z *1873*].

Rösner-Hausmann; J.L.

Dr. jur. Raabe, Cuno, geb. 5.5.1888 Fulda, gest. 3.5.1971 ... ; Oberbürgermeister der Stadt Fulda; Mitglied des Provinzial-Landtags Ostpreußen ... – ... ; Mitglied der 1., 2. und 3. Bundesversammlung. – Land Hessen: Verfassungberatende Landesversammlung Groß-Hessen 1946 (CDU) und Hessischer Landtag 1946-1962 (CDU); Vizepräsident der Verfassungberatenden Landesversammlung Groß-Hessen 1946 und Vizepräsident des Hessischen Landtags 1946-1962.

Lengemann II

Raabe, Heinrich[153], geb. 12.4.1799 Breuna, gest. 31.5.1865 Breuna; Ökonom in Breuna. – Kurhessen: Ständeversammlung 1833, 1833-1835 und 1838 (gem. lib. 1833, 1833-1835).

Losch; Sieburg; J.L.

Raabe, Johann Conrad, geb. 1.7.1828 Rennertshausen, gest. 15.5.1905 Rennertshausen; Landwirt und Bürgermeister. – Wiesbaden 1875 (8. KLT), 1877 und 1881-1904 und Hessen-Nassau 1886-1904.

Burkardt/Pult

Rabe von Pappenheim, *Alfred* Otto, geb. 2.9.1808 Kassel, gest. 24.12.1851 Stammen; Gutsbesitzer in Stammen. – Kurhessen: Ständeversammlung 1847-1848.

Losch; Sieburg

Rabe von Pappenheim, *Carl* Eduard Julius Johann, geb. 19.8.1847 Dürrenhof bei Eisenach, gest. 28.3.1918 Kassel; Rittergutsbesitzer in Liebenau; MdA 1894-1918 (K). – Kassel 1880-1918 und Hessen-Nassau 1886-1918 (K); Vorsitzender

Carl Rabe von Pappenheim (K)
Vorsitzender (Präsident) des Kommunal-Landtags Kassel 1899-1918 und Präsident des Provinzial-Landtags Hessen-Nassau 1900-1918

(Präsident) des 25.-42. Kommunal-Landtags Kassel 1899-1918, Präsident des VIII.-XII. Provinzial-Landtags Hessen-Nassau 1900-1918.

Pelda; J.L.

Rabe, Karl, Geb. 7.2.1886 Kleinern, gest. 24.2.1945 Gembeck; Lehrer in Rattlar, später in Gembeck. – Waldeck: Landesvertretung 1919-1922 (WVB).

König; König/Lengemann/Seibel

Rabenau – s. Freiherren Nordeck zur Rabenau

Rach, Philipp, geb. ... , gest. ... . – Freie Stadt Frankfurt: Gesetzgebende Versammlung 1852-1866.

Frost

Racké, *Nicola* Josef Adolf, geb. 11.1.1847 Mainz, gest. 26.12.1908 [von seinem geistesgestörten Sohn getötet] Mainz; Kauf-

---

[153] Nach GROTHE führte der Abgeordnete den Vornamen *David*; ob beide Bezeichnungen die gleiche Person meinen oder wer tatsächlich Mitglied der Ständversammlung war, konnte bei der Erarbeitung des Index nicht erforscht werden.

mann (Weinhandel und Weinessigfabrikation) in Mainz; MdR 1884-1890 (Z). – Ghzm. Hessen: 2. Kammer 1875-1893 (Z).   Ruppel/Groß; J.L.

Rade, Martin Gottfried, geb. 5.2.1891 Schönbach, Kreis Löbau, gest. ... ; Geschäftsführer in Kassel. – Kassel und Hessen-Nassau 1926-1928 (DDP).   Pelda

Rademacher, Heinrich, geb. 24.8.1908 Gelsenkirchen, gest. 1.6.1984 ... ; Maschinenschlosser, Betriebsangestellter in Kassel; Mitglied der 1. Bundesversammlung. – Land Hessen: Beratender Landesausschuß 1946 (KPD), Verfassungberatende Landesversammlung Groß-Hessen 1946 (KPD) und Hessischer Landtag 1946-1950 (KPD).   Lengemann II

Rademacher, *Leopold* **Paul Theodor**, geb. 5.7.1864 Werl, gest. 7.4.1935 Wiesbaden; Landrat in Westerburg. – Wiesbaden und Hessen-Nassau 1905-1911.
                     Burkardt/Pult; J.L.

Radke, Olaf, geb. 22.12.1922 Stuttgart, gest. 27.7.1972 ... ; Arbeitsrechtler bei der IG Metall in Frankfurt, Geschäftsführendes Vorstandsmitglied der IG Metall für die Bundesrepublik Deutschland; Mitglied der 2., 3. und 4. Bundesversammlung. – Land Hessen: Hessischer Landtag 1950-1954 und 1956-1972 (SPD).   Lengemann II

Radomicki, Franz, geb. 20.10.1912 Ober-Ramstadt, gest. 20.10.1981 ... ; Amtsrat bei der Kreisverwaltung Erbach im Odenwald. – Land Hessen: Hessischer Landtag 1964-1974 (SPD).   Lengemann II

Raht, Johann Andreas *Adolph*, geb. 11.6.1789 Rennerod, gest. 28.11.1858 Hochheim; Präsident des Oberappellationsgerichts in Wiesbaden. – Nassau: Ständeversammlung 1848-1851 (Club der Linken).   Rösner-Hausmann

Daniel Raht (NFP)
Präsident der II. Kammer des Nassauischen Landtags 1864-1866

Raht, Joseph Martin *Daniel*, geb. 10.3.1823 Wiesbaden, gest. 16.10.1900 Weilburg; Hofgerichtsprokurator, dann Rechtsanwalt in Weilburg. – Nassau: II. Kammer 1861-1866 (NFP); Präsident der II. Kammer 1864-1866; Wiesbaden und Hessen-Nassau 1886-1892.
                     Rösner-Hausmann

Freiherr Raitz von Frentz zu Schlenderhan[154], *Adolph* **Carl Hubert**, geb. 10.3.1797 Listringhausen bei Meinerzhagen, gest. 4.1.1867 Mainz; Herr auf Schlenderhan, Landrat des Kreises Bergheim an der Erft; Mitglied des Rheinischen Provinzallandtags 1826-1833 und 1843-1851. – Nassau: Herrenbank 1831-1845.   Rösner-Hausmann; J.L.

---

[154] Kgl. preußische Anerkennung des Freiherrenstandes am 15.12.1826.

Ramm, Otto Heinrich Bernhard, geb. 20.10.1875 Rinteln, gest. 16.1.1957 Rinteln; Glasarbeiter, Flaschenmacher, 1926 Krankenkassenvollziehungsbeamter in Rinteln. – Kassel und Hessen-Nassau 1919 (45. KLT) -1932 (SPD).   Pelda

Ramme, Johann Henrich Ludwig, geb. 6.8.1802 Landau, gest. 6.9.1878 Landau; Ackermann, Polizeiinspektor und Bürgermeister in Landau. – Waldeck: Landstand 1844-1846.   König/Lengemann/Seibel

Ramspeck, *Gerhard* Jakob, geb. 25.6.1793 Alsfeld, gest. 24.12.1880 Alsfeld; Kaufmann und Bürgermeister in Alsfeld. – Ghzm. Hessen: 2. Kammer 1841-1849.   Ruppel/Groß

Ramspeck, Johann Werner, geb. 20.8.1816 Alsfeld, gest. 20.7.1887 Alsfeld; Bürgermeister und Direktor der Spar- und Leihkasse in Alsfeld. – Ghzm. Hessen: 2. Kammer 1872-1875 (kons.).   Ruppel/Groß

Rang, *Franz* Richard Justus Dagobert, geb. 18.7.1831 Neuhof bei Fulda, gest. 7.10.1893 Kassel; Oberbürgermeister der Stadt Fulda; MdR 1867-1871 (FrVg [lib.]). – Kassel 1868-1892 und Hessen-Nassau 1886-1892.   Pelda; J.L.

Rang, Justus, geb. 2.4.1802 Neuhof bei Fulda, gest. 3.11.1859 Fulda; Obergerichtsrat in Marburg, später Bezirksdirektor in Fulda; Mitglied des Volkshauses des Uniosnparlaments 1850. – Kurhessen: Ständeversammlung 1848-1849.
   Losch; Sieburg; J.L.

Rang, Ludwig Maria Franz, geb. 25.11.1869 Fulda, gest. 4.4.1957 Salmünster; Forstmeister in Salmünster. – Kassel und Hessen-Nassau 1926-1929 (Z).   Pelda

Ranke, Conrad, geb. ... , gest. ... ; Schlossermeister. – Freie Stadt Frankfurt: Gesetzgebende Versammlung 1847.   Frost

Rapp, Georg Aquilin Joseph, geb. 19. 3.1795 Mainz, gest. 27. 4.1845 Frankfurt; Advokat, Fstl. Thurn- und Taxischer Generalpostdirektionsrat, Publizist. – Freie Stadt Frankfurt: Gesetzgebende Versammlung 1826-1838, Ständige Bürgerrepräsentation 1829-1838 (Stadtrechnungsrevisionskolleg 1833-1838).   Frost

Rasor, Christian August, geb. ... , gest. ...; Handelsmann. – Freie Stadt Frankfurt: Gesetzgebende Versammlung 1850-1857.   Frost

Rau, Andreas, geb. 27.2.1858 Hanau, gest. 3.3.1935 Mühlheim; Fabrikarbeiter in Offenbach, 1896 Gastwirt in Mühlheim, später Vorstandsmitglied des dortigen Bankvereins. – Ghzm. Hessen: 2. Kammer 1896-1902 (SPD).   Ruppel/Groß

Rau, Heribert Marquard Philipp Joseph, geb. 11.2.1813 Frankfurt, gest. 29.6.1876 Frankfurt; Handelsmann, Theologe, Führer der freireligiösen Bewegung, später Prediger der deutsch-katholischen Gemeinden in Stuttgart, Mannheim und Offenbach. – Freie Stadt Frankfurt: Gesetzgebende Versammlung 1846.   Frost

Rau, Johann Georg, geb. 22.4.1809 Waldmühlen, gest. 12.2.1872 Limburg; Domkapitular in Limburg. – Nassau: Ständeversammlung 1849-1851 (Club der Rechten) und II. Kammer 1852-1857, 1858-1859 und 1864-1866 [kath. *1867*, K *1870*].   Rösner-Hausmann; J.L.

Rau von und zu Holzhausen, *Carl* Eugen Friedrich Siegmund, geb. 14.12.1804 Nordeck, gest. 17.7.1862 Birstein. – Kurhessen: Ständeversammlung 1838-1841.   Losch; Sieburg

Rau von und zu Holzhausen, *Ferdinand* August Wilhelm Christian, geb. 5.5.1818 Dorheim, gest. 18.3.1856 Meran, Tirol, [damals] Österreich; Gutsbe-

sitzer in Dorheim. – Kurhessen: Ständeversammlung 1848-1849.   Losch; Sieburg

**Rau von und zu Holzhausen, *Franz Carl*
Ernst Wilhelm**, geb. 28.10.1775 Rauisch-
holzhausen, gest. 22.2.1830 Arolsen;
Fstl. Waldeckischer Oberforstmeister. –
Hessen-Kassel 1815-1816.   Sieburg (J.L.)

**Rau von und zu Holzhausen, *Otto* Ru-
dolf Karl Konrad**, geb. 10.9.1813 Dorheim, gest. 28.9.1866 Rauischholzhau-
sen; Gutsbesitzer in Dorheim. –
Kurhessen: Ständeversammlung 1845-
1848.   Losch; Sieburg

Rauber, Heinz, geb. 30.12.1953 Wetzlar;
gelernter Werkzeugmacher, Sozialpädago-
ge im Psychiatrischen Krankenhaus Herborn, 1990-1993 hauptamtlicher Stadtrat
(Sozialdezernent) in Wetzlar, 1993-1995
Leiter einer Tagespflegestätte für Senioren.
– Land Hessen: Hessischer Landtag seit
1995 (SPD).   Kanzlei des Landtags

Rauch, Dorli, geb. 15.8.1950 Neukirchen,
Krs. Waldeck; Lehrerin in Lichtenfels-
Sachsenberg. – Land Hessen: Hessischer
Landtag 1982-1983 (GRÜ).
    Lengemann II; Kanzlei des Landtags

Rauch, Eduard, geb. 20.8.1844 Cappeln,
Schleswig, gest. ... 11.1931 Siems bei
Lübeck; Oberbürgermeister der Stadt
Hanau. – Kassel 1879-1889 und Hessen-
Nassau 1886-1889.   Pelda; J.L.

Rauch, J. C., geb. ... , gest. ... ; Handelsmann, Major. – Freie Stadt Frankfurt: Gesetzgebende Versammlung 1835-1837
und 1844.   Frost

**Rauck, geb. Eckerlein, verw. Schweighö-
fer, Anna Maria**, geb. 25.7.1871 Dieburg,
gest. 30.5.1953 Jugenheim; Hausfrau in
Darmstadt. – Volksstaat Hessen 1919-1921
(SPD).   Ruppel/Groß; Götz/Rack; J.L.

Rauh, Johann Heinrich, geb. 6.2.1806

Hanau, gest. 29.12.1861 Hanau; Rentner
in Hanau. – Kurhessen: Ständeversammlung 1848-1850 (dem.).   Losch; Sieburg

Rausch, Karl Julius, geb. 30.1.1844
Rengshausen, gest. 4.8.1911 Kassel;
1884-1904 Leiter des Beiserhauses und
Pfarrer der renitenten Gemeinde in
Rengshausen. – Kassel und Hessen-Nas-
sau 1892-1898.   Pelda

Rausch, Wilhelm, geb. 11.10.1793 Lauterbach, gest. 9.6.1845 Lauterbach; Gastwirt und Postmeister in Lauterbach. –
Ghzm. Hessen. 2. Kammer 1832-1833
und 1841-1845.   Ruppel/Groß

Rausch, Willi, geb. 3.6.1936 Besse; Beamter bei der Deutschen Bundespost,
wohnhaft in Edermünde-Besse; Mitglied
der 10. Bundesversammlung. – Land
Hessen: Hessischer Landtag 1984-1995
(SPD).   Lengemann II; Kanzlei des Landtags

Rauschert, Georg *Philipp*, geb. 26.5.1801
Alzey, gest. ... ; Ökonom auf dem
Münschbischheimer Hof bei Gunders-
heim in Rheinhessen. – Ghzm. Hessen: 2.
Kammer 1834 (lib.).   Ruppel/Groß

Raussenberger, Friedrich Bernhard,
geb. ... , gest. ... ; Schuhmachermeister. –
Freie Stadt Frankfurt: Gesetzgebende
Versammlung 1852-1857.   Frost

Raute, Karl, geb. 8.12.1910 Büdingen,
gest. 15.6.1989 ... ; Leiter des Kreisju-
gendamtes Friedberg, 1966-1975 Bürgermeister der Kreisstadt Friedberg; Mitglied
der 4. und 5. Bundesversammlung. –
Land Hessen: Hessischer Landtag 1962-
1970 (SPD).
    Lengemann II; Kanzlei des Landtags

Raven, Johann Anton Friedrich, geb.
3.6.1764 Einbeck, gest. 23.3.1832 Einbeck; Patrizier und Privatgelehrter in Einbeck, 1808 Friedensrichter für die Stadt
Einbeck; Mitglied der Provisorischen All-

gemeinen Ständeversammlung des Kgr. Hannover 1818-1819 und der 2. Kammer der Allgemeinen Ständeversammlung des Kgr. Hannover 1819-1825. – Kgr. Westphalen 1808-1813. Lengemann I

Ravenstein, Friedrich *August*, geb. 4.12.1809 Frankfurt, gest. 30.7.1881 Frankfurt; Kartograph, Gründer der Kartographischen Anstalt, Buchhändler. – Freie Stadt Frankfurt: Verfassunggebende Versammlung 1848-1849. Frost; J.L.

Reatz, *Franz* Peter Joseph, geb. 2.2.1801 Bensheim, gest. 30.7.1882 Darmstadt; Obersteueranwalt in Darmstadt, 1856 Fiskalanwalt. – Ghzm. Hessen: 2. Kammer 1857-1862. Ruppel/Groß

Rebholz, Johann (*Jean*) Baptist, geb. 19.6.1885 Kreenheinstetten, Baden), gest. 6.1.1960 Offenbach; Lotterieeinnehmer. – Wiesbaden und Hessen-Nasssu 1930-1933 (SPD). Burkardt/Pult

Rechthien, Bernhard, geb. 30.12.1876 Rieste, Krs. Bersenbrück, gest. 2.2.1941 Bad Vilbel; gelernter Weber, bis 1919 Arbeitersekretär Worms, 1919-1928 Bürgermeister in Bad Vilbel, 1928-1933 Kreisdirektor in Friedberg. – Volksstaat Hessen 1919-1931 (SPD). Ruppel/Groß; Götz/Rack

Reck, *Martin* Wilhelm Heinrich Karl, geb. 14.10.1874 Vilbel, gest. 30. 6.1945 Bad Vilbel; gelernter Maurer, später Krankenkassenkontrolleur in Bad Vilbel. – Volksstaat Hessen 1921 (SPD). Ruppel/Groß

Recknagel, Otto, geb. 30.4.1897 Steinbach-Hallenberg, gest. ... ; gelernter Kaufmann, Eisen- und Stahlwaren- sowie Werkzeug- und Sportartikelfabrikant, später Landrat des Kreises Herrschaft Schmalkalden; MdL Preußen 1932-1933 (NSDAP); MdR 1933-1945 (NSDAP). – Kassel und Hessen-Nassau 1933 (NSDAP). Pelda; J.L.

Reddehase, Johann Heinrich, geb. 27.12.1796 Elleringhausen, gest. 11.5.1871 Arolsen; Bürgermeister in Landau. – Waldeck: Landstand 1846-1848. König/Lengemann/Seibel

Reeh, Herbert, geb. 13.1.1948 Neuenbrunslar; Lehrer in Homberg/Efze, ab 1979 Rektor als Ausbildungsleiter. – Land Hessen: Hessischer Landtag 1987-1991 (GRÜ).
Lengemann II; Kanzlei des Landtags

von Regemann[155], Hermann, geb. 13.12.1794 Bayreuth, gest. 24.11.1868 Neuenschmidten; Gutsbesitzer in Neuenschmidten. – Kurhessen: Ständeversammlung 1833 (gouv.). Losch; Sieburg; J.L.

Reges, Johann Andreas Benjamin, geb. 31.1.1772 Frankfurt, gest. 18.1.1847 Frankfurt; Maler und Radierer, Major. – Freie Stadt Frankfurt: Gesetzgebende Versammlung 1817-1819. Frost

Reges, *Philipp* Friedrich, geb. 23.2.1821 Eschborn, gest. 29.10.1870 Eschborn; Landwirt. – Nassau: II. Kammer 1852.
Rösner-Hausmann

Regner, Johann Valentin, geb. ... , gest. ...; Fischer. – Freie Stadt Frankfurt: Gesetzgebende Versammlung 1866. Frost

Dr. jur. h.c. Reh, Karl Johann *Heinrich*, geb. 3. 3.1860 Darmstadt, gest. 22. 9.1946 Bad Nauheim; Rechtsanwalt und Notar in Alsfeld. – Ghzm. Hessen: 2. Kammer 1902-1918 und Volksstaat Hessen 1919-1921 (FrsgVP 1902-1910, FoVP 1910-1918, DDP 1919-1921). Ruppel/Groß; J.L.

Reh, Jakob Ludwig *Theodor*, geb. 4.11.1801 Darmstadt, gest. 31.3.1868

---

[155] Immatrikulation im Kgr. Bayern in der Adelsklasse am 8.5.1834.

Darmstadt; Hofgerichtsadvokat inDarm-
stadt; MdN 1848-1849 (DH 1848, WH
1848, Westendhall 1848-1849), Vizepräsident der Nationalversammlung 1849,
Präsident der Nationalversammlung
1849; Mitglied des Volkshauses des Unionsparlaments 1850. – Ghzm. Hessen: 2.
Kammer 1834 und 1847-1856 (lib.).

Ruppel/Groß; J.L.

Rehbein, *Karl* Heinrich Ferdinand, geb.
14.10.1885 Hanau, gest. 3.3.1956 Hanau;
gelernter Goldschmiedehandwerker, 1920-
1933 Geschäftsführer des Deutschen Metallarbeiterverbandes, 1945 Polizeidirektor in Hanau ernannt, 1946-1956 Oberbürgermeister der Stadt Hanau; MdL Preußen
1925-1933 (KPD 1924-1929, bkF 1929,
SPD 1929-1933). – Kassel und Hessen-
Nassau 1921-1926 (KPD); Land Hessen:
Beratender Landesausschuß 1946 (SPD).

Pelda; Lengemann II

Rehbein, Willi, geb. 12.1.1911 Hanau;
Leiter der Sozialabteilung bei der Stadt-
verwaltung Hanau, 1960-1974 Bürger-
meister in Klein-Auheim; Mitglied der 4.
Bundesversammlung. – Land Hessen:
Hessischer Landtag 1959-1966 (SPD).

Lengemann II; Kanzlei des Landtags

Rehermann, Heinrich Carl Eduard, geb.
29.1.1844 Warburg, gest. 28.1.1892 Rinteln; Kreissekretär, 1880-1887 Bürgermeister in Rinteln. – Kassel 1880-1886.

Pelda

Dr. phil. Rehm, Friedrich, geb. 27.11.1792
Immichenhain, gest. 5.11.1847 Kassel;
Professor der Geschichte und Univer-
sitätsbibliothekar in Marburg. – Kurhessen: Ständeversammlung 1840-1848.

Losch; Sieburg

Rehn, Hieronimus, geb. 22.3.1785 Hersfeld, gest. 1.12.1846 Hersfeld; Ratsverwandter, dann Bürgermeister in Hersfeld.
– Kurhessen: Konstituierender Landtag
1830.

Losch; Sieburg

Reiber, *Julius* Georg Berthold, geb.
12.7.1883 Gießen, gest. 21.9.1960 Darmstadt; Lehrer, 1922 Rektor, 1945 Stadtschulrat und Bürgermeister (SPD) in
Darmstadt. – Volksstaat Hessen 1919-
1931 (DDP); Vorsitzender der DDP-Fraktion 1924-1931.

Ruppel/Groß; J.L.

Reichard, Johann Gerhard, geb. 25.
2.1792 Frankfurt, gest. 18. 1.1859 Frankfurt; Gastwirt, Handelsmann. – Freie
Stadt Frankfurt: Gesetzgebende Versammlung 1832.

Frost

Reichardt, Albert, geb. ... , gest. ... ;
Weißbindermeister. – Freie Stadt Frankfurt: Gesetzgebende Versammlung 1825-
1827.

Frost

Reichardt, J., geb. ... , gest. ... ; Weißbindermeister. – Freie Stadt Frankfurt: Gesetzgebende Versammlung 1824.

Frost

von Reichenau, Max *Rudolph* **Ernst**, geb.
7.12.1805 Dillenburg, gest. 3.7.1881
Charlottenburg; Amtmann in Weilburg. –
Nassau: II. Kammer 1858-1863.

Rösner-Hausmann; J.L.

Reichenbach, Gerold, geb. 28.9.1953
Geinsheim; bis 1995 Studienrat in Groß-
Gerau. – Land Hessen: Hessischer Land-
tag seit 1995 (SPD). Kanzlei des Landtags

Reichert, Christoph, geb. 2.2.1808 Met-
tenheim, gest. 6.3.1883 Mettenheim;
Bürgermeister in Mettenheim. – Ghzm.
Hessen: 2. Kammer 1850. Ruppel/Groß

Reichert, Wilhelm Georg, geb. 3.7.1928
Stockheim; gelernter Maurer, ab 1963
DGB-Sekretär, wohnhaft in Stockheim. –
Land Hessen: Hessischer Landtag 1970-
1987 (SPD).

Lengemann II; Kanzlei des Landtags

Reichhardt, Irmgard, geb. 23.8.1935
Hungen-Utphe, gest. 14.2.1994 ... ; Meisterin der ländlichen Hauswirtschaft, bis

1987 Ausbilderin, 1987-1991 Hessische Ministerin für Landwirtschaft, Forsten und Naturschutz, wohnhaft auf Hofgut Ringelhausen in Hungen; Stellvertretendes Mitglied des Bundesrates 1987-1991. – Land Hessen: Hessischer Landtag 1991-1994 (CDU).   Kanzlei des Landtags

Reichmann, Friedrich *Wilhelm* Heinrich Justus, geb. 15.1.1799 Herborn, gest. 29.9.1870 Wiesbaden; Prokurator. – Nassau: II. Kammer 1852-1854.
                                   Rösner-Hausmann

Reidt, Lorenz, geb. 12.9.1804 Neukirchen, gest. 15.6.1864 Neukirchen; Bürgermeister in Neukirchen. – Kurhessen: Ständeversammlung 1842-1844.
                                        Losch; Sieburg

Reif, Clemens, geb. 21.1.1949 Gießen; gelernter Speditionskaufmann, Geschäftsführer in der Entsorgungswirtschaft, seit 1990 Generalbevollmächtigter, wohnhaft in Herborn. – Land Hessen: Hessischer Landtag 1982-1983 und seit 1987 (CDU).   Lengemann II; Kanzlei des Landtags

Reifert, Clemens, geb. .. , gest. ... ; Wagenfabrikant in Bockenheim. – Kurhessen: 2. Kammer 1858-1862 und Ständeversammlung 1862-1863 (lib.).
                                   Losch; Sieburg; J.L.

Reiffenstein, Johann Peter, geb. 30.3.1811 Frankfurt, gest. 14.12.1884 Frankfurt; Weißbindermeister. – Freie Stadt Frankfurt: Gesetzgebende Versammlung 1850 und 1852-1857.   Frost

von Reimann[156], **Georg Johann Gerhard August**, get. 22.8.1771 Kleve, gest. 26.2.1847 Berlin; Jurist, bis 1806 Rat der Kammer in Paderborn, 1808 Präfekt des Werra-Departements in Marburg, 1808-

1812 des Fulda-Departements in Kassel und 1812-1813 (unter Ernennung zum Staatsrat) des Oker-Departements in Braunschweig, später Regierungspräsident in Aachen. – Kgr. Westphalen 1808-1812.   Lengemann I

Reimerdes, Hermann Heinrich, geb. 5.9.1822 Großen Neelhof, gest. 21.12.1870 Großen Neelhof; Gutsbesitzer zu Großen-Neelhof. – Kassel 1868-1870.   Pelda

Reimherr, Peter Gottfried Wilhelm, geb. 25.6.1793 Erbach, gest. 15.2.1843 Frankfurt: Hauptmann, Major. – Freie Stadt Frankfurt: Gesetzgebende Versammlung 1823, 1829 und 1839-1840.   Frost

Reinach, Adolph, geb. 4.12.1814 Frankfurt, gest. 12. 9.1879 Falkenstein im Taunus; Handelsmann, Bankier. – Freie Stadt Frankfurt: Gesetzgebende Versammlung 1861-1862 und 1864-1866.   Frost

Reincke, Valentin, geb. ... , gest. ... . – Freie Stadt Frankfurt: Gesetzgebende Versammlung 1851.   Frost

Reinemer, Ernst, geb. 17.10.1874 Bad Kissingen, gest. 20.5.1933 Frankfurt-Unterliederbach; Metallarbeiter. – Wiesbaden und Hessen-Nassau 1920 (USPD).
                                        Burkardt/Pult

Reiner, Heinrich, geb. 10.12.1892 Hof in Oberfranken, gest. 15.1.1946 Heilstätte Friedrichsgemünd bei Georgensgemünd in Mittelfranken; Angestellter, später Staatssekretär und stellvertretender Führer der Hessischen Landesregierung in Darmstadt; MdR 1936-1945 (NSDAP). – Wiesbaden und Hessen-Nassau 1933 (NSDAP).   Burkardt/Pult; J.L.

Dr. jur. Reinganum, Maximilian, geb. 31.12.1798 Frankfurt, gest. 22.6.1878 Frankfurt; Advokat, 1841 Konsulent der Frankfurter Handelskammer. – Freie

---

[156] Erhebung (des Vaters) in den Kgl. preußischen Adelsstand am 23.11.1786; Eintragung in die Adelsmatrikel der Rheinprovinz am 3.7.1829.

Stadt Frankfurt: Gesetzgebende Versammlung 1830-1849 und 1857-1866, Ständige Bürgerrepräsentation 1830-1849 (dem., [DemP (DVP) *1866-1878*]).

Frost; J.L.

Reinhard, August, geb. 5.10.1827 Landershausen, gest. 22.3.1910 Landershausen; Gutsbesitzer und Bürgermeister in Landershausen. – Kassel 1878-1883 und 1886-1910 und Hessen-Nassau 1886-1910.

Pelda

Reinhard, Moritz Wilhelm Theodor Friedrich, geb. 12.9.1850 Unterweißenborn, gest. 15.12.1898 Fürsteneck; Domänenpächter in Fürsteneck. – Kassel 1884-1885.

Pelda

Dr. med. Reinhardt, *Heinrich* Wilhelm Karl, geb. 28.3.1894 Kassel, gest. 20.1.1959 Bad Wildungen; praktischer Arzt in Melsungen; MdR 1942-1945 (NSDAP). – Kassel und Hessen-Nassau 1933 (NSDAP).

Pelda; J.L.

Reinhart, *Andreas* Nikolaus, geb. 22.11.1841 Worms, gest. 24.11.1910 Worms; Kaufmann (Mitinhaber der Fa. Doerr & Reinhart) in Worms. – Ghzm. Hessen. 2. Kammer 1878-1910 (NL); Vizepräsident (3. Präsident) der 2. Kammer 1901-1905.

Ruppel/Groß; J.L.

Reinheimer, Johann Peter, geb. 31.10.1800 Klein-Gerau, gest. 9.5.1875 Klein-Gerau; Bürgermeister in Klein-Gerau. – Ghzm. Hessen: 2. Kammer 1854-1856.

Ruppel/Groß

Reinicke, Jacob Friedrich, geb. 15.5.1796 Ringstedt, gest. 8.1.1866 Schmalkalden; Tuchfabrikant in Schmalkalden. – Kurhessen: Ständeversammlung 1843-1848 und 1849-1850 und 2. Kammer 1852-1860 (lib. 1843-1848, 1849-1850, konst. 1852-1860).

Losch; Sieburg; J.L.

Reinige, Johann *Georg*, geb. 6.6.1798 Karlsbad, Böhmen, gest. 2.1.1878 Sachsenberg; Apotheker in Sachsenberg. – Waldeck: Landtag 1859-1860.

König; König/Lengemann/Seibel

Reins, *Karl* Friedrich Wilhelm, geb. 17.6.1868 Wrexen, gest. 2.9.1919 Wrexen; Landwirt in Wrexen. – Waldeck: Landesvertretung 1919 (WVB).

König; König/Lengemann/Seibel

Reischauer, Johann Wilhelm, geb. 28.8.1803 Bückeburg, gest. 29.12.1872 Rinteln; Kaufmann und Fabrikant in Rinteln. – Kurhessen: Ständeversammlung 1847-1848, 2. Kammer 1858-1862 und Ständeversammlung 1862-1863 (lib.).

Losch; Sieburg

Reiß, Isaak Anton (*Jacques*), geb. 3.3.1807 Frankfurt, gest. 17.3.1887 Frankfurt; Handelsmann, später Bankier (Fa. Gebr. Reiß). – Freie Stadt Frankfurt: Gesetzgebende Versammlung 1850-1866, Ständige Bürgerrepräsentation 1854-1866.

Frost

Reitz, Heribert, geb. 1.6.1930 Offheim; bis 1972 im gehobenen Dienst bei der Deutschen Bundespost, 1972-1984 Hessischer Minister der Finanzen, 1982-1984 zugleich mit der Wahrnehmung der Geschäfte des Hessischen Ministers für Wirtschaft und Technik beauftragt; Mitglied des Bundesrates 1972-1978, Stellvertretendes Mitglied 1978-1984; Mitglied der 4., 5. und 6. Bundesversammlung. – Land Hessen: Hessischer Landtag 1962-1991 (SPD); Vorsitzender der SPD-Fraktion 1970-1972.

Lengemann II; Kanzlei des Landtags

Reitz, Karl, geb. 24.1.1887 Dodenau, Krs. Frankenberg, gest. 25.10.1980 ... ; Mitinhaber und Geschäftsführer einer Dampfziegelei und eines Dampfsägewerks in Reddighausen, Krs. Frankenberg. – Land Hessen: Verfassungberatende Landesversammlung Groß-Hessen 1946 (CDU) und Hessischer Landtag 1946-1947 (CDU).

Lengemann II

Rembe, Friedrich Ludwig, geb. 11.5.1784 Homberg, gest. 18.6.1867 Kassel; Landrat in Rotenburg an der Fulda. – Kurhessen: Ständeversammlung 1839-1840.

Losch; Sieburg

Remy, Johann Friedrich, geb. 30.3.1823 Quirnbach, gest. 24.12.1906 Selters im Unterwesterwald; Kaufmann, Gastwirt, Bürgermeister a. D. – Wiesbaden und Hessen-Nassau 1886-1906.

Burkardt/Pult

Remy, Peter Jacob, geb. 26.9.1800 Höhr, gest. 12.3.1883 Höhr; Tonwarenfabrikant. – Nassau: Ständeversammlung 1848-1851 (Club der Rechten).

Rösner-Hausmann

Renck, J. Christoph, geb. ... , gest. ... ; Schreinermeister. – Freie Stadt Frankfurt: Gesetzgebende Versammlung 1838. Frost

Renck, Johann Wilhelm, geb. 31.1.1810 Frankfurt, gest. 28.1.1862 Frankfurt; Zimmermeister. – Freie Stadt Frankfurt: Gesetzgebende Versammlung 1850 und 1860-1862, Ständige Bürgerrepräsentation 1860-1862.

Frost

Renneisen, Jakob, geb. 20.11.1899 Raunheim, gest. 2.8.1973 ... ; Lehrer in Oberursel. – Land Hessen: Hessischer Landtag: 1950 (KPD).

Lengemann II

Dr. jur. Renner, Friedrich, geb. 30.4.1835 Frankenberg, gest. 31.12.1907 Kassel; Rechtsanwalt und Notar in Kassel. – Kassel 1884-1885 und 1886-1891 und Hessen-Nassau 1886-1891.

Pelda

Renner, Joseph Aloys, geb. 13.11.1810 Frankfurt, gest. 27.2.1882 Frankfurt; Jurist, 1865-1879 Appellationsgerichtsrat. – Freie Stadt Frankfurt: Gesetzgebende

Versammlung 1843-1857, Ständige Bürgerrepräsentation 1854-1857.

Frost

Renz, Franz, geb. 17.6.1900 Mainz, gest. 21.7.1968 Homburg/Saar; Friseurobermeister in Alzey, 1930 Gauleiter der NSDAP in Hessen, 1933 Hessischer Staatskommissar für den Mittelstand. – Volksstaat Hessen 1932-1933 (NSDAP).

Ruppel/Groß

Reucker, Hans, geb. 29.7.1905 Sinn, Dillkreis, gest. 5.5.1976 ... ; gelernter Schlosser, hauptamtlicher Bürgermeister in Sinn. – Land Hessen: Hessischer Landtag 1961-1970 (SPD). Lengemann II

Reuel, Johann *Georg Friedrich*, geb. 1.6.1808 Gelnhausen, gest. 27.11.1858 Gelnhausen; Postmeister in Gelnhausen. – Kurhessen: Konstituierender Landtag 1830.

Losch; Sieburg

Reuhl, Georg Heinrich, geb. 8.9.1802 ... , gest. 6.7.1869 Frankfurt; Handelsmann. – Freie Stadt Frankfurt: Gesetzgebende Versammlung 1845-1846, 1848 und 1855-1858, Ständige Bürgerrepräsentation 1853-1866 (Stadtrechnungsrevisionskolleg 1853-1866.)

Frost

Reuling, Johann *Georg* Ludwig, geb. 3.2.1785 Pirmasens, gest. 8.7.1857 Bessungen; Geometer 2. Klasse in Michelstadt. – Ghzm. Hessen: 2. Kammer 1841-1847.

Ruppel/Groß

Reumschüssel, Karl, geb. 28.4.1884 Steinbach-Hallenberg, gest. 18.3.1940 Berlin-Schöneberg; gelernter Zangenmacher, 1918-1920 kommissarischer Bürgermeister in Steinbach-Hallenberg, dann dort Gemeindesekretär. – Kassel und Hessen-Nassau 1919 (45. KLT) -1920 (USPD).

Pelda

Reusing, Johann Carl, geb. 18.9.1792 Frankfurt, gest. 16.12.1853 Frankfurt;

Sattlermeister. – Freie Stadt Frankfurt: Gesetzgebende Versammlung 1840-1843 und 1846, Ständige Bürgerrepräsentation 1843-1847 und 1849-1853. Frost

Reuss, Friedrich, geb. ... , gest. ... . Freie Stadt Frankfurt: Gesetzgebende Versammlung 1854 und 1857-1866. Frost

Reuss, Georg, geb. ... , gest. ... . – Freie Stadt Frankfurt: Gesetzgebende Versammlung 1853. Frost

Reuß, Johann Conrad, geb. 9.7.1790 Frankfurt, gest. 16.4.1862 ... ; Handelsmann, Obrist. – Freie Stadt Frankfurt: Ständige Bürgerrepräsentation 1823-1862, Gesetzgebende Versammlung 1840, 1845-1846 und 1853. Frost

Reuß, Johann Leonhard, geb. 15.3.1798 Frankfurt, gest. 1.4.1883 Frankfurt; Ratsschreiber; 1837-1849 Senator, 1849-1866 Schöff, 1846 Jüngerer Bürgermeister. – Freie Stadt Frankfurt: Gesetzgebende Versammlung 1829-1830, 1832, 1837, 1839-1846, 1848 und 1850-1856. Frost

Reuter, Jakob Ferdinand, geb. 22.12.1888 Wiesbaden, gest. 29.6.1940 ... ; Spengler in Mainz. – Volksstaat Hessen 1924-1931 (SPD). Ruppel/Groß

Reuter, Johann Jacob, geb. ... , gest. ... ; Metzgermeister. – Freie Stadt Frankfurt: Gesetzgebende Versammlung 1857. Frost

Reuter, Johannes, geb. 25.11.1768 Gontershausen, gest. 6.2.1829 Haarhausen; Ökonom in Haarhausen. – Ghzm. Hessen. 2. Kammer 1820-1824. Ruppel/Groß

Reutlinger, Carl, geb. 20.6.1770 Frankfurt, gest. ... ; Zinngießer. – Freie Stadt Frankfurt: Gesetzgebende Versammlung 1833, Ständige Bürgerrepräsentation 1833-1840. Frost

Reutlinger, Gottlieb Jacob, geb. ... , gest. ... ; Zinngießermeister. – Freie Stadt Frankfurt: Gesetzgebende Versammlung 1858-1866. Frost

Reutlinger, Johann Jacob, geb. 20.3.1795 Frankfurt, gest. 15.8.1864 Frankfurt; Bäckermeister. – Freie Stadt Frankfurt: Gesetzgebende Versammlung 1846-1847. Frost

Reutzel, Ludwig Maximilian, geb. 12.9.1803 Niedermittlau, gest. ... auf dem Berge bei Niedergründau; Pfarrer auf dem Berge bei Niedergründau. – Kurhessen: Ständeversammlung 1833-1835 und 1847-1848 (gouv. 1833-1835). Losch; Sieburg; J.L.

Rexerodt, Georg Karl, geb. 20.3.1851 Röhrda, gest. 9.10.1928 Kassel; Rittergutsbesitzer in Röhrda, 1893 Verbandsanwalt des hessischen Verbandes ländlicher Genossenschaften. – Kassel und Hessen-Nassau 1907-1919 (44. KLT). Pelda

Rhein, *Georg* **Friedrich**, geb. 20.4.1815 Holzhausen, gest. 23.10.1876 Oesdorf; Kaufmann und Bürgermeister in Oesdorf. – Waldeck: Landtag 1851-1855 und Spezial-Landtag Pyrmont 1851-1855; Präsident des Spezial-Landtags des Fsm. Pyrmont 1853. König; Lengemann IV;
König/Lengemann/Seibel

Rhode – s. auch Rohde

Rhode, Karl Ernst Emil *Adolf*, geb. 23.4.1815 Korbach, gest. 5.11.1891 Arolsen; Obergerichtsrat a.D. in Arolsen. – Waldeck: Landtag 1869-1891; Präsident des Waldeckischen Landtags 1871-1890. König; Lengemann III; König/Lengemann/Seibel

Richter, Willi, geb. 1.10.1894 Frankfurt, gest. 27.11.1972 ... ; Verwaltungs-, später Gewerkschaftsangestellter, 1946-1949 Vorsitzender des Freien Gewerkschaftsbundes Hessen, 1949-1956 DGB-Vorstandsmitglied, 1956-1962 Vorsitzender des DGB; Mitglied des Wirtschaftsrates des Vereinigten Wirtschaftsgebietes 1947-1949 (SPD); MdB 1949-1957 (SPD); Mitglied der 1., 2. und 3. Bundesversammlung. – Land Hessen: Beratender Landesausschuß 1946 (SPD) und Verfassungberatende Landesversammlung Groß-Hessen 1946 (SPD). Lengemann II

Riedel, Ulrike, geb. 24.8.1948 Bayerisch Gmain; Rechtsanwältin in Frankfurt, 1991-1994 Staatssekretärin im Hessischen Ministerium für Umwelt, Energie und Bundesangelegenheiten sowie Bevollmächtigte des Landes Hessen beim Bund, 1994-1996 Staatssekretärin im Justizministerium des Landes Sachsen-Anhalt. – Land Hessen: Hessischer Landtag 1989-1991 (GRÜ). Kanzlei des Landtags

Rieder, Johann Jacob Christoph, geb. 1.2.1778 Reinhardshausen, gest. 16.3.1849 Reinhardshausen; Erbmüller in Reinhardshausen. – Waldeck: Landstand 1817-1848. König/Lengemann/Seibel

Riedesel Freiherr zu Eisenbach, *Albrecht* Georg Carl Waldemar, geb. 28.8.1856 Stockhausen, gest. 10.4.1919 Frankfurt. – Ghzm. Hessen: 1. Kammer 1900-1902. Götz/Rack

Riedesel Freiherr zu Eisenbach, August, geb. 13.6.1779 Braunschweig, gest. 27.6.1843 Steckhausen; 28. Erbmarschall von Hessen. – Kurhessen: Konstituierender Landtag 1830 und Ständeversammlung 1831-1843 (gouv. 1831-*1838*); Präsident des Konstituierenden Landtags von 1830. Losch; Sieburg; J.L.

Riedesel Freiherr zu Eisenbach, Carl Ludwig Johann Hermann (*Jeannot*), geb. 20.1.1782 Wien, gest. 14.10.1842 Lauterbach. – Ghzm. Hessen: 1. Kammer 1820-1842; Vizepräsident (2. Präsident) der 1. Kammer 1820-1821, 1826-1827 und 1838-1841. Götz/Rack

Karl Georg Riedesel Freiherr zu Eisenbach
Direktor der 1. Kurie und damit Präsident des Hessen-Kasselischen Landtags 1815-1816

Riedesel Freiherr zu Eisenbach, *Friedrich* Franz August, geb. 8.5.1782 Wetzlar, gest. 25.4.1853 Lauterbach; 29. Erbmarschall von Hessen. – Kurhessen: Ständeversammlung 1844-1849 und 1. Kammer 1852-1853 (kons.-konst.); Ghzm. Hessen: 1. Kammer 1844-1849. Losch; Sieburg; Götz/Rack; J.L.

Riedesel Freiherr zu Eisenbach, *Georg* Carl Ludwig Wilhelm, geb. 21.1.1812 Altenburg, gest. 27.4.1881 Altenburg; 31. Erbmarschall; MdH 1867-1881. – Ghzm. Hessen: 2. Kammer 1847-1849 und 1. Kammer 1857-1881; Kurhessen: 1. Kammer 1858-1862 (kons.-konst.); Kassel 1869-1879. Ruppel/Groß; Götz/Rack; Losch; Sieburg; Pelda; J.L.

Riedesel Freiherr zu Eisenbach, *Georg* Ludwig Johann Friedrich Carl, geb.

10.6.1845 Lauterbach, gest. 2.7.1897 Altenburg; 33. Erbmarschall; MdH 1886-
1897. – Ghzm. Hessen: 1. Kammer 1883-
1897; Kassel 1885.   Götz/Rack; Pelda; J.L.

Riedesel Freiherr zu Eisenbach, *Giese-*
bert **Friedrich Carl August Georg Alb-**
recht, geb. 30.7.1813 Altenbrug, gest.
13.2.1885 Lauterbach; 32. Erbmarschall;
MdH 1883-1885. – Ghzm: Hessen: 2.
Kammer 1856-1872 und 1. Kammer
1873-1885 (LibKons).
                        Ruppel/Groß; Götz/Rack; J.L.

Riedesel Freiherr zu Eisenbach, Karl
Georg, geb. 21.11.1746 Wetzlar, gest.
28.1.1819 Stuttgart; 26. Erbmarschall
von Hessen. – Hessen-Kassel 1815-1816;
als Erbmarschall Direktor der 1. Kurie
und Präsident des Hessen-Kasselischen
Landtags (vom 1.3. bis 2.7.1815 das Amt
persönlich ausübend, vom 15.2. bis
10.5.1816 vertreten durch den Deputierten *Friedrich Wilhelm von Heywolff*).
                                      Sieburg; J.L.

Dr. jur. Riedesel Freiherr zu Eisenbach,
Ludwig **Hermann Georg Berthold**
Conrad, geb. 22.12.1846 Lauterbach,
gest. 19.10.1924 Eisenbach; 34. Erbmarschall; MdH 1898-1918. – Ghzm. Hessen: 1. Kammer 1878-1918. Götz/Rack; J.L.

Riedesel Freiherr zu Eisenbach, Ludwig
Hermann *Volprecht*, geb. 30.6.1852 Darmstadt, gest. 23.4.1939 Darmstadt; 35. Erbmarschall von Hessen. – Kassel und Hessen-Nassau 1899-1919 (44. KLT). Pelda; J.L.

Dr. jur. Riedesel Freiherr zu Eisenbach,
Ludwig **Volprecht Christian (auch:**
Christian Volpert), geb. 26.5.1806 Eisenbach, gest. 25.6.1858 Eisenbach; 30.
Erbmarschall. – Ghzm. Hessen: 1. Kammer 1844-1849 und 1851-1858; Kurhessen: 1. Kammer 1853-1858 (kons.-
konst.), Präsident der 1. Kammer
1855-1857. Götz/Rack; Losch; Sieburg; J.L.

Dr. Ludwig Riedesel
Freiherr zu Eisenbach
Präsident der 1. Kammer des Kurhessischen
Landtags 1855-1857

Riedesel Freiherr zu Eisenbach, *Moritz*
Georg Ludwig Hermann, geb.
21.3.1849 Darmstadt, gest. 27.3.1923
Darmstadt. – Ghzm. Hessen: 1. Kammer
1894-1918.   Götz/Rack

Riedesel Freiherr zu Eisenbach, *Wilhelm*
Giesebert Hermann, geb. 10.3.1850
Darmstadt, gest. 6.11.1918 Kassel; 1882
kommissarisch Landrat des Kreises Gers-
feld, 1883 Landrat des Kreises Gelnhau-
sen, 1894-1918 Landesdirektor des Be-
zirksverbands des Regierungsbezirks
Kassel und des Provinzialverbands der
Provinz Hessen-Nassau, ab 1901 mit dem
Titel Landeshauptmann; MdA 1886-1889
und 1903 (K 1886-1889, FK 1903). –
Kassel 1882-1884 (K).   Pelda; J.L.

Riege, Bernd, geb. 11.1.1941 Jena; Ma-
schinenbauingenieur, Berufsschullehrer

für Metallberufe, bis 1995 Fachleiter am Studienseminar für Berufliche Schulen in Darmstadt, wohnhaft in Ober-Ramstadt. – Land Hessen: Hessischer Landtag seit 1995 (SPD). Kanzlei des Landtags

Riegel, Heinrich, geb. 21.6.1883 Monzingen, Reg.-Bez. Koblenz, gest. 3.2.1967 ... ; Gewerkschafts- und Parteiangestellter in Darmstadt. – Land Hessen: Verfassungberatende Landesversammlung Groß-Hessen 1946 (SPD). Lengemann II

Riehm, Georg, geb. 4.1.1888 Kirchgandern, Krs. Heiligenstadt, gest. 26.11.1946 Schlüchtern; gelernter Maschinenschlosser, Geschäftsführer der Konsumgenossenschaft in Schlüchtern. – Kassel und Hessen-Nassau 1933 (SPD). Pelda

Rienecker, Theodor, geb. ... , gest. ... ; Gewerkschaftsbeamter. – Wiesbaden und Hessen-Nassau 1920 (Z). Burkardt/Pult

Riesch, *Friedrich* **Ludwig**, geb. 27.4.1840 Fulda, gest. 29.1.1912 Frankenberg; Landrat des Kreises Frankenberg; MdA 1889-1912 (FK). – Kassel und Hessen-Nassau 1886-1889 (FK [DRP]). Pelda; J.L.

(Freiherr) von Riese[157], **(Johann) Maximilian**, geb. 29. 3.1776 Frankfurt, gest. 11.12.1833 ... . – Freie Stadt Frankfurt: Gesetzgebende Versammlung 1818-1821. Frost

Riese, Johannes, geb. ... , gest. ... ; Handelsmann. – Freie Stadt Frankfurt: Gesetzgebende Versammlung 1840-1841, 1845, 1847 und 1850-1859, Ständige Bürgerrepräsentation 1841-1866 (Stadtrechnungsrevisionskolleg 1849-1866). Frost

Rieser, Karl, geb. 18.11.1902 Birlenbach, Krs. Unterlahn, gest. 18.10.1957 ... ; Leiter der Handelslehranstalt in Friedberg; Mitglied der 1. Bundesversammlung. – Land Hessen: Hessischer Landtag 1946-1950 (CDU). Lengemann II

Riess, Alexander, geb. 9.3.1812 Nauheim, gest. 31.5.1868 Nauheim; Landwirt und Bürgermeister in Nauheim. – Ghzm. Hessen: 2. Kammer 1866-1868 (LibKons). Ruppel/Groß

Rieß, *Julius* **Emil**, geb. 8.7.1844 Kassel, gest. 16.6.1900 Kassel; Rechtsanwalt und Notar in Kassel; MdH 1888-1894. – Kassel und Hessen-Nassau 1886-1900; Vizepräsident des VII. Provinzial-Landtags Hessen-Nassau 1897. Pelda; J.L.

Rigaud, Jacob, geb. 5.8.1804 Wesel, gest. 16.7.1861 Frankfurt; Handelsmann. – Freie Stadt Frankfurt: Gesetzgebende Versammlung 1847. Frost

Rinck – s. Freiherren von Starck

Rincker, *Philipp* **Heinrich**, geb. 12.1.1795 Leun, gest. 2.5.1868 Sinn; Glockengießer in Sinn. – Nassau: II. Kammer 1858. Rösner-Hausmann; J.L.

Rindskopf – s. Rütten

Ringe, *Carl* **Friedrich Christian**, geb. 27.12.1807 Thal, gest. 20.12.1860 Thal; Landwirt (?) in Thal. – Waldeck: Landtag 1859-1860 und Spezial-Landtag Pyrmont 1850-1854 und 1859-1860. König; Lengemann IV; König/Lengemann/Seibel

Rink, Georg Aloys (gen. *Ludwig***)**, geb. 5.3.1881 Wien XIX (Döbling), gest. 21.6.1907 Groß-Umstadt; Parteisekretär, später Metallarbeiter Urberach, nach 1945 Leiter der Bezirksfürsorgestelle des Kreises Dieburg. – Volksstaat Hessen 1921-1922 und 1931-1933 (KPD 1921-

---

[157] Reichsadelsstand und böhmischer Ritterstand lassen sich für die Familie nachweisen, der Freiherrenstand jedoch erst ab 11.10.1846.

1922, SPD 1931-1933); Land Hessen: Hessischer Landtag 1946-1950 (SPD).

Ruppel/Groß; Lengemann II

Ripper, Johann *Philipp* **(V.)**, geb. 18.4.1850 Pfaffen-Beerfurth, gest. 18.8.1907 Pfaffen-Beerfurth; Landwirt in Pfaffen-Beerfurth. – Ghzm. Hessen: 2. Kammer 1893-1905 (Freie WV).

Ruppel/Groß

Rippert, Winfried, geb. 3.9.1935 Fulda; selbständiger technischer Kaufmann (Vertrieb und Handelsvertretung von Mineralöl) in Fulda; Mitglied der 10. Bundesversammlung. – Land Hessen: Hessischer Landtag seit 1972 (CDU).

Lengemann II; Kanzlei des Landtags

Rist, J. D. Friedrich, geb. ... , gest. ... . – Freie Stadt Frankfurt: Ständige Bürgerrepräsentation [1814] -1820.   Frost

Dr. med. Dr. phil. h.c. von Ritgen[158]**, Ferdinand** *August* **Maria Franz**, geb. 11.10.1787 Wulfen bei Dorsten, gest. 14.4.1867 Gießen; Professor für Chirurgie und Geburtshilfe an der Universität und Direktor des akademischen Hospitals in Gießen, 1837 Professor für medizinische Polizei und Seelenheilkunde. – Ghzm. Hessen: 2. Kammer 1835-1841.

Ruppel/Groß; J.L.

Ritte, *Ludwig* **Konrad**, geb. 28.1.1884 Züschen, gest. 21.4.1936 Züschen; Landwirt in Züschen. – Waldeck: Landesvertretung 1925-1929 (LB).

König; König/Lengemann/Seibel

Freiherr von Ritter zu Groenesteyn, *Friedrich* **Carl Joseph Franz Nepomuk**, geb. 18.1.1775 Mainz, gest. 21.3.1830 Kiedrich. – Nassau: Herrenbank 1818-1824.   Rösner-Hausmann

Freiherr von Ritter zu Groenesteyn, *Konstantin* **Philipp Anton Nepomuk**, geb. 10.7.1777 Mainz, gest. 14.12.1855 Rüdesheim am Rhein; Rechnungskammerpräsident a.D. – Nassau: Herrenbank 1818-1819, 1847 und 1848.

Rösner-Hausmann

Ritter, Heinrich, geb. 18.2.1891 Gau-Odernheim, gest. 15.3.1966 Rüsselsheim; Kaufmann, 1933 Bürgermeister, später Landrat in Bingen, Oberbürgermeister in Gießen und dann in Mainz; MdR 1936-1945 (NSDAP). – Volksstaat Hessen 1931-1933 (NSDAP).

Ruppel/Groß; J.L.

Ritter, Johannes, geb. 17.9.1827 Leimbach, gest. 26.6.1895 Salmshausen; Bauer und Bürgermeister a.D. in Salmshausen. – Kassel und Hessen-Nassau 1892-1894.   Pelda

Ritter, Karl Hermann, geb. 24.4.1931 Köln; selbständiger Kaufmann, Inhaber einer Papierverarbeitungsfirma in Darmstadt; Mitglied der 10. Bundesversammlung. – Land Hessen: Hessischer Landtag 1983-1995 (SPD).

Lengemann II; Kanzlei des Landtags

Rittershausen, Theodor Wilhelm, geb. 24.7.1787 Frankfurt, gest. 28.2.1844 Frankfurt. – Freie Stadt Frankfurt: Ständige Bürgerrepräsentation 1824-1836.   Frost

Ritzel, *Heinrich* **Georg Johannes**, geb. 10.4.1893 Offenbach, gest. 19.6.1971 Basel; 1919-1930 Bürgermeister in Michelstadt, 1930-1933 Kreisdirektor im Kreis Gießen und stellvertretender Provinzialdirektor der Provinz Oberhessen, 1933-1935 Mitglied der Völkerbundregierung des Saargebiets, Emigration in die Schweiz, 1939-1947 Generalsekretär der Schweizer Europa-Union, Rückkehr nach Deutschland, Parlamentarier; MdR 1930-1933 (SPD); MdB 1949-1965 (SPD); Mitglied der 1., 2., 3. und 4. Bundesver-

---

[158] Erhebung in den Ghzgl. hessischen Adelsstand am 16.12.1839.

sammlung. – Volksstaat Hessen 1924-1930 (SPD); Land Hessen: Hessischer Landtag 1950 (SPD).

Ruppel/Groß; Lengemann II

von Ritzenberg[159], **Christian Friedrich**, geb. 30.7.1747 Halberstadt, gest. ... ; bis 1808 Regierungsrat, 1808-1813 Präsident des Tribunals 1. Instanz und des Evangelischen Konsistoriums in Halberstadt. – Kgr. Westphalen 1808-1813. Lengemann I

Dr. jur. Robert, **Georg(e) Friedrich Carl**, geb. 2.5.1765 Marburg, gest. 24.12.1833 Marburg; Professor des Staatsrechts und Vizekanzler der Universität Marburg. – Kgr. Westphalen 1808-1813; Hessen-Kassel 1815-1816. Lengemann I; Sieburg (J.L.)

Rodemer, Heinrich, geb. 21.1.1908 Frankfurt, gest. 24.11.1980 ... ; Redakteur in Darmstadt, bis 1957 Chefredakteur des *Deutschen Kuriers* in Frankfurt, 1960-1970 Bürgermeister in Bad Wildungen; Mitglied der 3. Bundesversammlung. – Land Hessen: Hessischer Landtag 1954-1970 (FDP bzw. F.D.P.), Vorsitzender der FDP-Fraktion 1965-1968.

Lengemann II

Freiherr Überbruck von Rodenstein, *Heinrich* **Joseph**, geb. 15.7.1769 Bensheim, gest. 28.9.1857 Bensheim; Gutsbesitzer in Bensheim. – Ghzm. Hessen: 2. Kammer 1820-1833 (kons.).

Ruppel/Groß; J.L.

Röder, Georg *Joseph*, geb. 18.7.1819 Mainz, gest. 24.2.1896 Darmstadt; Jurist, 1867 Oberappellations- und Kassationsgerichtsrat in Darmstadt, 1872 Generalstaatsprokurator. – Ghzm. Hessen: 2. Kammer 1866-1872 (kons.). Ruppel/Groß

Röder, Philipp, geb. ... Hannoversch-Münden, gest. 30.6.1866 Wanfried; Bürgermeister in Wanfried. – Kurhessen: Ständeversammlung 1848 und 2. Kammer 1852-1854 (gouv.). Losch; Sieburg; J.L.

Römer, Carl August, geb. 25.10.1836 Alzey, gest. 29.3.1904 Wiesbaden; Gutsbesitzer in Alzey. – Ghzm. Hessen: 2. Kammer 1883-1899 (NL). Ruppel/Groß

Römer, Heinrich Wilhelm, geb. 23.8.1836 Eckenheim, gest. 22.6.1909 [vermutlich] Eckenheim; Bürgermeister. – Wiesbaden und Hessen-Nassau 1905-1909. Burkardt/Pult

Rörig, Johann *Jakob*, geb. 20.6.1812 Nieder-Wildungen, gest. 10.3.1889 Nieder-Wildungen; Rechtsanwalt, Metzger und mehrfach Bürgermeister in Nieder-Wildungen. – Waldeck: Landstand 1846-1847 und Landtag 1848-1849 und 1852-1855 (lib.). König; König/Lengemann/Seibel

Rösch, Georg, geb. 15.3.1913 Niedermittlau, Krs. Gelnhausen, gest. 12.2.1981 ... ; Kreisoberinspektor in Rothenbergen. – Land Hessen: Hessischer Landtag 1958-1962 (CDU). Lengemann II

Röschel, Georg Christoph, get. 27.6.1752 Frankfurt, gest. 4.11.1813 Frankfurt; Gasthalter, später Rentier in Frankfurt. – Ghzm. Frankfurt 1810-1813. Lengemann I

Rösener, *Friedrich* **Christian**, geb. 26.3.1815 [angeblich] Arolsen, gest. 10.12.1878 Pyrmont; Rektor und Diakon der Bürgerschule in Pyrmont, später evangelischer Pfarrer in Oesdorf. – Waldeck: Spezial-Landtag Pyrmont 1854-1859 und 1860-1864. König; Lengemann IV; König/Lengemann/Seibel

Rösler, Roland, geb. 23.8.1943 Schönau, Sudetenland; Berufssoldat (Offizier im militärfachlichen Dienst), wohnhaft in

---

[159] Erhebung in den Kgl. westphälischen Ritterstand am 11.7.1813; Kgl. preußische Anerkennung des Adelsstandes am 20.6.1816.

Heidenrod. – Land Hessen: Hessischer Landtag seit 1977 (CDU).

Lengemann II; Kanzlei des Landtags

Roesler, Wilhelm Kurt, geb. 15.11.1868 Leipzig, gest. 31.8.1943 Freiberg in Sachsen; Bürgermeister in Schmalkalden. – Kassel und Hessen-Nassau 1915-1919 (44. KLT). Pelda

Rössing, Johann Georg, geb. 22. 8.1778 Frankfurt, gest. 26. 7.1820 Frankfurt; Advokat; 1816-1820 Senator. – Freie Stadt Frankfurt: Gesetzgebende Versammlung 1817-1820. Frost

Rössing, Johann Jacob, get. 28.11.1775 Frankfurt, gest. ... ; Jurist. – Freie Stadt Frankfurt: Ständige Bürgerrepräsentation [1815] -1821, Gesetzgebende Versammlung 1817 und 1820. Frost

Rössler, Johann *Hektor*, geb. 1.7.1806 Gießen, gest. 11.5.1875 Darmstadt; Oberbaurat bei der Oberbaudirektion, später Münzmeister bei der Münzverwaltung. – Ghzm. Hessen: 2. Kammer 1856-1862. Ruppel/Groß

von Rößler[160], ***Ludwig* Christian**, geb. 6.7.1809 Wiesbaden, gest. 19.12.1844 Wiesbaden; Hofgerichtsrat. – Nassau: I. Kammer 1864-1866. Rösner-Hausmann; J.L.

Dr. theol. h.c. Rötger, Gotthilf Sebastian, geb. 5.4.1749 Klein Germersleben, gest. 16.5.1831 Magdeburg; evangelischer Theologe, Propst des Klosters Unser Lieben Frauen in Magdeburg. – Kgr. Westphalen 1808-1813. Lengemann I

Roever, Otto August Wilhelm, geb. 17.7.1884 Niedermöllrich, gest. 10.10.1949 Bad Wildungen; Landwirt in Niedermöllrich. – Kassel und Hessen-Nassau 1926 (55. KLT) -1929 (Ag). Pelda

Rohde (Rhode)**, Carl Wilhelm**, geb. 9.2.1785 Homberg, gest. 29.3.1857; Kaufmann; Bürgermeister in Homberg. – Hessen-Kassel 1815-1816. Sieburg (J.L.)

Rohde, Johann Valentin, geb. ... Heimbach [?], gest. 18.1.1831 Züschen; Schulmeister und Bürgermeister in Züschen. – Waldeck: Landstand [etwa 1798] -1816.

König/Lengemann/Seibel

Rohede, August Ferdinand, geb. 20.6.1879 Marburg, gest. 27.5.1947 Hamburg; Domänenpächter in Frankenhausen. – Kassel und Hessen-Nassau 1930 (60. KLT) -1932 (Ag). Pelda

Dr. phil. Rohlmann, Rudi, geb. 15.5.1928 Rheine in Westfalen; Diplom-Handelslehrer in Frankfurt; Mitglied der 3. und 5. Bundesversammlung. – Land Hessen: Hessischer Landtag 1958-1962 und 1965-1982 (SPD).

Lengemann II; Kanzlei des Landtags

Roller, Johann Martin, geb. 27.3.1782 Balingen in Württemberg, gest. 11.4.1874 Frankfurt; Gerbermeister (Rotgerber), Major, Quartiervorstand. – Freie Stadt Frankfurt: Gesetzgebende Versammlung 1817, Ständige Bürgerrepräsentation 1823-1866. Frost

Roloff, Johann Gottfried, geb. ... 1741 [?] Pansfelde, Mansfelder Gebirgskreis, gest. 12.12.1809 Ermsleben; Advokat im Fürstentum Halberstadt, 1808-1809 Friedensrichter in Ermsleben. – Kgr. Westphalen 1808-1809. Lengemann I

Rolshoven, *Joseph* Hubert, geb. 28.2.1842 Burg Vettelhoven, Krs. Ahrweiler, gest. 21.11.1902 Koblenz; Landrat des Untertaunuskreises, später Regierungsvizepräsident in Stralsund. –

---

[160] Erhebung in den Kgl. bayerischen Adelsstand am 17.11./17.12.1827; Hzgl. nassauische Anerkennung des Adelsstandes am 28.12.1827.

[161] KLEIN, Reichstagswähler, Bd. 1, bezeichnet ihn 1881 im Reichstagswahlkreis Wiesbaden 3 (S. 686) als »K« und im Wahlkreis Wiesbaden 4 (S. 752) als »DRP«.

Wiesbaden und Hessen-Nassau 1886-1888 (kons.[161]).   Burkardt/Pult; J.L.

Rommel, *Christian* Balthasar Justus, geb. 27.7.1798 Kassel, gest. 5.7.1857 Kassel; Justizrat am Obergericht in Marburg, später Regierungspräsident der Provinz Hanau. – Kurhessen: Ständeversammlung 1839-1841.   Losch; Sieburg

Rompf, Ludwig, geb. 16.12.1820 Münchhausen, gest. 21.4.1887 Münchhausen; Ökonom. – Wiesbaden 1885 (18. KLT) (NL).   Burkardt/Pult

Ronnefeldt, J. Tobias, geb. ... , gest. ... ; Handelsmann. – Freie Stadt Frankfurt: Gesetzgebende Versammlung 1838-1841.   Frost

Roos, Jakob (II.), geb. 26.2.1868 Flonheim, gest. 12.6.1942 Flonheim; Landwirt in Flonheim. – Volksstaat Hessen 1927 (DDP).   Ruppel/Groß

Roques, Franz Theodor Ferdinand, geb. ... , gest. ... ; Handelsmann. Freie Stadt Frankfurt: Gesetzgebende Versammlung 1839-1845, 1856 und 1858-1859, Ständige Bürgerrepräsentation 1854-1859. Frost

Roselieb, Wilhelm, geb. ... , gest. 26.5.1884 ...; Gutsbesitzer auf dem Schafhof unterhalb des Meißners. – Kurhessen: Ständeversammlung 1862-1863.   Losch; Sieburg

Rosenkranz, *August* Christian, geb. 17.3.1886 Altenkirchen, Oberlahnkreis, gest. 26.5.1954 ... ; Bauingenieur, 1945-1946 Bürgermeister in Alsfeld, 1946-1947 Landrat des Kreises Alsfeld. – Wiesbaden und Hessen-Nassau 1933 (SPD); Land Hessen: Verfassungberatende Landesversammlung Groß-Hessen 1946 (SPD).   Burkardt/Pult; Lengemann II

Rosenstock, August Heinrich, geb. 10.2.1849 Obersuhl, gest. 25.1.1903

Obersuhl; Gutsbesitzer in Obersuhl. – Kassel und Hessen-Nassau 1899-1902.
    Pelda

Rosenthal, Albertus *Hieronymus*, geb. 10.7.1763 Kassel, gest. 22.9.1845 Hombressen; Förster, später Oberförster in Hombressen. – Kgr. Westphalen 1808-1813.   Lengemann I

Rosentreter, Carl Heinrich, geb. 12.12.1754 Aschersleben, gest. 24.1.1820 Aschersleben; Kaufmann und Fabrikant in Aschersleben. – Kgr. Westphalen 1808-1813.   Lengemann I

Roß, Franz Joseph (IV.), geb. 4.9.1881 Bensheim, gest. 2.8.1949 Bensheim; gelernter Tüncher, bis 1919 Lagerhalter des Konsumvereins in Weinheim, dann Leiter des Kreisarbeitsamts in Bensheim, später Regierungsrat. – Volksstaat Hessen 1919-1931 (SPD).   Ruppel/Groß

Rossmann, Johann *Heinrich*, geb. 9.12.1777 Nieder-Modau, gest. 12.2.1852 Nieder-Modau; Ökonom und Bürgermeister in Nieder-Modau. – Ghzm. Hessen: 2. Kammer 1829-1830.   Ruppel/Groß

Rost, Karl, geb. 3.8.1902 Hanau, gest. 26.7.1950 Offenbach; Mechaniker in Klein-Steinheim, 1945 Staatssekretär im Hessischen Innenministerium. – Volksstaat Hessen 1931-1932 (KPD).   Ruppel/Groß; Götz/Rack

Roth, Adolf, geb. 15.9.1937 Gießen; Diplom-Volkswirt, Kaufmann, seit 1969 in der Geschäftsleitung der Adolf Roth KG in Gießen; MdB seit 1983 (CDU); Mitglied der 6., 8., 9. und 10. Bundesversammlung. – Land Hessen: Hessischer Landtag 1970-1983 (CDU).   Lengemann II; Kanzlei des Landtags

Roth, geb. Sehnert, Anna *Katharina*, geb. 26.6.1882 Schaafheim, gest. 3.7.1967

Darmstadt; Hausfrau Sprendlingen. –
Volksstaat Hessen 1922-1927 (KPD).

Ruppel/Groß; Götz/Rack

Roth, *Eugen* **Albert Heinrich,** geb.
18.5.1833 Jüterbog, gest. 5.11.1909 Hofgut Ahlersbach bei Schlüchtern; Landrat
des Kreises Schlüchtern; MdA 1882-
1885 (bkF [konstitutionell-monarchisch]).
– Kassel und Hessen-Nassau 1886-1892
[kons. *1881-1894*]. Pelda; J.L.

Roth, Gustav, geb. 4.11.1816 Johannis-
burg bei Obershausen, gest. 7.9.1884
Wörsdorf; Forstmeister. – Wiesbaden
1868-1873. Burkardt/Pult

Roth, Heinrich, geb. 8.7.1889 Holler im
Westerwald, gest. 25.11.1955 Montabaur;
gelernter Schriftsetzer, Volksvereinsse-
kretär, 1926-1933 und 1945-1946 Bürgermeister, später Landrat in Montabaur
bzw. des Kreises St. Goar (CDU); MdR
1924 (Z); Mitglied des Preußischen
Staatsrats 1930-1932 (Z); MdL Preußen
1932-1933 (Z). – Wiesbaden und Hessen-
Nassau 1920-1933 (Z). Burkardt/Pult; J.L.

Roth, J. H., geb. ... , gest. ... ; Schuhmachermeister. – Freie Stadt Frankfurt: Gesetzgebende Versammlung 1825. Frost

Roth, Petra, geb. 9.5.1944 Bremen; ausge-
bildete Arzthelferin, Hausfrau in Frankfurt, seit 1995 Oberbürgermeisterin der
Stadt Frankfurt; Mitglied der Verbandsversammlung des LWV Hessen 1977-
1985 und 1987-1989. – Land Hessen:
Hessischer Landtag 1987-1995 (CDU).

Lengemann II; Kanzlei des Landtags

Rothan, Johann Simon, geb. ... , gest. ... ;
Schmiedmeister. – Freie Stadt Frankfurt:
Gesetzgebende Versammlung 1851. Frost

Rothe, Friedrich Christian Ludwig, geb.
21.4.1780 Flechtdorf, gest. 24.9.1827
Korbach; Stadtsekretär in Korbach. –
Waldeck: Landstand [1812/1813] -1827.

König/Lengemann/Seibel

Rothenburger, Johann Friedrich, geb.
4.2.1792 Frankfurt, gest. 22.2.1866 ... ;
Major. – Freie Stadt Frankfurt: Gesetzgebende Versammlung 1833-1837, Ständige Bürgerrepräsentation 1837-1866. Frost

Rothschild, Isaak, geb. ... , gest. ... ; Handelsmann. – Freie Stadt Frankfurt: Gesetzgebende Versammlung 1852. Frost

Rotter, geb. Hamann, Lina, geb. 4.9.1892
Frankfurt, gest. 4.8.1975 Frankfurt;
Kaufmännische Angestellte in Frankfurt;
Mitglied der 2. Bundesversammlung. –
Land Hessen: Hessischer Landtag 1950-
1958 (SPD). Lengemann II

Rotthoff, Eve, geb. 27.4.1939 Zapfen-
grund in Ostpreußen; Sport- und Gymna-
stiklehrerin an Realschulen und Gymna-
sien, Hausfrau in Helsa-St. Ottilien. –
Land Hessen: Hessischer Landtag seit
1991 (CDU). Kanzlei des Landtags

Rousselet, Karl, geb. 13.6.1807 Friedrichsdorf, gest. 18.12.1869 Friedrichsdorf; Fabrikant in Friedrichsdorf. –
Hessen-Homburg 1849.

Rösner-Hausmann; J.L.

Dr. phil. Rube, Ernst Ludwig, geb. ...
1783 Darmstadt, gest. 11.5.1870 Darm-
stadt; Apotheker, 1817 Medizinalrat im
Medizinal-Kolleg in Darmstadt. – Ghzm.
Hessen: 2. Kammer 1826-1830 (Lib-
Kons). Ruppel/Groß

**Dr. med. Rube, Wolrad Heinrich Frie-
drich Christoph,** geb. 7.9.1771 Korbach,
gest. 7.8.1853 Korbach; Fstl. Leibarzt. –
Waldeck: Landstand 1816-1833.

König/Lengemann/Seibel

Rudolph, Arthur, geb. 12.2.1874 Offenbach, gest. ... ; Eisenbahnarbeiter. – Wiesbaden und Hessen-Nassau 1921-1925
(DNVP). Burkardt/Pult

Rudolph, Georg August, geb. 25.9.1816 Kassel, gest. 13.12.1893 Marburg; Oberbürgermeister der Stadt Marburg. – Kurhessen: 2. Kammer 1860-1862 und Ständeversammlung 1862-1863 (lib.); Kassel 1868-1877.   Losch; Sieburg; Pelda; J.L.

Rudolph, Günter, geb. 13.3.1956 Haldorf; Diplomverwaltungswirt in Edermünde, bis 1995 Sachgebietsleiter beim Magistrat der Stadt Kassel. – Land Hessen: Hessischer Landtag seit 1995 (SPD).
                                    Kanzlei des Landtags

Rübsam, Johann Joseph, geb. 15.8.1792 Fulda, gest. 2.3.1868 Fulda; Apotheker in Fulda. – Kurhessen: 2. Kammer 1860-1862.   Losch; Sieburg

Rübsam, Joseph, geb. 14.1.1822 Soisdorf, gest. 5.9.1886 Hanau; Justizbeamter in Naumburg, 1866 in Fulda, 1879 Amtsgerichtsrat in Hanau; MdA 1870-1886 (Z). – Kurhessen: Ständeversammlung 1863-1866 (kath.-lib.).   Losch; Sieburg; J.L.

Rücker, David Friedrich, geb. 25.9.1776 Frankfurt, gest. 30.5.1852 ... ; Kürschnermeister; 1803-1852 Ratsverwandter, 1817-1827 Mitglied des Engeren Rats. – Freie Stadt Frankfurt: Gesetzgebende Versammlung 1817, 1820-1821 und 1826-1835.   Frost

Rüdiger (jun.), Emil Heinrich *Karl*, geb. 16.6.1896 Ochshausen, gest. 20.2.1951 Homberg/Efze; Landwirt in Ochshausen, später in Immenhausen; MdB 1949-1951 (FDP). – Kassel und Hessen-Nassau 1930 (61. KLT) -1933 (Ag 1930-1932, SWR 1933).   Pelda

Dr. phil. Rüdiger, Vera, geb. 5.4.1936 Vollmarshausen, Krs. Kassel; Politikwissenschaftlerin in Gießen, 1972-1974 Gründungspräsidentin der Gesamthochschule Kassel, 1974-1978 Staatssekretärin beim Hessischen Kultusminister, 1978-1984 Hessische Ministerin für Bundesangelegenheiten (Bevollmächtigte des Landes Hessen beim Bund), 1984-1987 Hessische Ministerin für Wissenschaft und Kunst, 1985-1987 zugleich Bevollmächtigte der Hessischen Landesregierung für Frauenangelegenheiten, 1988-1991 Senatorin für Bundesangelegenheiten und Gesundheit der Freien Hansestadt Bremen und zugleich Bevollmächtigte der Freien Hansestadt Bremen beim Bund; Mitglied des Bundesrates 1978-1984 und 1988-1991, Stellvertretendes Mitglied des Bundesrats 1984-1987; Mitglied der 7. und 8. Bundesversammlung. – Land Hessen: Hessischer Landtag 1970-1972 und 1978-1987 (SPD).
                      Lengemann II; Kanzlei des Landtags

Rüger, Heinrich, geb. 29.10.1798 Unterhaun, gest. 30.11.1870 Unterhaun; Ökonom in Unterhaun. – Kurhessen: Ständeversammlung 1834-1835 (gem. lib.).
                                    Losch; Sieburg; J.L.

Rühl, Franz Wilhelm, geb. ... , gest. ... . – Freie Stadt Frankfurt: Gesetzgebende Versammlung 1840-1857.   Frost

Rühl, Friedrich Wilhelm, geb. 14. 5.1813 Bornheim, gest. 6.3.1883 Frankfurt-Bornheim. – Freie Stadt Frankfurt: Gesetzgebende Versammlung 1863-1866.
                                    Frost

Rühl, Georg, geb. ... , gest. ... . – Freie Stadt Frankfurt: Gesetzgebende Versammlung 1833-1848.   Frost

Rühl, Johannes, geb. 12.11.1798 Praunheim, gest. 2.10.1871 Praunheim; Ökonom in Praunheim. – Kurhessen: Ständeversammlung 1845-1846.   Losch; Sieburg

Rühl, Philipp Adolf, geb. ... , gest. ... . – Freie Stadt Frankfurt: Gesetzgebende Versammlung 1824-1827 und 1830-1832.   Frost

Ruelberg, Elias, geb. 5.5.1796 Felsberg, gest. 14.11.1864 Kassel; Gutsbesitzer in Kleinenglis, später Privatmann in Kassel. – Kurhessen: Ständeversammlung 1833 (gem. lib.). Losch; Sieburg; J.L.

Rütten (bis 1842: Rindskopf), **Joseph Jacob**, geb. 22.12.1805 Frankfurt, gest. 19.6.1878 Frankfurt; Handelsmann; Verlagsbuchhändler (1844 *Buchhandlung und Literarische Verlagsanstalt Joseph Rütten*, ab 1859 gemeinsam mit Abg. Dr. Loening [Löwenthal] Inhaber der *Literarischen Verlagsanstalt Rütten & Loening*, u.a. Verleger des *Struwwelpeter*). – Freie Stadt Frankfurt: Gesetzgebende Versammlung 1858-1866, Verfassunggebende Versammlung 1848-1849. Frost; J.L.

Rüttger, *Ignatz* Wilhelm Joseph, geb. 8.8.1763 Großenlüder, gest. 13.1.1842 Fulda; Amtsverweser des Zent-, ab 1803 des Oberamts Großenlüder. – Ghzm. Frankfurt 1810-1813 Lengemann I

Ruetz, Johannes *Karl*, geb. 30.7.1841 Kassel, gest. 24.7.1930 Kassel; Schreinermeister, später Privatier in Kassel. – Kassel und Hessen-Nassau 1901-1916. Pelda

Ruhl, Johann (*Jean*), geb. 19.6.1877 Götzenhain, Krs. Offenbach, gest. 29.12.1957 Frankfurt; Maurermeister, Architekt und Bauunternehmer in Frankfurt; MdR 1930-1932 (WP). – Wiesbaden und Hessen-Nassau 1926-1930 (Ag 1926-1929, WP 1930). Burkardt/Pult; J.L.

Ruhl, Siegfried, geb. 26.4.1870 Neustadt, Krs. Marburg, gest. 10.2.1962 ... ; Richter in Kirchhain. – Land Hessen: Verfassungberatende Landesversammlung Groß-Hessen 1946 (CDU) und Hessischer Landtag 1947-1949 (CDU); Alterspräsident der Verfassungsberatenden Landesversammlung Groß-Hessen 1946 und des Hessischen Landtags 1947-1949. Lengemann II

Rullmann, Philipp Christian (Christoph) ***Wilhelm***, geb. 10.12.1801 Lich, gest. 7.6.1865 St. Goarshausen; Amtmann in Herborn. – Nassau: II. Kammer 1852-1857. Rösner-Hausmann; J.L.

Rumbler, Johann Balthasar, get. 10.5.1762 Frankfurt, gest. 4.8.1823 Frankfurt; Weingärtner. – Freie Stadt Frankfurt: Gesetzgebende Versammlung 1828. Frost

Rumbler, Johann Conrad, geb. ... , gest. ... ; Weingärtner. – Freie Stadt Frankfurt: Verfassunggebende Versammlung 1849. Frost

Rumbler, Johann Heinrich, geb. 10.5.1800 Frankfurt, gest. 16. 3.1863 Frankfurt; Weingärtner, Gärtnermeister. – Freie Stadt Frankfurt: Gesetzgebende Versammlung 1841, 1843-1850 und 1852-1856. Frost

Rumpel, Johann *Christoph*, geb. 20.11.1796 Offenbach, gest. 6.4.1876 Bechtolsheim; Ökonom in Bechtolsheim. – Ghzm. Hessen: 2. Kammer 1832. Ruppel/Groß

Dr. jur. Rumpf, Johann *Hermann*, geb. 8.3.1875 Frankfurt, gest. 15.1.1942 Frankfurt; Rechtsanwalt und Notar in Frankfurt; Mitglied des Preußischen Staatsrats 1921-1930 (DVP). – Wiesbaden und Hessen-Nassau 1920-1932 ([NL 1910-1918, deutschliberal [d.i. de facto DVP] 1920, DVP 1921-1929); Vizepräsident des XIV. Provinzial-Landtags Hessen-Nassau 1920. Burkardt/Pult; J.L.

Rumpf, Friedrich, geb. 1. 3.1795 Frankfurt, gest. 16. 3.1867 Frankfurt; Architekt. – Freie Stadt Frankfurt: Gesetzgebende Versammlung 1838. Frost

Rumpf, Ludwig Daniel Philipp, geb. ... , gest. ... ; Tapezierer, Oberwachtmeister, Major, Quartiervorstand. – Freie Stadt Frankfurt: Gesetzgebende Versammlung 1820-1822 und 1825, Ständige Bürgerrepräsentation 1822-1845 (Stadtrechnungs-revisionskolleg 1825-1831). Frost

Rumpff, *Carl Ludwig* Philipp, geb. 1.3.1811 Pyrmont, gest. 14.7.1857 Pyrmont; Weinhändler in Pyrmont. – Waldeck: Landtag 1849 und Spezial-Landtag Pyrmont 1849; Vizepräsident des Spezial-Landtags des Fsm. Pyrmont 1849.
König; Lengemann IV; König/Lengemann/Seibel

Runte, Karl Wihelm, geb. 10.8.1792 Biggenhammer, gest. 12.8.1864 Orpethal; Faktor auf dem Biggenhammer. – Waldeck: Landtag 1848-1849.
König; König/Lengemann/Seibel

Runtsch, Wilhelm, geb. 19.1.1921 Radigau, Krs. Kaaden, Sudetenland, gest. 20.8.1977 ... ; Justitiar des Straßenbauamtes Hessen-Mitte in Gießen, 1977 Oberbürgermeister der Stadt Lahn. – Land Hessen: Hessischer Landtag 1970-1977 (CDU). Lengemann II

Rupp, Conrad Friedrich (*Fritz*) Julius, geb. 31.5.1855 Frankfurt, gest. 31.8.1926 Frankfurt; Weißbindermeister in Frankfurt. – Wiesbaden und Hessen-Nassau 1911-1918 ([demP (DVP) ... -1910, FoVP 1910-1918). Burkardt/Pult; J.L.

Rupp, Heinrich, geb. 12.3.1888 Leisenwald, Krs. Gelnhausen, gest. 6.7.1972 ... ; selbständiger Landwirt und Bürgermeister in Leisenwald. – Land Hessen: Beratender Landesausschuß 1946 (SPD) und Hessischer Landtag 1946-1954 (SPD).
Lengemann II

Ruppel, Adam (Andreas), geb. ... , gest. .... – Freie Stadt Frankfurt: Gesetzgebende Versammlung 1824 und 1828. Frost

Ruppel, J. Conrad, geb. ... , gest. ... ; Schuhmachermeister. – Freie Stadt Frankfurt: Gesetzgebende Versammlung 1825-1826, 1830-1832 und 1835-1837. Frost

Ruß, Johann *Friedrich*, geb. 3.10.1777 Windesheim bei Kreuznach, gest. 29.7.1844 Wiesbaden; Kaufmann. – Nassau: Deputiertenkammer 1823-1832.
Rösner-Hausmann

Ruß, Johann *Gottfried*, geb. 18.3.1807 Wiesbaden, gest. 28.9.1873 Biebrich; Kaufmann in Biebrich; MdA 1867-1870 (bkF 1867-1868, F 1868-1870) – Nassau: I. Kammer: 1852 und II. Kammer 1858-1866 (NFP). Rösner-Hausmann; J.L.

Rust, Franz Erhard B. Gottlieb, geb. ... , gest. ... ; Steinmetzenmeister. – Freie Stadt Frankfurt: Gesetzgebende Versammlung 1829-1832. Frost

Ruth, Heinrich, geb. 13.4.1815 Fronhausen, gest. 29.6.1882 Fronhausen; Bürgermeister in Fronhausen. – Kurhessen: 2. Kammer 1852-1854 und 1858-1860 (gouv.). Losch; Sieburg; J.L.

Ruth, Johann Conrad, geb. 18.1.1833 Bellnhausen, gest. 10.12.1908 Marburg; Bürgermeister in Bellnhausen. – Kassel 1881-1908 und Hessen-Nassau 1886-1908 [NL]. Pelda; J.L.

Ruth, Johann Peter, geb. 2.2.1769 Hanau, gest. 18.5.1845 Hanau; Regierungsrat a.D. in Hanau. – Kurhessen: Ständeversammlung 1833 (gouv.). Losch; Sieburg; J.L.

Sälzer, Bernhard, geb. 4.9.1940 Berlin, gest. 18.12.1993 ... ; Diplom-Ingenieur in Darmstadt, 1976-1979 Bürgermeister in Marburg; MdEP 1979-1993. – Land Hessen: Hessischer Landtag 1970-1976 (CDU). Lengemann II; Kanzlei des Landtags

Sälzer, Johannes Christian, geb. 1.1.1792 Alt-Wildungen, gest. 5.12.1838 Alt-Wildungen; Gastwirt und mehrfach Bürgermeister in Alt-Wildungen. – Waldeck: Landstand 1835-1836 und 1837-1838.
König/Lengemann/Seibel

Saeng, *Ludwig* **Heinrich**, geb. 10.11.1848 Darmstadt, gest. 6.11.1931 Darmstadt; Buchhändler in Darmstadt. – Ghzm. Hessen: 2. Kammer 1902-1903 (NL).

Ruppel/Groß

Salomon, Konstantin Wilhelm Louis Rudolph, geb. 20.3.1858 Berlin, gest. 30.6.1914 München; Bürgermeister in Schlüchtern. – Kassel und Hessen-Nassau 1905.

Pelda

Salzer, Gerhard, geb. 6.4.1912 Frankfurt, gest. 15.5.1989 ... ; Diplom-Ingenieur, Teilhaber einer Transportanlagenfabrik in Offenbach. – Land Hessen: Hessischer Landtag 1949-1950 (FDP).

Lengemann II; Kanzlei des Landtags

Salzmann, Bernhard, geb. 24.11.1796 Nauheim, gest. 30.5.1870 Nauheim; Gastwirt in Nauheim. – Kurhessen: Ständeversammlung 1836-1838 (lib.).

Losch; Sieburg; J.L.

Sames, *Heinrich* **Georg**, geb. 9.3.1865 Dorf-Güll, gest. 1.5.1939 Bad Nauheim; Bauunternehmer in Darmstadt. – Volksstaat Hessen 1920-1921 (DDP).

Ruppel/Groß

Sandrock, Heinrich, geb. 9.3.1811 Lautenhausen, gest. 27.6.1882 Lautenhausen; Gutsbesitzer in Lautenhausen. – Kurhessen: 2. Kammer 1858-1860. Losch; Sieburg

Sanner, David, geb. 18.2.1826 Schmalkalden, gest. 15.1.1866 Schmalkalden; Kaufmann in Schmalkalden. – Kurhessen: 2. Kammer 1860-1862. Losch; Sieburg

Sarasin, Johann Georg, geb. 13.3.1762 Frankfurt, gest. 13.2.1847 ... ; Handelsmann, Bankier; 1816-1831 Senator, 1817-1827 Mitglied des Engeren Rats, 1825 und 1828 Jüngerer Bürgermeister, 1831-1847 Schöff. – Freie Stadt Frankfurt: Gesetzgebende Versammlung 1817-1824, 1826-1827 und 1829-1845. Frost

Sarg, Johann Friedrich Franz, geb. ... , gest. ... ; Gasthalter. – Freie Stadt Frankfurt: Gesetzgebende Versammlung 1850. Frost

Sartorius, *Friedrich* **Georg**, geb. 16.1.1808 Hohensolms, gest. 2.12.1865 Roßdorf; evangelischer Pfarrer in Hitzkirchen, 1852 Garnisonprediger Darmstadt, später Pfarrer Roßdorf. – Ghzm. Hessen: 2. Kammer 1851-1856.

Ruppel/Groß

Sartorius, *Otto* **Karl Friedrich**, geb. 2.12.1831 Biebrich, gest. 26.9.1911 Wiesbaden; 1881-1905 Landesdirektor des Kommunalstänischen bzw. Bezirksverbandes des Regierungsbezirks Wiesbaden, ab 1901 mit dem Titel Landeshauptmann. – Wiesbaden und Hessen-Nassau 1889-1898 [NL *1887*].

Burkardt/Pult; J.L.

Sauer, J. Wilhelm, geb. ... , gest. ... ; Tapezierer. – Freie Stadt Frankfurt: Gesetzgebende Versammlung 1832 und 1838-1840. Frost

Sauer, Johann (II.), geb. 11.12.1805 Bodenheim, gest. 17.3.1881 Bodenheim; Gutsbesitzer und Bürgermeister in Bodenheim. – Ghzm. Hessen: 2. Kammer 1854-1862. Ruppel/Groß

Sauerbier, Georg Hermann, geb. 10.7.1886 Butzbach, gest. 14.1.1970 Wiesbaden; Landwirt. – Wiesbaden und Hessen-Nassau 1933 (NSDAP).

Burkardt/Pult

Sauerborn, Martin, geb. 10.8.1854 Montabaur, gest. 17.1.1921 Montabaur; Bürgermeister. – Wiesbaden und Hessen-Nassau 1907-1918. Burkardt/Pult

Sauerländer, Heinrich Remigius, geb. 25.2.1821 ... , gest. ... ; Buchhändler und Verleger. – Freie Stadt Frankfurt: Gesetzgebende Versammlung 1855. Frost

Sauerländer, Johann David, geb. 3.3.1824 Frankfurt, gest. ... 1896 ... ; Jurist. – Freie Stadt Frankfurt: Gesetzgebende Versammlung 1861-1866, Ständige Bürgerrepräsentation 1861-1866. Frost

Sauerländer, Johann David, geb. 30.9.1789 Frankfurt, gest. 26.11.1869 Frankfurt; Buchhändler und Verleger. – Freie Stadt Frankfurt: Gesetzgebende Versammlung 1833-1834 und 1848. Frost

Sauerwein, A., geb. ... , gest. ... ; Schneidermeister. – Freie Stadt Frankfurt: Gesetzgebende Versammlung 1826. Frost

Sauerwein, G. F., geb. ... , gest. ... ; Schlossermeister. – Freie Stadt Frankfurt: Gesetzgebende Versammlung 1825 und 1827-1830. Frost

Sauerwein, Heinrich, geb. 4.6.1903 Friedlos, gest. 18.11.1969 ... ; Verwaltungsbeamter, 1945-1946 Bürgermeister der Stadt Bad Hersfeld, 1946 Landrat des Kreises Hersfeld. – Land Hessen: Verfassungberatende Landesversammlung Groß-Hessen 1946 (SPD). Lengemann II

Sauerwein, Carl, geb. ... , gest. ... ; Privatier in Frankfurt. – Wiesbaden und Hessen-Nassau 1899-1910 (DemP [DVP]). Burkardt/Pult; J.L.

Saul, Heinrich Wilhelm August, geb. 6.4.1819 Ochshausen, gest. 11.3.1882 Kragenhof; Gutsbesitzer auf dem Kragenhof. – Kurhessen: 2. Kammer 1861-1862. Losch; Sieburg

Saure, Philipp Henrich, geb. 27.7.1797 Landau, gest. 21.12.1842 Landau; Ackermann und mehrfach Bürgermeister in Landau. – Waldeck: Landstand 1837-1840 und 1842-1842. König/Lengemann/Seibel

Dr. jur. Saure, Wilhelm, geb. 25.9.1899 Rattlar, Krs. Waldeck, gest. 18.4.1951 ... ;

1938-1940 Professor für Bürgerliches Recht, Agrar- und Wirtschaftsrecht in Göttingen, 1940-1945 in Prag, wohnhaft in Frankfurt. – Land Hessen: Hessischer Landtag 1950-1951 (FDP). Lengemann II

Sautter, Hans, geb. 5.5.1877 München, gest. 15.12.1961 Kassel; Bildhauerlehrer an der Kunstgewerbeschule in Kassel, 1919 Professor, 1921 Direktor. – Kassel und Hessen-Nassau 1919 (45. KLT) - 1929 (SPD). Pelda

Dr. jur. von Savigny, Carl Friedrich Maria Stephan Adolf, geb. 25.5.1855 Karlsruhe, gest. 6.11.1928 Hof Trages; Fideikommissherr auf Hof Trages bei Somborn, Hüttengesäß und Bruchköbel, Landrat a.D. des Kreises Büren; MdA 1899-1918 (Z), MdR 1900-1918 (Z). – Kassel und Hessen-Nassau 1921-1925 (Z). Pelda; J.L.

Fürst zu Sayn-Wittgenstein und Hohenstein, Adolph Ernst Cornelius Alexander, geb. 8.3.1783 Schloß Wittgenstein bei Laasphe, gest. 31.12.1856 Frankfurt-Rödelheim; Ghzgl. hessen-darmstädtischer Gesandter am österreichischen Hof. – Ghzm. Hessen: 1. Kammer 1829-1847. Götz/Rack

Schaake, Carl Wilhelm, geb. 13.6.1790 Nieder-Wildungen, gest. 23.5.1827 Rhoden; Kaufmann und mehrfach Bürgermeister in Rhoden. – Waldeck: Landstand 1819-1822 und 1824-1825. König/Lengemann/Seibel

Schacht, Johann Jakob Theodor, geb. 7.12.[?]1786 Braunschweig, gest. 10.7.1870 Darmstadt; Professor für Geschichte und stellvertretender Direktor am Gymnasium in Mainz, 1832 pensioniert, später Referent für das gesamte Schulwesen des Großherzogtums in Darmstadt. – Ghzm. Hessen: 2. Kammer 1832-1833. Ruppel/Groß; Götz/Rack

von und zu Schachten, Friedrich Theodor Carl, geb. 2.5.1788 Hannoversch-Münden, gest. 17.9.1866 Schachten; Gutsbesitzer in Schachten. – Kurhessen: Ständeversammlung 1838 und 1842-1844 und 1. Kammer 1856-1860 (kons.-konst). Losch; Sieburg; J.L.

von und zu Schachten, *Georg* Friedrich Moritz Heinrich, geb. 24.6.1796 Schachten, gest. 20.8.1868 Hofgeismar; Legationsrat, später kurhessischer Gesandter in Paris, Wien und Berlin. – Kurhessen: Ständeversammlung 1833 (gouv.). Losch; Sieburg; J.L.

Schad, Johann *Christoph*, geb. 18.1.1784 Herbstein, gest. 17.6.1858 ..., USA; Handelsmann und Fabrikant in Herbstein, 1840 nach Amerika ausgewandert. – Ghzm. Hessen: 2. Kammer 1832-1833. Ruppel/Groß

Schade, *Friedrich* Peter Konrad, geb. 27.1.1846 Merzhausen, gest. ... ; Gutspächter in Altenburg bei Alsfeld. – Ghzm. Hessen: 2. Kammer 1881-1893 (NL, frsg., [BdL *1898*]). Ruppel/Groß; J.L.

Schady, Philipp Jacob, geb. 1.6.1808 Frankfurt, gest. ... ; Advokat. – Freie Stadt Frankfurt: Gesetzgebende Versammlung 1851. Frost

Schaefer, geb. Tannenberg, Cäcilie (*Cilly*) Barbara, geb. 25.1.1898 Friedberg, gest. 18.1.1981 Marburg; Arbeiterin in Bad Nauheim. – Volksstaat Hessen 1932-1933 (KPD). Ruppel/Groß; Götz/Rack; J.L.

Schäfer, Christian, geb. 13.9.1805 Züschen, gest. 19.11.1841 Züschen; Landwirt, Schuhmachermeister, Schneidermeister und Bürgermeister in Züschen. – Waldeck: Landstand 1840-1841. König/Lengemann/Seibel

Schäfer, *Ernst* Friedrich Gottlieb, geb. 30.11.1830 Kölleda, Reg.-Bez. Erfurt, gest. 12.1.1899 Neuemühle, Niederzweh-

ren bei Kassel; Kreisrentmeister in Nieder-Wildungen. – Waldeck: Landtag 1878-1887 König; König/Lengemann/Seibel

Schäfer, Friedrich, geb. ... , gest. ... . – Freie Stadt Frankfurt: Gesetzgebende Versammlung 1851. Frost

Schäfer (Schäffer), Friedrich, geb. ... , gest. ... ; Sattlermeister. – Freie Stadt Frankfurt: Gesetzgebende Versammlung 1852-1857. Frost

Schäfer, Friedrich August, geb. 13.2.1810 Offenbach, gest. 18.10.1880 Offenbach; Fabrikant und Bürgermeister in Offenbach. – Ghzm. Hessen: 2. Kammer 1862-1866 (F). Ruppel/Groß

Schäfer, Friedrich Ludwig, geb. ... , gest. ...; Wirt, Bäcker, Krämer. – Wiesbaden und Hessen-Nassau 1886-1898. Burkardt/Pult

Schäfer, Georg, geb. 2.5.1919 Egelsbach, Krs. Offenbach; gelernter Dreher, bis 1968 Bezirksleiter der Gewerkschaft der Eisenbahner Deutschlands, 1968 Geschäftsführer der Lotterie-Treuhandgesellschaft in Wiesbaden, wohnhaft in Darmstadt; Mitglied der 4. und 5. Bundesversammlung. – Land Hessen: Hessischer Landtag 1960-1978 (SPD), Vizepräsident des Hessischen Landtags 1974-1978. Lengemann II; Kanzlei des Landtags

Schäfer, *Heinrich* Christian, geb. 17.11.1794 Neersen, gest. 4.5.1870 Neersen; Mittelköthner, Gastwirt und Zigarrenfabrikant und Richter, später Bürgermeister in Neersen. – Waldeck: Spezial-Landtag Pyrmont 1849-1859. König; Lengemann IV; König/Lengemann/Seibel

Schäfer (später: Gründer-Schäfer), Ingeburg, geb. 6.4.1933 Kassel; Hausfrau in Ahnatal; Mitglied der Verbandsversammlung des LWV Hessen seit 1985. – Land

Hessen: Hessischer Landtag 1983 (SPD).
Lengemann II; Kanzlei des Landtags

Schaefer, Jakob, geb. 20.5.1890 Cappel bei Marburg, gest. 12.4.1971 Karlsbad, [damals] CSSR; Schneider in Bad Nauheim. – Volksstaat Hessen 1927-1931 (KPD). Ruppel/Groß

Schäfer, Johann *Adam*, geb. 6.8.1776 Schlüchtern, gest. 25.4.1850 Schlüchtern; Färbermeister in Schlüchtern. – Kurhessen: Ständeversammlung 1834-1835 und 1839-1841 (gem. lib. 1834-1835). Losch; Sieburg; J.L.

Schäfer, Johann Jacob, geb. 11.10.1813 Mengshausen, gest. 7.12.1883 Mengshausen; Bürgermeister in Mengshausen. – Kassel 1878-1882. Pelda

Schäfer, Johann Sebastian; geb. 7.6.1827 Oberbimbach, gest. 15.11.1889 Oberbimbach; Halbbauer und Bürgermeister in Oberbimbach. – Kassel 1871-1885. Pelda

Dr. Schäfer, Karl *Wilhelm*, geb. 24.9.1896 Frankfurt, gest. 17.7.1933 Frankfurt [ermordet]; Diplom-Handelslehrer, Syndikus, Kreisleiter der NSDAP in Offenbach. – Volksstaat Hessen 1931-1932 (NSDAP). Ruppel/Groß

Schäfer, Kurt[162], geb. 14.5.1797 Wiera, gest. 29.8.1873 Wiera; Grebe in Wiera. – Kurhessen: Ständeversammlung 1833-1835, 1839-1841 und 1846 (gem. lib. 1833-1835). Losch; Sieburg; J.L.

Schäfer, *Ludwig* **Adolf Hermann**, geb. 2.2.1812 Assenheim, gest. 29.1.1879 Darmstadt; Landrichter in Gernsheim. – Ghzm. Hessen: 2. Kammer 1866-1872 (LibKons). Ruppel/Groß

Schäfer (I.), Wilhelm, geb. 23.11.1874 ..., gest. ... ; Landwirt in Wachenbuchen. – Kassel und Hessen-Nassau 1933 (NSDAP). Pelda

Schäfer, Wilhelm Carl, geb. 24.5.1791 Ginheim, gest. 22.10.1863 Ginheim; Gastwirt in Ginsheim. – Kurhessen: Ständeversammlung 1831-1832 (lib.). Losch; Sieburg; J.L.

Schäffer, Christian Karl, geb. 21.12.1805 Willmenrod, gest. 25.12.1896 Willmenrod; Landwirt und Bürgermeister. – Nassau: II. Kammer 1852-1857. Rösner-Hausmann

Schäffer, Heinrich, geb. 12.11.1811 Erbstadt, gest. 30.5.1877 Erbstadt; Bürgermeister in Erbstadt. – Kurhessen: 2. Kammer 1855-1857. Losch; Sieburg

Schäffer, Johann Daniel, geb. ... , gest. ...; Bäckermeister. – Freie Stadt Frankfurt: Gesetzgebende Versammlung 1840-1845, 1848 und 1854-1865, Ständige Bürgerrepräsentation 1847-1865 (Stadtrechnungsrevisionskolleg 1861-1865). Frost

Schäffer, Johann *Ernst*, geb. 29.11.1812 Böhne, gest. 6.5.1878 Wellen; Gutsbesitzer und Bürgermeister in Wellen. – Waldeck: Landtag 1859-1878. König; König/Lengemann/Seibel

Schäffer, Johannes, geb. 7.9.1797 Böhne, gest. 21.12.1862 Böhne; Schreinermeister in Böhne. – Waldeck: Landstand 1842-1848. König/Lengemann/Seibel

Schäffer, Justus Wilhelm[163], geb. 13.7.1784 Witzenhausen, gest. 30.6.1859

---

[162] Nach GROTHE führte der Abgeordnete den Vornamen *Johannes*; ob beide Bezeichungen die gleiche Person meinen oder wer tatsächlich Mitglied der Ständeversammlung war, konnte bei der Erarbeitung des Index nicht erforscht werden.

[163] Nach GROTHE führte der Abgeordnete den Vornamen *Konrad Ludwig*; ob beide Bezeichungen die gleiche Person meinen oder wer tatsächlich Mitglied der Ständeversammlung war, konnte bei der Erarbeitung des Index nicht erforscht werden.

Witzenhausen; Oberberginspektor am Meißner. – Kurhessen: Ständeversammlung 1833 und 1833-1835 (gouv. 1833, gem. lib. 1833-1835). Losch; Sieburg; J.L.

Schäffer, Wilhelm, geb. 3.2.1861 Böhne, gest. 2.5.1917 Albertshausen; Landwirt in Albertshausen. – Waldeck: Landtag 1914-1917. König; König/lengemann/Seibel

Freiherr Schäffer von Bernstein[164], *Friedrich* Ferdinand Wilhelm, geb. 8.11.1789 Bettenhausen bei Kassel, gest. 1.12.1861 Darmstadt; Generalleutnant, 1849-1861 Ghzgl. Kriegsminister. – Ghzm. Hessen: 1. Kammer 1851-1861.
Götz/Rack; J.L.

Schäffner, Wilhelm Peter, geb. 29.1.1815 Frankfurt, gest. 14.1.1897 Frankfurt; Advokat. – Freie Stadt Frankfurt: Verfassunggebende Versammlung 1849, Gesetzgebende Versammlung 1850-1851.
Frost

Schaffner, Johann Ludwig, geb. 10.7.1804 Frankfurt, gest. 13.11.1859 Frankfurt; Maurermeister. – Freie Stadt Frankfurt: Gesetzgebende Versammlung 1844-1846 und 1852-1859, Ständige Bürgerrepräsentation 1846-1859. Frost

Schalck, Johann Christoph Heinrich, geb. 18.11.1760 Nieder-Wildungen, gest. 11.7.1828 Nieder-Wildungen; Buchbindermeister und mehrfach Bürgermeister in Nieder-Wildungen. – Waldeck: Landstand [1805] -1816 und 1822-1824.
König/Lengemann/Seibel

Schalk, Friedrich, geb. 11.7.1887 Bömighausen, gest. 31.10.1962 Eschwege; Lehrer in Wetterburg, 1927 Rektor in Mengeringhausen. – Waldeck: Landesvertretung 1925-1929 (DNVP).
König; König/Lengemann/Seibel

Schaller, J. L., geb. ... , gest. ... ; Schuhmachermeister. – Freie Stadt Frankfurt: Gesetzgebende Versammlung 1829 und 1838-1839. Frost

Schaller, Johannes, geb. 10.2.1785 Nieder-Wildungen, gest. 29.5.1847 Nieder-Wildungen; Bürgermeister in Nieder-Wildungen. – Waldeck: Landstand 1819 – Ende 1819 oder Anfang 1820.
König/Lengemann/Seibel

Schantz, Karl Friedrich, geb. 3.1.1803 Marburg, gest. 27.3.1888 Marburg; Obergerichtanwalt in Marburg. – Kurhessen: Ständeversammlung 1841. Losch; Sieburg

von Scharfenberg[165], *Karl* Xaver, geb. 28.11.1849 Bremen, gest. 18.4.1922 Wanfried; Rittergutsbesitzer auf Kalkhof bei Wanfried. – Kassel und Hessen-Nassau 1890-1891 [K *1881*]. Pelda; J.L.

Scharff, Constantin Alexander, geb. 30.3.1816 Frankfurt, gest. 18.2.1900 Frankfurt; Handelsmann, Teilhaber der Seidenwarenfirma Alexander Gontard & Sohn. – Freie Stadt Frankfurt: Gesetzgebende Versammlung 1850, 1852, 1857 und 1860-1866, Ständige Bürgerrepräsentation 1862-1866. Frost

Scharff, Gottfried, geb. 5.6.1782 Frankfurt, gest. 20.4.1855 Frankfurt; Handelsmann (Eisenwarenhandlung); unter Dalberg Municipalrat, 1816-1831 Senator, 1817-1827 Mitglied des Engeren Rats, 1822, 1826 und 1830 Jüngerer Bürgermeister, 1831-1855 Schöff, 1840, 1842, 1844 und 1846 Älterer Bürgermeister. – Freie Stadt Frankfurt: Gesetzgebende Versammlung 1817-1818, 1821, 1825, 1828-1829, 1832-1829 und 1848. Frost

Scharff, Johann Martin, geb. 13.1.1784 Frankfurt, gest. 7.5.1860 Frankfurt; Han-

---

[164] Erhebung (des Vaters) in den Ghzgl. hessischen Freiherrenstand am 25.2.1813.

[165] Erhebung in den Kgl. preußischen Adelsstand am 22.3.1876.

Johann Martin Scharff
Senior der Ständigen Bürgerrepräsentation der
Freien Stadt Frankfurt 1852-1858

delsmann. – Freie Stadt Frankfurt: Ständige Bürgerrepräsentation 1819-1858, Gesetzgebende Versammlung 1821 und 1824-1851; Vizepräsident der Gesetzgebenden Versammlung 1841-1842, 1844-1848 und 1851, Senior der Ständigen Bürgerrepräsentation 1852-1858. Frost

Scharff, **Julius August**, geb. 2.7.1812 Frankfurt, gest. 31.5.1876 ... ; Advokat, 1859 Appellationsgerichtsrat. – Freie Stadt Frankfurt: Gesetzgebende Versammlung 1844-1859, Vizepräsident der Gesetzgebenden Versammlung 1857; Verfassunggebende Versammlung 1848-1849. Frost; J.L.

Scharff-Böcking, **Johann Philipp**, geb. 30.1.1790 Frankfurt, gest. 16.1.1861 Frankfurt; Handelsmann. – Freie Stadt

Frankfurt: Gesetzgebende Versammlung 1847. Frost

Schaub, *Heinrich* **Wilhelm**, geb. 13.11.1875 Büdesheim, gest. 23.2.1930 Büdesheim; selbständiger Schreinermeister in Büdesheim. – Volksstaat Hessen 1921-1930 (USPD 1921-1922, SPD 1922-1930). Ruppel/Groß; Götz/Rack; J.L.

Schaub, **Hermann**, geb. 31.3.1900 Bad Vilbel, gest. 14.6.1961 Kassel; Gewerkschaftssekretär, später Bürgermeister und dann Direktor des LWV Hessen. – Wiesbaden und Hessen-Nassau 1930-1933 (SPD). Burkardt/Pult

Schaub, **Jakob**, geb. 26.7.1823 Büdesheim, gest. 2.2.1877 Ulrichstein; Pfarrer in Ulrichstein. – Ghzm. Hessen: 2. Kammer 1872-1877 (NL). Ruppel/Groß

Schaub, **Manfred**, geb. 13.10.1957 Altenbauna, Krs. Kassel; 1979 bis 1991 Pressesprecher, Bürgerbeauftragter und Amtsleiter beim Magistrat der Stadt Baunatal, 1991-1995 Persönlicher Referent des Hessischen Ministers des Innern, wohnhaft in Baunatal. – Land Hessen: Hessischer Landtag seit 1995 (SPD). Kanzlei des Landtags

Schauberger, **Johannes**, geb. 13.12.1799 Bieber, gest. 16.6.1872 Niederzell; Ökonom in Niederzell. – Kurhessen: Ständeversammlung 1831-1832 (lib.).
Losch; Sieburg; J.L.

Schaum, **Reinhard**, geb. 7.8.1839 Ortenberg, gest. ... ; Ökonom in Herrnhaag bei Büdingen, vermutlich etwa 1888 nach Amerika ausgewandert. – Ghzm. Hessen: 2. Kammer 1872-1875 und 1882-1887 (NL). Ruppel/Groß

Schaumann, **Gustav Ernst Lionel**, geb. 26.12.1861 Osnabrück, gest. 7.12.1937 Ospedaletti, Italien; Stadtbaurat. – Wiesbaden und Hessen-Nassau 1911-1918. Burkardt/Pult

Schaumlöffel, Karl Gottlieb Wilhelm Ernst, geb. 6.7.1891 Merxhausen, gest. 13.12.1933 Kassel; Mühlenbesitzer in Merxhausen. – Kassel und Hessen-Nassau 1933 (NSDAP).   Pelda

Grafen von Schaumburg – s. Prinzen (Fürsten) von Hanau und zu Horzowitz, Grafen von Schaumburg

Schauss, Ernst, geb. 19.2.1906 Biskirchen, Krs. Wetzlar, gest. 29.8.1972 ... ; Diplom-Handelslehrer, Oberstudiendirektor in Wetzlar; Mitglied der 4. Bundesversammlung. – Land Hessen: Hessischer Landtag 1954-1958 und 1958-1970 (FDP).   Lengemann II

Scheffer, Bernhard, geb. 1.12.1834 Haldorf, gest. 31.3.1887 Mardorf; Bürgermeister in Mardorf. – Kassel 1884-1889 und Hessen-Nassau 1886-1889.   Pelda

Scheffer, *Friedrich* Heinrich Ernst Leopold, geb. 21.12.1800 Schrecksbach, gest. 8.8.1879 Hof Engelbach; Jurist, 1847-1848 Provisorischer Vorstand des Kfl. Innenministeriums, 1848 aus Hessen vertrieben, 1849 Erwerb des Guts Engelbach, 1855 Mitglied des Kfl. Gesamtstaatsministeriums, 1856-1859 Kfl. Innenminister. – Kurhessen: Ständeversammlung 1833-1834 und 2. Kammer 1852-1854 (gem. lib. 1833, gouv. 1833-1834 und 852-1854, [K *1871*]); Präsident der 2. Kammer 1852-1854.   Losch; Sieburg; J.L.

Scheffer, Johann *Friedrich*, geb. 25.3.1794 Felsberg, gest. 22.3.1872 Felsberg; Advokat in Felsberg. – Kurhessen: Ständeversammlung 1845-1846.
                    Losch; Sieburg; J.L.

Scheffer, Ludwig (*Louis*), geb. 27.1.1799 Hattendorf, gest. 24.3.1865 Hattendorf; Gutsbesitzer in Althattendorf. – Kurhessen: Ständeversammlung 1836-1838 und 2. Kammer 1852-1854 (gouv.).
                    Losch; Sieburg; J.L.

Friedrich Scheffer
Präsident der 2. Kammer des Kurhessischen
Landtags 1852-1854

Scheffer, Otto, geb. 12.6.1811 Frankenau, gest. 13.7.1882 Gemünden; Ökonom in Haina. – Kurhessen: Ständeversammlung 1847-1848   Losch; Sieburg

Scheffer, Otto *Friedrich*, geb. 13.4.1776 Jesberg, gest. 10.8.1834 Jesberg; Gastwirt, Ackermann und Branntweinbrenner in Jesberg. – Hessen-Kassel 1815-1816.
                    Sieburg (J.L.)

Scheffer, Valentin, geb. 4.6.1805 Geismar, gest. 12.9.1871 Geismar; Ökonom in Geismar. – Kurhessen: Ständeversammlung 1848.   Losch; Sieburg

Dr. phil. Scheffer, W. A. *Heinrich*, geb. 9.12.1808 Kirchhain, gest. 9.5.1846 [Suizid] Kassel; Schriftsteller, Bürgermeister in Kirchhain. – Kurhessen: Ständeversammlung 1839-1841.   Losch; Sieburg

Scheffler, Johann Georg, geb. 3.1.1877 Erlangen, gest. 14.6.1933 Biebrich; Beigeordneter (2. Bürgermeister), dann Bürgermeister in Biebrich; Stellvertretendes Mitglied des Preußischen Staatsrats 1924-1926 (SPD). – Wiesbaden und Hessen-Nassau 1920-1926 (SPD).

Burkardt/Pult; J.L.

Scheib, Friedrich Adolph Ludwig, geb. 10.5.1814, gest. 13.5.1870 Frankfurt; Schulmann, Institutsvorsteher. – Freie Stadt Frankfurt: Gesetzgebende Versammlung 1862-1866.

Frost

Schellen, Carl, geb. 22.8.1885 Frankfurt, gest. ... 1945 [in sowjetischer Gefangenschaft]; Landrat in Limburg. – Wiesbaden und Hessen-Nassau 1920 (Z).

Burkardt/Pult; J.L.

Schellenberg, Heinrich, geb. 19.10.1810 Neuwied, gest. 12.12.1876 Nordenstadt; Pfarrer. – Nassau: II. Kammer 1852-1857.

Rösner-Hausmann

Schellenberg, Johann Karl, geb. 15.8.1817 Nassau, gest. 23.6.1893 Wiesbaden; Amtmann in Höchst, 1879 Regierungsrat. – Wiesbaden 1877-1886.

Burkardt/Pult; J.L.

Schember, Heinrich[166], geb. 14.8.1797 Merzhausen, gest. 13.12.1868 Merzhausen; Grebe in Merzhausen. – Kurhessen: Ständeversammlung 1833 (gem. lib.).

Losch; Sieburg; J.L.

Schenck, August Friedrich, geb. 17.6.1790 Darmstadt, gest. 26.6.1868 Nieder-Wildungen; Hofgerichtsrat, dann Oberappellations- und Kassationsgerichtsrat, später Mitglied des Staatsrats in

---

[166] Nach GROTHE führte der Abgeordnete den Vornamen *Johannes*; ob beide Bezeichungen die gleiche Person meinen oder wer tatsächlich Mitglied der Ständeversammlung war, konnte bei der Erarbeitung des Index nicht erforscht werden.

Darmstadt; Mitglied des Staatenhauses des Unionsparlaments 1850. – Ghzm. Hessen: 2. Kammer 1829-1833, 1. Kammer 1849-1850 und 2. Kammer 1848-1849 (lib.); Präsident der 1. Kammer 1849-1850.

Ruppel/Groß; Götz/Rack

von Schenck, *Bernhard* Wilhelm Albrecht, geb. 8.8.1851 Schloß Mansfeld, gest. 11.1.1934 Potsdam; Landrat in Witzenhausen, 1895 in Hanau, später Polizeipräsident in Wiesbaden. – Kassel und Hessen-Nassau 1886-1902.

Pelda

Schenck, *Ernst* Philipp Engel, geb. 15.7.1782 Darmstadt, gest. 15.9.1846 Darmstadt; Oberkriegsrat, 1822 Mitglied des Oberkriegsgericht, 1833 auch Mitglied der Staatsschuldentilgungskasse in Darmstadt. – Ghzm. Hessen: 2. Kammer 1820-1833 und 1835-1846 (LibKons); Präsident der 2. Kammer 1826-1833 und 1839-1846, Vizepräsident (2. Präsident) der 2. Kammer 1835-1839.

Ruppel/Groß; J.L.

Schenck, Friedrich (*Fritz*) Franz Karl, geb. 19.11.1827 Wiesbaden, gest. 21.8.1900 Lichterfelde bei Berlin; Rechtsanwalt und Direktor des Hessen-Mittelrheinischen Genossenschaftsverbandes in Wiesbaden, später Rechtsanwalt und Notar in Charlottenburg; MdR 1871-1874 und 1883-1893 (F 1871-1874 und 1883-1884, DFrsgP 1884-1893); MdA 1892-1896 (DFrsgP 1892-1893, FrsgVP 1893-1896). – Nassau: II. Kammer 1864-1866 (NFP).

Rösner-Hausmann; J.L.

Schenck, *Friedrich* Philipp Leonhard, geb. 13.12.1770 Darmstadt, gest. 28.1.1854 Wiesbaden; Rechnungskammervizepräsident. – Nassau: Deputiertenkammer 1834-1845.

Rösner-Hausmann

Schenck, *Georg* Christian, geb. 20.7.1785 Darmstadt, gest. 14.2.1857 Walldorf bei Groß-Gerau; Weinhändler und Kaufmann in Kelsterbach. – Ghzm. Hessen: 2. Kammer 1826-1841 (lib.).

Ruppel/Groß

Schenck, Johann David, geb. ... , gest. ...; Maurermeister. – Freie Stadt Frankfurt: Gesetzgebende Versammlung 1861-1865.

Frost

Schenck (jun.), Johann Friedrich, geb. 22.3.1813 Frankfurt-Sachsenhausen, gest. 29.3.1873 ... ; Fischermeister. – Freie Stadt Frankfurt: Gesetzgebende Versammlung 1858-1862.

Frost

Schenck (Schenk), Johann Jacob Ludwig Carl[167], geb. 14.5.1805 Dillenburg, gest. 7.5.1868 Dillenburg; Hofgerichtsprokurator in Dillenburg; MdN 1848-1849 (bkF, Märzverein). – Nassau: Ständeversammlung 1848 *und II. Kammer (Mandat nicht angenommen)* 1852; Präsident der Ständeversammlung 1848.

Rösner-Hausmann; J.L.

Schenck, *Karl* Friedrich Jakob, geb. 19.9.1831 Darmstadt, gest. 31.7.1902 Lindenfels; Hofgerichtsadvokat und -prokurator, 1880 Rechtsanwalt in Darmstadt. – Ghzm. Hessen: 2. Kammer 1872-1875 (NL).

Ruppel/Groß

Freiherr Schenck zu Schweinsberg, *Carl* Ludwig Georg, geb. 20.1.1809 Marburg, gest. 31.1.1886 Nieder-Ofleiden; Gutsbesitzer in Nieder-Ofleiden. – Ghzm. Hessen: 2. Kammer 1865-1872 (kons.).

Ruppel/Groß

Freiherr Schenck zu Schweinsberg, Carl Otto *Kurt*, geb. 22.4.1858 Kassel, gest. 30.5.1929 Kassel; Konsistorialpräsident in Kassel, 1922 Erbschenk; MdA 1912-1918 (K). – Kassel und Hessen-Nassau 1911-1919 (44. KLT) (K *1912*-1918).

Pelda; J.L.

Freiherr Schenck zu Schweinsberg, *Carl* Wilhelm Georg Julius Friedrich, geb. 17.1.1805 Ziegenhain, gest. 30.3.1869 Buchenau. – Kurhessen: 1. Kammer 1852-1854.

Losch; Sieburg

Freiherr Schenck zu Schweinsberg, *Friedrich* Carl Johann, geb. 10.9.1815 Rülfenrod, gest. 21.7.1866 Rülfenrod; Gutsbesitzer in Rülfenrod. – Ghzm. Hessen: 2. Kammer 1856-1862.

Ruppel/Groß

Freiherr Schenck zu Schweinsberg, *Friedrich* Ludwig Johann Christian, geb. 22.10.1777 Wäldershausen, gest. 18.10.1832 Kestrich; Gutsbesitzer in Wäldershausen, auch Besitzer des Guts Höhnscheid im Fsm. Waldeck. – Ghzm. Hessen: 2. Kammer 1820-1830; Waldeck: Landstand 1823-1832.

Ruppel/Groß; König/Lengemann/Seibel

Freiherr Schenck zu Schweinsberg, *Hermann* Ludwig Moritz, geb. 11.12.1807 Nieder-Ofleiden, gest. 16.1.1858 Nieder-Ofleiden. – Kurhessen: Ständeversammlung 1845-1846 und 1. Kammer 1855-1856.

Losch; Sieburg

Freiherr Schenck zu Schweinsberg, *Ludwig* Ernst Carl, geb. 6.10.1767 ... , gest. 24.12.1847 Hermannstein; Gutsbesitzer in Hermannstein und Sorge, Erbschenk. – Ghzm. Hessen: 2. Kammer 1820-1830 (kons.).

Ruppel/Groß; J.L.

Freiherr Schenck zu Schweinsberg, Ludwig *Friedrich* Carl, geb. 23.11.1805 Gut Wäldershausen bei Homberg (Ohm), gest. 4.5.1881 Darmstadt; Ministerialrat im Ministerium der Finanzen, 1846-1848 Direktionsmitglied der Staatsschuldenkasse, 1848-1852 Direktor, 1852-1858 Präsident des Ministeriums der Finanzen, 1858-1871 Ghzgl. Minister der Finanzen. – Ghzm. Hessen: 1. Kammer 1844-1847 und 1856-1878; Vizepräsident (2. Präsident) der 1. Kammer 1875-1878. Götz/Rack

Freiherr Schenck zu Schweinsberg, *Ludwig* Johann Peter Julius, geb. 30.10.1801 Marburg, gest. 18.4.1868

---

[167] Lt. RENKHOFF S. 692 (Nr. 3788) trug Abg. *Schenck* die Vornamen Ludwig Albert Carl.

Homberg/Efze; Amtsaktuar in Amöneburg, Justizbeamter in Windecken, später Landrat in Homberg/Efze. – Kurhessen: Ständeversammlung 1842-1844 und 1847-1848.   Losch; Sieburg

Freiherr Schenck zu Schweinsberg, *Moritz* Kraft Magnus, geb. 14.11.1801 Marburg, gest. 28.6.1869 Hanau; Obergerichtsrat in Fulda, dann in Rotenburg an der Fulda. – Kurhessen: Ständeversammlung 1848-1850 (kons.).   Losch; Sieburg; J.L.

Freiherr Schenck zu Schweinsberg, *Moritz* Philipp Wilhelm Christoph, geb. 28.5.1783 Kassel, gest. 12.11.1840 ... . – Kurhessen: Ständeversammlung 1833-1838 (gouv.).   Losch; Sieburg; J.L.

Freiherr Schenck zu Schweinsberg, *Rudolf* Moritz Carl, geb. 3.9.1855 Schweinsberg, gest. 6.10.1911 Pützchen bei Bonn; Landrat in Kirchhain. – Kassel und Hessen-Nassau 1892-1910.   Pelda

Freiherr Schenck zu Schweinsberg, *Wilhelm* Christian Carl, geb. 6.1.1809 Braunfels, gest. 1.3.1874 Darmstadt; Gutsbesitzer in Hermannstein und Sorge. – Ghzm. Hessen: 2. Kammer 1856-1865.
                                        Ruppel/Groß

Dr. jur. Freiherr Schenck zu Schweinsberg, *Wilhelm* Walther Ludwig Karl, geb. 26.1.1809 Fulda, gest. 3.8.1867 Schweinsberg; 1839-1848 Minister im Fsm. Hohenzollern-Sigmaringen, 1848-1849 provisorischer Vorstand des Kfl. Ministeriums der Auswärtigen Angelegenheiten und des Hauses, 1866-1867 Regierungs- und Konsistorialpräsident in Hanau; Mitglied des Volkshauses des Unionsparlaments 1850; MdR 1867 (bkF [altliberal]). – Kurhessen: Ständeversammlung 1850 und 1862-1866 (lib.-konst.).
                                   Losch; Sieburg; J.L.

Schenk – s. auch Schenck

Schenk, Jacob, geb. ... , gest. ... ; Weingärtner. – Freie Stadt Frankfurt: Gesetzgebende Versammlung 1862-1866.   Frost

Schepeler, Georg, geb. ... , gest. ... ; Handelsmann. – Freie Stadt Frankfurt: Gesetzgebende Versammlung 1817-1823.
                                          Frost

Scherbius, Johann Justus, geb. 17.9.1762 Frankfurt, gest. 12.2.1827 Frankfurt; 1817 und 1819-1820 Appellationsgerichtsrat, 1818 Stadtgerichtsdirektor; 1795-1816 Senator, 1816-1820 Schöff. – Freie Stadt Frankfurt: Gesetzgebende Versammlung 1820.   Frost

Scherer, Balthasar *Georg* Adam, geb. 30.3.1865 Offenbach, gest. 2.5.1920 Offenbach; gelernter Former, später Bezirksleiter im christlichen Metallarbeiterverband. – Volksstaat Hessen 1919-1920 (Z).   Ruppel/Groß

Scherer, Johann Christian, geb. 19.11.1812 Frankfurt, gest. 17.7.1892 Frankfurt; Handelsmann. – Freie Stadt Frankfurt: Gesetzgebende Versammlung 1858-1860 und 1862, Ständige Bürgerrepräsentation 1862-1866 (Stadtrechnungsrevisionskolleg 1865-1866).   Frost

Scherer, Philipp Leonard *Karl*, geb. 5.2.1862 Höchst im Odenwald, gest. 10.11.1931 Darmstadt; Müller in Höchst. – Ghzm. Hessen: 2. Kammer 1892-1893 (NL).   Ruppel/Groß

Dr. med. Scherf, Franz Joseph, geb. 5.10.1865 Volkmarsen, gest. 4.7.1929 Bad Orb; Sanitätsrat in Bad Orb. – Kassel und Hessen-Nassau 1926-1929 (Z). Pelda

Scheuch (II), Georg Heinrich, geb. 29.6.1791 Kassel, gest. 15.9.1863 Marburg; Advokat in Gudensberg, 1833 Landrichter in Fulda, später Justizbeamter in Marburg. – Kurhessen: Ständeversammlung 1831-1832 und 1836-1838

(gem. lib. 1831-1832, gouv. 1836-1838).
Losch; Sieburg; J.L.

Scheuch (I), Georg Wilhelm, geb. 9.9.1798 Gudenberg, gest. 30.12.1872 Altmorschen; Postmeister in Altmorschen. – Kurhessen: Ständeversammlung 1831-1832 (lib.).
Losch; Sieburg; J.L.

Scheuern, Ernst, geb. 12.1.1868 Diez-Oranienstein, gest. 10.4.1953 Diez; Bürgermeister in Diez, 1919-1933 Landrat des Unterlahnkreises. – Wiesbaden und Hessen-Nassau 1920 (DDP).
Burkardt/Pult; J.L.

D. Dr. Schian, *Martin* Albert Ernst Richard, geb. 10.8.1869 Liegnitz in Schlesien, gest. 11.6.1944 Breslau; evangelischer Theologe, Professor an der Universität in Gießen. – Volksstaat Hessen 1921-1924 (DVP).
Ruppel/Groß

Schiele, Johann Simon, geb. ... , gest. ... ; Handelsmann. – Freie Stadt Frankfurt: Ständige Bürgerrepräsentation [1815] - 1832 (Stadtrechnungsrevisionskolleg 1818-1832), Gesetzgebende Versammlung 1818, 1820 und 1826-1827, Verfassunggebende Versammlung 1848-1849.
Frost; J.L.

Schiele, Johann *Simon*, geb. 21.6.1822 Frankfurt, gest. ... 1895 ... ; Handelsmann. – Freie Stadt Frankfurt: Gesetzgebende Versammlung 1862-1866 [NL *1872*, Fortschrittspartei *1874*].
Frost; J.L.

Dr. jur. Schieren, Hermann Konrad *Martin*, geb. 26.5.1886 Issum, Krs. Geldern, gest. 16.12.1956 Arnsberg; Landrat in Westerburg. – Wiesbaden und Hessen-Nassau 1920-1926 (Z).
Burkardt/Pult; J.L.

Schiergens, Nikolaus, geb. 5.9.1899 Aachen, gest. 14.1.1961 ... ; Exportleiter bei einer Maschinenfabrik in Fulda. – Land Hessen: Hessischer Landtag 1949-1950 (FDP).
Lengemann II

Dr. phil. Schiffler, geb. Dichgans, Charlotte (*Lotte*), geb. 29.4.1909 Wuppertal-Elberfeld, gest. 7.11.1992 Fulda; Verbandssekretärin im Jugendbund des Katholischen Frauenbundes in Frankfurt. – Land Hessen: Hessischer Landtag 1950 (CDU).
Lengemann II; Kanzlei des Landtags

Schildbach, Karl Eduard *Bernhard*, geb. 4.1.1876 Pößneck, gest. 29.8.1944 Jena; gelernter Buchbinder, Redakteur der *Mainzer Volkszeitung*, 1921-1923 Abteilungsleiter der Reichszentrale für Heimatdienst für Hessen und Hessen-Nassau, dann Redakteur des *Volkswille* in Singen am Hohentwiel. – Volksstaat Hessen 1919-1924 (SPD).
Ruppel/Groß; Götz/Rack

Schill, Simon Friedrich, geb. 30.3.1834 Osthofen, gest. 25.8.1921 Osthofen; Küfer, Mälzer, Weingutsbesitzer und Bürgermeister Osthofen. – Ghzm. Hessen: 2. Kammer 1899-1905 (NL).
Ruppel/Groß

von Schiller, Johann Friedrich Carl, geb. 5.4.1773 Frankfurt, gest. 17.7.1837 Frankfurt; Oberst und Stadtkommandant. – Freie Stadt Frankfurt: Gesetzgebende Versammlung 1817-1822.
Frost

Schilling, Dieter (II.), geb. 26.11.1799 Undenheim, gest. 10.9.1863 Mainz; Landwirt in Undenheim. – Ghzm. Hessen: 2. Kammer 1862-1863.
Ruppel/Groß

Dr. med. Schilling, Georg Hermann, get. 11.1.1775 Frankfurt, gest. 11.12.1864 Frankfurt; Arzt. – Freie Stadt Frankfurt: Gesetzgebende Versammlung 1824-1829 und 1832-1838.
Frost

Schilling, Gertrud, geb. 30.3.1949 Solingen-Ohligs; Lehrerin, wohnhaft in Schotten-Einartshausen; MdB 1987-1990; Mitglied der 9. Bundesversammlung. – Land Hessen: Hessischer Landtag 1982-1985 (GRÜ).
Lengemann II; Kanzlei des Landtags

Dr. med. Schilling, Karl, geb. 4.6.1889 Armsheim, gest. 19.3.1973 Göttingen; Arzt in Gau-Odernheim; MdR 1941-1945 (NSDAP). – Volksstaat Hessen 1931-1932 (NSDAP).   Ruppel/Groß; J.L.

Dr. phil. Schindler, Theodor Heinrich Wilhelm, geb. 14.8.1858 Hof Eich, gest. ... ; Ökonom, Pächter des Ritterguts Hof Eich, Gemeinde Geislitz. – Kassel und Hessen-Nassau 1907-1911.   Pelda

Schipfer, Joseph, geb. 8.4.1761 Ransbach, gest. 27.1.1843 Niederwalluf; Gutsbesitzer, „ohne Gewerbe". – Nassau: Deputiertenkammer 1818-1824.   Rösner-Hausmann

Dr. phil. Schirm, Johann Wilhelm, geb. 13.12.1812 Scheuern in Nassau, gest. 20.2.1889 Wiesbaden; Pädagoge, Gründer der Handels- und Gewerbeschule Wiesbaden. – Wiesbaden 1869-1885 (DFrsgP 1884-1885).   Burkardt/Pult; J.L.

Schlachter, Georg *Heinrich*, geb. 16.2.1817 Saarbrücken, gest. 8.4.1868 Wiesbaden: Kaufmann. – Nassau: II. Kammer 1853-1855.   Rösner-Hausmann

Schlamp, Carl Eduard, geb. 1.2.1811 Frankfurt, gest. 11.9.1889 Frankfurt; Bäckermeister. – Freie Stadt Frankfurt: Gesetzgebende Versammlung 1852-1857.   Frost

Schlamp, Johann Cyriacus, geb. 3.10.1791 Frankfurt, gest. 19.12.1868 Frankfurt; Handelsmann. – Freie Stadt Frankfurt: Gesetzgebende Versammlung 1846.   Frost

Schlappner, Martin, geb. 6.10.1931 Groß-Gerau; Diplom-Volkswirt, Kreisoberverwaltungsrat beim Kreis Groß-Gerau, wohnhaft in Rüsselsheim; Mitglied der 7. und 8. Bundesversammlung. – Land Hessen: Hessischer Landtag 1970-1995 (SPD).   Lengemann II

Schlarb, Philipp, geb. ... , gest. ... ; Ökonom in Meddersheim. – Hessen-Homburg 1849.   J.L.

Schlee, Emil, geb. 21.10.1922 Schwerin; Sportlehrerexamen, 1967 Professor, stellvertretender Direktor und Leiter der sporthistorischen und -soziologischen Abteilung in Mainz, wohnhaft in Heubach, 1974 Lehrauftrag an der Universität Kiel; MdEP 1989-1994 (REP). – Land Hessen: Hessischer Landtag 1970-1974 (CDU).   Lengemann II; Kanzlei des Landtags

Schleicher, Bernd, geb. 28.6.1947 Eschwege; Regierungsdirektor beim Regierungspräsidenten in Kassel, wohnhaft in Wehretal. – Land Hessen: Hessischer Landtag seit 1986 (SPD).
          Kanzlei des Landtags

Schleicher, Heinrich Friedrich Lorenz, geb. 20.3.1796 Korbach, gest. 24.9.1839 [Suizid] Korbach; von Hanxleden'scher Verwalter, Amtsschreiber, Bürgermeister in Korbach. – Waldeck: Landstand 1832-1839.   König/Lengemann/Seibel

Schleicher, Johann Christian *Wilhelm*, geb. 15.5.1810 Korbach, gest. 24.1.1890 Pyrmont; Spezialerheber im Oberjustizamt des Eisenbergs, 1850 Kreisrentmeister in Korbach, 1857 in Pyrmont, 1873 Rechnungsrat. – Waldeck: Landtag 1849-1850, 1855-1859 und 1860-1866 und Spezial-Landtag Pyrmont 1860-1864.
          König; Lengemann IV; König/Lengemann/Seibel

Schleicher, Wilhelm, geb. 13.6.1811 Seligenthal, gest. 14.9.1873 Seligenthal; Bürgermeister in Selingenthal. – Kurhessen: Ständeversammlung 1847-1848.
          Losch; Sieburg

Schleidt, Franz Anton, geb. 16.1.1832 Flörsheim, gest. ... ; Landwirt und Bürgermeister. – Nassau: II. Kammer 1858-1863.   Rösner-Hausmann

Schleiermacher, *August* **Heinrich**, geb. 16.6.1816 Darmstadt, gest. 22.11.1892 Darmstadt; 1873-1875 Direktor, 1875-1884 Präsident des Ghzgl. Ministeriums der Finanzen. – Ghzm. Hessen: 1. Kammer 1884-1892.   Götz/Rack

Schlemmer, Heinrich *Caspar*, geb. 7.1.1803 Montabaur, gest. 8.8.1856 Montabaur; Gastwirt. – Nassau: Ständeversammlung 1848-1851 (Club der Rechten).   Rösner-Hausmann

Dr. jur. Schlemmer, Johann Friedrich Philipp Middleton, geb. 15.6.1803 Steinau an der Straße in Kurhessen, gest. 23.9.1890 Frankfurt; Advokat. – Freie Stadt Frankfurt: Gesetzgebende Versammlung 1853-1860 und 1863, Ständige Bürgerrepräsentation 1857-1866 [lib.].   Frost; J.L.

Schlenger, Jakob, geb. 18.1.1831 Mommenheim, gest. 24.1.1917 Mainz; Lehrer am Gymnasium in Mainz. – Ghzm. Hessen: 2. Kammer 1884-1885 und 1899-1905 (Z).   Ruppel/Groß

Schlichter, *Christian* **Gottfried**, geb. 11.10.1777 Wiesbaden, gest. 2.11.1828 Wiesbaden; Postverwalter und Gastwirt in Wiesbaden. – Nassau: Deputiertenkammer 1818-1828.   Rösner-Hausmann; J.L.

Graf von Schlieffen, *Georg* **Karl Andreas**, geb. 15.10.1860 Stuttgart, gest. 28.2.1944 Bayerisch Gmain, Österreich; Landrat des Kreises Wiesbaden-Land. – Wiesbaden und Hessen-Nassau 1895-1902/03.   Burkardt/Pult; J.L.

(Baron[168]) von Schlieffen, Martin Ernst, geb. 30.10.1732 Pudenzig, Krs. Naugard, gest. 15.9.1825 Windhausen, Krs. Kassel; Generalleutnant, Diplomat und Lgfl. hes-

Dr. Carl Graf von Schlitz, gen. von Görtz
Präsident der 1. Kammer des Landtags des
Großherzogtums Hessen 1875-1885

sen-kasselischer Staatsminister a.D. in Windhausen. – Kgr. Westphalen 1808-1813.   Lengemann I

Schlitt, Karl Josef, geb. 4.6.1886 Obertiefenbach, gest. 30.10.1960 ... ; bis 1933 Landrat des Landkreises Wiesbaden, Mitinhaber und Geschäftsführer eines kaufmännischen Betriebs in Wiesbaden. – Land Hessen: Verfassungberatende Landesversammlung Groß-Hessen 1946 (CDU) und Hessischer Landtag 1949-1950 (CDU).   Lengemann II

Graf von Schlitz, gen. von Görtz, *Carl* *Heinrich* **Johann Wilhelm**, geb. 2.11.1752 ... , gest. 10.12.1826 Schlitz; 1820 Übernahme der Standesherrschaft. – Ghzm. Hessen: 1. Kammer 1820-1826 (nie förmlich eingetreten).   Götz/Rack

Dr. jur. Graf von Schlitz, gen. von Görtz, *Carl* **Heinrich Wilhelm Hermann Ferdi-**

---

[168] Kgl. westphälische Adelsbestätigung als Baron am 2.4.1813 die jedoch nach 1813/15 nicht allgemein anerkannt wurde.

nand, geb. 15.2.1822 Schlitz, gest. 7.12.1885 Schlitz; 1839 (zunächst unter Vormundschaft) Übernahme der Standesherrschaft, später Ghzgl. hessischer Gesandter am preußischen Hof. – Ghzm. Hessen: 1. Kammer 1847-1849 und 1856-1885; Vizepräsident (2. Präsident) der 1. Kammer 1866-1875, Präsident (1. Präsident) der 1. Kammer 1875-1885. Götz/Rack

Graf von Schlitz, gen. von Görtz, *Emil* Friedrich Franz Maximilian, geb. 15.2.1851 Berlin, gest. 9.10.1914 Frankfurt; 1885-1901 Leiter der Ghzgl. Kunstschule in Weimar, Prof. h.c., 1885 Nachfolge in der Standesherrschaft. – Ghzm. Hessen: 1. Kammer [1885] 1886-1914; Präsident (1. Präsident) der 1. Kammer 1900-1914. Götz/Rack

Graf von Schlitz, gen. von Görtz, Friedrich *Wilhelm*, geb. 15.2.1793 Frankfurt, gest. 31.12.1839 Schlitz; 1826 Nachfolge in der Standesherrschaft. – Ghzm. Hessen: 1. Kammer 1826-1839 (nie förmlich eingetreten). Götz/Rack

Emil Graf von Schlitz, gen. von Görtz
Präsident der 1. Kammer des Landtags des Großherzogtums Hessen 1900-1914

Graf von Schlitz, gen. von Görtz, Friedrich *Wilhelm* August Franz, geb. 5.1.1882 Schlitz, gest. 30.6.1935 Frankfurt; 1914 Nachfolge in der Standesherrschaft. – Ghzm. Hessen: 1. Kammer 1914-1918. Götz/Rack

Dr. phil. Schlitzberger, Udo, geb. 31.10.1946 Kassel; bis 1976 Studienrat, seit 1991 Landrat des Kreises Kassel, wohnhaft in Calden-Fürstenwald; Mitglied der Verbandsversammlung des LWV Hessen 1973-1977 und 1981-1985. – Land Hessen: Hessischer Landtag 1976-1991 (SPD). Lengemann II; Kanzlei des Landtags

Schlosser, Johann Friedrich (Fritz) Heinrich, geb. 30.12.1780 Frankfurt, gest. 22.1.1851 ... ; Advokat. – Freie Stadt Frankfurt: Ständige Bürgerrepräsentation [1806-1807 und] 1816-1817. Frost

Schluckebier, Johann Ludwig Heinrich, geb. 19.12.1779 Freienhagen, gest. 18.3.1851 Freienhagen; Bürgermeister in Freienhagen. – Waldeck: Landstand 1832-1834. König/Lengemann/Seibel

Schlund, Johann Jacob, geb. ... , gest. ... ; Goldarbeiter. – Freie Stadt Frankfurt: Gesetzgebende Versammlung 1817. Frost

Schmadel, Ernst, geb. 27.3.1938 Laubach, Krs. Gießen; Gymnasiallehrer in Korbach. – Land Hessen: Hessischer Landtag 1974 (SPD). Lengemann II

Schmahl, Heinrich, geb. ... , gest. ... . – Freie Stadt Frankfurt: Gesetzgebende Versammlung 1855-1858. Frost

Schmalbach, Heinrich, geb. 5.11.1838 Crainfeld, gest. 16.10.1909 Crainfeld;

Landwirt und Bürgermeister in Crainfeld.
– Ghzm. Hessen: 2. Kammer 1876-1884
und 1896-1909 (Bauernbund). Ruppel/Groß

Schmeel, Friedrich Wilhelm *Ernst*, geb.
5.1.1845 Walldorf, gest. 9.1.1913 Darmstadt; Rechtsanwalt in Darmstadt. –
Ghzm. Hessen: 2. Kammer 1897-1900
(NL). Ruppel/Groß

Schmid, *Carl* Christian Friedrich, geb.
9.5.1886 Osnabrück, gest. 6.4.1955
Köln-Lindenthal; 1919-1920 Landrat des
Kreises Hanau, später 1. Beigeordneter
der Stadt Düsseldorf, Kommissar für die
Rhein- und Ruhrabwehr und ständiger
Ver-treter des Reichsministers für die besetzten Gebiete, 1926 Staatssekretär,
1933-1938 Regierungspräsident in Düsseldorf; MdR 1928-1932 (DVP). – Kassel
und Hessen-Nassau 1919 (45. KLT) (bür-
gerlich). Pelda; J.L.

Schmid, Carl Friedrich Wilhelm, geb.
8.8.1761 Schorndorf, Württemberg, gest.
31.1.1821 Frankfurt; 1795 Syndikus,
1817-1821 Appellationsgerichtsrat;
1816-1821 Schöff. – Freie Stadt Frankfurt: Gesetzgebende Versammlung 1817
und 1820-1821. Frost

Schmid, F., geb. ... , gest. ... ; Jurist. – Freie
Stadt Frankfurt: Ständige Bürgerrepra-
sentation 1825-1830, Gesetzgebende Versammlung 1827-1830. Frost

Schmid, Johann Friedrich, geb.
28.2.1795 Ludwigsburg, gest. 4.11.1841
Frankfurt; Jurist, 1837-1839 und 1841
Appellationsgerichtsrat; 1831-1841 Se-
nator, 1840 Jüngerer Bürgermeister. –
Freie Stadt Frankfurt: Gesetzgebende
Versammlung 1832-1839. Frost

Dr. theol. Dr. phil. h.c. Schmid, Leopold,
geb. 9.6.1808 Zürich, gest. 20.12.1869
Gießen; Professor an der Katholisch-
Theologischen Fakultät in Gießen, 1849
zum Bischof von Mainz gewählt, vom

Papst abgelehnt, 1850 auf eigenen
Wunsch an die Philosophische Fakultät
versetzt. – Ghzm. Hessen: 1. Kammer
1849. Götz/Rack

Schmid, Peter Wilhelm Maximilian, geb.
... , gest. ... . – Freie Stadt Frankfurt: Ständige Bürgerrepräsentation 1827-1862. Frost

Schmidt (Kassel), Alfred, geb. 4.9.1938
Korbach; Malermeister, bis 1987 Inhaber
eines Malerbetriebs in Kassel, 1987-1991
Hessischer Minister für Wirtschaft und
Technik; Stellvertretendes Mitglied des
Bundesrates 1987-1991. – Land Hessen:
Hessischer Landtag 1974-1982, 1983-
1987 und 1991-1995 (F.D.P.), Vizepräsi-
dent des Hessischen Landtags 1983-
1987. Lengemann II; Kanzlei des Landtags

**Dr. jur. Dr. theol. h.c. Schmidt, Arthur
Benno,** geb. 20.5.1861 Leipzig, gest.
14.4.1940 Tübingen; Professor an der juristischen Fakultät in Gießen. – Ghzm.
Hessen: 1. Kammer 1897-1912. Götz/Rack

Schmidt, Carl, geb. ... , gest. ... ; Tierarzt.-
Freie Stadt Frankfurt: Verfassunggebende
Versammlung 1848-1849. Frost; J.L.

Schmidt, Christian Sebastian, geb.
2.12.1851 Niederlahnstein, gest.
11.12.1921 Niederlahnstein; Fabrikbesitzer. – Wiesbaden und Hessen-Nassau
1905-1917. Burkardt/Pult

Schmidt, Christian, geb. ... , gest. ... 1859
... ; Rotgerbermeister. – Freie Stadt
Frankfurt: Verfassunggebende Versammlung 1848-1849, Gesetzgebende Versammlung 1858-1859. Frost; J.L.

Schmidt, Friedrich Gustav Hermann,
geb. 11.5.1871 Bromberg, gest. 4.7.1929
Kassel; Landgerichtsdirektor in Kassel. –
Kassel und Hessen-Nassau 1926-1929
(Ag). Pelda

Schmidt, Georg David, geb. 11.1.1818

Wiesbaden, gest. ... ; Ökonom und Bade-
wirt. – Nassau: II. Kammer 1855-1857.

Rösner-Hausmann

Dr. jur. Schmidt, Gustav *Adolf*, geb.
10.8.1858 Krefeld, gest. 20.2.1912 Stettin; Landrat des Unterwesterwaldkreises.
– Wiesbaden und Hessen-Nassau 1899-
1906 [K].   Burkardt/Pult; J.L.

Schmidt, Gustav Remigius, geb. ... , gest.
... . – Freie Stadt Frankfurt: Ständige Bürgerrepräsentation 1836-1854.   Frost

Schmidt, Heinrich, geb. 11.5.1900
Straßebersbach, Reg.-Bez Wiesbaden,
gest. 10.8.1977 ... ; Schlosser bei den Buderus'schen Eisenwerken in Ewersbach
im Dillkreis; Mitglied der 3. Bundesversammlung. – Land Hessen: Hessischer
Landtag 1954-1962 (CDU).   Lengemann II

Schmidt, Heinrich Hermann, geb.
16.6.1876 Eisenroth, gest. 14.9.1931 Eisenroth; Bauunternehmer. – Wiesbaden
und Hessen-Nassau 1920 (DDP).
Burkardt/Pult

Schmidt, Heinrich Philipp, geb. 5.2.1863
Windecken, gest. 13.8.1933 Windecken;
Landwirt in Windecken. – Kassel und
Hessen-Nassau 1926 (55. KLT) (Ag).
Pelda

Dr. med. Schmidt, Horst, geb. 5.6.1925
Sprendlingen, gest. 4.10.1976 ... ; bis 1961
Medizinalrat und Leiter der Tuberkulosen-
Fürsorge im Kreisgesundheitsamt Offenbach, wohnhaft in Sprendlingen, 1969-
1976 Hessischer Sozialminister; MdB
1961-1969 (SPD); Stellvertretendes Mitglied des Bundesrates 1969-1976; Mitglied der 4. und 5. Bundesversammlung. –
Land Hessen: Hessischer Landtag 1970-
1976 (SPD).   Lengemann II

Schmidt, Jacob, geb. ... , gest. ... ; Metzgermeister. – Freie Stadt Frankfurt: Gesetzgebende Versammlung 1818.   Frost

**Dr. theol. Dr. phil. h.c. Schmidt, Johann
Ernst Christian,** geb. 6.1.1772 Busen-
born, gest. 4.6.1831 Gießen; Professor an
der evangelisch-theologischen Fakultät in
Gießen. – Ghzm. Hessen: 1. Kammer
1820-1830.   Götz/Rack

Schmidt, Johann *Georg*, geb. 6.2.1807
Rodau, gest. 22.9.1874 Rodau; Landwirt
und Bürgermeister in Rodau. – Ghzm.
Hessen: 2. Kammer 1847-1849 und
1851-1856.   Ruppel/Groß

Schmidt, Johann *Jost*, geb. 10.1.1802
Hömberg, gest. 25.3.1863 Hömberg;
Landwirt und Bürgermeister. – Nassau:
Ständeversammlung 1848-1851 und II.
Kammer 1858-1863.   Rösner-Hausmann

Schmidt, Johannes, geb. 3.12.1765
Frankfurt, gest. 6.3.1830 Frankfurt; Handelsmann; 1816-1830 Senator, 1817-
1827 Mitglied des Engeren Rats. – Freie
Stadt Frankfurt: Gesetzgebende Versammlung 1817-1830.   Frost

Schmidt, Johannes, geb. 25.7.1894 Ober-
sotzbach, gest. 7.6.1971 Gelnhausen;
Landwirt in Obersotzbach. – Kassel und
Hessen-Nassau 1933 (NSDAP).   Pelda

Schmidt (Schwalmstadt), Karin, geb.
17.11.1939 Essen; bis 1983 Angestellte
in einem Anwaltsbüro, Hausfrau in
Schwalmstadt. – Land Hessen: Hessischer Landtag seit 1983 (CDU).
Lengemann II; Kanzlei des Landtags

Schmidt, Karl, geb. 25.2.1885 ... , gest.
...; Landwirt. – Wiesbaden und Hessen-
Nassau 1929 (Ag).   Burkardt/Pult

Schmidt, Karl Friedrich *Ferdinand*, geb.
26.1.1818 Arolsen, gest. 20.7.1903 Landau; Forstgehilfe im Mosterholz bei
Baarsen, später Revierförster in Bergheim, Freienhagen und Stormbruch und
Oberförster in Landau. – Waldeck: Landtag 1851-1852 und Spezial-Landtag Pyr-

mont 1851-1852. König; Lengemann IV; König/Lengemann/Seibel

Schmidt (Waldeck), Karl-Heinz, geb. 26.4.1940 Korbach; Unterbezirksgeschäftsführer der SPD im Landkreis Waldeck-Frankenberg. – Land Hessen: Hessischer Landtag 1989-1991 (SPD).
Kanzlei des Landtags

Schmidt, Ludwig, geb. 3.3.1868 Breidenbach, gest. 19.8.1945 Breidenbach; Landwirt. – Wiesbaden und Hessen-Nassau 1926-1932 (Ag 1926-1929, CNBLVP 1930-1932). Burkardt/Pult

Schmidt, geb. Kühn, Marie, geb. 10.2.1895 Egelsbach, gest. 14.6.1971 Neu-Isenburg; Hausfrau in Egelsbach. – Volksstaat Hessen 1931-1932 (KPD).
Ruppel/Groß; Götz/Rack

Schmidt, Peter Heinrich, geb. 12.8.1757 Geisenheim, gest. 6.4.1819 Rüdesheim; Hofgerichtsrat a.D. – Nassau: Deputiertenkammer 1818-1819. Rösner-Hausmann

Schmidt, Philipp Nicolaus, geb. 19.5.1750 Frankfurt, gest. 14.3.1823 Frankfurt; Bankier, Begründer des Bankhauses Philipp Nicolaus Schmidt. – Freie Stadt Frankfurt: Ständige Bürgerrepräsentation [1792] -1823. Frost

Schmidt, Walter, geb. 14.4.1812 Ziegenhain, gest. 4.4.1875 Ziegenhain; Gutsbesitzer auf Hof Richerode. – Kurhessen: 2. Kammer 1855-1847. Losch; Sieburg

Schmidt, Wilhelm, geb. ... Eschbach, gest. 27.1.1901 Rod an der Weil; Postagent, Gast- und Landwirt. – Wiesbaden und Hessen-Nassau 1886-1900. Burkardt/Pult

Schmidt, *Wilhelm* Heinrich Martin, geb. 23.11.1878 Rhena, gest. 20.6.1948 Rhena; Schreiner und Landwirt in Rhena. – Waldeck: Landesvertretung 1919-1922 (WVB). König; König/Lengemann/Seibel

Schmidt-Holtzmann, Adolph Moritz Ludwig, geb. ... , gest. ... ; Jurist, 1864 Direktor der Hypothekenbank. – Freie Stadt Frankfurt: Gesetzgebende Versammlung 1850, 1852-1857 und 1862-1866, Ständige Bürgerrepräsentation 1853-1857. Frost

Schmidt-Knatz, Christian, geb. ... , gest. 6.4.1891 ... ; Bauunternehmer. – Wiesbaden und Hessen-Nassau 1886-1890.
Burkardt/Pult

Schmidt-Lindheimer, Carl Gerhard, geb. ... , gest. ... ; Handelsmann. – Freie Stadt Frankfurt: Gesetzgebende Versammlung 1836-1838 und 1842-1843.
Frost

Schmidt-Müller, Johann Friedrich, geb. ... , gest. ... . Freie Stadt Frankfurt: Ständige Bürgerrepräsentation 1819-1853, Gesetzgebende Versammlung 1823 und 1829-1833. Frost

Schmidt-Polex, Eduard, geb. ... , gest. ... ; Handelsmann. – Freie Stadt Frankfurt: Ständige Bürgerrepräsentation 1825-1838, Gesetzgebende Versammlung 1829-1830 und 1836. Frost

Schmidt-Polex, Philipp Nicolaus, geb. 6.2.1825 Frankfurt, gest. 30.11.1893 Frankfurt; Handelsmann, Bankier. – Freie Stadt Frankfurt: Gesetzgebende Versammlung 1860-1863, Ständige Bürgerrepräsentation 1862-1866. Frost

Schmidt-Rumpf, Ludwig Daniel Philipp, geb. ... , gest. ... ; Tapezierer. – Freie Stadt Frankfurt: Gesetzgebende Versammlung 1850 und 1852-1857. Frost

Schmidtmann, Ferdinand Philipp Heinrich August, geb. ... 1746 [?] Gut Senfdamm, Amt Wittlage, gest. 6.1.1823 Osnabrück; bis 1808 Amtsrentmeister, 1809-1910 Canton-Maire (Bürgermeister) in Iburg, 1810-1812 für Osnabrück-

Land, später Amtmann des Kgl. Hannöverschen Amtes Osnabrück. – Kgr. Westphalen 1808-1811. Lengemann I

Schmidtmann, Johann Conrad, geb. 28.2.1764 Frankenberg, gest. 8.3.1837 Frankenberg; Bürgermeister der Stadt Frankenberg. – Kurhessen: Konstituierender Landtag 1830 und Ständeversammlung 1831-1832 (gem. lib. 1831-1832). Losch; Sieburg; J.L.

Dr. jur. Schmieding, Wilhelm, geb. 20.5.1879 Dortmund, gest. 8.2.1929 Dortmund; Kreisamtmann, dann Landrat des Kreises der Eder in Bad Wildungen, 1920-1929 Landesdirektor in Waldeck und Pyrmont. – Waldeck: Landtag 1917-1919 (NL, [später DVP]). König; König/Lengemann/Seibel

Schmitt, Adam, geb. 7.7.1904 Rimbach, gest. 30.10.1982 ... ; 1950-1970 hauptamtlicher Bürgermeister in Rimbach im Odenwald; Mitglied der 3. Bundesversammlung. – Land Hessen: Hessischer Landtag 1950-1970 (SPD). Lengemann II

Dr. jur. Schmitt, *Adam Joseph* Johann, geb. 27.12.1855 Finthen, gest. 18.11.1928 Mainz; Rechtsanwalt in Mainz; MdR 1896-1903 und 1919-1920 (Z). – Ghzm. Hessen: 2. Kammer 1893-1918 und Volksstaat Hessen 1919-1920 (Z); Vizepräsident der 2. Kammer 1899-1918 (2. Präsident 1899-1905, 3. Präsident 1905-1918), Vizepräsident der Volkskammer der Republik Hessen bzw. des Landtags des Volksstaats Hessen 1919-1920. Ruppel/Groß; J.L.

Dr. theol. h.c. Schmitt, *Carl* Georg Friedrich, geb. 25.1.1804 Nieder-Ofleiden, gest. 26.2.1890 Mainz; evangelischer Pfarrer in Mainz und Superintendent der Provinz Rheinhessen, 1874-1882 Oberkonsistorialrat und 1874-1885 Prälat. – Ghzm. Hessen: 1. Kammer 1873- [1883] 1885. Götz/Rack

Schmitt (sen.), Franz, geb. 16.3.1842 Niederbühl, Baden, gest. 9.1.1920 Bad Ems; Hotelbesitzer. – Wiesbaden und Hessen-Nassau 1911-1918 (NL). Burkardt/Pult

Schmitt, Georg Franz, geb. 6.5.1872 Nordheim/Main, gest. 16.6.1940 Breithardt; Landwirt, Bäckermeister. – Wiesbaden 1926-1929 (SPD). Burkardt/Pult

Schmitt, Heinrich *Karl* Joseph, geb. 6.11.1795 Mainz, gest. 15.1.1878 Wiesbaden; Kreisrat des Kreises Mainz, zeitweise zugleich landesherrlicher Territorialkommissar der Bundesfestung Mainz und Provinzialdirektor der Provinz Rheinhessen. – Ghzm. Hessen: 1. Kammer 1870-1873. Götz/Rack

Schmitt, *Jakob* Adolf, geb. 27.8.1860 Dorchheim bei Limburg, gest. 25.7.1929 Molsberg; Ökonomierat; MdL Preußen 1921-1924 (Z). – Wiesbaden und Hessen-Nassau 1918-1920 und 1927-1929 (Z). Burkardt/Pult

Schmitt, Johann, geb. 6.6.1815 Ensheim, gest. 6.8.1893 Darmstadt; Lehrer in Fränkisch-Crumbach, 1849 in Bessungen, 1850 wegen politischer Betätigung entlassen, später Vikar in Nierstein, in Gräfenhausen und Lehrer in Hergershausen. – Ghzm. Hessen: 2. Kammer 1849-1850 (dem.). Ruppel/Groß

Schmitt, Johann, geb. 23.3.1923 Obertiefenbach, Amt Runkel, gest. 26.9.1899 Obertiefenbach; Bürgermeister. – Wiesbaden 1869, 1873, 1875 und 1877-1898. Burkardt/Pult

von der Schmitt, Konrad, geb. 30.1.1887 Darmstadt, gest. 15.9.1951 Langen; bis 1928 Studienrat in Alsfeld, hauptamtlicher KPD-Funktionär und bis 1933 beim Arbeitsamt Offenbach beschäftigt, 1945 kommissarischer Leiter des Arbeitsamtes Offenbach, 1946-1949 Schulrat im Hessischen Kultusministerium. – Volksstaat Hessen 1927-1931 (KPD); Land Hessen: Verfassungberatende Landesversammlung 1946 (KPD) und Hessischer Landtag 1949-1950 (KPD).

Ruppel/Groß; Lengemann II

Schmitt, Ludwig Rudolf, geb. 12.9.1810 Marburg, gest. ... ; Kreissekretar in Gelnhausen. – Kurhessen: Ständeversammlung 1838.   *Losch; Sieburg*

Schmitt, Moritz, geb. 2.7.1794 Bingen, gest. 5.4.1850 Mainz; Advokatanwalt, 1840 wirkliches Mitglied, 1843 Vizepräsident des Kreisgerichts in Mainz. – Ghzm. Hessen: 2. Kammer 1832-1841; Präsident der 2. Kammer 1834.

Ruppel/Groß; J.L.

Schmitt, Norbert, geb. 11.7.1955 Heppenheim; Jurist, bis 1995 Landesgeschäftsführer der SPD Hessen, wohnhaft in Lautertal-Elmshausen. – Land Hessen: Hessischer Landtag seit 1995 (SPD).

Kanzlei des Landtags

Schmitt, Rudi, geb. 8.1.1928 Frankfurt; Realschullehrer für Geschichte und Sozialkunde, 1960-1968 hauptamtlicher Stadtrat, 1968-1980 Oberbürgermeister der Landeshauptstadt Wiesbaden; MdB 1980-1987 (SPD); Mitglied der 3. und der 8. Bundesversammlung. – Land Hessen: Hessischer Landtag 1954-1968 (SPD).   *Lengemann II; Kanzlei des Landtags*

Schmitt, Wilhelm, geb. 22.5.1810 Gießen, gest. ... ; Kaufmann in Alsfeld. – Ghzm. Hessen: 2. Kammer 1851-1856.

Ruppel/Groß

Dr. phil. Schmitthenner, Friedrich Jakob, geb. 17.3.1796 Oberdreis im Westerwald, gest. 19.6.1850 Gießen; Professor der Geschichte und der Staats- und Kameralwissenschaften in Gießen. – Ghzm. Hessen: 2. Kammer 1841-1847.   *Ruppel/Groß*

Dr. jur. Schmitz, Carl Georg, geb. 19.6.1819 Mainz, gest. 8.9.1879 Mainz; Oberinspektor bei der Feuerversicherungsgesellschaft Moguntia in Mainz. – Ghzm. Hessen: 2. Kammer 1849-1856.

Ruppel/Groß

Schmitz, Peter Friedrich, geb. 27.10.1762 Monjoye (Monschau), gest. ... ; Kaufmann (Kolonialwaren und inländische Produkte) in Magdeburg. – Kgr. Westphalen 1808-1813.   *Lengemann I*

Schmitz, Wilhelm Johann Anton Joseph Maria, geb. 23.10.1869 Montabaur, gest. ... ; Landgerichtsrat. – Wiesbaden und Hessen-Nassau 1920-1932 (Z); Vorsitzender des Kommunal-Landtags Wiesbaden 1920.   *Burkardt/Pult; J.L.*

Schmölder, Nikolaus, geb. 28.2.1798 Hochheim, gest. 29.2.1872 Biebrich; Kaufmann. – Nassau: Deputiertenkammer: 1833-1836.   *Rösner-Hausmann*

Schmoll, Heinrich, geb. 12.5.1811 Wehlheiden, gest. 30.5.1872 Wehlheiden; Bürgermeister in Wehlheiden. – Kurhessen: Ständeversammlung 1848-1849.

Losch; Sieburg

Schmüser, Hans, geb. 19.12.1895 Frankfurt, gest. 3.1.1983 ... ; Kaufmann in Bensheim-Auerbach. – Land Hessen: Beratender Landesausschuß 1946 (KPD).

Lengemann II

Schnaar, Karl Heinrich Friedrich, geb. 21.7.1876 Massenhausen, gest. 21.6.1941 Massenhausen; Landwirt in Massenhausen. – Waldeck: Landesvertretung 1922-1929 (WLWV [DNVP] 1922-1925, LB [DNVP] 1925-1929).

König; König/Lengemann/Seibel

Schnabel, Karl, geb. 14.3.1938 Dortmund; Heizungsbauer in Marburg; Mitglied der 7., 8. und 10. Bundesversammlung. – Land Hessen: Hessischer Landtag 1974-1995 (SPD).

Lengemann II; Kanzlei des Landtags

Schnabrich, Michael, geb. 6.8.1880 Stadtsteinach, Krs. Bayreuth, gest. 9.10.1939 [ermordet] KZ Sachsenhausen; gelernter Schuhmacher, Arbeiter-, ab 1922 Parteisekretär in Hersfeld; Stellvertretendes Mitglied des Preußischen Staatsrats 1921-1924, Mitglied des Preußischen Staatsrats 1924-1926 (SPD); MdR 1924-1933 (SPD). – Kassel 1919 (45. KLT) -1926 (54. KLT) (SPD). Pelda; J.L.

Schnare, Heinrich Ernst, geb. 23.1.1789 Hörle, gest. 19.1.1844 Hörle; Ackermann und Richter in Hörle. – Waldeck: Landstand 1830-1844. König/Lengemann/Seibel

Schnare, Ludwig, geb. ... , gest. ... ; Gutsbesitzer in Hörle. – Waldeck: Landstand 1845-1848. König/Lengemann/Seibel

Schnass, Wilhelm, geb. 10.2.1775 Oberlahnstein, gest. 9.9.1864 Oberlahnstein; Gutsbesitzer und Stadtschultheiß. – Nassau: Deputiertenkammer 1839-1845.

Rösner-Hausmann

Schneider, Alfred, geb. 2.9.1907 Zeisewitz, Oberschlesien; Amtsgerichtsrat in Dillenburg, 1952-1973 Landrat des Oberlahnkreises in Weilburg; Mitglied der 2. Bundesversammlung. – Land Hessen: Hessischer Landtag 1950-1954 (SPD).

Lengemann II; Kanzlei des Landtags

Schneider, Carl, geb. 13.7.1804 Wolfhagen, gest. 14.1.1868 Rinteln; Staatsprokurator in Kassel. – Kurhessen: Ständeversammlung 1849-1850 (lib.-konst.).

Losch; Sieburg; J.L.

Schneider, Fritz, geb. ... , gest. ... ; Buchdrucker. – Freie Stadt Frankfurt: Verfassunggebende Versammlung 1848-1849.

Frost; J.L.

Schneider, Heinrich, geb. 9.6.1801 Ulmbach, gest. 30.6.1877 Salmünster; Bürgermeister in Salmünster. – Kurhessen: 2. Kammer 1852-1854. Losch; Sieburg

Schneider, Heinrich[169], geb. 15.10.1814 Machtlos, gest. 5.4.1885 Schlüchtern; Schreiner in Schlüchtern. – Kurhessen: Ständeversammlung 1833-1835 (gem. lib.). Losch; Sieburg; J.L.

Schneider, Heinrich, geb. 5.5.1837 Marbach, gest. ... ; Ökonom in Wehrda. – Kassel 1872-1877. Pelda

Schneider, Heinrich, geb. 9.11.1905 Dorlar, gest. 22.1.1980 ... ; gelernter Maurer, Journalist, Parteisekretär der SPD in Marburg, 1955-1969 Hessischer Innenminister, 1959-1969 zugleich stellvertretender Ministerpräsident; Mitglied des Bundesrates 1955-1959, stellvertretendes Mitglied des Bundesrats 1959-1969; Mitglied der 1. und 2. Bundesversammlung. – Land Hessen: Hessischer Landtag 1946-1971 (SPD); Vorsitzender der SPD-Fraktion 1953-1955. Lengemann II

Schneider, Henrich Daniel, geb. 17.3.1766 Sachsenberg, gest. ... Sachsenberg; mehrfach Bürgermeister in Sachsenberg. – Waldeck: Landstand 1819-1821, 1823-1825 und 1826- 1827. König/Lengemann/Seibel

Schneider (Wiesbaden), Herbert, geb. 22.6.1942 Wiesbaden; Lithograph in Wiesbaden. – Land Hessen: Hessischer Landtag 1974-1991 (SPD).

Lengemann II; Kanzlei des Landtags

Schneider, Hermann, geb. ... , gest. ... Marbach; Gutsbesitzer und Bürgermeister in Marbach. – Kurhessen: Ständeversammlung 1849-1850 und 2. Kammer

---

[169] Nach Grothe führte der Abgeordnete den Vornamen *Balthasar*; ob beide Bezeichnungen die gleiche Person meinen oder wer tatsächlich Mitglied der Ständeversammlung war, konnte bei der Erarbeitung des Index nicht erforscht werden.

1858-1862 und Ständeversammlung 1862-1866 (dem. 1849, Gothaer 1849-1850).   Losch; Sieburg

Schneider, Johann Christoph, geb. 24.2.1775 Viesebeck; gest. 24.10.1816 Viesebeck; Herrschaftlicher Grebe in Viesebeck. – Hessen-Kassel 1815-1816.
Sieburg (J.L.)

Schneider, Johann Heinrich, geb. 28.8.1790 Heidelberg, gest. 13.7.1850 ...; Rentamtmann in Gießen. – Ghzm. Hessen. 2. Kammer 1835-1847.   Ruppel/Groß

Schneider, Johann *Heinrich Georg*, geb. 20.4.1833 Massenheim, gest. 15.7.1897 Massenheim; Landwirt und Bürgermeister in Massenheim; MdA 1886-1888 (DFrsgP). – Wiesbaden 1868-1885 (F 1868-1884, DFrsgP 1884-1885).
Burkardt/Pult; J.L.

Schneider, Johann Jacob, geb. 22.11.1782 Hohenroth, gest. 25.2.1855 Hof Krempel bei Elsoff; Hofbeständer. – Nassau: Deputiertenkammer 1839-1845.
Rösner-Hausmann

Schneider, Johannes, geb. ... , gest. ... . – Freie Stadt Frankfurt: Gesetzgebende Versammlung 1838-1851.   Frost

Schneider (Bickenbach), Karl, geb. 21.5.1934 Mainflingen, Krs. Offenbach; Jurist, Kommunalbeamter, 1980-1984 Hessischer Minister für Landesentwicklung, Umwelt, Landwirtschaft und Forsten, 1984-1987 Hessischer Kultusminister, 1991-1994 Minister für Landwirtschaft, Weinbau und Forsten des Landes Rheinland-Pfalz; Stellvertretendes Mitglied des Bundesrates 1980-1987 und 1991-1994; Mitglied der 7. und 8. Bundesversammlung. – Land Hessen: Hessischer Landtag 1973-1991 (SPD); Vorsitzender der SPD-Fraktion 1976-1980
Lengemann II; Kanzlei des Landtags

Schneider, Karl Heinrich August, geb. 5.11.1873 Steinfischbach, gest. 12.7.1946 Steinfischbach; Maurer. – Wiesbaden und Hessen-Nassau 1901-1920.   Burkardt/Pult

Dr. jur. Schneider, Ludwig, geb. 20.12.1893 Niedermöllrich, gest. 26.2.1977 ... ; Oberbürgermeister a:D., Verwaltungsrichter in Kassel; Mitglied der 3. und 4. Bundesversammlung. – Land Hessen: Hessischer Landtag 1954-1966 (FDP).   Lengemann II

Schneider, Martin, geb. 22.10.1892 Karthaus, Reg.-Bez. Danzig, gest. 14.7.1967 ... ; Diplomkaufmann in Korbach. – Land Hessen: Hessischer Landtag 1955-1958 (GB/BHE).   Lengemann II

Schneider, Peter, geb. ... , gest. ... . – Freie Stadt Frankfurt: Gesetzgebende Versammlung 1855.   Frost

Schneider, Peter, geb. 30.5.1803 Homberg im Westerwald, gest. ... ; Hofbeständer. – Nassau: I. Kammer 1865. Rösner-Hausmann

Dr. agr. Schneider, Walter, geb. 16.1.1925 Haiger; Diplom-Landwirt, Geschäftsführer der Arbeiterwohlfahrt in Gießen; Mitglied der Verbandsversammlung des LWV Hessen 1973-1985. – Land Hessen: Hessischer Landtag 1977-1978 (SPD).
Lengemann II; Kanzlei des Landtags

Dr. phil. Schnell, Edgar, geb. 26.10.1896 Hamburg-Blankenese, gest. 29.10.1974 ... ; stellvertretender Leiter der Volkshochschule in Eschwege. – Land Hessen: Hessischer Landtag 1954-1958 (CDU).
Lengemann II

Schnell, Hildegard, geb. 21.8.1908 Schwarzholz, Reg.-Bez. Magdeburg, gest. 2.3.1986 ... ; Bäuerin in Salmünster; Mitglied der 4. und 5. Bundesversammlung. – Land Hessen: Hessischer Landtag 1958-1970 (CDU).   Lengemann II

Schnerr, Johann Michael (gen. **Johann Carl**), geb. 9.11.1764 Kirchberg an der Jagst, gest. 13.11.1813 Frankfurt; Gastwirt, Rentier in Frankfurt. – Ghzm. Frankfurt 1810-1813. Lengemann I

Schnitzspahn, Johann Philipp, geb. ... , gest. ... ; Gärtnermeister. – Freie Stadt Frankfurt: Gesetzgebende Versammlung 1864. Frost

Schöffer, Johann Georg, geb. 3.2.1821 Gelnhausen, gest. 1.3.1873 Meran, Tirol [damals] Österreich; Handelsmann; 1862-1866 Senator. – Freie Stadt Frankfurt: Gesetzgebende Versammlung 1858-1860, Ständige Bürgerrepräsentation 1860-1862. Frost

Schöffer, Johann Georg, geb. 19.11.1838 Gelnhausen, gest. 30.6.1906 Gelnhausen; Kaufmann und Bürgermeister in Gelnhausen. – Kassel und Hessen-Nassau 1886-1906. Pelda

Schölles, Johann Adam, geb. ... , gest. ... ; Schneidermeister, Major, Quartiervorstand. – Freie Stadt Frankfurt: Gesetzgebende Versammlung 1840-1841 und 1848. Frost

Dr. med. Schölles, Johannes, geb. 13.8.1832 Frankfurt, gest. 14.9.1890 Frankfurt; praktischer Arzt und Geburtshelfer. – Freie Stadt Frankfurt: Gesetzgebende Versammlung 1863-1866. Frost

Schön, Dagobert[170], geb. 12.9.1797 Treischfeld, gest. 24.11.1864 Treischfeld; ... . – Kurhessen: Ständeversammlung 1837 (gem. lib.). Losch; Sieburg; J.L.

---

[170] Nach GROTHE führte der Abgeordnete den Vornamen *Johannes*; ob beide Bezeichnungen die gleiche Person meinen oder wer tatsächlich Mitglied der Ständeversammlung war, konnte bei der Erarbeitung des Index nicht erforscht werden.

Schön, Friedrich Wilhelm, geb. 28.1.1821 Hahnstätten, gest. 19.1.1886 Hahnstätten; Bürgermeister. – Wiesbaden 1875-1885. Burkardt/Pult

Schön, Karl, geb. 1.4.1847 Hahnstätten, gest. 16.4.1934 Netzbach; Bürgermeister. – Wiesbaden und Hessen-Nassau 1899-1918. Burkardt/Pult

Schönberger, Georg, geb. 5.11.1838 Groß-Bieberau, gest. 25.8.1923 Groß-Bieberau; Bierbrauereibesitzer in Groß-Bieberau. – Ghzm. Hessen: 2. Kammer 1878-1918 (NL). Ruppel/Groß

Graf von Schönborn-Wiesentheid, *Franz Erwein* **Damian Joseph**, geb. 7.4.1776 Mainz, gest. 5.12.1840 Frankfurt; Kunstsammler auf Schloß Reichardshausen in Oestrich; Mitglied der Kammer der Reichsräte in Bayern 1818-1840. – Nassau: Herrenbank 1831-1840. Rösner-Hausmann; J.L.

Schönewald, Johann Daniel, geb. 14.12.1782 Züschen, gest. 8.3.1857 Züschen; Bürgermeister in Züschen. – Waldeck: Landstand 1827-1831. König/Lengemann/Seibel

Schönfeld, Karl Theobald, geb. 29.4.1836 Wöllstein, gest. 1.9.1917 Schotten; Kreisrat in Schotten. – Ghzm. Hessen: 2. Kammer 1892-1902 (NL). Ruppel/Groß

Schönhard, J. C., geb. ... , gest. ... ; Stadtamtmann. – Freie Stadt Frankfurt: Gesetzgebende Versammlung 1832. Frost

Schönhut-Keil, Evelin, geb. 25.4.1960 Homberg/Efze; kaufmännische Angestellte, wohnhaft in Kronberg. – Land Hessen: Hessischer Landtag seit 1991 (GRÜ bzw. B 90/GRÜ); Vizepräsidentin des Hessischen Landtags 1991-1995. Kanzlei des Landtags

von Schönstadt – s. Milchling von Schönstadt

Dr. Schönwandt, Friedrich, geb. 16.10.1901 Worms, gest. 15.1.1973 ... ; Geschäftsführer der Handwerkskammer Kassel. – Land Hessen: Beratender Landesausschuß 1946 (LDP). Lengemann II

Schöpf, Heinrich, geb. 24.9.1809 Niederrodenbach, gest. 30.11.1879 Niederrodenbach; Bürgermeister in Niederrodenbach. – Kurhessen: 2. Kammer 1852-1854 (opp.). Losch; Sieburg

Schöttler, F. W., geb. ... , gest. ... ; Gutsbesitzer in Marzhausen und Varmissen. – Kurhessen: Ständeversammlung 1862-1864. Losch; Sieburg

Scholderer (auch: Scholder), **Johann Christoph**, geb. 10.6.1801 Degerloch in Württemberg, gest. 10.5.1855 Michelstadt; Lehrer. – Freie Stadt Frankfurt: Verfassunggebende Versammlung 1848-1849. Frost; J.L.

Scholl, Johann *Georg*, geb. 31.10.1794 Melsungen, gest. 16.2.1866 Melsungen; Kaufmann in Melsungen. – Kurhessen: Ständeversammlung 1831-1832 und 1845-1846 und 2. Kammer 1860-1862 und Ständeversammlung 1862-1863 (gem. lib. 1831-1832, lib. [später]). Losch; Sieburg; J.L.

Scholz, Angelika, geb. 10.8.1945 Rotenburg an der Fulda; Hausfrau in Bad Hersfeld; Mitglied der Verbandsversammlung des LWV Hessen seit 1989. – Land Hessen: Hessischer Landtag seit 1995 (CDU). Kanzlei des Landtags

Scholz, *Carl* Julius Ludwig Ernst, geb. 2.6.1833 Wiesbaden, gest. 16.3.1893 Wiesbaden; Direktor der Rheinischen Versicherungsgesellschaft zu Wiesbaden, ab 1867 auch Rechtsanwalt in Wiesbaden. – Nassau: I. Kammer 1865-1866

(NFP); Wiesbaden 1868 (NL). Rösner-Hausmann; J.L.

Scholz, *Christian* Karl, geb. 27.7.1874 Wiesbaden, gest. 8.5.1931 Mainz; Fabrikant in Mainz. – Volksstaat Hessen 1921-1931 (DVP). Ruppel/Groß

Scholz, Christian, geb. 20.6.1806 Wiesbaden, gest. 21.3.1880 Mainz; Inhaber einer Handelsfirma für Papier- und Schreibwaren und Verleger in Wiesbaden, Besitzer der Hammermühle bei Biebrich. – Nassau: I. Kammer 1864-1865. Rösner-Hausmann; J.L.

Schomburg, *Carl* August Friedrich Wilhelm Christian, geb. 11.10.1791 Grebenstein, gest. 4.7.1841 Mihla; Jurist, 1822-1841 Bürgermeister bzw. Oberbürgermeister der Stadt Kassel. – Kurhessen: Konstituierender Landtag 1830 und Ständeversammlung 1831-1841 (lib. 1831-1832, gem. lib. 1833-*1838*); Präsident der Ständeversammlung 1833-1838. Losch; Sieburg; J.L.

Schoppe, Hermann, geb. 4.4.1937 Offenbach; Diplom-Handelslehrer in Offenbach; Mitglied der 9. und der 10. Bundesversammlung. – Land Hessen: Hessischer Landtag 1978-1995 (CDU); Vizepräsident des Hessischen Landtags 1994-1995. Lengemann II

Schorn, Valentin *Joseph*, geb. 17.4.1856 Abenheim, gest. 5.8.1927 Mainz; Lehrer in Mainz. – Ghzm. Hessen: 2. Kammer 1918 und Volksstaat Hessen 1919-1921 (Z). Ruppel/Groß

Schott, *Friedrich* Heinrich, geb. 25.10.1881 Beerfelden, gest. 10.3.1947 Darmstadt; Schreinermeister in Beerfelden. – Volksstaat Hessen 1932-1933 (NSDAP). Ruppel/Groß

Schott, Friedrich Jakob, geb. 22.1.1871 Uffhofen, gest. 8.6.1944 Uffhofen; Land-

Carl Schomburg
Präsident der Kurhessischen Ständeversammlung
1833-1838

wirt und Bürgermeister in Uffhofen. –
Ghzm. Hessen: 2. Kammer 1911-1918
und Volksstaat Hessen 1921-1931 (NL
1911-1918, DVP 1921-1931). Ruppel/Groß

Schott, Gerhard, geb. 10.8.1801 Frank-
furt, gest. 13.1.1881 ... ; Gutsbesitzer. –
Nassau: Deputiertenkammer 1832-1838.
Rösner-Hausmann

**Dr. med. Schott, Johann Adam Chri-
stoph**, geb. 20.11.1805 Frankfurt, gest.
17.4.1866 Frankfurt; praktischer Arzt und
Chirurg. – Freie Stadt Frankfurt: Verfassunggebende Versammlung 1848-1849.
Frost; J.L.

Schotte, *Werner* Christian Adolf Karl,
geb. 24.10.1835 Korbach, gest. 24.6.1910

Ballenstedt am Harz; Kreisamtmann in
Korbach, 1873-1880 Landrat in Beckum,
1880-1900 in Schleusingen. – Waldeck:
Landtag 1871-1874.
König; König/Lengemann/Seibel

Schotte, Wilhelm Christian, geb.
8.10.1777 Nieder-Wildungen, gest.
18.1.1849 Nieder-Wildungen; Bäckermeister und mehrfach Bürgermeister in
Nieder-Wildungen. – Waldeck: Landstand 1829-1833 und 1838-1842.
König/Lengemann/Seibel

**Dr. jur. Schrader, Dietrich Georg Carl
*Gustav***, geb. 20.10.1829 Moringen in
Hannover, gest. 29.4.1903 Frankfurt;
Stadtgerichtsrat; MdA 1873-1878 (F). –
Freie Stadt Frankfurt: Gesetzgebende
Versammlung 1862-1866. Frost; J.L.

Schrader, Johann Heinrich Ludolph,
geb. 12.7.1800 Gifhorn, gest. 11.1.1875
Frankfurt; Pfarrer an der deutsch-refor-
mierten Gemeinde (obwohl selbst luthe-
risch), später Konsistorialrat. – Freie
Stadt Frankfurt: Gesetzgebende Versammlung 1839-1846. Frost

Schrage, Heinrich Wilhelm, geb.
6.8.1797 Auhagen, gest. 30.11.1857 Auhagen; Bürgermeister in Auhagen. – Kurhessen: 2. Kammer 1852-1854.
Losch; Sieburg

Schramm, Heinrich Eduard, geb.
11.1.1826 Herborn, gest. 7.11.1881 Herborn; Lederfabrikant. – Wiesbaden 1873
und 1877. Burkardt/Pult

Schreiber, Eduard, geb. 14.8.1876 Hanau,
gest. 31.12.1945 Hanau; Goldschmied,
Juwelenmonteur in Hanau; MdL Preußen
1919-1924 (SPD). – Kassel 1930 (62.
KLT) -1932 [1933 ?] (SPD). Pelda; J.L.

Schreiber, Friedrich Wilhelm *August*,
geb. 13.5.1797 Arolsen, gest. 1.2.1869
Nieder-Wildungen; Kreisrat des Kreises

der Eder in Nieder-Wildungen. – Waldeck: Landtag 1851 und Spezial-Landtag Pyrmont 1851.   König; Lengemann IV; König/Lengemann/Seibel

Schreiber, Gustav Otto Franz, geb. 29.10.1804 Eilhausen, gest. 10.3.1872 Arolsen; Gutsbesitzer in Billinghausen. – Waldeck: Landtag 1852-1855.
                                  König; König/Lengemann/Seibel

Schreiber, Johann Adam, geb. 22.8.1881 Kostheim, gest. 12.2.1935 Mainz; Rechtsanwalt in Ober-Ingelheim, 1923 Oberamtsrichter Bad Vilbel. – Volksstaat Hessen 1919-1921 und 1923-1932 (DDP bzw. DStP).   Ruppel/Groß

Schreiber, Johann Carl, geb. 1.11.1779 Messinghof bei Kassel, gest. ... Mengeringhausen; Grundbesitzer in Wetterburg. – Waldeck: Landstand 1817-1827.
                                  König/Lengemann/Seibel

Schreiber, Johann Daniel Friedrich, geb. 4.7.1779 Eilhausen, gest. 12.12.1842 Eilhausen; 1804 Verwaltung der Meierei Eilhausen, Besitzer des Ritterguts Lengefeld und des Guts Billinghausen. – Waldeck: Landstand [1812] -1842.
                                  König/Lengemann/Seibel

Schreiber, Johann Heinrich, geb. 24.12.1797 Asterode, gest. 3.8.1871 Asterode; Landwirt und Bürgermeister in Asterode. – Kurhessen: 2. Kammer 1861-1862 und Ständeversammlung 1862-1966.   Losch; Sieburg

Schreiber, Karl Ludwig Friedrich *August*, geb. 15.9.1806 Eilhausen, gest. 11.11.1856 Stadtberg; Gutsbesitzer in Massenhausen, zugleich Pächter von Frederinghausen, später auch von Eilhausen. – Waldeck: Landstand 1843-1848 und Landtag 1849. König; König/Lengemann/Seibel

Schreiber, Oskar, geb. 15.7.1844 Billinghausen, gest. 21.8.1927 Arolsen; Rentier

in Arolsen. – Waldeck: Landtag 1908-1914.   König; König/Lengemann/Seibel

Schreiner, Conrad Johannes, geb. 7.4.1829 Niederlauken, gest. 28.6.1895 Naunstadt; Landwirt. – Wiesbaden und HessenNassau 1886-1892.   Burkardt/Pult

Schrodt, Johann *Conrad*, geb. 13.6.1815 Niederhofheim, gest. 7.1.1898 Niederhofheim; Gastwirt und Landwirt. – Nassau: II. Kammer 1852-1857.
                                  Rösner-Hausmann

Dr. jur. Schroeder, Bernhard, geb. 20.7.1832 Pfeddersheim, gest. 12.6.1908 Darmstadt; Rechtsanwalt in Darmstadt; MdR 1874-1884 (NL 1874-1881, LVg 1881-1884). – Ghzm. Hessen: 2. Kammer 1872-1900 (NL).   Ruppel/Groß; J.L.

Schröder, Conrad, geb. 16.9.1854 Hohenkirchen, gest. 25.4.1923 Kassel; Gutsbesitzer und Bürgermeister in Carlsdorf. – Kassel und Hessen-Nassau 1915-1919 (44. KLT).   Pelda

Dr. rer. hort. h.c. Schröder, Ernst, geb. 11.2.1893 Krefeld, gest. 20.2.1976 ... ; Gärtnereibesitzer, Gartenarchitekt in Krefeld, ab 1928 Versicherungsdirektor in Wiesbaden; Mitglied des Rheinischen Provinzial-Landtags 1925-1928 (DVP); MdL Preußen 1928-1932 (DVP); MdR 1932-1933 (DVP); Mitglied der 2. Bundesversammlung. – Land Hessen: Hessischer Landtag 1950-1958 (FDP); Vizepräsident des Hessischen Landtags 1950-1958.   Lengemann II

Schröder, Heinrich Robert, geb. 23.7.1882 Großhartmannsdorf bei Freiberg, gest. ... ; Glaser in Rommershausen. – Kassel und Hessen-Nassau 1921-1927 (SPD).   Pelda

Schroeder, Hermann Johann Carl Christian, geb. 2.3.1866 Wakendorf in Mecklenburg, gest. 20.3.1938 Wiesbaden-Biebrich; Oberingenieur. – Wiesbaden und Hessen-Nassau 1921-1925 (DVP).

Burkardt/Pult

Schröder, Johann *Georg(e) Heinrich*, get. 27.9.1745, gest. 18.4.1815 Kassel; Spezereihändler und Provisor der Löwen-Apotheke in Hersfeld. – Hessen-Kassel 1815.

Sieburg (J.L.)

Dr. jur. Dr. med. h.c. Schröder, Johann Georg *Theodor*, geb. 8.3.1860 Kassel, gest. 2.1.1951 Helmarshausen; Landesrat und stellvertretender Landeshauptmann in Kassel; MdA 1904-1918 (NL). – Kassel und Hessen-Nassau 1919 (45. KLT) - 1929 (DDP).

Pelda; J.L.

Schröder, Johann Lucas, geb. 13.7.1760 Spangenberg, gest. 20.10.1813 Kassel; Kaufmann in Spangenberg. – Kgr. Westphalen 1808-1813.

Lengemann I

Schroeder, *Theodor* Franz, geb. 11.1.1872 Ober-Erlenbach, gest. 2.3.1942 Friedberg; Rechtsanwalt in Friedberg. – Volksstaat Hessen 1919-1921 (Z).

Ruppel/Groß

Schroeder, Udo, geb. 13.9.1937 Grevenbroich; Gymnasiallehrer in Wiesbaden. – Land Hessen: Hessischer Landtag 1970-1978 (SPD).

Lengemann II; Kanzlei des Landtags

Schroeder, Walter, geb. 13.7.1894 Vegesack, gest. 11.11.1976 ... ; bis 1933 Geschäftsführer der DVP, ab 1948 Geschäftsführer der FDP-Landtagsfraktion, wohnhaft in Frankfurt. – Land Hessen: Hessischer Landtag 1954 und 1957-1958 (FDP).

Lengemann II

Schröder, Wilhelm, geb. 24.6.1808 Hersfeld, gest. 19.11.1842 Witzenhausen; Tabakfabrikant in Witzenhausen. – Kurhessen: Ständeversammlung 1840-1842.

Losch; Sieburg

Schröter, Justus Heinrich August *Hugo*,

geb. 13.1.1831 Pyrmont, gest. 18.11.1871 Pyrmont; Rentier in Pyrmont. – Waldeck: Landtag 1867. König; König/Lengemann/Seibel

Schrupp, Johann Wilhelm, geb. 26.10.1824 Nassau, gest. 2.8.1887 Nassau; Bauunternehmer. – Wiesbaden 1872-1883 (NL).

Burkardt/Pult

Schubart, Georg Ludwig, geb. 1.5.1846 Affolterbach im Odenwald, gest. 27.9.1901 Frankfurt; Dampfsägewerksbesitzer in Beerfelden. – Ghzm. Hessen: 2. Kammer 1900-1901 (NL). Ruppel/Groß

Schubert, Friedrich Hannibal, geb. ... , gest. ... ; Schlossermeister. – Freie Stadt Frankfurt: Verfassunggebende Versammlung 1848-1849.

Frost; J.L.

Schubert, Karl Benno, geb. 8.11.1877 Krosno/Schrimm in Posen, gest. 28.2.1957 Schlüchtern; Bürgermeister in Bad Orb. – Kassel und Hessen-Nassau 1930 (60. KLT) -1933 (SPD). Pelda

Schuchard, Karl Wilhelm, geb. 20.7.1819 Burg-Gräfenrode, gest. 2.9.1891 Gernsheim; Landrichter in Ulrichstein, später in Bad Nauheim, und dann Oberamtsrichter in Gernsheim. – Ghzm. Hessen: 2. Kammer 1872-1875 (NL). Ruppel/Groß

Dr. med. Schücking, Christoph Bernhard *Adrian* (sen.), geb. 13.7.1852 Köln, gest. 2.6.1914 Pyrmont; Frauenarzt, Gründer und Besitzer des Sanatoriums am Hylligen Born und Mitbegründer und leitender Arzt des Helenen-Kinderheimes in Pyrmont. – Waldeck: Landtag 1893-1899, 1901-1905 und 1911-1914 ([NL, lib.], FrsgVP 1893-1899 und 1901-1905, FoVP 1911-1914).

König; König/Lengemann/Seibel

Schül, *Joseph* Maria, geb. 30.10.1873 Heppenheim, gest. 9.10.1960 Offenbach; Amtsgerichtsrat in Offenbach. – Volksstaat Hessen 1924-1933 (Z). Ruppel/Groß

Schülbe, Hans-Jürgen, geb. 18.7.1944 Esch- Eschwege; Berufsschullehrer in Bad Hersfeld. – Land Hessen: Hessischer Landtag 1994-1995 (B 90/GRÜ).
Kanzlei des Landtags

Schüler, Georg Carl, geb. 14.11.1793 Spangenberg, gest. 28.1.1885 Allendorf an der Werra; evangelischer Pfarrer, Metropolitan in Waldkappel, später Superintendent in Allendorf. – Kurhessen: Ständeversammlung 1834-1835. Losch; Sieburg

Schüler, Johann Valentin, geb. 18.8.1799 Reckerode, gest. 25.11.1864 Reckerode; Gutsbesitzer in Reckerode. – Kurhessen: 2. Kammer 1852-1854. Losch; Sieburg

Schürg, Johann *Matthias*, geb. 7.12.1805 Zinhain, gest. 16.1.1890 Zinhain; Wagner und Bürgermeister. – Nassau: Ständeversammlung 1850-1851; Wiesbaden 1885.
Rösner-Hausmann

Schürmann, Ludwig Eduard, geb. ... , gest. ... ; Juwelier und Goldarbeiter. – Freie Stadt Frankfurt: Gesetzgebende Versammlung 1851. Frost

Schüßler, Johann Georg, geb. 30.5.1835 Gersfeld, gest. 8.6.1909 Gersfeld; Stadtvorsteher in Gersfeld. – Kassel und Hessen-Nassau 1890-1909. Pelda

Dr. phil. Schütte Ernst, geb. 11.7.1904 Wanne-Eickel, gest. 24.10.1972 ... ; bis 1956 Professor für Geschichte und Soziologie an der Pädagogischen Hochschule Kettwig, 1956-1959 Ministerialdirigent im Nordrhein-Westfälischen Kultusministerium, 1959-1969 Hessischer Minister für Erziehung und Volksbildung bzw. Hessischer Kultusminister; Stellvertretendes Mitglied des Bundesrates 1959-1969; Mitglied der 4. Bundesversammlung. – Land Hessen: Hessischer Landtag 1962-1970 (SPD). Lengemann II

Schüttenhelm, Balthasar, get. 12.1.1770 Frankfurt, gest. 21.11.1841 Frankfurt; Handelsmann. – Freie Stadt Frankfurt: Gesetzgebende Versammlung 1817-1818, Ständige Bürgerrepräsentation 1817-1820 (Stadtrechnungsrevisionskolleg 1819). Frost

Schüttler, *Heinrich* Friedrich Wilhelm, geb. 15.12.1855 Welleringhausen, gest. 2.1.1942 Welleringhausen; Landwirt und Bürgermeister in Welleringhausen. – Waldeck: Landesvertretung 1922-1929 (WLWV [DNVP] 1922-1925, LB [DNVP] 1925-1929); Vizepräsident der Waldeckischen Landesvertretung 1925-1929. König; Lengemann III; König/Lenge-mann/Seibel

Schütz, Anton, geb. 20.10.1860 Camberg, gest. 27.1.1919 Oberlahnstein; Bürgermeister. – Wiesbaden und Hessen-Nassau 1915-1918. Burkardt/Pult

Schütz, David *Christian*, geb. 7.6.1816 Herborn, gest. 2.8.1890 Marburg; Amtmann in Rennerod. – Nassau: II. Kammer 1858-1863 und 1863-1865.
Rösner-Hausmann; J.L.

Schütz, Johann *Philipp*, geb. 4.8.1796 Camberg, gest. 26.5.1864 Meran, Tirol [damals] Österreich; katholischer Pfarrer in Eltville, Domkapitular. – Nassau: Deputiertenkammer 1834-1848 und I. Kammer 1852; Präsident der Deputiertenkammer 1837-1845. Rösner-Hausmann; J.L.

Schütz, Johannes Adam, geb. 3.2.1775 Fürth im Odenwald, gest. 3.5.1835 Fürth; Bürgermeister in Fürth. – Ghzm. Hessen: 2. Kammer 1826-1830 (lib.). Ruppel/Groß

Freiherr von Schütz zu Holzhausen[171], ***Ferdinand Christoph* Carl Raphael**, geb.

---

[171] Die Familie bediente sich im Hzm. Nassau »seit jeher« des Freiherrentitels, der auch im Kgr. Preußen nicht beanstandet wurde; vgl. auch Anm. 173.

Philipp Schütz
Präsident der Deputiertenkammer des Nassauischen
Landtags 1837-1845

24.10.1773 Camberg, gest. 22.1.1847
Camberg; Domherr. – Nassau: Herren-
bank 1818-1824 und 1831-1847.
Rösner-Hausmann; J.L.

Freiherr von Schütz zu Holzhausen[172]**,
Friedrich Damian**, geb. 1.9.1821 Camberg, gest. 20.6.1853 Wiesbaden; Prokurator. – Nassau: Ständeversammlung
1848 *und II. Kammer 1852 (Mandat nicht
angenommen)*. Rösner-Hausmann; J.L.

**Freiherr von Schütz zu Holzhausen,
Friedrich Wilhelm Ferdinand**[173], geb.
29.3.1805 Camberg, gest. 12.1.1866

---

[172] Wie Anm. 171.
[173] Wie Anm. 171; die Führung des Freiherrentitels
wurde im Hzm. Nassau am 19.7.1862 förmlich anerkannt und im Kgr. Preußen nicht beanstandet.

Camberg. – Nassau: Herrenbank 1831-
1832 und 1832-1847 und I. Kammer
1855-1866. Rösner-Hausmann; J.L.

**Freiherr von Schütz zu Holzhausen, gen.
von Bechtolsheim** (bis 1862: Freiherr
von Mauchenheim, gen. von Bechthols-
heim)[174], **Moritz**, geb. 12.2.1837 Würzburg, gest. 15.1.1901 Aibling. – Nassau:
I. Kammer 1866. Rösner-Hausmann; J.L.

Schuffert, Heinrich, geb. ... , gest. ... ;
Bürgermeister in Ostheim. – Kassel
1875-1879. Pelda

**Graf von der Schulenburg (-Altenhau-
sen)**[175], *August* **Karl Jakob (gen. Karl
Just)**, geb. 12.1.1764 Altenhausen, gest.
20.5.1838 Altenhausen; Herr auf Altenhausen und Ivenrode; 1808-1813 Maire
(Bürgermeister) von Altenhausen; Mitglied der Provinzial-Stände (Provinzial-
Landtag) der Provinz Sachsen 1825-1831
und 1837. – Kgr. Westphalen 1808-1813.
Lengemann I

**Graf von der Schulenburg (-Angern),
Friedrich Christoph Daniel**, geb.
9.2.1769 Angern, gest. 16.5.1821 Magdeburg; Herr auf Angern; Jurist, bis 1806
Kammerdirektor in Warschau, später Präsident der Kgl. preußischen Regierung in
Magdeburg. – Kgr. Westphalen 1808-
1813. Lengemann I

Graf von der Schulenburg (-Emden)[176]**,
Philipp Ernst** *Alexander*, geb. 27.1.1762

---

[174] Nahm nach seiner Eheschließung 1861 mit einer
Freiin Schütz zu Holzhausen mit Genehmigung
des Herzogs von Nassau vom 26.6.1862 Namen
und Wappen der Freiherren Schütz zu Holzhausen
an und nannte sich fortan *Freiherr Schütz von
Holzhausen, gen. Bechtolsheim.*
[175] Erhebung in den Kgl. preußischen Grafenstand am
6.7.1798; Kgl. westphälische Bestätigung das Grafenstandes am 10.7.1813.
[176] Erhebung in den Kgl. preußischen Grafenstand am
6.7.1798; Kgl. westphälische Bestätigung des Grafenstandes am 10.7.1813.

Bremervörde, gest. 17.10.1820 Emden, Krs. Neuhaldensleben; Herr auf Emden; 1807-1812 Präfekt des Elbe-Departements, 1812-1813 Staatsrat in Kassel. – Kgr. Westphalen 1808-1813. Lengemann I

Graf von der Schulenburg (-Wolfsburg), Carl Friedrich *Gebhard*, geb. 21.3.1763 Braunschweig, gest. 25.12.1818 Wolfsburg; Herr u.a. auf Wolfsburg, Brome und Bisdorf; Jurist, 1813-1814 Chef der Provisorischen Braunschweigischen Regierungskommission, 1815-1818 wieder Chef des Geheimen Ratskollegs und Hzgl. Staatsminister in Braunschweig; Mitglied der Provisorischen Allgemeinen Ständeversammlung des Kgr. Hannover 1814-1818, Präsident der Ständeversammlung 1814-1815. – Kgr. Westphalen 1808-1813; Präsident der Reichsstände 1808 und 1809-1810.

Lengemann I

Gebhard Graf von der Schulenburg
Präsident der Reichsstände des Königreichs
Westphalen 1808 und 1809-1810

Schulin, Philipp Friedrich, geb. 27.8.1800 Frankfurt, gest. 10.6.1874 Marburg; Advokat, Archivar; 1833-1845 Senator, 1845-1861 Schöff. – Freie Stadt Frankfurt: Gesetzgebende Versammlung 1834-1838 und 1850-1856. Frost

Schulte, Albert, geb. 12.8.1877 Velbert, gest. 27.11.1952 Darmstadt; gelernter Buchdrucker, 1915-1920 Geschäftsführer der Konsumgenossenschaft, später hauptamtlicher Beigeordneter in Worms. – Volksstaat Hessen 1919-1921 (SPD).

Ruppel/Groß; J.L.

Dr. jur. Schultz, Anna Ida Franziska, geb. 10.9.1874 Treptow an der Rega, gest. 26.9.1941 Neu-Isenburg; Leiterin einer städtischen Rechtsauskunftsstelle. – Wiesbaden und Hessen-Nassau 1921-1925 (DDP). Burkardt/Pult

Schultz, David Ferdinand, geb. ... Bovenden [?], gest. 20.4.1830 Rotenburg an der Fulda; Landwirt in Rotenburg. – Hessen-Kassel 1815-1816; Direktor der 3. (Bau-

ern-) Kurie des Hessen-Kasselischen Landtags von 1815-1816. Sieburg (J.L.)

Schultze, Christian Philipp, geb. 24.8.1788 Waldeck, gest. 2.12.1860 Höxter; Ökonom, Domänenpächter und Bürgermeister in Waldeck. – Waldeck: Landstand 1836-1838. König/Lengemann/Seibel

Schultze, Johann *Friedrich*, geb. 8.4.1808 Flechtdorf, gest. 18.2.1906 Vasbeck; Ackermann und Bürgermeister in Vasbeck. – Waldeck: Landtag 1866-1899 (NL). König; König/Lengemann/Seibel

Schulz, Johann Heinrich, geb. ... , gest. ...; Advokat und Notar. – Freie Stadt Frankfurt: Gesetzgebende Versammlung 1863. Frost

Dr. jur. Schulz, *Karl* **Ferdinand**, geb. 25.7.1792 Gießen, gest. 14.11.1871 Darmstadt; Hofgerichtsrat in Darmstadt. – Ghzm. Hessen: 2. Kammer 1862-1866 und 1869 (F).   Ruppel/Groß

Schulz, Otto, geb. 29.5.1887 Sanditten, Ostpreußen, gest. 3.6.1958 Solingen; Gewerbeschullehrer in Obernkirchen. – Kassel und Hessen-Nassau 1919 (45. KLT) (SPD).   Pelda

Dr. jur. Schulz, Wilhelm, geb. 12.12.1890 Bad Homburg, gest. ... ; Syndikus. – Wiesbaden und Hessen-Nassau 1930-1932 (WP).   Burkardt/Pult

Schulze, Friedrich, geb. ... , gest. ... ; Stadtchirurg und Bürgermeister in Sachsenhausen. – Waldeck: Landstand 1826-1828.   König/Lengemann/Seibel

Schulze, Hans-Joachim, geb. 6.10.1936 Danzig; Diplom-Kaufmann, bis 1982 hauptamtlicher Kreisbeigeordneter des Landkreises Waldeck-Frankenberg, später Leiter der Landesvertretung Thüringen des Verbandes der Angestellten-Krankenkassen und des Arbeiter-Ersatzkassen-Verbandes, wohnhaft in Frankenberg. – Land Hessen: Hessischer Landtag 1982-1983 und 1985-1991 (CDU).   Lengemann II; Kanzlei des Landtags

Schulze, Julius, geb. ... , gest. ... Königsberg in Preußen; 1872-74 Handelskammer-Sekretär in Mainz, später Sekretär des konservativen Wahlvereins Königsberg. – Ghzm. Hessen: 2. Kammer 1875-1877 (kons.).   Ruppel/Groß

Schumacher, *Carl* **Ludwig Heinrich Christian**, geb. 10.6.1799 Arolsen , gest. 19.6.1854 Arolsen; Obergerichtsrat in Korbach. – Waldeck: Landtag 1850-1852; Vizepräsident des Waldeckischen Landtags 1852.   König; Lengemann III; König/Lengemann/Seibel

Wolrad Schumacher
Präsident des Waldeckischen Landtags 1856-1862

Schumacher (I), Ludwig *Wolrad* **Friedrich Wilhelm**, geb. 2.11.1793 Korbach, gest. 21.7.1862 Arolsen; Jurist, 1832-1849 Landsyndikus, ab 1843 mit dem Titel Landrat, 1849-1851 Staatsrat und Vorstand der Staatsregierung sowie Dirigent der Abteilung für Finanzen, 1853-1862 Mitglied und Vorsitzender des weiteren Konsistoriums; Mitglied des Volkshauses des Unionsparlaments 1850. – Waldeck: Landtag 1848-1849 und 1855-1862; Vizepräsident des Waldeckischen Landtags 1848-1849 und 1855-1856, Präsident des Waldeckischen Landtags 1856-1862.

König; Lengemann III; König/Lengemann/Seibel

Schumacher, *Philipp* **Diderich (Dietrich)**, geb. 30.7.1776 Benkhausen, gest. 16.1.1834 Hessisch Oldendorf; Regierungsprokurator und Bürgermeister in Hessisch-Oldendorf. – Grafschaft Schaumburg hessischen Anteils 1815-1817.

Sieburg (J.L.)

Schumacher (II), Robert Elianus (Elger, gen. *Elier*), geb. 10.7.1804 Korbach, gest. 3.12.1887 Korbach; Hofgerichtsprokurator in Korbach. – Waldeck: Landtag 1848-1849.

König; König/Lengemann/Seibel

Schumann, Herrmann, geb. 1.3.1810 Brombach, Baden, gest. 15.7.1885 Hattenheim im Rheingau; Weingutsbesitzer. – Wiesbaden 1875-1877 (F).

Burkardt/Pult

Schumann, Johannes, geb. 15.3.1782 Rhoden, gest. 12.11.1856 Bringhausen; Bäcker, Kellerwirt und Bürgermeister in Rhoden. – Waldeck: Landstand 1822-1823.

König/Lengemann/Seibel

Schumann, Wilhelm, geb. 31.8.1795 Rhoden, gest. 18.11.1877 Arolsen; Kreisrat des Kreises der Twiste in Mengeringhausen, später in Arolsen. – Waldeck: Landtag 1855-1869; Vizepräsident des Waldeckischen Landtags 1856-1858, Präsident des Waldeckischen Landtags 1862-1863 und 1867.

König; Lengemann III; König/Lengemann/Seibel

Ferdinand von Schutzbar,
gen. von Milchling
Präsident der 1. Kammer des Kurhessischen Landtags 1852-1854 und 1858-1861, Vorsitzender (Präsident) des Kommunal-Landtags Kassel 1872-1890 und Präsident des Provinzial-Landtags Hessen-Nassau 1886-1887

Dr. jur. Schunck, *Egon* Franz Moriz Adolf, geb. 11.12.1890 Bonn, gest. 2.1.1981 Bad Neuenahr; Landrat in Westerburg. – Wiesbaden und Hessen-Nassau 1930-1931 (Z).

Burkardt/Pult; J.L.

Schunck-Harnier, J. H. Philipp, geb. ... , gest. ... . – Freie Stadt Frankfurt: Gesetzgebende Versammlung 1838.

Frost

Schupp, Georg Heinrich, geb. 23.3.1762 Niederbrechen, gest. 19.8.1848 Niederbrechen; Schultheiß. – Nassau: Deputiertenkammer 1818-1824.

Rösner-Hausmann

Schupp, Philipp Jakob August, geb. 28.11.1881 Bornich, gest. 28.9.1955 Bor-

nich; Landwirt. – Wiesbaden und Hessen-Nassau 1930-1932 (CNBLVP).

Burkardt/Pult

Dr. jur. Schuster, Arnold, geb. 11.3.1890 Cubach, Oberlahnkreis, gest. 1.8.1969 Frankfurt; Landrat des Untertaunuskreises in Bad Schwalbach. – Land Hessen: Verfassungberatende Landesversammlung Groß-Hessen 1946 (CDU).

Lengemann II

von Schutzbar, gen. von Milchling, *Ferdinand* Ludwig Karl Friedrich Christian Heinrich Wilhelm, geb. 28.2.1813 Karlshafen, gest. 6.1.1891 Hannoversch-Münden; 1852-1856 Obergerichtsrat in

Kassel, MdH 1868-1891. – Kurhessen: 1. Kammer 1852-1861 und Ständever-sammlung 1863-1866 (kons.-konst.), Präsident der 1. Kammer 1852-1854 und 1858-1861; Kassel 1868-1890 und Hessen-Nassau 1886-1890 [DRP *1874*], Vorsitzender (Präsident) des 4.-15. Kommunal-Landtags 1872-1890, Präsident des I. und II. Provinzial-Landtags Hessen-Nassau 1886-1887.   Losch; Sieburg; Pelda; J.L.

Schwab, *Ludwig* Franz, geb. 5.9.1921 Klein-Krotzenburg, gest. 14.2.1987 ... ; Steuerrat, wohnhaft in Hainburg; Mitglied der 7. Bundesversammlung. – Land Hessen: Hessischer Landtag 1970-1982 (CDU).   Lengemann II; Kanzlei des Landtags

Schwabe, Ernst *Wilhelm*, geb. 7.3.1791 Rinteln, gest. 14.1.1831 Kassel; Bürgermeister in Rinteln, 1830 auch Landsyndikus. – Kurhessen: Konstituierender Landtag 1830.   Losch; Sieburg

Dr. phil. Dr. theol. h.c. Schwabe, Johann Heinrich Friedrich, geb. 14.3.1779 Eichelborn, Sachsen-Weimar, gest. 29.12.1834 Darmstadt; evangelischer Oberpfarrer, erster Oberkonsistorialrat, Superintendent und Prälat in Darmstadt. – Ghzm. Hessen: 1. Kammer 1833-1834.   Götz/Rack

Schwager, Johann Philipp, geb. 12.3.1803 Frankfurt, gest. 7.3.1870 Frankfurt; Bierbrauermeister. – Freie Stadt Frankfurt: Gesetzgebende Versammlung 1834-1838, 1840 und 1860, Ständige Bürgerrepräsentation 1838-1866.   Frost

Schwalba-Hoth, Frank, geb. 12.12.1952 Hamburg; Referendar a.D. in Marburg, ab 1988 Geschäftsführer der grün-alternativen Gruppe (GRAEL) im Europa-Parlament; MdEP 1984-1987. – Land Hessen: Hessischer Landtag 1982-1983 (GRÜ).   Lengemann II; Kanzlei des Landtags

Schwan, Carl Daniel, geb. 23.8.1815 Gießen, gest. 1.6.1882 Darmstadt; Gutspächter. – Wiesbaden 1875 [7. KLT].
          Burkardt/Pult

Schwaner, *Heinrich* Georg Karl Christian, geb. 17.6.1836 Korbach, gest. 3.5.1909 Arolsen; Rechnungsrevisor, ab 1868 Revisor im Domanialdienst. – Waldeck: Landtag 1890-1908 (NL).
          König; König/Lengemann/Seibel

Dr. jur. Freiherr von Schwartzkoppen-Rottorf[177], Johann Hermann *Friedrich* August Maximilian, geb. 18.1.1819 Obereimer in Westfalen, gest. 29.5.1897 Weinheim; Jurist und Gutsbesitzer in Wiesbaden und Weinheim; MdA 1867-1870 (rechtes Zentrum 1867-1868, FK 1868-1870), MdR 1867-1871 (NL 1867, FrKV 1867-1871). – Nassau: I. Kammer 1865-1866.   Rösner-Hausmann; J.L.

Schwarz, Andreas, geb. 25.12.1869 Flörsheim, gest. 12.3.1955 Flörsheim; Schiffer. – Wiesbaden und Hessen-Nassau 1920 (SPD).   Burkardt/Pult

Schwarz, Carl, geb. 18.5.1796 Rinteln, gest. ... Rinteln; Maurermeister in Rinteln. – Kurhessen: 2. Kammer 1852-1854.   Losch; Sieburg

Schwarz, Heinrich Jakob, geb. 10.3.1787 Alsfeld, gest. ... ; Leinweber und Fabrikant in Alsfeld. – Ghzm. Hessen: 2. Kammer 1826-1827 (kons.).   Ruppel/Groß

Dr. med. Schwarz, Ignaz, geb. 4.9.1795 Fulda, gest. 15.1.1880 ... ; Medizinalrat in Fulda. – Kurhessen: Ständeversammlung 1845-1846.   Losch; Sieburg

---

[177] Die am 22.2.1688 in den Reichsadelsstand erhobenen Familie bediente sich des Freiherrentitels, der ihr am ... 1843 »abermalig« vom Hzm. Nassau anerkannt wurde; in Preußen wurde die Familie weiter als (einfache) briefadelige angesehen.

Schwarz, Johann Ludwig, geb. 14.9.1783 Frankfurt, gest. 3.4.1833 Frankfurt; Schuhmachermeister. – Freie Stadt Frankfurt: Gesetzgebende Versammlung 1826-1833. Frost

Dr. phil. Schwarz-Schilling, Christian, geb. 19.11.1930 Innsbruck, Tirol, Österreich; Geschäftsführer der Accumulatorenfabrik Sonnenschein in Büdingen, 1982-1992 Bundesminister für das Post- und Fernmeldewesen, seit 1993 Geschäftsführer der Dr. Schwarz-Schilling GmbH, Telecommunications Global Systems Consulting in Büdingen; MdB seit 1976 (CDU); Mitglied der 5., 7., 8., 9. und 10. Bundesversammlung. – Land Hessen: Hessischer Landtag 1966-1976 (CDU). Lengemann II; Kanzlei des Landtags

Schwarzbauer, Georg Michael, geb. ... , gest. ... . – Freie Stadt Frankfurt: Ständige Bürgerrepräsentation [1803] -1837. Frost

Schwarzenberg, Johann Daniel Wilhelm *Ludwig*, geb. 27.11.1787 Kassel, gest. 26.10.1857 Kassel; Obergerichtsanwalt in Kassel; Vorsteher des Bürgerausschusses in Kassel 1840-1852; MdN 1848 (Westendhall). – Kurhessen: Ständeversammlung 1833-1850 (lib.); Präsident der Ständeversammlung 1838 und 1848-1850, Vizepräsident der Ständeversammlung 1839-1841, 1845-1848 und 1848. Losch; Sieburg; J.L.

Schwarzhaupt, Wilhelm, geb. 4.10.1871 Schlüchtern, gest. 16.8.1961 ... ; Magistrats-Oberschulrat in Frankfurt; MdL Preußen 1921-1933 (DVP). – Land Hessen: Beratender Landesausschuß 1946 (LDP); Vorsitzender der LDP-Fraktion 1946. Lengemann II

Schwarzkopf, Carl Friedrich *Bernhard*, geb. 25.8.1825 Brotterode, gest. 29.1.1896 Schmalkalden; Bürgermeister in Brotterode. – Kurhessen: 2. Kammer 1861. Losch; Sieburg

Ludwig Schwarzenberg
Präsident der Kurhessischen Ständeversammlung 1838 und 1848-1850

Dr. med. Schwarzschild, Heinrich, geb. 27.2.1803 Frankfurt, gest. 7.4.1878 Frankfurt; praktischer Arzt, Gynäkologe und Dichter. – Freie Stadt Frankfurt: Verfassunggebende Versammlung 1848-1849. Frost; J.L.

Schwebel (auch: Schwöbel)**, Georg**, geb. 15.12.1885 Siedelsbrunn im Odenwald, gest. 24.11.1964 Siedelsbrunn; gelernter Steinhauer, dann selbständig, nach 1945 Bürgermeister in Siedelsbrunn. – Volksstaat Hessen 1929-1931 (SPD). Ruppel/Groß

Schweickart (auch: Schwei[c]kert) **, Karl Christian**, geb. 9.7.1769 Reichelsheim im Odenwald, gest. 1.11.1839 Darmstadt; 3. Rat bei der Gesamtjustizkanzlei Michelstadt, 1825 Hofgerichtsrat in Darmstadt. – Ghzm. Hessen: 2. Kammer 1823-1824.   Ruppel/Groß

Schweickert – s. Schweickart

Schweig, Friedrich (*Fritz*), geb. 19.9.1874 Pfeddersheim, gest. 1.6.1964 Frankfurt-Höchst; Werkzeugschleifer. – Wiesbaden und Hessen-Nassau 1921-1932 (USPD 1921-1922, SPD 1922-1931, SAP 1932).
                                        Burkardt/Pult

Schweighöfer, Karl, geb. ... [vermutlich] Usingen, gest. 19.1.1878 Usingen; Gutsbesitzer, Bauunternehmer. – Wiesbaden 1868-1877.   Burkardt/Pult

Schweikart – s. Schweickart

Schweikert – s. Schweickart

Schweitzer (eigentlich: von Alessina)[178], **Carl *Franz***, geb. 13.10.1800 Frankfurt, gest. 12.6.1885 Frankfurt; Jurist; 1836-1849 Senator, 1845 und 1848 Jüngerer Bürgermeister, 1849-1866 Schöff. – Freie Stadt Frankfurt: Ständige Bürgerrepräsentation 1831-1836, Gesetzgebende Versammlung 1835-1836, 1838-1844, 1847 und 1850-1854.   Frost; J.L.

Schweitzer, Johann Adam, geb. 15.12.1761 Freienhagen, gest. 5.2.1824 Freienhagen; Schreinermeister und Bürgermeister in Freienhagen. – Waldeck: Landstand 1816-1817.   König/Lengemann/Seibel

Schweitzer, Johann August, geb. 7.7.1874 Obermörlen, Krs. Friedberg, gest. ... ; Kolonialwarenhändler in Frankfurt. – Wiesbaden und Hessen-Nassau 1931-1932 (WP).   Burkardt/Pult; J.L.

Schweizer (gen. Alessina) – s. Schweitzer (gen. Alessina)

Dr. phil. Schwenck, Johann Conrad, geb. ... , gest. ... ; Professor emeritus. – Freie Stadt Frankfurt: Gesetzgebende Versammlung 1858.   Frost

Schwenck, Johannes, geb. ... , gest. ... ; Gutsbesitzer in Limbach. – Hessen-Homburg 1849.   J.L.

Schweppenhäuser, Georg Michael, geb. ... , gest. ... ; Uhrmachermeister. – Freie Stadt Frankfurt: Gesetzgebende Versammlung 1859-1866.   Frost

von Schwertzell, Georg *Friedrich* Karl Wilhelm Ludwig August Christian Gerhard, geb. 19.12.1784 Willingshausen, gest. 22.1.1858 Willingshausen; Oberforstmeister, Gutsbesitzer in Willingshausen. – Kurhessen: Ständeversammlung [1833] 1834-1836 (gouv.).
                              Losch; Sieburg; J.L.

von Schwertzell, *Gerhard* Friedrich Wilhelm August Karl, geb. 2.7.1854 Marburg, gest. 1.4.1919 Marburg; Landrat des Kreises Ziegenhain. – Kassel und Hessen-Nassau 1892-1919 (44. KLT).
                                        Pelda

von Schwertzell, *Wilhelm* Christian Ludwig Heinrich Adolf, geb. 29.8.1800 Willingshausen, gest. 3.10.1872 Kassel; Oberfinanzassessor, später Oberzolldirektor in Kassel. – Kurhessen: Ständeversammlung 1836-1838 (gouv.).
                              Losch; Sieburg; J.L.

Schwickert, Johann Adam, geb. 18.7.1794 Wirges, gest. 16.4.1878 Wirges; Landwirt. – Nassau: II. Kammer 1852-1857.   Rösner-Hausmann

Schwieder, Johann Caspar, geb. 8.7.1766 Frankenberg, gest. 9.4.1840 Frankenberg; Bäckermeister und Hospitalverwalter; Bürgermeister in Frankenberg. – Hessen-Kassel 1815-1816.   Sieburg (J.L.)

---

[178] Erhebung in den Kgl. bayerischen Adelsstand als *von Alessina, gen. Schweitzer*, am 18.10./25.11.1816.

Schwieder, Karl Jacob, geb. 6.3.1835 ... , gest. 15.11.1859 Ernsthausen; Kaufmann, Ackermann, Gutsbesitzer und Bürgermeister in Ernsthausen. – Kassel 1883-1889 und Hessen-Nassau 1886-1889.   Pelda

Schwinn, *Wilhelm* **Johann Peter**, geb. 23.5.1897 Ober-Kainsbach, gest. 18.10.1967 Ober-Kainsbach; Gast- und Landwirt in Ober-Kainsbach, ab 1929 auch NSDAP-Kreisleiter in Erbach; MdR 1933-1945 (NSDAP). – Volksstaat Hessen 1931-1933 (NSDAP).
Ruppel/Groß; J.L.

Schwöbel – s. Schwebel

Sconto, Wilhelm, geb. ... , gest. ... . – Freie Stadt Frankfurt: Gesetzgebende Versammlung 1824, 1827-1828, 1830-1845 und 1847.   Frost

Scriba, Karl, geb. 1.1.1823 Dieburg, gest. 9.12.1883 Dieburg; Schriftsteller, Buchhändler und Verleger und 1879-1883 Bürgermeister in Friedberg. – Ghzm. Hessen: 2. Kammer) 1872-1883 (NL). Ruppel/Groß

Sebastian, *Ludwig* **Karl**, geb. 5.10.1800 Wildsachsen, gest. 19.5.1868 Wildsachsen; Bürgermeister. – Nassau: II. Kammer 1852-1857.   Rösner-Hausmann

Dr. med. Seebohm, *Adolf* **Christian**, geb. 17.4.1831 Pyrmont (Saline), gest. 21.12.1916 Bad Pyrmont; Kreiswundarzt, 1875 Kreisphysikus in Pyrmont. – Waldeck: Landtag 1899-1901.
König; König/Lengemann/Seibel

Seebohm, *Johann(es)* **Karl**, geb. 30.12.1793 Friedensthal (Pyrmont), gest. 28.12.1866 Friedensthal; Kaufmann in Friedensthal. – Waldeck: Landtag 1861-1864 und Spezial-Landtag Pyrmont 1854-1859 und 1861-1864.
König; Lengemann IV;
König/Lengemann/Seibel

Seeger, Ludwig (*Louis*), geb. ... , gest. ... 1882 ... . – Freie Stadt Frankfurt: Gesetzgebende Versammlung 1860-1862 und 1864-1866.   Frost

Seehausen, Friedrich Ludwig (*Louis*), geb. 13.11.1749 Nieder-Wildungen, gest. 18.1.1828 Nieder-Wildungen; Stadtsekretär in Nieder-Wildungen. – Waldeck. Landstand [etwa 1797] -1824.
König/Lengemann/Seibel

Seel, Friedrich *Wilhelm*, geb. 7.12.1866 Mainz, gest. 4.8.1921 Mainz; gelernter Küfer, bis 1920 SPD-Parteisekretär, dann Ruhestand in Mainz-Oppenheim. – Volksstaat Hessen 1919-1921 (SPD).
Ruppel/Groß; J.L.

Seelig, Johann, geb. 5.3.1787 Hattersheim, gest. 16.5.1861 Hofheim; Schultheiß. – Nassau: Deputiertenkammer 1833-1835.   Rösner-Hausmann

Seelinger, Adam (IX.), geb. 7.2.1848 Lampertheim, gest. 28.3.1919 Lampertheim; Kaufmann und Bürgermeister in Lampertheim. – Ghzm. Hessen: 2. Kammer 1899-1911 (NL).   Ruppel/Groß

Seibert, Adam, geb. ... Hardtmühle, gest. 10.10.1880 Hardtmühle; Müller, Besitzer der Hardtmühle in Rauschenberg. – Kassel 1878-1880.   Pelda

Seibert, Friedrich Wilhelm, geb. 20.2.1870 Gemünden an der Wohra, gest. 24.4.1944 Kassel; Lehrer, Rektor in Niederzwehren, dann in Kassel. – Kassel und Hessen-Nassau 1919 (45. KLT) -1929 (SPD 1919- ... [?], DDP ... -1929).   Pelda

Seiboldt, Ludwig, geb. 14.11.1941 Frankfurt-Nieder-Eschbach; bis 1979 Verwaltungsangestellter im Bundesamt für Ernährung und Forstwirtschaft in Frankfurt, seit 1984 Bürgermeister der Stadt Lich. – Land Hessen: Hessischer Landtag 1979-1983 (CDU).
Lengemann II; Kanzlei des Landtags

Seiboth, Frank, geb. 9.5.1912 Proschwitz, Bezirk Gablonz, gest. 4.7.1994 ... ; Journalist, Verlagsgeschäftsführer in Frankfurt, 1958-1960 Bundesvorsitzender des GB/BHE bzw. der GDP/BHE, 1962-1968 Geschäftsführer der staatlichen Sportwetten GmbH und der staatlichen Zahlenlotto GmbH Hessen, 1967-1975 Staatssekretär beim Hessischen Minister für Landwirtschaft und Umwelt; MdB 1953-1957 (GB/BHE); Mitglied der 2. Bundesversammlung. – Land Hessen: Hessischer Landtag 1958-1966 (GB/BHE bzw. GDP/BHE); Vorsitzender der GB/BHE-bzw. GDP/BHE-Fraktion 1958-1966.
Lengemann II; Kanzlei des Landtags

Seidel, Friedrich Hieronymus, geb. ... , gest. ... ; Spenglermeister. – Freie Stadt Frankfurt: Gesetzgebende Versammlung 1817 und 1819.
Frost

Seidel, Philipp August, geb. 14.5.1837 ... , gest. 9.2.1907 ... ; Schlossermeister, Privatier. – Wiesbaden und Hessen-Nassau 1890-1906.
Burkardt/Pult

Seidler, Johann *Georg* Carl, geb. 21.2.1842 Kassel, gest. 26.12.1923 Kassel; Maurermeister in Kassel. – Kassel und Hessen-Nassau 1905-1910.
Pelda

Seif, Karl-Winfried, geb. 16.11.1943 Limburg; Diplom-Ingenieur, bis 1991 Leiter des Ministerbüros im Hessischen Ministerium für Umwelt und Reaktorsicherheit, seit 1994 Erster Kreisbeigeordneter des Landkreises Limburg-Weilburg. – Land Hessen: Hessischer Landtag 1991-1994 (CDU).
Kanzlei des Landtags

Seifarth, Ferdinand, geb. 31.5.1818 Sundhausen, gest. 17.5.1901 Rotenburg; Ökonom auf Friedrichshütte, Rentner. – Kassel 1880-1885.
Pelda

Seiffermann, Johann Gottfried, geb. 10.12.1791 Frankfurt, gest. 1.1.1851 ... ; Spenglermeister und Holzmesser. – Freie

Stadt Frankfurt: Gesetzgebende Versammlung 1834.
Frost

Seiler, Johann George, geb. 9.11.1767 Halberstadt, gest. 18.3.1846 Aschersleben; bis 1808 Stadtrichter in Aschersleben, 1808-1813 Friedensrichter für Aschersleben-Stadt, später Direktor des Kgl. preußischen Land- und Stadtgerichts Aschersleben. – Kgr. Westphalen 1808-1813.
Lengemann I

Seip, Senta, geb. 9.11.1934 Limburg; Journalistin in Limburg. – Land Hessen: Hessischer Landtag seit 1991 (GRÜ bzw. B 90/GRÜ).
Kanzlei des Landtags

Dr. rer. pol. Seipel, Wilhelm, geb. 23.10.1898 Leeheim, gest. 21.5.1968 ... ; Diplom-Volkswirt, nach 1945 freiwirtschaftlich tätig, wohnhaft in Darmstadt. – Land Hessen: Hessischer Landtag 1951-1954 (FDP).
Lengemann II

Seipel, Wilhelm (II.), geb. 29.11.1903 Fauerbach, gest. 13.1.1967 Bad Nauheim; Landwirt und Bürgermeister in Fauerbach, NSDAP-Kreisleiter Friedberg; MdR 1933-1945 (NSDAP). – Volksstaat Hessen 1931-1933 (NSDAP).
Ruppel/Groß; J.L.

Seipp, Wilhelm, geb. 3.9.1906 Lollar, Krs. Gießen, gest. 11.10.1963 ... ; Landrat des Landkreises Groß-Gerau; Mitglied der 3. Bundesversammlung. – Land Hessen: Hessischer Landtag 1958-1963 (SPD).
Lengemann II

Dr. jur. Seitz, Franz Joseph *Eduard*, geb. 12.3.1814 Dorheim, gest. 28.9.1868 Berlin; Assessor am Stadtgericht, 1848 am Hofgericht in Gießen, 1850 am Hofgericht in Darmstadt, 1851 dort Hofgerichtsrat, 1853 Generalstaatsprokurator am Obergericht in Mainz, 1866 temporär pensioniert, 1867 Generalstaatsprokurator am Oberappellations- und Kassationsgericht in Darmstadt. – Ghzm. Hessen: 2.

Kammer 1847, 1856-1862, 1863-1865 und 1866-1868 (kons., klerikalkons). Ruppel/Groß; Götz/Rack

Seitz, Georg Carl Christian, geb. 6.9.1826 Weilburg, gest. 24.7.1889 Weilburg; Amtsgerichtsrat. – Wiesbaden und Hessen-Nassau 1886-1887/88. Burkardt/Pult

Seitz, Ingeborg, geb. 18.5.1924 Magdeburg; Lehrerin der ländlichen Hauswirtschaftskunde, Oberstudienrätin in Reichelsheim, Krs. Erbach; Mitglied der 6., 7. und 8. Bundesversammlung. – Land Hessen: Hessischer Landtag 1970-1987 (CDU). Lengemann II; Kanzlei des Landtags

Seitz, Johann *Daniel*, geb. 15.4.1759 Fürth im Odenwald, gest. 8.4.1839 Ockstadt; Amtmann in Ockstadt. – Ghzm. Hessen: 2. Kammer 1826-1830.
Ruppel/Groß

Selbert, Adam, geb. 16.5.1893 Gemünden an der Wohra, gest. 17.5.1965 Kassel; Schriftsetzer in Kassel, 1930 Gemeindesekretär in Niederzwehren, nach 1945 Landesrat und stellvertretender Landeshauptmann des Provinzialverbandes. – Kassel und Hessen-Nassau 1919 (45. KLT) -1930 (61. KLT) (SPD). Pelda

Dr. jur. Selbert, geb. Rohde, Elisabeth, geb. 22.9.1896 Kassel, gest. 9.6.1986 Kassel; Rechtsanwältin in Kassel; Mitglied des Parlamentarischen Rates 1948-1949 (SPD); Mitglied der 1. Bundesversammlung. – Land Hessen: Verfassungberatende Landesversammlung Groß-Hessen 1946 (SPD) und Hessischer Landtag 1946-1958 (SPD). Lengemann II

Sempf, Friedrich August *Rudolf*, geb. 15.8.1900 Hildesheim, gest. 20.9.1982 Bad Wildungen; Drogist in Kassel, 1932-1934 Kreisleiter der NSDAP Kassel-Land, später Bürgermeister und Gastwirt in Bad Wildungen. – Kassel und Hessen-Nassau 1933 (NSDAP). Pelda

Senfft, Johann *Wilhelm* Heinrich, geb. 3.2.1795 Weilburg, gest. 10.5.1873 Weilburg; Dekan. – Nassau: Deputiertenkammer 1839-1848. Rösner-Hausmann

Senssfelder, Johann *Adam*, geb. 15.5.1848 Büttelborn, gest. 11.7.1924 Büttelborn; Landwirt und Bürgermeister in Büttelborn. – Ghzm. Hessen: 2. Kammer 1902-1918 (Bauernbund). Ruppel/Groß

Senzel, Johann Heinrich, geb. 26.10.1845 Bieber, gest. 17.6.1925 Bieber; Landwirt und Bürgermeister in Bieber. – Kassel und Hessen-Nassau 1911-1919 (44. KLT). Pelda

Dr. Seubert, Adolf, geb. 6.11.1833 Alzey, gest. 13.8.1883 Bad Neuenahr; Bürgermeister in Alzey. – Ghzm. Hessen: 2. Kammer 1879-1883 (NL). Ruppel/Groß

Seufferheld, Johann Georg, geb. 24.6.1813 Frankfurt, gest. 21.1.1874 Frankfurt; Handelsmann, 1868-1874 Stadtverordneter. – Freie Stadt Frankfurt: Gesetzgebende Versammlung 1859-1866, Ständige Bürgerrepräsentation 1860-1866. Frost

Seufferheld, Marquard Georg, geb. 25.1.1781 Frankfurt, gest. 5.7.1848 Frankfurt; Handelsmann. – Freie Stadt Frankfurt: Gesetzgebende Versammlung 1828, 1830-1832, 1835 und 1839, Ständige Bürgerrepräsentation 1831-1842. Frost

Seuling, Karl, geb. 26.4.1900 Alten-Buseck; Buchbinder, Landwirt in Alten-Buseck, 1945-1965 beim Versorgungsamt in Gießen tätig. – Volksstaat Hessen 1932-1933 (KPD). Ruppel/Groß

Sevenich[179], **Maria**, geb. 27.4.1907 Köln, gest. 3.3.1970 Hannover; freie Schriftstellerin in Darmstadt-Eberstadt, 1965-

---

[179] Nach ihrer Eheschließung führte *Maria Sevenich* den Namen *Meyer-Sevenich*.

1967 Niedersächsische Ministerin für Bundesangelegenheiten, Vertriebene und Flüchtlinge; MdL Niedersachsen 1947-1970 (CDU 1947-1948, bkF 1948-1949, SPD 1949-1970, CDU 1970); Mitglied des Bundesrates 1965-1967. – Land Hessen: Beratender Landesausschuß 1946 (CDU) und Verfassungberatende Landesversammlung Groß-Hessen 1946 (CDU).

Lengemann II

Severin, Carl Wilhelm August, geb. 19.10.1773 Mengeringhausen, gest. 9.5.1859 Mengeringhausen; Besitzer des ehemals von Gaugreben'schen Guts in Mengeringhausen, ging vor 1817 in Konkurs und wurde seitdem nicht mehr an den landständischen Beratungen beteiligt – Waldeck: Landstand [1801] – etwa 1816.

König/Lengemann/Seibel

Severin, *Ludwig* (II.) Leberecht Dietrich Arnold Theodor, geb. 22.12.1811 Pyrmont, gest. 6.12.1867 Arolsen; Advokat in Pyrmont, 1848 Regierungssekretär, 1849 Regierungsassessor und Vortragender Referent in den Abteilungen für Angelegenheiten des Fürstlichen Hauses, des Äußeren und für Kirchen- und Schulsachen, 1851 als 2. Regierungsrat Dirigent der Abteilung für Finanzen in Arolsen, 1852 Entlassung aus dem Staatsdienst, 1853 Obergerichtsrat in Korbach, ab 1858 in Arolsen; MdR 1867 (NL). – Waldeck: Landtag 1848-1849 und 1857-1867; Vizepräsident des Waldeckischen Landtags 1859-1862, Präsident des Waldeckischen Landtags 1863-1867.

König; Lengemann III; König/Lengemann/Seibel

Seybert, Philipp Reinhard, geb. 8.4.1790 Esch im Taunus, gest. 29.10.1829 Esch; Posthalter und Gastwirt. – Nassau: Deputiertenkammer 1818-1822.

Rösner-Hausmann

Seybert, Wilhelm, geb. 2.7.1820 Esch i.Ts., gest. 30.10.1860 Esch; Gutsbesitzer. –

Ludwig Severin
Präsident des Waldeckischen Landtags 1863-1867

Nassau: I. Kammer: 1852 (Mandat nicht angenommen).

Rösner-Hausmann

Seyl, Christian Augsut, geb. 15.1.1790 Schweinsberg, gest. 11.10.1852 Allendorf an der Werra; Bürgermeister in Allendorf. – Kurhessen: Ständeversammlung 1842-1848.

Losch; Sieburg

Siara, Walter, geb. 8.4.1899 Ratibor, gest. 18.6.1959 ... ; gelernter Maschinenschlosser und Vorzeichner, kaufmännischer Angestellter, später Abteilungsleiter in Lorsch; Mitglied des Wirtschaftsrates des Vereinigten Wirtschaftsgebietes 1948-1949 (CDU). – Land Hessen: Hessischer Landtag 1946-1948 (CDU).

Lengemann II

Sickenberger, Leonhard, geb. 26.3.1752 Weiberhof bei Sailauf in Unterfranken, gest. 25.4.1826 Weiberhof; Hofbauer auf dem Weiberhof. – Ghzm. Frankfurt 1810-1813. Lengemann I

Siebecke, Eugen, geb. 11.6.1891 Kassel, gest. 13.10.1959 Marburg; Lehrer, Kreiswohlfahrtsdirektor. – Wiesbaden und Hessen-Nassau 1920-1932 (SPD). Burkardt/Pult

Siebert (Gudensberg), Bernd, geb. 17.10.1949 Gudensberg; selbständiger Kaufmann in Gudensberg; MdB seit 1994 (CDU). – Land Hessen: Hessischer Landtag 1991-1994 (CDU). Kanzlei des Landtags

Siebert, Carl Friedrich Hermann, geb. 5.7.1831 Treysa, gest. 11.5.1918 Marburg; Apotheker in Marburg. – Kassel und Hessen-Nassau 1899-1904 [NL]. Pelda; J.L.

Siebert, Christoph Joseph, geb. 2.9.1804 Hadamar, gest. 6.1.1878 Hadamar; Kaufmann. – Nassau: Deputiertenkammer 1846-1848 und Ständeversammlung 1848-1849; Wiesbaden 1868-1872. Rösner-Hausmann

Dr. jur. Siebert, Franz Eduard Joseph, geb. 7.3.1832 Hadamar, gest. 26.7.1895 Wiesbaden; Hofgerichtsprokurator in Wiesbaden. – Nassau: I. Kammer 1865-1866 (NFP). Rösner-Hausmann; J.L.

Siebert, Georg Christoph Friedrich, geb. 18.5.1804 Frankfurt, gest. 16.11.1891 Frankfurt; 1843-1866 Senator, 1851, 1859 und 1861 Jüngerer Bürgermeister. – Freie Stadt Frankfurt: Gesetzgebende Versammlung 1845-1850 und 1853-1856. Frost

Siebert, J. Wilhelm, geb. ... , gest. ... ; Handelsmann. – Freie Stadt Frankfurt: Gesetzgebende Versammlung 1837. Frost

Siebert, Jakob Christian, geb. 5.5.1801 Hadamar, gest. 10.10.1884 Hadamar; Kaufmann und Grundbesitzer. – Nassau: I. Kammer 1855-1857. Rösner-Hausmann

Siebert, Johann Jacob, geb. ... , gest. ... ; Finanzrat. – Freie Stadt Frankfurt: Ständige Bürgerrepräsentation [1800] -1834, Gesetzgebende Versammlung 1817 und 1819. Frost

Siebert, Johann Jacob, geb. 18.6.1832 Rotterdam, gest. 2.3.1902 Frankfurt; Rechtsanwalt, Schriftsteller. – Freie Stadt Frankfurt: Gesetzgebende Versammlung 1865-1866. Frost

Siebert, Karl Friedrich (Fritz), geb. 19.10.1865 Wiesbaden, gest. 16.8.1935 Wiesbaden; Rechtsanwalt und Notar. – Wiesbaden und Hessen-Nassau 1917-1918. Burkardt/Pult

Siebert (Allendorf/Eder), Walter, geb. 11.7.1946 Kassel; Lehrer und Realschullehrer in Battenberg, bis 1991 Referent für Öffentlichkeitsarbeit und Presserefrent im Hessischen Kultusministerium, 1991-1993 freiberufliche Tätigkeit als Journalist, wohnhaft in Allendorf/Eder. – Land Hessen: Hessischer Landtag 1993-1995 (CDU). Kanzlei des Landtags

Siebert-Städel, Friedrich, geb. ... , gest. ... ; Handelsmann. – Freie Stadt Frankfurt: Ständige Bürgerrepräsentation 1835-1843, Gesetzgebende Versammlung 1837-1843. Frost

Siegfried, Philipp Ignaz, geb. 29.12.1767 Rauenthal, gest. 20.12.1845 Rauenthal; Landwirt. – Nassau: Deputiertenkammer 1833. Rösner-Hausmann

Freiherr (Graf) von Sierstorpff (-Driburg)[180], Kaspar Heinrich (V.)

---

[180] Erhebung in den Kgl. preußischen Grafenstand am 15.10.1840 als *Graf von Sierstorpff-Driburg*.

Joseph, geb. 19.5.1750 Hildesheim, gest. 29.3.1842 Braunschweig; Herr auf Driburg mit Gehrden, Charlottenhof und Rothenhaus; Jurist, Konservator der Gewässer und Forsten im Oker-Departement, Gründer des Bades in Driburg; Mitglied der Provinzial-Stände (Provinzial-Landtag) der Provinz Westfalen 1833-1837. – Kgr. Westphalen 1808-1813. Lengemann I

Sievers, *Wilhelm* **Friedrich Adolf**, geb. 7.12.1840 Pyrmont, gest. 3.8.1917 Ilten über Hannover; Kaufmann und Besitzer einer Kurpension am Hylligen Born, 1900-1913 Sparkassendirektor in Bad Pyrmont. – Waldeck: Landtag 1905-1911. König; König/Lengemann/Seibel

Dr. theol. h.c. Simon, Friedrich Karl, geb. 25.3.1798 Gettenau, gest. 14.12.1881 Gießen; evangelischer Theologe, Superintendent für Oberhessen, 1872 Prälat. – Ghzm. Hessen: 1. Kammer 1872-1874. Götz/Rack

Simon, Franz, geb. 13.5.1775 Fulda, gest. 15.10.1847 Fulda; Amtsvogt des Justizamts Eiterfeld, 1810-1813 Distrikt-Maire (Bürgermeister) des Distrikts Eiterfeld. – Ghzm. Frankfurt 1810-1813. Lengemann I

Dr. jur. Simon, Günter, geb. 6.12.1940 Gießen; bis 1982 Erster Kreisbeigeordneter des Kreises Hersfeld-Rotenburg, Rechtsanwalt in Bad Hersfeld; Mitglied der Verbandsversammlung des LWV Hessen seit 1977. – Land Hessen: Hessischer Landtag 1982-1995 (SPD). Lengemann II; Kanzlei des Landtags

Simon, Jakob Peter, geb. 17.12.1795 Eberstadt, gest. 26.9.1857 Eberstadt; Bierbrauer in Eberstadt. – Ghzm. Hessen: 2. Kammer 1850. Ruppel/Groß

Simon, Johann *Philipp* **Siegmund**, geb. 12.3.1807 Eiterfeld, gest. 25.11.1871 Eltville; Amtsapotheker und Provisor. – Nassau: II. Kammer 1864-1865. Rösner-Hausmann

Simon, Wilhelm Friedrich Christian Hugo, geb. 14.10.1831 Schmalkalden, gest. 4.5.1922 Schmalkalden; Reallehrer in Schmalkalden. – Kassel 1875-1877. Pelda

Singer, Richard Martin David, geb. 24.2.1865 Seligenstadt, gest. 10.2.1932 Seligenstadt; Bürgermeister in Seligenstadt. – Ghzm. Hessen: 2. Kammer 1911-1918 (Z). Ruppel/Groß

Sinning, Arnold, geb. 5.12.1767 Spangenberg, gest. 18.12.1839 Spangenberg; Ökonom und Bürgermeister in Spangenberg. – Hessen-Kassel 1816. Sieburg (J.L.)

Sinning, Arnold, geb. 3.11.1822 Dörnhagen, gest. 15.8.1900 Dörnhagen; Privatmann und Gutsbesitzer in Dörnhagen. – Kassel 1875-1879. Pelda

Sinning, Carl, geb. 27.2.1850 Dörnhagen, gest. 11.7.1923 Dörnhagen; Gutsbesitzer in Dörnhagen. – Kassel und Hessen-Nassau 1886-1919 (44. KLT). Pelda

Sinning, Franz Arnold, geb. 12.2.1858 Dörnhagen, gest. 11.5.1902 Helmshausen; Gutsbesitzer in Helmshausen. – Kassel und Hessen-Nassau 1899-1902. Pelda

Sinning, Johannes, geb. 13.12.1824 Gudensberg, gest. 4.5.1891 Ochshausen; Gutsbesitzer in Ochshausen. – Kurhessen: 2. Kammer 1861-1862. Losch; Sieburg

Dr. phil. h.c. Snell, Christian Wilhelm, geb. 11.4.1755 Dachsenhausen, gest. 31.7.1834 Wiesbaden; Direktor des Gymnasiums und Oberschulrat in Weilburg. – Nassau: Deputiertenkammer 1818-1828; Präsident der Deputiertenkammer 1818. Rösner-Hausmann; J.L.

Snell, *Friedrich* **Heinrich Christian Salomo(n)**, geb. 23.8.1813 Kronberg, gest. 10.9.1878 Reichelsheim in der Wetterau; evangelischer Pfarrer in Langenbach bei

Dr. h.c. Christian Wilhelm Snell
Präsident der Deputiertenkammer des Nassauischen
Landtags 1818

Weilburg. – Nassau: Ständeversammlung 1848-1851 (Club der Linken).
Rösner-Hausmann; J.L.

Söhne, Johannes Justus (auch: Justian), geb. 12.3.1759 Sachsenhausen, gest. 19.11.1833 Sachsenhausen; Ackermann und Bürgermeister in Sachsenhausen. – Waldeck: Landstand 1823-1824.
König/Lengemann/Seibel

Söldner, Heinrich Carl, get. 19.2.1774 Frankfurt, gest. 15.8.1840 Frankfurt; Metzgermeister. – Freie Stadt Frankfurt: Gesetzgebende Versammlung 1819. Frost

Söldner, Johann Peter, geb. 2.7.1810 Frankfurt, gest. 28.2.1879 Frankfurt; Metzgermeister. – Freie Stadt Frankfurt: Gesetzgebende Versammlung 1851. Frost

Söllner, Franz, geb. ... , gest. ... . – Freie Stadt Frankfurt: Verfassunggebende Versammlung 1848-1849. Frost; J.L.

Soherr, Eberhard, geb. 6.9.1812 Bingen, gest. 25.3.1887 Darmstadt; Architekt in Bingen. – Ghzm. Hessen: 2. Kammer 1856-1865 (F); . Ruppel/Groß

Soherr, Heinrich Wendelin, geb. 30.11.1863 Bingen, gest. 10.3.1929 Bingen; Kaufmann und Weinhändler in Bingen. – Ghzm. Hessen: 2. Kammer 1911-1918 und Volksstaat Hessen 1919-1927 (Z); Vizepräsident des Landtags des Volksstaats Hessen 1920-1924.
Ruppel/Groß; Götz/Rack; J.L.

Sohl, Karl Heinrich, geb. 20.7.1883 Ehlen, gest. 18.10.1963 Kassel; Bauunternehmer und bis 1930 und ab 1933 Bürgermeister in Ehlen. – Kassel und Hessen-Nassau 1919 (45. KLT) -1920 (SPD). Pelda

Dr. phil. Soldan, Wilhelm Gottlieb, geb. 17.5.1803 Alsfeld, gest. 17.1.1869 Gießen; Gymnasialprofessor in Gießen. – Ghzm. Hessen: 2. Kammer 1862-1869 (F); Vizepräsident (2. Präsident) der 2. Kammer 1862-1865, Präsident der 2. Kammer 1865-1866. Ruppel/Groß; J.L.

Prinz zu Solms-Braunfels, *Albrecht Friedrich*, geb. 10.2.1841 Düsseldorf, gest. 8.3.1901 Wiesbaden; Mitglied des Rheinischen Provinzial-Landtags 1872. – Ghzm. Hessen: 1. Kammer 1875-1878 und 1890-1901. Götz/Rack; J.L.

[5.] Fürst zu Solms-Braunfels, *Ernst Friedrich*, geb. 12.3.1835 Düsseldorf, gest. 7.3.1880 Braunfels; 1873 Übernahme der Standesherrschaft; MdH 1873-1880 (nie eingetreten); MdR 1881-1890 (K). – Ghzm. Hessen: 1. Kammer 1873-1880 (nie förmlich eingetreten).
Götz/Rack; J.L.

Prinz zu Solms-Braunfels, *Friedrich* **Engelbert Alexander Aloysius Hubertus Maria**, geb. 23.9.1864 Drensteinfurt, gest. 7.2.1936 Paderborn. – Ghzm. Hessen: 1. Kammer 1902-1914. Götz/Rack

[4.] Fürst zu Solms-Braunfels, Friedrich Wilhelm *Ferdinand*, geb. 14.12.1797 Braunfels, gest. 3.2.1873 Braunfels; 1837 Übernahme der Standesherrschaft; MdH 1854-1873 (nie förmlich eingetreten). – Ghzm. Hessen: 1. Kammer 1838-1849 und 1856-1873 (nie förmlich eingetreten). Götz/Rack; J.L.

[6.] Fürst zu Solms-Braunfels, *Georg* **Friedrich Bernhard**, geb. 18.3.1836 Wien, gest. 3.4.1891 Frankfurt; 1880 Übernahme der Standesherrschaft; MdH 1882-1891. – Ghzm. Hessen: 1. Kammer [1880] 1881-1891. Götz/Rack; J.L.

[7.] Fürst zu Solms-Braunfels, *Georg* **Friedrich Victor**, geb. 13.12.1890 Frankfurt, gest. 30.11.1970 Braunfels; 1915 Übernahme der Standesherrschaft. – Ghzm. Hessen: 1. Kammer 1915-1918 (nie förmlich eingetreten). Götz/Rack; J.L.

Prinz zu Solms-Braunfels, *Hermann* **Ernst Ludwig**, geb. 8.10.1845 Düsseldorf, gest. 30.8.1900 Braunfels; MdA 1882-1900 (K). – Ghzm. Hessen: 1. Kammer 1893-1900 (K). Götz/Rack; J.L.

[3.] Fürst zu Solms-Braunfels, *Wilhelm* **Christian Carl**, geb. 9.1.1759 Braunfels, gest. 20.3.1837 Braunfels; 1783 Übernahme der Nachfolge im Fürstentum. – Ghzm. Hessen: 1. Kammer 1820-1837 (nie förmlich eingetreten). Götz/Rack; J.L.

[6.] Fürst zu Solms-Hohensolms-Lich, *Carl* **Ferdinand Wilhelm**, geb. 27.6.1866 Lich, gest. 26.7.1920 Lich; 1899 Übernahme der Standesherrschaft; MdH 1901-1918. – Ghzm. Hessen: 1. Kammer 1899-1918; Vizepräsident (2. Präsident) der 1. Kammer 1908-1914, Präsident

Carl Fürst zu Solms-Hohensolms-Lich
Präsident der 1. Kammer des Landtags des Großherzogtums Hessen 1914-1918

(1. Präsident) der 1. Kammer 1914-1918. Götz/Rack; J.L.

[5.] Fürst zu Solms-Hohensolms-Lich, *Hermann* **Adolf**, geb. 15.4.1838 Pimitz, gest. 16.9.1899 Lich; Mitglied des Rheinischen Provinzial-Landtags ... – ... ; MdH 1881-1899. – Ghzm. Hessen: 1. Kammer 1872-1874 und 1880-1899. Götz/Rack; J.L.

[4.] Fürst zu Solms-Hohensolms-Lich, Ludwig, geb. 24.1.1805 Lich, gest. 29.2.1880 Lich; 1828 Nachfolge in der Standesherrschaft; Mitglied des Rheinischen Provinzial-Landtags 1837-1845, Landtagsmarschall 1837-1845; Mitglied der [preußischen] Vereinigten Ständischen Ausschüsse 1842-1848, Marschall

1842 und 1848; Mitglied des preußischen Vereinigten Landtags 1847, Präsident des Herrenstandes 1847; Mitglied des Staatenhauses des Unionsparlaments 1850; MdR 1867-1868 (FrKVg); MdH 1861-1880. – Ghzm. Hessen: 1. Kammer [1830] 1832-1849 und 1856-1880; Vizepräsident (2. Präsident) der 1. Kammer 1834, Präsident (1. Präsident) der 1. Kammer 1856-1866. Götz/Rack; J.L.

Prinz [später (7.) Fürst] zu Solms-Hohensolms-Lich, *Reinhard* **Ludwig**, geb. 17.9.1867 Lich, gest. 12.4.1951 Lich. – Ghzm. Hessen: 1. Kammer 1914-1915.
Götz/Rack; J.L.

Graf zu Solms-Laubach, Bernhard Bruno, geb. 4.3.1900 Arnsburg, gest. 13.3.1938 Berlin; Intendant des Theaters am Nollendorfplatz in Berlin. – Volksstaat Hessen 1931-1933 (NSDAP).
Ruppel/Groß

Graf zu Solms-Laubach, *Friedrich* **Ludwig Christian**, geb. 29.8.1769 Laubach, gest. 24.2.1822 Köln; Gesandter, preußischer Oberpräsident der Provinz Jülich-Kleve-Berg. – Ghzm. Hessen: 1. Kammer 1820-1822 (nie förmlich eingetreten); Präsident (1. Präsident) 1820-1821 (ernannt, aber nie amtiert). Götz/Rack; J.L.

Graf zu Solms-Laubach, *Friedrich* **Wilhelm August Christian**, geb. 23.6.1833 Laubach, gest. 1.9.1900 Laubach; 1872 Nachfolge in der Standesherrschaft; MdR 1870-1874 (bkF [altliberal] 1870-1871, DRP 1871-1874). – Ghzm. Hessen: 1. Kammer 1868-1900 [DRP *1870-1877*, K *1877-1881*]; Vizepräsident (2. Präsident) der 1. Kammer 1889-1900. Götz/Rack; J.L.

Graf zu Solms-Laubach, *Karl* **Heinrich**, geb. 22.3.1870 Arnsburg, gest. 24.2.1945 Kassel; Jurist, später Landrat in Hofgeismar. – Ghzm. Hessen: 1. Kammer 1905-1906. Götz/Rack

Otto Graf zu Solms-Laubach
Präsident der 1. Kammer des Landtags des Großherzogtums Hessen 1829-1830 und 1851-1856

Graf zu Solms-Laubach, Otto, geb. 1.10.1799 Laubach, gest. 22.11.1872 Laubach; 1822 Übernahme der Standesherrschaft; Mitglied des Staatenhauses des Unionsparlaments 1850; MdR 1867-1869 (FrKVg [altliberal]). – Ghzm. Hessen: 1. Kammer 1826-1849 und 1856-1872; Vizepräsident (2. Präsident) der 1. Kammer 1844-1849 und 1856-1866, Präsident (1. Präsident) der 1. Kammer 1829-1830 und 1851-1856. Götz/Rack; J.L.

Graf zu Solms-Laubach, Otto, geb. 26.5.1860 Laubach, gest. 9.9.1904 Laubach; 1900 Übernahme der Standesherrschaft. – Ghzm. Hessen: 1. Kammer 1900-1904. Götz/Rack

Graf zu Solms-Laubach, Wilhelm, geb. 15.8.1864 Jannowitz, gest. 24.5.1936 Gießen; Landrat in Schlüchtern, ab 1906 Verwaltung des Familienbesitzes als Vormund des minderjährigen Neffen. – Ghzm. Hessen: 1. Kammer 1906-1918.
Götz/Rack

Graf zu Solms-Rödelheim und Assenheim, Carl *Franz*, geb. 15.12.1864 Assenheim, gest. 9.2.1923 Assenheim; 1892 Übernahme der Standesherrschaft; MdH [1894] 1896-1918. – Ghzm. Hessen: 1. Kammer [1892] 1893-1918. Götz/Rack; J.L.

Graf zu Solms-Rödelheim und Assenheim, Carl Friedrich Ludwig Christian Ferdinand, geb. 15.5.1790 Assenheim, gest. 18.3.1844 Assenheim; 1818 Nachfolge in der Grafschaft Solms-Rödelheim. – Ghzm. Hessen: 1. Kammer 1820-1842; Vizepräsident (2. Präsident) der 1. Kammer 1832-1833. Götz/Rack; J.L.

Graf zu Solms-Rödelheim und Assenheim, Franz Friedrich Carl, geb. 27.4.1796 ... , gest. 10.11.1852 Assenheim. – Ghzm. Hessen: 1. Kammer 1844-1847 (nie förmlich eingetreten). Götz/Rack

Graf zu Solms-Rödelheim und Assenheim, Maximilian, geb. 14.4.1826 Assenheim, gest. 15.2.1892 Assenheim; Herr der Herrschaften Rödelheim und Assenheim; MdH 1867-1892 . – Ghzm. Hessen: 1. Kammer 1856-1892; Kassel 1868-1885; Wiesbaden 1868.
Götz/Rack; Pelda; Burkardt/Pult; J.L.

Graf zu Solms-Rödelheim und Assenheim, Otto, geb. 5.6.1829 Assenheim, gest. 31.8.1904 Altenhagen, Krs. Franzburg; MdA 1879-1904 (K). – Wiesbaden 1870-1871 (K). Burkardt/Pult; J.L.

Graf zu Solms-Sonnenwalde, Otto Carl Constantin, geb. 14.7.1845 Wurschen, gest. 27.10.1886 Sonnenwalde.. – Kassel 1869. Pelda; J.L.

Graf zu Solms-Wildenfels, Friedrich Magnus II., geb. 17.9.1777 Wildenfels, gest. 18.11.1857 ... ; Mitglied der 1. Kammer des Kgr. Sachsen 1831- ... . – Ghzm. Hessen: 1. Kammer 1820-1836 (nie förmlich eingetreten). Götz/Rack; J.L.

Soltwedel, Irene, geb. 28.1.1955 Celle; Diplom-Pädagogin, Regionalberaterin in Ebsdorfergrund; MdEP seit 1994 (B 90/GRÜ). – Land Hessen: Hessischer Landtag 1987-1994 (GRÜ bzw. B 90/GRÜ). Kanzlei des Landtags

Sondergeld, Wigbert Gustav, geb. 29.7.1874 Treischfeld, gest. 1.9.1937 Hünfeld; Rektor in Hünfeld; Stellvertretendes Mitglied des Preußischen Staatsrats 1926-1932 (Z), Mitglied des Preußischen Staatsrats 1932-1933 (Z). – Kassel und Hessen-Nassau 1926-1933 (Z). Pelda; J.L.

Sonnenschein, Georg August, geb. 14.11.1875 Kerstenhausen, gest. 12.6.1951 Marburg; Buchhändler in Marburg; MdL Preußen 1923-1928 (DNVP). – Kassel und Hessen-Nassau 1932-1933 (Ag 1932-1933, SWR 1933). Pelda; J.L.

Dr. jur. Souchay de la Duboissiere, Eduard Franz, geb. 16.12.1800 Frankfurt, gest. 1.7.1872 Frankfurt; Advokat, 1839-1849 Appellationsgerichtsrat; 1831-1843 Senator, 1838 Jüngerer Bürgermeister, 1843-1849 Schöff. – Freie Stadt Frankfurt: Gesetzgebende Versammlung 1832-1837 und 1840-1857; Vizepräsident der Gesetzgebenden Versammlung 1850 und 1852-1856, Präsident der Gesetzgebenden Versammlung 1857. Frost

Späth, Alois, geb. 2.11.1887 Oberweier, Krs. Lahr, gest. 20.6.1967 Karlsruhe; Gewerkschaftssekretär in Mainz. – Volksstaat Hessen 1927-1931 (Z). Ruppel/Groß

Spangenberg, geb. Rodenbach, Johanna, geb. 1.7.1894 Trechtingshausen, gest. 16.6.1979 ... ; Leiterin der Erziehungs-

Dr.. Eduard Franz Souchay
de la Duboissiere
Präsident der Gesetzgebenden Versammlung der
Freien Stadt Frankfurt 1857

und Jugendberatungsstelle in Frankfurt, später Abteilungsleiterin für Erwachsenenbildung beim Hessischen Minister für Erziehung und Volksbildung; Mitglied der 1. Bundesversammlung. – Land Hessen: Hessischer Landtag 1946-1950 (SPD).   Lengemann II

Specht, Philipp Ludwig, geb. 4.12.1796 Fischbeck, gest. 13.11.1872 Fischbeck; Kolon in Fischbeck. – Kurhessen: Ständeversammlung 1847-1848 und 2. Kammer 1852-1857 (lib.-konst.).
                    Losch; Sieburg; J.L.

Speirmann, Carl Friedrich August, geb. 17.4.1805 Arolsen, gest. 14.12.1870 Kor-

bach; Besitzer des Ritterguts Cappel. – Waldeck: Landstand 1830-1848.
                    König/Lengemann/Seibel

Dr. jur. Speltz, Johannes August, geb. 18.5.1823 Frankfurt, gest. 7.2.1893 Frankfurt; Jurist; 1853-1866 Senator, 1860 und 1865 Jüngerer Bürgermeister. – Freie Stadt Frankfurt: Gesetzgebende Versammlung 1855-1856.   Frost

Speltz, Tillmann Adam Jacob, geb. 22.11.1782 Koblenz, gest. 25.9.1869 Frankfurt; Juwelier. – Freie Stadt Frankfurt: Ständige Bürgerrepräsentation 1833-1866.   Frost

Spicharz, Johann Maximilian, geb. ... , gest. ... . – Freie Stadt Frankfurt: Gesetzgebende Versammlung 1853-1866.   Frost

Dr. med. Spiess, Gustav Adolph, geb. 4.12.1802 Duisburg, gest. 22.6.1875 Frankfurt; Arzt. – Freie Stadt Frankfurt: Gesetzgebende Versammlung 1850 und 1852-1857.   Frost

Spiess, Johann Christoph, geb. 26.8.1771 Dillenburg, gest. 30.9.1829 Frankfurt; Pfarrer, Konsistorialrat, auch Schriftsteller. – Freie Stadt Frankfurt: Gesetzgebende Versammlung 1817.   Frost

Spieß, Richard, geb. 29.8.1897 Wied, gest. ... [vermutlich] Wied; Metzgermeister. – Wiesbaden und Hessen-Nassau 1933 (NSDAP).   Burkardt/Pult

Spindler, Johann Christoph *Ludwig*, geb. 21.11.1757 Crailsheim, gest. 25.12.1817 auf dem Agathof in Bettenhausen bei Kassel; Teilhaber und 1785-1811 Leiter der Leinwandbleiche und Kattun-Druckerei Gebr. Ahnesorge in Bettenhausen bei Kassel. – Kgr. Westphalen 1808-1813.   Lengemann I

Spöttler, Thilo, geb. ... Nordhausen, gest. 8.6.1922 Bad Kissingen; Domänenpächter auf dem Mittelhof. – Kassel und Hessen-Nassau 1915-1916. Pelda

Spohr, Heinrich, geb. 24.9.1811 Orferode, gest. 19.7.1884 Orferode; Bürgermeister in Orferode. – Kurhessen: Ständeversammlung 1848-1849. Losch; Sieburg

Sponagel, *Johann* Georg, geb. 23.1.1824 Westhofen, gest. 15.3.1899 Westhofen; Gutsbesitzer in Westhofen. – Ghzm. Hessen: 2. Kammer 1850. Ruppel/Groß

Sporleder, Johann *Adam*, geb. 25.12.1772 Jesberg, gest. 31.7.1846 Jesberg; Ackermann und Branntweinbrenner, 1809-1811 Maire (Bürgermeister) in Jesberg. – Kgr. Westphalen 1808-1813; Kurhessen: Ständeversammlung 1838.
Lengemann I; Losch; Sieburg

Sprenger, Gerhard, geb. 13.12.1929 Kassel; Oberrechtsrat bei der Kreisverwaltung in Bad Hersfeld, 1979 Beauftragter des Landes Hessen für Angelegenheiten des Grenzgebietes zur DDR, Rechtsanwalt in Bad Hersfeld; Mitglied der 5. und der 6. Bundesversammlung. – Land Hessen: Hessischer Landtag 1966-1974 (SPD). Lengemann II; Kanzlei des Landtags

Sprenger, Jakob, geb. 24.7.1884 Oberhausen in der Rheinpfalz, gest. 8.5.1945 [Suizid] Kössen, Tirol, Österreich; Postinspektor in Frankfurt, Gauleiter der NSDAP, später Reichsstatthalter für Hessen und beauftragt mit der Führung der Landesregierung und sämtlicher Ministerien in Hessen und Oberpräsident der Provinz Nassau; Stellvertretendes Mitglied des Preußischen Staatsrats 1930-1933, Mitglied des Preußischen Staatsrats 1933 (NSDAP); MdR 1930-1945 (NSDAP). – Wiesbaden und Hessen-Nassau 1930-1933 (NSDAP).
Burkardt/Pult; J.L.

Springsfeld, Gottlob Carl, geb. ... , gest. ... . – Freie Stadt Frankfurt: Gesetzgebende Versammlung 1844 und 1851. Frost

Spruck, Arnold, geb. 9.9.1934 Gießen; Malermeister in Büdingen. – Land Hessen: Hessischer Landtag 1976-1991 (CDU). Lengemann II

Städel, Carl August, geb. 23.2.1781 Frankfurt, gest. 12.12.1849 Frankfurt; Handelsmann. – Freie Stadt Frankfurt: Gesetzgebende Versammlung 1820-1822.
Frost

Städel, Heinrich Daniel, geb. 5.1.1771 Straßburg, gest. 16.8.1857 Mainz; Großhändler, Bankier, Polizeikommissär in Mainz. – Ghzm. Hessen: 2. Kammer 1841-1842. Ruppel/Groß

Stähler, Christian, geb. 24.12.1808 Hintermeilingen, gest. 18.9.1869 Sindlingen; Dekan. – Nassau: II. Kammer 1860-1863. Rösner-Hausmann

Staffel, Louis, geb. 12.6.1866 Witzenhausen, gest. 18.4.1921 Witzenhausen; Papierfabrikant in Witzenhausen. – Kassel 1883-1885 [NL]. Pelda; J.L.

Dr. phil. Stahl (bis 1824: Golson-Uhlfelder)**, Friedrich *Wilhelm***, geb. 2.6.1812 München, gest. 19.3.1873 Gießen; Professor an der philosophischen Fakultät in Gießen; MdN 1848-1849 (WH 1848, AH 1848-1849). – Ghzm. Hessen: 2. Kammer 1856-1862. Ruppel/Groß; J.L.

Stamm, Georg Ludwig Theodor Friedrich, geb. 20.8.1830 Rosenthal, gest. ... ; Apotheker in Steinau. – Kassel 1868-1879. Pelda

Stammler, Georg Friedrich *August*, geb. 8.11.1789 Grünberg, gest. 25.9.1852 Gießen; 1834 Zivil-Rekrutierungskommissar beim Provinzialkommissariat der Provinz Oberhessen in Gießen, 1837 dort Regierungsrat. – Ghzm. Hessen: 2. Kammer 1835-1841 und 1845-1847.
Ruppel/Groß

Dr. jur. Stammler, Wolfgang, geb. 2.8.1937 Berlin; bis 1995 Vorsitzender Richter am Verwaltungsgericht Frankfurt. – Land Hessen: Hessischer Landtag seit 1995 (CDU).   Kanzlei des Landtags

Stanitzek, Reinhold, geb. 1.8.1939 Guttentag, Oberschlesien; Richter, wohnhaft in Bad Hersfeld, 1987-1991 Staatssekretär beim Hessischen Ministerium des Innern, seit 1993 Geschäftsführer der Thüringer Landesentwicklungsgesellschaft mbH (LEG Thüringen). – Land Hessen: Hessischer Landtag 1974-1987 und 1991-1992 (CDU)
Lengemann II; Kanzlei des Landtags

Dr. jur. Stapenhorst, Ernst *Ulrich*, geb. 1.9.1878 Gebweiler, gest. 4.12.1965 Marburg; 1912-1921 Landrat in Frankenberg, später Ministerialdirektor im Reichsverkehrsministerium und im Reichswirtschaftsministerium, Regierungspräsident in Hannover und 1946 wieder Landrat in Frankenberg (CDU). – Kassel und Hessen-Nassau 1919 (45. KLT) -1921 (DNVP).   Pelda

Starck, Carl Friedrich, geb. 4.5.1774 Frankfurt, gest. 21.11.1833 Frankfurt; Jurist, Administrator des Städels. – Freie Stadt Frankfurt: Gesetzgebende Versammlung 1818-1819 und 1822.   Frost

von Starck (II), Johann Carl *Friedrich*, geb. 26.4.1790 Gilserhof, gest. 24.12.1864 Hanau; Oberstleutnant im Leibregiment, später Generalmajor. – Kurhessen: Ständeversammlung 1833-1838 und 1839-1841 (gouv. 1833-1838).
Losch; Sieburg; J.L.

Dr. jur. Starck, Ferdinand Maximilian, geb. 1.11.1778 Frankfurt, gest. 18.5.1857 Frankfurt; Jurist und Archivar, 1832-1849 Syndikus und Appellationsgerichtsrat, später Appellationsgerichtspräsident und Gerichtsschultheiß; 1816-1822 Senator, 1819 und 1821 Jüngerer Bürgermeister, 1822-

1857 Schöff, 1828, 1834 und 1836 Älterer Bürgermeister. – Freie Stadt Frankfurt: Gesetzgebende Versammlung 1817-1848; Präsident der Gesetzgebenden Versammlung 1831-1834 und 1837-1848.   Frost; J.L.

Dr. jur. Starck, Johann Martin, geb. 13.1.1776 Frankfurt, gest. 26.9.1854 Frankfurt; Advokat in Frankfurt, 1816-1852 Konsulent der Ständigen Bürgerrepräsentation. – Ghzm. Frankfurt 1810-1813.   Lengemann I

von Starck (I), *Wilhelm* August, geb. 3.8.1787 Gilserhof, gest. 21.11.1856 Moischeid; Kriegsrat. – Kurhessen: Ständeversammlung 1833- 1834 (gouv.).
Losch; Sieburg; J.L.

Dr. jur. h.c. Rinck Freiherr von Starck[181], *Karl* Ernst August, geb. 16.10.1796 Königsberg in Preußen, gest. 23.6.1875 Darmstadt; 1848 Dirigent der Regierungskommission des Regierungsbezirks, 1852 Kreisrat, 1853 Ministerialrat im Ministerium des Innern, 1860 Präsident des Oberkonsistoriums in Darmstadt. – Ghzm. Hessen: 1. Kammer 1849-1850, 2. Kammer 1851-1856 und 1. Kammer 1865-1875.
Ruppel/Groß; Götz/Rack; J.L.

Dr. phil. h.c. Dr. jur. h.c. Rinck Freiherr von Starck, Philipp August Gustav *Julius*, geb. 19.12.1825 Darmstadt, gest. 16.9.1910 Darmstadt; 1872-1875 Siewkroe, 1875-1876 Präsident des Ghzgl. Ministeriums des Innern, 1876-1884 Präsident des Gesamtministeriums und Minister des Innern und der Justiz und seit 1879 Ghzgl. Staatsminister und zugleich Minister des Hauses und des Äußeren.- Ghzm. Hessen: 1. Kammer 1884-1902 [DRP *1871*].   Götz/Rack; J.L.

---

[181] Geboren als Sohn des Königsberger Theologieprofessors *Theodor Rinck*; Erhebung in den Ghzgl. hessischen Adels- und Freiherrenstand als *Freiherr Rinck von Starck* am 2.4.1814 mit der Adelsstands-, Freiherrenstands- und Namensübertragung von *Dr. Johann August Freiherr von Starck*.

Karl Starzacher (SPD)
Präsident des Hessischen Landtags 1991-1995

Starzacher, Karl, geb. 3.2.1945 St.Veit an der Glan, Österreich; bis 1978 Referent im Hessischen Justizministerium, zuletzt Presse- und Parlamentsreferent, Rechtsanwalt, wohnhaft in Lich-Langsdorf, seit 1995 Hessischer Minister der Finanzen; Mitglied der 9. und 10. Bundesversammlung; Stellvertretendes Mitglied des Bundesrats 1995-1996, Mitglied des Bundesrats seit 1996. – Land Hessen: Hessischer Landtag 1978-1995 (SPD); Präsident des Hessischen Landtags 1991-1995. Lengemann II; Kanzlei des Landtags

Staudinger, Alexander Karl Hermann Ernst, geb. 25.6.1855 Höhenscheid, gest. 11.3.1923 Viermünden; Gutspächter in Viermünden. – Kassel und Hessen-Nassau 1899-1919 (44. KLT). Pelda

Staudinger, Ernst Georg Emil, geb. 15.5.1784 Vöhl, gest. 27.10.1860 Thalitter; Leutnant in holländischen Diensten , später Gutsbesitzer Thalitter. – Ghzm. Hessen: 2. Kammer 1826-1830. Ruppel/Groß

Staudinger, Karl Christian, geb. 10.12.1810 [vermutlich] Thalitter, gest. 4.3.1875 ...; Ökonom. – Wiesbaden 1868. Burkardt/Pult

Steckel (Künstlername: Mihaly, Jo), **Elfriede**, geb. 25.4.1902 Schneidemühl, Provinz Posen, gest. 29.3.1989 Ascona, TI, Schweiz; Tänzerin und Schriftstellerin, 1945-1949 Geschäftsführerin der Freien Kulturgesellschaft Frankfurt. – Land Hessen: Beratender Landesausschuß 1946 (KPD). Lengemann II; Kanzlei des Landtags

Steeg, Friedrich, geb. ... , gest. ... . – Freie Stadt Frankfurt: Gesetzgebende Versammlung 1829. Frost

Steffan, Jakob, geb. 31.12.1888 Oppenheim, gest. 9.2.1957 Mainz; Prokurist einer Weinbrennerei in Oppenheim, 1945 Regierungspräsident in Rheinhessen, 1946-1949 Minister des Innern und 1949-1950 Minister für Arbeit und Soziales in Rheinland-Pfalz; MdR 1932 (SPD). – Volksstaat Hessen 1927-1933 (SPD). Ruppel/Groß; J.L.

Dr. rer. oec. Steger, Ulrich, geb. 8.11.1943 Berlin; Diplomökonom, 1984-1987 Hessischer Minister für Wirtschaft und Technik, später Direktor und Inhaber des Lehrstuhls für Ökologie und Unternehmensführung an der European Business School in Oestrich-Winkel und dann Vorstandsmitglied bei der Volkswagen AG; MdB 1976-1984 (SPD); Stellvertretendes Mitglied des Bundesrats 1984-1987. – Land Hessen: Hessischer Landtag 1987 (SPD). Kanzlei des Landtags

Stegmann, Carl Friedrich, geb. 12.2.1786 Mainz, gest. 2.1.1829 Frankfurt; Archiv-Akzesist, Wechselnotar. – Freie Stadt Frankfurt: Gesetzgebende Versammlung 1822.   Frost

Dr. phil. Stegmann, Ernst Günther, geb. 6.6.1900 Kaczagorka, gest. 9.11.1991 ... ; Leiter der Außenstelle der Siedlungsgesellschaft Hessische Heimat Kassel in Marburg. – Land Hessen: Hessischer Landtag 1966 (GDP/BHE).

Lengemann II; Kanzlei des Landtags

Stein, Alexander, get. 17.9.1809 Brody in Galizien, gest. 5.8.1858 Rüsselsheim; Advokat. – Freie Stadt Frankfurt: Gesetzgebende Versammlung 1849.   Frost

Dr. jur. utr. Stein, Erwin, geb. 7.3.1903 Grünberg, gest. 15.8.1992 ... ; Rechtsanwalt und Notar in Offenbach, 1947-1951 Hessischer Kultusminister, 1949-1951 zugleich Hessischer Minister der Justiz, 1951-1971 Richter am Bundesverfassungsgericht, 1963 Honorarprofessor für politische Bildung (Verfassungsrecht) an den Universitäten Frankfurt und Gießen; Mitglied des Bundesrates 1949-1951. – Land Hessen: Verfassungberatende Landesversammlung Groß-Hessen 1946 (CDU) und Hessischer Landtag 1946-1951 (CDU).   Lengemann II; Kanzlei des Landtags

Stein, Hermann, geb. 18.6.1919 Gießen, gest. 28.1.1995 ... ; Geschäftsführer der Wohnbau-GmbH in Gießen; Mitglied der 5. und 6. Bundesversammlung. – Land Hessen: Hessischer Landtag 1962-1978 (FDP bzw. F.D.P.), Vorsitzender der F.D.P.-Fraktion 1970-1977; Vizepräsident des Hessischen Landtags 1977-1978.

Lengemann II; Kanzlei des Landtags

Stein, Johann Georg Heinrich, geb. 14.2.1805 Gießen, gest. 18.10.1885 Gießen; Landrichter in Groß-Umstadt, 1865 Direktor des Bezirksstrafgerichts in

Gießen. – Ghzm. Hessen: 2. Kammer 1861-1862.   Ruppel/Groß

Stein, Johannes Friedrich Wilhelm, geb. 13.3.1887 Stumpertenrod, gest. 2.6.1956 Alsfeld; Landwirt in Stumpertenrod. – Volksstaat Hessen 1921-1924 und 1931 (Bauernbund bzw. Landbund); Land Hessen: Hessischer Landtag 1950-1954 (FDP).   Ruppel/Groß; Lengemann II

Stein, Johannes, geb. 25.3.1776 Ober-Breidenbach, gest. 19.11.1856 Ober-Breidenbach; Ökonom und Schultheiß in Ober-Breidenbach. – Ghzm. Hessen: 2. Kammer 1847-1849.   Ruppel/Groß

Stein, Klaus, geb. 8.6.1890 Fraulautern an der Saar, gest. 28.5.1974 ... ; Handlungsbevollmächtigter in Fulda; Mitglied der 2. Bundesversammlung. – Land Hessen: Hessischer Landtag 1950-1958 (BHE bzw. GB/BHE), Vorsitzender der GB/BHE-Fraktion 1953-1958.

Lengemann II

Stein (XII), Philipp, geb. 30.10.1859 Hochstadt, gest. 27.8.1926 Hochstadt; Weißbinder in Hochstadt. – Kassel und Hessen-Nassau 1919 (45. KLT) -1926 (SPD).   Pelda

Stein, R. D., geb. ... , gest. ... . – Freie Stadt Frankfurt: Gesetzgebende Versammlung 1822.   Frost

Dr. jur. Freiherr von Stein-Liebenstein zu Barchfeld, Friedrich Wilhelm (Wilm) Karl Rudolf Adalbert, geb. 6.7.1869 Stendal, gest. 20.7.1954 Wiesbaden; Amtsgerichtsrat; Stellvertretendes Mitglied des Preußischen Staatsrats 1921-1930 und 1933 (DNVP 1921-1930, SWR [DNVP] 1933), Mitglied des Preußischen Staatsrats 1930-1933 (DNVP). – Wiesbaden und Hessen-Nassau 1921-1933 (DNVP 1921-1933, SWR [DNVP] 1933).   Burkardt/Pult; J.L.

von Steinau-Steinrück, *Günther* Otto Hermann, geb. 31.7.1881 Berlin, gest. 13.11.1942 Osnabrück; Landrat des Kreises Ziegenhain. – Kassel und Hessen-Nassau 1919-1920 (DNVP). Pelda

Steinbeck, Peter, geb. 17.9.1887 Burtscheid, gest. 23.5.1945 Fulda; Gewerkschaftssekretär, Kreisvollziehungsbeamter in Fulda. – Kassel und Hessen-Nassau 1925 (Z). Pelda

Steinberger, Friedrich *Karl*, geb. 27.12.1811 Butzbach, gest. 11.5.1857 Schotten; evangelischer Pfarrer in Grünberg, um 1848 Herausgeber des fortschrittlichen Blattes *Wächter an der Schwalm*. – Ghzm. Hessen: 2. Kammer 1849-1850. Ruppel/Groß

Steinbrecher, Kurt, geb. 1.7.1921 Darmstadt; kaufmännischer Angestellter in Darmstadt. – Land Hessen: Hessischer Landtag 1973-1974 (SPD).
Lengemann II; Kanzlei des Landtags

Steinbrinck, Conrad, geb. ... , gest. 22.1.1899 ... ; Architekt in Frankfurt. – Wiesbaden und Hessen-Nassau 1891-1892 (DemP[DVP]). Burkardt/Pult; J.L.

Steineck, Johann Heinrich Carl (gen. *Carl Ludwig*), geb. 18.6.1821 Arolsen, gest. 19.6.1899 Kassel-Wehlheiden; Advokat und Bürgermeister, 1856 Regierungssekretär in Arolsen, später Landgerichtsdirektor in Kassel. – Waldeck: Landtag 1851-1856; Präsident des Waldeckischen Landtags 1851-1856.
König; Lengemann III;
König/Lengemann/Seibel

Steiner, Renate, geb. 11.6.1924 Aachen, gest. 15.10.1991 ... ; Lektorin im Franz-Steiner-Verlag in Wiesbaden. – Land Hessen: Hessischer Landtag 1968-1970 (SPD). Lengemann II

Steingötter, Otto, geb. 30.9.1853 Langen,

gest. 1.11.1909 Langen; Kaufmann in Langen. – Ghzm. Hessen: 2. Kammer 1892-1893 (SPD). Ruppel/Groß

Steinhaus, Ernst Hermann, geb. 28.8.1878 Siepen bei Breckerfeld, gest. 2.7.1928 Hachenburg; Bürgermeister. – Wiesbaden und Hessen-Nassau 1918.
Burkardt/Pult

Steinhäuser, geb. Treusch, verw. Frank, Margarethe (*Gretchen*), geb. 26.9.1874 Kitzingen, gest. 12.5.1955 Offenbach; zunächst Dienstmädchen, dann Hausfrau in Offenbach. – Volksstaat Hessen 1919-1927 und 1930-1931 (SPD).
Ruppel/Groß; Götz/Rack

von Steinherr, Edler zu Hohenstein, Ludwig Bonifaz Philipp, geb. 19.1.1793 Bingen, gest. ... ; Gutsbesitzer und Gemeindeeinnehmer in Bingen, nach 1850 nach Amerika ausgewandert. – Ghzm. Hessen: 2. Kammer 1841-1850. Ruppel/Groß

Dr. jur. (von) Steinmeister[182], *Otto* Adolf Ludwig, geb. 28.2.1860 Bünde in Westfalen, gest. 1.11.1937 [vermutlich] Frankfurt an der Oder; Landrat in Höchst, später Polizeipräsident in Kassel und Regierungspräsident in Köln. – Wiesbaden und Hessen-Nassau 1896-1900/01.
Burkardt/Pult; J.L.

Dr. jur. Steinmetz, Hans, geb. 23.5.1908 Dieburg, gest. 17.10.1987 ... ; 1946-1948 Landrat des Kreises Bergstraße, 1948 Ministerialdirigent bei der Hauptverwaltung für das Post- und Fernmeldewesen des Vereinigten Wirtschaftsgebietes, 1949 kommissarischer Staatssekretär im Bundespostministerium, 1951 Präsident der Oberpostdirektion Koblenz, 1954 Geschäftsführer der Deutschen Postreklame GmbH in Frankfurt, 1956-1969 Staatssekretär im Bundespostministerium. – Land

---

[182] Erhebung in den Kgl. preußischen Adelsstand bei Eintritt in den Ruhestand 30.8.1917.

Hessen: Verfassungberatende Landesversammlung Groß-Hessen 1946 (CDU) und
Hessischer Landtag 1946-1949 und
1954-1956 (CDU).

Lengemann II; Kanzlei des Landtags

**Dr. jur. Steinmetz, Heinrich Karl Fried-
rich Wilhelm**, geb. 8.1.1835 Wolgast in
Pommern, gest. 18.7.1915 Marburg; Kurator der Universität in Marburg. – Kassel
und Hessen-Nassau 1905-1910 [DRP
1890].

Pelda; J.L.

Steinmetz, Johannes, geb. ... , gest.
11.8.1830 Freienhagen; Bürgermeister in
Freienhagen. – Waldeck: Landstand
1819-1823.

König/Lengemann/Seibel

Steinmetz, *Julius* Friedrich Christian,
geb. 9.11.1808 Arolsen, gest. 1.11.1874
Korbach; Pfarrer in Usseln. – Waldeck:
Landtag 1848-1849.

König; König/Lengemann/Seibel

**Steinmeyer, Friedrich Heinrich *Her-
mann***, geb. 11.6.1857 Holzhausen, gest.
22.7.1924 Lügde; Landwirt in Holzhausen. – Waldeck: Landtag 1905-1911.

König; König/Lengemann/Seibel

Steinmeyer, Heinrich Bernhard *August*,
geb. 15.1.1821 Eichenborn, gest.
30.9.1895 Großenberg; Vollmeier in
Großenberg. – Waldeck: Spezial-Landtag
Pyrmont 1859-1864.

König; Lengemann IV; König/Lengemann/Seibel

Steinmeyer, Heinrich *Georg* Wilhelm,
geb. 15.2.1816 Oesdorf, gest. 9.12.1888
Oesdorf; Amtsschreiber, 1852 Kreis-
schreiber, 1855 Administrator der Saline
und des Salinenbadehauses in Pyrmont. –
Waldeck: Landtag 1849-1850, 1852-1855
und 1884-1887 und Spezial-Landtag Pyrmont 1849-1850 und 1852-1855.

König; Lengemann IV; König/Lengemann/Seibel

Stephan, Daniel Heinrich, geb.
14.11.1803 Treysa, gest. 25.5.1862 ... ;

Bürgermeister in Treysa. – Kurhessen:
Ständeversammlung 1837-1838 (gem.
lib.).

Losch; Sieburg; J.L.

Stephan, Jacob, geb. 13.11.1820 Blödes-
heim, gest. 20.9.1905 Osthofen; Kaufmann, Steinkohlenhändler in Osthofen. –
Ghzm. Hessen: 2. Kammer 1872-1890
(NL).

Ruppel/Groß

Dr. jur. Stephan, *Karl* Peter, geb.
15.6.1853 Heßloch, gest. 17.6.1927
Worms; Rechtsanwalt in Worms. –
Ghzm. Hessen: 2. Kammer 1911-1918
(NL).

Ruppel/Groß

Stephan, Peter (III.), geb. 11.2.1818 Blö-
desheim, gest. 20.10.1888 Heßloch; Ökonom und Bürgermeister a.D. in Heßloch.
– Ghzm. Hessen: 2. Kammer 1872-1881
(NL).

Ruppel/Groß

Stephani, Johann *Friedrich*, geb.
13.8.1796 Mainz, gest. 4.2.1869 ... ; Präsident des Kreisgerichts in Alzey. –
Ghzm. Hessen: 1. Kammer 1849-1850.

Götz/Rack

Stephanus, Heinrich Ludwig Friedrich,
geb. ... , gest. ... . – Freie Stadt Frankfurt:
Gesetzgebende Versammlung 1851. Frost

Stern, Caspar Heinrich *Ludwig*, geb.
2.2.1778 Kassel, gest. 15.2.1828 Kassel;
Bürgermeister in Kassel. – Hessen-Kassel 1815-1816; Direktor der 2. (Städte-)
Kurie des Hessen-Kasselischen Landtags
von 1815-1816.

Sieburg (J.L.)

Dr. phil. Stern, Salomon, geb. ... , gest. ... ;
Oberlehrer, Schuldirektor. – Freie Stadt
Frankfurt: Gesetzgebende Versammlung
1863 und 1865-1866. Frost

Stern, Theodor, geb. 29.5.1837 Berlin,
gest. 4.9.1900 Frankfurt; Bankier. –
Wiesbaden und Hessen-Nassau 1886-
1900.

Burkardt/Pult

Stetefeld, Georg, geb. 16.4.1883 Nürnberg, gest. 21.5.1966 ... ; 1945-1946 Landrat des Kreises Gelnhausen; Mitglied des Parlamentarischen Rats des Länderrats des amerikanischen Besatzungsgebiets 1947-1949 (LDP bzw. FDP). – Land Hessen: Beratender Landesausschuß 1946 (LDP) und Hessischer Landtag 1946-1950 (LDP bzw. FDP). Lengemann II

Steuernagel, Johannes (X.), geb. 4.9.1805 Windhausen, gest. 8.1.1870 Windhausen; Ackersmann und Bürgermeister in Windhausen. – Ghzm. Hessen: 2. Kammer 1847-1849. Ruppel/Groß

Stichel, Georg Heinrich, geb. ... Neuenhaßlau, gest. 15.10.1905 Neuenhaßlau; Bürgermeister in Neuenhaßlau. – Kassel 1875-1886. Pelda

Stiebel, Franz Isaak, geb. ... , gest. ... ; Schreinermeister. – Freie Stadt Frankfurt: Gesetzgebende Versammlung 1850. Frost

Dr. med. Stiebel, Salomon Friedrich (*Feldwebel Bär*) , geb. 23.4.1792 Frankfurt, gest. 20.5.1868 Frankfurt; israelitischer Arzt und Gelegenheitsdichter, 1817-1857 Leiter des israelitischen Krankenhauses, daneben 1845-1853 Chefarzt des Dr. Theobald Christ'schen Kinderhospitals. – Freie Stadt Frankfurt: Gesetzgebende Versammlung 1832-1835, 1837-1839 und 1841-1847. Frost

Stieler, Georg, geb. 22.10.1886 Setzelbach, Krs. Hünfeld, gest. 15.5.1955 ... ; gelernter Maurer, Arbeitersekretär in Gladbeck (*1919*), Polizeipräsident in Gelsenkirchen (*1924*) und Bochum (*1928*), 1928-1933 Regierungspräsident in Aachen, 1945-1953 Landrat des Kreises Fulda; MdL Preußen 1919-1932 (Z); Mitglied des Parlamentarischen Rats des Länderrats des amerikanischen Besatzungsgebiets 1947-1949 (CDU); Mitglied der Verbandsversammlung des LWV Hessen 1953-1955, Vizepräsident der Verbandsversammlung 1953-1955; Mitglied der 1. Bundesversammlung. – Land Hessen: Verfassungberatende Landesversammlung Groß-Hessen 1946 (CDU) und Hessischer Landtag 1946-1950 (CDU); Vorsitzender der CDU-Fraktion 1949-1950. Lengemann II

Stier, Georg, geb. ... , gest. ... ; Metzgermeister. – Freie Stadt Frankfurt: Gesetzgebende Versammlung 1827-1830. Frost

Stier, Johannes, get. 15.11.1772 Frankfurt, gest. 14.12.1838 Frankfurt; Metzgermeister. – Freie Stadt Frankfurt: Gesetzgebende Versammlung 1820-1830, Ständige Bürgerrepräsentation 1830-1838. Frost

Stierle, Georg, geb. 22.12.1897 Frankfurt, gest. 26.5.1979 ... ; Geschäftsführer des Volks-, Bau- und Sparvereins in Frankfurt; MdB 1949-1961 (SPD); Mitglied der 1., 2. und 3. Bundesversammlung. – Land Hessen: Verfassungberatende Landesversammsammlung Groß-Hessen 1946 (SPD). Lengemann II

von Stiernberg, Carl *Friedrich*, geb. 22.6.1806 Hanau, gest. 7.9.1891 Kassel; Landrat in Rinteln, später in Kassel und dann in Eschwege, 1862-1864 Vorstand des Kfl. Innenministeriums. – Kurhessen: Ständeversammlung 1848-1849. Losch; Sieburg; J.L.

Stiewitt, Ilse, geb. 7.1.1943 Schöningen, Krs. Helmstedt; Diplom-Sozialwirtin, 1992-1993 Regierungspräsidentin in Kassel, 1993-1995 Hessische Ministerin für Frauen, Arbeit und Sozialordnung; Mitglied des Bundesrats 1993-1995. – Land Hessen: Hessischer Landtag seit 1995 (SPD). Kanzlei des Landtags

Stilger, Johann, geb. 18.1.1817 Niederbrechen, gest. 7.3.1876 Wicker; Landwirt. – Nassau: II. Kammer 1864-1866 (NFP). Rösner-Hausmann

Stock, Christian, geb. 28.8.1884 Pfungstadt, gest. 13.4.1967 Seeheim an der Bergstraße; Tabakarbeiter, Arbeitersekretär, 1920 Unterstaatssekretär im Reichswehrministerium, 1945 Präsident der Landesversicherungsanstalt Hessen in Darmstadt, 1947-1951 Hessischer Ministerpräsident; MdL Baden 1921-1925 (SPD); MdR 1919-1920 (SPD); Mitglied des Bundesrates 1949-1951. – Land Hessen: Verfassungberatende Landesversammlung Groß-Hessen 1946 (SPD) und Hessischer Landtag: 1946-1954 (SPD).

Lengemann II

Stockhaus, Hermann, geb. ... , gest. ... . – Freie Stadt Frankfurt: Verfassunggebende Versammlung 1849. Frost

von Stockhausen, *Ernst Friedrich* **Christian Borries**, geb. 18.8.1749 Imbsen, gest. 8.1.1815 Hann. Münden; Herr auf Löwenhagen, Imbsen und Hohenlucht; Erbmarschall von Corvey. – Kgr. Westphalen 1808-1813. Lengemann I

Stockhausen, Ludwig Hermann Jonas, geb. 18.9.1804 Sprendlingen, gest. 12.3.1852 Zwingenberg; Landrichter in Fürth, 1850 in Zwingenberg. – Ghzm. Hessen: 1. Kammer 1849-1850. Götz/Rack

Dr. jur. Stockhausen, Theodor Friedrich Christoph *Rudolph*, geb. 3.12.1821 Romrod, gest. 27.1.1870 Groß-Umstadt; Landgerichtsassessor in Offenbach, 1865 Landrichter in Groß-Umstadt. – Ghzm. Hessen: 2. Kammer 1862-1870 (Lib-Kons). Ruppel/Groß

von Stockhausen, Theodor *Hans*-**Adalbert**, geb. 8.5.1874 Karlsruhe, gest. 10.5.1957 Trendelburg; Landwirt auf Burg Trendelburg. – Kassel und Hessen-Nassau 1928-1929 (Ag). Pelda; J.L.

Stoecker, Adolf *Heinrich* **Wilhelm**, geb. 2.4.1804 Arolsen, gest. 29.12.1848 Korbach; Hofgerichtssekretär, 1829/30 Vor-

mund Ludwig von Padbergs. – Waldeck: Landstand 1830- etwa 1832.

König/Lengemann/Seibel

Stöcker, *Hugo* **Adolph Florenz Ludwig**, geb. 13.12.1830 Nieder-Wildungen, gest. 11.2.1873 Arolsen; Finanzrat in Arolsen, 1868 stimmführendes Mitglied bei der Domänenkammer. – Waldeck: Landtag 1870-1872. König; König/Lengemann/Seibel

Stoecker, Johann Henrich, geb. 19.12.1745 Dehausen, gest. 8.5.1822 Dehausen; Gutsbesitzer und Richter in Dehausen. – Waldeck: Landstand 1817-1822. König/Lengemann/Seibel

Stöckl, Radko, geb. 6.10.1924 Schemnitz, gest. 23.1.1984 ... ; bis 1970 Direktor des beruflichen Schulzentrums des Landkreises Melsungen in Melsungen; Mitglied der 6. und 7. Bundesversammlung. – Land Hessen: Hessischer Landtag 1970-1984 (SPD); Vizepräsident des Hessischen Landtags 1978-1984. Lengemann II

Stöhr, Friedrich Joseph, geb. 11.4.1802 Fulda, gest. 11.6.1875 Rückers; Bürgermeister in Rückers. – Kurhessen: Ständeversammlung 1842-1848. Losch; Sieburg

Stölper, *Alexander* **Ernst**, geb. 25.6.1848 Lauterbach, gest. 14.3.1922 Lauterbach; Kaufmann, später Prokurist und Bürgermeister in Lauterbach. – Ghzm. Hessen: 2. Kammer 1902-1918 (NL). Ruppel/Groß

Stoevesandt, Hans Joachim, geb. 21.7.1904 Zabozce, Krs. Hindenburg, gest. 19.5.1942 ... ; Schriftleiter an der *Hessischen Volkswacht*, dann der *Kurhessischen Landeszeitung* in Kassel; Stellvertretendes Mitglied des Preußischen Staatsrats 1933 (NSDAP). – Kassel und Hessen-Nassau 1933 (NSDAP).

Pelda; J.L.

Dr. theol. Stohr, Albert, geb. 13.11.1890 Friedberg, gest. 4.6.1961 Mainz; Theologieprofessor in Mainz, später Bischof von Mainz. – Volksstaat Hessen 1931-1933 (Z). Ruppel/Groß

Graf zu Stolberg-Roßla-Ortenberg, *August* Friedrich Botho Christian, geb. 25.9.1768 Ortenberg, gest. 8.12.1846 Roßla; 1810 Inhaber der Herrschaft Ortenberg; Mitglied der Provinzial-Stände (Provinzial-Landtag) der Provinz Sachsen 1825-1846. – Ghzm. Hessen: 1. Kammer 1820- (1824) 1846. Götz/Rack; J.L.

Graf (Fürst[183]) zu Stolberg-Roßla-Ortenberg, *Botho* August Karl, geb. 12.7.1850 Roßla, gest. 8.11.1893 Roßla; 1870 Nachfolge in der Standesherrschaft unter Vormundschaft; MdH 1880-1893. – Ghzm. Hessen: 1. Kammer [1875] 1878-1893. Götz/Rack; J.L.

Fürst zu Stolberg-Roßla-Ortenberg, Christoph Martin, geb. 1.4.1888 Roßla, gest. 27.3.1949 Ortenberg; 1916 Nachfolge in der Standesherrschaft; MdH 1918. – Ghzm. Hessen: 1. Kammer 1916-1918 (nie förmlich eingetreten). Götz/Rack; J.L.

Fürst zu Stolberg-Roßla-Ortenberg, Jost-Christian, geb. 28.12.1886 Roßla, gest. 1.7.1916 Lazarett Kowel. – Ghzm. Hessen: 1. Kammer 1911-1916 (nie förmlich eingetreten). Götz/Rack; J.L.

Graf zu Stolberg-Roßla-Ortenberg, *Karl* Martin, geb. 1.8.1822 ..., gest. 23.1.1870 Schwiederschwende; 1846 Übernahme der Standesherrschaft; Mitglied des preußischen Vereinigten Landtags 1847; MdH [1854] 1855-1870. – Ghzm. Hessen: 1. Kammer 1847-1849 (nicht förmlich eingetreten) und 1856-1870. Götz/Rack; J.L.

Graf zu Stolberg-Roßla-Ortenberg, *Kuno* Botho, geb. 11.5.1862 Roßla, gest. 13.7.1921 Frankfurt. – Ghzm. Hessen: 1. Kammer 1897-1918. Götz/Rack

Graf zu Stolberg-Wernigerode, Botho, geb. 4.5.1805 Gedern, gest. 4.8.1881 Ilsenburg; 1839-1841 Verwalter der Herrschaft Gedern, 1854-1858 als Vormund des Neffen Otto zu Stolberg-Wernigerode der Gesamtgrafschaft. – Ghzm. Hessen: 1. Kammer 1838-1842. Götz/Rack

Fürst zu Stolberg-Wernigerode, *Christian Ernst* Hermann, geb. 28.9.1864 Wernigerode, gest. 3.8.1940 Schierke; 1896 Übernahme der Standesherrschaft; MdH 1897-1918. – Ghzm. Hessen: 1. Kammer [1896] 1897-1918. Götz/Rack; J.L.

Graf zu Stolberg-Wernigerode, Christian Friedrich, geb. 8.1.1746 Wernigerode, gest. 26.5.1824 Peterswaldau in Schlesien. – Ghzm. Hessen: 1. Kammer 1820-1824 (nie förmlich eingetreten). Götz/Rack

Graf (bis 1824 Erbgraf) zu Stolberg-Wernigerode, He(i)nrich, geb. 25.12.1772 Wernigerode, gest. 16.2.1854 Wernigerode; 1804 Verwaltung von Gedern, 1809 der Gesamtgrafschaft Wernigerode, 1824 Nachfolge in der Standesherrschaft; Mitglied der Provinzial-Stände (Provinzial-Landtag) der Provinz Sachsen 1825-1854, Landtagsmarschall 1825-1845; Mitglied der 1. Kammer der Ständeversammlung des Kgr. Hannover 1840- ... ; Mitglied des preußischen Vereinigten Landtags 1847 und 1848. – Kgr. Westphalen 1808-1813; Ghzm. Hessen: 1. Kammer 1824-1849 (nie förmlich eingetreten). Lengemann I; Götz/Rack

Erbgraf zu Stolberg-Wernigerode, Hermann, geb. 30.9.1802 Wernigerode, gest. 24.10.1841 Werningerode; 1830-1831 und wieder seit Ende 1838 beteiligt an der Verwaltung der Grafschaft Wernige-

---

[183] Erhebung in den Kgl preußischen Fürstenstand am 22.3.1893.

rode, 1831-1838 Verwalter der Herrschaft Gedern; Mitglied der Provinzial-Stände (Provinzial-Landtag) der Provinz Sachsen 1825-1827. – Ghzm. Hessen: 1. Kammer 1832-1836. Götz/Rack

Graf (Fürst[184]) zu Stolberg-Wernigerode, Otto, geb. 30.10.1837 Gedern, gest. 19.11.1896 Wernigerode; 1861 Übernahme der Grafschaft Wernigerode, 1867-1873 Oberpräsident der Provinz Hannover, 1876-1878 Botschafter in Wien, 1878-1881 Stellvertreter des Reichskanzlers und Vizepräsident des preußischen Staatsministeriums; Mitglied des Provinzial-Landtags der Provinz Sachsen 1862-1895, Landtagsmarschall bzw. Vorsitzender 1871-1875, 1876 und 1882-1895; Mitglied des Provinzial-Landtags der Provinz Hannover ... – ...; MdH 1867-1896, Präsident des Herrenhauses 1872-1877 und 1893-1896; MdR 1867 und 1871-1878 (FrKV 1867, DRP 1871-1878). – Ghzm. Hessen: 1. Kammer 1862-1896 (tatsächlich eingetreten nur 1881-1884 und 1890-1893). Götz/Rack; J.L.

Graf zu Stolberg-Wernigerode, Rudolf, geb. 29.8.1809 ... , gest. 26.5.1867 ... . – Ghzm. Hessen: 1. Kammer 1844-1849 und 1856-1866. Götz/Rack

Stoll, *Georg* Servatius Wilhelm Carl, geb. 30.6.1801 Nieder-Wöllstadt, gest. 19.3.1855 Nieder-Wöllstadt; Ökonom und 1838-1849 Bürgermeister in Nieder-Wöllstadt. – Ghzm. Hessen: 2. Kammer 1834 und 1841-1849 (lib.). Ruppel/Groß

Stoltze, *Friedrich* Philipp, geb. 11.10.1869 Frankfurt, gest. 22.10.1964 Frankfurt; Architekt, Ingenieur in Frankfurt. – Wiesbaden und Hessen-Nassau 1916-1920 ([DemP (DVP) ... -1910], Fo-VP 1910-1918, DDP 1918-1920). Burkardt/Pult; J.L.

Dr. jur. Stolzenberg, Fritz Otto Alexander, geb. 27.1.1879 Kassel, gest. 21.4.1934 Eschwege; Bürgermeister in Eschwege. – Kassel und Hessen-Nassau 1917-1919 (44.KLT). Pelda

Storck, *Karl* Ludwig, geb. 24.7.1891 Ober-Nauses, gest. 13.1.1955 Dillenburg; Lehrer in Mainz, 1925 in Darmstadt, 1927 dort Rektor, 1928 Kreisschulrat. – Volksstaat Hessen 1921-1933 (SPD). Ruppel/Groß

Stourzh (-Diehl), Philipp Ernst, geb. ... , gest. ... . – Freie Stadt Frankfurt: Gesetzgebende Versammlung 1842-1844, 1847 und 1850-1855, Ständige Bürgerrepräsentation 1844-1855; Vizepräsident der Gesetzgebenden Versammlung 1852. Frost

Strack(e), Johann[185], geb. 25.12.1797 Lohre, gest. 16.8.1872 Lohre; Bürgermeister in Lohre. – Kurhessen: Ständeversammlung 1836-1838 (gem. lib.). Losch; Sieburg; J.L.

von Strahl[186], Otto, geb. 24.10.1847 Berlin, gest. 20.12.1921 Baden-Baden; Hofmarschall des Landgrafen von Hessen in Philippsruhe bei Hanau. – Kassel und Hessen-Nassau 1910. Pelda

Strauß, Heinrich, geb. 14.6.1816 Grebendorf, gest. 29.8.1887 ... ; Bürgermeister in Grebendorf. – Kurhessen: 2. Kammer 1852-1857 (gem. lib.). Losch; Sieburg; J.L.

Strauß, Karl Friedrich Heinrich, geb. 27.7.1857 Ossig, Kreis Zeitz, gest. 4.4.1937 Bad Hersfeld; Bürgermeister in Bad Hersfeld. – Kassel und Hessen-Nassau 1908-1919 (44. KLT). Pelda

---

[184] Erhebung in den Kgl. preußischen Fürstenstand am 22.10.1893.

[185] Nach GROTHE führte der Abgeordnete den Vornamen *Henrich*; ob beide Bezeichnungen die gleiche Person meinen oder wer tatsächlich Mitglied der Ständeversammlung war, konnte bei der Erarbeitung des Index nicht erforscht werden.

[186] Erhebung in den Kgl. preußischen Adelsstand am 4.8.1879.

Streb-Hesse, Rita, geb. 29.11.1945 Witzenhausen; Lehrerin und Konrektorin an einer Haupt- und Realschule in Frankfurt. – Land Hessen: Hessischer Landtag seit 1991 (SPD).   Kanzlei des Landtags

Dr. med. Strecker, geb. Schneider, Gabriele, geb. 27.12.1904 Trier, gest. 6.8.1983 Bad Homburg ; bis 1946 Ärztin im Kreiskrankenhaus Bad Homburg, 1946-1962 Leiterin des Frauenfunks am Hessischen Rundfunk, wohnhaft in Bad Homburg; Mitglied der 3. Bundesversammlung. – Land Hessen: Hessischer Landtag 1954-1962 (CDU).   Lengemann II

Dr. jur. Strecker, *Georg* Christian, geb. 30.8.1800 Darmstadt, gest. 19.1.1874 Tübingen; nach dem Studium Weinhändler, später auch Agent der Düsseldorfer Dampfschiffahrtsgesellschaft. – Ghzm. Hessen: 2. Kammer 1832-1834 und 1. Kammer 1849-1850 (lib. 1832-1834, dem. 1849-1850).   Ruppel/Groß; Götz/Rack

Dr. phil. Strecker, Heinrich Wilhelm *Reinhard*, geb. 22.1.1876 Berlin, gest. 26.7.1951 Gießen; Philologe, Präsident des Hessischen Landesamts für Bildungswesen, 1923 Oberschulrat in Eisenach, 1924 Leiter des Zentralverbands deutscher Enthaltsamkeitsvereine in Berlin, später Dozent an der Forsthochschule Eberswalde, 1945 Stadtschulrat in Leipzig, 1946 Honorar-Professor in Gießen. – Volksstaat Hessen 1919-1921 und 1924-1925 ([FrsgVg *1907*, FoVP *1912*], DDP 1919-1921, SPD 1924-1925).
                Ruppel/Groß; Götz/Rack; J.L.

Strecker, Horst, geb. 26.2.1940 Weißstein in Schlesien; bis 1985 Erster Kreisbeigeordneter des Kreises Bergstraße, seit 1985 Angestellter in Weinheim, wohnhaft in Bürstadt; Mitglied der Verbandsversammlung des LWV Hessen 1981-1983 und 1985-1989. – Land Hessen: Hessischer Landtag 1987-1989 (CDU).
                Lengemann II; Kanzlei des Landtags

Strecker, Johann Friedrich *August*, geb. 27.3.1802 Darmstadt, gest. 9.9.1865 Darmstadt; Stadtrichter in Darmstadt, 1849 Mitglied und Rat am Hofgericht in Darmstadt. – Ghzm. Hessen: 2. Kammer 1849-1850, 1. Kammer 1851-1856 und 2. Kammer 1862-1865 (F); Präsident der 2. Kammer 1862-1865.
                Ruppel/Groß; Götz/Rack; J.L.

Dr. jur. Strecker, *Ludwig* Philipp Carl Wilhelm, geb. 26.3.1853 Dieburg, gest. 19.12.1943 Mainz; Teilhaber, 1912 Alleininhaber und Leiter des Musikverlags Schott in Mainz als Testamentserbe des Inhabers Franz Schott. – Ghzm. Hessen: 1. Kammer 1909-1918.   Rack

Dr. med. dent. Streletz, Haidi, geb. 24.9.1931 Marburg; Zahnärztin in Heusenstamm; Mitglied der 7., 8. und 10. Bundesversammlung. – Land Hessen: Hessischer Landtag 1974-1995 (SPD).
                Lengemann II; Kanzlei des Landtags

Dr. jur. Strelitz, Johannes E., geb. 20.11.1912 Berlin, gest. 7.3.1991 ... ; Jurist, ab 1952 im hessischen Staatsdienst, 1967-1969 Hessischer Minister der Justiz und für Bundesangelegenheiten (Hessischer Bevollmächtigter beim Bund), 1969-1970 Hessischer Minister des Innern und stellvertretender Ministerpräsident, zugleich Hessischer Bevollmächtigter beim Bund; Mitglied des Bundesrates 1967-1970. – Land Hessen: Hessischer Landtag 1958-1974 (SPD); Vorsitzender der SPD-Fraktion 1964-1967.
                Lengemann II; Kanzlei des Landtags

Stremme (gen. Schüttler), Heinrich, geb. 8.8.1884 Willingen, gest. 18.12.1933 Willingen; Landwirt und 1920-1933 Bürgermeister in Willingen. – Waldeck: Landesvertretung 1925-1929 (LB).
                König; König/Lengemann/Seibel

Dr. phil. Streng, Johann *August*, geb. 4.2.1830 Frankfurt, gest. 7.1.1897

Gießen; Professor für die mineralogischen Fächer in Gießen. – Ghzm. Hessen: 1. Kammer 1873-1875 und 1889-1895.   Götz/Rack

Streng, Ferdinand Ludwig, geb. 7.1.1786 Frankfurt, gest. 6.8.1857 Frankfurt; Handelsmann; 1847-1857 Ratsverwandter. – Freie Stadt Frankfurt: Ständige Bürgerrepräsentation 1822-1847, Gesetzgebende Versammlung 1830, 1841-1847 und 1850-1856.   Frost

Stricker, Heinrich Christian, geb. 18.5.1819 Weidgesmühle bei Dörsdorf/Berghausen, gest. 19.5.1886 Hirtesemühle bei Walsdorf; Mühlenbesitzer. – Wiesbaden 1880-1885.   Burkardt/Pult

Strigler, Johann *Joseph*, geb. 29.10.1773 Mainz, gest. 8.8.1841 Mainz; Kaufmann in Mainz. – Ghzm. Hessen: 2. Kammer 1839-1841.   Ruppel/Groß

Strigler, Johann Michael Leonhard, geb. 13.4.1815 Mainz, gest. 18.3.1865 Mainz; Kaufmann in Mainz. – Ghzm. Hessen: 2. Kammer 1856-1862.   Ruppel/Groß

Ströbel, Andreas, geb. 30.10.1812 Gräfenberg in Bayern, gest. 1.5.1882 Klein-Karben; Mühlenbesitzer und ab 1869 Direktor des Sparkassenverein in Klein-Karben. – Ghzm. Hessen: 2. Kammer 1881-1882 (NL).   Ruppel/Groß

Stroh, Friedrich (*Fritz*) Simon, geb. 8.8.1842 Offenbach, gest. 14.2.1920 Offenbach; Prokurist und ab 1881 Teilhaber der Schnupftabakfabrik Gebr. Bernard in Offenbach. – Ghzm. Hessen: 1. Kammer 1907-1918.   Götz/Rack

Stroh, Johann *Martin*, geb. 21.11.1776 Marköbel, gest. 15.4.1853 Marköbel; Schultheiß in Marköbel. – Kurhessen: Konstituierender Landtag 1830.   Losch; Sieburg

Stroh, Johann *Martin*, geb. 27.10.1809

Marköbel, gest. 3.4.1877 Marköbel; Bürgermeister in Marköbel. – Kurhessen: 2. Kammer 1858-1860 und 1861-1862.   Losch; Sieburg

Stroh, Wilhelm Johann(es), geb. 17.2.1837 Marköbel, gest. 7.2.1905 Marköbel; Bürgermeister in Marköbel; MdR 1893-1898 (K). – Kassel 1885-1904 und Hessen-Nassau 1886-1904 (K).   Pelda; J.L.

Dr. jur. Dr.phil. h.c. (Baron[187]) von Strombeck, *Friedrich* Carl, geb. 16.9.1771 Braunschweig, gest. 17.8.1848 Wolfenbüttel; Herr auf Groß-Twülpstedt und Groß-Sisbeck; bis 1807 Rat im Justizkollegium Wolfenbüttel, 1808-1810 Präsident des Tribunals 1. Instanz in Einbeck, 1810-1813 2. Präsident des Appellationshofs in Celle, 1813 Staatsrat in Kassel, 1816 Mitglied des Ober-Appellationsgerichts in Wolfenbüttel, ab 1843 dessen Präsident; Mitglied der Braunschweig-Wolfenbüttelischen und Blankenburgischen Landschaft (Landtag) 1819-1832. – Kgr. Westphalen 1808-1813.   Lengemann I

Strubberg, Friedrich Georg, geb. 27.12.1836 ... , gest. ... ; Bürgermeister. – Wiesbaden und Hessen-Nassau 1900-1904.   Burkardt/Pult

Strubberg, Heinrich Friedrich, geb. 16.9.1762 Emmerich, gest. 14.3.1843 Kassel; Tabakfabrikant in Kassel. – Kurhessen: Ständeversammlung 1831-1832 (gem. lib.).   Losch; Sieburg; J.L.

Strüning, *Wilhelm* Christian, geb. 20.11.1857 Nieder-Wildungen, gest. 27.11.1937 Bad Wildungen; Hutmacher in Bad Wildungen. – Waldeck: Landesvertretung 1922-1925 (SPD).   König; König/Lengemann/Seibel

---

[187] Erhebung (der Familie) in den Reichsadelsstand am 25.11.1800; Erhebung in den Kgl. westphälischen Adelsstand als Baron am 22.9.1812, was jedoch nach 1813/15 zunächst nicht allgemein, schließlich aber doch anerkannt wurde.

Strumpf, Edith, geb. 30.7.1938 Frankfurt; Bankangestellte in Frankfurt. – Land Hessen: Hessischer Landtag 1978-1982 (F.D.P.). Lengemann II; Kanzlei des Landtags

Stuckenbrock, Carl Ernst *Heinrich* Hermann (sen.), geb. 2.4.1875 Holzhausen, gest. 24.3.1923 Holzhausen; Landwirt (Vollmeier) in Holzhausen. – Waldeck: Landtag 1914-1919 (FoVP, [DDP]). König; König/Lengemann/Seibel

Dr. jur. Stüber, *Heinrich* Ernst Ludwig Valentin, geb. 30.1.1819 Darmstadt, gest. 3.9.1887 Heppenheim; Hofgerichtsrat, 1873 Hofgerichtsdirektor, 1876 1. Hofgerichtsdirektor, 1879 Landgerichtspräsident in Darmstadt. – Ghzm. Hessen: 2. Kammer 1872-1876 und 1. Kammer 1876-1887 (F). Ruppel/Groß; Götz/Rack

Stückrath, Konrad Heinrich Ferdinand Karl, geb. 23.11.1884 Gießen, gest. 20.8.1952 Schlüchtern; Bürgermeister in Schlüchtern. – Kassel und Hessen-Nassau 1919 (45. KLT) -1924 [?] (DDP). Pelda

Stürmer, Johann Nicolaus (sen.), get. 11.11.1764 Frankfurt, gest. ... 1.1847 ... ; 1827-1846 Ratsverwandter. – Freie Stadt Frankfurt: Gesetzgebende Versammlung 1829. Frost

Stürmer, Johann Nicolaus (jun.), geb. ... , gest. ... ; Küfermeister. – Freie Stadt Frankfurt: Gesetzgebende Versammlung 1844-1845 und 1848. Frost

Stürtz, Gustav, geb. 4.4.1915 Frankfurt; Versicherungsangestellter in Frankfurt; Mitglied der 5. Bundesversammlung. – Land Hessen: Hessischer Landtag 1966-1970 (NPD). Lengemann II; Kanzlei des Landtags

Freiherr von Stumm[188], *Hugo* **Rudolf Christian**, geb. 23.12.1845 Nieder-Neunkirchen, gest. 31.7.1910 Coswig bei Dres-

den; Gutsbesitzer in Ramholz. – Kassel und Hessen-Nassau 1894-1897. Pelda; J.L.

Stumpff, Ludwig, geb. 20.3.1824 ... , gest. 17.1.1900 Homburg; Oberamtsrichter. – Wiesbaden 1878-1885. Burkardt/Pult

Sturm, Eduard Johann Adam, geb. 14.6.1845 Rüdesheim, gest. 30.9.1920 Rüdesheim; Weingutsbesitzer. – Wiesbaden und Hessen-Nassau 1886-1914. Burkardt/Pult

Sturm, Karl Wilhelm, geb. 13.8.1878 Molsberg, Krs. Westerburg, gest. 28.10.1960 Oberlahnstein; Rechtsanwalt. – Wiesbaden und Hessen-Nassau 1920-1922 (Z). Burkardt/Pult

Sturmfels, Johann *Wilhelm*, geb. 30.5.1830 Klein-Umstadt, gest. 17.5.1899 Nidda; Ökonom in Ulfa, später Gutsbesitzer in Nidda. – Ghzm. Hessen: 2. Kammer 1877-1896 (NL). Ruppel/Groß

Sturmfels, *Otto* Philipp Jakob, geb. 19.5.1880 Seligenstadt, gest. 2.4.1945 KZ Dachau; Rechtsanwalt in Groß-Umstadt, dann in Darmstadt. – Volksstaat Hessen 1921-1931 (SPD). Ruppel/Groß; Götz/Rack

Sturmowski, Georg, geb. 23.5.1923 Danzig; kaufmännischer Angestellter in Groß-Gerau; Mitglied der Verbandsversammlung des LWV Hessen 1977-1993; Mitglied der 7., 8. und 9. Bundesversammlung. – Land Hessen: Hessischer Landtag 1970-1991 (CDU); Vizepräsident des Hessischen Landtags 1982-1983 und 1987-1991, Alterspräsident des Hessischen Landtags 1987-1991. Lengemann II; Kanzlei des Landtags

Suchier, *Henri* Soisjuste, geb. 6.9.1792 Karlshafen, gest. 28.4.1860 Karlshafen; Kaufmann in Karlshafen. – Kurhessen:

---

[188] Erhebung in den Kgl. preußischen Freiherrenstand am 5.5.1888.

Ständeversammlung 1833 und 2. Kammer 1855-1857 (gem. lib. 1833, lib.-konst. 1855-1857).   Losch; Sieburg; J.L.

Suchsland, Friedrich Emil, geb. ..., gest. ...; Buchhändler. – Freie Stadt Frankfurt: Gesetzgebende Versammlung 1853-1855. Frost

Suden, Heinrich Wilhelm, geb. 20.2.1791 Mühlhausen, gest. 7.9.1873 Mengeringhausen; Ökonom und Verwalter zu Eilhausen, Besitzer des Ritterguts in Helmighausen. – Waldeck: Landstand 1848.
                        König/Lengemann/Seibel

Suden, Karl *Friedrich* Heinrich, geb. 13.2.1835 Haus Kappel bei Mengeringhausen, gest. 4.8.1904 Kassel; Gutsbesitzer und 1876-1898 Bürgermeister in Helmighausen. – Waldeck: Landtag 1878-1881 und 1883-1884.
                        König; König/Lengemann/Seibel

Sudheimer, Hans, geb. 18.3.1920 Biebesheim, gest. 13.1.1987 ...; bis 1959 hauptamtlicher Bürgermeister der Gemeinde Biebesheim; Mitglied der 2. Bundesversammlung. – Land Hessen: Hessischer Landtag 1950-1958 (SPD).
                        Lengemann II; Kanzlei des Landtags

Sues, Carl, geb. ..., gest. ...; Handelsmann. – Freie Stadt Frankfurt: Ständige Bürgerrepräsentation 1817-1824, Gesetzgebende Versammlung 1821.   Frost

Sues, Johann Philipp, geb. ..., gest. .... – Freie Stadt Frankfurt: Ständige Bürgerrepräsentation 1840-1862.   Frost

Sumpf, *Hermann* Gustav, geb. 1.5.1882 Neckerau, gest. 22.12.1967 Eisenach; gelernter Polsterer und Tapezierer, ab 1926 KPD-Parteisekretär im Unterbezirk Mainz, ab 1932 in der Sowjetunion, im Zuge der Stalinschen Säuberungen verhaftet, 1953 rehabilitiert, lebte ab 1958 in der DDR. – Volksstaat Hessen 1927-1931 (KPD).   Ruppel/Groß; Götz/Rack

Sunkel, *Carl* Jakob, geb. 18.9.1809 Hersfeld, gest. 8.6.1864 Hersfeld; Kaufmann in Hersfeld. – Kurhessen: Ständeversammlung 1845-1850, 2. Kammer 1860-1862 und Ständeversammlung 1862-1864 (lib.-konst.).   Losch; Sieburg; J.L.

Dr. phil. Supf, Wilhelm Carl Ludwig, geb. 28.5.1803 Frankfurt, gest. 15.5.1882 ...; Lehrer; 1862-1866 Senator. – Freie Stadt Frankfurt: Verfassunggebende Versammlung 1848-1849, Gesetzgebende Versammlung 1861-1862.   Frost; J.L.

Suren, *Franz* Xaver Anton *Wilhelm* Clemens, geb. 17.10.1766 Salzkotten, gest. 11.1.1810 Salzkotten; Miteigentümer der Saline in Salzkotten. – Kgr. Westphalen 1808-1810.   Lengemann I

Susenbluth, Friedrich August, geb. ..., gest. ...; Drehermeister. – Freie Stadt Frankfurt: Gesetzgebende Versammlung 1851.   Frost

Sutter, Manfred, geb. 11.3.1943 Weinheim; Jurist, bis 1989 hauptamtlicher Stadtrat in Frankfurt, 1989-1991 Staatssekretär beim Hessischen Kultusministerium, seit 1992 Geschäftsführer bei Duales System Deutschland (DSD) in Bonn. – Land Hessen: Hessischer Landtag 1991-1992 (CDU).   Kanzlei des Landtags

Dr. phil. von Sybel[189], *Heinrich* Carl Ludwig, geb. 2.12.1817 Düsseldorf, gest. 1.8.1895 Marburg; 1846-1856 Professor der Geschichte in Marburg, später Professor in München und Bonn, 1875-1880 Direktor der preußsichen Staatsarchive in Berlin; Mitglied des Staatenhauses des Unionsparlaments 1850; MdA 1862-1864 und 1873-1880 (bkF 1862, Linkes Zentrum 1862-1864, NL 1873-1880); MdR 1867 (NL). – Kurhessen: Stände-

---

[189] Erhebung (des Vaters) in den Kgl. preußischen Adelsstand am 2.9.1831.

versammlung 1848-1849 (lib.-konst.).
Losch; Sieburg; J.L.

von Sybel, Walter, geb. 13.2.1883 Gummersbach, gest. 15.6.1973 Wiesbaden; Landrat des Dillkreises, später Regierungspräsident in Koblenz. – Wiesbaden und Hessen-Nassau 1918. Burkardt/Pult; J.L.

Freiherr von Syberg zu Sümmern (Syberg-Simmern)[190], **Joseph**, geb. 20.11.1800 Frankfurt, gest. 24.5.1871 Würzburg; Hofmarschall in Wiesbaden. – Nassau: I. Kammer 1852-1853.
Rösner-Hausmann; J.L.

Sznurkowski, Theodor, geb. 30.10.1873 Posen, gest. ... ; Kürschner. – Wiesbaden und Hessen-Nassau 1921-1925 und 1927-1933 (Z). Burkardt/Pult

von und zu der Tann-Rathsamhausen[191], **Eduard** *Arthur* **Carl**, geb. 25.6.1823 Tann in der Rhön, gest. 12.4.1907 Tann; Gutsbesitzer in Tann. – Kassel und Hessen-Nassau 1886-1899 [NL *1878*, DRP *1879*, *1881*, *1884*, K *1898*]. Pelda; J.L.

Tecklenburg, *Theodor* Valentin, geb. 27.1.1839 Erbach im Rheingau, gest. 23.12.1908 Darmstadt; Bergrat bei der oberen Bergbehörde in Darmstadt. – Ghzm. Hessen: 2. Kammer 1881-1887.
Ruppel/Groß

Teege, geb. Stähr, Erna Margarethe (*Grete*) Luise, geb. 29.10.1893 Berlin, gest. 12.4.1959 Frankfurt; Kauffrau, Inhaberin einer Firma in Frankfurt. – Land Hessen: Verfassungberatende Landesversammlung Groß-Hessen 1946 (SPD) und Hessischer Landtag 1950-1950 (SPD).
Lengemann II

Teghillo, Johann Georg August, geb. 5.2.1823 Hanau, gest. 4.8.1902 Hanau; Rentner in Hanau. – Kassel 1877-1879.
Pelda

Tegtmeier, *Heinrich* Dietrich Daniel, geb. 25.2.1812 Holzhausen, gest. 13.12.1875 Holzhausen; Vollmeier in Holzhausen. – Waldeck: Spezial-Landtag Pyrmont 1854-1859. König; Lengemann IV; König/Lenge-mann/Seibel

Temme, Johann Georg, geb. 8.3.1835 Bockenheim, gest. ... Bockenheim; Bürgermeister in Bockenheim. – Kassel 1875-1885; Wiesbaden und Hessen-Nassau 1886-1892. Pelda; Burkardt/Pult

von Teng(g), Edler von Lanzensieg[192], **Johann** Nepomuk, geb. 5.8.1823 Großlakein in Mähren, gest. 9.5.1873 Geisenheim. – Nassau: I. Kammer 1864-1866. Rösner-Hausmann; J.L.

Tepel, Reinhard *Albert* Ludwig Christian Eduard, geb. 4.2.1835 Rhoden, gest. 28.11.1900 Pyrmont; Amtsgerichtssekretär und Kanzleirat in Pyrmont. – Waldeck: Landtag 1887-1893.
König; König/Lengemann/Seibel

Dr. jur. Teves, Wilhelm, geb. ... , gest. ... ; Rechtsanwalt, Notar. – Wiesbaden und Hessen-Nassau 1920 (Z). Burkardt/Pult

Dr. jur. Textor, Johann Wolfgang, geb. 29.1.1767 Frankfurt, gest. 21.2.1831 Frankfurt; Jurist, 1820-1821 und 1825-1831 Direktor des Kuratellamtes; 1802-1816 Senator, 1816-1831 Schöff, 1817-1820 Mitglied des Engeren Rats. – Freie Stadt Frankfurt: Gesetzgebende Versammlung 1820-1825. Frost

Textor, Wilhelm Carl Friedrich, geb. 18.2.1806 Tübingen, gest. 25.3.1882

---

[190] Immatrikulation in der Freiherrenklasse im Kgr. Bayern am 1.5.1819; Kgl. preußische Anerkennung des Freiherrenstandes am 1.6.1827.

[191] Kgl. bayerische Namens- und Wappenvereinigung mit denen der Freiherren von Rathsamhausen am 21.5.1868.

[192] Erhebung in den Kaiserlich österreichischen erblichen Adelsstand am 15.8.1844.

Frankfurt; Advokat und Notar; 1862-1866 Senator. – Freie Stadt Frankfurt: Verfassunggebende Versammlung 1848-1849, Gesetzgebende Versammlung 1858-1862; Präsident der Gesetzgebenden Versammlung 1862.   Frost; J.L.

Thaler, Karl, geb. 7.3.1831 Weyhershof, gest. 24.10.1893 Weyhershof; Gutsbesitzer auf dem Weyhershof. – Kassel und Hessen-Nassau 1890-1892 [Z *1893*].
                                                                                        Pelda; J.L.

Theis (Theiss), **Johann** *Christian*, geb. 15.1.1802 Gladenbach, gest. 27.10.1873 Gladenbach; Kaufmann in Gladenbach. – Ghzm. Hessen: 2. Kammer 1849-1850.
                                                                                        Ruppel/Groß

Theis, Adolf, geb. 8.12.1842 Gladenbach, gest. 14.3.1924 Gladenbach; Kaufmann, Rentner. – Wiesbaden und Hessen-Nassau 1886-1920 (DVP 1920).   Burkardt/Pult

Theis, Johann Christian, geb. 15.1.1802 Gladenbach, gest. 27.10.1873 Gladenbach; Kaufmann. – Wiesbaden 1868-1871.   Burkardt/Pult

Theiss – s. auch Theis

Theiß (I), Heinrich, geb. ... , gest. ... ; Obergrebe in Halsdorf. – Kurhessen: 1833 und 1836-1838 und 2. Kammer 1852-1854 (gem. lib).   Losch; J.L.

Theiß (II), Johann Heinrich *Georg*, geb. 14.9.1801 Halsdorf, gest. 28.5.1859 Windecken; Obergrebe in Halsdorf, Justizbeamter in Wetter, dann in Windecken. – Kurhessen: Ständeversammlung 1833 (gem. lib.).   Losch; Sieburg

Theobald, Friedrich *Hermann*, geb. 2.1.1821 Darmstadt, gest. 8.1.1908 Darmstadt; Oberförster Lich, ab 1878 in Jugenheim. – Ghzm. Hessen: 2. Kammer 1872-1893 (NL).   Ruppel/Groß

Theobald, *Gottfried* **Ludwig**, geb. 21.12.1810 Allendorf bei Hanau, gest. 15.9.1869 Chur, GR, Schweiz; evangelischer Theologe, 1843 Lehrer an der Realschule in Hanau, 1852 Emigration in die Schweiz, Professor an der Kantonsschule in Chur. – Kurhessen: Ständeversammlung 1848-1850 (dem.).   Losch; Sieburg; J.L.

Thiele, *Wilhelm* **Waldemar**, geb. 10.9.1897 Ballenstedt am Harz, gest. 28.3.1990 Biedenkopf; Kriegsinvalide in Dillenburg; MdR 1935-1945 (NSDAP). – Wiesbaden und Hessen-Nassau 1933 (NSDAP).   Burkardt/Pult; J.L.

Thielepape, *Philipp* **Werner**, geb. 19.12.1786 ... , gest. 1.8.1848 Wabern; Postmeister in Wabern. – Kurhessen: Ständeversammlung 1833-1838 (lib.).
                                                                                        Losch; Sieburg; J.L.

du Bos Freiherr du Thil, Carl Wilhelm Heinrich, geb. 22.4.1777 Braunfels, gest. 17.5.1859 Darmstadt; 1820-1821 Ghzgl. Staatsminister und Gesandter beim Bundestag, 1821-1848 Ghzgl. Minister des Auswärtigen und des Hauses und bis 1829 auch Minister der Finanzen, 1829-1848 dirigierender Ghzgl. Staatsminister und zugleich Minister des Innern und Minister der Justiz.- Ghzm. Hessen: 1. Kammer 1820-1847.   Götz/Rack

Thöne, *Georg* **Friedrich**, geb. 5.1.1867 Niedermeister, gest. 4.5.1945 Kassel; gelernter Maurer, 1907-1919 Bezirkssekretär der SPD in Kassel, 1919-1928 Landrat in Witzenhausen, 1928-1933 Vorsitzender der Landesversicherungsanstalt der Provinz Hessen-Nassau in Kassel; MdR 1912-1918 und 1919-1924 (SPD); Stellvertretendes Mitglied des Preußischen Staatsrats 1929-1933 (SPD). – Kassel 1919 (45. KLT) -1933 (SPD); Präsident des IXX.-XXI. Provinzial-Landtags Hessen-Nassau 1930-1933.
                                                                                        Pelda; J.L.

Georg Thöne (SPD)
Präsident des Provinzial-Landtags Hessen-Nassau
1930-1933

Thönges, Peter, geb. 8.3.1774 Montabaur, gest. 26.1.1851 Montabaur; Regierungs-advokat. – Nassau: Deputiertenkammer 1833-1835; Präsident der Deputierten-kammer 1833.   Rösner-Hausmann; J.L.

Thomas, Anton, geb. 2.2.1778 Haselstein, gest. 4.5.1837 Fulda; Regierungsrat und Landrichter in Fulda. – Kurhessen: Stän-deversammlung 1831.   Losch; Sieburg

Thomas, Georg Christian, geb. 28.11.1797 Hanau, gest. ... ; Jurist, Redakteur der Oberpostamtszeitung. – Freie Stadt Frank-furt: Verfassunggebende Versammlung 1848-1849.   Frost; J.L.

Thomas, Johann Gerhard Christian, geb. 5.2.1785 Frankfurt-Sachsenhausen, gest. 1.11.1838 Frankfurt; Advokat, 1809 Archivar des Großherzogtums Frankfurt, 1832-1837 Frankfurter Gesandter am Bundestag, 1833-1837 Syndikus, 1834 Appellationsgerichtsrat; 1816-1831 Se-nator, 1831-1837 Schöff, 1817-1820 und 1827 Mitglied des Engeren Rats, 1824 und 1829 Jüngerer Bürgermeister, 1832, 1835 und 1838 Älterer Bürgermeister. – Freie Stadt Frankfurt: Gesetzgebende Versammlung 1818-1820, 1822-1823, 1826-1828 und 1831.   Frost

Thomas, Johann Jacob, geb. 6.10.1767 Frankfurt, gest. ... ; Aktuar, Auditeur. – Freie Stadt Frankfurt: Gesetzgebende Versammlung 1837-1839.   Frost

Thomas, Wilhelm, geb. 25.8.1875 Wörr-stadt, gest. 10.11.1955 Mainz; gelernter Spengler und Installateur, hauptamtlicher Gewerkschaftssekretär in Mainz. – Volks-staat Hessen 1932-1933 (SPD).
Ruppel/Groß; Götz/Rack

Thome, Georg, geb. ... , gest. 17.9.1881 Hommertshausen; Bürgermeister. – Wiesbaden 1879-1881.   Burkardt/Pult

Thon, Elias, geb. 24.6.1776 auf dem Für-stenstein bei Albungen, gest. 6.2.1837 Solz; Verwalter, Ökonom in Germerode, später Konduktor und Verwalter bei der Familie Verschuer in Solz. – Kgr. West-phalen 1808-1813.   Lengemann I

Thon, Friedrich, geb. 19.1.1817 Solz, gest. 11.6.1892 Kassel; Jurist, dann Öko-nom in Malsfeld, später Pächter der Domäne Wilhelmshöhe. – Kurhessen: Ständeversammlung 1847-1848 (konst.).
Losch; Sieburg; J.L.

Dr. jur. Thon, Heinrich (*Heino*) Georg Friedrich, geb. 17.8.1872 Neumünster in Holstein, gest. 9.7.1939 Kiel; Landrat des Unterwesterwaldkreises, später Ober-präsident in Kiel. – Wiesbaden und Hes-sen-Nassau 1910-1918.   Burkardt/Pult; J.L.

Thon, Heinrich Wilhelm, geb. 25.2.1835 Waldkappel, gest. 10.8.1898 Waldkappel; Gutsbesitzer in Waldkappel. – Kassel 1872-1874.   Pelda

Thon, Ludwig Georg, geb. 1.5.1854 Solz, gest. ... ; Ökonom in Solz. – Kassel 1868-1874.   Pelda

Thorbecke, Christian Franz, geb. 4.10.1763 Osnabrück, gest. 21.1.1830 Osnabrück; Kaufmann, 1808-1812 Maire adjoint (Beigeordneter), 1812-1813 Maire (Bürgermeister) in Osnabrück, später 2. Bürgermeister in Osnabrück. – Kgr. Westphalen 1808-1811.   Lengemann I

Throll, Wolfgang, geb. 18.4.1930 Offenbach; Gymnasiallehrer in Bad Homburg, wohnhaft in Oberursel, 1983 hauptamtlicher Stadtrat (Stadtkämmerer) in Oberursel. – Land Hessen: Hessischer Landtag 1974-1982 (CDU).
Lengemann II; Kanzlei des Landtags

Dr. phil. Thudichum, Georg, geb. 29.3.1794 Eudorf bei Alsfeld, gest. 27.12.1873 Bessungen; Direktor am Gymnasium in Büdingen, Rat und Mitglied beim Oberstudienrat in Darmstadt. – Ghzm. Hessen: 1. Kammer 1849-1850 und 2. Kammer 1850 und 1862-1866 (lib. 1849-1850, F 1862-1866).   Ruppel/Groß; Götz/Rack

Thudichum, Johann Wilhelm *Ludwig* Karl Christian David, geb. 24.8.1798 Eudorf bei Alsfeld, gest. 5.7.1863 Rödelheim; evangelischer Dekan in Rödelheim. – Ghzm. Hessen: 1. Kammer 1851-1856 und 2. Kammer 1856-1863.
Ruppel/Groß; Götz/Rack

Tilemann, Hermann, geb. 26.8.1887 Wettesingen, Krs. Wolfhagen, gest. 14.3.1953 ... ; gelernter Schneider, Landwirt in Wettesingen. – Land Hessen: Verfassungberatende Landesversammlung Groß-Hessen 1946 (CDU) und Hessischer Landtag 1946-1950 (CDU).   Lengemann II

Dr. phil. Till, Hermann. geb. ... , gest. ... ; Professor, Studienrat. – Wiesbaden und Hessen-Nassau 1920 (DNVP).Burkardt/Pult

Tölle, Richard Alwin, geb. 25.7.1899 Hannoversch-Münden, gest. ... ; Arbeiter, Schiffer und Kellner in Kassel, 1931 Kassierer der KPD-Bezirksleitung in Kassel. – Kassel und Hessen-Nassau 1933 (KPD).
Pelda

Toussaint, Ludwig (*Louis*) Otto, geb. 17.9.1766 Hanau, gest. 25.7.1825 Hanau; Bijouterie-Händler und Bijouteriewaren-Fabrikant in der Hanauer Neustadt. – Ghzm. Frankfurt 1810-1813. Lengemann I

Toussaint, Otto, geb. 25.7.1802 Hanau, gest. 10.4.1878 Hanau; Rentner in Hanau. – Kurhessen: Ständeversammlung 1842-1844.   Losch; Sieburg

Trabert, Eduard, geb. 5.8.1890 Kassel, gest. 22.2.1969 ... ; gelernter Schreiner, 1945-1946 Angestellter beim städtischen Fürsorgeamt in Kassel, 1946-1947 Bezirkssekretär der CDU Nordhessen, 1947 Regierungsrat im Hessischen Arbeitsministerium, ab 1949 stellvertretender Leiter des Arbeitsamtes Kassel. – Land Hessen: Beratender Landesausschuß 1946 (CDU), Verfassungberatende Landesversammlung Groß-Hessen 1946 (CDU) und Hessischer Landtag 1946-1950 und 1952-1954 (CDU).   Lengemann II

Trabert, Johann *Adam*, geb. 27.1.1822 Fulda, gest. 8.2.1914 Oberdöbling bei Wien; Publizist, später Beamter der Franz-Josephs-Bahn in Wien. – Kurhessen: Ständeversammlung 1862-1866 (dem.-großdt. 1862-1866, [DVP *1867*]).
Losch; Sieburg; J.L.

Trageser, Karl Heinz, geb. 2.2.1932 Frankfurt; gelernter Elektromechaniker, 1960-1970 Sozialsekretär der Sozialausschüsse Hessen der Christlich-Demokratischen Arbeitnehmerschaft (CDA), 1970-1979 Bezirkssekretär des Bezirksverbandes Rhein-Main der Katholischen Arbeitnehmerbewegung (KAB) der Diözese Limburg, 1979-1987 Stadtrat (Dezernent für Soziales, Jugend und Wohnungswesen) in Frankfurt, 1987-1991 Hessischer Sozialminister; Mitglied der Verbandsversammlung des LWV Hessen 1981-1987; Stellvertretendes Mitglied des Bundesrates 1987-1991. – Land Hessen: Hessischer Landtag 1966-1979 (CDU). Lengemann II; Kanzlei des Landtags

Trageser (Freigericht), Martin, geb. 30.9.1943 Somborn; gelernter Werkzeugmacher, Ingenieur (grad.), Berufsschullehrer an der Ludwig-Geißler-Schule in Hanau, wohnhaft in Freigericht-Somborn. – Land Hessen: Hessischer Landtag 1976-1978 (CDU).
Lengemann II; Kanzlei des Landtags

Trainer, *Karl* Georg Ludwig, geb. 21.10.1816 Nieder-Wildungen, gest. 10.1.1849 Twiste; evangelischer Pfarrer in Twiste. – Waldeck: Landtag 1848-1849. König; König/Lengemann/Seibel

von Trapp (Trapp von Ehrenschild), **Johann Joseph**, geb. 15.7.1800 Hofgut Niederberg bei Ehrenbreitstein, gest. 20.5.1885 Wiesbaden; Geheimer Regierungsrat und Pomologe in Wiesbaden. – Nassau: I. Kammer 1858-1866.
Rösner-Hausmann; J.L.

Trautmann, Christel, geb. 23.10.1936 Weiterstadt; Angestellte, Hausfrau in Darmstadt. – Land Hessen: Hessischer Landtag 1976-1987 (SPD).
Lengemann II; Kanzlei des Landtags

Travers, *Fritz* Franz Gustav Adolf Albert Heinrich, geb. 14.8.1874 Karlsruhe, gest. 17.7.1929 Wiesbaden; Bürgermeister, später Oberbürgermeister der Stadt Wiesbaden; Stellvertretendes Mitglied des Preußischen Staatsrats 1925 (DVP). –

Wiesbaden und Hessen-Nassau 1920-1925 (DVP). Burkardt/Pult; J.L.

Treber, Dirk, geb. 27.8.1951 Frankfurt; Diplom-Soziologe, 1989-1994 hauptamtlicher Stadtrat in Mörfelden-Walldorf; Mitglied der 8. Bundesversammlung. – Land Hessen: Hessischer Landtag 1982-1985 (GRÜ).
Lengemann II; Kanzlei des Landtags

Treibert, Heinrich, geb. 31.3.1898 Treysa, gest. 30.4.1974 Hofgeismar; Volksschullehrer, 1929-1932 Landrat in Fritzlar, 1945-1948 Landrat des Kreises Ziegenhain, danach Vorsitzender des Vorstands der Elektrizitäts-AG Mitteldeutschland in Kassel. – Kassel 1933 (SPD). Pelda

Treupel, Friedrich Daniel, geb. 16.3.1826 Sinn, gest. 14.6.1887 Frankfurt; Grubenbesitzer in Herborn, ab 1870 in Frankfurt wohnhaft. – Wiesbaden 1868-1871 (NFP) [NL *1867-1871*]. Burkardt/Pult; J.L.

Trieloff, Johann Wilhelm Ferdinand, geb. 18.2.1819 Ringewild in der Uckermark, gest. 9.1.1872 Wanfried; Mühlenbesitzer in Wanfried. – Kassel 1869-1871. Pelda

Trieschmann, *Cornelius* Karl, geb. 22.6.1875 Oberellenbach, gest. 5.6.1939 Oberellenbach; Landwirt und Bürgermeister in Oberellenbach. – Kassel und Hessen-Nassau 1926-1929 ([Hessischer Bauernbund *1912*, Hessische und Thüringische Bauernpartei *1913*], Ag 1926-1929). Pelda; J.L.

Tripp, *Carl* Joseph, geb. 7.1.1800 Hundsangen, gest. 23.11.1871 Hundsangen; Landwirt, Kaufmann und Schultheiß. – Nassau: Ständeversammlung 1848-1851 (Club der Rechten).
Rösner-Hausmann

Dr. jur. Dr. h.c. Troeger, Heinrich, geb. 4.3.1901 Zeitz, gest. 29.8.1975 ... ; 1945-

1946 Oberbürgermeister in Jena, 1947 Ministerialdirektor im Hessischen Finanzministerium,1947-1948 Generalsekretär des Exekutivrates des Vereinigten Wirtschaftsgebiets, 1950-1951 Ministerialdirektor im Finanzministerium Nordrhein-Westfalen und Stellvertreter des Ministers, 1951-1956 Hessischer Minister der Finanzen, 1956-1957 Präsident der Landeszentralbank Hessen, 1958-1969 Vizepräsident der Deutschen Bundesbank; Mitglied des Niederschlesischen Provinzial-Landtags 1929-1933 (SPD); Mitglied des Bundesrates 1951-1956. – Land Hessen: Hessischer Landtag 1954-1958 (SPD).   Lengemann II

Troeltsch, Walter, geb. 29.7.1928 Kiel; Volkswirt und Jurist, bis 1970 Oberregierungsrat und Dezernent im Landeskulturamt Hessen in Wiesbaden, Rechtsanwalt in Marburg; Mitglied der 6., 8. und 9. Bundesversammlung. – Land Hessen: Hessischer Landtag 1970-1991 (CDU).
Lengemann II; Kanzlei des Landtags

Dr. Dr. h.c. Tröscher, Tassilo, geb. 25.12.1902 Atzenbach bei Lörrach; Diplom-Landwirt, bis 1952 Verbandsgeschäftsführer der Wirtschaftsgruppe Chemische Industrie, 1953 Ministerialdirektor und Stellvertreter des Hessischen Ministers für Landwirtschaft, 1956-1967 Staatssekretär im Hessischen Ministerium für Landwirtschaft und Forsten, 1967-1970 Hessischer Minister für Landwirtschaft und Forsten; Stellvertretendes Mitglied des Bundesrates 1967-1970. – Land Hessen: Hessischer Landtag 1958-1959, 1962 und 1966-1974 (SPD); Alterspräsident des Hessischen Landtags 1970-1974.
Lengemann II; Kanzlei des Landtags

Troje, Paul Richard Karl, geb. 21.1.1864 Warnow, Westprignitz, gest. 29.6.1942 Einbeck; Oberbürgermeister der Stadt Marburg. – Kassel und Hessen-Nassau 1910-1919 (44. KLT).   Pelda

Trombetta, Eduard, geb. 20.1.1817 Limburg, gest. 1.12.1886 Limburg; Kaufmann. – Nassau: I. Kammer 1852-1854.
Rösner-Hausmann

Trombetta, *Heinrich* Joseph, geb. 24.7.1800 Limburg, gest. 9.7.1859 Limburg; Kaufmann in Limburg. – Nassau: Deputiertenkammer 1833-1836 (lib.).
Rösner-Hausmann; J.L.

Trombetta, *Joseph* Anton, geb. 14.2.1772 Limburg, gest. 27.2.1836 Frankfurt; Kaufmann. – Nassau: Deputiertenkammer 1818-1821 *und 1832 (Mandat nicht angenommen)*.
Rösner-Hausmann

Trommler, *Heinrich* Johann, get. 12.6.1782 Bonn, gest. ... ; Gutsbesitzer und Handelsmann in Mainz. – Ghzm. Hessen: 2. Kammer 1826-1834 (lib.).
Ruppel/Groß

Trost, Daniel, geb. 4.10.1803 Frankenberg, gest. 27.8.1874 Frankenberg; Bürgermeister in Frankenberg. – Kurhessen: 2. Kammer 1852-1854 (opp.).
Losch; Sieburg

Trost, J. G. Bernhard, geb. ... , gest. ... ; Handelsmann. – Freie Stadt Frankfurt: Gesetzgebende Versammlung 1828-1834.
Frost

von Trotha, *Gebhard* Anton Otto, geb. 11.5.1871 Hecklingen in Sachsen, gest. 9.12.1933 Gießen; Landrat des Untertaunuskreises. – Wiesbaden und Hessen-Nassau 1915-1920 (DNVP 1920).
Burkardt/Pult; J.L.

Trott, Ludwig (*Louis*) Heinrich, geb. 15.12.1877 Haiger, gest. 3.10.1958 Haiger; Kaufmann. – Wiesbaden und Hessen-Nassau 1920-1925 (SPD).
Burkardt/Pult

Dr. h.c. mult. von Trott zu Solz, *August* Bodo Wilhelm (Willy) Klemens Paul

geb. 29.12.1855 Imshausen, Krs. Rotenburg an der Fulda, gest. 27.10.1939 Imshausen, 1886-1892 Landrat in Höchst,
1892-1894 in Marburg, 1898-1899 Regierungspräsident in Koblenz, 1899-1905
in Kassel, 1909-1917 Kgl. preußischer
Kultusminister, 1917-1919 Oberpräsident
in Kassel; MdA 1894-1898 (K). – Wiesbaden und Hessen-Nassau 1887-1892
(K).   Burkardt/Pult; J.L.

von Trott zu Solz, *August* **Carl Wilhelm,**
geb. 26.3.1796 Langenschwalbach, gest.
30.1.1862 Kassel; Besitzer des Ritterguts
Oberurff. – Kurhessen: Ständeversammlung 1831-1832 (gouv.). Losch; Sieburg; J.L.

von Trott zu Solz, *Bodo* **Friedrich Karl
Ludwig,** geb. 17.9.1817 Imshausen, gest.
21.9.1887 Imshausen; Gutsbesitzer zu
Imshausen. – Kurhessen: 1. Kammer
1858-1861 und Ständeversammlung
[1863-] 1866; Kassel 1872-1885.
                            Losch; Sieburg; Pelda

Friedrich von Trott zu Solz
Präsident der Kurhessischen Ständeversammlung
1831-1832 und 1847-1848

von Trott zu Solz, *Friedrich* **Heinrich
Ludwig Wilhelm,** geb. 10.11.1794 Marburg, gest. 12.9.1855 Solz; Obergerichtsrat, 1832 Provisorischer Vorstand des Kfl.
Justizministeriums, 1832-1836 Kfl. Minister der Auswärtigen Angelegenheiten
und des Hauses, 1850 Gesandter beim
Bundestag. – Kurhessen: Konstituierender Landtag 1830 und Ständeversammlung 1831-1832 und 1838-1848 (gouv.
1831-1832, kons. 1838-1848); Vizepräsident der Ständeversammlung 1831, Präsident der Ständeversammlung 1831-1832
und 1847-1848.   Losch; Sieburg; J.L.

von Trott zu Solz, *Otto* **Bernhard Georg,**
geb. 1.3.1810 Kassel, gest. 14.6.1876 Rotenburg; Gutsbesitzer in Rotenburg. –
Kurhessen: Ständeversammlung 1847-
1849, 1. Kammer 1852-1861 und Ständeversammlung 1862-1866 (kons. 1847-
1849, kons.-konst. 1852-1866, [K *1867*]).
                            Losch; Sieburg; J.L.

**(Baron[193]) von Trott zu Solz, Wilhelm
Friedrich,** geb. 24.12.1762 Solz, gest.
25.1.1825 Kassel; Herr u.a. auf Solz;
1804 Oberappellationsrichter in Kassel,
1808-1813 Mitglied des Kgl. westphälischen Appellationshofs, später wieder
Kurhessischer Oberappellationsrichter. –
Kgr. Westphalen 1808-1813.   Lengemann I

von Trott zu Solz, *Wilhelm* **Friedrich
Moritz,** geb. 2.11.1802 Marburg, gest.
20.8.1841 Fritzlar; Leutnant in Fritzlar. –
Kurhessen: Ständeversammlung 1838.
                                  Losch; Sieburg

von Trümbach, Karl Friedrich, geb.
18.5.1834 Wilhelmshof, gest. 20.10.1905

---

[193] Kgl. westphälische Adelsbestätigung als Baron am
5.11.1812, die jedoch nach 1813/15 nicht anerkannt wurde.

Soden; Rittergutsbesitzer in Wehrda, Krs. Hünfeld. – Kassel und Hessen-Nassau 1890-1896. Pelda

Dr. jur. Dr. rer. pol. Trumpler, *Hans* Johannes Bernhard Heinrich, geb. 18.10.1875 Frankenthal, gest. 19.2.1955 Los Angeles, CA, USA; Syndikus, Professor in Frankfurt. – Wiesbaden und Hessen-Nassau 1921-1930 (DDP). Burkardt/Pult; J.L.

Tuercke, *Richard* Rudolf Adolf Louis, geb. 5.2.1862 Kleinbeuster, Rittergut Esack/Seehausen, gest. 12.7.1930 Kassel; Landrat in Rotenburg an der Fulda. – Kassel und Hessen-Nassau 1904-1920 (K 1904-1918, DNVP 1919-1920). Pelda; J.L.

Freiherr von Türckheim zu Altdorf, *Ferdinand* August Joseph, geb. 27.11.1789 ... , gest. 4.4.1848 Darmstadt; Jurist, Generalintendant der Hofkapelle und des Hoftheaters, 1836 Direktionsmitglied der Staatsschuldentilgungskasse in Darmstadt, 1842 hessen-darmstädtischer Gesandter am bayerischen Hof. – Ghzm. Hessen: 1. Kammer 1834-1848. Götz/Rack

Uebel, Philipp, geb. 24.12.1864 Dieburg, gest. 27.6.1929 Dieburg; Lehrer, 1919 Präsident des Hessischen Landesschuldenamts, 1920 Präsident des Hessischen Landesernährungsamts, 1922-1929 Ministerialdirektor im Hessischen Ministerium für Arbeit und Wirtschaft; MdR 1909-1912 (Z). – Ghzm. Hessen: 2. Kammer 1905-1918 und Volksstaat Hessen 1919-1924 (Z). Ruppel/Groß; J.L.

Überbruck von Rodenstein – s. von Rodenstein

Ueberhorst, Johann Heinrich Karl, geb. 12.4.1829 Welper in Westfalen, gest. 16.8.1906 Dorfitter; Gutsbesitzer in Dorfitter. – Kassel 1868-1871 und 1890-1906 und Hessen-Nassau 1890-1906. Pelda

Dr. jur. Uerpmann, *Karl* Friedrich Wilhelm, geb. 29.5.1888 Siegen, gest. 18.7.1984 Nidda; Rechtsanwalt in Frankfurt, später Landrat in Limburg. – Wiesbaden und Hessen-Nassau 1933 (NSDAP). Burkardt/Pult; J.L.

Uhlhorn, Christiane, geb. 31.1.1927 Marburg; Oberstudienrätin in Hünfeld. – Land Hessen: Hessischer Landtag 1970-1978 (CDU). Lengemann II; Kanzlei des Landtags

Ullmann, Johannes *Wilhelm*, geb. 12.10.1854 Nieder-Erlenbach, gest. 9.8.1927 Nieder-Erlenbach; Landwirt und Bürgermeister in Nieder-Erlenbach. – Ghzm. Hessen: 2. Kammer 1904-1911 (NL). Ruppel/Groß

Ulm, Christoph, geb. 7.5.1800 Rotenburg, gest. 13.10.1874 Rotenburg; Kaufmann in Rotenburg. – Kurhessen: 2. Kammer 1855-1857. Losch; Sieburg

Ulm, Friedrich, geb. 21.3.1881 Wetzlar, gest. 1.11.1956 ... ; Schlossermeister in Wetzlar. – Land Hessen: Hessischer Landtag 1947-1950 (LDP bzw. FDP). Lengemann II

Ulrich, Anton Ludwig, geb. 9.5.1751 Brilon, gest. 8.10.1834 Bredelar; Fabrikant (Hammer- und Hüttenwerk), 1808-1813 Maire (Bürgermeister) in Altenbeken, später Kauf- und Handelsmann in Eisenwaren in Brilon. – Kgr. Westphalen 1808-1813. Lengemann I

Ulrich, Carl, geb. 28.1.1853 Braunschweig, gest. 12.4.1933 Offenbach; gelernter Schlosser und Dreher, 1875-1879 Redakteur der *Neuen Offenbacher Tageszeitung*, 1879-1886 Geschäftsführer der Genossenschaftsdruckerei, 1886-1892 Kolonialwarenhändler, 1892-1909 Buchdruckereibesitzer, 1909-1918 Geschäftsführer des *Abendblatts* in Offenbach, 1918-1919 Ministerpräsident der provisorischen Regierung in Darmstadt, 1919-

1928 Staatspräsident des Volksstaats Hessen; MdR 1890-1903, 1907-1918 und 1919-1930 (SPD). – Ghzm. Hessen: 2. Kammer 1885-1918 und Volksstaat Hessen 1919-1931 (SPD).   Ruppel/Groß; J.L.

Ulrich, Johann Michael, geb. 22.2.1782 Frebershausen, gest. 11.9.1843 Frebershausen; Gutsbesitzer in Frebershausen. – Waldeck: Landstand 1832-1843.
König/Lengemann/Seibel

Ulrich, Johann *Peter*, geb. 19.4.1800 Erbenheim, gest. 16.6.1881 Erbenheim; Landwirt und Bürgermeister. – Nassau: II. Kammer 1852-1857.   Rösner-Hausmann

Ulrici, Franz Bernhard Heinrich *Werner*, geb. 22.10.1877 Ohlau in Schlesien, gest. 31.7.1950 Wiesbaden; Landrat des Oberwesterwaldkreises. – Wiesbaden und Hessen-Nassau 1920-1928 (parteilos 1920, DVP 1921-1928).   Burkardt/Pult; J.L.

Ulrici, Johann Christoph, geb. ... , gest. ... ; Schreinermeister, Major. – Freie Stadt Frankfurt: Gesetzgebende Versammlung 1843-1844, 1846 und 1848.   Frost

Unverzagt, Jakob, geb. 25.8.1827 Biedenkopf, gest. 28.2.1898 Biedenkopf; Bürgermeister. – Wiesbaden und Hessen-Nassau 1885-1896.   Burkardt/Pult

Unzicker, Christian, geb. 18.7.1806 Windhof bei Ahausen, gest. ... ; Hofbeständer. – Nassau: Ständeversammlung 1848-1851.   Rösner-Hausmann

von Urff, *Friedrich* Carl Ernst, geb. 13.4.1805 Kassel, gest. 27.10.1873 Kassel; Obergerichtsreferendar, dann Regierungssekretär in Marburg und später Landrat in Rotenburg. – Kurhessen: Ständeversammlung 1838-1841 und 1847-1849.   Losch; Sieburg

von Urff, *Wilhelm (IX.)* Christian Ernst Ludwig Friedrich Georg[194], geb. 26.3.1799 Kassel, gest. 8.1.1855 Zwesten; Major im Leibgarderegiment, 1849 Vorstand des Kfl. Kriegsministeriums. – Kurhessen: Ständeversammlung 1835-1838 und 1841 (gouv. 1835-1838).
Losch; Sieburg; J.L.

Urstadt, Kaspar *Otto*, geb. 30.8.1868 Alsfeld, gest. 2.7.1945 Gießen; Lehrer am Gymnasium in Gießen, 1918-1919 Direktor der Ministerialabteilung für das Bildungswesen, 1919 Oberlehrer, 1920 Direktor am Realgymnasium in Gießen, 1921-1932 Präsident des Hessischen Landesamtes für Bildungswesen. – Ghzm. Hessen: 2. Kammer 1911-1918 und Volksstaat Hessen 1919-1925 (FoVP 1911-1918, DDP 1919-1925).   Ruppel/Groß; J.L.

Dr. jur. Usener, Friedrich Philipp, geb. 26.11.1773 Steinfurth in der Wetterau, gest. 11.3.1867 Frankfurt; Advokat, Senatsschreiber, 1836 Direktor des Kuratellamts, 1838-1856 Appellationsgerichtsrat; 1829-1838 Senator, 1839-1861 Schöff. – Freie Stadt Frankfurt: Gesetzgebende Versammlung 1830-1848.   Frost

Dr. jur. Usinger, *Julius* Wilhelm Philipp, geb. 20.5.1828 Wimpfen, gest. 19.2.1902 Darmstadt; Kreisassessor in Groß-Gerau, 1872 Kreisrat in Bensheim. – Ghzm. Hessen: 2. Kammer 1872-1878 (NL).
Ruppel/Groß

von Uslar, Hermann Julius *Adolf*, geb. 13.5.1877 Haus Rethmar bei Lehrte, gest. 17.9.1960 Bad Harzburg; Landrat des Kreises Wolfhagen. – Kassel und Hessen-Nassau 1919 (45. KLT) -1925 (parteilos 1919, Freie Ag, Ag).   Pelda

(Freiherr) von Uslar-Gleichen[195], **Friedrich Carl August**, geb. 5.9.1800 Kassel,

---

[194] Offenbar verwechselt GROTHE die beiden Abg. *von Urff*.

[195] Kgl. preußische Genehmigung zur Führung des Freiherrentitels am 23.2.1870.

gest. 26.5.1870 Kassel; Gutsbesitzer in Oberlengsfeld. – Kurhessen: 2. Kammer 1855-1862.   Losch; Sieburg

Uth, Franz Christian Dagobert Justus, geb. 10.3.1855 Fulda, gest. 24.12.1926 Bad Homberg; Rechtsanwalt und Notar in Hanau. – Kassel und Hessen-Nassau 1917-1919 (44. KLT).   Pelda

Uttendörfer, Carl Christian Friedrich, geb. 2.1.1836 Schmalkalden, gest. 23.3.1907 Schmalkalden; Hüttenbesitzer in Schmalkalden und Besitzer der Hochofenanlage und des Walzwerkes Auehütte in Aue. – Kassel 1881-1883.   Pelda

Dr. jur. Valckenberg, *Cornelius* Josef, geb. 24.8.1815 Worms, gest. 30.5.1873 Heppenheim; Bezirksgerichtsrat und Untersuchungsrichter am Bezirksgericht Mainz. – Ghzm. Hessen: 2. Kammer 1859-1862.   Ruppel/Groß

Valckenberg, *Wilhelm* Joseph, geb. 1.3.1790 Worms, gest. 2.1.1847 Worms; Großhändler in Worms. – Ghzm. Hessen: 2. Kammer 1841-1847.   Ruppel/Groß

Valckenberg, *Wilhelm Joseph* Dieudonné, geb. 19.3.1844 Worms, gest. 27.9.1914 Worms; Besitzer der Wormser Kammgarnspinnereien. – Ghzm. Hessen: 1. Kammer 1909-1914.   Götz/Rack

Varnhagen, *Oskar* Max, geb. 4.9.1873 Arolsen, gest. 6.2.1956 Korbach; Rechtsanwalt in Korbach. – Waldeck: Landesvertretung 1919-1929 ([NL *1912*], DVP 1919-1922, WLWV [DVP] 1922-1925, LB [DVP] 1925-1929).
König; König/Lengemann/Seibel

Varnhagen, Robert, geb. 14.5.1818 Arolsen, gest. 31.12.1903 Arolsen; Jurist, 1852-1867 Regierungsrat und Dirigent der Abteilung für Finanzen, 1853-1867 auch der Abteilung für Domänen- und Forstsachen, 1868-1887 Direktor der Do-

Robert Varnhagen (NL)
Präsident des Waldeckischen Landtags 1892-1894

manialverwaltung, 1873-1887 auch Konsistorialdirektor in Arolsen. – Waldeck: Landtag 1848-1851 und 1892-1894 (NL); Präsident des Waldeckischen Landtags 1892-1894.   König; Lengemann III;
König/Lengemann/Seibel

Dr. jur. Varrentrapp, Conrad Gustav *Adolf*, geb. 18.1.1844 Frankfurt gest. 26.11.1916 Frankfurt; Stadtrat, dann Bürgermeister in Frankfurt. – Wiesbaden und Hessen-Nassau 1893-1916 [NL].
Burkardt/Pult; J.L.

Dr. med. Varrentrapp, Johann Conrad, geb. 7.8.1779 Frankfurt, gest. 11.3.1860 Frankfurt; Arzt. – Freie Stadt Frankfurt: Gesetzgebende Versammlung 1818-1819, 1824 und 1830-1832.   Frost

Dr. med. Varrentrapp, Johann *Georg* **(jun.)**, geb. 20. 3.1809 Frankfurt, gest. 15. 3.1886 Frankfurt; Oberarzt am Hospital zum Heiligen Geist. – Freie Stadt Frankfurt: Gesetzgebende Versammlung 1843-1850, 1852-1857 und 1861-1866 [NL].   Frost; J.L.

Varrentrapp, Johann Albrecht, geb. 7.5.1821 Frankfurt, gest. 12.9.1885 Frankfurt. – Freie Stadt Frankfurt: Gesetzgebende Versammlung 1852-1857.
                                                                  Frost

Vater, Maria, geb. 10.10.1924 Thalwenden; Hausfrau, Leiterin der Verbraucherberatung in Kassel; Mitglied der 6. Bundesversammlung. – Land Hessen: Hessischer Landtag 1970-1982 (SPD).
                      Lengemann II; Kanzlei des Landtags

Vaupel, Christian *Gottfried*, geb. ... 1762 [angeblich] Wickenrode[196], gest. 9.6.1824 Niederhone; Ökonomie-Inspektor in Niederhone. – Hessen-Kassel 1815-1816.
                                                          Sieburg (J.L.)

Vaupel, Christoph Wilhelm, geb. 16.4.1839 Niederhone, gest. ... ; Guts- und Mühlenbesitzer in Eltmannshausen. – Kassel und Hessen-Nassau 1891.   Pelda

Vaupel, Heinrich, geb. 15.7.1805 Langenhain, gest. 30.10.1875 Langenhain; Bürgermeister in Langenhain. – Kurhessen: Ständeversammlung 1842-1844, 2. Kammer 1861-1862 und Ständeversammlung 1862-1866.   Losch; Sieburg

Velde, August, geb. 24.3.1829 Diez, gest. 28.5.1904 Diez; Rechtsanwalt und Notar in Diez. – Wiesbaden und Hessen-Nassau 1889-1898 ([dem.], NL).   Burkardt/Pult; J.L.

von den Velden, Reinhard, geb. 29.9.1801 Frankfurt, gest. 9.11.1858 Frankfurt. –

---

[196] Ein Eintrag im Kirchenbuch von Wickenrode läßt sich nicht finden.

Freie Stadt Frankfurt: Ständige Bürgerrepräsentation 1854-1858.   Frost

Velte, Heinrich Friedrich (*Fritz***)**, geb. ... , gest. ... ; Postagent. – Wiesbaden und Hessen-Nassau 1920 (DVP).   Burkardt/Pult

Velte, Inge, geb. 7.11.1936 Mörfelden; bis 1987 Geschäftsführerin des CDU-Kreisverbandes Groß-Gerau, jetzt wohnhaft in Erbuch im Odenwald; Mitglied der 10. Bundesversammlung. – Land Hessen: Hessischer Landtag seit 1987 (CDU).
                              Kanzlei des Landtags

Velte, Johann *Heinrich*, geb. 6.11.1782 Wehrheim, gest. 25.4.1861 Wehrheim; Landwirt in Wehrheim. – Nassau: Deputiertenkammer 1833-1848.
                                  Rösner-Hausmann

Freiherr von Verschuer, *August* **Christian Ernst Wilhelm**, geb. 16.12.1796 Rotenburg, gest. 29.3.1867 Solz; Major a.D. in Solz. – Kurhessen: 1. Kammer 1860-1861 und Ständeversammlung 1863-1866.   Losch; Sieburg

Freiherr von Verschuer, Carl, geb. 25.9.1816 Donaueschingen, gest. 15.8.1859 Lippspringe. – Kurhessen: 1. Kammer 1852-1856 (kons.-konst.).
                                      Losch; Sieburg

Freiherr von Verschuer, Wilhelm, geb. 24.4.1795 Rotenburg, gest. 16.2.1837 Kassel; Flügeladjutant, Oberstallmeister. – Kurhessen: Ständeversammlung 1833-1838 (gouv.).   Losch; Sieburg; J.L.

Vesper, Georg Christian Wilhelm, geb. 27.11.1802 Korbach, gest. 28.6.1880 Korbach; Kaufmann und mehrfach Bürgermeister in Korbach. – Waldeck: Landstand 1842-1848.
                            König/Lengemann/Seibel

Vesper, Karl Christian Ludwig (*Louis***)**, geb. 9.2.1806 Korbach, gest. 6.3.1863

Korbach; Kaufmann und Silberarbeiter (Meister) in Korbach. – Waldeck: Landtag 1860-1863. König; König/Lengemann/Seibel

Vetter, Johannes (Conrad ?), geb. ... , gest. ... . Freie Stadt Frankfurt: Gesetzgebende Versammlung 1828, 1832-1833 und 1835-1838. Frost

Vetter, Kurt Heinrich, geb. 17.6.1862 Breitenbach am Herzberg, gest. 4.11.1945 Breitenbach; Bürgermeister in Breitenbach. – Kassel und Hessen-Nassau 1904-1920. Pelda

Vetters, Friedrich, geb. 6.8.1861 Zschieren bei Dresden, gest. 9.3.1932 Gießen; gelernter Schreiner, Redakteur der *Oberhessischen Volkszeitung* in Gießen. – Volksstaat Hessen 1919-1921 (SPD). Ruppel/Groß; Götz/Rack

Vielhauer, Jochen, geb. 11.2.1947 Neumünster; Diplom-Soziologe, bis 1982 Redakteur in der Regionalredaktion Frankfurt der *tageszeitung*. – Land Hessen: Hessischer Landtag 1985-1987 (GRÜ); Vorsitzender der GRÜ-Fraktion 1985-1987. Lengemann II; Kanzlei des Landtags

Vietmeier, Hermann *Heinrich* **August**, geb. 7.1.1791 Oesdorf, gest. 21.2.1854 Holzhausen; Vollmeier in Holzhausen. – Waldeck: Spezial-Landtag Pyrmont 1850-1854. König; Lengemann IV; König/Lengemann/Seibel

Vietor, Ludwig, geb. 7.4.1800 Hersfeld, gest. 19.4.1859 Hersfeld; Advokat in Hersfeld. – Kurhessen: Ständeversammlung 1847-1848 (lib.-dem.). Losch; Sieburg; J.L.

Vigelius, P. F., geb. ... , gest. ... ; Silberarbeiter. – Freie Stadt Frankfurt: Gesetzgebende Versammlung 1826-1830. Frost

Dr. phil. h.c. Vilmar, *August* **Friedrich Christian**, geb. 21.11.1800 Solz, gest.

30.7.1868 Marburg; Gymnasiallehrer in Hersfeld, 1833 Gymnasialdirektor in Marburg; 1850 Referent im Innenministerium in Kassel, 1855 Professor der Theologie in Marburg. – Kurhessen: Ständeversammlung 1831-1832 und 1. Kammer 1852-1854 (gem. lib. 1831-1832, monarchisch-gouv. 1852-1854). Losch; Sieburg; J.L.

Dr. phil. Vitense, Otto, geb. 19.7.1912 Neubrandenburg, gest. 29.12.1962 ... ; 1945-1946 Bürgermeister und stellvertretender Landrat in Schlüchtern, 1948-1962 Landrat des Untertaunuskreis. – Land Hessen: Verfassungberatende Landesversammlung Groß-Hessen 1946 (CDU). Lengemann II

Vocke, Heinrich Burghardt, geb. 4.10.1853 Emden, gest. 2.7.1913 Eschwege; Bürgermeister in Eschwege. – Kassel und Hessen-Nassau 1892-1913. Pelda

Völker, Friedrich Adolph, get. 16.12.1787 Frankfurt, gest. 25. 7.1834 Frankfurt; Handelsmann. – Freie Stadt Frankfurt: Ständige Bürgerrepräsentation 1829-1834 (Stadtrechnungsrevisionskolleg 1830-1834. Frost

Völker, Georg, geb. 16.9.1887 Verna, gest. 17.4.1970 Verna; gelernter Schlosser, Geschäftsführer des Verbandes der Bergbauindustriearbeiter Deutschland in Kassel, 1945 Bürgermeister in Verna und für Allendorf, 1946-1948 Landrat des Kreises Fritzlar-Homberg; Mitglied der 1. Bundesversammlung. – Kassel und Hessen-Nassau 1928 (57. KLT) -1932 (SPD); Land Hessen: Verfassungberatende Landesversammlung Groß-Hessen 1946 (SPD) und Hessischer Landtag 1946-1954 (SPD). Pelda; Lengemann II

Völker, Georg Adolf, geb. 9.11.1763 Meißenheim in Baden, gest. 19.7.1826 Frankfurt; Handelsmann, Entomologe. –

Freie Stadt Frankfurt: Gesetzgebende Versammlung 1819-1829, Ständige Bürgerrepräsentation 1820-1826.   Frost

Voerg, *Wilhelm* **Ludwig**, geb. 18.4.1833 Wimpfen, gest. 9.1.1888 Wimpfen; Teilhaber der Papierfabrik in Wimpfen, später Pächter der Stadthallengaststätte Harmonie in Heilbronn. – Ghzm. Hessen: 2. Kammer 1887-1888 (NL).   Ruppel/Groß

Vogel, **Dietrich**, get. 1. 3.1740 Frankfurt, gest. ... . – Freie Stadt Frankfurt: Ständige Bürgerrepräsentation [1788] -1818.   Frost

Vogel, **Georg Joseph**, geb. 10.8.1790 Mainz, gest. 19.10.1856 Mainz; Richter am Kreisgericht in Mainz. – Ghzm. Hessen: 2. Kammer 1834.   Ruppel/Groß

Vogel, **Jonas Friedrich**, geb. 21.3.1792 Frankfurt, gest. ... ; Posamentierermeister. – Freie Stadt Frankfurt: Gesetzgebende Versammlung 1851.   Frost

Vogel, **Josef**, geb. 1.9.1893 Harmerz, Krs. Fulda, gest. 22.1.1982 ... ; Landwirt und Bürgermeister in Harmerz; Mitglied der 3. Bundesversammlung. – Land Hessen: Hessischer Landtag 1954-1962 (CDU).   Lengemann II

Vogeley, *Carl* **Georg Friedrich Ferdinand**, geb. 21.5.1825 Kassel, gest. 16.10.1899 Kassel; Generalsekretär des landwirtschaftlichen Zentralvereins in Kassel; MdA 1867-1879 (NL). – Kassel 1875-1880 (NL).   Pelda; J.L.

Vogeley, **Johann Christoph**, geb. 14.8.1759 Eschwege, gest. 5.10.1830 Eschwege; Wollentuch- und Raschmacher und Bürgermeister in Eschwege. – Hessen-Kassel 1816.   Sieburg (J.L.)

Vogelsang, **Friedrich Alexander**, geb. ... , gest. ... ; Handelsmann. – Freie Stadt Frankfurt: Gesetzgebende Versammlung 1859-1864.   Frost

Dr. med. Vogler, **Johann** *August*, geb. 20.9.1790 Hachenburg, gest. 22.12.1860 Ems; praktischer Arzt und Badearzt in Ems. – Nassau: II. Kammer 1852-1854.   Rösner-Hausmann; J.L.

Dr. med. Vogt, *Carl* **August Christoph**, geb. 5.7.1817 Gießen, gest. 5.5.1895 Genf; Professor für Zoologie in Gießen, später Professor für Geologie Genf und Schweizer Staatsbürger; MdN 1848-1849 (DH 1848, Märzverein 1848-1849); Mitglied des Großen Rats von Republik und Kanton Genf 1856-1862, 1870-1876 und 1878-1880 (rad. [d.i. frsg.]); Mitglied des Ständerats der Schweizerischen Eidgenossenschaft 1856-1861 und 1870-1871 (rad. [d.i. frsg.]); Mitglied des Nationalrats der Schweizerischen Eidgenossenschaft 1878-1881 (rad. dissident [d.i. nicht der frsg. Fraktion angehörender Freisinniger]). – Ghzm. Hessen: 2. Kammer 1849-1850.   Ruppel/Groß; J.L.

Dr. phil. Vogt, *Emil* **Christoph**, geb. 16.5.1848 Butzbach, gest. 26.5.1930 Butzbach; Apotheker in Butzbach. – Ghzm. Hessen: 2. Kammer 1884-1890 und 1891-1896 (NL).   Ruppel/Groß

Vogt, **Johann** *Adam*, geb. 18.9.1798 Helsa, gest. 13.11.1871 Helsa; Ökonom und Grebe in Helsa. – Kurhessen: Konstituierender Landtag 1830.   Losch; Sieburg

Vogt, *Johanna* **Sophia Wilhelmine Caroline**, geb. 16.6.1862 Elberfeld, gest. 11./12.3.1944 Berlin; Privat-Lehrerin in Kassel. – Kassel und Hessen-Nassau 1929 (59. KLT) (DDP).   Pelda

Vogt, **Nicolaus** (*Niklas*), geb. 6.12.1756 Mainz, gest. 19.5.1836 Frankfurt; Historiker und Schriftsteller; 1816-1831 Senator, 1831-1836 Schöff, 1817-1827 Mitglied des Engeren Rats. – Freie Stadt Frankfurt: Gesetzgebende Versammlung 1818.   Frost

Vogt, *Otto* Heinrich Nikolaus, geb. 1.8.1852 Kassel, gest. 3.11.1932 Kassel; Kaufmann, Mühlenbesitzer in Kassel. – Kassel und Hessen-Nassau 1897-1914 (FrsgVP *1893*)   Pelda

Vogt, Rudolf Carl Ferdinand, geb. 15.12.1856 Neumarkt in Schlesien, gest. 15.9.1926 Wiesbaden; Bürgermeister, Oberbürgermeister. – Wiesbaden und Hessen-Nassau 1898-1918.   Burkardt/Pult

Vogtherr, Johann *Albrecht*, (Pseudonym: Adolar), geb. 27.4.1811 Bayreuth, gest. 20.2.1887 Frankfurt; Generalpostdirektionsoberrevisor, Generaldirektor der Providentia; MdA 1870-1872 (F). – Freie Stadt Frankfurt: Verfassunggebende Versammlung 1848-1849; Gesetzgebende Versammlung 1858-1866.   Frost; J.L.

Dr. jur. h.c. Voigt, *Georg* Philipp William, geb. 16.9.1866 Klein-Schellmühl, Krs. Danzig, gest. 13.4.1927 Marburg; 1912-1924 Oberbürgermeister der Stadt Frankfurt, 1924-1929 Oberbürgermeister der Stadt Marburg; Mitglied des Rheinischen Provinzial-Landtags 1908-1912; MdH 1907-1912 und [1912] 1913-1918. – Wiesbaden und Hessen-Nassau (DDP 1919-1920).   Burkardt/Pult; J.L.

Voigt, Lorenz Wilhelm, geb. ... , gest. ... ; Chirurg und Wundarzt am Bürgerhospital. – Freie Stadt Frankfurt: Gesetzgebende Versammlung 1824.   Frost

Voitel, Gottfried, geb. 12.5.1926 Dresden, gest. 10.10.1990 ... ; Diplom-Volkswirt, bis 1968 Dozent am Verwaltungsseminar Frankfurt, 1973-1979 hauptamtlicher Beigeordneter des Hochtaunuskreises; Mitglied der 5. Bundesversammlung. – Land Hessen: Hessischer Landtag 1966-1973 (F.D.P.); Vizepräsident des Hessischen Landtags 1970-1973.
    Lengemann II; Kanzlei des Landtags

Volhard, *Carl* Georg Ferdinand, geb.

26.11.1802 Darmstadt, gest. 5.5.1887 Darmstadt; Advokat und Prokurator am Hofgericht in Gießen, 1848 Kammeranwalt, 1880 Rechtsanwalt in Darmstadt. – Ghzm. Hessen: 2. Kammer 1848-1856 und 1862-1872 (lib. 1848-1856, F 1862-1872).   Ruppel/Groß

Volkenand, Johannes, geb. 12.8.1827 Bengendorf, gest. 31.7.1894 Bengendorf; Gutsbesitzer in Bengendorf. – Kassel 1884-1885.   Pelda

Vollbracht, Franz Lothar, geb. 1.5.1887 Hanau, gest. 28.5.1874 Würzburg; Kaufmann, Rentner in Hanau. – Kassel 1868-1870.   Pelda

Vollbrecht, J. Dieter Ludwig, geb. ... , gest. ... ; Schuhmachermeister. – Freie Stadt Frankfurt: Gesetzgebende Versammlung 1840-1841 und 1847.   Frost

Vollmer, Lisa, geb. 23.7.1937 Kassel; bis 1987 Angestellte der AWO Kassel-Stadt in Kassel; Mitglied der 10. Bundesversammlung. – Land Hessen: Hessischer Landtag seit 1987 (SPD).   Kanzlei des Landtags

Vomberg, Johann, geb. 21.10.1801 Fulda, gest. 14.1.1841 ... ; Oberfinanzrat in Kassel. – Kurhessen: Ständeversammlung 1836-1838 (gouv.).   Losch; Sieburg; J.L.

Vonhausen, Johann Christian, geb. 26.10.1806 Weilmünster, gest. 25.5.1876 Wiesbaden; Amtmann in Wehen. – Nassau: II. Kammer 1858-1863.
    Rösner-Hausmann; J.L.

Voos-Heißmann, geb. Heinen, Else, geb. 23.8.1913 Solingen, gest. 12.3.1970 Wiesbaden; Hausfrau in Wiesbaden; Mitglied der 1. Bundesversammlung. – Land Hessen: Hessischer Landtag 1946-1950 (SPD).   Lengemann II

Vorbeck, geb. Wiebel, Dorothee, geb. 13.4.1936 Gerolstein in der Eifel; bis

1970 Lehrerin, 1979-1984 Leiterin des Abendgymnasiums für Berufstätige in Frankfurt, 1984-1987 Staatssekretärin beim Hessischen Kultusminister. – Land Hessen: Hessischer Landtag 1970-1978 (SPD). Lengemann II; Kanzlei des Landtags

Wachenfeld, Jacob Hermann Wilhelm, geb. 9.8.1855 Schmalkalden, gest. 15.1.1914 Eisenach; Bankier, Mitinhaber des Bankhauses Wachenfeld und Gumprich in Schmalkalden. – Kassel und Hessen-Nassau 1907-1913. Pelda

Dr. phil. Dr. theol. h.c. Wachler, Johann Friedrich *Ludwig*, geb. 15.4.1767 Gotha, gest. 4.4.1838 Breslau; Professor der Theologie nach lutherischem Lehrbegriff, Mitglied des Staatswissenschaftlichen Instituts, Konsistorialrat beim Konsistorium und Leiter des Predigerseminars in Marburg, ab 1811 auch Mitdirektor des Philologischen Seminars, später Oberbibliothekar in Breslau. – Kgr. Westphalen 1808-1813. Lengemann I

Dr. phil. Wachs, Johann George, geb. 9.7.1779 Bischofsheim bei Hanau, gest. ... 1834 ... ; Vorsteher der Waisenhäuser in Hanau. – Ghzm. Frankfurt 1810-1813; Kurhessen: Ständeversammlung 1833 (gem. lib.). Lengemann I; Losch; Sieburg

Wachsmuth, Johann *Georg*, geb. 28.11.1816 Sooden, gest. 5.9.1887 Sooden; Siedemeister und Bürgermeister in Sooden. – Kurhessen: 2. Kammer 1858-1861 und Ständeversammlung 1862-1866. Losch; Sieburg; J.L.

Wachsmuth, Johann Jacob *Karl*, geb. 19.2.1871 Wehlheiden bei Kassel, gest. 24.6.1937 Kassel; Tischlermeister in Kassel. – Kassel und Hessen-Nassau 1930-1932 [SWR 1933]. Pelda; J.L.

von Wachter[197]**, Friedrich**, geb. 7.2.1788 Darmstadt, gest. 16.8.1876 Bensheim; Generalleutnant, 1862-1866 Ghzgl. Kriegsminister. – Ghzm. Hessen: 1. Kammer 1862-1866. Götz/Rack

Wackermann, Hermann *Franz*, geb. 16.9.1860 Löwensen, gest. 17.3.1936 Löwensen; Fabrikant in Löwensen. – Waldeck: Landtag 1899-1905. König; König/Lengemann/Seibel

Wadsack, Eduard, geb. 8.3.1809 Göttingen, gest. 15.8.1881 Alsfeld; Ökonom in Grebenau, später Rentner in Alsfeld; MdR 1877-1878 (NL). – Ghzm. Hessen: 2. Kammer 1862-1881 (F 1862- ... , NL 1872-1881). Ruppel/Groß; J.L.

Waess, Leopold, geb. 26.8.1908 Frankfurt, gest. 19.10.1994 ... ; Fotografenmeister in Limburg. – Land Hessen: Hessischer Landtag 1954-1958 und 1961-1966 (FDP). Lengemann II

Dr. phil. Wagenbach, Joseph, geb. 26.7.1900 Hundsangen im Westerwald, gest. 31.8.1980 ... ; 1945-1946 Landrat des Kreises Gießen, 1946-1966 Landrat des Main-Taunus-Kreises. – Land Hessen: Verfassungberatende Landesversammlung Groß-Hessen 1946 (CDU) und Hessischer Landtag 1947-1950 (CDU). Lengemann II

Wagener, Johann Carl *Georg* Ludwig, geb. 28.1.1802 Goddelsheim, gest. 29.3.1859 Goddelsheim; Ökonom und Richter bzw. Bürgermeister in Goddelsheim, Besitzer des Ritterguts Reckenberg. – Waldeck: Landstand 1848 und Landtag 1852-1855. König; König/Lengemann/Seibel

Wagener, Johann Daniel, geb. 23.4.1762 Nieder-Wildungen, gest. 12.2.1842 Nieder-Wildungen; Bürgermeister in Nieder-Wildungen. – Waldeck: Landstand 1825-1826. König/Lengemann/Seibel

---

[197] Erhebung in den Ghzgl. hessischen Adelsstand am 16.7.1855.

Wagener, Johann Georg, geb. 25.12.1769 Bergheim, gest. 29.4.1833 Reckenberg; 1802 Pächter und Konduktor, später auch Eigentümer des Gutes Reckenberg. – Waldeck: Landstand 1816-1833.

König/Lengemann/Seibel

Wagener, *Philipp* Erich Theodor, geb. 24.2.1819 Nieder-Wildungen, gest. 5.2.1888 Nieder-Wildungen; Kaufmann und Bürgermeister in Nieder-Wildungen. – Waldeck: Landtag 1855-1859.

König; König/Lengemann/Seibel

Wagner (Fürfurt), Albert, geb. 22.11.1885 Fürfurt, gest. 19.1.1974 ... ; Volksschullehrer, 1930-1933 Regierungsvizepräsident in Breslau, 1945-1947 Landrat des Oberlahnkreises, 1947-1948 Leiter der Personalabteilung im Hessischen Wirtschaftsministerium, 1948-1949 Regierungspräsident in Darmstadt, 1949-1951 Hessischer Minister für Arbeit, Wirtschaft und Landwirtschaft; Mitglied des Parlamentarischen Rats des Länderats des amerikanischen Besatzungsgebiets 1947-1949 (SPD); Stellvertretendes Mitglied des Bundesrates 1949-1951; Mitglied der 1. Bundesversammlung. – Land Hessen: Verfassungberatende Landesversammlung Groß-Hessen 1946 (SPD) und Hessischer Landtag 1946-1966 (SPD); Vorsitzender der SPD-Fraktion 1947-1949, Alterspräsident des Hessischen Landtags 1958-1966.

Lengemann II

Wagner, *Alfred* Hans Wilhelm, geb. 17.3.1852 Saline Liebenhalle bei Salzgitter, Krs. Goslar, gest. 8.12.1931 Geisenheim; Landrat des Rheingaukreises. – Wiesbaden und Hessen-Nassau 1914-1918.

Burkardt/Pult; J.L.

Wagner, *Carl* Joseph, geb. 23.7.1828 Oestrich, gest. 15.5.1880 Oestrich; Landwirt in Mittelheim; MdA 1867-1868 (bkF). – Nassau: II. Kammer 1865-1866 (NFP).

Rösner-Hausmann; J.L.

Dr. jur. Wagner (Lahntal), Christean, geb. 12.3.1943 Königsberg in Preußen; Landrat des Landkreises Marburg-Biedenkopf a.D., bis 1987 Staatssekretär beim Bundesminister für Umwelt, Naturschutz und Reaktorsicherheit, 1987-1991 Hessischer Kultusminister, Rechtsanwalt, wohnhaft in Lahntal; Stellvertretendes Mitglied des Bundesrats 1987-1991; Mitglied der 10. Bundesversammlung. – Land Hessen: Hessischer Landtag seit 1991 (CDU).

Kanzlei des Landtags

Wagner (Darmstadt) (1987: Wagner-Pätzhold), **Daniela**, geb. 4.4.1957 Darmstadt; Studentin in Darmstadt, 1981-1987 Geschäftsführerin der GRÜNEN im Kreistag Darmstadt-Dieburg, seit 1994 Stadträtin in Darmstadt; Mitglied der 9. Bundesversammlung. – Land Hessen: Hessischer Landtag 1987-1994 (GRÜ bzw. B 90/GRÜ).

Kanzlei des Landtags

Wagner (Eschwege), Erika, geb. 13.8.1933 Wanfried; Hausfrau in Eschwege; Mitglied der 7., der 9. und der 10. Bundesversammlung. – Land Hessen: Hessischer Landtag 1978-1995 (SPD); Vizepräsidentin des Hessischen Landtags 1991-1995.

Lengemann II; Kanzlei des Landtags

Wagner (Angelburg), Ernst-Ludwig, geb. 20.7.1950 Mainzlar; Maschinenschlosser, Konstrukteur in Angelburg. – Land Hessen: Hessischer Landtag seit 1987 (SPD).

Kanzlei des Landtags

Wagner, Franz Adam, geb. 4.5.1869 Mörlenbach, gest. 8.12.1956 Klein-Breitenbach; Landwirt und Bürgermeister in Klein-Breitenbach. – Volksstaat Hessen 1921-1924 (Z).

Ruppel/Groß

Wagner, Georg Samuel, geb. ... , gest. ... ; Schuhmachermeister. – Freie Stadt Frankfurt: Gesetzgebende Versammlung 1845-1848.

Frost

Dr. Hans Wagner (CDU)
Präsident des Hessischen Landtags 1974-1982

Dr. phil. Wagner (Heppenheim), Hans, geb. 5.5.1915 Nieder-Liebersbach, gest. 13.2.1996 Heppenheim; Gymnasiallehrer, wohnhaft in Heppenheim; Mitglied der 3., 5., 6., 7. und 8. Bundesversammlung. – Land Hessen: Hessischer Landtag 1950-1982 (CDU); Vorsitzender der CDU-Fraktion 1966-1970 und 1972-1974 Vizepräsident des Hessischen Landtags 1970-1972, Präsident des Hessischen Landtags 1974-1982.

Lengemann II; Kanzlei des Landtags

Wagner, Heinrich Joseph, geb. 10.8.1794 Fulda, gest. 24.7.1858 Fulda; Landgerichtsrat in Fulda. – Kurhessen: Ständeversammlung 1843-1848.　Losch; Sieburg

Wagner, Johann *Georg*, geb. 25.1.1799 Obertiefenbach, gest. 3.11.1859 Obertiefenbach; Landwirt. – Nassau: Deputiertenkammer 1833-1838.　Rösner-Hausmann

Wagner, Johann George, geb. 16.4.1790 Eschwege, gest. 20.6.1868 Marburg; Justizbeamter in Netra, später Landrichter in Schmalkalden und Marburg. – Kurhessen: Ständeversammlung 1833.

Losch; Sieburg

Wagner, Johann Heinrich, geb. ... , gest. ... ; Gärtnermeister. – Freie Stadt Frankfurt: Verfassunggebende Versammlung 1848-1849, Gesetzgebende Versammlung 1858-1861 und 1863.　Frost; J.L.

Wagner, Johannes Martin, geb. 12.9.1815 Grebenstein, gest. 24.7.1902 Zwergen; Ökonom in Zwergen. – Kassel 1877-1882.

Pelda

Wagner, Josef, geb. 20.4.1877 Ebernhahn, gest. 11.3.1945 Ebernhahn; Landwirt. – Wiesbaden und Hessen-Nassau 1920-1925 (Z).　Burkardt/Pult

Dr. rer. techn. Wagner, *Richard* Eugen Wilhelm, geb. 2.12.1902 Colmar im Elsaß, gest. 14.7.1973 Darmstadt; Landwirt, 1927-1932 Pächter des Boxheimer Hofes bei Bürstadt, ab 1932 hauptamtlich für die NSDAP tätig, später Leiter des Landesernährungsamts Hessen in Darmstadt; MdR 1933-1945 (NSDAP). – Volksstaat Hessen 1931-1932 (NSDAP).

Ruppel/Groß; J.L.

Wagner (Darmstadt), Ruth, geb. 18.10.1940 Wolfskehlen; Gymnasiallehrerin in Darmstadt, 1976-1978 und 1982-1983 Tätigkeit am Hessischen Institut für Bildungsplanung und Schulentwicklung, seit 1995 Landesvorsitzende der F.D.P. Hessen; Mitglied der 8. und 10. Bundesversammlung. – Land Hessen: Hessischer Landtag 1978-1982 und seit 1983 (F.D.P.); Vizepräsidentin des Hessischen Landtags 1987-1991, Vorsitzende der F.D.P.-Fraktion seit 1994.

Lengemann II; Kanzlei des Landtags

Wagner, Wilhelm, geb. 2.7.1847 Tann in der Rhön, gest. 26.7.1903 Tann; Bürgermeister in Tann. – Kassel und Hessen 1901-1903.   Pelda

Wagner, Wilhelm Jakob Leonhard, geb. 25.10.1859 Hahnstätten, gest. 15.1.1926 Hahnstätten; Landwirt. – Wiesbaden und Hessen-Nassau 1921-1925 (DVP).
                                Burkardt/Pult

Wagner-Lindheimer, Gottfried Jacob Alexander, geb. ... , gest. ... ; Handelsmann. – Freie Stadt Frankfurt: Gesetzgebende Versammlung 1838-1848 und 1852-1862, Ständige Bürgerrepräsentation 1844-1866.   Frost

Wagner-Pätzhold – s. Wagner (Darmstadt), Daniela

Wahl, Johann Christian, geb. 7.1.1762 Nieder-Wildungen, gest. 8.9.1825 Nieder-Wildungen; Kaufmann, Tuchmachermeister und Bürgermeister in Nieder-Wildungen. – Waldeck: Landstand 1819/1820-1822.   König/Lengemann/Seibel

Carl Sigismund Freiherr Waitz von Eschen
Vorsitzender (Präsident) des Kommunal-Landtags
Kassel 1868-1871

Wahl, Karl, geb. 30.3.1896 Vadenrod, gest. 22.4.1962 Alsfeld; Arbeiter in Vadenrod. – Volksstaat Hessen 1931-1932 (NSDAP).   Ruppel/Groß

Wahler, Hans Hermann, geb. 21.3.1909 Fulda, gest. 18.2.1984 ... ; selbständiger Kaufmann und Fabrikant in Fulda, später kaufmännischer Direktor von Kautschukfabriken in Lindau und in Belgien. – Land Hessen: Hessischer Landtag 1958 (FDP).   Lengemann II

Freiherr Waitz von Eschen (I), Carl Sigismund, geb. 8.11.1795 Kassel, gest. 3.11.1873 Sickte bei Braunschweig; Rittergutsbesitzer und Unternehmer auf Winterbüren und in Kassel; Mitglied des Staatenhauses des Unionsparlaments 1850; MdH [1867] 1868-1873. – Kurhessen: Konstituierender Landtag 1830,

Ständeversammlung 1831-1832, 1833-1838, 1842-1849 und 1. Kammer 1855-1861 (gouv. 1831-1832, 1833-1838, kons-konst. [mit lib.-konst. Tendenzen] 1848-1861), Vizepräsident der 1. Kammer 1855-1861; Kassel 1868-1871; Vorsitzender (Präsident) des 1.-3. Kommunal-Landtags 1868-1871
                        Losch; Sieburg; Pelda; J.L.

Freiherr Waitz von Eschen (II), Siegmund *August* Philipp, geb. 23.7.1799 Hanau, gest. 19.2.1864 Emmrichshofen; Gutsbesitzer in Emmrichshofen. – Kurhessen: Ständeversammlung 1833-1835 (gouv.).   Losch; Sieburg; J.L.

Graf Waldbott von Bassenheim, *Friedrich Carl* Franz Rudolf, geb. 10.4.1779 ... , gest. 6.5.1830 München; Herr auf Bassenheim, Heppach, Reiffenberg und

Kranzberg, auf Buxheim und auf Winterrieden; Erbschenk des Herzogtums Nassau; Mitglied der Kammer der Reichsräte in Bayern 1818-1830. – Ghzm. Frankfurt 1810-1813 (nie förmlich eingetreten)

.   Lengemann I

Waldeck, Adolf *August* Friedrich Wilhelm, geb. 9.2.1836 Schmillingshausen, gest. 26.4.1917 Ludwigsburg; Konrektor am Gymnasium in Korbach. – Waldeck: Landtag 1874-1884.

König; König/Lengemann/Seibel

Waldeck, Carl Christian *Julius*, geb. 9.7.1824 Korbach, gest. 3.9.1907 Korbach; Rechtsanwalt in Korbach. – Waldeck: Landtag 1880-1881.

König; König/Lengemann/Seibel

Waldeck, Carl Friedrich, geb. 1.5.1807 Korbach, gest. 17.10.1842 Korbach; Advokat, 1834 Stadtsekretär in Korbach. – Waldeck: Landstand 1834-1842.

König/Lengemann/Seibel

Waldeck, Carl Rudolph, geb. 27.9.1807 Pyrmont, gest. 21.6.1861 Pyrmont; Gastwirt und Inhaber des Hotels Zur Stadt Bremen und Bürgermeister in Pyrmont. – Waldeck: Landtag 1848-1853 und 1860-1861 und Spezial-Landtag Pyrmont 1849, 1850-1853 und 1854-1861; Vizepräsident des Waldeckischen Landtags 1849-1853, Präsident des Spezial-Landtags des Fsm. Pyrmont 1849-1853 und 1854-1861.   König; Lengemann III;

Lengemann IV; König/Lengemann/Seibel

Waldeck, *Carl* Wilhelm Ludwig, geb. 14.2.1810 Korbach , gest. ... ; Revierförster auf dem Stryck im Willinger Forst, 1852 Aufgabe des Dienstes und Auswanderung nach Amerika. – Waldeck: Landtag 1850-1851.

König; König/Lengemann/Seibel

Waldeck, Friedrich (*Fritz*) Carl, geb. 6.7.1830 Glindfeld, gest. 30.3.1891 Arol-

sen; Oberamtsrichter und 1879 Amtsgerichtsrat in Nieder-Wildungen, 1888 in Arolsen. – Waldeck: Landtag 1878-[1890] 1891; Vizepräsident des Waldeckischen Landtags 1884-1889.

König; Lengemann III;
König/Lengemann/Seibel

Waldeck, Friedrich Carl *Wilhelm*, geb. 13.3.1815 Korbach, gest. 25.1.1870 [Suizid] Arolsen; Rechtsanwalt in Arolsen. – Waldeck: Landtag 1856.

König; König/Lengemann/Seibel

Waldeck, *Friedrich* Ludwig Wilhelm, geb. 4.7.1868 Korbach, gest. 21.4.1843 Korbach; Hofgerichtsrat mit dem Titel Hofrat in Korbach, 1811-1815 auch Landsyndikatsadjunkt. – Waldeck: Als Adjunkt des Landsyndikus *Johann Jakob Leonhardi* de facto Vorsitzender des Waldeckischen Landtags von 1814.   J.L.

Waldeck, Georg Friedrich Carl Arnold *Leopold*, geb. 28.11.1811 Korbach, gest. 9.5.1895 Arolsen; Kreisrentmeister in Sachsenhausen, 1869 Staatsrentereibeamter für den Kreis der Eder in Nieder-Wildungen, 1871 Bürgermeister in Arolsen, 1880 zugleich dort Rechtsanwalt. – Waldeck: Landtag 1863-1875; Vizepräsident des Waldeckischen Landtags 1866-1975.   König; Lengemann III;

König/Lengemann/Seibel

Waldeck, Philipp Christoph, geb. 9.3.1794 Alt-Wildungen, gest. 15.10.1852 Arolsen; Advokat und Regierungsprokurator auf dem Burggut in Alt-Wildungen, ab 1827 Beamter an verschiedenen Ober-Justiz-Ämtern. – Waldeck: Landstand 1819-1848; Stellvertreter des Landtagsdirektors 1848.   König/Lengemann/Seibel

Waldeck, *Reinhard* Wolrad, geb. 4.9.1802 Korbach, gest. 7.2.1834 Korbach; 1827 Stadtsekretär in Korbach, 1828 auch Advokat. – Waldeck: Landstand 1828-1834.

König/Lengemann/Seibel

Dr. Robert Waldeck (NL)
Präsident des Waldeckischen Landtags 1894-1909

Carl Graf von Walderdorff
Präsident der Herrenbank des Nassauischen
Landtags 1832-1834 und 1843-1845 und
Präsident der 1. Kammer des Nassauischen
Landtags 1853-1854

Dr. jur. Waldeck, *Robert* **Georg Friedrich Carl**, geb. 9.12.1837 Korbach , gest. 21.1.1913 Korbach; Amtsrichter, 1877 Oberamtsrichter und 1879 Amtsgerichtsrat in Arolsen, 1883 aufsichtsführender Richter am Amtsgericht in Korbach, auch Mitglied des weiteren Konsistoriums und kommissarisch Direktor des engeren Konsistoriums. – Waldeck: Landtag 1872-1884 und 1892-1909 (NL); Vizepräsident des Waldeckischen Landtags 1876-1883 und 1892-1894, Präsident des Waldeckischen Landtags 1894-1909.

König; Lengemann III; König/Lengemann/Seibel

Waldeck, Theodor, geb. 25.11.1782 Arolsen, gest. ... Korbach; Stadtsekretär in Mengeringhausen, 1824 Justizamtmann in Korbach. – Waldeck: Landstand 1816-1824.   König/Lengemann/Seibel

Graf von Walderdorff, *Carl* **Wilderich**, geb. 1.9.1799 Eltville, gest. 27.12.1862 Molsberg; 1834-1842 Hzgl. Staatsminister. – Nassau: Herrenbank 1829-1848 und I. Kammer 1852-1862; Präsident der Herrenbank 1832-1834 und 1843-1845, Präsident der I. Kammer 1853-1854.

Rösner-Hausmann; J.L.

Graf von Walderdorff, Franz *Wilderich*, geb. 8.4.1831 Molsberg, gest. 22.12.1898 Meran, Tirol, [damals] Österreich. – Nassau: I. Kammer 1864-1866.

Rösner-Hausmann

Waldschmidt, Carl Ferdinand *Hermann*, geb. 4.2.1862 Wega, gest. 29.3.1930 Wega; Mühlengutsbesitzer in Wega. – Waldeck: Landtag 1905-1919 und Landesvertretung 1919-1925 (DSP bzw. WV

1905-1919, WV 1919-1922, DNVP
1919-1922, WLWV [DNVP] 1922-
1925).   König; König/Lengemann/Seibel

Dr. med. Waldschmidt, Max, geb. 8.3.1874
Korbach, gest. 13.10.1931 Bad Wildun-
gen; Facharzt für Blasen- und Nieren-
krankheiten in Bad Wildungen, 1922 auch
Kreisarzt und später Kreismedizinalrat. –
Waldeck: Landesvertretung 1919-1925
(DNVP 1919-1922, WLWV [DNVP]1922-
1925).   König; König/Lengemann/Seibel

Waldschmidt, Friedrich Alexander *Juli-*
us, geb. 23.11.1811 Mengeringhausen,
gest. 6.12.1900 Wega; Verwalter, dann
Besitzer des Mühlenguts in Wega. – Waldeck: Landstand 1845-1848 und Landtag
1852-1855 (lib., [NL]).
                 König; König/Lengemann/Seibel

Waldschmidt, *Oswald* Karl Reginald,
geb. 14.12.1879 Korbach, gest. 19.5.1949
Korbach; Amtsrichter, später Amtsgerichtsrat in Korbach, 1929 Regierungsdirektor in Erfurt, 1933 auf eigenen
Wunsch in den Ruhestand versetzt, 1945
mit dem Wiederaufbau der Justiz in Waldeck beauftragt. – Waldeck: Landtag
1914-1919 und Landesvertretung 1919-
1929 (DNVP 1919-1922 und 1925-1929,
WLWV [DNVP] 1922-1925); Vizepräsident der Waldeck-Pyrmonter Landesvertretung 1921-1922, Präsident der Waldeckischen Landesvertretung 1922-1929.
        König; Lengemann III; König/Lengemann/Seibel

Dr. jur. von Waldthausen[198]**, Bruno**, geb.
11.4.1862 Essen, gest. 18.6.1926 Gersfeld; Regierungsrat a.D., stellv. Landrat in
Gersfeld. – Kassel und Hessen-Nassau
1910-1919 (44. KLT).   Pelda; J.L.

Waller, Sepp, geb. 1.4.1921 Eger; bis 1958
Angestellter im Hessischen Ministerium
des Innern, 1966-1984 Bürgermeister der

Oswald Waldschmidt (DNVP)
Präsident der Waldeckischen Landesvertretung
1922-1929

Stadt Frankenberg; Mitglied der 4. Bundesversammlung. – Hessischer Landtag
1958-1966 (GB/BHE bzw. GDP/BHE).
              Lengemann II; Kanzlei des Landtags

Dr. jur. Wallmann, Walter, geb. 24.9.1932
Uelzen; Richter, bis 1977 wohnhaft in
Marburg, 1977-1986 Oberbürgermeister
der Stadt Frankfurt, 1982-1991 Landesvorsitzender der CDU Hessen, 1986-
1987 Bundesminister für Umwelt, Naturschutz und Reaktorsicherheit, 1987-1991
Hessischer Ministerpräsident, jetzt wohnhaft in Frankfurt; MdB 1972-1977 und
1987 (CDU); Mitglied des Bundesrates
1987-1991, Bundesratspräsident 1987,
Vizepräsident des Bundesrats 1987-1988
und 1989-1990; Mitglied der 5., 6., 7., 8.,
9. und 10. Bundesversammlung. – Land
Hessen: Hessischer Landtag 1966-1972
und 1987-1991 (CDU).
              Lengemann II; Kanzlei des Landtags

---

[198] Kgl. preußische Adelsbestätigung am 6.1.1887.

Walter, Fritz, geb. 30.8.1896 Ohrdruf in Thüringen, gest. 1.4.1977 ... ; Landwirt in Wanfried; MdB 1957-1969 (FDP bzw. F.D.P.); Mitglied der 3., 4. und 5. Bundesversammlung. – Land Hessen: Hessischer Landtag 1954-1957 (FDP).   Lengemann II

Walter (XVI), Jacob, geb. 31.5.1855 Lengfeld, gest. 16.6.1922 Darmstadt; Ökonom, Direktor des Landwirtschaftlichen Konsumvereins in Lengfeld. – Ghzm. Hessen: 1. Kammer 1913-1918.   Götz/Rack

Walter, Josef, geb. 13.1.1893 Obergeorgental, Reg.-Bez. Aussig, gest. 9.8.1966 ... ; freier Schriftsteller und Journalist in Wiesbaden. – Land Hessen: Hessischer Landtag 1954-1966 (GB/BHE bzw. GDP/BHE); Vizepräsident des Hessischen Landtags 1962-1966.   Lengemann II

Walter (Walther), **Justus**, geb. 18.7.1807 Ober-Ramstadt, gest. 10.2.1858 Babenhausen; Ökonom in Babenhausen. – Ghzm. Hessen: 2. Kammer 1849-1850.
Ruppel/Groß

Walter, Theodor, geb. ... , gest. ... ; Berufsschullehrer in Frankfurt. – Wiesbaden und Hessen-Nassau 1930 (67. KLT) - 1932 ([FoVP ... – 1918], DDP bzw. DStP)
Burkardt/Pult; J.L.

Walther – s. auch Walter

Walther, Christoph Heinrich *Ludwig*, geb. 14.3.1804 Jugenheim, gest. 3.1.1881 Rimbach; Assessor, 1850 Landrichter in Fürth im Odenwald. – Ghzm. Hessen: 1. Kammer 1850 und 2. Kammer 1856-1862.   Ruppel/Groß; Götz/Rack

Walther, Philipp Heinrich, geb. 23.3.1768 Ossenheim, gest. 31.8.1837 Nieder-Wöllstadt; Ökonom, Pfauwirt und Bürgermeister a.D. in Nieder-Wöllstadt. – Ghzm. Hessen: 2. Kammer 1826-1830.
Ruppel/Groß

Dr. Walz, Johann Heinrich Christian *Carl*, geb. 17.3.1847 Lich, gest. 13.12.1929 Darmstadt; evangelischer Theologe, Oberkonsistorialrat und Superintendent der Provinz Rheinhessen, 1902-1907 Prälat. – Ghzm. Hessen: 1. Kammer 1902-1907.   Götz/Rack

Dr. jur. Walz, Hanna, geb. 28.11.1918 Templin in der Uckermark; bis 1954 wissenschaftliche Bibliothekarin beim Ökumenischen Rat der Kirchen in Genf, Hausfrau in Fulda; MdB 1969-1980 (CDU); MdEP 1973-1984 (CDU); Mitglied der 3., 4., 5., 6. und 7. Bundesversammlung. – Land Hessen: Hessischer Landtag 1958-1969 (CDU).   Lengemann II; Kanzlei des Landtags

Freiherr Wambolt von Umstadt, *Philipp Franz*, geb. 20.6.1860 Darmstadt, gest. 8.7.1924 Heidelberg. – Ghzm. Hessen: 1. Kammer 1911-1918.   Götz/Rack

Freiherr Wambolt von Umstadt, *Philipp Hugo Franz Maria*, geb. 16.9.1828 Birkenau, gest. 1.7.1887 Birkenau; Gutsbesitzer in Birkenau. – Ghzm. Hessen: 2. Kammer 1862-1872 und 1. Kammer 1872-1887 (kons., [K *1868*, Z *1874*, *1877, 1878*]).   Ruppel/Groß; Götz/Rack; J.L.

Freiherr von Wangenheim, *Ludwig Adam Ernst Walrab*, geb. 16.3.1760 Sonneborn, gest. 28.9.1820 Wiebrechtshausen; Verwalter des Klosterguts Wiebrechtshausen bei Northeim. – Kgr. Westphalen 1808-1813.   Lengemann I

von Warnsdorf(f), *Heinrich* **Christian Wolfgang Valentin**, geb. 26.10.1780 Fulda, gest. 8.12.1858 Fulda; Obergerichtsdirektor, später Obergerichtspräsident in Fulda. – Kurhessen: Ständeversammlung 1831-1832 (gem. lib.).   Losch; Sieburg; J.L.

Dr. jur. Graf von Wartensleben, *Alexander* **Gustav Friedrich**, geb. 29.1.1874 Raakow, gest. 1.10.1964 Hamburg; Landrat in Gelnhausen. – Kassel 1912-1919 (44. KLT). Pelda

Wasmuß, Heinrich Christian Wilhelm, geb. 15.1.1865 Querum, gest. 3.7.1943 Kassel; Landwirt in Bischofferode. – Kassel und Hessen-Nassau 1919 (45. KLT) -1920 (DDP). Pelda

Wasserburg, Philipp, geb. 11.10.1827 Mainz, gest. 13.4.1897 Mainz; Jurist, Schriftsteller in Mainz. – Ghzm. Hessen: 2. Kammer 1878-1890 und 1893-1897 (Z). Ruppel/Groß

Dr. jur. Dr. theol. h.c. Wasserschleben, Friedrich (auch: Ludwig) **Wilhelm August** *Hermann*, geb. 22.4.1812 Liegnitz, gest. 28.6.1893 Gießen; Professor der Rechte in Gießen. – Ghzm. Hessen: 1. Kammer 1873-1888. Götz/Rack

Waßmuth, Johannes, geb. 9.8.1904 Wolfhagen; Landwirt und Metzger in Wolfhagen. – Land Hessen: Beratender Landesausschuß 1946 (CDU).
Lengemann II; Kanzlei des Landtags

Wassung, Wilhelm, geb. 24.4.1893 Mannheim, gest. 19.11.1971 Stuttgart; Hauptmann der Reichswehr a.D. in Darmstadt. – Volksstaat Hessen 1931-1933 (NSDAP). Ruppel/Groß

Wazir – s. Al-Wazir

Weber, Adalbert, geb. 4.3.1817 Rasdorf, gest. 4.2.1864 ... ; Bürgermeister in Rasdorf. – Kurhessen: 2. Kammer 1860-1861 und 1861-1862 (gouv.). Losch; Sieburg; J.L.

Weber, Albert, geb. 8.4.1919 Kassel; Verwaltungsbeamter in Kassel, wohnhaft in Grebenstein, 1970-1982 Kurdirektor in Bad Hersfeld. – Land Hessen: Hessischer Landtag 1954-1970 (SPD).
Lengemann II; Kanzlei des Landtags

Weber, *Andreas* **Philipp**, geb. 10.8.1878 Bruchköbel, Krs. Hanau, gest. 20.7.1955 Frankfurt; Zigarettenfabrikant in Griesheim am Main; MdL Preußen 1919-1924 (SPD). – Wiesbaden und Hessen-Nassau 1930-1932 (SPD). Burkardt/Pult; J.L.

Weber, Christoph Jacob, geb. 10.11.1767 Arheilgen bei Darmstadt, gest. 30.1.1832 Arheilgen; Bierbrauer, Weinhändler und Gasthalter Zum Löwen in Arheilgen. – Ghzm. Hessen: 2. Kammer 1820-1824.
Ruppel/Groß

Weber, Ferdinand, geb. 28.2.1829 Biersdorf-Daaden, gest. 21.1.1901 Mörlen; Landwirt, Gastwirt. – Wiesbaden 1880.
Burkardt/Pult

Weber, **Franz Anton**, geb. ... , gest. ... ; Maler- und Lackierermeister. – Freie Stadt Frankfurt: Gesetzgebende Versammlung 1847-1848. Frost

Weber, *Franz* **Hyazinth**, geb. 15.6.1816 Mainz, gest. 30.4.1896 Darmstadt; Generalagent des Aachener Bankhauses Charles James Cockerill in Moskau, 1858 Rückkehr nach Darmstadt und selbständig tätig. – Ghzm. Hessen: 2. Kammer 1874-1875 (NL). Ruppel/Groß

Weber, Friedrich, geb. 25.8.1803 ... , gest. 20.2.1873 Gießen; Mitglied und Rat, 1857 2. Direktor am Hofgericht in Gießen. – Ghzm. Hessen: 2. Kammer 1856-1862. Ruppel/Groß

Weber, Hans-Otto, geb. 14.6.1926 Korbach; Lehrer in Korbach, 1974-1978 Beauftragter für die Angelegenheiten des Grenzgebiets zur DDR in der Hessischen Staatskanzlei, wohnhaft in Schenklengsfeld; Mitglied der 3. und 5. Bundesversammlung. – Land Hessen: Hessischer Landtag 1958-1974 und 1978-1982 (SPD); Vizepräsident des Hessischen Landtags 1966-1974.
Lengemann II; Kanzlei des Landtags

Weber (I), Heinrich[199], geb. 4.7.1804 Almus, gest. 5.3.1863 Almus; Bürgermeister in Almus. – Kurhessen: Ständeversammlung 1836-1838 und 1. Kammer 1852-1854 (gem. lib.).   Losch; Sieburg; J.L.

Dr. jur. Weber, *Hermann* Heinrich Georg Wilhelm, geb. 18.11.1830 Assenheim, gest. 4.4.1902 Offenbach; Hofgerichtsadvokat und -prokurator in Darmstadt, 1880 Rechtsanwalt in Offenbach. – Ghzm. Hessen: 2. Kammer 1874-1878 und 1888-1896 und 1. Kammer 1898-1902 (NL); Vizepräsident (2. Präsident) der 2. Kammer 1875-1878, Präsident der 2. Kammer 1892-1896.
Ruppel/Groß; Götz/Rack; J.L.

Dr. jur. Weber, Jacob *Gottfried*, geb. 1.3.1779 Freinsheim, gest. 21.9.1839 Bad Kreuznach; Generalstaatsprokurator in Darmstadt. – Ghzm. Hessen: 2. Kammer 1838-1839.   Ruppel/Groß

Weber, Johann *Georg*, geb. 24.5.1791 Darmstadt, gest. 27.10.1862 Darmstadt; Eisenhändler in Darmstadt. – Ghzm. Hessen: 2. Kammer 1834 (lib.).   Ruppel/Groß

Weber, Johann Henrich Andreas, geb. 20.2.1764 Sachsenhausen, gest. 30.11.1839 Sachsenhausen; Ackermann und mehrfach Bürgermeister in Sachsenhausen. – Waldeck: Landstand 1820-1822 und 1824-1826.   König/Lengemann/Seibel

Weber (Burghaun), Josef, geb. 5.8.1935 Burghaun; Polizeibeamter, wohnhaft in Burghaun; Mitglied der 6., 8., 9. und 10. Bundesversammlung. – Land Hessen: Hessischer Landtag 1970-1995 (CDU).
Lengemann II; Kanzlei des Landtags

Dr. Weber, Karl, geb. 14.1.1864 Neumühle bei Rodheim, Krs. Gießen, gest. 22.7.1929 Schotten; Forstmeister in Konradsdorf. – Ghzm. Hessen: 2. Kammer 1905-1918 (Bauernbund).   Ruppel/Groß

Weber (Hünstetten), Manfried, geb. 9.7.1937 Mannheim; Gymnasiallehrer, bis 1991 Schulleiter der Gesamtschule Aarbergen, wohnhaft in Idstein. – Land Hessen: Hessischer Landtag seit 1991 (SPD).   Kanzlei des Landtags

Weber, *Richard* Friedrich Wilhelm, geb. 29.4.1882 Kassel, gest. 27.1.1928 Kassel; Redakteur und Herausgeber der *Kasseler Post* in Kassel. – Kassel und Hessen-Nassau 1926 (54. KLT) -1927 (Ag).   Pelda

Weber (II), Walter, geb. 16.12.1811 Lohra, gest. 19.11.1874 Weiershausen; Gutsbesitzer in Weiershausen. – Kurhessen: 2. Kammer 1852-1854 (opp.).
Losch; Sieburg

Weber, Wilhelm, geb. 4.2.1876 Ober-Roden, gest. 5.10.1959 Offenbach; gelernter Metallschleifer, 1. Bevollmächtigter des Metallarbeiterverbandes, 1924 Sekretär des Gewerkschaftskartells, 1945 Gewerkschaftsvorsitzender in Offenbach; MdR 1931-1933 (SPD). – Volksstaat Hessen 1924-1931 (SPD).   Ruppel/Groß; Götz/Rack

Wecker, Carl Friedrich, geb. ... , gest. ... ; Handelsmann. – Freie Stadt Frankfurt: Gesetzgebende Versammlung 1846-1848.
Frost

Wecker, Karl Theodor, geb. 20.11.1828 Frankfurt, gest. 18.10.1893 Offenbach; Besitzer der Wagenfabrik Dick und Kirschten in Offenbach. – Ghzm. Hessen: 1. Kammer 1878-1893.   Götz/Rack

Weckler, Heinrich (III.), geb. 1.10.1894 Rockenberg, gest. 28.7.1958 Rockenberg; Landwirt, Untererheber und Bürgermeister in Rockenberg. – Volksstaat

---

[199] Nach Seier-Grothe und Grothe führte der Abgeordnete den Vornamen *Valentin*; ob beide Bezeichnungen die gleiche Person meinen oder wer tatsächlich Mitglied der Ständeversammlung war, konnte bei der Erarbeitung des Index nicht erforscht werden.

Hessen 1924-1933 (Z); Vizepräsident des Landtags des Volksstaats Hessen 1931-1933. Ruppel/Groß; Götz/Rack; J.L.

Dr. jur. Freiherr von Wedekind, *Georg* Ferdinand Rudolf, geb. 17.9.1825 Darmstadt, gest. 1.10.1899 Darmstadt; Hofgerichtsadvokat in Darmstadt; MdR 1871-1874 (NL). – Ghzm. Hessen: 2. Kammer 1862-1866, 1870-1872 und 1874-1878 (F 1862-1866, NL 1870-1872 und 1874-1878). Ruppel/Groß

Freiherr von Wedekind, *Wilhelm* Georg Rudolf, geb. 30.9.1830 Darmstadt, gest. 23.4.1914 Darmstadt; Gutsbesitzer in Hiltersklingen. – Ghzm. Hessen: 2. Kammer 1872-1887 (NL). Ruppel/Groß

Wedel, Georg, geb. 25.4.1845 Frankfurt, gest. 3.5.1924 (vermutlich in) Frankfurt; Kaufmann in Frankfurt. – Wiesbaden und Hessen-Nassau 1905-1918 (DemP [DVP] 1905-1910, FoVP 1910-1918) Burkardt/Pult; J.L.

Wedel, Ludwig, geb. 9.4.1909 Griesheim bei Darmstadt, gest. 30.3.1993 ... ; bis 1969 Bürgermeister in Groß-Umstadt; Mitglied der 3. Bundesversammlung. – Land Hessen: Hessischer Landtag 1958-1970 (SPD). Lengemann II; Kanzlei des Landtags

Wedemeyer, Johann Franz Justus (*Franz Just*), geb. 5.8.1745 Katlenburg, gest. 9.6.1819 Katlenburg; Herr auf Langhagen in Mecklenburg; Amtmann in Katlenburg, später Kgl. hannöverscher Oberamtmann des Amtes Katlenburg-Lindau. – Kgr. Westphalen 1808-1813. Lengemann I

Weghorn, Eberhard, geb. 1.8.1947 Frankfurt; Rechtsanwalt in Frankfurt; Mitglied der Verbandsversammlung des LWV Hessen 1973-1977. – Land Hessen: Hessischer Landtag: 1975-1982 und

1983-1991 (F.D.P.); Vizepräsident des Hessischen Landtags 1981-1982. Lengemann II; Kanzlei des Landtags

Wegmann, Richard Peter Matthias, geb. 19.1.1886 Rothenditmold bei Kassel, gest. 30.9.1954 Schlüchtern; Landwirt, Gutsbesitzer in Klosterhöfe, Röhrigshof. – Kassel und Hessen-Nassau 1930 (60. KLT) -1932 (DNVP). Pelda

von Wegnern, *Martin* Georg Anton, geb. 5.5.1855 Königsberg, gest. 19.11.1897 Bückeburg; Landrat des Kreises Hünfeld, später Präsident der Fstl. Hofkammer und Staatsminister in Bückeburg. – Kassel und Hessen-Nassau 1886-1887 [K]. Pelda; J.L.

Wehner, Josef, geb. 30.11.1856 Poppenhausen, gest. 11.2.1942 Fulda; Kaufmann in Poppenhausen. – Kassel und Hessen-Nassau 1919 (45. KLT) -1925 (Z). Pelda

Wehrenbold, Johann Dietrich, geb. 15.12.1817 Lünen in Westfalen, gest. 1.9.1893 Gladenbach; Hüttenbesitzer. – Wiesbaden 1878-1883. Burkardt/Pult

Wehrfritz, Franz Hugo, geb. 22.8.1806 Papiermühle bei Kriftel, gest. 19.12.1888 Hofheim; Papierfabrikant. – Nassau: Ständeversammlung 1848-1851. Rösner-Hausmann

Weichand, Johann Nicolaus, geb. 12.6.1793 Frankfurt, gest. 11.2.1862 Frankfurt; Glasermeister. – Freie Stadt Frankfurt: Gesetzgebende Versammlung 1828-1830, 1836-1839, 1850-1851 und 1854, Ständige Bürgerrepräsentation 1830-1860 (Stadtrechnungsrevisionskolleg 1853-1860). Frost

Weidemann, *Hermann* Karl Otto, geb. 7.9.1887 Ribnitz in Mecklenburg, gest. 26.7.1961 Hofgeismar; gelernter Buchdrucker, bis 1933 Leiter der Anzeigenabteilung beim *Kasseler Volksblatt*, 1945-

1948 Bürgermeister der Stadt Hofgeismar. – Kassel und Hessen-Nassau 1929
(58. und 59. KLT) (SPD); Land Hessen:
Verfassungberatende Landesversammlung Groß-Hessen 1946 (SPD) und Hessischer Landtag 1946-1954 (SPD).

Pelda; Lengemann II

Weidig, _Gottlieb_ Eberhard Ludwig Karl,
geb. 20.2.1793 Cleeberg, gest. 18.6.1875
Homberg/Ohm; Revierförster in Homberg. – Ghzm. Hessen: 2. Kammer 1849-
1856.

Ruppel/Groß

Weidig, _Wilhelm_ Elias Karl, geb.
25.3.1798 Cleeberg, gest. 8.11.1873
Gießen; Landrichter in Altenschlirf, später in Herbstein. – Ghzm. Hessen: 2.
Kammer 1849-1850 und 1862-1866 (F).

Ruppel/Groß

Weidmann, Kurt, geb. 8.8.1937 Darm-
stadt; Rechtsanwalt in Darmstadt. – Land
Hessen: Hessischer Landtag seit 1987
(SPD).

Kanzlei des Landtags

Weidner, Ernst, geb. 31.5.1885 Herchenhain, gest. 22.4.1956 Ostheim; evangelischer Pfarrer in Ober-Breidenbach, Langen, Ortenberg, Schwanheim, Affolterbach, Ober-Lais und (_1946_) in Ostheim,
Krs. Friedberg. – Volksstaat Hessen 1921
(DDP); Land Hessen: Beratender Landesausschuß 1946 (LDP).

Ruppel/Groß; Lengemann II

Weidner, Sebastian, geb. 24.9.1850 Herchenhain, gest. 21.12.1904 ... ; Kaufmann
und Bürgermeister in Herchenhain. –
Ghzm. Hessen: 2. Kammer 1896-1904
(Freie WV).

Ruppel/Groß

Weidner, Wilhelm Ludwig Johann, geb.
1.7.1871 Malchin in Mecklenburg, gest.
... ; SPD-Gauvorsteher. – Wiesbaden und
Hessen-Nassau 1917-1918 (SPD).

Burkardt/Pult

Weigel, Adam, geb. 4.5.1875 Breidenbach,
Krs. Biedenkopf, gest. 10.11.1965 Breidenbach, Krs. Biedenkopf; Bürgermeister. – Wiesbaden und Hessen-Nassau
1920 (DVP).

Burkardt/Pult

Weigel, Eugen, geb. 30.8.1903 Lüdenscheid, gest. 27.3.1988 ... ; Leiter des Arbeitsamtes Biedenkopf, Arbeitsgerichts-
rat am Arbeitsgericht Hersfeld, wohnhaft
in Obermörlen. – Land Hessen: Verfassungberatende Landesversammlung
Groß-Hessen 1946 (SPD).

Lengemann II; Kanzlei des Landtags

Dr. jur. Weigel, _Hermann_ Gustav Adolf,
geb. 20.12.1828 Kassel, gest. 30.4.1887
Wilhelmshöhe bei Kassel; Landesrat,
Obergerichtsanwalt, 1880 Rechtsanwalt
in Kassel; MdR 1867-1881 (NL); MdH
1876-1887. – Kurhessen: Ständeversammlung 1863-1866 (lib.); Kassel 1868-
1886 (NL).

Losch; Sieburg; Pelda; J.L.

Weigel, Theodor _Wilhelm_ August Eduard,
geb. 1.5.1821 Mengeringhausen, gest.
5.4.1906 Mengeringhausen; gelernter
Buchdrucker, Inhaber der Hofbuchdrucke-
rei in Mengeringhausen, später dort auch
Bürgermeister. – Waldeck: Landtag 1863-
1866.

König; König/Lengemann/Seibel

Weigenand, J. Conrad, geb. ... , gest. ... ;
Zimmermeister. – Freie Stadt Frankfurt:
Gesetzgebende Versammlung 1833 und
1836-1837.

Frost

Weil, Heinrich Johann Georg, geb.
26.9.1834 Wiesbaden, gest. 1.1.1907
Wiesbaden; Stadtrat. – Wiesbaden und
Hessen-Nassau 1898-1904.

Burkardt/Pult

Weil, Johann Ludwig Christian, geb. ... ,
gest. ... ; Schneidermeister. – Freie Stadt
Frankfurt: Gesetzgebende Versammlung
1851.

Frost

Weilbächer, Paul, geb. 23.2.1800 Weilbach, gest. 31.12.1876 Weilbach; Land-

wirt. – Nassau: Ständeversammlung 1848.   Rösner-Hausmann

Weiler, Philipp *Joseph*, geb. 5.7.1791 Hofheim, gest. 2.8.1867 Hofheim; Kaufmann. – Nassau: Deputiertenkammer 1832.   Rösner-Hausmann

Weimar, Karlheinz, geb. 30.1.1950 Kirberg; bis 1987 und seit 1991 Rechtsanwalt, wohnhaft in Bad Camberg-Erbach, 1987-1991 Hessischer Minister für Umwelt und Reaktorsicherheit; Stellvertretendes Mitglied des Bundesrates 1987-1991. – Land Hessen: Hessischer Landtag seit 1978 (CDU).
Lengemann II; Kanzlei des Landtags

Weinbach, Johann *Adam*, geb. 20.9.1819 Erbach im Rheingau, gest. ... ; Mühlenbesitzer. – Nassau: II. Kammer 1861-1865 (NFP).   Rösner-Hausmann

Weinreich, Karl, geb. 2.12.1886 Nieder-Werbe, gest. 10.3.1959 Nieder-Werbe; Landwirt in Nieder-Werbe. – Waldeck: Landesvertretung 1922-1925 (WV).
König; König/Lengemann/Seibel

Weinrich, *Karl* Otto Paul, geb. 2.12.1887 Molmeck-Hettstedt, Regierungsbezirk Merseburg, gest. 22.7.1973 Hausen, Kreis Offenbach; Obersteuersekretär, Gauleiter des Gaues Kurhessen der NSDAP; MdL Preußen 1930-1933 (NSDAP); MdR 1933-1945 (NSDAP); Preußischer Staatsrat 1933-1945. – Kassel und Hessen-Nassau 1930 (60. und 61. KLT) und Kassel 1933 (NSDAP).
Pelda; J.L.

Weinsperger, August, geb. 2.1.1891 Frankfurt, gest. 21.5.1963 ... ; Malermeister in Frankfurt. – Land Hessen: Beratender Landesausschuß 1946 (LDP).
Lengemann II

Dr. med. Weinzierl, Joseph, geb. 27.11.1807 Fulda, gest. 5.6.1886 Fulda;

Stadtsekretär in Fulda. – Kurhessen: Ständeversammlung 1847-1850, 2. Kammer 1852-1854 und Ständeversammlung 1862-1863 (dem.).   Losch; Sieburg; J.L.

Weirich, Dieter, geb. 31.12.1944 Sülzbach, Krs. Heilbronn; Journalist in Hanau, bis 1979 Pressesprecher der CDU-Landtagsfraktion und der CDU Hessen, seit 1989 Intendant der Deutschen Welle in Köln; MdB 1980-1987 und 1987-1989 (CDU); Mitglied der 8. und 9. Bundesversammlung. – Land Hessen: Hessischer Landtag 1974-1980 (CDU).
Lengemann II; Kanzlei des Landtags

Weis, Conrad, geb. ... , gest. ... . – Freie Stadt Frankfurt: Gesetzgebende Versammlung 1825.   Frost

Weise, Emil, geb. 13.3.1832 Lauban in Schlesien, gest. 13.4.1899 Dresden-Neustadt; Oberbürgermeister der Stadt Kassel. – Kassel und Hessen-Nassau 1886-1891 (NL).   Pelda

Weisheimer (Weissheimer)**, Johannes (II.)**, geb. 25.10.1897 Osthofen, gest. 8.9.1883 Osthofen; Mühlen- und Gutsbesitzer auf der Steinmühle und Bürgermeister a.D. in Osthofen. – Ghzm. Hessen: 1. Kammer 1849-1850.   Götz/Rack

Weiß, Gerald, geb. 12.7.1945 Rüsselsheim; Diplom-Handelslehrer in Frankfurt, 1987-1991 Staatssekretär beim Hessischen Sozialminister, seit 1991 Unternehmensberater in Rüsselsheim; Mitglied der Verbandsversammlung des LWV Hessen seit 1993; Mitglied der 10. Bundesversammlung. – Land Hessen: Hessischer Landtag 1974-1987 und seit 1991 (CDU).   Lengemann II; Kanzlei des Landtags

Weiß, Heinrich, geb. 2.8.1893 Frankfurt-Sindlingen, gest. 5.11.1966 ... ; gelernter Mechaniker, Kaufmann im Kraftfahrzeug- und Tankstellengewerbe, wohnhaft in Hofheim-Marxheim; Mitglied der 2.,

3. und 4. Bundesversammlung. – Land Hessen: Hessischer Landtag 1946-1966 (SPD).

Lengemann II

Weiß, Theodor, geb. 10.9.1796 Hofgeismar, gest. 9.8.1875 Kassel; Hauptmann, 1848 Provisorischer Vorstand des Kfl. Kriegsministeriums. – Kurhessen: Ständeversammlung 1833 (gem. lib.).

Losch; Sieburg; J.L.

Weiß, Wilhelm Carl, geb. ... , gest. ... ; Zeitpächter der Meierei Alt-Wildungen, Besitzer des ehemals von Gaugreben'schen Guts in Goddelsheim, 1839 Verkauf des Guts. – Waldeck: Landstand 1825-1839.

König/Lengemann/Seibel

Weißhaupt, Jean Heinrich, geb. 8.6.1894 Hanau, gest. 21.11.1860 Hanau; Bijouteriefabrikant in Hanau. – Kassel 1878-1893 und Hessen-Nassau 1886-1893.

Pelda

Weissheimer – s. Weisheimer

Weist, Reinhold, geb. 23.12.1953 Frankfurt; wissenschaftlicher Mitarbeiter, wohnhaft in Kassel. – Land Hessen: Hessischer Landtag seit 1989 (GRÜ bzw. B 90/GRÜ).

Kanzlei des Landtags

Weith, Friedrich Karl, geb. 12.2.1837 Nieder-Wöllstadt, gest. 2.11.1907 Nieder-Wöllstadt; Gutsbesitzer in Nieder-Wöllstadt. – Ghzm. Hessen: 2. Kammer 1875-1904 (NL).

Ruppel/Groß

Weitzel, Johann Philipp (II.), geb. 26.6.1826 Ober-Ingelheim, gest. 6.9.1903 Nieder-Ingelheim; Gutsbesitzer und Bürgermeister in Nieder-Ingelheim. – Ghzm. Hessen: 2. Kammer 1879-1884 (NL).

Ruppel/Groß

Welcker, Ludwig *Hermann*, geb. 17.5.1814 Lichtenberg, gest. 14.3.1887 Bessungen; Obersteuerrat in Darmstadt, Vorsitzender der Zentralstelle für Landes-

statistik; MdR 1874-1877 (NL). – Ghzm. Hessen: 2. Kammer 1872-1878 (F).

Ruppel/Groß; J.L.

Welle, Heinrich, geb. 20.1.1854 Elleringhausen, gest. 10.1.1927 Elleringhausen; Landwirt in Elleringhausen. – Waldeck: Landtag 1899-1919 und Landesvertretung 1919-1922 (BdL 1899-1919, DNVP 1919-1922).

König; König/Lengemann/Seibel

Welle, Johann Georg Friedrich, geb. 19.9.1778 Helsen [?], gest. 5.7.1826 Arolsen; Silberarbeiter und mehrfach Bürgermeister in Arolsen. – Waldeck: Landstand 1824-1826.

König/Lengemann/Seibel

Weller, *Eberhard Jodocus* Heinrich, geb. 17.7.1776 Rödelheim, gest. 16.9.1856 Darmstadt; Oberappellationsgerichtsrat in Darmstadt, 1834 Präsident des dortigen Hofgerichts. – Ghzm. Hessen: 2. Kammer 1826-1830 (kons.).

Ruppel/Groß

Weller, Otto, geb. 20.9.1893 Brauerschwend, gest. 15.7.1956 Schlitz; Bankkaufmann, später Müllermeister in Schlitz. – Volksstaat Hessen 1932-1933 (NSDAP).

Ruppel/Groß

Welteke, Ernst, geb. 21.8.1942 Korbach; Diplom-Volkswirt in Oberursel, 1991-1994 Hessischer Minister für Wirtschaft, Verkehr und Technologie, 1994-1995 Hessischer Minister der Finanzen, seit 1995 Präsident der Landeszentralbank in Hessen; Stellvertretendes Mitglied des Bundesrates 1991-1995; Mitglied der 9. Bundesversammlung. – Land Hessen: Hessischer Landtag 1974-1995 (SPD); Vorsitzender der SPD-Fraktion 1984-1987 und 1988-1991

Lengemann II; Kanzlei des Landtags

Wenckenbach, *Ernst* Christian, geb. 3.5.1811 Herborn, gest. 18.4.1876 Herborn; Kaufmann. – Nassau: Ständeversammlung 1848-1849.

Rösner-Hausmann

Wenckenbach, *Ludwig* **Karl**, geb. 24.9.1803 Herborn, gest. 2.3.1854 Wiesbaden; Landoberschultheiß. – Nassau: Ständeversammlung 1848-1851 (Club der Linken). Rösner-Hausmann

Wendel, Johannes, geb. 21.12.1811 Kassel, gest. 31.1.1892 Hanau; Superintendent in Hanau. – Kurhessen: 1. Kammer 1859-1861. Losch; Sieburg; J.L.

Wendel, Richard, geb. 11.12.1894 Okarben, Krs. Friedberg, gest. 17.12.1971 ... ; Landwirt in Okarben. – Land Hessen: Beratender Landesausschuß 1946 (CDU). Lengemann II

Wenderoth, Carl, geb. 7.6.1817 Grebenstein, gest. 18.11.1882 Grebenstein; Rektor in Grebenstein. – Kurhessen: Ständeversammlung 1850 (dem.). Losch; Sieburg; J.L.

Wenderoth, Gerhard, geb. 6.11.1930 Kassel; stellvertretender Leiter der Rechtsabteilung beim Hauptvorstand der Gewerkschaft der Eisenbahner Deutschlands, Rechtsanwalt in Frankfurt. – Land Hessen: Hessischer Landtag 1982-1991 (CDU).
Lengemann II; Kanzlei des Landtags

Wenthe, Johann Christoph, geb. 16.11.1811 Hessisch-Oldendorf, gest. 15.12.1873 Antendorf; Kolon und Branntweinbrenner in Antendorf. – Kurhessen: Ständeversammlung 1831-1832 (lib.). Losch; Sieburg; J.L.

Wenzel, Heribert, geb. 22.6.1929 Böhmisch-Kamnitz; in Darmstadt beim LWV Hessen tätig, 1973-1980 hauptamtlicher Stadtrat in Darmstadt. – Land Hessen: Hessischer Landtag 1970-1973 (SPD). Lengemann II; Kanzlei des Landtags

Wenzel, Johann, geb. ... , gest. ... . – Freie Stadt Frankfurt: Gesetzgebende Versammlung 1829. Frost

Dr. Ferdinand Werner (NSDAP)
Präsident des Landtags des Volksstaats Hessen
1931-1933

Dr. jur. Werle, *Johann* **Baptist**, geb. 1.3.1810 Bürstadt, gest. 29.6.1861 Groß-Gerau; Assessor am Landgericht in Zwingenberg, 1852 provisorisch, 1854 definitiv Kreisrat in Groß-Gerau. – Ghzm. Hessen: 2. Kammer 1851-1861.
Ruppel/Groß; Götz/Rack

Werle, Johann(es) Ferdinand, geb. 7.2.1793 Wetzlar, gest. 16.12.1864 Hattersheim; Posthalter. – Nassau: Deputiertenkammer 1825-1832. Rösner-Hausmann

Dr. phil. Werner, *Ferdinand* **Friedrich Karl**, geb. 27.10.1876 Weidenhausen, Krs. Biedenkopf, gest. 5.3.1961 Gießen; Professor an der Realschule in Butzbach, 15.3.-5.5.1933 Staatspräsident (zugleich Führung des Bildungsministeriums), 15.5.-18/20.9.1933 Ministerpräsident des Volksstaats Hessen (zugleich Führung des Finanz-, Innen-, Justiz- und Bildungsministeriums), 1936-1938 Regierungsdirektor, kommissarischer Leiter der Abteilung für das höhere Schulwesen beim Oberpräsidenten in Breslau; MdR 1911-1918 und 1924-1928 (DSP 1911-1914, DvP 1914-1918, im Reichstag WV 1911-1918; DNVP 1924-1928). – Ghzm. Hessen: 2. Kammer 1918 und Volksstaat Hessen 1921-1933 (Bauernbund 1918, DNVP 1921-1930, NSDAP 1930-1933; Vorsitzender der DNVP-Fraktion 1924-1927, Präsident des Landtags des Volksstaats Hessen 1931-1933. Ruppel/Groß; J.L.

Werner, Peter Anton, geb. 28.8.1819 Groß-Steinheim, gest. 27.9.1868 Groß-Steinheim; Ziegler in Groß- Steinheim. – Ghzm. Hessen: 2. Kammer 1849-1850. Ruppel/Groß

Wernher, Ernst, geb. 11.7.1837 Nierstein, gest. 25.11.1909 Nierstein; Kaufmann und Bürgermeister in Nierstein. – Ghzm. Hessen: 2. Kammer 1893-1897 und 1. Kammer [1905] 1906-1907 (NL). Ruppel/Groß; Götz/Rack

Wernher, Johann Wilhelm, geb. 13.11.1826 Nierstein, gest. 17.5.1906 Nierstein; Weingutbesitzer in Nierstein. – Ghzm. Hessen: 2. Kammer 1887-1893 (NL). Ruppel/Groß

Wernher, Philipp Wilhelm, geb. 12.1.1802 Nierstein, gest. 6.10.1887 Nierstein; Weingutsbesitzer in Nierstein, Direktor der Staatsschuldentilgungskasse in Darmstadt; MdN 1848-1849 (WH 1848, AH 1848-1849); Mitglied des Volkshauses des Unionsparlaments 1850. – Ghzm. Hessen: 2. Kammer 1844-1850 und 1856-1872 und 1. Kammer 1872-1884 (lib., LibKons); Vizepräsident (2. Präsident) der 2. Kammer 1848-1849 und 1866-1872. Ruppel/Groß; Götz/Rack; J.L.

Werthmüller, Valentin Joseph, geb. 23.5.1799 Fulda, gest. 16.4.1882 Fulda; Obergerichtsrat in Rinteln, dann in Fulda; MdN 1848-1849 (bkF). – Kurhessen:

Ständeversammlung 1831-1832 *und 1833* (lib.). Losch; Sieburg; J.L.

Wesp, Johann, geb. 21.4.1886 Mannheim, gest. 24.11.1954 Nieder-Ramstadt; Gewerkschaftssekretär in Darmstadt. – Volksstaat Hessen 1927-1933 (Z). Ruppel/Groß

Westerburg, Daniel Ludwig Heinrich Lothar *Albert*, geb. 27.3.1846 Kettenbach, Untertaunuskreis, gest. 3.7.1903 Bad Godesberg; 1887-1893 Oberbürgermeister der Stadt Hanau, 1893-1900 der Stadt Kassel; MdA 1882-1885 (F); MdH 1895-1900. – Kassel 1890-1900. Pelda; J.L.

Dr. med. Westernacher, Ludwig, geb. 5.4.1811 Echzell, gest. 6.9.1884 Büdingen; Arzt in Büdingen. – Ghzm. Hessen: 2. Kammer 1849-1850. Ruppel/Groß

Westernacher, Richard, geb. 26.11.1846 Herrnhaag, Krs. Büdingen, gest. 13.1.1924 Lindheim; Gutspächter in Lindheim. – Ghzm. Hessen: 2. Kammer 1887-1899 (NL [BdL]). Ruppel/Groß; J.L.

Westernacher, Richard, geb. 30.12.1919 Lindheim; selbständiger Landwirt in Lindheim; Mitglied der 4. und 8. Bundesversammlung. – Land Hessen: Hessischer Landtag 1958-1970 (CDU). Lengemann II; Kanzlei des Landtags

von Westernhagen, *August* Ernst Wilhelm, geb. 5.4.1770 Teistungen, gest. 10.8.1840 Haynrode; Herr auf Teistungen-Unterhof; Stellvertretendes Mitglied der Provinzial-Stände (Provinzial-Landtag) der Provinz Sachsen 1825-1837. – Kgr. Westphalen 1808-1813. Lengemann I

Dr. phil. h.c. Westfeld, Christian Friedrich Gotthard, geb. 2.6.1746 Apfelstädt, gest. 23.3.1823 Weende; Gutspächter in Weende. – Kgr. Westphalen 1808-1813. Lengemann I

Dr. jur. Westphal, Heinrich Eduard, geb. 4.11.1815 Sachsenhagen, gest. 12.9.1863 Escher; Ökonom in Bernsen. – Kurhessen: Ständeversammlung 1849-1850.
                                                          Losch; Sieburg

Wetzel, Philipp, geb. ... , gest. ... . – Freie Stadt Frankfurt: Gesetzgebende Versammlung 1862-1863.   Frost

Wetzel, W. J. F., geb. ... , gest. ... ; Jurist. – Freie Stadt Frankfurt: Gesetzgebende Versammlung 1821-1824 und 1826.   Frost

Weyland, Christian Karl Theodor, geb. 21.11.1789 Lichtenberg i.O., gest. 29.8.1853 Bad Ems; Hofgerichtsrat, 1835 Oberappellations- und Kassationsgerichtsrat in Darmstadt. – Ghzm. Hessen: 2. Kammer 1832-1847 (kons.).   Ruppel/Groß

Weyland, Franz Bernhard, geb. 6.1.1883 Hadamar, gest. ... ; Dachdeckermeister. – Wiesbaden und Hessen-Nassau 1921-1925 (SPD).   Burkardt/Pult

Weyrauch, Johann *Adam*, geb. 7.1.1826 Ober-Mossau, gest. 24.2.1902 Ober-Mossau; Landwirt und Bürgermeister in Ober-Mossau. – Ghzm. Hessen. 2. Kammer 1876-1884 (NL).   Ruppel/Groß

Wibbecke – s. Wiwecke

Wick, *Richard* Conrad Ludwig, geb. 19.4.1872 Usingen, gest. 24.3.1955 Bad Cannstadt; Lagerverwalter des Frankfurter Konsumvereins, später hauptamtlicher Beigeordneter in Oberursel; MdL Preußen 1921-1932 (USPD 1921-1922, SPD 1922-1932). – Wiesbaden und Hessen-Nassau 1920 (USPD).   Burkardt/Pult; J.L.

Wickel, ... , geb. ... Northeim [?], gest. ... ; Oberförster in Flörsbach 1884-1891. – Kassel und Hessen-Nassau 1886.   Pelda

Widmann, Ernst *Wilhelm*, geb. 30.12.1876 Esslingen, gest. 18.5.1955 Offenbach; ge-

lernter Gürtler, bis 1920 Parteisekretär der SPD Offenbach-Dieburg, 1920-1933 Landessekretär der SPD Hessen mit Sitz in Offenbach. – Volksstaat Hessen 1919-1933 (SPD).   Ruppel/Groß; J.L.

Wieber, Lorenz, geb. 4.7.1853 Volkmarsen, gest. 12.3.1937 Heidelberg; Eisenbahnbetriebssekretär in Kassel. – Kassel und Hessen-Nassau 1917-1919 (44. KLT) (Z).   Pelda

Dr. jur. Wiechens, Heinrich, geb. 31.1.1884 Hasede, gest. 1.10.1949 Kassel; Landrat in Gersfeld, 1932-1948 beim Regierungspräsidenten in Kassel tätig, zuletzt Regierungsvizepräsident. – Kassel und Hessen-Nassau 1926-1932 (Z).
                                                    Pelda

Wiedemann, Theodor Heinrich, geb. 5.1.1808 Schmalkalden, gest. 24.6.1862 Schmalkalden; Landgerichtsprokurator und Bürgermeister in Schmalkalden. – Kurhessen: Ständeversammlung 1839-1841 und 1848-1849.   Losch; Sieburg

Dr. jur. Wiederhold, Johann *Christian*, geb. 18.1.1775 Marburg, gest. 9.2.1832 Kassel; Obergerichtsdirektor in Rinteln, 1831-1832 Präsident des Kfl. Gesamtstaatsministeriums und Minister der Justiz. – Kurhessen: Ständeversammlung 1831-1832 (gem. lib.).   Losch; Sieburg; J.L.

Wiegand, Eduard, geb. 9.5.1815 Rotenburg, gest. 24.2.1877 Bari, Italien; Regierungsrat, Mitglied der Direktion der Landeskreditkasse in Kassel, später Oberpräsidialrat; MdR 1867 (NL[200]). – Kurhessen: Ständeversammlung 1862-1866 (lib.-konst.).   Losch; Sieburg; J.L.

Wiegand, Philipp *Anton*, geb. 3.8.1847 Darmstadt, gest. 24.1.1925 Heppenheim;

---

[200] Lt. KÜHNE S. 667-669 war *Wiegand* 1867 auch Kandidat einiger konservativer Wahlmänner bei den Wahlen zum preußischen Abgeordnetenhaus im Wahlkreis 235 (Schlüchtern-Gelnhausen).

Postmeister, 1914 Bürgermeister in Heppenheim. – Ghzm. Hessen: 2. Kammer 1911-1918 (Z). Ruppel/Groß

Wieger, *Heinrich* Joseph, geb. 14.4.1776 Geisenheim, gest. 7.12.1854 Bingen; 1835 Kreisrat Bingen. – Ghzm. Hessen: 2. Kammer 1820-1833 (lib.); Vizepräsident (2. Präsident) der 2. Kammer 1823-1824. Ruppel/Groß; J.L.

Wiegrebe, *Ernst* Heinrich, geb. 16.4.1793 Betheln, gest. 8.3.1872 Elmshagen; Major im Generalstab, 1839 Direktor der topographischen Landesaufnahme. – Kurhessen: Ständeversammlung 1839-1841. Losch; Sieburg

Wiemer, Friedrich Christoph, geb. ... , gest. ... . – Freie Stadt Frankfurt: Gesetzgebende Versammlung 1848 und 1850. Frost

Wiener, Friedrich Ludwig (gen. *Louis* Alexander), get. 5.10.1781 Darmstadt, gest. 13.3.1842 Darmstadt; Gastwirt in Darmstadt. – Ghzm. Hessen: 2. Kammer 1823-1824. Ruppel/Groß

Wiener, Johann *Philipp*, get. 5.4.1785 Darmstadt, gest. 23.1.1866 Darmstadt; Gastwirt in Darmstadt. – Ghzm. Hessen: 2. Kammer 1832-1833. Ruppel/Groß

Wiesche, Wilhelm Friedrich, geb. ... , gest. ... ; Handelsmann. – Freie Stadt Frankfurt: Verfassunggebende Versammlung 1848-1849. Frost; J.L.

Wiesemann, geb. Müller, Johanna, geb. 26.10.1894 Altenburg in Thüringen, gest. 16.8.1975 Battenberg; Hausfrau in Biedenkopf. – Land Hessen: Hessischer Landtag 1954-1958 (CDU). Lengemann II

Freiherr von Wiesenhütten[201]**, Franz Wilhelm**, geb. 15.9.1755 Frankfurt, gest. 18.8.1836 Frankfurt; Ghzgl. Gesandter in Kassel und Biebrich (bis 1822) und bei der Freien Stadt Frankfurt (bis 1831). – Ghzm. Hessen: 1. Kammer 1820-1833. Götz/Rack; J.L.

Freiherr von Wiesenhütten[202]**, *Friedrich* August**, geb. 22.8.1759 Frankfurt, gest. 1.1.1823 Stuttgart; Geheimrat; 1797 Ratsmitglied, 1798 Schöff, 1805 Älterer Bürgermeister, 1806 aus dem Rat ausgetreten. – Freie Stadt Frankfurt: Gesetzgebende Versammlung 1817-1818; Vizepräsident der Gesetzgebenden Versammlung 1818. Frost; J.L.

Dr. med. Wigand, Carl Wolrad Ludwig, geb. 21.6.1782 Korbach, gest. 14.1.1844 Korbach; Arzt und mehrfach Korbacher Bürgermeister. – Waldeck: Landstand 1823-1825 und 1828-1844. König/Lengemann/Seibel

Wigand, Gottfried Carl Wilhelm, geb. 20.9.1808 Weibeck, gest. 27.12.1863 Hohenrode; evangelischer Pfarrer in Hessisch-Oldendorf, später Metropolitan in Hohenrode. – Kurhessen: Ständeversammlung 1849. Losch; Sieburg

Dr. med. von Wild[203]**, Carl Rudolph**, geb. 22.12.1859 Kassel, gest. 7.1.1951 Kassel; praktischer Arzt und Frauenarzt in Kassel. – Kassel und Hessen-Nassau 1911-1919 (44. KLT) (NL 1911-1918, DDP 1918-1919). Pelda; J.L.

Wild, Louis, geb. 22.3.1817 Kassel, gest. 7.9.1907 Rotenburg; Besitzer des Hofs Guttels bei Rotenburg. – Kurhessen: 2. Kammer 1861-1862 und Ständeversammlung 1862-1866. Losch; Sieburg

---

[201] Erhebung in den Reichsfreiherrenstand am 14.3.1789.
[202] Wie Anm. 201.

[203] Kgl. preußische Genehmigung zur Führung des (alten bernischen) Adelsprädikats für die ehelichen Nachkommen des Kasseler Hofapothekers *Johann Rudolph Wild* am 8.2.1888.

Wild, Willy, geb. 29.11.1919 Frankfurt, gest. 11.2.1994 ... ; Schriftgießer bei der D. Stempel A.G. in Frankfurt. – Land Hessen: Hessischer Landtag 1958-1966 (SPD). Lengemann II; Kanzlei des Landtags

Wilhelm, Heinrich, geb. 15.2.1885 Kammerbach, gest. 11.11.1947 ... ; Stellmacher, Inhaber einer Stellmacherei und Bürgermeister in Laudenbach. – Land Hessen: Verfassungberatende Landesversammlung Groß-Hessen 1946 (SPD). Lengemann II

Wilhelm, Ignaz, geb. 13.4.1793 Neuhof, gest. ... ; Advokat und Notar in Neuhof. – Kurhessen: Ständeversammlung 1838.
Losch; Sieburg

Dr. theol. h.c. Wilhelmi, Ludwig Wilhelm, geb. 19.11.1796 Neuenhain, gest. 11.5.1882 Wiesbaden; evangelischer Pfarrer und Dekan in Wiesbaden, 1841 anstelle des erkrankten Landesbischofs bischöflicher Kommissar, 1858 Landesbischof. – Nassau: Deputiertenkammer 1840-1848 und I. Kammer 1852-1866
Rösner-Hausmann; J.L.

Wilhelmi, Paul, geb. 15.7.1879 Duisburg, gest. 12.3.1962 ... ; Ingenieur und Kaufmann in Wiesbaden. – Land Hessen: Beratender Landesausschuß 1946 (LDP).
Lengemann II

Wilke, Otto, geb. 13.4.1937 Korbach; Installateurmeister, Inhaber eines Installationsgeschäftes in Adorf bzw. Diemelsee; Mitglied der 8. und 9. Bundesversammlung. – Land Hessen: Hessischer Landtag 1970-1982 und 1983-1995 (F.D.P.); Vorsitzender der F.D.P.-Fraktion 1977-1982 und 1987-1991. Lengemann II; Kanzlei des Landtags

Will, Carl, geb. ... , gest. ... ; Adjunkt in Staudernheim. – Hessen-Homburg 1849.
J.L.

Will, *Heinrich* Jacob, geb. 12.1.1808 Odernheim, gest. 26.4.1876 Homburg; Regierungsrat, später Geheimer Regierungsrat in Homburg. – Hessen-Homburg 1849; Wiesbaden 1868-1873.
Rösner-Hausmann; J.L.

von Willemer[204], **Johann Jacob**, get. 30.3.1760 Frankfurt, gest. 19.10.1838 Frankfurt; Bankier (Bankhaus Johann Ludwig Willemer) und Schriftsteller. – Freie Stadt Frankfurt: Gesetzgebende Versammlung 1818-1819. Frost; J.L.

von Willich, gen. von Pöllnitz[205], **Justus Martin**, geb. 10.11.1756 Göttingen, gest. 30.11.1840 Reinheim; Gutsbesitzer in Reinheim. – Ghzm. Hessen: 2. Kammer 1832-1833. Ruppel/Groß;Götz/Rack

von Willich, gen. von Pöllnitz[206], **Karl Gottfried**, geb. 7.7.1802 Reinheim, gest. 30.8.1875 Darmstadt; Gutsbesitzer in Reinheim und Illbach. – Ghzm. Hessen: 2. Kammer 1841-1847. Ruppel/Groß

von Willich, gen. von Pöllnitz[207], **Wilhelm Christian**, geb. 4.3.1807 Reinheim, gest. 14.2.1887 Darmstadt; Kreissekretär in Dieburg, 1847 Kreisrat in Worms, 1848 Rat bei der Regierungs-Kommission für dem Regierungs-Bezirk Gießen, später Kreisrat in Offenbach und danach in Darmstadt, 1860 Direktor der Provinz Starkenburg in Darmstadt. – Ghzm. Hessen: 2. Kammer 1844-1847 und 1848-1849 und 1. Kammer 1874-1884.
Ruppel/Groß; Götz/Rack

Willmann, Karl, geb. 22.6.1908 Darmstadt, gest. 13.4.1976 ... ; Bilanzbuchhalter, Betriebsprüfer in Darmstadt-Eberstadt. – Land Hessen: Beratender Landesausschuß 1946 (KPD), Verfassungbera-

---

[204] Erhebung in den Kaiserlich österreichischen Adelsstand am 2.12.1816.

[205] Erhebung in den Ghzgl. hessischen Adelsstand am 6.2.1810.
[206] Wie Anm. 205.
[207] Wie Anm. 205.

tende Landesversammlung Groß-Hessen 1946 (KPD) und Hessischer Landtag 1946-1950 (KPD).

Lengemann II

Wilmans (Willmans), **Heinrich Johann Christian**, geb. 7.7.1788 Bremen, gest. 18.3.1854 Frankfurt; Buchhändler und Drucker. – Freie Stadt Frankfurt: Ständige Bürgerrepräsentation 1833-1854. Frost

Wilmerding, Johann Heinrich, geb. 8.4.1749 Braunschweig, gest. 14.4.1828 Braunschweig; bis 1808 Direktor der Geistlichen Gerichte und Bürgermeister in Braunschweig, 1808 Präsident des Gesundheitskollegiums, später Stadtdirektor in Braunschweig; Mitglied der Braunschweig-Wolfenbüttelischen und Blankenburgischen Landschaft (Landtag) 1807 und 1819-1825. – Kgr. Westphalen 1808-1813. Lengemann I

Wimpf, Carl *Georg*, geb. 15.2.1810 Weilburg, gest. ... ; Grubenbesitzer und Steingutfabrikant auf der Guntersau bei Weilburg. – Nassau: I. Kammer 1864-1866 (NFP [Rep.]). Rösner-Hausmann; J.L.

Wimpf, *Friedrich* August, geb. 8.8.1806 Weilburg, gest. 27.4.1867 Gießen; Grubenbesitzer und Steingutfabrikant auf der Guntersau bei Weilburg. – Nassau: Ständeversammlung 1848-1851 (dem.).

Rösner-Hausmann; J.L.

von Winckler, Hermann, geb. 14.4.1799 Kassel, gest. ... ; Gutsbesitzer in Künzell. – Kurhessen: 2. Kammer 1860-1861.

Losch; Sieburg

Windecker, Johann Georg *Adolf*, geb. 13.11.1857 Friedberg, gest. 6.3.1939 Friedberg; Rechtsanwalt in Gießen. – Ghzm. Hessen: 2. Kammer 1904-1905 (DVP). Ruppel/Groß; J.L.

Windel, Johann Christian *Adolph*, geb. 6.11.1806 Pyrmont , gest. 5.11.1886 Pyr-

Adolph Windel
Präsident des Spezial-Landtags des
Fürstentums Pyrmont 1862-1863

mont; Justizamtmann, Oberrentereibeamter und Rat in Rhoden, 1850 Kreisgerichtsdirektor in Pyrmont. – Waldeck: Landtag 1849-1851, 1855-1863 und 1868-1884 und Spezial-Landtag Pyrmont 1850-1851 und 1855-1863; Präsident des Spezial-Landtags des Fsm. Pyrmont 1862-1863. König; Lengemann III; Lengemann IV; König/Lengemann/Seibel

Windemuth, Justus, geb. 27.9.1883 Wieiterode, gest. 30.1.1963 Weiterode; Reichsbahnbeamter und Bürgermeister in Weiterode. – Kassel und Hessen-Nassau 1930 (62. KLT) -1932 (SPD); Land Hessen: Verfassungberatende Landesversammlung Groß-Hessen 1946 (SPD).

Pelda; Lengemann II

Windfuhr, Wolfgang, geb. 28.6.1936 Lüdenscheid; Gymnasiallehrer, später Verbandsgeschäftsführer in Kassel. – Land

Hessen: Hessischer Landtag 1974-1991
(CDU).   Lengemann II; Kanzlei des Landtags

Windisch, Theodor, geb. 6.3.1880 Friedberg, gest. 23.7.1932 Gießen; Rechtsanwalt in Höchst, dann in Michelstadt, später Syndikus in Gummersbach. –
Volksstaat Hessen 1919 (DDP).
Ruppel/Groß

Winkelblech, *Carl* Georg, geb. 11.4.1810
Ensheim bei Mainz, gest. 10.1.1865 Kassel; Chemiker, Nationalökonom, Lehrer
in Kassel. – Kurhessen: Ständeversammlung 1848-1849 (dem.).   Losch; Sieburg; J.L.

Winkelsträter, Liesel, geb. 28. 2.1921
Landau; Bezirkssekretärin bei der Indu-
striegewerkschaft Chemie-Papier-Kera-
mik für das Land Hessen in Frankfurt;
Mitglied der 4. und 5. Bundesversammlung. – Land Hessen: Hessischer Landtag
1962-1970 (SPD).
                Lengemann II; Kanzlei des Landtags

Dr. med. Winkhaus, Paul, geb. 28.12.1862
Oeckinghausen in Westfalen, gest.
13.5.1933 Bad Wildungen; Arzt in Nie-
der- bzw. Bad Wildungen, 1896-1933
Chefarzt des Krankenhauses Helenen-
heim. – Waldeck: Landesvertretung 1919-
1921 ([FoVP ... -1918], DDP); Präsident
der Waldeck-Pyrmonter Landesvertretung
1919-1921.   König; Lengemann III;
                              König/Lengemann/Seibel

**Dr. jur. Winkler, *Philipp* Friedrich Mat-
thias Jakob**, geb. 4.9.1875 Ober-Flörs-
heim, Krs. Worms, gest. 14.10.1962
Wiesbaden-Sonnenberg; Rechtsanwalt in
Oppenheim, später in Wiesbaden. –
Ghzm. Hessen; 2. Kammer 1908-1918
(NL).   Ruppel/Groß

Winkler, Rudolf, geb. 21.2.1920 Insel
Brioni [damals] Italien, gest. 23.8.1977 ... ;
Helfer in Steuersachen in Fulda. – Land
Hessen: Hessischer Landtag 1950-1954
(CDU).   Lengemann II

Dr. Paul Winkhaus (DDP)
Präsident der Waldeck-Pyrmonter Landesvertretung
1919-1921

Winneberger, Georg Matthias, geb.
14.11.1798 Oberrosphe, gest. 15.10.1873
Wetter; Bürgermeister in Wetter. – Kurhessen: Ständeversammlung 1838 und
1847-1848.   Losch; Sieburg

Winter, *Friedrich* Wilhelm Carl (auch:
Karl), geb. 17.11.1800 Darmstadt, gest.
17.3.1852 Darmstadt; Hofgerichtsadvokat Darmstadt, 1841 Syndikus des prote-
stantischen Kirchenfonds der Provinz
Starkenburg. – Ghzm. Hessen: 1. Kammer 1851-1852.   Götz/Rack

Winter, Friedrich, geb. 25.12.1899 Ham-
burg, gest. 1.1.1974 ... ; Landwirt in
Wolfhagen. – Land Hessen: Beratender
Landesausschuß 1946 (LDP). Lengemann II

Winter, Gottlob Friedrich, geb. ... , gest.
... ; Handelsmann. – Freie Stadt Frankfurt: Gesetzgebende Versammlung 1818.
                                             Frost

Winter, Johann Carl *Wilhelm* August,
geb. 1.12.1803 Dillenburg, gest. 6.3.1895
Gut Elmshof, Elmshausen, Krs. Biedenkopf; Jurist, 1865-1866 Präsident der
Hzgl. Landesregierung in Wiesbaden,
Gutsbesitzer in Elmshausen; MdA 1868-
1873 (K); MdR 1871-1874 (K). – Wiesbaden 1868-1875 (7. KLT) und 1877-
1880 (K); Vorsitzender des Kommunal-
Landtags Wiesbaden 1868-1875.
                                Burkardt/Pult; J.L.

Winter, Kaspar, geb. 7.2.1869 Klein-
Welzheim, gest. 16.7.1950 Klein-Welz-
heim; Rektor in Mainz. – Volksstaat Hessen 1927-1933 (Z).   Ruppel/Groß

Winter, Wilhelm, geb. 13.2.1813 Hom-
berg/Efze, gest. 18.4.1901 Homberg;
Stadtschreiber, ab 1853 Bürgermeister in
Homberg. – Kurhessen: 2. Kammer
1852-1860 (kons.-gouv.); Kassel 1881-
1897 und Hessen-Nassau 1886-1897.
                                Losch; Sieburg; Pelda; J.L.

Winterberg, Christian Philipp, geb.
2.9.1767 Mühlhausen, gest. 9.7.1827
Landau; Bürgermeister in Landau. –
Waldeck: Landstand 1824.
                                König/Lengemann/Seibel

Winterstein, Horst, geb. 5.10.1934 Novi-
Sivac, [damals] Jugoslawien; Jurist, bis
1980 Geschäftsführer des Hessischen
Städtetages, wohnhaft in Hattersheim,
1984-1987 Hessischer Minister des Innern, seit 1991 Geschäftsführer der Gesellschaft für Kommunalbau; Mitglied
der 7. und 8. Bundesversammlung; Mitglied des Bundesrates 1984-1985, Stellvertretendes Mitglied des Bundesrats
1985-1987. – Land Hessen: Hessischer
Landtag 1976-1991 (SPD), Vorsitzender
der SPD-Fraktion 1980-1984.
                                Lengemann II; Kanzlei des Landtags

Winterstein, Ladislaus, geb. 11.6.1905
Altsiwatz, [damals] Ungarn, gest.
2.11.1964 ... ; bei der Stadtverwaltung in

Pfungstadt beschäftigt, 1951-1964 Bürgermeister der Stadt Hattersheim; MdB
1964 (SPD); Mitglied der 2. Bundesversammlung. – Land Hessen: Hessischer
Landtag 1950-1954 und 1957-1958
(SPD).   Lengemann II

Winterstein, Norbert, geb. 12.12.1931
Altsivac, [damals] Jugoslawien; Jurist,
1965-1981 Bürgermeister der Stadt Hattersheim, 1981-1993 Oberbürgermeister
der Stadt Rüsselsheim, seit 1994 im Auftrag der Vereinten Nationen Mitarbeit am
Wiederaufbau der Stadt Mostar, Bosnien-
Hercegowina; Mitglied der 5. Bundesversammlung. – Land Hessen: Hessischer
Landtag 1966-1970 (SPD).   Lengemann II

Winterstein, Veronika, geb. 31.1.1939
Wien; Dolmetscherin, Hausfrau in Rüsselsheim; Mitglied der 10. Bundesversammlung. – Land Hessen: Hessischer
Landtag seit 1982 (SPD); Vizepräsidentin
des Hessischen Landtags seit 1995.
                                Lengemann II; Kanzlei des Landtags

**Freiherr von Wintzingerode, Friedrich
(*Fritz*) Gerhard**, geb. 25.8.1799 Hanau,
gest. 28.9.1870 Bonn; Rechnungskammerpräsident, 1849-1851 Hzgl. dirigierender Staatsminister und Präsident des-
Staatsministeriums. – Nassau: Herrenbank
1843-1847.   Rösner-Hausmann; J.L.

**Freiherr von Wintzingerode, *Philipp* Wil-
helm Franz**, geb. 4.2.1812 Hanau, gest.
8.4.1871 Kassel; Jurist und Diplomat,
1849-1850 Provisorischer Vorstand des
Kfl. Ministeriums der Auswärtigen Angelegenheiten und des Hauses, später Geheimer Rat in Sachsen-Weimar und 1868-
1871 Landesdirektor des Kommunalständischen Verbandes des Regierungsbezirks Kassel. – Kurhessen: Ständeversammlung 1850; Kassel 1868-1869.
                                Losch; Sieburg; Pelda; J.L.

**Dr. jur. von der Wipper, gen. Wipper-
mann, *Carl* Ferdinand Liborius**, geb.

14.3.1831 Rinteln, gest. 24.2.1911 Groß-Lichterfelde bei Berlin; Privatdozent in Heidelberg, 1861-1872 Redakteur der *Hessischen Morgenzeitung* in Kassel, später Professor in Berlin. – Kurhessen: 2. Kammer 1861-1862 und Ständeversammlung 1862-1866 (lib.); Kassel 1868-1871 (NL). Losch; Sieburg; Pelda; J.L.

Dr. jur. von der Wipper, gen. **Wippermann, Carl** *Wilhelm*, geb. 1.12.1800 Rinteln, gest. 23.3.1857 Rinteln; Advokat und Prokurator, Stadtsekretär und später Bürgermeister in Rinteln, 1835 Stadtsekretär in Kassel, 1848-1850 Provisorischer Vorstand des Kfl. Finanzministeriums; MdN 1848-1849 (CP); Mitglied des Volkshauses des Unionsparlaments 1850. – Kurhessen: Ständeversammlung 1831-1848, 1848 und 1849-1850 (lib.). Losch; Sieburg; J.L.

Wirth, Carl Ludwig, geb. 18.3.1813 Mergentheim, gest. 13.4.1877 Darmstadt; Direktor des Bezirks-Strafgerichts, 1870 Spezialdirektor der Feuerversicherungs-Gesellschaft Deutscher Phönix in Darmstadt. – Ghzm. Hessen: 2. Kammer 1866-1872 (k1erikalkons). Ruppel/Groß

Wirth, Carl Michael Claudius, geb. 20.3.1810 Weilburg, gest. 14.11.1880 Hadamar; Amtssekretär, Justizamtsverwalter, später Amtmann in Selters, Rennerod und Hadamar; Mitglied des Volkshauses des Unionsparlaments 1850. – Nassau: Ständeversammlung 1848-1851 (Club der Rechten) und II. Kammer 1852-1866 *und 1864 (Mandat nicht angenommen)* [Z]; Präsident der Ständeversammlung 1848-1851, Präsident der II. Kammer 1852-1858. Rösner-Hausmann; J.L.

Wirth, Friedrich Christian, geb. 21.12.1826 Neesbach, gest. 26.4.1895 Wiesbaden; 1865-1872 Landesbank-Direktionsrat, 1873-1881 Landesdirektor des Kommunalständischen Verbandes des Regierungsbezirks Wiesbaden; MdA 1882-1891 (LVg 1882-1884, DFrsgP

1884-1891). – Wiesbaden und Hessen-Nassau 1886 (DFrsgP). Burkardt/Pult; J.L.

Wirth, Heinrich Wilhelm, geb. 18.7.1870 Eschbach, gest. ... ; Landwirt. – Wiesbaden und Hessen-Nassau 1933 (NSDAP). Burkardt/Pult

Wirth, Kurt, geb. 25.5.1901 Magdala in Thüringen, gest. ... ; Rechtsanwalt in Frankfurt; Stellvertretendes Mitglied des Preußischen Staatsrats 1933 (NSDAP). – Wiesbaden und Hessen-Nassau 1933 (NSDAP). Burkardt/Pult; J.L.

Wirth, Ludwig, geb. ... , gest. ... .- Freie Stadt Frankfurt: Gesetzgebende Versammlung 1837. Frost

Wirths, *August* Wilhelm Reinhard Louis, geb. 10.12.1814 Bringhausen [?], gest. ... ; Ökonom in Immighausen, 1860 Wohnsitz in Rhoden und Pachtung eines Steinbruches in Wrexen, 1862 in Konkurs gegangen, später Postbeamter in Köln-Ehrenfeld. – Waldeck: Landtag 1849-1851 und 1855-1862 (dem.). König; König/Lengemann/Seibel

Wirthwein, *Valentin* Wilhelm, geb. 24.12.1806 Biebesheim, gest. 11.9.1881 Fürfeld; Pfarrer in Breungeshain. – Ghzm. Hessen: 2. Kammer 1849-1850. Ruppel/Groß

Dr. phil. Wiskemann, Heinrich, geb. 2.5.1810 Röhrda, gest. 21.5.1875 Bad Hersfeld; Oberlehrer, Professor am Gymnasium in Hersfeld. – Kassel 1872-1875. Pelda

Wiß, *Caspar* Christoph Gottlieb, geb. 31.1.1784 Brotterode, gest. 17.4.1854 Fulda; Direktor des Gymnasiums in Rinteln, später evangelischer Pfarrer in Fulda. – Kurhessen: Ständeversammlung 1831-1832 (gouv.). Losch; Sieburg; J.L.

Wissel, Johann David, geb. 11.8.1818 Seligenstadt, gest. 23.5.1863 Seligenstadt;

heißerei-Verwalter in Marienberg, 1868-1884 Landrat des Oberwesterwaldkreises; MdA 1879-1882 (FK). – Nassau: II. Kammer 1865. Rösner-Hausmann; J.L.

Witte, Otto, geb. 18.3.1884 Halberstadt, gest. 19.9.1963 Wiesbaden; gelernter Gärtner, 1920-1933 Landesrat bei der Provinzialverwaltung in Wiesbaden, 1948-1953 Landeshauptmann des Kommunalverbandes des Regierungsbezirks Wiesbaden; MdR 1926-1933 (SPD); Mitglied des Parlamentarischen Rats des Länderrats des amerikanischen Besatzungsgebiets 1947-1949 (SPD); Mitglied der 1. und 2. Bundesversammlung. – Wiesbaden und Hessen-Nassau 1920-1925 (SPD); Land Hessen: Beratender Landesausschuß 1946 (SPD), Verfassungberatende Landesversammlung Groß-Hessen. 1946 (SPD) und Hessischer Landtag 1946-1954 (SPD); Präsident der Verfassungberatenden Landesversammlung Groß-Hessen 1946 und Präsident des Hessischen Landtags 1946-1954. Burkardt/Pult; Lengemann II

Otto Witte (SPD)
Präsident der Verfassungberatenden
Landesversammlung Groß-Hessen 1946 und des
Hessischen Landtags 1946-1954

Bürgermeister in Seligenstadt. – Ghzm. Hessen: 2. Kammer 1862-1863 (lib.). Ruppel/Groß

Dr. theol. h. c. Wissemann, Georg Wilhelm, geb. 11.6.1854 Rengshausen, gest. 27.10.1925 Bad Kissingen; evangelischer Pfarrer, Superintendent der Diözese Hofgeismar-Wolfhagen und Metropolitan der Klasse Grebenstein. – Kassel und Hessen-Nassau 1921-1925 (Ag). Pelda

Wissemann, Justus, geb. 13.12.1814 Hommershausen, gest. 19.12.1884 Hommershausen; Bürgermeister in Hommershausen. – Kurhessen: 2. Kammer 1860-1862 und Ständeversammlung 1863-1866. Losch; Sieburg

Wißmann, Franz August *Theodor*, geb. 8.6.1818 Schadeck, gest. 11.1.1884 Marienberg im Westerwald; Landoberschult-

Wittekind, Anton Maria, geb. 1.8.1806 Frankfurt, gest. 6.2.1858 Frankfurt; Handelsmann, Frankfurter Konsul in Amsterdam. – Freie Stadt Frankfurt: Ständige Bürgerrepräsentation 1854-1858. Frost

Wittgenstein, Jakob, geb. 1.4.1819 Korbach, gest. 3.6.1890 Berlin; Kaufmann in Korbach. – Waldeck: Landtag 1849-1851. König; König/Lengemann/Seibel

Wittich, Heinrich, geb. 30.4.1865 Holzhausen bei Homberg/Efze, gest. 26.2.1943 Frankfurt; gelernter Brauer, bis 1918 SPD-Parteisekretär, 1919-1921 Referent der Reichsstelle für Speisefette in der Provinz Hessen-Nassau, 1921-1926 selbständiger Kaufmann, 1926-1928 Gewerkschaftsangestellter, später Lotterieeinnehmer in Frankfurt; MdL Preußen 1919-1928 (SPD). – Wiesbaden und Hessen-Nassau 1920 (SPD). Burkardt/Pult; J.L.

Wittich, Heinrich, geb. 23.6.1891 Wehren, gest. 23.2.1956 ... ; Landwirt in Mühlhausen, Krs. Fritzlar-Homberg. – Land Hessen: Verfassungberatende Landesversammlung Groß-Hessen 1946 (CDU) und Hessischer Landtag 1946-1950 (CDU). *Lengemann II*

Wittich, Johannes, geb. 24.12.1828 Lendorf, gest. 12.5.1898 Lendorf; Gutsbesitzer und Bürgermeister in Lendorf. – Kassel 1877-1882. *Pelda*

Wittig, Bruno, geb. 11.2.1885 Wittenberg, gest. 14.8.1973 Butzbach; gelernter Buchdrucker, 1919-1933 SPD-Parteisekretär für Friedberg-Büdingen-Schotten, 1945-1949 Bürgermeister in Butzbach. – Volksstaat Hessen 1919-1921 (SPD). *Ruppel/Groß; J.L.*

Dr. med. Witting, ... , geb. ... , gest. ... ; Postmeister in Altmorschen. – Kurhessen: Ständeversammlung 1842-1846. *Losch; Sieburg*

Dr. jur. Wittmann, Philipp, geb. 5.5.1815 Mainz, gest. 2.5.1867 Mainz; Stage-Advokat in Mainz. – Ghzm. Hessen: 2. Kammer 1849-1850 (dem.). *Ruppel/Groß*

Wittmann, Ludwig, geb. 26.7.1898 Massing in Niederbayern, gest. 23.1.1972 ... ; Parteisekretär der KPD in Frankfurt. – Land Hessen: Hessischer Landtag 1949-1950 (KPD). *Lengemann II*

Wittmar (Wittmer), **Heinrich**[208], geb. 15.9.1796 Oberaula, gest. 13.5.1868 Hersfeld; Hofbesitzer in Bingartes. – Kurhessen: Ständeversammlung 1833-1835 (gem. lib.). *Losch; Sieburg; J.L.*

Wittrock, Daniel *Christian* Warnke, geb. 2.11.1882 Kassel, gest. 14.11.1967 Kassel; Bürovorsteher, Geschäftsführer bei der Vereinigten Innungskrankenkasse, hauptamtlicher Stadtrat, Kaufmann, 1946-1956 Verwaltungsdirektor der AOK in Kassel; Stadtverordnetenvorsteher in Kassel 1946-1956; Mitglied des Preußischen Staatsrats 1921-1924 (SPD); Mitglied der 1. und 2. Bundesversammlung. – Kassel und Hessen-Nassau 1921-1923 und 1930-1933 (SPD); Land Hessen: Beratender Landesausschuß 1946 (SPD), Verfassungberatende Landesversammlung Groß-Hessen 1946 (SPD) und Hessischer Landtag 1946-1954 und 1958; Vizepräsident des Hessischen Landtags 1950-1954. *Pelda; Lengemann II*

Wittrock, Willi, geb. 2.8.1898 Kassel, gest. 23.3.1966 ... ; Jurist, hauptamtlicher Stadtrat in Kassel; Mitglied der 3. Bundesversammlung. – Land Hessen: Verfassungberatende Landesversammlung 1946 (SPD) und Hessischer Landtag 1946-1962; Vizepräsident des Hessischen Landtags 1954-1962. *Lengemann II*

Wittwer, Josef, geb. 19.3.1930 Bork in Westfalen, gest. 6.3.1970 ... ; Kommunalbeamter, zuletzt Stadtamtmann in Kelkheim, später Bürgermeister der Gemeinde Kriftel; Mitglied der 4. Bundesversammlung. – Land Hessen: Hessischer Landtag 1960-1970 (CDU). *Lengemann II*

Witzel, Josef, geb. 22.10.1847 Oberweisenborn, gest. 23.5.1916 Hofaschenbach; Bürgermeister in Oberaschenbach, ab 1883 in Hofaschenbach. – Kassel und Hessen-Nassau 1899-1916 (Z). *Pelda*

Wiwecke (auch: Wibbecke), **Heinrich**, geb. 24.10.1782 Netze, gest. 11.3.1846 Freienhagen; Ackermann und Bürgermeister in Freienhagen. – Waldeck: Landstand 1837-1839. *König/Lengemann/Seibel*

---

[208] Nach GROTHE führte der Abgeordnete den Vornamen *Carl*; ob beide Bezeichnungen die gleiche Person meinen oder wer tatsächlich Mitglied der Ständeversammlung war, konnte bei der Erarbeitung des Index nicht erforscht werden.

Wöll, Karl, geb. 21.12.1903 Groß-Au-
heim, gest. 11.4.1972 ... ; Rechtsstellen-
leiter beim DGB-Kreisausschuß Offenbach, wohnhaft in Frankfurt; Mitglied der
2. Bundesversammlung. – Land Hessen:
Hessischer Landtag 1950-1970 (SPD).
                                        Lengemann II

Dr. jur. Dr. med. h.c. Woell, Wilhelm, geb.
6.2.1871 Weilburg, gest. 3.11.1926 Frankfurt; Rechtsanwalt, hauptamtlicher Stadtrat in Frankfurt, 1920-1926 Landeshauptmann des Bezirksverbandes des Regierungsbezirks Wiesbaden. – Wiesbaden
und Hessen-Nassau 1911-1920 (DDP
1920).   Burkardt/Pult; J.L.

Wörner, Carl, geb. ... , gest. ... . – Freie
Stadt Frankfurt: Gesetzgebende Versammlung 1861.   Frost

Wörner, Friedrich Wilhelm, geb.
27.8.1897 Langendiebach, gest. ... ; Silberarbeiter in Langendiebach, 1945 Leiter der örtlichen Polizei in Langendiebach, danach Leiter der Abteilung
Männliche Arbeitsvermittlung beim Arbeitsamt Hanau. – Kassel und Hessen-
Nassau 1933 (KPD).   Pelda

von Wogau, Friedrich *Maximilian*, geb.
23.8.1768 Ludwigsburg, gest. 3.1.1826
Frankfurt; Handelsmann. – Freie Stadt
Frankfurt: Gesetzgebende Versammlung
1819.   Frost; J.L.

Wohlfahrt, J. J. (jun.), geb. ... , gest. ... ;
Buchbindermeister. – Freie Stadt Frankfurt: Gesetzgebende Versammlung 1823
und 1828-1829.   Frost

Dr. rer. pol. Woitschell, Gerhard, geb.
24.3.1910 Berlin, gest. 9.11.1969 ... ;
selbständiger Kaufmann in Wiesbaden;
Mitglied der 5. Bundesversammlung. –
Land Hessen: Hessischer Landtag 1966-
1969 (NPD).   Lengemann II

Wolf – vgl. auch Wolff

Wolf, August Karl, geb. 20.11.1871 Kör-
dorf, gest. 2.7.1943 Limburg; Landwirt,
Bürgermeister. – Wiesbaden und Hessen-
Nassau 1920 (Bauernschaft). Burkardt/Pult

Wolf, *Carl* Christian Friedrich, geb.
27.7.1797 Kassel, gest. 19.12.1868
Schmalkalden; Kreissekretar, später Ham-
merwerksbesitzer in Schmalkalden. –
Kurhessen: Ständeversammlung 1839-
1844 und 1849-1850.   Losch; Sieburg

Wolf (Wolff), E. W. A., geb. ... , gest. ... ;
Bierbrauermeister, Major. – Freie Stadt
Frankfurt: Gesetzgebende Versammlung
1832 und 1838-1841, Ständige Bürgerrepräsentation 1841-1842.   Frost

Wolf, geb. Winkler, Eleonore (*Lore*), geb.
11.3.1900 Sommerhausen; Büroange-
stellte beim Magistrat der Stadt Frankfurt. – Land Hessen: Beratender Landesausschuß 1946 (KPD)
                Lengemann II; Kanzlei des Landtags

Dr. med. Wolf, Friedrich (*Fritz*), geb.
25.3.1853 Leihgestern, Krs. Gießen, gest.
17.5.1922 Gonsenheim; Arzt in Gonsenheim. – Ghzm. Hessen: 2. Kammer 1910-
1918 (F).   Ruppel/Groß

Wolf, Friedrich Siegmund. geb. 5.3.1799
Schmalkalden, gest. 22.4.1848 Schmalkalden; Landgerichtsanwalt und Bürgermeister in Schmalkalden. – Kurhessen:
Ständeversammlung 1836-1838 (gem.
lib.).   Losch; Sieburg; J.L.

Wolf, Heinrich Ernst, geb. ... , gest. ... ;
Lehrer. – Freie Stadt Frankfurt: Gesetzgebende Versammlung 1848.   Frost

Wolf, Heinz, geb. 3.3.1908 Limburg, gest.
1.10.1984 ... ; Oberstaatsanwalt in Limburg und Frankfurt, 1964-1975 Landrat
des Kreises Limburg; Mitglied der 4.
Bundesversammlung. – Land Hessen:
Hessischer Landtag 1962-1966 (CDU).
                                        Lengemann II

Dr. jur. Wolf, Hugo, geb. 2.7.1896 Mainz, gest. 4.9.1960 Mainz; Gerichtsassessor in Worms, 1928 Staatsanwalt in Mainz. – Volksstaat Hessen 1927-31 (VRP 1927-1931, DNVP 1931). Ruppel/Groß

Wolf [-Mayer], Margareta, geb. 26.5.1957 Lennestadt; Landesgeschäftsführerin von B 90/DIE GRÜNEN Hessen, wohnhaft in Frankfurt; MdB seit 1994. – Land Hessen: Hessischer Landtag 1994 (B 90/GRÜ). Kanzlei des Landtags

Wolf, Michael (VI.), geb. 27.6.1859 Stadecken, gest. 6.3.1929 Stadecken; 1883 Geometer 2. Klasse für den Kreis Mainz, später Landwirt und Weinhändler in Stadecken. – Ghzm. Hessen: 2. Kammer 1899-1905 und 1906-1918 ([DRefP *1896*, antisem. *1898*, BdL *1903*], Bauernbund). Ruppel/Groß; J.L.

Wolf, Nicolaus, geb. ... , gest. ... . – Freie Stadt Frankfurt: Gesetzgebende Versammlung 1851-1853. Frost

Wolf, Peter, geb. 22.7.1877 Unterrosphe, gest. 14.3.1939 Marburg; Expedient, Geschäftsführer in Marburg. – Kassel und Hessen-Nassau 1930-1932 (SPD). Pelda

Wolf, Richard, geb. 21.10.1875 Effolderbach, gest. 1.11.1955 Effolderbach; Landwirt in Effolderbach. – Volksstaat Hessen 1921-1931 (Bauernbund bzw. Landbund). Ruppel/Groß

Wolf, Waldemar, geb. 16.9.1929 Leina, Krs. Gotha; gelernter Schlosser, Werkmeister bei der Adam Opel AG, wohnhaft in Hochheim, seit 1974 Beamter in einem Hessischen Ministerium. – Land Hessen: Hessischer Landtag 1970-1974 (SPD). Lengemann II; Kanzlei des Landtags

Wolf (Wolff), **Wilhelm**, geb. ... , gest. ... . – Freie Stadt Frankfurt: Verfassunggebende Versammlung 1848-1849, Gesetzgebende Versammlung 1855-1857. Frost; J.L.

Wolf, Wilhelm Georg Fritz Carl Theodor, geb. 15.10.1845 Homberg/Ohm, gest. 10.7.1917 Wetter; Forstmeister in Wetter. – Kassel und Hessen-Nassau 1898-1916. Pelda

Wolff – s. auch Wolf

Wolff (Wolf), *Carl* **August**, geb. 6.12.1799 Hersfeld, gest. 4.4.1863 Hersfeld; Kaufmann in Hersfeld. – Kurhessen: Ständeversammlung 1834-1835 (gem. lib.). Losch; Sieburg; J.L.

Wolff, *Friedrich* **Jakob**, geb. 22.4.1792 Groß-Gerau, gest. 4.9.1854 Darmstadt; Rentamtmann in Bingenheim, 1834 Rechner und Hospitalmeister in Hofheim. – Ghzm. Hessen: 2. Kammer 1832-1847 (kons.). Ruppel/Groß

Dr. jur. Wolff, Julius, geb. 1.9.1828 Marburg, gest. 25.1.1897 Marburg; Rechtsanwalt und Notar in Marburg; MdA 1877-1879 (NL). – Kassel 1878-1885 (NL). Pelda; J.L.

Wolff, Karin, geb. 23.2.1959 Darmstadt; Lehrerin in Darmstadt. – Land Hessen: Hessischer Landtag seit 1995 (CDU). Kanzlei des Landtags

Freiherr[209] Wolff von Gudenberg, *Gottlob* Carl, geb. 3.5.1813 Meimbressen, gest. 26.11.1890 Kassel; Landgerichtsassessor in Kassel, später Justizamtmann in Hessisch-Lichtenau und Hofgeismar, 1864 Stadtgerichtsdirektor und Oberamtsrichter in Kassel; MdA 1879-1882 (K). – Kurhessen: Ständeversammlung 1849 und 1864-1866; Kassel 1868-1878 (K). Losch; Sieburg; Pelda; J.L.

Graf[210] Wolff Metternich zur Gracht, *Max* Werner Joseph Anton, geb.

---

[209] Kgl. preußische Genehmigung zur Führung des Freiherrntitels vom 10.3.1873.
[210] Kgl. preußische Anerkennung des Grafenstandes am 31.3.1827.

20.10.1770 Bonn, gest. 2.3.1839 Gracht; Erb-Oberjägermeister des Hzm. Jülich; Mitglied des Rheinischen Provinzial-Landtags 1833-1837. – Nassau: Herren-bank 1832-1838.   Rösner-Hausmann; J.L.

Wolfram, Jakob, geb. ... , gest. ... ; Guts-besitzer in Albshausen. – Kurhessen: 2. Kammer 1861-1862; Kassel 1868-1874.
                                        Losch; Sieburg; Pelda

Wolfskehl, Wilhelm *Otto* Nathan Benja-min Wolf, geb. 9.11.1841 Darmstadt, gest. 15.8.1907 Darmstadt; Bankier in Darm-stadt. – Ghzm. Hessen: 2. Kammer 1875-1898 (NL); Vizepräsident (2. Präsident) der 2. Kammer 1884-1897. Ruppel/Groß; J.L.

Wollenhaupt, Carl Martin, geb. 26.9.1870 Melsungen, gest. ... ; Steuerin-spektor in Fritzlar, dann Katasterdirektor. – Kassel und Hessen-Nassau 1921-1929 ([NL *1913*], Ag)   Pelda; J.L.

Wollweber, Georg, geb. ... , gest. ... ; Rent-ner. – Wiesbaden und Hessen-Nassau 1902-1917.   Burkardt/Pult

Wolz, Franz *Hermann Josef* August, geb. 1.10.1827 Seligenstadt, gest. 1.2.1895 Seligenstadt; Bürgermeister in Seligen-stadt. – Ghzm. Hessen: 2. Kammer 1872-1895 (Z).   Ruppel/Groß

Dr. jur. utr. Dr. phil. Freiherr von Wre-de(n)[211], Carl Joseph, geb. ... 1761 [?][212] Mannheim, gest. 20.1.1829 Darmstadt; Geheimer Referendar für Kirche und Schule im Ghzgl. Gesamtministerium, 1827 von Großherzog *Ludwig I.* zum Bi-

schof von Mainz präsentiert, vom Papst aber abgelehnt. – Ghzm. Hessen: 1. Kam-mer 1820-1829.   Götz/Rack; J.L.

Wülker, Friedrich Ernst, geb. 21.4.1783 , gest. ... ; 1821-1856 Ratsverwandter. – Freie Stadt Frankfurt: Gesetzgebende Versammlung 1822 und 1825-1856. Frost

Wünzer, Karl Emil *Rudolf*, geb. 17.12.1862 Weimar, gest. 20.1.1929 Darmstadt; Oberamtsrichter, 1916 Ober-staatsanwalt in Darmstadt. – Ghzm. Hes-sen: 2. Kammer 1914-1918 und Volks-staat Hessen 1919-1924 (NL 1914-1918, DVP 1919-1924).   Ruppel/Groß

Wüst, Caspar Ludwig, geb. 28.6.1816 Frankfurt, gest. 3.3.1908 Frankfurt; Kar-tenfabrikant. – Freie Stadt Frankfurt: Ge-setzgebende Versammlung 1858-1859, 1862 und 1864-1866, Ständige Bürgerre-präsentation 1865-1866.   Frost

Wüstefeld, Johann Caspar Joseph, geb. 8.12.1782 Mainz, gest. 3.6.1825 Frank-furt; judenschaftlicher Gemeindeschrei-ber; 1816-1825 Senator, 1817-1824 Mit-glied des Engeren Rates. – Freie Stadt Frankfurt: Gesetzgebende Versammlung 1818-1825.   Frost

Wurmbach, Julius, geb. 15.1.1831 Mü-sen, gest. 17.5.1901 Nervi, Italien; Hüt-tendirektor in Siegen und Nievern, dann Fabrikant in Bockenheim; MdA 1894-1898 (NL). – Wiesbaden 1868-1871 (NL).   Burkardt/Pult; J.L.

Wurster, Ludwig August Carl, geb. ... , gest. ... ; Handelsmann. – Freie Stadt Frankfurt: Gesetzgebende Versammlung 1835-1837.   Frost

von Wussow, *Waldemar* Philipp Paul Alex-ander, geb. 29.9.1865 Frankfurt an der Oder, gest. 12.7.1938 Darmstadt; Landrat des Dillkreises. – Wiesbaden und Hessen-Nassau 1904-1912.   Burkardt/Pult; J.L.

---

[211] Erhebung des Vaters in den Reichsadelsstand unter Änderung des Namens *Wreden* in *Wrede* am 17.5/15.6.1790; Erhebung (ebenfalls des Vaters) in den kurbayerischen Freiherrenstand am 12.3.1791.

[212] Gelegentlich wird auch 1764 als Geburtsjahr an-gegeben; da jedoch ein durchgängig als im Jahre 1764 geborener Bruder in der einschlägigen Lite-ratur verzeichnet ist, spricht viel für 1761 als Ge-burtsjahr.

Bruno Fürst von Ysenburg und Büdingen
Präsident der 1. Kammer des Landtags des
Großherzogtums Hessen 1889-1900

Ernst Casimir
Graf von Ysenburg und Büdingen
Präsident der 1. Kammer des Landtags des
Großherzogtums Hessen 1826-1827

Ysenburg – s. ggf. auch Isenburg

Fürst von Ysenburg und Büdingen in Büdingen, *Bruno* Casimir Albert Emil Ferdinand, geb. 14.6.1837 Büdingen, gest. 26.1.1906 Büdingen; 1861 Nachfolge in der Standesherrschaft. – Ghzm. Hessen: 1. Kammer [1861] 1862-1906; Vizepräsident (2. Präsident) der 1. Kammer 1878-1889, Präsident (1. Präsident) der 1. Kammer 1889-1900. Götz/Rack

Fürst von Ysenburg und Büdingen in Büdingen, Ernst Casimir II., geb. 14.12.1806 Büdingen, gest. 16.2.1861 Büdingen; 1848 Nachfolge in der Standesherrschaft. – Ghzm. Hessen: 1. Kammer 1841-1849 und 1856-1861. Götz/Rack

Graf (Fürst[213]) von Ysenburg und Büdingen in Büdingen, Ernst Casimir III. (I.), geb. 20.1.1781 Büdingen, gest. 1.12.1852 Büdingen; 1804 Nachfolge in der Grafschaft. – Ghzm. Hessen: 1. Kammer 1820-1848; Präsident (1. Präsident) der 1. Kammer 1826-1827. Götz/Rack

Fürst von Ysenburg und Büdingen in Büdingen, Wolfgang, geb. 30.3.1877 Büdingen, gest. 29.7.1920 Gößweinstein in Oberfranken; 1906 Nachfolge in der Standesherrschaft. – Ghzm. Hessen: 1. Kammer 1902-1918. Götz/Rack

---

[213] Erhebung in den Ghzgl. hessischen Fürstenstand am 9.4.1840; fortan als Fürst *Ernst Casimir I.*

Graf von Ysenburg und Büdingen in Meerholz, *Carl* Friedrich Casimir Adolf Ludwig, geb. 26.10.1819 Meerholz, gest. 30.3.1900 Meerholz; 1840 Verwaltung, 1844 Nachfolge in der Standesherrschaft; MdH 1867-1900. – Ghzm. Hessen: 1. Kammer [1844] 1847-1849 und 1856-1900; Kassel 1868-1885.

Götz/Rack; Pelda; J.L.

Graf von Ysenburg und Büdingen in Meerholz, *Carl* Wilhelm Ludwig, geb. 7.5.1763 Meerholz, gest. 17.4.1832 Meerholz. – Ghzm. Hessen: 1. Kammer 1820-1830 (nie förmlich eingetreten). Götz/Rack

Erbgraf von Ysenburg und Büdingen in Meerholz, *Friedrich* Casimir, geb. 10.8.1847 Meerholz, gest. 9.3.1889 Meerholz. – Ghzm. Hessen: 1. Kammer 1872-1878.

Götz/Rack

Erbgraf (Graf[214]) von Ysenburg und Büdingen in Meerholz, *Gustav* Clemens Friedrich Karl Ludwig, geb. 18.2.1863 Meerholz, gest. 28.4.1929 Meerholz; 1900 Nachfolge in der Standesherrschaft; MdH 1901-1918. – Ghzm. Hessen: 1. Kammer 1893-1918; Kassel und Hessen-Nassau 1899-1910. Götz/Rack; Pelda; J.L.

Graf von Ysenburg und Büdingen in Philippseich (I), *Heinrich* Ferdinand, geb. 15.10.1770 Philippseich, gest. 27.12.1838 Wächtersbach. – Kurhessen: Konstituierender Landtag 1830 und Ständeversammlung 1831-1832 (gouv. 1831-1832); Ghzm. Hessen: 1. Kammer 1832-1838. Losch; Sieburg; Götz/Rack; J.L.

Graf von Ysenburg und Büdingen in Philippseich (II), *Georg* Kasimir, geb. 15.4.1794 Philippseich, gest. 26.4.1875 Philippseich; später Generaladjutant des Großherzogs Ludwig II. – Kurhessen:

Ständeversammlung 1831-1832 (gouv.).

Losch; Sieburg; J.L.

Graf von Ysenburg und Büdingen in Wächtersbach, *Adolf*, geb. 26.7.1795 Wächtersbach, gest. 22.8.1859 Frankfurt. – Ghzm. Hessen: 1. Kammer 1820-1847 (nie förmlich eingetreten). Götz/Rack

Graf (Fürst[215]) von Ysenburg und Büdingen in Wächtersbach, *Ferdinand Maximilian III.* Adolf Ernst Ludwig Philipp, geb. 24.10.1824 Wächtersbach, gest. 5.6.1903 Wächtersbach; 1847 Nachfolge in der Standesherrschaft; MdH 1867-1903. – Ghzm. Hessen: 1. Kammer 1856-1903 (nie förmlich eingetreten); Kassel 1868-1885 [nahm das Mandat nicht persönlich wahr, sondern ließ sich durch Abg. Dr. Hans von der Malsburg-Escheberg vertreten]. Götz/Rack; Pelda; J.L.

Erbprinz (Fürst[216]) von Ysenburg und Büdingen in Wächtersbach, *Friedrich Wilhelm* Adolf Georg Kasimir Karl, geb. 17.6.1850 Wächtersbach, gest. 20.4.1933 Wächtersbach; 1903 Nachfolge in der Standesherrschaft; MdH [1903] 1906-1918. – Ghzm. Hessen: 1. Kammer 1875-1887 und 1903-1918; Kassel 1878 und 1887-1897 und Hessen-Nassau 1887-1897. Götz/Rack; Pelda; J.L.

Graf von Ysenburg und Büdingen in Wächtersbach, Ludwig Maximilian II., geb. 21.5.1791 Wächtersbach, gest. 25.2.1821 Wächtersbach. – Ghzm. Hessen: 1. Kammer 1820-1821 (nie förmlich eingetreten).

Götz/Rack

Zabel, Günter, geb. 11.12.1926 Weißenfels; Rektor in Erbach im Odenwald; Mit-

---

214 Mit der 1900 erfolgten Übernahme der Standesherrschaft nach dem Tode des Grafen *Carl von Ysenburg und Büdingen in Meerholz.*

215 Erhebung in den Kfl. hessischen Fürstenstand am 17.8.1865.

216 Mit der 1903 erfolgten Übernahme der Standesherrschaft nach dem Tode des Fürsten *Ferdinand Maximilian von Ysenburg und Büdingen in Wächtersbach* am 5.6.1903.

glied der 8. Bundesversammlung. – Land Hessen: Hessischer Landtag 1974-1991 (SPD). *Lengemann II; Kanzlei des Landtags*

Zängerle, Johann Friedrich, geb. 31.3.1911 Langen; Metallarbeiter in Rüsselsheim; Mitglied der 1. Bundesversammlung. – Land Hessen: Beratender Landesausschuß 1946 (KPD).
Lengemann II; Kanzlei des Landtags

Dr. med. Zais, Wilhelm, geb. 4.2.1798 Stuttgart, gest. 16.1.1861 Wiesbaden; Medizinalrat in Wiesbaden. – Nassau: Deputiertenkammer 1846-1848 und II. Kammer 1858-1860. *Rösner-Hausmann; J.L.*

von Zangen[217]**, Karl Georg Laurentius *Friedrich* Emil Otto**, geb. 2.12.1812 Langgöns, gest. 6.4.1876 Battenberg; Forstmeister in Battenberg; MdA 1871-1873 (FK). – Wiesbaden 1872-1877 (FK [DRP]). *Burkardt/Pult; J.L.*

Zeimetz-Lorz, Birgit, geb. 23.8.1960 Bitburg; Richterin am Verwaltungsgericht in Wiesbaden. – Land Hessen: Hessischer Landtag seit 1995 (CDU).
Kanzlei des Landtags

Zeiss, Franz *Jakob*, geb. 29.10.1886 Lambsheim, gest. 2.3.1952 Mannheim; Lederarbeiter in Fürth im Odenwald. – Volksstaat Hessen 1931-1932 (KPD); Land Hessen: Beratender Landesausschuß 1946 (KPD). *Ruppel/Groß; Lengemann II*

Dr. jur. Zeitmann, Georg Wilhelm, geb. 26.8.1771 Frankfurt, gest. 5.4.1836 Frankfurt; Jurist, später Direktor des Kuratellamtes und dann Appellationsgerichtsrat; 1816-1822 Senator, 1823-1836 Schöff. – Freie Stadt Frankfurt: Gesetzgebende Versammlung 1820-1821, 1823-1824 und 1827-1828. *Frost*

von Zelion – s. von Brandis, gen. von Zelion

Zeller, *Christian* Felix, geb. 14.9.1807 Wiernsheim in Württemberg, gest. 26.8.1865 Darmstadt; Lehrer, ständiger Sekretär der hessischen landwirtschaftlichen Vereine und Herausgeber der *Zeitschrift der landwirtschaftlichen Vereine des Großherzogtums Hessen*, 1852 Regierungs-Rat in Darmstadt. – Ghzm. Hessen: 2. Kammer 1842-1847 und 1851-1862 (lib., später kons.). *Ruppel/Groß*

Dr. jur. Zentgraf, *Otto* Friedrich Wilhelm, geb. 12.6.1811 Michelstadt, gest. 2.3.1890 Darmstadt; Staatsanwalt beim Hofgericht, 1857 Hofgerichtsrat in Gießen, 1861 Oberappellations- und Kassationsgerichtsrat, 1871 Direktor Oberappellations- und Kassationsgericht, 1876 Präsident Oberappellations- und Kassationsgericht in Darmstadt. – Ghzm. Hessen: 2. Kammer 1856-1862 und 1866-1872 und 1. Kammer 1876-1883 (kons.).
Ruppel/Groß; Götz/Rack

Zerbe, Edwin, geb. 22.8.1916 Wiesbaden-Rambach, gest. 13.10.1992 ... ; Jurist, 1955-1970 Landrat des Kreises Hersfeld, Rechtsanwalt in Bad Hersfeld; MdB 1965-1967 (SPD). – Land Hessen: Hessischer Landtag 1958-1965 und 1970-1978 (SPD). *Lengemann II; Kanzlei des Landtags*

Zickendraht, Christian Friedrich Wilhelm, geb. 21.2.1837 Hersfeld, gest. ... ; Gastwirt und Gutspächter in Haina. – Kassel 1871-1877 und 1896-1898 und Hessen-Nassau 1896-1898. *Pelda*

Zickwolf, Gustav, geb. ... , gest. ... ; Handelsmann. – Freie Stadt Frankfurt: Gesetzgebende Versammlung 1844-1845 und 1848. *Frost*

Zickwolf, Wilhelm Christian, get. 18.9.1762 Frankfurt, gest. 15.4.1828 Frankfurt; Handelsmann. – Freie Stadt

---

[217] Bescheinigung des Adelsstandes für die Familie durch das Ghzgl. hessische Ministerium der auswärtigen Angelegenheiten am 28.6.1839.

Frankfurt: Gesetzgebende Versammlung 1817. Frost

Ziegler, Heinrich Friedrich, geb. 12.3.1826 Hersfeld, gest. 26.3.1882 Nervi bei Genua, Italien; Gasfabrikant in Hanau. – Kassel 1868-1874. Pelda

Ziegler, Johann Samuel Otto Theodor, geb. ... , gest. ... ; Handelsmann. – Freie Stadt Frankfurt: Gesetzgebende Versammlung 1860-1861, Ständige Bürgerrepräsentation 1861-1864. Frost

Ziegler, Paul *Adolf*, geb. 27.8.1894 Winnenden in Württemberg, gest. 28.1.1972 Dortmund; selbständiger Kaufmann in Michelstadt. – Volksstaat Hessen 1932-1933 (NSDAP). Ruppel/Groß

Ziegler, *Wilhelm* Christian Friedrich Gerhard, geb. 22.4.1805 Hanau, gest. 15.8.1878 Hanau; Rentner in Hanau; MdA 1867-1870 (NL). – Kurhessen: Ständeversammlung 1838 und 1845-1848, 2. Kammer 1855-1862 und Ständeversammlung 1862-1866 (lib.-konst.); Vizepräsident der 2. Kammer 1860-1862 und der Ständeversammlung 1862-1863; Kassel 1868-1877 (NL). Losch; Sieburg; Pelda; J.L.

Ziegler-de Bary, Johann Carl, geb. 10.10.1798 Frankfurt, gest. 17.4.1847 Frankfurt; Handelsmann. – Freie Stadt Frankfurt: Gesetzgebende Versammlung 1835-1846; Vizepräsident der Gesetzgebenden Versammlung 1846. Frost

Zielowski, Otto Ewald Reinhold, geb. 9.10.1866 Ohrdruf in Thüringen, gest. 19.10.1928 Frankfurt; Redakteur. – Wiesbaden und Hessen-Nassau 1911-1920 (SPD). Burkardt/Pult

Ziemann, Carl Bogislaus Ferdinand Adalbert, geb. 8.11.1825 Bottmersdorf, Krs. Wanzleben,, gest. 19.10.1906 Osnabrück; Oberforstmeister a.D. in Kassel. – Kassel 1878. Pelda

Dr. phil. Zilch, Josef *Georg*, geb. 3.4.1855 Bieber, gest. 12.9.1930 Heppenheim; Oberlehrer, Professor, später Studienrat in Heppenheim. – Volksstaat Hessen 1920-1921 (Z). Ruppel/Groß

Zimmer, Franz, geb. 30.11.1797 Amöneburg, gest. 11.10.1890 Rauschenberg; Besitzer des Brückerwirtshauses bei Amöneburg. – Kurhessen: Ständeversammlung 1834-1835 (gem. lib.). Losch; Sieburg; J.L.

Zimmer, Johann Conrad, geb. 30.10.1817 Villingen bei Hungen, gest. 26.5.1898 Cyriaxweimar; Bürgermeister in Villingen. – Ghzm. Hessen: 2. Kammer 1866-1872 (LibKons). Ruppel/Groß

Zimmer, Johann Georg, geb. 11.1.1777 auf der Untermühle bei Homburg, gest. 6.2.1853 Frankfurt; evangelischer Stiftdechant in Lich. – Ghzm. Hessen: 2. Kammer 1826-1827. Ruppel/Groß

Zimmermann, *Carl* Wilhelm, geb. 3.10.1782 Darmstadt, gest. 14.9.1856 Darmstadt; 1845-1848 Präsident des Ghzgl. Ministeriums der Finanzen, März-November 1848 Finanzminister, Juni-Juli 1848 zugleich Vorsitzender des Gesamtministeriums, November 1848-April 1856 Präsident des Staatsrats. – Ghzm. Hessen: 1. Kammer 1847-1849. Götz/Rack

Zimmermann, Christian *Ludwig* Wilhelm, geb. 18.2.1806 Gießen, gest. 10.2.1881 Darmstadt; Mitglied und Rat am Hofgericht in Darmstadt. – Ghzm. Hessen: 2. Kammer 1856-1862. Ruppel/Groß

Zimmermann, Conrad, geb. ... , gest. ... ; Bierbrauermeister. – Freie Stadt Frankfurt: Gesetzgebende Versammlung 1824-1825. Frost

Dr. jur. Zimmermann, Ernst Oskar, geb. 21.1.1856 Pruppendorf, Reg.-Bez. Marienburg, Westpreußen, gest. 12.2.1917 Bad Homburg; Rechtsanwalt und Notar. – Wiesbaden und Hessen-Nassau 1905-1916. *Burkardt/Pult*

Zimmermann, Jacob Christoph, *geb. 24.7.1788 Hattersheim, gest. 18.7.1844 Hattersheim; Müller. – Nassau: Deputiertenkammer 1833 (Mandat nicht angenommen).* *Rösner-Hausmann*

Zimmermann, Joseph, geb. 23.11.1871 Hirrlingen bei Tübingen, gest. 26.1.1929 Frankfurt; 1921-1926 Landrat in Höchst, 1926-1929 Polizeipräsident in Frankfurt; Stellvertretendes Mitglied des Preußischen Staatsrats 1921-1929 (SPD). – Wiesbaden und Hessen-Nassau 1920-1925 und 1926-1928 (SPD). *Burkardt/Pult; J.L.*

Dr. theol. h.c. Zimmermann, Justus Joseph Georg Friedrich Carl, geb. 23.8.1803 Darmstadt, gest. 12.6.1877 Darmstadt; Hofprediger in Darmstadt, 1847-1872 Superintendent der Provinz Starkenburg, Oberpfarrer in Darmstadt, Oberkonsistorialrat und Prälat. – Ghzm. Hessen: 1. Kammer 1847-1849 und 1851-1872. *Götz/Rack*

Zimpelmann, Friedrich Jakob Georg, geb. 14.1.1894 Wiesbaden, gest. 6.11.1965 Bad Schwalbach; Bezirksschornsteinfegermeister. – Wiesbaden und Hessen-Nassau 1933 (NSDAP). *Burkardt/Pult*

Zink, Otto, geb. 31.10.1925 Rüsselsheim; Werkzeugmacher in Rüsselsheim; MdB 1965-1990 (CDU); Mitglied der 4., 5., 6., 7., 8. und 9. Bundesversammlung. – Land Hessen: Hessischer Landtag 1962-1965 (CDU). *Lengemann II; Kanzlei des Landtags*

Zinke, geb. Hannibal, Anna, geb. 7.7.1892 Kassel, gest. 25.4.1958 Kassel; Kinderpflegerin, Hausfrau in Kassel. – Land Hessen: Verfassungberatende Landesversammlung Groß-Hessen 1946 (SPD). *Lengemann II*

Dr. phil. h.c. Dr.-Ing. e.h. Zinn, Georg August, geb. 27.5.1901 Frankfurt, gest. 27.3.1976 Frankfurt; bis 1945 Rechtsanwalt in Kassel, 1945 Landgerichtsdirektor, 1945-1949 Hessischer Minister der Justiz, 1951-1969 Hessischer Ministerpräsident und zugleich wieder Hessischer Minister der Justiz; Mitglied des Wirtschaftsrates des Vereinigten Wirtschaftsgebietes 1947 (SPD), Vizepräsident des Wirtschaftsrats 1947; Mitglied des Parlamentarischen Rates 1948-1949 (SPD); MdB 1949-1951 und 1961 (SPD); Mitglied des Bundesrates 1951-1969, Vizepräsident des Bundesrates 1952-1953, 1954-1961 und 1965-1966, Bundesratspräsident 1953-1954 und 1964-1965; Mitglied der 1. Bundesversammlung. – Land Hessen: Hessischer Landtag 1954-1970 (SPD). *Lengemann II; Kanzlei des Landtags*

Zinnkann, Heinrich Maximilian Joseph, geb. 2.1.1885 Worms, gest. 5.5.1973 Mainz; gelernter Schlosser, 1922-1928 Arbeitersekretär, 1928-1933 Regierungsrat im Hessischen Ministerium für Arbeit und Wirtschaft in Darmstadt, 1945 Oberregierungsrat, 1946-1955 Hessischer Minister des Innern, 1951-1955 zugleich stellvertretender Ministerpräsident; Mitglied des Bundesrates 1949-1954; Mitglied der 4. Bundesversammlung . – Volksstaat Hessen 1924-1933 (SPD), Vorsitzender der SPD-Fraktion 1931-1933; Land Hessen: Beratender Landesausschuß 1946 (SPD), Verfassungberatende Landesversammlung 1946 (SPD) und Hessischer Landtag 1946-1962 (SPD); Präsident des Hessischen Landtags 1954-1962. *Ruppel/Groß; Lengemann II*

Zinnkann, Wilhelm, geb. 27.10.1915 Worms; Beamter beim Kreis Büdingen, 1962-1976 Bürgermeister der Stadt Bü-

Heinrich Zinnkann (SPD)
Präsident des Hessischen Landtags 1954-1962

dingen; Mitglied der 2. und 3. Bundesversammlung. – Land Hessen: Hessischer
Landtag 1950-1970 (SPD); Vorsitzender
der SPD-Fraktion 1960-1961.
Lengemann II

Zinsser, Otto, geb. 18.9.1849 Wahlen, Krs.
Alsfeld, gest. 22.1.1919 Schlitz; Fabri-
kant und Bürgermeister in Schlitz. –
Ghzm. Hessen: 2. Kammer 1887-1902
(NL). Ruppel/Groß

Zipf, Georg Albrecht, geb. ... , gest. ... ;
Handelsmann. – Freie Stadt Frankfurt:
Gesetzgebende Versammlung 1852-1854.
Frost

Dr. jur. Zirndorfer, Paul, geb. 4.12.1859
Frankfurt, gest. 22.12.1920 Frankfurt;
Rechtsanwalt und Notar in Frankfurt. –
Wiesbaden und Hessen-Nassau 1905-
1910 (DemP [DVP]). Burkardt/Pult; J.L.

Dr. jur. Zitz, Franz Heinrich, geb.
18.11.1803 Mainz, gest. 30.4.1877 München; Advokatanwalt in Mainz; MdN
1848-1849 (DH 1848, Donnersberg
1848, Märzverein 1849). – Ghzm. Hessen: 2. Kammer 1847-1849 (dem.).
Ruppel/Groß; J.L.

von Zitzewitz, Henry Paul, geb.
17.10.1876 Berlin, gest. 8.3.1945 Templin in der Uckermark; Landrat des Dillkreises. – Wiesbaden 1913-1917.
Burkardt/Pult; J.L.

Zitzmann, Christian, geb. 21.7.1816
Frankfurt, gest. 5.12.1891 Frankfurt;
Uhrmachermeister. – Freie Stadt Frankfurt: Gesetzgebende Versammlung 1856-
1857. Frost

Zitzmann, Emanuel, geb. 26.9.1784
Frankfurt, gest. 10.10.1829 Frankfurt;
Schmied. – Freie Stadt Frankfurt: Gesetz-
gebende Versammlung 1826. Frost

Zobel, Johann Philipp, geb. 25.10.1794
Sachsenberg, gest. 1.9.1840 Sachsenberg; Postexpediteur im Amt Lichtenfels
und mehrfach Bürgermeister in Sachsenberg. – Waldeck: Landstand 1822-1823,
1827-1836 und 1837-1840.
König/Lengemann/Seibel

Zobel, Wilhelm, geb. 19.3.1888 Sachsenberg, gest. 11.4.1946 Sachsenberg; Landwirt und Bürgermeister in Sachsenberg. –
Waldeck: Landesvertretung 1925-1929
(LB [DVP]). König; König/Lengemann/Seibel

**Zölzer, Christian Wilhelm Friedrich
Ludwig**, geb. 27.6.1862 Welleringhau-
sen, gest. 21.9.1925 Welleringhausen;
Gutsbesitzer in Welleringhausen. – Wal-

deck: Landtag 1905-1919 und Landes-vertretung 1919-1922 (DNVP 1919-1922). König; König/Lengemann/Seibel

Zoeppritz (Zöppritz), **Johann** *Andreas*, geb. 26.9.1760 Darmstadt, gest. 28.4.1826 Darmstadt; Kaufmann, Inhaber einer Wollspinnerei in Darmstadt und einer Decken- und Flanellfabrik in Pfungstadt. – Ghzm. Hessen: 2. Kammer 1820-1824 (lib.). Ruppel/Groß; Götz/Rack

Zoeppritz (Zöppritz), **Johann Jakob** *Christian*, geb. 16.6.1796 Darmstadt, gest. 15.6.1879 Cannstatt bei Stuttgart; Kaufmann in Groß-Gerau. – Ghzm. Hessen: 2. Kammer 1846-1849. Ruppel/Groß; Götz/Rack

Zoeppritz (Zöppritz), *Karl* **Adam**, geb. 26.4.1812 Darmstadt, gest. 5.10.1900 Mergelstetten; Kaufmann in Darmstadt, später in Mergelstetten. – Ghzm. Hessen: 2. Kammer 1847-1849, 1. Kammer 1849-1850 und 2. Kammer 1851-1856 (lib.). Ruppel/Groß; Götz/Rack

Zollmann, Carl, geb. 5.12.1795 Wiesbaden, gest. ... ; Weinhändler. – Nassau: Ständeversammlung 1848-1851 (Club der Rechten). Rösner-Hausmann

Zorn, Johann Philipp Adam, geb. 4.2.1863 Niederwallmenach, gest. 2.3.1930 Niederwallmenach; Landwirt, Bürgermeister. – Wiesbaden und Hessen-Nassau 1921-1929 (DNVP). Burkardt/Pult

Dr. jur. Zuckmayer, Karl Friedrich *Josef*, geb. 5.2.1861 Bodenheim, gest. 15.8.1919 Wiesbaden; Rechtsanwalt in Mainz. – Ghzm. Hessen: 2. Kammer 1908-1918 (Z). Ruppel/Groß

Zürtz, Alfred, geb. 3.8.1884 Saalfeld in Thüringen, gest. 14.10.1957 Lauterbach; gelernter Bauschlosser, Handelsvertreter in Darmstadt, später Kreisdirektor in Lauterbach. – Volksstaat Hessen 1932-1933 (NSDAP). Ruppel/Groß

Zulauf, Johann Heinrich, geb. ... , gest. 27.10.1854 Eudorf; Landwirt und Bürgermeister in Eudorf. – Ghzm. Hessen: 2. Kammer 1832-1849 (lib.). Ruppel/Groß

Zumbrägel, Aloys, geb. 5.8.1938 Vechta in Oldenburg; gelernter Elektriker, Bezirkssekretär der KAB Nordhessen in Kassel; Mitglied der Verbandsversammlung des LWV Hessen seit 1977. – Land Hessen: Hessischer Landtag seit 1994 (CDU). Kanzlei des Landtags

Zurmühlen, *Heinrich* **Hermann August**, geb. 21.8.1881 Oesdorf, gest. 20.1.1934 Bad Pyrmont; Maurer in Oesdorf. – Waldeck: Landesvertretung 1920-1922 (SPD). König; König/Lengemann/Seibel

Zusch, Johannes (*Jean*), geb. 4.2.1801 Kassel, gest. 9.2.1835 Kassel; Sekretär bei der Oberbaudirektion in Kassel. – Kurhessen: Ständeversammlung 1833 (gem. lib.). Losch; Sieburg; J.L.

Zuschlag, *Georg* **Heinrich**, geb. 25.1.1814 Dagobertshausen, gest. 18.1.1877 Kassel; Oberfinanzrat in Kassel; Vorsteher des Bürgerausschusses in Kassel 1861-1877. – Kurhessen: 2. Kammer 1855-1860 und Ständeversammlung 1862-1866 (lib.-konst.); Präsident der 2. Kammer 1855-1860; Kassel 1868-1877 (NL). Losch; Sieburg; Pelda; J.L.

Zuschlag, Johann Henrich *Daniel*, geb. 10.9.1794 Kirchberg, gest. 20.6.1872 Kirchberg; Bürgermeister in Kirchberg. – Kurhessen: 2. Kammer 1858-1860. Losch; Sieburg

Dr. jur. Zwecker, Jochen, geb. 9.7.1936 Berlin; bis 1987 Landrat des Vogelsbergkreises, 1987 Rechtsanwalt in Alsfeld, seit 1994 Vorstandsvorsitzender der Oberhessischen Versorgungsbetriebe AG. – Land Hessen: Hessischer Landtag 1987-1994 (SPD). Kanzlei des Landtags

Georg Zuschlag
Präsident der 2. Kammer des Kurhessischen
Landtags 1855-1860

Dr. Hans Carl Freiherr von Zwierlein
Präsident der Herrenbank des Nassauischen
Landtags 1838

Dr. jur. Freiherr von Zwierlein[218]**, Hans Carl**, geb. 3.1.1768 Wetzlar, gest. 9.6.1850 Geisenheim; Prokurator, Alleinbesitzer des Zwierleinschen Hofs in Geisenheim. – Nassau: Herrenbank 1818-1847; Präsident der Herrenbank 1838.

Rösner-Hausmann; J.L.

Dr. jur. Freiherr von Zwierlein, Hans Constantin, geb. 21.10.1802 Wetzlar, gest. 1.4.1863 Geisenheim[219]; Geheimer

Regierungsrat, Diplomat. – Nassau: Herrenbank 1846-1848 und I. Kammer 1855-1862; Präsident der I. Kammer 1857-1858.

Rösner-Hausmann; J.L.

Dr. jur. Freiherr von Zwierlein, *Hans Georg Ludwig*, geb. 16.4.1835 Wiesbaden, gest. 26.6.1886 Geisenheim; Jurist und Gutsbesitzer in Geisenheim. – Nassau: I. Kammer 1865-1866.

Rösner-Hausmann; J.L.

Zwilling, Georg (I.), geb. 21.9.1892 Mörfelden, gest. 5.11.1944 Stadtlohn; Bauarbeiter, Bürgermeister in Mörfelden. – Volksstaat Hessen 1932-1933 (KPD).

Ruppel/Groß

---

[218] Erhebung in den Reichs- und kurbayerischen Freiherrenstand am 27.9.1790.
[219] Lt. RENKHOFF S. 904 (Nr. 4942) ist der Sterbeort nicht Geisenheim, sondern Darmstadt.

Dr. Hans Constantin
Freiherr von Zwierlein
Präsident der I. Kammer des Nassauischen
Landtags 1857-1858

von Zworowsky, *Wolf*gang, geb.
18.2.1924 Kassel; Lehrer, zuletzt Schulrat in Kassel; Mitglied der 4. und 6. Bundesversammlung. – Land Hessen: Hessischer Landtag 1958-1979; Vizepräsident
des Hessischen Landtags 1974-1978
(CDU).   Lengemann II; Kanzlei des Landtags

Anhang

Die Präsidenten des Hessischen Landtags und der
Parlamente der Vorgängerstaaten des Landes Hessen
einschließlich der Vorsitzenden und Präsidenten der
Kommunal- und Provinzial-Landtage in der ehemaligen
preußischen Provinz Hessen-Nassau

1. Königreich Westphalen 1808-1813
   Präsident der Reichsstände 1808-1810

   1808-1810   Gebhard Graf von der Schulenburg-Wolfsburg

2. Großherzogtum Frankfurt 1810-1813
   Präsident der Ständeversammlung 1810
   1810   Johann Georg Engelhard

3. Fürstentum Waldeck 1814-1848, Fürstentümer
   Waldeck und Pyrmont 1848-1918, Freistaat
   Waldeck-Pyrmont 1918-1922, Freistaat Waldeck
   1922-1929 und Fürstentum Pyrmont 1848-1864

   3.1.   Vorsitzführende Personen im Landtag des Fürstentums
           Waldeck 1814-1816
           1814   Landsyndikus Johann Jakob Leonhardi
                        de facto: Friedrich Waldeck,
                        Adjkunkt des Landsyndikus
           1816   Landsyndikus Johann Jakob Leonhardi
                        de facto: Theodor Neumann,
                        Adjunkt des Landsyndikus

   3.2.   Direktoren des Landtags des Fürstentums Waldeck
           1816-1848
           1828   Wilhelm von Hanxleden
           1830   Wilhelm von Hanxleden
           1848   Wilhelm von Hanxleden

3.3.   Präsidenten des Landtags des Fürstentums Waldeck
       (bis 20.6.1848), des Landtags der Fürstentümer
       Waldeck und Pyrmont 1848-1918, der Landes-
       vertretung des Freistaats Waldeck-Pyrmont 1919-1922
       und der Landesvertretung des Freistaats Waldeck
       1922-1929

1848-1849	Wilhelm Großcurth
1849-1851	Dr. Hermann Backhaus(en) [WH]
1861-1856	Carl Steineck
1856	Wilhelm Gleisner
1856-1862	Wolrad Schumacher
1862-1863	Wilhelm Schumann
1863-1867	Ludwig Severin (NL)
1867	Wilhelm Schumann
1868-1871	Wilhelm Gleisner
1871-1876	Adolf Rhode (NL)
1876-1878	Carl Hagemann
1878-1890	Adolf Rhode (NL)
1891	Wilhelm Mogk
1892-1894	Robert Varnhagen (NL)
1894-1909	Dr. Robert Waldeck (NL)
1909-1914	Gustav Baumbach (NL)
1914-1919	August Beste
1919-1921	Dr. Paul Winkhaus (DDP)
1921-1922	Heinrich (Harry) Kramer (SPD)
1922-1929	Oswald Waldschmidt (DNVP)

3.4.   Präsidenten des Spezial-Landtags des Fürstentums
       Pyrmont 1848-1864

1848-1853	Carl Rudolph Waldeck
1853	Georg Rhein
1854-1861	Carl Rudolph Waldeck
1862-1863	Adolph Windel
1864	Hermann Neumann

4.   Freie Stadt Frankfurt 1817-1866

4.1. Präsidenten der Gesetzgebenden Versammlung 1817-1866

1817-1824	Friedrich Maximilian Freiherr von Günderode
1825	Dr. Johann Friedrich von Meyer

1826	Georg Friedrich von Guaita
1827	Friedrich Philipp Wilhelm Freiherr von Malapert, gen. Neufville
1828	Dr. Siegmund Paul Hiepe
1829-1830	Friedrich Philipp Wilhelm Freiherr von Malapert, gen. Neufville
1831-1834	Dr. Ferdinand Maximilian Starck
1835	Georg Friedrich von Guaita
1836-1848	Dr. Ferdinand Maximilian Starck
1849	Dr. Friedrich Kugler
1850	Johann Jacob Conrad Kloß
1851	Dr. Samuel Gottlieb Müller
1852-1854	Dr. Georg Wilhelm Hessenberg
1855	Dr. Emil von Oven
1856	Dr. Georg Wilhelm Hessenberg
1857	Dr. Eduard Franz Souchay de la Duboissiere
1858-1861	Siegmund Friedrich Müller
1862	Wilhelm Carl Friedrich Textor
1863	Siegmund Friedrich Müller
1864-1866	Georg Julius Jung

4.2.   Senioren der Ständigen Bürgerrepräsentation 1817-1866

[1814] 1817 -1819	Johann Georg Meyer
1819-1825	Samuel Gottlieb Finger
1825-1840	Ludwig Freiherr von Günderode
1840-1852	Friedrich Alexander Bernus
1852-1858	Johann Martin Scharff
1858-1866	Carl August Meyer

4.3.   Präsident der Verfassunggebenden Versammlung 1848-1849

1848-1849	Nicolaus Hadermann

5.   Herzogtum Nassau 1818-1866

5.1.   Präsidenten der Herrenbank 1818-1848

1818	August Freiherr Preuschen von und zu Liebenstein
1819-1824	Friedrich Graf von Ingelheim
1825-1831	Jacob Graf von Eltz
1832-1834	Carl Graf von Walderdorff
1835-1837	August Freiherr von Kruse

1838	Dr. Hans Carl Freiherr von Zwierlein
1839-1842	Jacob Graf von Eltz
1843-1848	Carl Graf von Walderdorff

5.2.   Präsidenten der Deputiertenkammer 1818-1848

1818	Dr. h.c. Christian Wilhelm Snell
1819-1832	Georg Herber
1832	Friedrich Eberhard
1832	(interimistisch:) Dr. h.c. Georg Müller
1833	Peter Thönges
1834-1836	Johann Georg Baldus
1837-1845	Philipp Schütz
1846-1848	Dr. Wilhelm Otto
1848	Dr. August Hergenhahn [CP]/[NL]

5.3.   Präsidenten der Ständeversammlung 1848-1851

| · 1848 | Carl Schenck [bkF] |
| 1848-1851 | Carl Wirth (CdR)/[Z] |

5.4.   Präsidenten der I. Kammer 1852-1866

1852	Friedrich Georg Freiherr von Bock und Hermsdorf
1853-1854	Carl Graf von Walderdorff
1855-1856	Dr. h.c. Georg Möller
1857-1858	Dr. Hans Constantin Freiherr von Zwierlein
1859-1866	Nicolaus Prinz von Nassau [K]

5.5.   Präsidenten der II. Kammer 1852-1866

1852-1858	Carl Wirth [Z]
1859-1863	Dr. Karl Braun (NFP)/[NL]
1864-1866	Daniel Raht (NFP)

6.   Großherzogtum Hessen 1820-1918, Volksstaat Hessen 1918-1933

6.1.   Präsidenten der 1. Kammer des Ghzm. Hessen 1820-1918

1820-1821	Friedrich Graf zu Solms-Laubach
1823-1824	Albrecht Graf zu Erbach-Fürstenau
1826-1827	Ernst Casimir Graf zu Ysenburg-Büdingen
1829-1830	Otto Graf zu Solms-Laubach

1832-1849	Emil Prinz von Hessen und bei Rhein
1849-1850	Friedrich Schenck (lib.)
1851-1856	Otto Graf zu Solms-Laubach
1856-1866	Ludwig Fürst zu Solms-Hohensolms-Lich
1866-1874	Alfred Graf zu Erbach-Fürstenau
1875-1885	Dr. Carl Graf von Schlitz, gen. von Görtz
1886-1888	Alexander Prinz von Hessen und bei Rhein
1889-1900	Bruno Fürst zu Ysenburg-Büdingen
1900-1914	Emil Graf von Schlitz, gen. von Görtz
1914-1918	Carl Fürst zu Solms-Hohensolms-Lich

6.2. Präsidenten der 2. Kammer des Ghzm. Hessen 1820-1918

1820-1821	Dr. Karl Christian Eigenbrodt
1823-1824	Dr. h.c. Friedrich Knapp
1826-1833	Ernst Schenck
1834	Moritz Schmitt
1835-1839	Dr. Karl Christian Eigenbrodt
1839-1846	Ernst Schenck
1846-1849	Dr. h.c. Andreas (von) Hesse [LibKons]
1849-1850	Dr. Joseph Hillebrand (lib.)
1850	Dr. Martin Mohr (dem.)
1851-1856	Dr. h.c. Wilhelm Goldmann (kons.)/[LibKons]
1856-1859	Friedrich Lotheissen
1859-1862	Dr. Friedrich Ludwig Klipstein
1862-1865	August Strecker (F)
1865-1866	Dr. Wilhelm Gottlieb Soldan (F)
1866-1872	Dr. h.c. Georg Buff [lib.]/(LibKons)
1872-1874	Dr. Carl Hoffmann [F]/(NL)
1874-1879	Dr. h.c. Joseph Görz (NL)
1879-1892	August Kugler (NL)
1892-1896	Dr. Hermann Weber (NL)
1897-1911	Wilhelm Haas (NL)
1911-1918	Heinrich Köhler (NL)

6.3. Präsidenten der Volkskammer bzw. des Landtags des Volksstaates Hessen 1919-1933

1919-1928	Dr.-Ing. e.h. Bernhard Adelung (SPD)
1928-1931	Heinrich Delp (SPD)
1931-1933	Dr. Ferdinand Werner (NSDAP)
1933	Philipp Jung (NSDAP)
1933	Dr. Heinz Müller (NSDAP)

7. Kurfürstentum Hessen 1831-1866 mit den Vorläufern in Hessen-Kassel 1815-1816, in der Grafschaft Schaumburg hessischen Anteils 1815-1816 und im Kurfürstentum Hessen 1830

7.1. Direktoren des Landtags von Hessen-Kassel 1815-1816

1815 [-1816]	Karl Georg Riedesel Freiherr zu Eisenbach, kraft Amtes als 26. Erbmarschall von Hessen, 1816 vertreten
[1816]	Friedrich Wilhelm von Heydwolff, in Vertretung des abwesenden Erbmarschalls Karl Georg Riedesel Freiherr zu Eisenbach

7.2. Direktoren des Landtags der Grafschaft Schaumburg hessischen Anteils 1815-1816

1815-1816	förmlich wurde kein Direktor oder Präsident bestellt; gegenüber den Kfl. Landtagskommissaren fungierte der Deputierte Carl von Münchhausen als Sprecher der Deputierten

7.3. Direktor des Konstituierenden Landtags des Kurfürstentums Hessen 1830

1830	August Riedesel Freiherr zu Eisenbach, kraft Amtes als 28. Erbmarschall von Hessen

7.4. Präsidenten der Kurhessischen Ständeversammlung 1831-1866

7.4.1. Präsidenten der Ständeversammlung 1831-1850

1831	Dr. Burchard Wilhelm Pfeiffer (gem. lib.)
1831-1832	Friedrich von Trott zu Solz (gouv./kons.)
1832	Moritz von Baumbach [-Kirchheim] (gem. lib.)
1833	Ludwig von Baumbach [-Roppershausen] (gem. lib.)
1833-1838	Carl Schomburg (gem. lib.)
1838	Ludwig Schwarzenberg (lib.)/[Westendhall]
1839-1844	Moritz von Baumbach [-Kirchheim] (gem. lib.)
1845-1846	Friedrich Nebelthau [NL]
1847-1848	Friedrich von Trott zu Solz (gouv./kons.)
1848	Ludwig von Baumbach [-Kirchheim] (lib.-konst.)/[AH]
1848-1850	Ludwig Schwarzenberg (lib.)/[Westendhall]
1850	Dr. Carl Bayrhoffer (dem.)

7.4.2. Präsidenten der 1. Kammer 1852-1861 [1862]

1852-1854	Ferdinand von Schutzbar, gen.Milchling (kons.-konst.)/[DRP]
1855-1857	Dr. Ludwig Riedesel Freiherr zu Eisenbach (kons.-konst.)
1858-1861	Ferdinand von Schutzbar, gen. Milchling (kons.-konst.)/[DRP]

7.4.3. Präsidenten der 2. Kammer 1852-1862

1852-1854	Friedrich Scheffer (kons.)
1855-1860	Georg Heinrich Zuschlag [NL]
1860-1862	Friedrich Nebelthau [NL]

7.4.4. Präsident der Ständeversammlung 1862-1866

1862-1866	Friedrich Nebelthau [NL]

8. Landgraftum Hessen-Homburg 1849

Präsident der Landesversammlung 1849

1849	Friedrich Albert

9. (Preußische) Provinz Hessen-Nassau 1868-1933

9.1. Vorsitzende bzw. Präsidenten des Kommunallandtags Kassel 1868-1933

1868-1871	Carl Sigismund Freiherr Waitz von Eschen [konst.]
1872-1890	Ferdinand von Schutzbar, gen.Milchling [kons.-konst.]/(DRP)
1890-1899	Dr. Hans von der Malsburg [-Escheberg] (K)
1899-1917	Carl Rabe von Pappenheim (K)
1918-1919	Alexander von Keudeil (K)
1919	Dr. Eduard Harnier (DDP)
1920	Dr. Georg Antoni (Z)
1921-1929	Alexander von Keudell (DNVP)
1930	Dr. Franz Becker (DVP)
1931-1932	Alexander von Keudell (DNVP)
1933	Karl Patry (NSDAP)

9.2.   Vorsitzende bzw. Präsidenten des
        Kommunallandtags Wiesbaden 1868-1933

1868-1875	Wilhelm Winter
1875-1885	Hugo Graf Matuschka-Greiffenclau
1886-1898	Hubert Hilf [F]
1899-1917	Dr. Gustav Humser (NL)
1918	Dr. Alexander Alberti [frsg.]/(FoVP)/[DDP]
1920	Wilhelm Schmitz (Z)
1921-1928	Heinrich Hopf (SPD)
1929-1932	Dr. h.c. Eduard Gräf (SPD)
1933	Karl Lange (NSDAP)

9.3.   Präsidenten des Provinziallandtags
        Hessen-Nassau 1886-1933

1886-1887	Ferdinand von Schutzbar, gen.Milchling [kons.-konst.]/(DRP)
1890-1897	Hubert Hilf [F]
1900-1913	Carl Rabe von Pappenheim (K)
1918	Dr. Alexander Alberti [frsg.]/(FoVP)/[DDP]
1920-1928	Heinrich Hopf (SPD)
1930	Georg Thöne (SPD)
1933	Dr. Hans Burkhardt (NSDAP)

10. Land Hessen 1946-1996

10.1.   Vorsitzende des Beratenden Landesausschusses 1946

1946	Dr. Karl Geiler
[1946	Dr. Werner Hilpert (CDU), gem. Art. 9 Abs. 2 Satz 4 StGG mit der Wahrnehmung des Vorsitzes beauftragt)

10.2.   Präsident der Verfassungberatenden
         Landesversammlung 1946

1946	Otto Witte (SPD)

10.3.   Präsidenten des Hessischen Landtags 1946- jetzt

1946-1954	Otto Witte (SPD)
1954-1962	Heinrich Zinnkann (SPD)
1962-1966	Franz Fuchs (SPD)
1966-1974	Georg Buch (SPD)
1974-1982	Dr. Hans Wagner (CDU)
1982-1983	Jochen Lengemann (CDU)
1983-1987	Dr. Erwin Lang (SPD)
1987-1988	Jochen Lengemann (CDU)
1988-1991	Klaus Peter Möller (CDU)
1991-1995	Karl Starzacher (SPD)
1995- jetzt	Klaus Peter Möller (CDU)

Abkürzungsverzeichnis

a.D.	außer Dienst(en)
ADGB	Allgemeiner Deutscher Gewerkschaftsbund
AG	Aktiengesellschaft
Ag	Hessische Arbeitsgemeinschaft, Hessen-Nassauische Arbeitsgemeinschaft, Preußische Arbeitsgemeinschaft im Staatsrat (1921-1933) [d.i. jeweils ein Zusammenschluß von bürgerlichen Parteien – zeitweise von DDP bis DNVP reichend, meist aber die mehr konservativen Parteien allein umfassend – in den Kommunal-Landtagen, Provinzial-Landtagen und im Preußischen Staatsrat zum Zwecke gemeinsamen Politisierens bei den Wahlen zu den jeweiligen Organen oder zu gemeinsamer Arbeit in Ag-Fraktionen]
AH	Fraktion Augsburger Hof (in der Nationalversammlunmg 1848-1849)
Anm.	Anmerkung
antisem.	antisemitisch
Art.	Artikel
B 90/GRÜ	Bündnis 90/Die Grünen (seit 1993)
Bauernbund	Hessischer Bauernbund (1899-1927)
Bd., Bde.	Band, Bände
BdL	1. Bund der Landwirte (1893-1920)
	2. Bund der Landwirte und des Ländlichen Gewerbes (in der Tschechoslowakei) (1918-1938)
Bearb.	Bearbeiter, Bearbeiterin
BHE	Block der Heimatvertriebenen und Entrechteten (1950-1952)
bkF	bei keiner Fraktion, fraktionslos
CA	Staat Kalifornien in den USA
ca.	circa, ungefähr
CdL	Club der Linken (Fraktion im Nassauischen Landtag)
CdR	Club der Rechten (Fraktion im Nassauischen Landtag)
CDU	Christlich-Demokratische Union (seit 1945)
CNBLVP	Christlich-Nationale Bauern- und Landvolk-Partei (1928-1933)
Co.	Compagnie
CP	Fraktion Casino (Casino-Partei, Fraktion in der Nationalversammlung 1848-1849)
CSP	Christlichsoziale Partei (1878-1918)
CSR	Tschechoslowakische Republik
CSU	Christlich-Soziale Union in Bayern (seit 1945)
CSVD	Christlich-sozialer Volksdienst (1929-1933)
D.	Doktor der Theologie (ehrenhalber
D. theol.	Doktor der Theologie (ehrenhalber)
d.Ä.	der Ältere
d.i.	das ist
d.J.	der Jüngere

DA	Demokratische Arbeitsgmeinschaft (aus einer Abspaltung aus der FDP-Fraktion 1956 im Deutschen Bundestag gebildete Fraktion, die dann in der FVP aufging)
DBB	Deutscher Beamtenbund
DDP	Deutsche Demokratische Partei (1918-1830)
dem.	demokratisch, demokratische, demokratischer
DemP	Demokratische Partei (1866-1910, in Frankfurt am Main die örtliche Bezeichnung für die damalige DVP)
deutschliberal	Listenbezeichnung bei der Wahl des Kommunallandtags Wiesbaden 1920; de facto handelte es sich um die Liste der DVP
DFrsgP	Deutsche Freisinnige Partei (1884-1893)
DGB	Deutscher Gewerkschaftsbund
DH Fraktion	Deutscher Hof (in der Nationalversammlung 1848- 1849)
DHP	Deutsch-Hannoversche Partei (1866-1933)
DNVP	Deutschnationale Volkspartei (1919-1933)
Donnersberg	Fraktion Donnersberg (in der Nationalversammlung 1848-1849)
DP	Deutsche Partei (1945/47-1960/61)
DP/DPB	Deutsche Partei/Deutsche Partei Bayern (Fraktion im Deutschen Bundestag 1951-1953)
DP/FVP	Deutsche Partei/Freie Volkspartei (Fraktion im Deutschen Bundestag 1957)
Dr. chem.	Doktor der Chemie
Dr. h.c.	Doktor ehrenhalber
Dr. h.c. mult.	mehrfach Doktor ehrenhalber
Dr.-Ing.	Doktoringenieur
Dr. jur.	Doktor der Rechtswissenschaften
Dr. jur. utr.	Doktor beider Rechte
Dr. med.	Doktor der Medizin
Dr. med. vet.	Doktor der Tierheilkunde
Dr. oec. publ.	Doktor der Wirtschaftswissenschaften
Dr. phil.	Doktor der Philosophie
Dr. rer. hort.	Doktor der Gartenbauwissenschaften
Dr. rer. nat.	Doktor der Naturwissenschaften
Dr. rer. oec.	Doktor der Wirtschaftswissenschaften
Dr. rer. pol.	Doktor der Staats- (Wirtschafts-) wissenschaften
Dr. rer. vet.	Doktor der Tierkunde
Dr. sc. pol.	Doktor der Sozialwissenschaften
Dr. techn.	Doktor der technischen Wissenschaften
Dr. theol.	Doktor der Theologie
DRefP	Deutsche Reform-Partei (1900-1914)
DRP	1. Deutsche Reichspartei (1867-1918)
	2. Deutsche Reichspartei (1950-1965)
DSP	Deutschsoziale Partei (1900-1914)
DSRefP	Deutschsoziale Reformpartei (1900-1903)
DStP	Deutsche Staatspartei (1930-1933)
d. Verf.	der Verfasser
DVP	1. [sog. Süd-] Deutsche Volkspartei (1868-1910)
	2. Deutsche Volkspartei (1918-1933)
DvP	Deutschvölkische Partei (1914-1918)

e.h., E.h.	ehrenhalber, Ehren halber
f., ff.	folgende
F	Fortschritt (bis 1861), Deutsche Fortschrittspartei (1861-1884), Hessische Fortschrittspartei (im Ghzm. Hessen 1862-1871)
FDP	Freie Demokratische Partei (1949-1969)
F.D.P.	Freie Demokratische Partei (seit 1969)
FH	Fachhochschule
FK	Freikonservative Partei (1867-1918 im preußischen Landtag die Bezeichnung für die DRP)
FoVP	Fortschrittliche Volkspartei (1911-1918)
Freie WV	Freie wirtschaftliche Vereinigung (gemeinsame Fraktion ländlicher und antisemitischer Abgeordneter im Landtag des Ghzm. Hessen 1899-1902)
FrKVg	Freie Konservative Vereinigung (Vorgängerfraktion der FK bzw. DRP im preußischen Landtag und im Reichstag 1867- 1868)
frsg.	freisinnig
FrsgVg	Freisinnige Vereinigung (1893-1910)
FrsgVP	Freisinnige Volkspartei (1893-1910)
FrVg	Fraktion der Freien Vereinigung (die sog. Fraktion Bockum-Dolffs im Reichstag des Norddeutschen Bundes 1867-1870, eine eher linksliberale Gruppierung)
Fsm.	Fürstentum
fstl.	fürstlich, fürstliche, fürstlicher
FVP Freie	Volkspartei (1956-1957)
GB/BHE	Gesamtdeutscher Block/Bund der Heimatvertriebenen und Entrechteten (1952-1961)
GBull KW	Gesetz-Bulletin des Königreichs Westphalen
GDP (DP-BHE)	Gesamtdeutsche Partei (Deutsche Partei – Bund der Heimatvertriebenen und Entrechteten) (1961-*1966*)
GDP/BHE	Gesamtdeutsche Partei/Bund der Heimatvertriebenen und Entrechteten (1966- ...)
geb.	geboren, geborene
gem.	gemäßigt
gest.	gestorben
get.	getauft
GfRegBl.	Großherzoglich frankfurtisches Regierungsblatt
ghzgl.	großherzoglich, großherzogliche, großherzoglicher
Ghzm.	Großherzogtum
GmbH	Gesellschaft mit beschränkter Haftung
gouv.	gouvernemental (im angegebenen Zeitraum Befürworter der Regierungspolitik)
GR	Kanton Graubünden in der Schweiz
grad.	graduiert
großdt.	großdeutsch, großdeutsche, großdeutscher
GRÜ	Die Grünen (1982-1993)
GS	Gesetzsammlung
GS SWE	Gesetzsammlung des Großherzogtums Sachsen-Weimar- Eisenach
GVBl.	Gesetz- und Verordnungsblatt
HRegBl.	Hessisches Regierungsblatt

Hrsg.	Herausgeber, Herausgeberin
HV	Hessische Verfassung vom 1. Dezember 1946
HVP	Hessische Volkspartei (im Ghz. bzw. Volksstaat Hessen 1902 und 1919-1933 [Landesverband Hessen der DNVP])
HWB	Handwerkerbund (in Waldeck 1925-1929)
hzgl.	herzoglich, herzogliche, herzoglicher
Hzm.	Herzogtum
IG	Industriegewerkschaft
J.L.	Jochen Lengemann
jun.	junior, der Jüngere
K	(Deutsch-) Konservative Partei (1848/76-1918)
kath.	katholisch
kfl.	kurfürstlich, kurfürstliche, kurfürstlicher
Kfm.	Kurfürstentum
kgl.	königlich, königliche, königlicher
Kgr.	Königreich
klerikalkons.	klerikalkonservativ
KLT	Kommunal-Landtag
kons.	konservativ
kons.-konst.	konservativ-konstitutionell (in Kurhessen konservativer Anhänger der Wiedereinführung der Verfassung von 1831 [1852-1862])
kons.-reakt.	konservativ-reaktionär
konst.	konstitutionell (in Kurhessen Anhänger der Wiedereinführung der Verfassung von 1831 [1862-1862])
KPD	Kommunistische Partei Deutschlands (1919-1933, 1945-1956)
KPO	Kommunistische Partei Deutschlands Opposition (1928-1933)
Krs.	Kreis (Landkreis)
KZ	Konzentrationslager
Landbund	Hessischer Landbund (1927-1933)
Landsberg	Fraktion Landsberg (in der Nationalversammlung 1848-1849)
LB	Landbund (in Waldeck 1925-1929)
LDP	Liberal-Demokratische Partei (1945-1990)
lgrfl.	landgräflich, landgräfliche, landgräflicher
LHRegBl.	Landgräflich Hessisches [Hessen-Homburgisches; d.Verf.] Regierungsblatt
lib.	liberal
lib.-konst.	liberal-konstitutionell (in Kurhessen liberaler Anhänger der Wiedereinführung der Verfassung von 1831 [1852-1862])
LibKons	Liberal-Konservative Partei (im Ghzm. Hessen 1862-1872)
LK	Linke Kommunisten (1927-1928)
LRP	Liberale Reichspartei (1871-1874)
LVg	Liberale Vereinigung (1880-1884)
LWV	Landeswohlfahrtsverband
Märzverein	Fraktion Märzverein (in der Nationalversammlung 1848-1849)
MD	Staat Maryland in den USA
MdA	Mitglied der 2. preußischen Kammer bzw. des preußischen Abgeordnetenhauses (1849-1918)
MdB	Mitglied des Deutschen Bundestages (seit 1949)
MdEP	Mitglied des Europäischen Parlaments (seit 1958)

MdH	Mitglied der 1. preußischen Kammer bzw. des preußischen Herrenhauses (1849-1918)
MdL	Mitglied des Landtags
MdN	Mitglied der Nationalversammlung (1848-1849)
MdR	Mitglied des Reichstags des Norddeutschen Bundes (1867-1870) bzw. des Deutschen Reichstags einschließlich der Nationalversammlung 1919 (1871-1933 [1945])
MdV	Mitglied der Volkskammer der DDR (1949-1990)
NDP	Nationaldemokratische Partei (1945-1950)
NF	Neue Folge
NFP	Nassauische Fortschrittspartei (1863-1866)
NL	Nationalliberale Partei (1867-1918)
NPD	Nationaldemokratische Partei Deutschlands (seit 1964)
NR	Nationale Rechte (Gruppe aus Abgeordneten der DRP und der NDP im Deutschen Bundestag 1949-1950)
NSDAP	Nationalsozialistische Deutsche Arbeiterpartei (1920-1945)
NSFB	Nationalsozialistische Freiheitsbewegung (1924-1925)
NY	Staat New York in den USA
OH	Staat Ohio in den USA
opp.	oppositionell (gegenüber der jeweiligen Regierung)
Part.	Partikularist
rad.	radical (d.i. freisinnig [in der Schweiz])
reakt.	reaktionär
Reg.-Bez.	Regierungsbezirk
RGBl.	Reichsgesetzblatt
R.S.	Roland Schmidt
S.	Seite
SAP	Sozialistische Arbeiterpartei (1931-1933)
SdP	Sudetendeutsche Partei (in der Tschechoslowakei 1933 [1935]-1938)
SED	Sozialistische Einheitspartei Deutschlands (1946-1990)
sen.	senior, der Ältere
SG	Kurhessen Sammlung von Gesetzen, Verordnungen, Ausschreiben und anderen allgemeinen Verfügungen für Kurhessen
s. o.	siehe oben
SPD	Sozialdemokratische Partei Deutschlands (seit 1869/91)
StGG	Staatsgrundgesetz für den Staat Groß-Hessen (1945-1946)
SWR	Kampffront schwarz-weiß-rot (1933)
TI	Kanton Tessin in der Schweiz
T.S.	Thomas Seibel
u.a.	unter anderem, und andere
ultramont.	ultramontan, Anhänger des politischen Katholizismus in der Zeit der kirchlichen Restauration und des Kulturkampfes im 19. Jahrhundert
USA	Vereinigte Staaten von Amerika
USPD	Unabhängige Sozialdemokratische Partei Deutschlands (1917-1922)
VBl.	Verordnungsblatt des Herzogtums Nassau
vgl.	vergleiche
VRP	Reichspartei für Volksrecht und Aufwertung (Volksrecht-Partei) (1926-1933)

VW	Volkswagen
WaRegBl.	Waldeckisches Regierungsblatt
Westendhall	Fraktion Westendhall (in der Nationalversammlung 1848-1849)
WH Fraktion	Württemberger Hof (in der Nationalversammlung 1848-1849)
WI	Staat Wisconsin in den USA
WLWV	Waldeckischer Landeswahlverband (1922-1925)
WP	Reichspartei des deutschen Mittelstandes (Wirtschaftspartei) [bis 1920 Wirtschaftspartei des deutschen Mittelstandes] (1920-1933)
WV	Wirtschaftliche Vereinigung (Fraktion ländlicher, deutschsozialer und/oder antisemitischer Abgeordneter im Reichstag 1903-1916, Wählervereinigung in Waldeck 1922-1925)
WVB	Waldeckischer Volksbund (1919-1922)
Z	Zentrum (1870-1918), Christliche Volkspartei (Zentrum) (1918-1919), Deutsche Zentrumspartei (1919-1933)
z. B.	zum Beispiel
ZK	Zentralkomitee

Bildnachweise

Arolsen:	Ingeborg Moldenhauer: S. 225, S. 398 (Waldeck)
Bergisch Gladbach:	Heinz Oswald Waldschmidt: S. 399
Darmstadt:	Hessisches Staatsarchiv: S. 52 (Adelung), S. 105, S. 121, S. 180, S. 181 (2), S. 203, S. 216, S. 221, S. 248, S. 268, S. 272, S. 332, S. 333, S. 361, S. 362, S. 407, S. 421 (2)
Eschwege:	Kreisausschuß des Werra-Meißner-Kreises S. 211
Frankfurt a.M.:	Bundesarchiv, Außenstelle Frankfurt: S. 59
	Institut für Stadtgeschichte (früher Stadtarchiv)/Historisches Museum: S.72, S. 156, S. 157, S. 161, S. 183, S. 262, S. 274 (2), S. 288, S. 325, S. 364
Fulda:	Magistrat der Stadt Fulda: S. 55
Göttingen:	Margot Beste: S. 74
Gütersloh:	Dr. Klaus Windel: S. 412
Kassel:	Sammlung Lengemann: S. 159
	Stadtarchiv: S. 67, S. 166 (Depostitium Volksbank Kassel), S. 277, S. 343, S. 381, S. 428 (Zuschlag)
	Hans Sigismund und Dr. Friedrich Karl Freiherren Waitz von Eschen: S. 396
Kaufungen:	Althessische Ritterschaft: S. 211, S. 253, S. 350, S. 385
Korbach:	Wilhelm Bing Verlag: Neumann S. 280
Lauterbach: S. 310	Waldgesellschaft der Riedesel Freiherren zu Eisenbach: S. 309,
Limburg:	Verlag C.A. Starcke (Frau Anneliese Kretschmer): S. 154, S. 349, S. 388
Marburg/Lahn:	Hessisches Staatsarchiv: S. 95, S. 290, S. 299, S. 326
	Historische Kommission für Hessen: S. 65, S. 292, S. 352

Neustadt/Aisch: Verlag Degener & Co., Inh. Manfred Dreiß: S. 309, S. 310

Saterland: Hellmut Lauth: S. 357

Wiesbaden: Hessischer Landtag: S. 92, S. 136, S. 141, S. 187, S. 234, S. 240,
                         S. 266 (K.P. Möller), S. 367, S. 395, S. 416, S. 426

                         Hessisches Hauptstaatsarchiv: S. 52 (Alberti), S. 86, S. 117, S.
                         150, S. 176, S. 177, S. 186, S. 193, S. 195, S. 198, S. 229, S.
                         235, S. 256, S. 266 (G. Möller), S. 271, S. 276, S. 287, S. 297,
                         S. 300, S. 347, S. 360, S. 398 (Walderdorff), S. 421 (H. Carl von
                         Zwierlein), S. 429

                         Karl-Hermann-Flach-Stiftung: S. 413

Wolfsburg: Günzel Graf von der Schulenburg: S. 348

Zierenberg-Escheberg: Gero von der Malsburg S. 253